ATRIUM

CHAN HO-KEI

DIE ZWEITE SCHWESTER

KRIMINALROMAN

Aus dem Englischen von
Sabine Längsfeld

Atrium Verlag · Zürich

MIX
Papier aus verantwortungsvollen Quellen
FSC® C083411
www.fsc.org

Deutsche Erstausgabe
1. Auflage 2021

Translated from the English language: SECOND SISTER.
Published in the UK in 2020 by Head of Zeus, Ltd. First published in the Traditional Chinese language by Crown Publishing Company, Ltd.
The German edition is published by arrangement with
Crown Publishing Company, Ltd. in association with
The Grayhawk Agency through Literary Agency Liepman AG, Zürich
Lektorat: Claudia Jürgens
Umschlaggestaltung: Hauptmann & Kompanie Werbeagentur, Zürich,
unter Verwendung von Fotos von © d3sign / Getty Images
Zitat von Lew Tolstoi aus: Lew Tolstoi, Anna Karenina.
Deutsch von Rosemarie Tietze © 2009 by Carl Hanser Verlag, München
Satz: Greiner & Reichel, Köln
Druck und Bindung: CPI books GmbH, Leck
Printed in Germany
ISBN 978-3-85535-111-4

www.atrium-verlag.com
www.facebook.com/atriumverlag
www.instagram.com/atriumverlag

PROLOG

Als Nga-Yee um acht Uhr morgens ihre Wohnung verließ, ahnte sie nicht, dass sich an diesem Tag ihr Leben für immer verändern würde.

Sie war sicher gewesen, dass die Zeiten nach dem Albtraum des letzten Jahres endlich wieder besser werden würden. Sie mussten nur die Zähne zusammenbeißen und irgendwie durchhalten. Sie war davon überzeugt, dass das Schicksal gerecht war, und wenn etwas Schlimmes geschah, konnte darauf nur etwas Gutes folgen. Leider spielen uns die Mächte da oben am liebsten grausame Streiche.

Um kurz nach sechs Uhr abends schleppte Nga-Yee sich erschöpft heimwärts. Während sie von der Bushaltestelle nach Hause lief, überschlug sie in Gedanken, ob der Kühlschrank noch genug für ein Abendessen hergab. Innerhalb der letzten sieben, acht Jahre waren die Preise erschreckend gestiegen, während die Löhne gleich geblieben waren. Nga-Yee konnte sich noch an Zeiten erinnern, als ein Pfund Schweinefleisch um die zwanzig Hongkong-Dollar gekostet hatte. Heute bekam man dafür kaum noch die Hälfte.

Im Kühlschrank lagen wahrscheinlich noch ein paar Gramm Schweinefleisch und etwas Spinat. Genug für eine Ingwerpfanne. Dazu ein paar gedämpfte Eier, und fertig wäre ein einfaches, nahrhaftes Abendessen für zwei. Ihre acht Jahre jüngere Schwester Siu-Man liebte gedämpfte Eier, und Nga-Yee griff oft auf das seidenweiche Gericht zurück, wenn der Vorratsschrank mal wieder leer war – mit gehackten Frühlingszwiebeln und einem Spritzer Sojasoße richtig lecker. Und vor allem: Eier waren billig. Damals, als das Geld noch knapper war, hatten sie mit der Hilfe von Eiern so manche Durststrecke überbrückt.

Auch wenn für diesen Abend noch genug da war, überlegte Nga-Yee, ob sie ihr Glück auf dem Markt versuchen sollte. Sie mochte es nicht, wenn der Kühlschrank leer war – ihre Erziehung verlangte, immer einen Plan B in petto zu haben. Außerdem gingen viele Händler kurz vor Schluss mit den Preisen runter, und vielleicht konnte sie für den nächsten Tag ein paar Schnäppchen machen.

Ein Streifenwagen raste mit heulender Sirene vorbei und vertrieb alle Gedanken an preisreduzierte Lebensmittel. Erst jetzt bemerkte Nga-Yee die Menschenmenge, die sich vor ihrem Wohnblock Wun Wah House versammelt hatte.

Was da wieder los sein mochte? Nga-Yee ging in gleicher Geschwindigkeit weiter. Sie gehörte nicht zu denen, die vorne mit dabei waren, sobald irgendwas passierte. Auch deshalb war sie damals von vielen Mitschülerinnen und Mitschülern als Einzelgängerin, als Introvertierte, als Nerd abgestempelt worden. Nicht dass ihr das was ausgemacht hätte. Jeder hat das Recht, zu leben, wie er leben will. Der Versuch, sich den Vorstellungen anderer Leute anzupassen, ist nichts als Dummheit.

»Nga-Yee! Nga-Yee!« Eine dicke Frau um die fünfzig mit lockigen Haaren winkte ihr aus der Gruppe Schaulustiger zu: Auntie Chan, ihre Nachbarin aus dem zweiundzwanzigsten Stock. Sie kannten sich vom Sehen, aber das war's dann auch schon.

Auntie Chan kam auf Nga-Yee zugerannt, packte sie am Arm und zerrte sie in Richtung Eingang. Bis auf ihren Namen verstand Nga-Yee kein Wort von dem, was die Frau zu ihr sagte – blanke Panik verzerrte alles zu einer fremden Sprache. Als sie dann das Wort »Schwester« heraushörte, beschlich Nga-Yee eine schreckliche Vorahnung.

Im Licht der untergehenden Sonne bahnte sie sich einen Weg durch die Schaulustigen. Dann verstellte nichts mehr den schrecklichen Anblick.

Etwa zehn Meter vom Haupteingang entfernt kauerten einige Menschen. Dort lag ein Mädchen in weißer Schuluniform auf dem Beton. Die wirren Haare verdeckten das Gesicht, und um den Kopf sammelte sich eine Pfütze aus dunkelroter Flüssigkeit.

Das ist doch jemand aus Siu-Mans Schule, war Nga-Yees erster Gedanke.

Zwei Sekunden später begriff sie, dass die reglose Gestalt auf dem Boden Siu-Man *war*.

Ausgestreckt auf dem kalten Beton lag ihre kleine Schwester.

Ihre ganze Familie.

Um sie herum drehte sich alles, dann stand die Welt still.

War das ein Albtraum? Wenn sie doch nur träumen würde. Nga-Yee blickte in die umstehenden Gesichter. Sie erkannte ihre Nachbarn, aber die Leute wirkten auf sie wie Fremde.

»Nga-Yee! Nga-Yee!« Auntie Chan packte sie am Arm und rüttelte sie heftig.

»Siu … Siu-Man?« Auch als sie den Namen laut aussprach, gelang es Nga-Yee nicht, das leblose Objekt auf dem Boden mit ihrer kleinen Schwester in Einklang zu bringen.

Siu-Man ist inzwischen zu Hause und wartet darauf, dass ich uns Abendessen mache.

»Treten Sie bitte zurück.« Ein Polizist in ordentlich gestärkter Uniform drängte sich durch die Menge, und neben Siu-Man gingen zwei Sanitäter mit einer Trage in die Knie.

Der Ältere hielt ihr eine Hand unter die Nase und legte zwei Finger auf ihr linkes Handgelenk, dann hob er ein Augenlid und leuchtete mit einer Stiftlampe in die Pupille. All das dauerte nur wenige Sekunden, doch Nga-Yee erlebte die einzelnen Handgriffe als unendlich langsame Aneinanderreihung von Standbildern.

Für sie war die Zeit zum Stillstand gekommen.

Ihr Unterbewusstsein versuchte, sie vor dem, was als Nächstes kam, zu bewahren.

Der Sanitäter richtete sich in Zeitlupe auf und schüttelte den Kopf.

»Bitte treten Sie zurück, machen Sie den Weg frei!«, sagte der Polizist. Mit ernsten Gesichtern entfernten sich die Sanitäter von Siu-Man.

»Siu … Siu-Man? Siu-Man! Siu-Man!« Nga-Yee schob Auntie Chan von sich weg und rannte auf ihre Schwester zu.

»Miss!« Ein groß gewachsener Polizist eilte hinterher, schlang einen Arm um ihre Taille und hielt sie fest.

»Siu-Man!« Vergeblich versuchte Nga-Yee, sich loszumachen, dann drehte sie sich verzweifelt zu dem Polizisten um. »Das ist meine Schwester. Sie müssen Sie retten!«

»Bitte beruhigen Sie sich«, sagte der Polizist in einem Tonfall, der verriet, wie klar ihm war, dass seine Worte nichts ausrichten würden.

»Bitte, rettet sie! Sanitäter!« Mit aschfahlem Gesicht rief Nga-Yee den bereits wieder abfahrenden Sanitätern hinterher. »Warum lassen Sie sie hier? Schnell! Sie braucht Hilfe!«

»Miss? Sind Sie die Schwester? Sie müssen sich beruhigen«, sagte der Polizist, den Arm noch immer um ihre Taille. Er bemühte sich um einen möglichst mitfühlenden Tonfall.

»Siu-Man …« Nga-Yee drehte sich zu der leblosen Gestalt auf dem Gehweg um. Zwei weitere Polizisten waren dabei, sie mit einer dunkelgrünen Plane zuzudecken. »Was tun Sie denn? Hören Sie auf! Hören Sie sofort auf damit!«

»Miss! Miss!«

»Nicht abdecken! Sie bekommt keine Luft! Ihr Herz schlägt doch noch!« Nga-Yee krümmte sich nach vorn. Plötzlich hatte all ihre Kraft sie verlassen. Der Polizist, der sie eben noch gebremst hatte, musste sie stützen. »Rettet sie! Sie müssen sie retten! Ich flehe Sie an … Sie ist meine Schwester, meine einzige Schwester …«

Und in diesem Augenblick, an diesem ganz normalen Dienstagabend, auf dem Gehweg vor Wun Wah House im Lok Wah Estate im Bezirk Kwun Tong, Kowloon, Hongkong, verstummten die sonst so redseligen Nachbarn. Das einzige Geräusch zwischen den kalten Wohnsilos war das herzzerreißende Weinen einer großen Schwester, deren Schluchzer wie heulender Wind in die Ohren der Umstehenden fuhren und sie mit einem Leid erfüllten, das ihnen durch Mark und Bein ging.

ERSTES KAPITEL

1

»Ihre Schwester hat sich das Leben genommen.«

Als Nga-Yee in der Leichenhalle aus dem Mund des Polizisten diese Worte vernahm, rief sie, fast lallend vor Schock: »Das kann nicht sein! Sie müssen sich irren, so was würde Siu-Man niemals tun!« Sergeant Ching, ein schlanker Mann um die fünfzig mit einem ersten Hauch Grau an den Schläfen, sah selbst ein bisschen aus wie ein Verbrecher, doch etwas in seinem Blick sagte ihr, dass sie ihm vertrauen konnte. Trotz Nga-Yees hysterischem Ausbruch behielt er seinen ruhigen Tonfall bei, und das, was er mit seiner tiefen, sonoren Stimme sagte, brachte sie zum Schweigen.

»Miss Au, sind Sie *wirklich* sicher, dass Ihre Schwester sich nicht das Leben genommen hat?«

Auch wenn Nga-Yee es sich nicht eingestehen wollte, wusste sie nur zu gut, dass Siu-Man allen Grund gehabt hatte, sich den Tod zu wünschen. Der Druck, dem sie das letzte halbe Jahr lang hatte standhalten müssen, war mehr, als ein fünfzehnjähriges Mädchen je erleben sollte.

Aber wir sollten am Anfang beginnen, mit den vielen Unglücksjahren der Familie Au.

Nga-Yees Eltern kamen beide in den Sechzigerjahren zur Welt, als Immigranten der zweiten Generation. Als es 1946 in China zwischen den Nationalisten und den Kommunisten zum Krieg kam, bewegten sich große Flüchtlingsströme von Festlandchina in Richtung Hongkong. Schließlich gingen die Kommunisten als Sieger hervor, installierten ein neues Regime und schlugen jedwede Opposition nieder. Infolgedessen retteten sich noch mehr Flüchtlinge in den sicheren Hafen der britischen Kolonie. Nga-Yees Großeltern waren aus Guangzhou gekommen. Weil Hongkong billige Arbeitskräfte brauchte, wurde kaum jemand, der illegal in die Kronkolonie gelangt war, abgewiesen. Es gelang ihren Großeltern, Wurzeln zu schlagen, sie bekamen irgendwann Papiere und wurden Bürger Hongkongs. Trotzdem blieb ihr Leben weiter hart, sie schufteten von früh bis spät für einen Hungerlohn. Auch ihre Lebensumstände waren hart. Trotzdem: Hongkong erlebte wirtschaftlichen Aufschwung, und solange man bereit war, ein bisschen Leid auf sich zu nehmen, konnte man seine Situation durchaus verbessern. Manche ritten auf der Welle sogar bis hin zu echtem Erfolg.

Unglücklicherweise blieb Nga-Yees Großeltern diese Chance verwehrt.

Im Februar 1976 zerstörte ein Großbrand im Stadtteil Shau Kei Wan in der Aldrich Bay über tausend Holzhütten und machte mehr als dreitausend Menschen obdachlos. Nga-Yees Großeltern starben in diesem Inferno, nur ihr zwölfjähriger Sohn überlebte: Nga-Yees Vater Au Fai. Weil er in Hongkong sonst keinerlei Familie hatte, wurde er von einem Nachbarn aufgenommen, der bei dem Brand seine Frau verloren hatte. Dieser Nachbar hatte eine siebenjährige Tochter namens Chau Yee-Chin. Sie wurde später Nga-Yees Mutter.

Weil sie arm waren, bekamen Au Fai und Chau Yee-Chin nie die Chance auf eine richtige Schulbildung. Sie fingen beide weit vor ihrer Zeit an zu arbeiten, Au Fai als Lagerarbeiter, Yee-Chin als Kellnerin in einem Dim-Sum-Restaurant. Obwohl sie sich abrackern mussten, beklagten sie sich nie, und als sie sich ineinander verliebten, konnten sie sogar ein kleines Stückchen Glück für sich in Anspruch nehmen. Bald war von Hochzeit die Rede. Als Yee-Chins Vater 1989 krank wurde, heirateten sie schnell, um ihm vor seinem Tod wenigstens diesen Wunsch erfüllen zu können.

Ein paar Jahre lang sah es so aus, als wäre es den Aus gelungen, das Pech abzuschütteln.

Drei Jahre später bekamen Au Fai und Chau Yee-Chin eine Tochter. Yee-Chins Vater hatte damals in China eine gute Bildung genossen. Vor seinem Tod hatte er ihnen gesagt, sie sollten ihr Kind Chung-Long nennen, falls es ein Junge würde, und Nga-Yee, falls sie ein Mädchen bekämen – »Nga« wie Eleganz oder Schönheit und »Yee« wie Freude. Die kleine Familie zog in eine Mietwohnung nach To Kwa Wan, wo sie ein bescheidenes, aber zufriedenes Leben führten. Wenn Au Fai abends nach Hause kam, gaben ihm die lächelnden Gesichter seiner Frau und seiner Tochter das Gefühl, wunschlos glücklich zu sein. Yee-Chin war eine geschickte Hausfrau. Nga-Yee war wissbegierig und folgsam, und Au Fai hatte nur den einen Wunsch, etwas mehr Geld zu verdienen, um seiner Tochter eines Tages das Studium zu ermöglichen. Er wollte nicht, dass sie vorzeitig die Schule abbrechen musste, um zu arbeiten, wie er und seine Frau es hatten tun müssen. Inzwischen war eine akademische Ausbildung die Voraussetzung dafür, es in Hongkong zu etwas zu bringen. In den Siebziger- und Achtzigerjahren bekam man noch mühelos einen Job, solange man bereit war, hart zu arbeiten, doch die Zeiten hatten sich geändert.

Als Nga-Yee sechs wurde, war das Glück den Aus hold: Nach Jahren auf der Warteliste waren sie endlich an der Reihe und bekamen eine staatliche Wohnung zugeteilt.

Im überbevölkerten Hongkong war Baugrund knapp, und es gab bei Weitem nicht genug staatlich geförderten Wohnraum, um den Bedarf zu decken. 1998 bekam Au Fai die Nachricht, ihnen sei eine Wohnung im Wohnkomplex Lok Wah zugewiesen worden. Der Zeitpunkt hätte nicht besser sein können. Im Kielwasser der Finanzkrise war es in Au Fais Firma zu einschneidenden Restrukturierungsmaßnahmen gekommen, und er gehörte zu den Arbeitern, die gehen mussten. Sein Chef half ihm noch, anderswo unterzukommen, doch der Lohn war viel niedriger, und er hatte Mühe, das Schulgeld für Nga-Yees Grundschule aufzubringen. Der Brief von der Wohnungsbehörde war wie ein Geschenk des Himmels. Die neue Miete würde weniger als die Hälfte dessen betragen, was sie momentan bezahlten, und wenn sie sparsam lebten, würden sie in Zukunft sogar etwas Geld beiseitelegen können.

Zwei Jahre nach dem Umzug nach Wun Wah House wurde Chau Yee-Chin erneut schwanger. Au Fai war überglücklich, zum zweiten Mal Vater zu werden, und Nga-Yee war inzwischen alt genug, um zu begreifen, dass ihr als großer Schwester die Pflicht zufiel, hart zu arbeiten und ihren Eltern beim Schultern der Last zu helfen. Da sein Schwiegervater ihnen für jedes Geschlecht nur einen Namen hinterlassen hatte, steckte Au Fai hinsichtlich eines zweiten Mädchennamens in der Klemme. Er wandte sich mit der Bitte um Hilfe an ihren Nachbarn, einen ehemaligen Lehrer.

»Wie wäre es mit Siu-Man?«, schlug der alte Mann vor, als sie vor ihrem Hochhaus auf einer Bank saßen. »Siu wie ›klein‹ und Man wie ›bunte Wolken im Abendlicht‹.«

Au Fai folgte dem Finger des Mannes mit seinem Blick und sah, wie die untergehende Sonne den Wolkenhimmel in umwerfende Rosarottöne tauchte.

»Au Siu-Man … ein schöner Name. Vielen Dank für Ihre Hilfe, Mr Huang. Ich bin viel zu dumm, als dass mir so etwas Schönes von allein eingefallen wäre.«

Seit sie zu viert waren, wurde es in der Wohnung in Wun Wah House ein bisschen zu eng. Die Wohnungen in diesem Komplex waren lediglich für zwei bis drei Bewohner ausgelegt und besaßen keine Zwischenwände. Au Fai stellte einen Antrag auf eine größere Wohnung. Sie bekamen Angebote in Tai Po oder Yuen Long, doch als das Paar sich beriet, sagte Yee-Chin mit einem Lächeln zu ihrem Mann: »Wir haben uns an das Leben hier gewöhnt. Das ist alles so weit weg. Dein täglicher Weg zur Arbeit wäre ein Albtraum, und Nga-Yee müsste die Schule wechseln. Hier ist es vielleicht ein bisschen eng, aber weißt du noch, wie eng es damals in unserer Holzhütte war?«

So war Chau Yee-Chin, immer zufrieden mit dem, was sie hatte. Au Fai kratzte sich am Kopf und wusste dem nichts entgegenzusetzen, auch wenn er insgeheim weiter auf ein eigenes Zimmer für jede seiner Töchter hoffte, wenn sie auf die Oberschule wechselten.

Er konnte nicht ahnen, dass er das nicht mehr erleben würde.

Im Jahr 2004 starb Au Fai bei einem Arbeitsunfall. Er war vierzig Jahre alt.

Nach der Finanzkrise von 1997 und dem SARS-Ausbruch von 2003 erlebte Hongkongs Wirtschaft eine Flaute. Um Kosten zu senken, lagerten viele Unternehmen einzelne Arbeitsbereiche aus oder stellten ihr Personal nur noch befristet ein, um der Last der Sozialleistungen zu entgehen. Eine große Firma beauftragte eine kleine für gewisse Leistungen, und die kleine Firma lagerte den Auftrag an noch kleinere Subunternehmer aus. Weil jeder sich seinen Anteil am Kuchen nahm, waren die Arbeitslöhne viel niedriger als zuvor, aber in prekären Zeiten wie diesen blieb den Arbeitern keine Wahl, als stillschweigend zu akzeptieren, was ihnen geboten wurde. Auch Au Fai machte bei den Subunternehmern die Runde und kämpfte mit den anderen Arbeitern um die wenigen verfügbaren Jobs. Zu seinem Glück hatte er lange in einem Lagerhaus gearbeitet und besaß einen Gabelstaplerführerschein, was ihm bei Jobs in der Logistik oder im Hafen einen entscheidenden Vorteil verschaffte. Auf den Docks bewegte er keine Waren, sondern Taue. Die Trossen der Frachtschiffe waren zu dick und zu schwer, um von Hand gesichert zu werden, und mussten mit dem Stapler geschleppt werden. Um sein Einkommen aufzustocken, hatte Au Fai noch einen weiteren Job. In einem Lagerhaus in Kowloon bewegte er Ware, und an den Kwai Tsing Container Terminals löschte er Schiffsladungen. Er wollte möglichst viel Geld verdienen, solange er noch die Kraft dazu hatte. Er wusste, dass seine Energie nicht ewig reichen und der Tag kommen würde, an dem er seinem Körper diese Schufterei nicht mehr zumuten konnte, selbst wenn er wollte.

An einem nieseligen Abend im Juli 2004 bemerkte der Vorarbeiter auf dem Kwai Tsing Dock Nummer vier das Fehlen eines Gabelstaplers. Au Fai war in Richtung Zone Q13 unterwegs gewesen, und dort stießen seine Kollegen auf einen heftig ramponierten Pfahl. Die gelben Plastikbruchstücke auf dem Asphalt daneben waren eindeutig als Teile des Gabelstaplers erkennbar, den Au Fai unabsichtlich ins Wasser gelenkt hatte, wo er selbst, zwischen dem Fahrzeug und den Gabelzacken eingeklemmt, hängen geblieben war, in sechs Meter Tiefe im Hafenbecken. Als der Gabelstapler mithilfe eines Krans geborgen werden konnte, war Au Fai längst tot.

Nga-Yee war zwölf Jahre alt, als sie ihren Vater verlor, Siu-Man war vier.

Obwohl Yee-Chin über den Tod ihres geliebten Mannes untröstlich war, ließ sie nicht zu, dass sie in Trauer versank, denn ab jetzt hing das Schicksal ihrer Töchter allein von ihr ab.

Das Arbeitsrecht besagte, dass der Familie eines Arbeitnehmers, der in Ausübung seiner Arbeit zu Tode gekommen war, zum Ausgleich sechzig Monatsgehälter zustanden, eine Summe, von der Yee-Chin und ihre Töchter ein paar Jahre hätten leben können. Leider schlug das Pech der Familie Au auch diesmal zu.

»Mrs Au, es ist nicht so, dass ich Ihnen nicht helfen möchte, aber etwas anderes kann die Firma Ihnen nicht anbieten.«

»Das verstehe ich nicht, Ngau. Fai hat viele Jahre hart für Yu Hoi gearbeitet. Er hat im Morgengrauen das Haus verlassen und ist erst zurückgekommen, wenn die Mädchen längst im Bett lagen. Er hat seine eigenen Töchter kaum zu Gesicht bekommen. Ich stehe ab jetzt alleine da, eine mittellose Witwe mit zwei vaterlosen Mädchen. Wir haben niemanden, der uns unterstützt. Und Sie wollen mir sagen, dass wir nur diese winzige Summe bekommen?«

»Die Firma ist, ehrlich gesagt, selbst schlecht dran. Gut möglich, dass wir nächstes Jahr zusperren müssen, und wenn das passiert, könnten wir Ihnen nicht mal diese kleine Summe auszahlen.«

»Wieso müssen Sie denn selbst für die Summe aufkommen? Fai war versichert.«

»Na ja … es gibt da offensichtlich ein Problem mit Fais Versicherungsansprüchen.«

Ngau arbeitete noch länger für die Firma als Fai und war Yee-Chin schon ein paarmal begegnet, weshalb sein Chef Mr Tang ihn gebeten hatte, sich mit ihr zu »unterhalten«. Nach allem, was Ngau ihr sagte, hatte die Firma tatsächlich eine Versicherung für Au Fai abgeschlossen, doch nachdem ein Gutachter der Versicherungsgesellschaft den Vorfall geprüft hatte, lehnte sie die Forderungen ab. Der Unfall hatte sich nach Schichtende zugetragen, und es ließ sich nicht beweisen, dass Au Fai den Gabelstapler dienstlich bewegt hatte. Außerdem waren am Fahrzeug selbst keinerlei Mängel festzustellen, und man konnte die Möglichkeit nicht ausschließen, dass Au Fai am Steuer das Bewusstsein verloren hatte.

»Ich habe gehört, sie hätten sogar eine Schadenersatzklage für den Gabelstapler in Erwägung gezogen, aber der Boss meinte, jemanden, der am Boden liegt, soll man nicht noch treten. Fai hat hart für unsere Firma gearbeitet, und wir sind der Meinung, auch wenn die Versicherung in seinem Fall nicht zahlt, müssen wir etwas für ihn tun. Deshalb bietet die Firma Ihnen aus Anteilnahme wenigstens diese kleine Summe. Wir hoffen sehr, Sie akzeptieren diese Geste.«

Als Yee-Chin den Arm ausstreckte, um den Scheck entgegenzunehmen, zitterte ihr die Hand. Die Worte »Schadenersatzklage für den Gabelstapler« hatten sie so wütend gemacht, dass sie am liebsten in Tränen ausgebrochen wäre, aber ihr war klar, dass Ngau lediglich der Überbringer der Nachricht war. Dieses Geld – der Gegenwert von drei Monatsgehältern – war nichts als ein Tropfen auf den heißen Stein.

Yee-Chin spürte, dass Ngau ihr etwas verheimlichte, aber sie sah keine Möglichkeit, sich zu wehren. Ihr blieb nichts anderes übrig, als den Scheck zu nehmen und sich bei Ngau zu bedanken.

Yee-Chin hatte, seit die Mädchen zur Welt gekommen waren, nicht mehr voll gearbeitet, hatte nur hin und wieder in einem Waschsalon ausgeholfen, um sich ein bisschen was dazuzuverdienen. Jetzt blieb ihr nichts anderes übrig, als wieder in einem Dim-Sum-Restaurant kellnern zu gehen. Obwohl die Lebenshaltungskosten in den letzten zehn Jahren, seit sie zuletzt in diesem Bereich gearbeitet hatte, förmlich explodiert waren, war der Lohn derselbe wie früher. Als ihr klar wurde, dass sie und ihre Töchter davon unmöglich überleben konnten, sah sie sich gezwungen, einen zweiten Job anzunehmen. An drei Tagen pro Woche übernahm sie die Nachtschicht in einem Minimarkt, hörte um sechs Uhr morgens auf zu arbeiten und machte sich nach knapp fünf Stunden Schlaf auf den Weg ins Restaurant.

Einige Nachbarn bedrängten Yee-Chin, ihre Jobs aufzugeben und Sozialhilfe zu beantragen, aber sie weigerte sich. »Ich weiß, dass ich mit meiner Arbeit kaum mehr verdiene, als ich von der Wohlfahrt kriegen würde, und ich weiß, dass ich mich selbst um Nga-Yee und Siu-Man kümmern könnte, wenn ich aufhören würde zu arbeiten«, erwiderte sie mit einem freundlichen Lächeln. »Aber wie sollen meine Töchter dann jemals lernen, auf eigenen Füßen zu stehen?«

Solche Äußerungen ihrer Mutter prägten sich Nga-Yee ganz besonders ein.

Der Verlust ihres Vaters war für Nga-Yee ein schwerer Schlag. Sie besuchte zu dem Zeitpunkt die erste Klasse der Oberschule, und Au Fai hatte versprochen, dass die ganze Familie nach ihrem Schulabschluss für drei Tage nach Australien fliegen würde – nun war er ihnen entrissen worden, ehe diese Träume wahr werden konnten. Nga-Yee war schon immer introvertiert gewesen, doch jetzt zog sie sich noch mehr in sich selbst zurück. Trotzdem ließ sie sich nicht von ihrer Verzweiflung überwältigen – ihre Mutter lebte ihr vor, dass man stark bleiben musste, mochte das Leben auch noch so grausam sein. Weil Yee-Chin rund um die Uhr schuftete, musste Nga-Yee sich um den Haushalt kümmern: putzen, einkaufen und kochen, ihre vierjährige Schwester betreuen. Noch vor ihrem vierzehnten Geburtstag war Nga-Yee erfahren im Umgang mit all diesen Herausforderungen, und sie wusste, was Sparsamkeit hieß. Sie konnte niemals nach der Schule die Einladung einer Klassenkameradin annehmen und auch nie an außerschulischen Aktivitäten teilnehmen. Ihre Klassenkameraden sahen in ihr einen Nerd und eine Einzelgängerin, doch Nga-Yee war das egal. Sie kannte ihre Pflichten.

Im Gegensatz dazu blieb Siu-Mans Entwicklung vom Tod ihres Vaters offenbar unberührt.

Behütet von ihrer Mutter und ihrer großen Schwester, verbrachte Siu-Man eine beinahe unbeschwerte Kindheit. Manchmal fürchtete Nga-Yee, dass sie ihre kleine Schwester zu sehr verwöhnte, doch ein einziger Blick auf Siu-Mans unbefangenes Lächeln sagte ihr, dass es normal war, ihre kleine Schwester anzubeten. Ab und zu schlug Siu-Man etwas zu sehr über die Stränge und musste von Nga-Yee mit strenger Miene zurechtgewiesen werden. Doch wann immer Nga-Yee die Verantwortung über den Kopf wuchs und sie in Tränen ausbrach – schließlich war auch sie noch ein Teenager –, war es Siu-Man, die sie tröstete, ihr Gesicht streichelte und sagte: »Bitte, nicht weinen, große Schwester.« Manchmal, wenn Yee-Chin spätabends von der Arbeit nach Hause kam, fand sie ihre Töchter eng aneinandergeschmiegt in einem Bett, versöhnt nach einem Streit.

Es war für Nga-Yee nicht einfach, die fünf Oberschuljahre zu überstehen, aber sie hielt durch und schaffte es sogar unter die Jahrgangsbesten. Ihre Noten reichten für einen Platz im College, und ihr Klassenlehrer war überzeugt, dass sie mühelos einen Studienplatz an einer renommierten Universität ergattern könnte. Doch sosehr ihre Lehrer auch versuchten, sie umzustimmen, sie bestand darauf, die Schule zu beenden und sich Arbeit zu suchen. Diese Entscheidung hatte Nga-Yee bereits in dem Jahr getroffen, als ihr Vater starb: Wie gut ihre Abschlussnoten auch sein mochten, sie würde auf ein Studium verzichten.

»Mom, wenn ich anfange zu arbeiten, haben wir zwei Einkommen, und du kannst endlich etwas kürzertreten.«

»Nein, Yee, du hast für deine guten Noten sehr hart gearbeitet. Bitte wirf jetzt nicht alles hin. Mach dir keine Sorgen um Geld. Wenn es ganz eng wird, suche ich mir auch noch einen dritten Teilzeitjob …«

»Mom, es reicht! Du machst dich kaputt, wenn du so weiterschuftest. Es war schwer genug, mein Schulgeld für die letzten Jahre zusammenzukratzen, ich kann das nicht noch länger zulassen.«

»Es sind nur noch zwei Jahre. Ich habe gehört, dass es an den Universitäten so etwas wie Unterstützungsgelder gibt. Dann müssen wir uns um die Studiengebühren keine Sorgen machen.«

»Die Dinger heißen Studienkredite, Mom – das heißt, ich müsste das Geld nach dem Abschluss zurückzahlen. Die Anfangsgehälter sind für Absolventen heutzutage nicht gerade berauschend, und Leute mit dem Schwerpunkt Geisteswissenschaften wie ich haben auch keine große Auswahl. Dann müsste ich von meinem Minigehalt auch noch den Kredit abstottern. Da bliebe kaum noch was übrig. Wie soll das denn gehen? Noch fünf Jahre, in denen du allein für uns sorgst, und dann wahrscheinlich noch mal fünf oder sechs, in denen ich kaum was beitragen kann? Du bist jetzt vierzig, Mom. Willst du wirklich, bis du fünfzig bist, so weiterschuften?«

Darauf hatte Yee-Chin keine Antwort. Nga-Yee hatte sich beinahe zwei Jahre auf diese Rede vorbereitet, und ihre Argumente waren wasserdicht.

»Wenn ich mir einen Job suche, wird alles anders«, fuhr Nga-Yee fort. »Erstens: Ich kann sofort anfangen, Geld zu verdienen, und nicht erst in fünf Jahren. Zweitens: Ich verschulde mich nicht beim Staat. Drittens: Ich kann Arbeitserfahrung sammeln, solange ich noch jung bin. Und, das Wichtigste, solange wir beide hart arbeiten, haben wir, wenn Siu-Man mit der Schule fertig ist, genug gespart, damit sie sich wegen all dieser Dinge keine Sorgen mehr machen muss, sondern sich auf ihr Studium konzentrieren kann. Vielleicht haben wir bis dahin sogar genug Geld, um sie an eine Uni im Ausland zu schicken.«

Nga-Yee war noch nie eine große Rednerin gewesen, aber diese Worte kamen von Herzen, und sie äußerte sie sicher und überzeugend.

Schließlich gab Yee-Chin nach. Objektiv betrachtet hatte Nga-Yee ein paar ziemlich gute Argumente angeführt. Gegen die Traurigkeit kam Yee-Chin trotzdem nicht an. War sie eine schlechte Mutter, weil sie zuließ, dass ihre ältere Tochter zum Wohle der jüngeren ihre Zukunft opferte?

»Vertrau mir, Mom, wir tun das Richtige.«

Nga-Yee hatte alles genau durchdacht. Das einzige Hobby, das sie zwischen Hausarbeit und der Betreuung ihrer kleinen Schwester noch unterbringen konnte, war Lesen. Weil sie kein Geld hatten, stammten die meisten Bücher aus der öffentlichen Bibliothek, und dort hoffte sie jetzt einen Job zu bekommen. Und tatsächlich: Sie bewarb sich erfolgreich um eine Stelle als Bibliotheksgehilfin in der East-Causeway-Bay-Filiale und wurde Angestellte beim Kulturreferat von Hongkong.

Obwohl Nga-Yee somit für die Regierung arbeitete, wurde sie durch die Stellung nicht automatisch zur Staatsdienerin und kam auch nicht in den Genuss der damit verbundenen Privilegien. Um Kosten zu sparen, hatte die Regierung von Hongkong – wie viele Privatunternehmen – zugunsten von Zeitarbeitsverträgen viele feste Stellen abgebaut. Die befristeten Verträge liefen über ein oder zwei Jahre, danach endete die Anstellung einfach, ohne jeglichen Verwaltungsaufwand und ohne Abfindung. Auf diese Weise kam es in Zeiten von wirtschaftlichem Abschwung zu einer natürlichen Ausdünnung der Gehaltslisten, während, falls Geld übrig war, Verträge unkompliziert erneuert werden konnten. So behielt der Arbeitgeber die absolute Kontrolle über die Personaldecke und die damit verbundenen Kosten. Darüber hinaus betrieb auch die Regierung in gewissen Arbeitsbereichen Outsourcing. So konnte es durchaus sein, dass jemand, der in einer öffentlichen Bibliothek die Regale bestückte, in Wirklichkeit für einen Dienstleister arbeitete, und das zu noch schlechteren Konditionen als die direkten Angestellten. Als Nga-Yee all das erfuhr, musste sie daran denken, wie ihr Vater behandelt worden war. Im Geiste sah sie ihn in Gestalt eines der alten Bibliotheksaufseher vor sich sitzen.

Trotzdem war Nga-Yee nicht unzufrieden. Ihre Position rangierte sehr weit unten, aber sie brachte im Monat etwa zehntausend Hongkong-Dollar nach Hause, was die wirtschaftliche Situation der Familie erheblich verbesserte. Yee-Chin konnte ihren Zweitjob aufgeben und es nach Jahren der Schufterei endlich etwas langsamer angehen lassen. Sie arbeitete weiter in dem Dim-Sum-Restaurant, konnte aber mehr Zeit zu Hause verbringen und nahm allmählich wieder größeren Anteil an Siu-Mans Erziehung. Nga-Yee arbeitete in ständig wechselnden Schichten, sodass sie keinen regelmäßigen Tagesablauf hatte und wesentlich weniger Zeit mit ihrer kleinen Schwester verbringen konnte. Anfangs stürzte Siu-Man sich auf die erschöpfte Nga-Yee, sobald sie nach Hause gekommen war, erzählte ihr fröhlich plappernd dies und das, doch bald schon schien sie zu akzeptieren, dass ihre Schwester viel zu tun hatte, und hörte auf, ihr auf die Nerven zu gehen. Langsam kehrte in Nga-Yees Familie Normalität ein. Sie mussten sich nicht mehr ständig Sorgen darüber machen, ob das Geld reichte. Nach allem, was sie durchgemacht hatten, wurde ihr Leben endlich ein wenig leichter, und in ihrem einst so chaotischen Alltag hielt ein gewisses Regelmaß Einzug.

Leider hielt diese Atempause nur fünf Jahre an.

Im vergangenen März war Yee-Chin im Restaurant gestürzt und hatte sich den rechten Oberschenkel gebrochen. Als Nga-Yee davon erfuhr, nahm sie sich sofort den restlichen Nachmittag frei und eilte ins Krankenhaus, ohne zu ahnen, dass dort weit schlimmere Nachrichten auf sie warteten.

»Mrs Chau hat sich den Knochen nicht bei dem Sturz gebrochen – sie ist gestürzt, weil der Knochen brach«, sagte der behandelnde Arzt. »Es besteht der Verdacht auf ein multiples Myelom. Wir müssen noch ein paar Tests machen.«

»Ein multiples was?«

»Ein multiples Myelom. Das ist eine Form von Blutkrebs.«

Zwei angsterfüllte Tage später bekamen sie die Diagnose. Chau Yee-Chin hatte Krebs in fortgeschrittenem Stadium. Das multiple Myelom ist eine Autoimmunerkrankung, bei der eine Mutation der Plasmazellen an vielen Stellen im Körper gleichzeitig zu Knochenmarkkrebs führt. Wird die Krankheit rechtzeitig erkannt, besteht für die Patienten eine Lebenserwartung von fünf Jahren oder länger. Mit der richtigen Therapie überleben manche sogar mehr als zehn Jahre. Doch in Yee-Chins Fall war es für Chemotherapie oder eine Stammzelltransplantation längst zu spät. Die Ärzte gaben ihr noch sechs Monate.

Yee-Chin hatte zwar Symptome bemerkt – Blutarmut, Gelenkschmerzen, Muskelschwäche –, sie jedoch auf Arthrose und Erschöpfung geschoben. Als sie schließlich doch zum Arzt gegangen war, hatte der lediglich die üblichen Abnutzungserscheinungen und eine Nervenentzündung festgestellt. Das multiple Myelom trifft meistens ältere Männer und nur selten eine Frau in den Vierzigern.

In den Augen von Nga-Yee war ihre Mutter so widerstandsfähig wie Úrsula Iguarán, die Frau von Buendía in *Hundert Jahre Einsamkeit*, und würde deshalb mindestens genauso alt werden. Erst als sie ihre Mutter plötzlich genauer ansah, erkannte sie mit Schrecken, dass diese Frau von nicht mal fünfzig Jahren schon längst nicht mehr jung war. Jahrelange Knochenarbeit hatte an ihr gezehrt, und die Falten um ihre Augen waren so tief wie die Furchen einer Baumrinde.

Die Hand ihrer Mutter haltend, weinte Nga-Yee stumme Tränen, während Yee-Chin ihre Selbstbeherrschung auch jetzt nicht verlor.

»Nicht weinen, Nga-Yee. Schau mal, wenigstens bist du mit der Schule fertig und hast einen Job. Wenn ich jetzt gehe, muss ich mir wenigstens um euch keine Sorgen machen.«

»Nein, nein, du darfst …«

»Nga-Yee. Du musst stark sein. Versprich es mir. Siu-Man ist so empfindlich, du musst dich um sie kümmern.«

Yee-Chin hatte keine Angst vor dem Tod, auch deshalb nicht, weil sie wusste, dass ihr Mann auf der anderen Seite auf sie wartete. Ihre Töchter waren das Einzige, das sie noch an diese Welt band.

Am Ende hielt Yee-Chin nicht einmal so lange durch, wie die Ärzte es prognostiziert hatten. Zwei Monate später war sie tot.

Auf der Trauerfeier für ihre Mutter verbot Nga-Yee sich die Tränen. In diesem Augenblick begriff sie vollkommen, wie es ihrer Mutter damals ergangen war, als sie von ihrem Vater hatten Abschied nehmen müssen – so traurig, so untröstlich sie auch sein mochte, sie musste jetzt stark sein. Ab jetzt hatte Siu-Man außer ihr niemanden mehr, auf den sie bauen konnte.

In Siu-Man erkannte Nga-Yee sich selbst wieder, wie sie vor zehn Jahren gewesen war: hohläugig, in tiefer Trauer um ihren Vater.

Trotzdem ahnte Nga-Yee, dass der Tod ihrer Mutter Siu-Man noch härter traf. Nga-Yee war schon immer eher still gewesen, Siu-Man war von ihnen beiden die Quirlige. Doch jetzt verstummte sie und zog sich völlig in sich selbst zurück. Der Kontrast war so groß, dass Siu-Man ihr wie ein anderer Mensch vorkam. Nga-Yee erinnerte sich, wie fröhlich es beim Abendessen früher zugegangen war, wenn Siu-Man von der Schule erzählte – welcher Lehrer sich blamiert hatte, weil er in der Schulversammlung was Falsches gesagt hatte, mit welchem Lehrer sich der Vertrauensschüler angelegt hatte, was für ein sinnloses Wahrsagerspiel in der Schule mal wieder die Runde machte. Diese Glücksmomente kamen Nga-Yee vor wie aus einer anderen Welt. Jetzt schaufelte Siu-Man mechanisch ihr Essen in sich hinein, hob kaum den Blick, und wenn Nga-Yee nicht die Mühe auf sich nahm, ein Gespräch zu beginnen, sagte Siu-Man nur »Ich bin satt« und verließ den Tisch. Sie zog sich in ihr »Zimmer« zurück – als Nga-Yee zu arbeiten begonnen hatte, hatte Yee-Chin die Möbel umgestellt, um ihren Töchtern ein bisschen Privatsphäre zu verschaffen, hatte mit Bücherregalen und Schränken zwei kleine Schlupfwinkel abgeteilt – und tippte mit abwesendem Blick auf ihrem Telefon herum.

Sie braucht Zeit, dachte Nga-Yee. Sie wollte ihre Schwester nicht unter Druck setzen, vor allem nicht in dem heiklen Alter von vierzehn. Das würde die Sache nur schlimmer machen. Nga-Yee war sicher, dass Siu-Man über kurz oder lang von selbst wieder aus ihrer Depression herausfinden würde.

Und tatsächlich, etwa ein halbes Jahr später war Siu-Man langsam wieder sie selbst. Nga-Yee war froh, ihre Schwester wieder lächeln zu sehen. Keine von beiden hätte sich träumen lassen, dass das Schicksal noch viel Schlimmeres für sie bereithielt.

2

Um kurz nach sechs Uhr abends am 7. November 2014 bekam Nga-Yee einen unerwarteten Anruf und eilte voller Angst zum Polizeihauptquartier von Kowloon. Ein Polizist führte sie in einen Verhörraum der Kriminalpolizei. Auf einer Bank in der Ecke saß, in ihrer Schuluniform, Siu-Man, neben ihr eine Polizistin. Nga-Yee eilte zu ihr, um sie in den Arm zu nehmen, doch Siu-Man ließ die Umarmung nur stumm über sich ergehen, ohne jede Reaktion.

»Siu-Man …«

In dem Moment, als Nga-Yee den Mund aufmachte, um zu fragen, was geschehen war, kam Siu-Man plötzlich zu sich, klammerte sich an ihre Schwester, presste das Gesicht an ihre Brust und fing bitterlich an zu weinen. Nachdem sie zehn Minuten lang geschluchzt hatte, beruhigte sie sich wieder ein bisschen.

Die Polizistin sagte: »Sie müssen keine Angst haben, Miss. Ihre Schwester ist jetzt hier. Wollen Sie uns nicht erzählen, was passiert ist?«

Nga-Yee, die das Zögern in den Augen ihrer Schwester bemerkte, nahm Siu-Mans Hand und drückte sie in stummer Ermutigung. Siu-Man sah die Frau an und dann das Aussageformular auf dem Tisch, das bereits mit ihrem Namen und ihrem Alter ausgefüllt war. Sie holte Luft und fing mit zitternder Stimme an zu berichten, was etwa eine Stunde zuvor passiert war.

Siu-Man besuchte die Enoch Secondary School auf der Waterloo Road in Yau Ma Tei. Die Schule konnte sich mit anderen Eliteschulen messen lassen, wie etwa dem Kowloon Wah Yan College, dem True Light Girls' College oder der ELCHK Lutheran Secondary School. Die Prüfungsergebnisse von Enoch waren zwar nicht ganz so gut wie die dieser vornehmen Privatschulen, doch sie gehörte trotzdem zu den besseren Missionarsschulen des Bezirks und war für ihren Schwerpunkt auf E-Learning, die Verwendung von Tablets im Unterricht und andere innovative Hightech-Lehrmethoden bekannt. Jeden Morgen fuhr Siu-Man mit dem Bus vom Lok Wah Estate zum Bahnhof Kwun Tong und von dort aus eine halbe Stunde mit der U-Bahn weiter nach Yau Ma Tei. Der Unterricht endete um vier Uhr nachmittags, doch manchmal saß Siu-Man im Anschluss daran noch in der Bibliothek, um ihre Hausaufgaben zu erledigen. Und so machte sie sich am 7. November ein bisschen später als üblich auf den Heimweg und verließ die Schule gegen fünf Uhr.

Im September hatten sich in Reaktion auf bevorstehende Wahlreformen in Hongkong Massenproteste erhoben, und die Regierung hatte mit dem gewaltsamen Einschreiten der Bereitschaftspolizei zur Eskalation der Situation beigetragen. Aufgebrachte Bürger gingen in Massen auf die Straße, besetzten die Hauptverkehrsadern der Bezirke Admiralty, Mong Kok und Causeway Bay und legten damit Teile der Stadt lahm. Aufgrund blockierter Straßen und umgeleiteter Buslinien wichen viele Pendler auf die U-Bahn aus und sorgten für eine massive Überlastung des Systems. Vor allem zur Rushhour waren die Bahnsteige derart überfüllt, dass man oft zwei oder drei Züge abwarten musste, ehe man sich in einen Waggon quetschen konnte. In den Waggons selbst war es noch schlimmer – an einen Haltegriff zu gelangen, war unmöglich, und oft stand man so dicht gedrängt, dass man sich nicht einmal umdrehen konnte. Die Pendler standen gepresst wie die Ölsardinen, Rücken an Rücken oder Brust an Brust, oft nur auf Zehenspitzen vorwärts und rückwärts schwankend, sobald der Zug beschleunigte oder abbremste.

Siu-Man stieg in Yau Ma Tei zu und ergatterte einen Platz im vierten Waggon, gegen die linke Tür gedrückt. Auf der Kwun-Tong-Linie öffnen sich die Türen nur in den Stationen Mong Kok und Prince Edward nach links, und nach diesen beiden Haltestellen wurde Siu-Man immer weiter in die Mitte gedrängt. Dort war ihr Stammplatz. Sie stieg erst an der Endhaltestelle aus, und so konnte sie wenigstens bleiben, wo sie war, anstatt an jeder Station irgendwie beiseitetreten zu müssen, um andere Pendler ein- und aussteigen zu lassen.

Als der Zug die Station Prince Edward verließ, passierte laut Aussage von Siu-Man etwas.

»Ich … ich spürte, wie jemand mich berührt …«

»Wo berührt?«, fragte die Polizistin.

»Am … an meinem … Po«, stammelte Siu-Man. Sie hatte, die Schultasche an die Brust gepresst, mit dem Gesicht zur Tür gestanden und konnte deshalb nicht sehen, wer hinter ihr war. Sie spürte eine Hand, die nach ihr griff. Sie wandte den Kopf und blickte in lauter abweisende Gesichter. Bis auf ein paar Ausländer, die sich unterhielten, einen korpulenten, gähnenden Büroangestellten und eine Frau mit lockigen Haaren, die laut telefonierte, hielten alle die Köpfe gesenkt und starrten auf ihre Bildschirme. Mochten die Züge auch noch so voll sein, niemand war bereit, auch nur eine Sekunde soziale Medien, Chat oder Stream zu verpassen.

»Zuerst … zuerst dachte ich, ich hätte mich geirrt …« Siu-Mans Stimme war so dünn wie das Summen einer Mücke. »Es war so voll im Zug, ich dachte, vielleicht hat nur jemand sein Telefon aus der Tasche geholt und mich versehentlich gestreift. Aber dann, kurze Zeit später, spürte ich – ach …«

»Hat er dich noch mal angefasst?«, wollte Nga-Yee wissen.

Siu-Man nickte gequält.

Als die Polizistin mit einigen Fragen nachhakte, lief Siu-Man tiefrot an, dann erzählte sie stockend weiter. Sie hatte gespürt, wie die Hand langsam über ihre rechte Pobacke glitt, hatte verzweifelt versucht, sie zu fassen zu kriegen, doch es waren zu viele Menschen um sie herum, und sie erwischte sie nicht. Weil sie sich nicht richtig umdrehen konnte, verrenkte sie, so gut es ging, den Hals, um den Perversen mit einem bösen Blick aufzuhalten, aber sie konnte immer noch nicht sagen, wer es gewesen war. Der Mann im Anzug direkt hinter ihr, der glatzköpfige alte Knacker daneben oder jemand außerhalb ihres Blickfelds?

»Hast du denn nicht um Hilfe gerufen?« Noch im selben Augenblick bereute Nga-Yee die Frage. Sie wollte auf keinen Fall klingen, als würde sie ihrer Schwester Vorwürfe machen.

Siu-Man schüttelte den Kopf.

»Ich – ich hatte Angst, mich aufzuführen wie …«

Nga-Yee wusste genau, was ihre Schwester meinte. Sie war selbst einmal Zeugin geworden, als ein Mädchen, das in der U-Bahn belästigt worden war, sich lautstark wehrte und den Angreifer wegschlug. Als Reaktion darauf erntete das Opfer angewiderte Blicke, und der Täter verhöhnte sie noch. »Hältst du dich für ein Supermodel, oder was? Warum sollte ich denn bitte *dir* an die Titten fassen?«, hatte er spöttisch gerufen.

Siu-Man verstummte. Nach einiger Zeit hatte sie sich wieder etwas im Griff und fuhr zögernd fort. Die Beamtin schrieb mit. Siu-Man berichtete, wie sie in Panik geraten war. Dann verschwand die Hand plötzlich. In dem Moment, als sie erleichtert aufatmete, spürte sie, wie der Rock ihrer Schuluniform nach oben geschoben wurde und die Hand anfing, ihren Oberschenkel zu streicheln. Siu-Man hatte das Gefühl, ihr würden Kakerlaken übers Bein laufen, und sie überkam eine heiße Woge der Übelkeit. Im Waggon war es immer noch zu eng, um sich zu rühren, und sie konnte nur beten, dass die Hand sich nicht noch weiter nach oben bewegte.

Aber ihre Gebete wurden nicht erhört.

Die Hand des Perversen kehrte zu ihrem Po zurück, Finger schlängelten sich unter den Gummi ihres Höschens und bewegten sich auf ihre Scham zu. Siu-Ma wurde starr vor Schreck. Sie konnte nichts tun, als hektisch ihren Rock nach unten zu ziehen und ihn so davon abzuhalten, noch weiter zu gehen.

»Ich – ich weiß nicht, wie lange das dauerte … ich flehte ihn die ganze Zeit stumm an, damit aufzuhören.« Siu-Man zitterte beim Sprechen. Der Anblick tat Nga-Yee in der Seele weh. »Doch dann hat die Frau mich gerettet.«

»Welche Frau?«, fragte Nga-Yee.

»Mehrere beherzte Mitreisende haben geholfen, den Täter aufzuhalten«, erklärte die Polizeibeamtin.

Als der Zug in die Haltestelle Kowloon Tong einfuhr, erschallte die Stimme einer Frau. »He, Sie! Was treiben Sie da?« Es war die mittelalte Frau, die so laut telefoniert hatte.

»Als die Frauenstimme ertönte, war die Hand plötzlich weg«, sagte Siu-Man zittrig.

»Sie! Ich rede mit Ihnen! Was haben Sie da gerade gemacht?«

Die Frau schrie einen großen Mann an, der etwa zwei oder drei Passagiere von Siu-Man entfernt stand. Er war etwa Anfang vierzig, hatte wachsgelbe Haut, hervorstehende Wangenknochen, eine flache Nase und schmale Lippen. Es lag etwas Durchtriebenes in seinem Blick. Er trug ein verwaschen blaues Hemd, das ihn noch blasser aussehen ließ.

»Meinen Sie mich?«

»Ja, Sie! Ich habe gefragt, was Sie da gerade gemacht haben!«

»Was denn? Was habe ich denn gemacht?«

Der Mann wirkte nervös. Der Zug blieb in Kowloon Tong stehen, und die Türen öffneten sich nach rechts.

»So, Sie Perversling, ich frage Sie jetzt: Haben Sie dem Mädchen da unter den Rock gefasst?« Die Frau nickte in Siu-Mans Richtung.

»Sind Sie verrückt?« Der Mann schüttelte den Kopf und versuchte, mit den aussteigenden Fahrgästen den Zug zu verlassen.

»Hiergeblieben!« Die Frau drängelte sich durch die Menge und packte ihn am Arm, ehe er verschwinden konnte. »Sag, Mädchen, hat der Mann hier dir an den Po gefasst?«

Siu-Man biss sich auf die Unterlippe, ihr Blick huschte hin und her, sie wusste nicht, ob sie die Wahrheit sagen sollte.

»Du brauchst keine Angst zu haben. Ich kann das bezeugen. Sag es einfach.«

Voller Angst nickte Siu-Man stumm.

»Ihr seid doch beide verrückt! Ich will aussteigen!«, schrie der Mann. Die Mitreisenden merkten inzwischen ebenfalls, was los war, und einer drückte den Notknopf, um den Zugführer zu informieren.

»Ich habe es mit eigenen Augen gesehen! Leugnen ist zwecklos. Sie kommen jetzt mit zur Polizei!«

»Ich – ich bin nur aus Versehen gegen sie gestoßen. Sehen Sie sich die doch an. Glauben Sie etwa, ich würde so einer an den Hintern fassen? Wenn Sie mich nicht sofort loslassen, zeige ich Sie an! Das ist Freiheitsberaubung!« Der Mann schubste die Frau zur Seite und versuchte, auszusteigen, aber ein ziemlich starker Kerl in einem Muskelshirt streckte den Arm aus und hielt ihn auf.

»Egal, ob Sie das getan haben oder nicht, Sir, es wäre besser, wenn Sie mit aufs Revier gehen und die Sache aufklären«, sagte er mit drohendem Unterton.

Siu-Man stand inmitten des Tumults in einer Ecke und spürte die Blicke der anderen Fahrgäste auf sich. Manche waren voller Mitleid, in manchen lag unverhohlene Neugier und in einigen sichtliche Erregung. Die Blicke mancher Männer waren besonders schlimm – als wollten sie sagen: »Ach was? Du wurdest angefasst? Und? Wie hat sich's angefühlt? Schämst du dich? Hat's dir gefallen?« Ihr zitterten die Knie. Sie sank zu Boden, kauerte sich zusammen und fing an zu schluchzen.

»Hey, nicht weinen! Ich kümmere mich um dich«, sagte die laute Frau.

Dann wurde Siu-Man von der Frau, dem muskelbepackten Mann und einer weiteren Frau, die aussah wie eine Büroangestellte, aufs Polizeirevier begleitet, um eine Aussage zu machen. Nach den Worten der Frau mit dem Telefon waren die anderen Fahrgäste alle mit ihren Smartphones beschäftigt gewesen, weshalb sie die Einzige gewesen war, die bemerkt hatte, wie aufgelöst Siu-Man wirkte. Als dann in Shek Kip Mei Bewegung in die Menge kam, konnte sie plötzlich sehen, wie Siu-Mans Rock hochgeschoben wurde und eine Hand ihr an den Po griff. Sobald sie sich lautstark bemerkbar machte, hielten einige Mitreisende sofort mit ihren Smartphones drauf. Einen Ort ohne Kameras gibt es heutzutage im Grunde gar nicht mehr.

Der Mann, den sie festgehalten hatten, hieß Shiu Tak-Ping. Er war dreiundvierzig Jahre alt und Besitzer eines Schreibwarenladens in Lower Wong Tai Sin. Er bestritt die Vorwürfe, bestand darauf, dass er versehentlich gegen Siu-Man gestolpert sei und dass sie die Sache jetzt nur aufblase, weil die beiden im Vorfeld eine kleine Meinungsverschiedenheit gehabt hätten. Seine Version der Ereignisse lautete, dass Siu-Man sich an der Haltestelle Yau Ma Tei im Kiosk beim Bezahlen an der Kasse so viel Zeit gelassen hatte, dass sich hinter ihr eine Schlange bildete. Shiu Tak-Ping hatte direkt hinter ihr gestanden und sie angeschnauzt, sie solle sich gefälligst beeilen. Deswegen sei sie sauer auf ihn gewesen und habe, als sie ihn dann im Zug wiedergesehen hätte, beschlossen, sich mit einer falschen Anschuldigung zu rächen.

Die Polizei befragte den Mann an der Kioskkasse, welcher bestätigte, dass es zu einem unangenehmen Zwischenfall gekommen sei. Laut seiner Aussage war Shiu Tak-Ping ziemlich ausfallend geworden und hatte seinem Unmut, nachdem Siu-Man den Laden schon wieder verlassen hatte, weiter Luft gemacht: »Die jungen Leute von heute sind alles Nichtsnutze. Führen sich auf wegen nichts und wieder nichts. Die treiben Hongkong noch in den Ruin.« Das reichte jedoch nicht, um zu beweisen, dass Siu-Man Groll gegen ihn hegte, wohingegen Shiu Tak-Pings Reaktion auf seine Schuld hinzudeuten schien: Er war ausfallend geworden und hatte versucht, den Zug zu verlassen, obwohl Kowloon Tong nicht seine Haltestelle war – er war in Wong Tai Sin zu Hause.

»Also, Miss, ich bitte Sie, sich das hier durchzulesen und sicherzugehen, dass Sie mit allem, was hier steht, einverstanden sind«, sagte die Polizistin und legte Siu-Man die Aussage hin. »Falls das so stimmt, unterschreiben Sie bitte hier unten.«

Siu-Man nahm den Kugelschreiber und setzte zögerlich ihren Namen unter das Protokoll. Nga-Yee hatte ein solches Formular noch nie zuvor gesehen. Über der gepunkteten Unterschriftslinie stand eine Erklärung: »Ich bin mir im Klaren, dass eine wissentliche Falschaussage ein Vergehen darstellt und eine strafrechtliche Verfolgung nach sich ziehen kann.« Das klang gravierend. Nga-Yee musste in ihrem Leben so gut wie noch nie ein offizielles Dokument unterschreiben, und hier saß ihre kleine Schwester Siu-Man, fast noch ein Kind, und setzte ihren Namen unter ein derart schwerwiegendes Dokument.

Während der Fall seinen Gang durch das Justizsystem nahm, tauchten hier und da ein paar kurze Pressemeldungen auf, in denen Siu-Man ausschließlich als »Miss A« vorkam. Ein Reporter versuchte, die Story aufzubauschen, indem er bekannt machte, dass Shiu Tak-Ping in seinem Schreibwarenladen auch schlüpfrige Zeitschriften verkaufte, von denen sich manche um japanische Schulmädchen drehten, und dass er ein begeisterter Hobbyfotograf war; ab und zu buchte er offenbar gemeinsam mit ein paar befreundeten Fotonarren ein Model für eine Session, und der Artikel deutete an, dass er sich besonders für minderjährige Mädchen interessierte. Trotzdem wurde einem Fall, in dem es um Erregung öffentlichen Ärgernisses ging, nicht besonders viel Platz eingeräumt, und unter dem Strich nahm die Öffentlichkeit kaum davon Notiz. Schließlich kam es tagtäglich zu solchen Vorfällen, und zu jenem Zeitpunkt konzentrierte sich die Berichterstattung der Printmedien auf die Occupy-Bewegung und andere politische Nachrichten.

Am 9. Februar fand die erste Anhörung statt, und Shiu Tak-Ping wurde offiziell wegen sittenwidrigen Verhaltens angeklagt. Er plädierte auf »nicht schuldig«, und sein Anwalt beantragte eine Vertagung des Verfahrens mit dem Argument, die »umfassende Berichterstattung der Medien« würde einen fairen Prozess unmöglich machen. Der Antrag wurde abgelehnt, und der Richter setzte den Prozessbeginn für Ende des Monats fest. Nga-Yee erhielt eine schriftliche Vorladung für Siu-Man mit der Erlaubnis, ihre Aussage vor Gericht per Videolink aus einem Nebenraum zu machen. Nga-Yee hatte Angst um ihre Schwester, weil sie dort ganz alleine würde stehen müssen, um sich den Fragen von Shius Anwalt zu stellen, der sie mit Sicherheit schonungslos zu jedem noch so kleinen Detail des Vorfalls und ihres Privatlebens befragen würde.

Wie sich herausstellte, hatte Nga-Yee sich umsonst Sorgen gemacht.

Zum Prozessbeginn am 26. Februar plädierte Shiu Tak-Ping überraschend auf »schuldig«, was zur Folge hatte, dass sämtliche Zeugenbefragungen überflüssig wurden. Dem Richter blieb nur noch, das psychiatrische Gutachten sowie weitere schriftliche Einlassungen zu lesen und das Urteil zu fällen. Am 16. März wurde Shiu zu drei Monaten Haft verurteilt, würde jedoch dank Schuldeingeständnisses und erkennbarer Reue nur zwei Monate absitzen müssen. Das Urteil trat mit sofortiger Wirkung in Kraft.

Nga-Yee glaubte, damit wäre die Sache erledigt, Siu-Man könnte das schreckliche Ereignis vergessen und sich allmählich wieder der Normalität zuwenden. Stattdessen begann, einen Monat nachdem Shiu die Haft angetreten hatte, ein Albtraum, der ihre Schwester schließlich in den Suizid trieb.

Am Freitag, den 10. April, eine Woche vor Siu-Mans fünfzehntem Geburtstag, wurde auf Popcorn, einer lokalen Chat-Plattform, folgender Beitrag gepostet:

GEPOSTET VON kidkit727 AM 10.04.2015, 22:18
Vierzehnjährige Schlampe ist schuld, dass mein Onkel in den Knast gewandert ist!!!
Ich pack's nicht mehr. Ich muss endlich meinen Onkel verteidigen.

Mein Onkel ist 43. Er lebt mit seiner Frau in Wong Tai Sin und hat ein Schreibwarengeschäft. Er schuftet jeden Tag, um seine Familie über Wasser zu halten. Er ist nicht sehr gebildet – er ist mit vierzehn von der Schule abgegangen –, aber er ist voll in Ordnung. Er hat an der Kasse angefangen, und weil er immer so ehrlich und höflich war, hat sein Vorgänger ihm den Laden übergeben, als er in Rente ging. Ich habe von meinem Onkel noch nie eine Lüge gehört, seine Preise sind fair, und sämtliche Nachbarn würden euch dasselbe erzählen. Aber dann hat eine vierzehnjährige Schlampe ihm eine echt üble Geschichte angehängt, und jetzt sitzt er im Gefängnis.

Es passierte letzten November, auf der Kwun-Tong-Linie. Eine vierzehnjährige Schülerin hat behauptet, mein Onkel hätte ihr an den Hintern gefasst. Aber das stimmt überhaupt nicht! Das Mädchen wollte sich nur rächen! Kurz vorher war mein Onkel im Kiosk Yau Ma Tei, um Zigaretten zu holen. Er stand hinter dem Mädchen an der Kasse an. Ich glaube, sie wollte Telefonguthaben kaufen, aber als sie zahlen sollte, hatte sie nicht genug Geld. Sie hat eine Ewigkeit in ihrer Tasche nach Münzen gekramt, während die Schlange hinter ihr immer länger wurde. Schließlich rief mein Onkel: »Beeil dich mal! Wir warten hier alle nur auf dich. Geh zur Seite, wenn du nicht bezahlen kannst.« Sie drehte sich um und fing an zu kreischen, und mein Onkel hat natürlich Kontra gegeben. Er hat gesagt, sie wäre schlecht erzogen, und dann noch irgendwas Abfälliges über ihre Eltern. Sie starrte ihn nur an. Es heißt ja, Hunde, die bellen, beißen nicht, und diese Schlampe ist das perfekte Beispiel dafür, dass es genau andersrum ist. Sie hat die ganze Zeit, während mein Onkel auf sie einschimpfte, kein Wort gesagt, aber hinterher hat sie sich auf ganz fiese Art gerächt, mit einer falschen Anschuldigung.

Dabei hat er ihr in Wirklichkeit nie was getan, deshalb konnte er auch nichts gestehen. Doch die Presse war total gegen ihn. Das war eine echt harte Zeit für meinen Onkel und seine Frau. Er fotografiert gerne – sein einziges Hobby. Sie haben nicht viel Geld, und er hat nur eine billige Secondhandausrüstung. In seinem Laden verkauft er auch Fotozeitschriften, und manchmal trifft er sich mit ein paar Kumpels, um Landschaften oder Menschen zu fotografieren. In der Zeitung klang das, als wäre er ein Pädophiler, der nackte Mädchen fotografiert. Also bitte! Im Laden von meinem Onkel gibt es zig Fotobücher. Natürlich haben die Reporter genau das mit den zwei Mädchen in Schuluniform rausgepickt und die Sache mordsmäßig aufgeblasen. Die Fotosessions haben nur ein- oder zweimal im Jahr stattgefunden, aber in der Presse klang das, als hätte es jeden Monat eine Orgie gegeben.

Mein Onkel hatte Angst, dass diese Geschichten den Richter beeinflussen würden. Er wusste, dass der Versuch, wegzulaufen, als diese Schlampe ihn beschuldigt hat, dumm gewesen war. Sein Anwalt machte ihm klar, dass der Fluchtversuch und die Tatsache, dass die Nebenklägerin unter sechzehn ist, ihn vor Gericht schlecht dastehen lassen würden. Er riet ihm, auf »schuldig« zu plädieren, um wenigstens mit einer leichteren Strafe davonzukommen. Andernfalls wäre das Mädchen seinetwegen »gezwungen« gewesen, die ganze Geschichte vor Gericht zu bezeugen, der Richter hätte gedacht, er würde keine Reue empfinden, und am Ende wäre er nur noch länger ins Gefängnis gewandert. Am Anfang blieb mein Onkel standhaft, aber irgendwann knickte er ein. Seiner Frau geht es nicht gut, und er hatte Angst, sie zu lange allein zu lassen. Er dachte, es wäre besser, die Sache schnell hinter sich zu bringen. Nachdem diese albernen Geschichten in der Zeitung gestanden hatten, kamen jeden Tag Leute in den Laden, zeigten mit dem Finger auf die Frau meines Onkels und fingen an zu tuscheln. Mein Onkel liebt sie sehr, deshalb hat er beschlossen, sich der Ungerechtigkeit zu beugen und ins Gefängnis zu gehen.

Ein so guter und liebender Ehemann wie mein Onkel hätte sich niemals in der U-Bahn an einem Mädchen vergriffen.

Abgesehen davon gibt es einige Ungereimtheiten in dem Fall:

1. Mein Onkel ist eins achtundsiebzig groß und dieses Mädchen gerade mal eins sechzig. Das macht satte achtzehn Zentimeter Unterschied. Sie hat gesagt, mein Onkel hätte ihren Rock hochgeschoben, um ihr an den Hintern zu fassen. Hätte er sich dazu nicht ziemlich weit runterbeugen müssen? Ohne dass jemand was mitbekommt?

2. Natürlich wollte mein Onkel abhauen. Wäre doch jedem so gegangen, oder nicht? Stellt euch vor, irgendeine fiese, verlogene Kuh würde euch zu Unrecht was vorwerfen, würdet ihr einfach so dastehen und euch das gefallen lassen? In Hongkong geht es zurzeit drunter und drüber – es gibt Macht, aber keine Gerechtigkeit. Das Gesetz hat keine Bedeutung mehr, und wenn irgendwer ankommt und be-

hauptet, schwarz wäre weiß, stimmen die Leute ihm zu. Wie sollte mein Onkel sichergehen, dass jemand ihm glaubt?

3. Die Polizei sagt, der Fall sei schwerwiegend, weil das Opfer unter sechzehn war. Und was ist mit den Beweisen? Wenn ihre Behauptungen stimmen würden, wären Textilfasern unter seinen Fingernägeln gewesen und der Schweiß seiner Finger in ihrem Höschen. Hat irgendwer einen DNA-Test gemacht?

Aber am wichtigsten: Mein Onkel würde niemals ein solches Risiko eingehen. Warum sollte er seine Familie, seinen Laden, ja sein ganzes Leben aufs Spiel setzen? Wofür denn? Für eine langweilige, nichtssagende Minderjährige?

Mein Onkel hat auf »schuldig« plädiert, um die Sache möglichst schnell zu beenden. Ich habe den Mund gehalten und mitgespielt, wollte den Sturm an mir vorbeiziehen lassen, aber was ich heute gehört habe, hat mich wieder total wütend gemacht.

Ein Freund von mir hat ziemlich üble Dinge über diese vierzehnjährige Hure ans Licht gezerrt. An ihrer Schule wissen alle, dass sie eine kleine Schlampe ist, die ständig Ärger macht. Sie tut zwar nach außen hin nett, aber hinter dem Rücken der Leute intrigiert sie. Einem Mädchen hat sie den Freund ausgespannt und ihn abserviert, sobald ihr langweilig wurde. Deshalb hat sie auch überhaupt keine Freunde. Aus ihrer Klasse will niemand was mit ihr zu tun haben. Nach der Schule hängt sie immer mit total fertigen Typen rum und säuft, wer weiß, vielleicht nimmt sie sogar Drogen und hurt durch die Gegend.

Laut jemandem aus ihrer Klasse wuchs sie ohne Vater auf. Letztes Jahr ist ihre Mutter gestorben, und seitdem hat sie keiner mehr unter Kontrolle. Sie wurde immer schlimmer. So wie ich das sehe, lässt sie ihr Unglück an ihrer Umgebung aus. Nach der Nummer in der U-Bahn spielt sie das arme kleine Opfer, um möglichst viel Mitleid zu kriegen. Aber was hat mein Onkel denn verbrochen? Soll er jetzt sein Glück und das Glück seiner Familie ihren egoistischen Wünschen opfern?

Tut mir leid, Onkel, ich weiß, du wünschst dir nur, dass die ganze Sache endlich vorbei ist, aber ich kann nicht mehr länger den Mund halten!

Nicht mal einen Tag nach Erscheinen avancierte der Hass-Post zum beliebtesten Beitrag der Seite und ging kurz darauf auf Facebook und anderen sozialen Medien viral. Die Regenschirm-Bewegung sorgte generell für Misstrauen gegenüber den Behörden. Viele Menschen unterstellten der Polizei Machtmissbrauch, die Anwendung von übertriebener Gewalt, und manche sogar, mit den Triaden unter einer Decke zu stecken. Wenn die Polizei versuchte, für Ordnung zu sorgen, warfen die Protestierenden ihr vor, totalitär zu agieren und die Rechte der Bürger zu unterdrücken. Vor diesem Hintergrund schlugen sich viele Popcorn-Leser auf die Seite des anonymen Verfassers. Der Post passte zum Narrativ der Stunde: Der Gerechtigkeit war nicht Genüge getan worden, die Polizei hatte geschlampt und ihre Pflichten vernachlässigt, also musste Shiu Tak-Ping unschuldig sein. Sie bedrohten »Miss A« und kündigten an, sie bloßzustellen. Ein paar Tage später postete jemand im gleichen Thread ein Foto von Siu-Man, zusammen mit ihrem vollständigen Namen, dem Namen ihrer Schule und ihrer Adresse. Weil es illegal ist, die Daten von Minderjährigen zu veröffentlichen, wurde der Post von den Moderatoren schnellstens gelöscht, aber nicht, ehe unzählige Nutzer das Foto samt Informationen per Screenshot gesichert und mit ein paar verknappten Angaben repostet hatten, um das Gesetz zu umgehen: »Au_Man, die kleine Schlampe von der E_School in Yau Ma Tei« oder »Die vierzehnjährige Hure aus Lok_Estate, _ Siu-Man.« Die Leute posteten schreckliche Unterstellungen und verfremdeten ihr Gesicht per Photoshop zu jeder Menge demütigender Bilder.

Nga-Yee liebte Bücher, aber was das Internet betraf, war sie quasi Analphabetin. Weil sie keine Freunde hatte, waren die sozialen Medien und Chatforen für sie absolut unbekanntes Terrain. Für ihren Job in der Bibliothek musste sie den Umgang mit E-Mails lernen, aber das war's dann auch schon. Aus diesem Grund hatte sie erst drei Tage nachdem der Post erschienen war davon erfahren, als eine ihrer Kolleginnen ihr am Montag davon erzählte. Da erst begriff sie, weshalb Siu-Man das ganze Wochenende so verstört zu Hause gesessen hatte. Ihr verstaubter PC war ein Billigmodell, das zusammen mit dem Internetzugang installiert worden war. Weil in ihrem Wohnblock so viele Menschen lebten, bot der Provider eine niedrige Monatsflat an. Sie hatten sich den Zugang legen lassen, nachdem Nga-Yee zu arbeiten begonnen hatte, als das Geld nicht mehr ganz so knapp gewesen war. Yee-Chin hatte dem Verkäufer nicht widerstehen können, als er sagte, das Paket würde »Ihrer Tochter helfen, noch bessere Noten zu erzielen«. Im Grunde blieb der schwarze Desktop-Computer so gut wie unbenutzt, denn als Siu-Man auf die weiterführende Schule wechselte, hatte sie sich ein günstiges Smartphone zugelegt und ging damit über das heimische WiFi ins Netz.

Nachdem Nga-Yee den Post auf dem Tablet ihrer Kollegin gelesen hatte, schäumte sie vor Wut. Die verleumderischen Vorwürfe »nimmt Drogen« und »hurt durch die Gegend« waren schlimm, doch erst als sie sich wieder beruhigt hatte, wurde ihr klar, wie ernst die Sache war. Sie geriet in Panik und hatte keine Ahnung, was sie tun sollte. Sollte sie ihre Schwester anrufen? Aber Siu-Man saß jetzt im Unterricht. Sie rief in der Schule an und bat darum, mit Miss Yuen verbunden zu werden, Siu-Mans Klassenlehrerin. Es stellte sich heraus, dass Miss Yuen bereits von den Gerüchten erfahren hatte und man an der Schule einen Ausschuss einberufen hatte, um sich mit dem Problem auseinanderzusetzen.

»Machen Sie sich keine Sorgen, Miss Au. Heute im Unterricht wirkte Siu-Man ganz normal. Ich behalte sie im Auge, und wir vereinbaren einen Termin bei unserer Sozialpädagogin«, sagte Miss Yuen.

Auf dem Nachhauseweg bereitete Nga-Yee sich darauf vor, ihre Schwester zu trösten – auch wenn sie nicht wusste, was sie sagen sollte –, aber Siu-Mans Reaktion überraschte sie.

»Ich will nicht darüber sprechen«, sagte sie tonlos.

»Aber …«

»Ich bin am Ende. Sämtliche Lehrer wollten mit mir reden. Mir reicht's für heute.«

»Siu-Man, ich möchte doch nur …«

»Nein!«, schrie Siu-Man. »Ich will nicht darüber sprechen! Fang du nicht auch noch an!«

Nga-Yee war schockiert von Siu-Mans Reaktion. Sie konnte sich nicht erinnern, wann ihre Schwester zum letzten Mal so ausgerastet war.

Nachdem Nga-Yee den Post ein zweites Mal gelesen hatte, war sie sich sicher, dass der Neffe von Shiu Tak-Ping Lügen verbreitete. Offensichtlich versuchte er, seinen Onkel in ein besseres Licht zu rücken, und es war ihm egal, wie viele Unwahrheiten er dazu in die Welt setzen musste und wie schwach die Argumente waren, die er vorbrachte, um Mr Shius Unschuld zu beweisen. Er war offensichtlich mit Freuden bereit, Siu-Man in den Dreck zu ziehen, nur damit sein Onkel besser dastand. Um mit seinen eigenen Worten zu sprechen: Opferte er damit nicht Siu-Mans Glück den egoistischen Wünschen seines Onkels? Trotzdem musste Nga-Yee sich eingestehen, dass Siu-Mans seltsames Verhalten sie in ihrem Glauben ein wenig erschüttert hatte. Natürlich glaubte Nga-Yee nicht, dass ihre kleine Schwester fähig wäre, sich Lügengeschichten auszudenken, um jemandem zu schaden. Trotzdem fragte sie sich, ob es möglich war, dass von den anderen Dingen, die er über sie gesagt hatte, wenigstens ein Bruchteil stimmte.

Wie Samen, die vom Baum fielen, schlugen Zweifel Wurzeln in ihrem Herzen, ohne dass Nga-Yee etwas davon mitbekam, und wurden langsam immer größer.

Neben dem Original-Post bereiteten unzählige Kommentare Nga-Yee schlaflose Nächte.

Ihre Kolleginnen zeigten ihr, wie man auf Chat-Plattformen und in den sozialen Medien navigierte, und jeden Abend, nachdem Siu-Man ins Bett gegangen war, setzte sie sich leise an den alten Computer und las jeden einzelnen neuen Post. Nga-Yee hatte während ihrer Schulzeit selbst genug gehässige Kommentare abbekommen und wusste, dass die meisten Menschen eine Schattenseite hatten. Trotzdem war sie schockiert über das Ausmaß und die Brutalität der Angriffe auf ihre Schwester. Es fühlte sich an, als hätten die Kommentatoren sich in ein riesiges Monster verwandelt, einen Kraken, der alle Hemmungen verloren hatte.

- Fuck! Jeder in Hongkong sollte dieser verlogenen Lügnerin aus dem Weg gehen. Die hat mit ihrem Aussehen versucht, den Richter rumzukriegen.
- Würdet ihr jemanden mit einer solchen Fresse ficken?
- Nichts Besonderes, aber ich schon.
- Das ist eine Hure, die kriegst du für dreihundert.
- Die würde ich nicht nehmen, wenn du mir dreihundert zahlst. Die ist ein öffentliches Scheißhaus.
- Abschaum wie die sollte man einschläfern.

Entsetzt musste Nga-Yee mit ansehen, wie ihre kleine Schwester von einer Horde Fremder zum Ziel öffentlicher Misshandlung und sexueller Verdinglichung gemacht wurde. Diese Leute waren Siu-Man nie begegnet und sprachen von ihr, als wären sie aufs Engste mit ihr vertraut, projizierten ihre Fantasien auf sie und schlugen damit um sich wie mit einem Prügel. Die Posts strotzten vor Obszönitäten. Als dürfte man vom anderen Ende eines Glasfaserkabels aus ungestraft die schmutzigsten, widerlichsten Dinge von sich geben, sogar über ein minderjähriges Mädchen. Im Gegenteil: Eben weil ihre Schwester minderjährig war, unterstellten diese Menschen, das Gesetz hätte Siu-Man bevorzugt behandelt, weshalb die Trolle quasi gezwungen waren, im Interesse der »Gerechtigkeit« das Gleichgewicht wiederherzustellen.

Außerdem gab es etliche, die Detektiv spielten, und natürlich jede Menge »Psychologen«, die Siu-Mans Motive für die falschen Anschuldigungen analysierten und freimütig ihre Diagnose hinsichtlich der vorliegenden Syndrome oder Persönlichkeitsstörungen teilten. Ab und zu tauchte jemand auf, der versuchte, die andere Seite der Geschichte darzulegen, was umgehend harsch niedergebügelt wurde, woraufhin sich die Diskussion zwischenzeitlich auf persönliche Diffamierungen der Kommentatoren und sinnlose Streitereien verlagerte.

Nga-Yee hatte das Gefühl, die menschliche Natur splitterfasernackt vor sich zu sehen, wie sie sich in ihrer hässlichsten Pose rekelte.

Und Siu-Man war schuldlos zum Gegenstand dieses Gemetzels geworden.

In den nächsten zwei Wochen war die Atmosphäre zu Hause äußerst gedrückt. Der Post lenkte den Fokus der Medien zurück auf den Fall, und zwar schärfer als je zuvor. Ein paarmal standen Reporter vor ihrer Tür, doch Siu-Man weigerte sich, mit ihnen zu sprechen. Manche fuhren auch nach Wong Tai Sin und versuchten, mit der Frau des Inhaftierten zu reden, aber mit demselben Ergebnis – auch Mrs Shiu ging der Presse aus dem Weg, was bedeutete, dass der Schreibwarenladen geschlossen blieb. Zeitungen und Zeitschriften beleuchteten die Story aus allen möglichen Perspektiven, manche behaupteten, es handle sich um ein Fehlurteil, andere kritisierten das Verhalten des Neffen als grobe Schikane. Doch ob sie nun pro oder kontra waren, änderte nichts an der Tatsache, dass Siu-Man plötzlich zu einer öffentlichen Figur geworden war. Jeden Tag auf dem Weg zur Schule und zurück zeigten die Leute mit dem Finger auf sie und fingen an zu tuscheln.

Und Nga-Yee konnte nichts tun, um sie von diesem Druck zu befreien.

Sie überlegte, Siu-Man für eine Weile von der Schule zu nehmen, aber ihre kleine Schwester wollte nichts davon wissen. Sie wollte ihr Leben so normal wie möglich weiterleben, anstatt es sich von diesem »Blödsinn« kaputt machen zu lassen. Nga-Yee fühlte sich machtlos, aber weil sie vor Siu-Man nicht hilflos erscheinen wollte, verdrängte sie ihre Gefühle und zwang sich zu einem Lächeln, um ihre Schwester aufzuheitern. Es geschah nicht selten, dass Nga-Yee sich in der Bibliothek auf der Toilette einschloss, damit niemand sie weinen sah.

Im Mai nahm die Berichterstattung langsam ab, und auch die Trolle verloren das Interesse. Siu-Man fing langsam wieder an zu reden und wurde wieder sie selbst, auch wenn sie stark abgenommen hatte und in ihrem Blick etwas Haltloses lag. Nga-Yee dachte, wenn ihre Schwester stark genug gewesen war, die letzten Wochen durchzustehen, war sie in der Lage, alles wegzustecken. Am Ende hatte sich Siu-Mans Strategie als die richtige erwiesen: Augen zu und durch war die beste Medizin.

Aber sie hatte sich getäuscht.

Gerade als Nga-Yee glaubte, alles wäre endlich wieder normal, sprang Siu-Man in ihrer Wohnung im zweiundzwanzigsten Stock aus dem Fenster.

Nga-Yee konnte nicht glauben, dass ihre Schwester sich umgebracht hatte. Die Dinge hatten sich doch langsam wieder beruhigt. Es hatte sich angefühlt, als würde ihr Leben in normale Bahnen zurückkehren und nicht schon wieder ins Schleudern geraten.

»Siu-Man würde sich niemals umbringen! Jemand muss bei uns eingebrochen und sie gestoßen haben ...«, sagte Nga-Yee jetzt zu Sergeant Ching.

»Wir haben ausreichend Hinweise darauf, dass sie es selbst getan hat.«

Am Nachmittag war bei ihrer Nachbarin Auntie Chan ein Handwerker gewesen, um die Wohnungstür zu reparieren, und beide hatten Siu-Man um zehn nach fünf nach Hause kommen sehen, definitiv allein. Um etwa acht Minuten nach sechs, dem Augenblick von Siu-Mans tödlichem Sprung, hatten zwei Bewohner aus On Wah House, direkt gegenüber, die Sache mit angesehen. Die Sonne ging gerade unter, eine Tageszeit, zu der viele ältere Menschen gerne am Fenster sitzen und auf die Straße hinuntersehen. Sie hatten beobachtet, wie Siu-Man das Fenster öffnete, auf das Fensterbrett stieg und sprang. Einer der beiden war vor Schreck in Ohnmacht gefallen, während der andere laut schreiend nach der Polizei gerufen hatte. Beide waren sicher, dass hinter Siu-Man niemand zu sehen gewesen war, als sie hinauskletterte. Untermauert wurde die Aussage durch die

Aufnahmen der öffentlichen Überwachungskameras, die Siu-Mans letzte Augenblicke festgehalten hatten. Das Filmmaterial deckte sich mit den Zeugenaussagen.

Nga-Yee war klar, dass sie in der Wohnung keinerlei Kampfspuren finden würde. Als sie die Tür aufschloss, sah alles so aus wie immer – nur dass Siu-Man nicht da war. Das hier war das richtige Leben, kein Roman, kein hinterhältiger, als Suizid verkleideter Mord. So was passierte im richtigen Leben nicht, und wenn doch, dann nicht in dem eines ganz normalen, fünfzehn Jahre alten Mädchens.

Das einzig Seltsame war das Fehlen eines Abschiedsbriefs.

»Viele Menschen hinterlassen keinen Abschiedsbrief. Manchmal, weil sie im Affekt gehandelt haben und nicht die Zeit dazu blieb«, sagte Sergeant Ching behutsam. »Miss Au, Ihre Schwester stand monatelang unter immensem Druck. Ich habe schon viele Fälle wie diesen erlebt. Bitte vertrauen Sie darauf, dass die Polizei gründlich ermittelt. Angesichts der Streitigkeiten rund um Ihre Familie werden wir definitiv jeden Stein umdrehen.«

Nga-Yee wusste sehr gut, dass ein fünfzehnjähriges Mädchen von dem endlosen Druck in den Selbstmord getrieben werden konnte, aber es gelang ihr trotzdem nicht, zu akzeptieren, dass Siu-Man sich wegen anonymem Mobbing das Leben genommen hatte. Dieser Tod war ein »Tod der tausend Schnitte«, ausgeführt von Fremden, die Siu-Man scheibchenweise zerstückelt und sie damit langsam zu Tode gefoltert hatten.

Nga-Yee wollte eine gerechte Strafe für jeden Einzelnen, der sich im Internet an diesem Lynchmob beteiligt hatte, doch das war unmöglich. Sie würde nie an alle Beteiligten herankommen, egal mit welchen Mitteln.

»Und was ist mit demjenigen, der den Hetz-Post veröffentlicht hat? Der hat sie umgebracht! Der Neffe von Shiu Tak-Ping! Er ist ein Mörder!«, rief Nga-Yee.

»Bitte reißen Sie sich zusammen, Miss Au«, sagte Sergeant Ching. »Ich verstehe, dass Sie aufgebracht und wütend sind, aber dem Gesetz sind in dieser Situation die Hände gebunden.

Sie sagen, dieser Mensch sei ein Mörder, trotzdem wäre eine zivile Verleumdungsklage das Äußerste, was Sie erreichen könnten. Alles, was der Verfasser getan hat, ist, ein paar Worte zu schreiben. Was Sie im Augenblick brauchen, ist psychologische Unterstützung. Ich bringe Sie in Kontakt mit einer ehrenamtlichen Organisation zur Unterstützung von Angehörigen. Ich hoffe, es geht Ihnen bald wieder besser.«

Was er sagte, klang vernünftig, doch in Nga-Yee war kein Platz für Vernunft. Sie lehnte sein Angebot ab, nahm aber, um ihn zum Schweigen zu bringen, ein paar Flyer der Organisation entgegen. Ihr Herz füllte sich mit ohnmächtigem Hass.

In den Wochen nach Siu-Mans Tod kümmerte sich Nga-Yee um die letzten Dinge ihrer Schwester. Sie hätte nie gedacht, dass die Erfahrung der Beisetzung ihrer Mutter vor einem Jahr ihr so schnell nützlich werden würde. Zu Siu-Mans Trauerfeier in der Aussegnungshalle erschienen so gut wie keine Menschen, nur vor der Tür lauerten jede Menge Reporter. Auch danach wurde Nga-Yee immer wieder belästigt und mit Fragen bedrängt. »Wie fühlen Sie sich?«, »Welche Gedanken gehen Ihnen zu dem Selbstmord Ihrer Schwester durch den Kopf?«, »Glauben Sie, die Netzbürger sind die wahren Mörder Ihrer Schwester?«, und andere taktlose Fragen. Auf einer Zeitschrift prangte die Schlagzeile FÜNFZEHNJÄHRIGE SPRINGT IN DEN TOD: SCHULDEINGESTÄNDNIS ODER STUMME ANKLAGE?, daneben ein verpixeltes Foto ihrer Schwester. Als Nga-Yee das Cover an einem Kiosk entdeckte, konnte sie sich gerade noch davon abhalten, den ganzen Stapel in Fetzen zu reißen.

Die Presse war in Nga-Yees Augen genauso schlimm wie der Mob im Netz. Wenn die »Netzbürger« die »wahren Mörder« waren, waren die Reporter, die Siu-Man nachgestellt hatten, weil »die Menschen ein Recht auf die Wahrheit« hatten, deren Handlanger.

Die Trauerfeier ihrer Mutter im Jahr zuvor war gut besucht gewesen. Im Laufe des Tages waren alle in die Aussegnungshalle gekommen, um Yee-Chin die letzte Ehre zu erweisen: ihre Chefs und Kollegen aus dem Dim-Sum-Restaurant, die Nachbarn, mit denen sie gern geplaudert hatte, alte Freunde aus To Kwa Wan und sogar Au Fais Arbeitskollege Ngau. Bei Siu-Man dagegen tauchte gerade mal eine Handvoll Menschen auf. Was Nga-Yee besonders sprachlos machte, war die Tatsache, dass bis zum Abend keiner ihrer Klassenkameraden vorbeigekommen war. Nur ihre Klassenlehrerin Miss Yuen hatte Siu-Man die letzte Ehre erwiesen.

War Siu-Man tatsächlich so unbeliebt gewesen, wie behauptet worden war?

Nga-Yee musste an den Satz aus dem Post denken, in dem es hieß, sie hätte in der Schule überhaupt keine Freunde.

Unmöglich. Siu-Man war so lebendig und extrovertiert gewesen, sie konnte nicht isoliert gewesen sein. Nga-Yee saß im Familienbereich der Aussegnungshalle und fühlte sich immer unwohler. Dabei bedrückte sie nicht in erster Linie die Vorstellung, dass Siu-Man tatsächlich keine Freunde gehabt hatte, sondern der Gedanke, dass der Verfasser des Posts womöglich die Wahrheit gesagt hatte.

Zum Glück wurden Nga-Yees Befürchtungen um halb acht Uhr abends ein wenig zerstreut, als zwei Schüler in Uniform auftauchten: ein Mädchen mit kurzen Haaren am Arm eines Jungen.

Sie traten vor den Altar und verbeugten sich. Nga-Yee fielen ihre vom Weinen geröteten Augen auf. Sie meinte, die beiden schon einmal gesehen zu haben – waren das nicht die zwei, die Siu-Man vorletztes Jahr an Heiligabend nach Hause gebracht hatten, nachdem ihr auf einer Party schlecht geworden war? Ihre Mutter war die ganze Nacht lang wach geblieben, um ihrer Schwester beizustehen. Die beiden sagten kein Wort zu Nga-Yee, sondern nickten ihr zum Abschied nur stumm zu. Später kam dann noch eine weitere Schülerin, und das war's dann. Andererseits war Donnerstag, vielleicht konnten Siu-Mans Klassenkameraden nicht so lange aufbleiben, schließlich war am nächsten Tag Schule, und hatten deshalb nur ein paar Stellvertreter geschickt.

Nachdem Trauerfeier und Einäscherung vorbei waren, als

Siu-Mans sterbliche Überreste dann in einer Urne neben denen ihrer Eltern ruhten, schlug Nga-Yees Trauer in einer gewaltigen Woge über ihr zusammen. Zwei Wochen lang war sie durch die Gegend gelaufen und hatte alle möglichen Dinge organisiert. Es war keine Zeit geblieben, an irgendetwas anderes zu denken. Jetzt, wo alles vorbei war und sie allein in ihrer Wohnung saß, fühlte Nga-Yee sich hohl und ausgebrannt. Sie richtete ihren starren Blick in die leeren Winkel der Wohnung, als würde sie dort ihre Familie sehen: Siu-Man, die auf dem Teppich vor dem Sofa mit ihrer Stoffpuppe spielte, ihre Mutter, die in der Küche stand und kochte, ihr Vater, gleich hier neben ihr, der seiner Frau mit volltönender Stimme etwas zurief.

»Siu-Man … Mom … Dad …«

An diesem Abend klammerte sich Nga-Yee beim Einschlafen an Erinnerungen aus Tagen, die trotz Armut voller Glück gewesen waren.

Ein paar Tage später kam ein Brief, der ihr auch diese letzte Zuflucht nahm.

Die Wohnungsbehörde informierte sie, dass sie aus Wun Wah House ausziehen und die Wohnung samt all ihren Erinnerungen verlassen musste.

»Miss Au, Sie werden verstehen, dass wir uns an die Vorschriften halten müssen«, sagte der Verwalter in der Zentrale der Behörde in Ho Man Tin. Sie hatte einen Termin vereinbart, um persönlich Einspruch zu erheben, und saß jetzt vor ihm in einem Besprechungszimmer.

»Ich … ich lebe in dieser Wohnung, seit ich ein kleines Kind war. Warum muss ich umziehen?«

»Ich will ganz offen sein, Miss Au.« Der Verwalter raschelte mit ein paar Unterlagen. »Sie sind jetzt alleinstehend, und die Wohnungen in Wun Wah House sind für Haushalte mit zwei oder drei Personen bestimmt. Unsere Regularien besagen, dass Einpersonenhaushalten ein Wohnraum von höchstens zwanzig Quadratmetern zusteht. Mit Ihnen allein ist Ihre Wohnung unterbelegt; wir finden eine neue Bleibe für Sie, die besser auf Ihre Ansprüche zugeschnitten ist.«

»Aber … aber diese Wohnung ist mein Zuhause! Ich muss da bleiben, zum Gedenken an meine Familie!«, sagte Nga-Yee. »Sie sind alle tot, und Sie wollen mich davonjagen? Muss das sein? Das ist unmenschlich!«

»Miss Au«, sagte der Mann mit dem korrekten Anzug und der goldgefassten Brille und sah ihr direkt in die Augen. »Ich hege großes Mitgefühl für Ihre Situation, aber wissen Sie eigentlich, wie viele Familien auf unseren Wartelisten stehen? Wenn wir für diese Menschen nicht schnellstmöglich Wohnraum finden, müssen sie weiter in völlig überfüllten, unpassenden Wohnungen hausen. Sie werfen uns vor, unmenschlich zu sein, Miss Au, aber könnte ich Ihnen nicht ebenso gut vorwerfen, egoistisch zu sein, weil Sie Ihre Wohnung nicht aufgeben wollen, obwohl andere Menschen sie viel dringender benötigen?«

Nga-Yee wurde erst rot und dann blass. Sie wusste nicht, was sie darauf antworten sollte.

»Miss Au, wissen Sie was? Wir räumen Ihnen eine Frist von drei Monaten ein. Außerdem stellen wir Ihnen eine Liste von Wohnungen zur Verfügung, aus der Sie frei wählen können.« Sobald er den Mund aufmachte, war ihr Name das Erste, was daraus hervorkam, als wollte er betonen, dass sie das Problem sei. »Möglich, dass diese Angebote etwas weiter außerhalb liegen, in Yuen Long vielleicht oder im North District in den New Territories, aber dafür handelt es sich ausnahmslos um Neubauten. Der Komfort ist also sehr viel höher als in Lok Wah Estate. Wir geben Ihnen Bescheid, sobald sich etwas tut, Miss Au, und ich möchte Sie bitten, uns zu informieren, sollten Sie vorhaben, sich auf eine Reise zu begeben.«

Es war eindeutig, dass dieses Gespräch damit beendet war.

Nga-Yee erhob sich schwerfällig. Sie wollte gerade gehen, als der Verwalter die Brille abnahm und sagte: »Miss Au, Sie dürfen nicht glauben, ich wäre irgendein überbezahlter Prinzipienreiter. Auch ich muss zusehen, dass ich meine Miete bezahlen kann. Private Immobilien kosten heutzutage Millionen, selbst Wohnungen, in denen jemand gestorben ist. Die Situation auf dem Wohnungsmarkt ist fürchterlich. Die einzige Möglichkeit zu leben, ist, zu nehmen, was man kriegen kann, auch wenn man sich etwas anderes gewünscht hätte. Seien Sie einfach ein bisschen flexibel, dann wird alles gut.«

Die letzten Worte des Verwalters sorgten dafür, dass Nga-Yee den ganzen Heimweg über kochte. Er verlangte, dass sie die Hoffnung aufgab und sich in ihr Schicksal fügte.

Der Unfall ihres Vaters, die Krankheit ihrer Mutter, der Selbstmord ihrer Schwester – das war ihr Schicksal, und sie konnte ihm nicht entkommen.

Nga-Yee saß im Bus und ahnte nicht, wie Angst einflößend sie wirkte: die Stirn gerunzelt, die Augen blutunterlaufen und mit mahlendem Kiefer – als würde die Anstrengung, eine derart ungeheuerliche Ungerechtigkeit zu ertragen, sie jeden Moment in Stücke reißen.

Ich werde mein Schicksal nicht akzeptieren!, dachte sie.

Nga-Yee musste immerzu daran denken, wie sie sich bei dem Gespräch im Leichenschauhaus mit Sergeant Ching gefühlt hatte: eine komplizierte Mischung aus Schmerz, Verbitterung und Wut.

Der Mörder ist derjenige, der den Hass-Post veröffentlicht hat! Seinetwegen hat Siu-Man sich umgebracht. Ich muss den Neffen von Shiu Tak-Ping zur Rede stellen – diese Gedanken fuhren in Nga-Yees Kopf Karussell.

Dabei war ihr nicht klar, was sie mit einer Begegnung eigentlich erreichen wollte – besser gesagt, sie wusste nicht, was passieren würde, wenn sie dem Hass-Poster tatsächlich begegnete. Würde sie sich auf ihn stürzen? Ihm kreischend an den Kopf schleudern, dass er ein eiskalter Mörder war? Ihn an Siu-Mans Grab in die Knie zwingen, damit er dort um Vergebung flehte? Ihn verprügeln? Darauf bestehen, dass er zur Sühne sein Leben ließ, Auge um Auge, Zahn um Zahn?

Egal wie, Nga-Yee wollte nur eines: ihn treffen. Auf diese Weise, mit einem vergeblichen Protest gegen die grausame Wirklichkeit, würde sie sich ihrem Schicksal widersetzen.

Ihr fiel ein, dass ihre Kollegin Wendy von einem Verwandten erzählt hatte, einem gewissen Mr Mok, der eine Privatdetektei besaß. Wendy hatte ihn letztes Jahr erwähnt, als sie in der Bibliothek gemeinsam eine Kiste mit alten Detektivromanen durchgesehen hatten. Nga-Yee rief Mr Mok an, fragte, ob er Interesse hätte, ihren Fall zu übernehmen, und erkundigte sich nach seinem Honorar. Wie schwer konnte es schon sein, den Namen von Shiu Tak-Pings Neffen herauszufinden, wo er arbeitete oder zur Schule ging und wie er aussah? Mehr brauchte sie nicht, um ihm aufzulauern und ihm zu sagen, was sie zu sagen hatte. Ein Routinefall, und sicher noch leichter als gewöhnlich, weil Shiu Tak-Ping in letzter Zeit ständig in den Medien präsent gewesen war.

»Ein derartiger Job kostet Sie normalerweise einen Tagessatz von dreitausend Dollar plus Spesen und nimmt in der Regel fünf bis sechs Tage in Anspruch. Damit lägen Sie im Ganzen also bei zwanzigtausend. Aber weil Sie eine Kollegin von Wendy sind, Miss Au, und ich Verständnis für Ihre Situation habe, gewähre ich Ihnen Rabatt: zweitausend am Tag. Sie können also in etwa mit zwölftausend Dollar rechnen«, sagte Mr Mok, ein Mann in den Fünfzigern, bei ihrem ersten Treffen. Obwohl Nga-Yee für die Beisetzung von Mutter und Schwester gerade erst viel Geld ausgegeben hatte, besaß sie immer noch über 80 000 Hongkong-Dollar, die sie für Siu-Mans Studium beiseitegelegt hatte. Geld, für das es jetzt keine Verwendung mehr gab. Sie willigte ein.

Vier Tage später, am Abend des 5. Juni, rief Mr Mok bei Nga-Yee an und bat um ein Treffen. Er habe ihr etwas zu berichten.

»Miss Au«, sagte der Detektiv feierlich, nachdem seine Assistentin ihnen Kaffee serviert hatte und wieder verschwunden war, »ich bin bei meinen Ermittlungen über ein kleines Problem gestolpert.«

»Worum geht es Ihnen … wollen Sie mehr Geld?« Mr Mok hatte aufrichtig gewirkt, aber sie fragte sich trotzdem, ob dies eine Einleitung war, um seinen Tagessatz zu erhöhen.

»Nein, nein, Sie verstehen mich falsch.« Er schmunzelte. »Lassen Sie mich damit beginnen, dass ich die Ermittlungen persönlich übernommen habe, anstatt sie an einen meiner Mitarbeiter zu delegieren. Ich hatte genug davon, untreuen Ehepartnern hinterherzuspionieren, und habe mich sehr gefreut, zur Abwechslung mal wieder in einer sinnvollen Angelegenheit zu ermitteln. Also haben mein Assistent und ich uns in den letzten Tagen ein bisschen bei der Familie Shiu in Wong Tai Sin umgesehen. Ich habe das, was ich weiß, schon vor ein, zwei Tagen herausgefunden, aber es hat noch einmal zwei Tage gedauert, bis ich mir wirklich sicher war.«

»Haben Sie Shiu Tak-Pings Neffen gefunden?«

»Tja, genau da liegt das Problem.« Beim Sprechen zog Mr Mok einen Stapel Dokumente und Fotos aus seiner Aktentasche. »Shiu Tak-Ping hat keinerlei Geschwister – er ist Einzelkind. Und seine Frau auch.«

»Na und?« Nga-Yee verstand nicht, worauf er hinauswollte.

»Das heißt, er hat weder einen Neffen noch eine Nichte.« Mr Mok deutete auf die Bilder. »Shiu Tak-Pings Vater starb vor vier Jahren. Er selbst lebt mit seiner Frau und seiner siebzigjährigen Mutter im zehnten Stock von Lung Gut House, Bestandteil des Lower Wong Tai Sin Estate. Nicht nur, dass er selbst keinerlei Geschwister hat, auch seine einzige Cousine, die vor vielen Jahren nach Australien auswanderte, ist kinderlos geblieben – und selbst wenn sie Kinder hätte, wäre Shiu Tak-Ping, technisch betrachtet, nicht der Onkel.«

Nga-Yee sah Mr Mok fassungslos an. »Und wer hat dann diesen Hass-Post verfasst?«

»Das weiß ich nicht, und Shiu Tak-Pings Familie weiß es auch nicht.«

Nga-Yee war sprachlos.

»Ich konnte mich mit einem Nachbarn unterhalten, der die alte Mrs Shiu recht gut kennt. Offensichtlich hat die Familie selbst keine Ahnung, was da läuft.« Mr Mok zuckte die Achseln. »Mir ist nicht ganz klar, weshalb sich jemand als Shius Neffe ausgeben und derartigen Dreck über Ihrer Schwester ausschütten sollte. Zuerst dachte ich, vielleicht steckt seine Frau dahinter oder seine Mutter, aber wenn es eine von ihnen gewesen wäre, hätten sie mit Sicherheit das Interesse der Presse ausgenutzt, um sich für Tak-Ping starkzumachen – doch die Familie hat sämtliche Interviews verweigert.«

»Wenn das so ist, Mr Mok, können Sie mir dann helfen, herauszufinden, wer hinter kidkit727 steckt?«, sagte Nga-Yee, den Blick auf die Unterlagen gerichtet.

»Das ist nicht so einfach.« Mr Mok seufzte. »Wir sind eine traditionelle Detektei und nicht wirklich gut ausgestattet, um Leute in den Tiefen des Internets aufzustöbern, die nicht gefunden werden wollen. Bestenfalls könnten wir vage Rückschlüsse aus den verwendeten Formulierungen ziehen. Ich habe mich ein bisschen auf der Chat-Plattform umgesehen, und da ist mir etwas Seltsames aufgefallen – der Nutzer mit dem Pseudonym kidkit727 hat auf Popcorn nur diesen einen Post veröffentlicht, der entsprechende Account wurde am selben Tag eingerichtet. Danach fanden keine weiteren Log-ins mehr statt. Es sieht ganz so aus, als wäre dieser Account einzig dazu eröffnet worden, um Shiu Tak-Pings Ruf reinzuwaschen. Aber das ist natürlich reine Spekulation, Miss Au.«

»Mr Mok, wenn Sie möchten, dass ich Ihr Honorar erhöhe, bin ich bereit …«

»Darum geht es nicht«, unterbrach er sie. »Es geht mir wirklich nicht ums Geld. Ehrlich gesagt, ich werde Ihnen gar nichts mehr berechnen, weil die Ermittlungen ein Reinfall waren. Ich habe mir in dieser Branche den Ruf erworben, zuverlässig zu sein. Ich tue, was ich kann, um einen Fall aufzuklären, aber wenn ich an einen Punkt gelange, an dem ich endgültig nicht mehr weiterkomme, nehme ich keinen einzigen Dollar mehr. Die geleistete Anzahlung von viertausend Dollar kann ich Ihnen allerdings, fürchte ich, nicht zurückzahlen. Mir selbst macht es nichts aus, auf mein Honorar zu verzichten, aber von meinem Assistenten kann ich nicht verlangen, umsonst zu arbeiten.«

»Aber …« Ratlos schweifte Nga-Yees Blick zu den Unterlagen vor ihr auf dem Schreibtisch. In ihrer Brust wallte ein Gefühl der Hilflosigkeit auf und breitete sich lähmend in ihren Gliedern aus. Nichts, was sie anfasste, würde ihr jemals glücken. Ihr fielen die Worte des Mannes von der Wohnungsbehörde wieder ein: *Die einzige Möglichkeit zu leben, ist, zu nehmen, was man kriegen kann.*

»Seien Sie nicht traurig, Miss Au.« Der Detektiv reichte ihr ein Taschentuch. Erst da merkte sie, dass ihr Tränen über die Wangen liefen.

»Muss ich … muss ich denn mein Schicksal wirklich einfach akzeptieren?«, platzte es aus ihr heraus.

Mr Mok sah aus, als wollte er noch etwas sagen, doch er tat es nicht. Schließlich schüttelte er den Kopf und nahm aus einer Schachtel auf seinem Schreibtisch eine Visitenkarte. Er schrieb mit dem Kugelschreiber etwas darauf. Nach kurzem Zögern schubste er die Karte zu ihr herüber.

»Was ist das?«

»Meine Karte. Wenn Sie wirklich wissen wollen, wer diesen Post verfasst hat, Miss Au, sollten Sie sich an diesen Mann hier wenden.«

»Was? Das ist sein Name? N?«

»Ja. Er ist IT-Spezialist und auf Hightech-Fälle spezialisiert. Er ist ein ziemlich schräger Vogel, und vielleicht nimmt er Ihren Fall auch gar nicht an. Und selbst wenn er es tut, ich habe keine Ahnung, was er verlangt.«

»Ist er auch Privatdetektiv?«

»Gewissermaßen.« Mr Mok lächelte schief. »Allerdings arbeitet er ohne Lizenz.«

Nga-Yee runzelte die Stirn. »Ohne Lizenz? Aber ist er … vertrauenswürdig?«

»Miss Au, wenn Sie ein Problem haben, das Sie nicht alleine lösen können, und Sie jemanden brauchen, der für Sie ermittelt, an wen wenden Sie sich?«

»Ich wende mich an … Sie?«

»Richtig. Sie wenden sich an einen Privatdetektiv.« Wieder lächelte Mr Mok schmallippig. »Haben Sie schon mal darüber nachgedacht, an wen wir Detektive uns wenden, wenn wir mit einem Fall zu tun haben, der uns an den Rand unserer Möglichkeiten bringt?«

Nga-Yee betrachtete einen Moment lang stumm die Visitenkarte. »Sie wenden sich an N?«

Mr Moks Lächeln wuchs. Sie hatte verstanden.

»Noch einmal, ich weiß nicht, ob er Ihren Fall übernimmt, aber vielleicht hilft es, ihm meine Karte zu zeigen.«

Nga-Yee nahm zögernd das Kärtchen vom Tisch. Sie wusste nicht, was sie von dem Vorschlag halten sollte. War dieser N tatsächlich so gut, wie Mr Mok behauptete? Wenigstens sagte er ihr nicht auch, sie sollte ihr Schicksal akzeptieren, sondern bot ihr eine weitere Möglichkeit, sich zur Wehr zu setzen. Dafür war sie ihm dankbar.

Mr Mok begleitete sie zur Tür. »Ach so, ich hatte vorhin noch etwas vergessen zu erwähnen, Miss Au.«

»Was denn?« Sie blieb stehen und drehte sich zu ihm um.

»Mir ist da noch eine Idee gekommen: Womöglich hatte der Verfasser des Posts ein Motiv, das gar nichts mit Shiu Tak-Ping zu tun hat. Vielleicht war Ihre Schwester sein wahres Ziel. Vielleicht hatte er gar kein Interesse daran, Shius Namen reinzuwaschen, sondern nur, den Ruf Ihrer Schwester zu zerstören. Das könnte erklären, weshalb sich ein Fremder als Shiu Tak-Pings Neffe ausgibt. So zu tun, als würde er für Gerechtigkeit einstehen, würde ihm zu mehr Glaubwürdigkeit verhelfen, wenn er es in Wirklichkeit nur darauf abgesehen hatte, Ihre Schwester unter Druck zu setzen, bis sie völlig den Mut verlor.«

Mr Moks Worte schnitten wie ein Messer durch Nga-Yees Seele. Sie spürte, wie eiskalte Wellen ihren Rücken hinaufjagten.

»Und falls es wirklich so war«, sagte Mr Mok, »hätten wir es tatsächlich mit Mord zu tun.«

DIENSTAG, 5. MAI 2015

!!!

Das Weib ist tot!!!! 20:05 ✓

Das Weib ist tot!!!!!!!!!!

? 20:06

Au Siu-Man!!!! Sie hat sich umgebracht!!!!!!
http://news.appdaily.com/hk/20150505/
realtime/a72nh12.htm 20:07 ✓

Breaking News: Fünfzehnjährige
springt in Lok Wah Estate in den Tod

Und jetzt? 20:07 ✓

Antworte mir!!! 20:12 ✓

mach dir keinen kopf 20:12

das kann man nicht zu uns zurückverfolgen 20:14

Echt?? Aber wir haben sie umgebracht!!!! 20:14 ✓

was redest du? wir haben lediglich
gewisse fakten öffentlich gemacht 20:16

mach dich nicht verrückt 20:18

wo bist du jetzt 20:23

ich komme zu dir 20:25

ZWEITES KAPITEL

1

Nga-Yee stand vor einem sechsstöckigen Mietshaus in der Second Street in Sai Ying Pun und starrte verwirrt auf die Hausnummer.

Einhunderteinundfünfzig … war das wirklich hier?

Wieder warf sie einen Blick auf die handgeschriebene Adresse auf Mr Moks Visitenkarte und dann auf die Hausnummer. Die Ziffern waren so verblasst, dass man sie kaum noch erkennen konnte. Das Haus war mindestens siebzig Jahre alt. Die Fassade war schäbig grau und früher vielleicht einmal weiß gewesen. Die Regenrinne am Vordach war lose, und es gab keine Briefkästen. Hinter dem Eingang lag eine Treppe, die sich in der Dunkelheit des ersten Stocks verlor. Das Haus hatte keinen Namen – nur 151, auch wenn der Bauch der Fünf eigentlich nur noch zu erahnen war.

Es war elf Uhr vormittags am Tag nach Nga-Yees Treffen mit Mr Mok. Sie hatte seine handschriftlichen Angaben befolgt und sich nach Sai Wan auf Hong Kong Island aufgemacht. Sie hatte mit einem Geschäftsgebäude gerechnet, doch als sie an der Station Sai Ying Pun aus der U-Bahn gestiegen und die Second Street entlanggelaufen war, hatte sie um sich herum nur heruntergekommene Mietshäuser gesehen. Andererseits hatte Mr Mok ihr erzählt, N würde ohne Lizenz arbeiten, da konnte er mit seinem Detektivbüro schlecht in einem glitzernden Wolkenkratzer residieren.

Trotzdem entsprach dieses Haus so gar nicht ihren Erwartungen.

Im Grunde wirkte es unbewohnbar, zumindest für Menschen, und das lag nicht an dem heruntergekommenen Äußeren, sondern an dem penetranten Gestank nach Vernachlässigung, der in der Luft hing. Bis auf das oberste Stockwerk waren sämtliche Fenster fest verschlossen, nirgends war eine Klimaanlage zu sehen, im Gegensatz zu dem fünfstöckigen schlammgelben Haus gegenüber, wo Klimageräte verschiedenster Fabrikate und Größen an Fassade und Balkonen klebten, außerdem Wäscheständer voller T-Shirts, Hosen und Bettlaken. Nummer 151 dagegen sah aus, als wäre es schon seit Jahren unbewohnt – ein Ort, der längst den Vagabunden, Verbrechern und Junkies gehörte, vielleicht sogar den Gespenstern. Nur die intakten Fenster waren ein Hinweis darauf, dass das Haus nicht verlassen war – und der nicht vernagelte Hauseingang.

Nga-Yee überlegte, ob das Haus wohl bald abgerissen und an der Stelle neu gebaut werden würde.

Sie sah sich um und versuchte rauszufinden, ob sie sich nicht doch in der Adresse geirrt hatte. Die Second Street verlief in einer leichten Kurve durch das alte Viertel von Sai Ying Pun. An beiden Enden waren neue, hohe Gebäude entstanden, doch der Abschnitt, auf dem sich die Nummer 151 befand, bestand ausschließlich aus Altbauten. Abgesehen von einem Schreibwarenladen und zwei Eisenwarenhandlungen waren bei allen anderen der etwa ein Dutzend Geschäfte die Rollläden heruntergelassen. Nga-Yee hätte nicht sagen können, ob die Geschäfte leer standen oder nur über den Tag geschlossen hatten. Die Straße war kaum breit genug für Gegenverkehr, und außer Nga-Yee war so gut wie niemand unterwegs. Nur ein paar Meter weiter stand ein schwarzer Lieferwagen und blockierte fast die halbe Straße. Im Gegensatz zu dieser Gegend war die quirlige Queen's Road West nur ein paar Häuserblocks weiter eine völlig andere Welt. Hatte Mr Mok ihr womöglich die verkehrte Straße aufgeschrieben oder sich in der Hausnummer geirrt? Vielleicht hatte er die First oder Third Street gemeint, das ließ sich schnell mal verwechseln.

Während Nga-Yee noch unschlüssig dastand und sich fragte, ob sie sich wirklich in diesen finsteren Treppenaufgang wagen oder kehrtmachen und woanders weitersuchen sollte, ertönten plötzlich Schritte. Eine Frau in einem dunkelblauen Kleid kam die Treppe heruntergepoltert.

»Äh, Ent…Entschuldigung, ist das hier die Second Street Nr. 151?«, fragte Nga-Yee.

»Ja, das stimmt«, antwortete die etwa fünfzigjährige Frau. Sie musterte Nga-Yee von Kopf bis Fuß, während Nga-Yee ihrerseits den roten Plastikeimer mit Putzmitteln, Gummihandschuhen, Bürste und Staubwedel registrierte.

»Wohnen Sie hier? Ich wollte wissen, ob im sechsten Stock ...«

»Wollen Sie zu N?«

Dann stimmte die Adresse also tatsächlich.

»Ja, da sind Sie richtig – sechster Stock«, sagte die Frau mit einem Blick auf die Visitenkarte in Nga-Yees Hand und lächelte freundlich. »Hier gibt's pro Stockwerk nur eine Wohnung, es ist nicht zu verfehlen.«

Nga-Yee bedankte sich und sah der Frau nach, die in Richtung Water Street davonging. Wenn diese Hausbewohnerin – ob sie als Putzfrau arbeitete? – N kannte, war sie offenbar tatsächlich richtig hier. Mit klopfendem Herzen stieg sie die düstere Treppe hinauf. Sie hatte keine Ahnung, ob N in der Lage war, ihr zu helfen. Das finstere Haus jagte ihr jedenfalls Schauer über den Rücken, und sie rechnete auf jedem Treppenabsatz damit, von einer grässlichen Gestalt angesprungen zu werden.

Nachdem sie langsam fünf Stockwerke hinter sich gebracht hatte, erreichte sie den sechsten Stock. Der Treppenabsatz endete vor einer schlichten, vergitterten weißen Holztür. Weder an der Tür noch am Gitter befand sich irgendein Hinweis. Kein Schild »Privatdetektiv«, nicht das übliche Bildnis der Türgottheit oder das rote Banner mit dem Spruch »Komme und gehe in Frieden«. An der Wand war eine altmodische schwarze Klingel befestigt. Sie sah aus wie aus den Sechziger- oder Siebzigerjahren.

Nachdem sie sich vergewissert hatte, dass auf der Wand tatsächlich 6 stand, betätigte Nga-Yee die Klingel.

Brrrrrrrrrrrrrr. Es hörte sich an wie eine schrille alte Schulglocke.

Sie wartete zehn Sekunden, doch drinnen blieb alles still.

Brrrrrrrrrrrrr. Sie versuchte es noch einmal.

Eine halbe Minute verging. Die Tür blieb fest verschlossen.

Ob er nicht zu Hause war? Doch dann war aus der Wohnung leises Rascheln zu hören.

Brrrrrrrrrrrrrrrrrrrrrrrrrr. Nga-Yee hielt den Klingelknopf gedrückt, und das nervtötende Geräusch ratterte wie ein Maschinengewehr.

»Aufhören!« Plötzlich ging die Tür einen Spaltbreit auf und enthüllte ein halbes Gesicht.

»Äh, hallo. Ich bin …«

Die Tür knallte wieder ins Schloss.

Nga-Yee blieb vor Erstaunen der Mund offen stehen. In der Wohnung war alles wieder still. Wieder drückte sie den Klingelknopf und löste aufs Neue das schrille Gebimmel aus.

»Ich sagte, aufhören!« Die Tür ging wieder auf und enthüllte ein wenig mehr von dem Gesicht.

»Mr N! Warten Sie, bitte!«, rief sie.

»Das ›Bitte‹ können Sie sich sparen. Ich empfange heute keinen Besuch«, sagte der Mann abweisend und wollte die Tür wieder zumachen.

»Privatdetektiv Mok schickt mich!«, rief Nga-Yee schnell, ehe die Tür sich vollständig geschlossen hatte.

Die Worte »Privatdetektiv Mok« verfehlten offensichtlich nicht ihre Wirkung. Der Mann hielt inne, dann ging die Tür langsam wieder auf. Nga-Yee zog Moks Visitenkarte aus der Tasche und schob sie durch das Gitter.

»Verdammt! Was für einen gequirlten Mist lädt dieser Scheißkerl jetzt schon wieder bei mir ab?« Der Mann nahm die Karte, öffnete das Gitter und ließ Nga-Yee herein.

Als sie in der Wohnung stand, konnte sie ihn endlich richtig erkennen. Mit dem, was sie sah, hatte sie definitiv nicht gerechnet. Der Mann war ungefähr Anfang vierzig, weder groß noch besonders gut gebaut. Ein ganz normaler Durchschnittstyp, eher ein bisschen zu dünn. Die wirren Haare standen vom Kopf ab, und die Ponyfransen hingen ihm bis vor die lethargischen Augen, die so gar nicht zu der aristokratischen Nase passten. Das Gesicht war mit Bartstoppeln übersät, und in Kombination mit dem eindeutig ungewaschenen, verknitterten grauen T-Shirt und der ausgefransten, blau-weiß karierten, abgeschnittenen Hose sah er aus, als würde er normalerweise in Hauseingängen nächtigen. Nga-Yee war in einer Sozialbausiedlung groß geworden. Dort gab es jede Menge solcher verwahrloster Gestalten. Der verstorbene Mann von Auntie Chan war auch so einer gewesen. Tag für Tag hatte sie, die Hände in die Hüften gestemmt, vor ihm gestanden und ihm vorgeworfen, ein Taugenichts zu sein, während Onkel Chan sie ignorierte und weiter seelenruhig sein Bier trank.

Nga-Yee löste den Blick von dem Mann und erlitt den nächsten Schock. Für das, was sie sah, gab es nur ein passendes Wort: Saustall.

Direkt neben der Wohnungstür türmte sich alles mögliche Zeug – Zeitungen und Zeitschriften, Klamotten und Schuhe, Kartons in sämtlichen Größen. Das Wohnzimmer am Ende des Eingangsbereichs war genauso chaotisch. An der Rückseite standen zwei Bücherregale, in denen sich kreuz und quer die Bücher stapelten. Auf einem runden Tisch direkt davor standen drei Holzkisten in der Größe von Schuhkartons, aus denen alle möglichen Drähte, Verlängerungskabel und jede Menge elektronische Bauteile ragten, die Nga-Yee noch nie in ihrem Leben gesehen hatte. Auch die Stühle rund um den Tisch waren beladen mit Krempel, darunter eine uralte, auf dem Kopf stehende, vergilbte Computerkonsole.

Linker Hand im Wohnzimmer stand ein großer Schreibtisch, darauf derselbe Verhau wie im übrigen Zimmer: Unterlagen, stapelweise Papier, Bücher, leere Bierflaschen, zerrissene Snackriegelfolien und zwei Laptops. Vor dem Tisch, in der Mitte des Raums, standen sich zwei grüne Sessel gegenüber, auf dem einen lag eine E-Gitarre, auf dem anderen ein pinkfarbener Koffer. Dazwischen befand sich ein Couchtisch – das einzige Möbelstück, das nicht zugemüllt war –, und an der Wand neben der Tür stand ein unter Krempel und Klamotten halb verstecktes Sofa. In den Regalen rechts und links vom Schreibtisch war eine altmodische Stereoanlage installiert, und jeder Zentimeter war vollgestopft mit CDs, Schallplatten und

Audiokassetten. Auf dem untersten Regalboden befand sich der Gitarrenverstärker und daneben ein Kabelsalat, der bis auf den Fußboden hinunterquoll. Rechts neben dem Regal stand vor einem sehr großen Fenster eine knapp einen Meter große Topfpflanze. Obwohl die zerfledderte Jalousie zur Hälfte heruntergelassen war, hatte sich grelles Sonnenlicht einen Weg ins Zimmer gebahnt und enthüllte die dicke Staubschicht auf sämtlichen Möbeln und Oberflächen, ganz zu schweigen von den Flecken auf den Fußbodendielen.

Was soll das denn für ein berühmter Detektiv sein, der aussieht wie ein Penner und in einem derartigen Drecksloch haust? Beinahe hätte Nga-Yee den Gedanken laut ausgesprochen.

»Ent…Entschuldigung, sind Sie Mr N? Ich bin …«

»Hinsetzen. Bin eben erst aufgewacht«, sagte der Mann. Ihre Frage ignorierte er. Er gähnte herzhaft und schlurfte barfuß ins Bad neben dem Eingangsbereich. Nga-Yee sah sich um, und weil es nirgendwo etwas zum Hinsetzen gab, blieb sie peinlich berührt neben dem Sofa stehen.

Aus dem Bad drangen die Geräusche von Klospülung und fließendem Wasser. Nga-Yee drehte automatisch den Kopf, sah, dass die Badezimmertür offen stand, und wandte sich eilig wieder ab. Eine Tür neben dem Bücherregal stand ebenfalls einen Spaltbreit geöffnet. Sie erblickte ein ungemachtes Bett, umgeben von einem Verhau aus Kisten, Kleidungsstücken und Plastiktüten. Diese Wohnung machte ihr Angst. Sie war keine Ordnungsfanatikerin, aber dieses Loch konnte man ungestraft als Müllhalde bezeichnen. Nur weil die Wohnung im obersten Stockwerk lag und eine hohe Decke hatte, bekam man nicht sofort das Gefühl, zu ersticken. Der zweite Grund für ihr Unbehagen kam gerade aus dem Bad.

»Was stehen Sie so dumm da rum?«, knurrte der ungepflegte Mann und kratzte sich in der Achselhöhle. »Ich dachte, ich hätte gesagt, Sie sollen sich setzen?«

»Sind Sie Mr N?«, fragte Nga-Yee und hoffte, er würde sagen: »Der Detektiv ist gerade nicht zu Hause, ich bin nur sein Mitbewohner.«

»Sie können N zu mir sagen. Ich bin kein Mr Irgendwas.« Er wedelte mit der Visitenkarte, die sie ihm gegeben hatte. »Hat Mok ja auch geschrieben, oder nicht?«

N schubste die Gitarre vom Sessel und ließ sich hineinfallen. Er sah Nga-Yee an und bedeutete ihr mit Blicken, dass sie den Koffer beiseiteräumen sollte.

Der Koffer war so leicht, er musste leer sein.

»Warum hat Mok Sie geschickt? Sie haben fünf Minuten.« N fläzte sich in den Sessel, offensichtlich völlig desinteressiert. Er gähnte wieder.

Sein Benehmen war dermaßen überheblich, dass Nga-Yee kurz davor war, aufzustehen und diesem widerlichen Loch den Rücken zu kehren.

»Ich … mein Name ist Au. Ich möchte Sie anheuern, um jemanden für mich aufzuspüren.«

Nga-Yee schilderte ihm in einer kurzen Zusammenfassung, was geschehen war, wie Siu-Man in der U-Bahn belästigt worden war, dass der Beschuldigte überraschend auf »schuldig« plädiert hatte, erzählte N von dem Popcorn-Post, in dem plötzlich von einem Justizirrtum die Rede war, von dem anschließenden Cybermobbing, den aufdringlichen Reportern und schließlich von dem Suizid ihrer Schwester.

»Ich hatte Mr Mok beauftragt, mir dabei zu helfen, Shiu Tak-Pings Neffen ausfindig zu machen, um ihn zur Rede zu stellen … dabei stellte sich heraus, dass Mr Shiu gar keine Geschwister hat und also auch keinen Neffen.« Sie nahm Mr Moks Bericht aus der Handtasche und reichte ihn über den Tisch.

N musterte die erste Seite, blätterte den Rest gelangweilt durch und ließ den Bericht auf den Couchtisch segeln. »Angesichts Moks Fähigkeiten würde ich sagen, er ist so weit gekommen, wie er konnte«, höhnte er.

»Mr Mok fehlt das technische Know-how, um anhand eines Internet-Posts die Identität einer Person festzustellen. Deshalb hat er mir geraten, mit Ihnen zu sprechen«, antwortete Nga-Yee. Sein abfälliger Tonfall missfiel ihr. Mr Mok war ein netter Mensch und hatte sich alle Mühe gegeben, ihr zu helfen.

»Solche Fälle übernehme ich nicht«, sagte N schroff.

»Warum nicht? Ich habe Ihnen noch nicht mal gesagt, wie viel zu zahlen ich bereit bin …«

»Es interessiert mich nicht. Ist mir zu simpel.« Er stand auf, um sie zur Tür zu bringen.

»Zu simpel?« Sie starrte ihn fassungslos an.

»Läppisch. Simpel. Ultraleicht«, sagte N tonlos. »Ich übernehme keine langweiligen Fälle. Ich bin Detektiv, kein Sachbearbeiter. Ich habe mich noch nie für simpel gestrickte Fälle interessiert, bei denen man lediglich einen Schritt nach dem anderen tun muss, um die Lösung zu finden. Meine Zeit ist kostbar – und die verschwende ich nicht auf einen lumpigen Fall wie diesen.«

»Lum…pig?«

»Ja. Lumpig – langweilig, trivial und bedeutungslos. So was passiert jeden Tag. Die Leute sind ständig auf der Suche nach der Identität von jemandem, um sich für irgendeine Belanglosigkeit im Internet zu rächen. Würde ich Fälle wie diesen übernehmen, wäre ich nicht besser als eine x-beliebige Service-Hotline. Mok wird mal wieder sentimental. Ich habe ihm schon mal gesagt, er soll mir keine Hundekacke mehr schicken. Ich bin nicht seine Putze.«

Bis jetzt hatte Nga-Yee sich zusammengerissen, aber bei dieser Ansprache platzte ihr der Kragen. »Sie … Sie können es nicht, und jetzt flüchten Sie sich in eine billige Ausrede!«

»Ach! Werden wir jetzt etwa emotional?« N lächelte süffisant. »Einen Fall wie diesen löse ich mit geschlossenen Augen. Völlig simpel. Auf jedem Chatserver befindet sich ein Protokoll der IP-Adressen seiner User. Ich bräuchte gerade mal fünf Minuten, um mich ins Back-End von Popcorn zu hacken und die entsprechende Datei herunterzuladen. Danach würde ich mir die IP-Adressen in eine Datenbank ziehen, eine Umkehrsuche nach dem ISP anstoßen, mir die Log-in-History des Betreibers ansehen und den Standort des Computers des betreffenden Kunden ermitteln. Glauben Sie etwa, die Polizei hätte Schwierigkeiten, Leute aufzuspüren, die sensible Daten verbreiten oder online politische Kundgebungen organisieren? Das ist ein Kinderspiel. Und was die Polizei kann, kann ich schon lange.«

Nga-Yee hatte keine Ahnung, was ein Server oder ein ISP war, aber Ns systematische Erklärung verriet ihr, dass er wusste, wovon er sprach. Das machte sie noch wütender. Wenn es tatsächlich so einfach war, sollte es für ihn ein Kinderspiel sein, kidkit727 aufzuspüren, und er weigerte sich trotzdem.

»Wenn es so leicht ist, suche ich mir jemand anderen«, fauchte sie, weil sie unbedingt das letzte Wort behalten wollte.

»Sie haben mich falsch verstanden, Miss Au«, sagte N selbstgefällig. »Für *mich* ist es leicht. Nach meinem Kenntnisstand gibt es in Hongkong etwa zweihundert Hacker, die in den Popcorn-Server eindringen könnten, und höchstens zehn wären dazu in der Lage, ohne Spuren zu hinterlassen. Viel Glück, falls Sie versuchen sollten, einen von den zehn zu finden – oh, Entschuldigung, neun. Von mir haben Sie ja schon einen Korb bekommen.«

Erst in diesem Augenblick wurde Nga-Yee klar, dass N einer dieser Hacker war, von denen sie schon mal was gehört hatte: Einzelgänger, die sich in den finstersten Ecken des Internets herumtreiben und mit ein paar Mausklicks astronomische Summen verdienen. Cyberkriminelle, die Prominenten Geld abjagen, indem sie in ihre Privatsphäre eindringen und sie dann erpressen.

Nga-Yee lief ein kalter Schauder über den Rücken. Plötzlich bekam sie Angst vor diesem unansehnlichen Kerl; gleichzeitig war er perfekt geeignet, um ihr zu helfen. Sie erhoffte sich so dringend eine Erklärung für Siu-Mans Tod, dass sie ihre Wut beiseiteschob, all ihre Entschlossenheit in ihre Stimme legte und ihre Bitte wiederholte.

»Mr N, bitte helfen Sie mir. Ich weiß nicht mehr weiter. Wenn Sie mich abweisen, weiß ich nicht, an wen ich mich noch wenden soll«, sagte sie. »Wenn Sie wollen, flehe ich Sie auf Knien an. Ich kann die Vorstellung nicht ertragen, dass Siu-Man vielleicht durch die Schuld eines Fremden gestorben ist …«

»Okay.« N klatschte in die Hände.

»Okay?«

»Ihre fünf Minuten sind um.« Er stand auf, ging zum Schreibtisch und zog den roten Kapuzenpulli an, der über der Stuhllehne gehangen hatte. »Bitte verlassen Sie meine Wohnung. Ich gehe jetzt frühstücken.«

»Aber …«

»Wenn Sie nicht gehen, rufe ich die Polizei und sage, dass eine Verrückte in meine Wohnung eingedrungen ist.« Er stand bereits im Flur und schlüpfte in ein Paar Flip-Flops. Er machte Wohnungstür und Gitter auf und nickte mit dem Kinn in Richtung Treppenhaus.

Nga-Yee blieb nichts anderes übrig, als die Unterlagen vom Tisch zu nehmen, sie in ihre Handtasche zu stopfen und zu gehen. Unschlüssig stand sie vor der Wohnungstür auf dem Treppenabsatz. Sie hatte keine Ahnung, was sie jetzt tun sollte. N schlurfte an ihr vorbei, ohne sie noch eines Blickes zu würdigen, und ging die Treppe hinunter.

Als sie ihn um die Ecke verschwinden sah, kehrte das Gefühl der Hoffnungslosigkeit zurück. Sie ging das düstere Treppenhaus hinunter, und mit jedem Stockwerk wurde ihr schwerer ums Herz. Mr Mok hatte sie gewarnt, dass N ihren Fall womöglich nicht übernehmen würde, aber mit einer so schroffen Reaktion hatte sie nicht gerechnet. Langsam kam Nga-Yee zu der Überzeugung, dass sie ihrem Schicksal tatsächlich nicht entrinnen konnte, sosehr sie sich auch dagegen wehrte. Die schrecklichen Beleidigungen, mit denen N sie überhäuft hatte, waren mit Sicherheit eine Warnung des Schicksals gewesen.

Wieder klang ihr der Rat des Mannes von der Wohnungsbehörde in den Ohren, doch *ein bisschen flexibler* zu sein.

Als sie aus dem dunklen Treppenhaus auf die Straße trat, riss das grelle Sonnenlicht sie aus ihren Gedanken. Im selben Moment, als sie die Hand hob, um die Augen zu beschirmen, ertönten unmittelbar neben ihr hektische Schritte.

»He … oh!«

Direkt vor ihren Augen wurde N von zwei Männern gepackt. Der größere war jung und muskulös. Seine Arme waren dicker als Nga-Yees Oberschenkel, und auf sein linkes Handgelenk war ein Drache tätowiert. Der kleinere sah nicht ganz so furchterregend aus, doch seine blond gefärbten Haare waren seitlich abrasiert, und sein T-Shirt lag hauteng an. Beides waren typische Merkmale dafür, dass der Mann Triaden-Mitglied war.

Der Tätowierte hielt Ns Hände umklammert, schlang ihm einen Arm um den Hals und drückte ihm die Luftröhre zu, damit er nicht schreien konnte. Der Blonde versetzte ihm ein paar Fausthiebe in die Magengrube, rannte zu dem schwarzen Lieferwagen am Straßenrand und öffnete die Tür, damit der Tätowierte N hineinbugsieren konnte.

Nga-Yee hatte keine Ahnung, was sie machen sollte – ihr Hirn war völlig leer. Doch zum Nachdenken blieb ihr auch nicht sehr viel Zeit.

»Hey, D, die Tussi gehört doch auch zu ihm, oder?«, fragte der Blonde.

»Dann schnapp sie dir!«, rief der Muskelprotz. Ehe Nga-Yee wusste, wie ihr geschah, hatte der Blonde sie am Handgelenk gepackt.

»Lassen Sie mich los!«, schrie Nga-Yee.

Er hielt ihr mit einer Hand den Mund zu und riss an ihrem Arm. Sie stolperte und wäre gestürzt, hätte er sie nicht festgehalten und in den Transporter gestoßen.

»Los!«, grölte der Muskelprotz, und der Blonde knallte die Tür zu.

Nga-Yee war sich völlig im Klaren, was hier passierte – Muskelprotz und Blondie waren eindeutig Mitglieder einer Triade, die mit N eine Rechnung offen hatte, und sie nur der Kollateralschaden. Sie wehrte sich nach Kräften, aber Blondie drückte ihre Schulter nach unten und presste ihr das Knie auf den Oberschenkel, sodass sie sich nicht mehr rühren konnte. Sie starrte ihn wütend an und erntete dafür einen mörderischen Blick.

Wenigstens war N bei ihr. Dem passierte so was wahrscheinlich ständig. Er hatte sicher tolle Kampftricks drauf, so wie Jack Reacher in den Romanen von Lee Child. Gleich lieferte er sich einen Kampf mit Muskelprotz und …

»*Chrrrr…*«

N saß nach vorne gekrümmt da, hielt sich den Magen und würgte. In dem Transporter waren entlang der Seitenwände zwei Sitzbänke montiert. Muskelprotz saß neben N und wirkte genauso überrascht wie Nga-Yee. Sie hatten offensichtlich beide denselben Gedanken: N benahm sich irgendwie jämmerlich.

»*Chrrr…* Scheiße! Musste das so fest sein?« N spuckte aus, Galle vielleicht, vielleicht aber auch nur Speichel. Er ließ sich mit bleichem Gesicht gegen die Seitenwand fallen. Muskelprotz und Blondie – der Nga-Yee immer noch fest im Griff hatte – tauschten Blicke, offensichtlich unsicher, wie sie mit der Situation umgehen sollten. Normalerweise kam jetzt die Stelle, wo ihre Opfer versuchten, sich zu befreien, worauf sie mit Fäusten oder Waffen antworteten.

»Bist du N? Brother Tiger will mit dir sprechen«, sagte Muskelprotz, weil ihm offensichtlich nichts Bedrohlicheres einfiel.

Anstatt zu antworten, schob N nur langsam die Hand in die linke Tasche seines Kapuzenpullis. Muskelprotz machte einen Satz, packte ihn am Handgelenk und knurrte: »Versuch ja keine Tricks, sonst …«

»Schön. Ich fasse nichts an«, krächzte N und hob die Hände. »Du kannst es selbst rausholen.«

»Was?« Muskelprotz hatte keine Ahnung, wovon N redete.

»*Chrrr…* das Ding in meiner Tasche. Bitte bedien dich und hol's raus.«

»Hä? Was soll das werden? Bestechung?« Muskelprotz grinste anzüglich. So was kam ab und zu vor – die Leute boten ihm Cash, damit er sie gehen ließ. Er war natürlich nicht so dumm, es anzunehmen. Wenn sein Triaden-Boss davon erfuhr, würde es ihm schlecht ergehen.

Muskelprotz fasste in Ns Tasche und zog einen weißen Umschlag heraus. Für Geld war das Kuvert zu dünn – da waren ein, maximal zwei Blätter Papier drin. Er drehte es um, und sein Gesichtsausdruck veränderte sich – als hätte er am helllichten Tag ein Gespenst gesehen.

»Was … was soll das?«, keuchte er.

»Was ist denn los?«, fragte Blondie und lockerte seinen Griff.

»Ich habe gefragt, was das soll!«, rief Muskelprotz ängstlich, ohne auf Blondies Frage einzugehen, und packte N am Kragen.

»*Chrrr…* das ist ein Brief für dich«, sagte N gelassen und würgte noch ein bisschen.

»Das meine ich nicht! Woher weißt du, wie ich heiße?« Muskelprotz zog den Kragen enger um Ns Kehle.

Nga-Yee warf einen Blick auf den Umschlag. Darauf stand mit blauem Kugelschreiber »Ng Kwong-Tat« geschrieben.

»Mach's auf, dann weißt du's«, antwortete N.

Muskelprotz versetzte N einen Stoß und riss den Umschlag auf. Ein Foto rutschte heraus. Nga-Yee und Blondie konnten das Bild zwar nicht sehen, wohl aber, dass Muskelprotz sämtliche Farbe aus dem Gesicht wich und seine Augen immer größer wurden.

»Du …«

»Ich warne dich«, sagte N.

Muskelprotz, der drauf und dran gewesen war, sich auf N zu stürzen, erstarrte.

»Ich hatte dieses Foto bei mir, was natürlich bedeutet, dass ich vorbereitet war. Du kannst mich jetzt natürlich mit meinen Füßen im Zementblock in die Hau Hoi Bay werfen, aber dann werden meine Partner dafür sorgen, dass jeder dieses Bild zu sehen kriegt.«

»Hey, D, was geht ab?«, fragte Blondie und ließ Nga-Yee endgültig los.

»Gar nichts! Alles gut!« Hektisch stopfte Muskelprotz Bild und Umschlag in die Hosentasche.

Zweifelnd sah Blondie zwischen N und seinem Anführer hin und her.

»Für dich hab ich auch eins.« N zog einen zweiten Umschlag aus der Tasche und reichte ihn zu Blondie hinüber, der mit einem Keuchen seinen Namen las. Er riss den Umschlag auf und wurde ebenfalls blass. Nga-Yee beugte sich vor, um einen Blick auf den Inhalt zu erhaschen. Noch ein Foto: Blondie, in einem braunen Sessel, mit geschlossenen Augen, eine Bierflasche in der rechten Hand. Er sah aus, als würde er tief und fest schlafen.

»Du Schwein!« Nga-Yee war Blondie plötzlich völlig egal. Er beugte sich vor und packte N an der Kehle. »Wie bist du in meine Wohnung gekommen? Wann hast du dieses Foto gemacht? Raus mit der Sprache, sonst bring ich dich um!«

Muskelprotz zerrte Blondie von N weg, während Nga-Yee die Szene verständnislos beobachtete. Wieso war der Gangster plötzlich auf Ns Seite?

»*Chrrrr…*«, würgte N. »Ihr Kids heutzutage regt euch immer gleich so auf. Brüllt ständig durch die Gegend, verprügeln hier, umbringen da.« Er rieb sich die Kehle. »Wong Tsz-Hing … oder ist dir dein Spitzname lieber, Blondie Hing? Ist wahrscheinlich egal. Mach dir bitte nichts draus, dass ich in deinen Schweinestall eingebrochen bin, mich über dich gebeugt habe, als du geschlafen hast, und dich fotografiert habe. Was dir allerdings Sorgen bereiten sollte, ist die Tatsache, dass du nichts davon mitbekommen hast. Ich war *so nah* an dir dran, und du warst völlig wehrlos. Hast du dir je die Frage gestellt, ob in dem Bier, das du dir tagtäglich reinpfeifst, wirklich nur Bier ist? Ob dir jemals jemand was unter das Brot gemischt hat, das du isst? Und was die, äh, Ware betrifft, die du in deinem Spülkasten versteckt hast, bist du dir sicher, dass niemand die schon längst gegen harmlose Kopfschmerztabletten ausgetauscht hat?«

»Du!« Blondie versuchte immer noch, N an die Kehle zu gehen.

»Wenn du mir auch nur ein Haar krümmst, werden selbst neun Leben nicht reichen, dich zu retten.« Plötzlich nahm Ns Gesicht einen ziemlich irren Ausdruck an. Er beugte sich ganz dicht zu Blondie hin und sah ihm direkt in die Augen. »Ich könnte dir die Augäpfel rausquetschen, während du schläfst. Dir deine Nieren rausschneiden. Dir Parasiten ins Trinkwasser mischen, die sich in dein Hirn fressen und dir den Schädel von innen aushöhlen. Du glaubst, du hast Eier in der Hose, nur weil du dich ab und zu für deinen Boss geprügelt hast. Du wirst nie so hart sein wie ich. Klar, du kannst mich jetzt umbringen, aber eins garantiere ich dir: Danach wäre dein Leben nicht mehr lebenswert, keine einzige Sekunde lang.«

In null Komma nichts hatte N den Spieß umgedreht. Eben noch war er der Gnade der beiden Schlägertypen ausgeliefert gewesen, und jetzt bedrohte er sie. Muskelprotz und Blondie wirkten verängstigt – als hätten sie plötzlich die gesamte Kontrolle über die Situation verloren. Nga-Yee war ziemlich beeindruckt.

»Ach, für euren Fahrer habe ich auch noch was. He, Mr Yee!«, rief N nach vorne. »Lassen Sie mich am Nudelstand auf der Whitty Street raus. Anderenfalls kann ich nicht dafür garantieren, dass sich im Saint-Dominic-Savio-Kindergarten in Tsuen Wan nicht versehentlich ein seltsamer Unfall ereignet.«

Der Fahrer trat so plötzlich in die Bremsen, dass Nga-Yee um ein Haar von der Bank gerutscht wäre.

Der Mann drehte sich mit versteinertem Gesicht um und starrte N an. Er schäumte vor Wut. »Du … du … wage es nicht, meine Tochter …«

»Wieso sollte ich es nicht wagen?«, sagte N wieder völlig regungslos. »Sie haben doch einen wunderbaren Job, Mr Yee. Haben Sie es wirklich nötig, für ein paar lausige Kröten extra Abschaum wie diesem zu helfen? Wenn Sie in Schwierigkeiten geraten, reißen Sie Ihre Frau und Ihre Tochter mit in den Abgrund. Ich rate Ihnen wirklich, augenblicklich umzukehren. Wenn Sie noch eine einzige Sekunde länger zögern, kann ich für nichts garantieren.«

Der Transporter befand sich inzwischen vor dem Shun Tak Centre auf der Connaught Road West in Sheung Wan. Der Fahrer warf Muskelprotz einen ängstlichen Blick zu. Der murmelte: »Tu, was er sagt.«

Fünf Minuten später waren sie zurück in Sai Ying Pun und wurden an der Whitty Street abgesetzt. Nga-Yee hatte die ganze Fahrt über nicht recht gewusst, wie ihr geschah. Obwohl sie selbst eines der Opfer war, hatte sie plötzlich das Gefühl, die Oberhand zu haben. Muskelprotz und Blondie sagten kein

Wort mehr, sahen N nur argwöhnisch an, als würde er sich – und vielleicht auch Nga-Yee – in ein grausames Ungeheuer verwandeln, sobald sie den Blick abwandten.

Beim Aussteigen griff N noch einmal in die Tasche und reichte Muskelprotz einen dritten Umschlag. »Hier.«

Muskelprotz zögerte. »Was ist das?«

»Das ist für deinen Boss«, sagte N. »Ihr kehrt schließlich mit leeren Händen zurück. Bring das zu Chang Wing-Shing. Dann macht er euch erstens keine Vorwürfe, und ihr lasst mich zweitens in Zukunft in Ruhe.«

Muskelprotz sah ihn skeptisch an und griff nach dem Umschlag. N ließ nicht sofort los.

»Aber ich warne euch. Nicht reinschauen.« Er feixte. »Eure Neugier würde euch teuer zu stehen kommen. Ihr könnt es euch nicht leisten, euer mieses Scheißleben aufs Spiel zu setzen.«

Muskelprotz und Blondie erstarrten. N ließ den Umschlag los, knallte ohne einen Blick zurück die Tür des Transporters zu und schlug auf den Kotflügel, um dem Fahrer zu signalisieren, dass er Leine ziehen sollte.

Nga-Yee sah dem davonrasenden Fahrzeug entgeistert hinterher. Sie hatte keine Ahnung, was das eben gewesen war.

»Mr N …«, sagte sie, wusste aber nicht, wie sie weitermachen sollte.

»Was wollen Sie denn noch hier? Ich habe gesagt, ich übernehme Ihren Fall nicht. Und jetzt: Bitte! Versuchen Sie woanders Ihr Glück.« N runzelte die Stirn. Er war eindeutig genervt von ihr. Seine Reaktion brachte sie einen Moment lang zu der Frage, ob sie die ganze Sache nur geträumt hatte.

»Nein. Ich … ich wollte eigentlich nur wissen, was um alles in der Welt das eben war.« Nga-Yee zitterte bei der Erinnerung daran, wie sie in den Transporter gezerrt worden war.

»Haben Sie Stroh im Hirn? Ist doch glasklar. Die Milchbubis wollten sich mit mir anlegen«, sagte N überheblich.

»Weshalb? Haben Sie denen was getan?«

»Denen nicht. Irgendein korrupter Idiot von Geschäftsmann hat Geld verloren und denen gesagt, sie sollen sich an mir rächen. Brother Tiger – Chang Wing-Shing – ist der neue Kopf der Wan-Chai-Triade. Er ist noch nicht lange genug im Geschäft, um seine Grenzen zu kennen …«

»Und warum haben die uns wieder laufen lassen?«, fiel Nga-Yee ihm ins Wort.

N zuckte die Achseln. »Jeder Mensch hat seine Schwachstelle. Solange man den Angriffspunkt seines Gegners kennt, kann man im Grunde tun und lassen, was man will.«

»Was für eine Schwachstelle? Was war auf dem Foto, das Sie dem tätowierten Typen gezeigt haben?«

»Er schläft mit der Frau von seinem Boss. Ich habe ein Foto von den beiden im Bett.«

Nga-Yee starrte ihn schockiert an.

»Wie sind Sie da rangekommen?« Sie unterbrach sich, weil ihr plötzlich eine noch viel wichtigere Frage einfiel. »Nein, Moment – die beiden waren noch erschrockener darüber, ihre Namen auf den Umschlägen zu lesen. Wussten Sie schon, dass die Typen kommen und Sie entführen würden?«

»Natürlich. Ehe Triaden irgendwas unternehmen, leisten sie gründliche Vorarbeit, so wie Detektive Verdächtige beschatten und Schauplätze ausspähen. Das nennt man Sondierung. Ich müsste schon ziemlich blöd sein, wenn ich davon nichts mitbekommen hätte.«

»Und wie sind Sie an die Namen gekommen? Sie haben sogar deren Privatleben durchleuchtet und sind bei denen eingebrochen, um diese Fotos zu machen. Waren das nicht nur ganz normale Gangster, wie man sie an jeder Straßenecke trifft?«

»Sie haben es doch vor gerade mal einer Viertelstunde selbst gesagt, junge Dame.« N grinste süffisant. »Die Identität einer Person rauszufinden, ist ein Kinderspiel für mich. Das mache ich mit geschlossenen Augen. Und was den Rest angeht: Berufsgeheimnis; das geht Sie gar nichts an.«

»Warum haben Sie sich überhaupt entführen lassen, wenn Sie deren Schwachstellen schon kannten? Sie hätten die Typen doch sofort in die Flucht schlagen können.« Nga-Yee zitterten von dem Erlebnis immer noch die Knie.

»Man muss seinem Gegner immer einen kleinen Vorsprung lassen, ihm das Gefühl geben, die Kontrolle zu haben. Damit ist der Effekt größer, wenn man zurückschlägt, und auch die Durchschlagskraft. Wissen Sie nicht, dass man sich zurückziehen muss, ehe man zum entscheidenden Schlag ausholt?«

»Aber …«

»Haben Sie diese ständige Fragerei nicht selbst langsam satt? Ich habe alles gesagt, was ich zu sagen habe. Unsere gemeinsame Zeit ist hiermit beendet. Vielen Dank für Ihren Besuch. Leben Sie wohl.« N betrat den Noodle Shop.

»Hi, N! Dich habe ich ja eine ganze Woche nicht gesehen!«, rief ein Mann, der aussah, als wäre er der Besitzer.

N lachte. »Ich hatte viel zu tun.«

»Das Übliche?«

»Nein, ich habe keinen großen Hunger. Hab gerade einen Magenschwinger kassiert. Nur eine Schale Wan-Tan-Brühe, bitte.«

»Ha! Die Idioten haben keine Ahnung, auf wen die sich eingelassen haben.«

Nga-Yee stand vor dem Laden und lauschte staunend dem Geplänkel. N hatte plötzlich eine Hundertachtziggradwende hingelegt und nichts mehr mit dem gerissenen, skrupellosen Mann zu tun, den sie eben noch in dem Transporter erlebt hatte. Das Restaurant war sehr klein, und jetzt, zur Mittagszeit, waren alle zehn Sitzplätze belegt. Nga-Yee fragte sich, ob sie N einfach hinterherlaufen sollte, aber dann wurde ihr klar, dass ihre Enttäuschung nur noch weiter wachsen würde, und sie ging durch die Whitty Street in Richtung U-Bahn-Station davon.

Als sie in die U-Bahn stieg, spürte sie nur noch Bedauern.

N könnte mir definitiv helfen, die Person ausfindig zu machen, die Siu-Mans Tod zu verantworten hat – dieser Gedanke ging ihr nicht mehr aus dem Kopf. Sie hatte mit eigenen Augen gesehen, mit welcher Leichtigkeit N sie beide außer Gefahr gebracht hatte – er war den Gangstern die ganze Zeit etliche Schritte voraus gewesen und hatte, schon ehe sie ihn in die Finger kriegten, ihre Geheimnisse aufgespürt. Mit derart gottgleichen Superkräften würde es ihm mit Sicherheit gelingen, kidkit727 aufzuspüren und seine Motive aufzudecken.

Jeder Tag, der verging, ohne dass sie erfuhr, was passiert war, wäre ein weiterer Pfeil, der sie ins Herz traf.

Mehr noch, Nga-Yee fand, sie hatte die Pflicht, die Wahrheit herauszufinden.

2 In der darauffolgenden Woche fuhr Nga-Yee jeden Tag nach Sai Ying Pun. Weil ihr Dienstplan sehr unregelmäßige Schichten aufwies, fuhr sie manchmal vor der Arbeit hin und an manchen Tagen danach. Sie versuchte, noch einmal mit N zu reden, aber solange sie die Klingel auch gedrückt hielt, er öffnete nicht. Anfangs dachte sie noch, er wäre vielleicht nicht zu Hause, doch als dann am dritten Tag laute Rockmusik aus der Wohnung dröhnte, wusste sie, dass er sie absichtlich ignorierte. Sie trommelte mit den Fäusten gegen die Tür, doch daraufhin wurde die Musik nur noch lauter. Sie wartete eine halbe Stunde lang vor seiner Wohnungstür, während in Endlosschleife derselbe englische Song zu ihr herausschallte. Schließlich gab sie auf und ging die Treppe hinunter, während das Lied ihr weiter in den Ohren hallte. N machte sich über sie lustig. Die erste Zeile des Refrains lautete: »You can't always get what you want.«

Nga-Yee hatte Angst, dass Ns Nachbarn im Haus irgendwann mitbekamen, wie er versuchte, sie mit Musik zu verjagen, und ihr vorwarfen, ihn zu belästigen. Vielleicht riefen sie sogar die Polizei. Weil sie keinen Ärger wollte, wartete sie von da an vor seinem Haus, aber von N war weit und breit nichts zu sehen. Sie starrte hinauf zu dem großen Fenster im sechsten Stock, aber ob Tag oder Nacht, ob das Fenster offen stand oder geschlossen war, ob das Licht an oder aus war, von N war nie auch nur das kleinste Zipfelchen zu sehen.

Die Aktion kostete Nga-Yee täglich zwei bis drei Stunden, aber sie gab nicht auf. Irgendwann würde sie ihn erwischen – auch wenn sie nicht wusste, was sie dann zu ihm sagen würde. So weit hatte sie noch gar nicht gedacht.

Am Abend des 12. Juni eilte sie nach der Arbeit wieder zur Second Street, um sich ihrem sinnlosen Unterfangen zu widmen. Es regnete heftig, und ihre Hose war bereits völlig durchnässt, aber Nga-Yee kauerte trotzdem, an ihren Regenschirm geklammert, neben einer Laterne, schlang den McDonald's-Burger hinunter, den sie sich zum Abendessen besorgt hatte, und ließ dabei den Eingang zur Nummer 151 nicht aus den Augen. Sie hatte am nächsten Tag frei und überlegte gerade, ob sie einfach die ganze Nacht hier stehen bleiben sollte, Wetter hin oder her, als ihr Telefon klingelte. Unbeholfen fischte sie das zehn Jahre alte Nokia-Handy aus der Tasche. Die Nummer war anonym.

»Hallo?«

»Bitte hören Sie auf, vor meiner Wohnung rumzulungern. Das gehört sich nicht.«

»Mr N! Woher haben Sie meine Telefonnummer?«, stammelte Nga-Yee.

»Berufsgeheimnis.«

»Mr N, bitte hören Sie mich an.« Sie beschloss, die Frage nach der Telefonnummer fallen zu lassen. »Ich flehe Sie an, ich gebe Ihnen alles, was Sie wollen, wenn Sie nur diesen einen Namen für mich rausfinden. Das ist alles, was ich je von Ihnen verlangen werde, bitte …«

»Sie können mit dem Gesülze aufhören. Ich übernehme den Fall.«

»Bitte, denken Sie noch mal darüber nach, Mr N. Ich – was?«

»Kommen Sie rauf. Wir werden ja sehen, ob Sie sich das leisten können.« N legte auf.

In Nga-Yee mischten sich Erschütterung, Erleichterung und Aufregung. Sie schlang den restlichen Burger hinunter und rannte das ganze Treppenhaus hinauf bis in den sechsten Stock. Noch ehe sie klingeln konnte, hatte N ihr die Tür aufgemacht und scheuchte sie in die Wohnung. Er sah genauso aus wie beim letzten Mal: wie ein Penner. Nur die Stoppeln auf seinem Kinn waren weniger geworden. Er hatte sich also zwischendurch wenigstens rasiert.

»Mr N …«

»N!«, blaffte er und schloss die Tür. Er klang wie ein griesgrämiger Despot, der seiner Untergebenen einen Befehl erteilt.

»Natürlich. Ganz wie Sie wollen.« Nga-Yee wusste selbst, wie unterwürfig sie sich anhörte, aber inzwischen hatte sie auch das letzte bisschen Würde dreingegeben. »N, sind Sie tatsächlich bereit, mir bei der Suche nach kidkit727 zu helfen?«

Er ging an seinen Schreibtisch und setzte sich. »Mal sehen, ob Sie meinen Preis zahlen können.«

»Wie viel?«, fragte Nga-Yee beunruhigt. Sie ließ den klatschnassen Regenschirm im Vorraum stehen und ging zu ihm.

»Nicht allzu viel. Nur 82 629,50 Dollar.«

Nga-Yee blieb stehen. Das war viel Geld, aber falls er damit versuchte, sie abzuschrecken, warum hatte er dann nicht gleich eine Million oder auch zehn verlangt? Das wäre definitiv jenseits ihrer Möglichkeiten.

Und warum ausgerechnet eine derart krumme Summe?

Im selben Moment, als Nga-Yee das untrügliche Gefühl beschlich, dass hier etwas nicht stimmte, blitzte ein Bild vor ihrem inneren Auge auf.

»Das ist doch …«

Sie hatte erst heute Morgen an einem Automaten Geld abgehoben, und der angezeigte Kontostand lautete …

»Sie – woher wissen Sie …« Nga-Yee verstummte. N hatte offensichtlich ihr Bankkonto gehackt. Sie fühlte sich nackt, als könnte dieser widerwärtige Typ jeden Zentimeter von ihr sehen.

Plötzlich konnte sie nachempfinden, wie Muskelprotz und Blondie sich gefühlt haben mussten, als sie ihre Namen auf den Umschlägen gelesen hatten.

»Und? Zahlen Sie?« N lehnte sich gemächlich zurück.

»Ja!«, antwortete Nga-Yee wie aus der Pistole geschossen. Sie wollte die Gelegenheit ergreifen, ehe N es sich womöglich wieder anders überlegte.

N grinste und streckte ihr die rechte Hand hin. »Also gut, Hand drauf. Das wird keine saubere Sache, also erwarten Sie bitte keinen Vertrag.«

Nga-Yee trat vor und reichte ihm die Hand. Obwohl N so dürr war, hatte er einen kräftigen Händedruck. Sie spürte die

Energie, die durch seine Hand pulsierte, und war sich noch ein bisschen sicherer, dass er die Person finden würde, die an Siu-Mans Tod schuld war.

»Keine Anzahlung. Ich will die ganze Summe im Voraus«, fuhr er fort.

»Gut«, antwortete Nga-Yee eilig.

»Und zwar cash.«

»Cash?«

»Ja, cash oder Bitcoins«, sagte er und lud sie mit einer Geste ein, sich zu ihm an den Schreibtisch zu setzen. »Aber Sie haben wahrscheinlich keinen Schimmer, was das ist.«

Nga-Yee schüttelte den Kopf. Sie hatte den Begriff zwar schon mal in den Nachrichten gehört, wusste aber nicht, wofür er stand.

»Also Sie wollen den genauen Betrag in cash oder in diesen Bit-Dingern?«

»Ja. Und zwar nicht einen Cent weniger. Handeln kommt für mich nicht in die Tüte.«

»Ich verstehe.« Nga-Yee nickte. »Aber …«

»Aber was? Wenn Ihnen was nicht passt, ist der Deal geplatzt.«

»Nein. Ich wollte eigentlich nur wissen, weshalb Sie Ihre Meinung geändert haben.«

»Wissen Sie, weshalb ich Ihnen ausgerechnet dieses Honorar genannt habe, Miss Au?«

Nga-Yee schüttelte den Kopf.

»Weil ich sichergehen wollte, dass diese Angelegenheit für Sie die wichtigste Sache der Welt ist. Sie waren augenblicklich einverstanden. Zu mir kommen jede Menge Leute, aber sobald ich ihre ganzen Ersparnisse verlange, machen die meisten einen Rückzieher. Wenn jemand nicht mal bereit ist, so weit zu gehen, von mir – einem Außenstehenden – aber verlangt, für ihn ein Risiko einzugehen …«

»Ach … dann waren die letzten Tage also so was wie ein Test?«

»Sehe ich etwa aus wie ein barmherziger Samariter?« N schnaubte. »Ich bin bereit, Ihren Fall zu übernehmen, weil sich inzwischen rausgestellt hat, dass er interessanter ist, als ich anfänglich dachte. Aber wenn Ihnen Ihr Geld wichtiger gewesen wäre als eine Antwort, hätte ich Ihnen nicht geholfen, ganz egal, wie faszinierend der Fall wäre.«

Nga-Yee war verwirrt. »Der Fall ist interessant?«

»Ja, sehr sogar. Wenn es nur darum gegangen wäre, jemanden auf die von mir beschriebene Weise aufzuspüren, würde ich keinen Finger krumm machen. Da könnten Sie sich da unten auf der Straße noch so lange die Beine in den Bauch stehen, meinetwegen, bis Sie faulen und Moos ansetzen.« N schob eine leere Erdnusspackung und zwei Bierflaschen zur Seite und klappte eines der beiden Laptops auf. Er drehte den Bildschirm so, dass Nga-Yee mit hineinsehen konnte. Auf dem Schirm prangte der »Vierzehnjährige Schlampe«-Popcorn-Post.

»Das hier sind die Log-in-Daten von Popcorn für den betreffenden Tag inklusive der User-Standorte.« N öffnete ein weiteres Fenster und holte eine eng beschriebene Tabelle mit endlosen Ziffern-Buchstaben-Kolonnen in den Vordergrund.

»Sie … Sie haben schon angefangen, für mich zu arbeiten?«

»Bitte. Wir wollen eines klarstellen, junge Dame. Ich habe überhaupt nichts für Sie getan. Mir war lediglich langweilig«, sagte er. »Selbst wenn ich von besagter Person Name, Alter, Adresse, Beruf und einen Familienstammbaum über achtzehn Generationen gefunden hätte, hätte ich nicht die Absicht gehabt, Ihnen meine Erkenntnisse mitzuteilen.«

Nga-Yee sagte nichts, aber innerlich verfluchte sie ihn. Ihr blieb nichts übrig, als seine Art noch eine Zeit lang zu ertragen.

»Das hier ist die IP-Adresse von kidkit727« – N deutete auf eine Zahlenreihe –, »212.117.180.21.«

»Was bedeutet IP?«

N starrte sie an wie ein seltenes Tier.

»Sie wissen nicht, was eine IP-Adresse ist?«

»Ich habe keine Ahnung von Computern.«

»Wie vorsintflutlich!«, spottete N. »IP steht für Internet Protocol. Einfach gesagt, es ist eine Nummernfolge, die uns verrät, wo jemand sich aufhält, wenn er online geht. So wie in der

Bank oder beim Arzt, da bekommen Sie auch eine Wartenummer. Wenn Sie sich ins Internet einwählen, weist Ihnen der Serviceprovider eine eindeutige Nummer zu. Wenn Sie im Netz surfen, online spielen oder chatten, passiert all das über diese Nummer.«

»Auch bei Chat-Plattformen?«

»Ich habe gerade gesagt, jeder, der online geht, bekommt eine Nummer zugewiesen. Wenn Sie auf einer Chat-Plattform etwas posten, notiert sich der Server – ich meine, die ›Maschinerie‹ des Forums – Ihre IP-Adresse. Was wiederum bedeutet, man kann bei jedem beliebigen Post per Rückwärtssuche herausfinden, von welchem Computer er kam. Haben Sie das jetzt kapiert?«

Nga-Yee nickte eindringlich. »Also wissen Sie schon, von wo aus kidkit727 das geschrieben hat?«

N lächelte schief. »Von Steinsel aus, das ist eine Stadt in Luxemburg.«

»Europa?«, fragte Nga-Yee bestürzt. »Ist kidkit727 gar nicht in Hongkong?«

»Der Typ versucht, uns an der Nase herumzuführen.« N deutete auf die IP-Adressen-Folge auf dem Schirm. »Das ist ein Proxy.«

»Ein bitte was?«

»Ein Proxy, eine Zwischenstation, wenn Sie so wollen. Wenn man im Internet seine Identität verschleiern will, ist die einfachste und effektivste Methode ein Proxy als Schnittstelle zu einem Computer im Ausland. Dieser Computer wiederum stellt die gewünschte Verbindung her und gibt sich als Absender aus. Der tatsächliche Standort bleibt verborgen.«

»Also müssen wir nur jemanden finden, der an dem Tag in Luxemburg diesen Computer benutzt hat, und dann kennen wir die richtige IP-Adresse von kidkit727?«

N sah sie mit hochgezogener Augenbraue an. »Sie kapieren schnell. Ja, Sie haben recht, das würde theoretisch funktionieren, aber nicht in diesem Fall.«

»Warum nicht?«

»Weil ich das bereits überprüft habe und mir sicher bin, dass dieser Kerl mehr als einen Proxy verwendet hat. Die Luxemburger IP taucht in meinen Files ständig auf. Es handelt sich um einen beliebten Knotenpunkt, der zum Tor-Netzwerk gehört. Wir nennen es den ›Onion-Router‹.«

»Onion wie Zwiebel?«

»Der Name leitet sich von den Grundprinzipien des Netzwerks ab. Ich werde jetzt nicht zu sehr ins Detail gehen, aber es handelt sich im Grunde um ein riesiges, anonymes Netzwerk. Viele Leute benutzen es nur, um damit ins Darknet zu kommen, das sind Untergrund-Seiten für Inhalte wie Pornografie oder Drogenhandel. Aber eigentlich wurde Tor entwickelt, damit die Leute ihre digitalen Spuren verwischen können. Die einfachste Möglichkeit, Tor zu verwenden, ist eine unabhängige Software, der sogenannte Onion-Browser. Die Eingaben werden über Tausende von Knoten in der ganzen Welt geleitet, und wenn ich den Server in Luxemburg hacken, mir die Daten für den betreffenden Tag ziehen und jede einzelne IP-Adresse überprüfen würde, würde ich zwar herausfinden können, ob der User in Amerika, Frankreich, Brasilien oder sonst wo sitzt. Aber ich müsste diesen Vorgang unzählige Male wiederholen, ehe ich den tatsächlichen Standort ausfindig machen könnte. Und wenn auch nur bei einem einzigen Knoten wiederherstellbare Aufzeichnungen fehlen, endet dort die Spur. Genauso gut könnte man nach der Nadel im Heuhaufen suchen.«

Nga-Yee sah ihn ernüchtert an.

»Weil die IP-Adresse mich nicht weiterführte, habe ich versucht, andere Hinweise zu finden. Kidkit727 hat sich erst an dem Tag bei Popcorn registriert, als der Beitrag gepostet wurde.« N deutete auf eine bestimmte Zeile auf dem Bildschirm. »Die zugehörige E-Mail-Adresse des Accounts lautet rat10934@yandex.com. Yandex.com ist ein kostenfreier russischer E-Mail-Provider, bei dem man zur Verifizierung keine Telefonnummer benötigt. Es handelt sich mit Sicherheit um einen Fake-Account.«

Ns Zeigefinger glitt über die Zeile von kidkit727 und blieb ein Stückchen weiter im Raster stehen.

»Noch wichtiger, dieser kidkit727 hat sich Mühe gegeben, um eine weitere Information zu verschleiern. Wenn ein User eine Website besucht, sendet der Browser eine Zeichenkombination, die einen Hinweis auf das verwendete Endgerät gibt – bekannt als User Agent –, damit der andere Computer weiß, ob er es mit Microsoft oder Apple zu tun hat, mit einem Smartphone oder einem Tablet, und sogar, welche Browserversion man verwendet. Windows NT 6.1 beispielsweise ist der Name der siebten Version. OPiOS steht für den Browser Opera, verwendet mit dem Apple-Betriebssystem, und so weiter. Aber in den Popcorn-Protokollen steht an der Stelle, wo eigentlich die Browserkennung von kidkit727 sein sollte, nur ein einzelner Buchstabe.«

Nga-Yee suchte nach dem Feld für HTTP_USER_AGENT. In allen Feldern standen lange Zeichenkombinationen aus Buchstaben und Zahlen, genau wie N erklärt hatte, nur in der Spalte von kidkit727 stand ein einsames X.

»X?«

»Einen derart kurzen User Agent habe ich noch nie gesehen. Er muss per Hand codiert worden sein. Manche Browser gestatten ihren Nutzern, die Zeichenfolge zu ändern, um das Endgerät oder den verwendeten Browser zu kaschieren. Tor gehört auch dazu.«

»Moment – was heißt ›gehört auch dazu‹? Bedeutet das, er könnte auch einen anderen Browser benutzt haben?«

»Miss Au, Sie haben es offensichtlich immer noch nicht kapiert.« N lehnte sich zurück, die Finger auf dem Schreibtisch verschränkt. »Ganz egal, ob er Tor benutzt hat oder nicht, dieser User wollte offensichtlich seine Spuren verwischen. Kidkit727 hat sich erst an dem Tag, an dem der Post erschien, auf Popcorn registriert und sich nur ein einziges Mal eingeloggt, und zwar, um den Beitrag zu posten. Es gibt keinerlei Hinweise auf regelmäßige Aktivitäten. Außerdem hat er einen Proxy benutzt, weshalb sich keine Rückschlüsse auf den verwendeten Browser oder das Endgerät ziehen lassen. Das ist die beinahe perfekte Verschleierung seiner Identität. Hätte er tatsächlich nur vorgehabt, Shiu Tak-Ping zu verteidigen, wozu dann solche Umstände? Er sagt damit: ›Mir ist klar, dass dieser Post viel Aufmerksamkeit kriegen wird, und die Leute fangen sicher an zu schnüffeln, aber ich will nicht, dass jemand weiß, wer ich bin.‹«

Endlich verstand Nga-Yee, worauf N hinauswollte. Sie war fassungslos.

»Der Verfasser des Posts wusste, wozu das führen würde. Er muss über einiges IT-Fachwissen verfügen«, sagte N. »Bleibt nur die Frage, ob dieser mysteriöse User wirklich Shiu Tak-Pings Unschuld beweisen wollte oder ob es sich vielmehr um eine gegen Ihre Schwester gerichtete dreckige Netzkampagne handelt.«

DONNERSTAG, 21. MAI 2015

Ich bin zu Hause. 21:41 ✓

Dad wollte wissen, warum ich so spät komme. Ich habe gesagt, ich war bei Freunden lernen. 21:43 ✓

Er dachte, ich wäre bei Dir gewesen. 21:44 ✓

Habe ich sie umgebracht? 21:51 ✓

was soll der schwachsinn 21:53

es war ihre entscheidung zu springen 21:53

da kann keiner was dafür 21:54

wer andere zu unrecht beschuldigt hat nichts anderes verdient 21:55

Bist Du sicher, dass keiner rauskriegt, dass wir das waren? 22:00 ✓

fang nicht wieder damit an 22:01

geht gar nicht 22:02

vertrau mir, ich weiß was ich tue 22:03

selbst wenn die polizei eingeschaltet wird die können uns nicht finden 22:04

Okay. 22:05 ✓

Ich muss Dir noch was sagen. 22:06 ✓

DRITTES KAPITEL

1 »He, Nam, der Chef beobachtet dich.«

Sze Chung-Nam stopfte hastig sein Telefon in die Tasche zurück.

»Du schaust ständig auf dein Telefon. Hast du was am Laufen?«, frotzelte Ma-Chai.

Chung-Nam zuckte die Achseln, ohne zu dementieren.

Sie befanden sich im fünfzehnten Stock des Fortune Business Centre in Mong Kok. Chung-Nam saß vor dem Rechner, genau wie seine Kollegen – alle vier. GT Technology Limited bestand aus fünf Angestellten und ihrem Chef, zusammengequetscht auf knapp 55 Quadratmetern Open Space inklusive Besprechungsraum. Der Chef hatte kein eigenes Büro – andererseits hatte Jack Dorsey, der CEO von Twitter, nicht mal seinen eigenen Schreibtisch. Wenn es nach ihm ging, konnte ein Arbeitsplatz überall sein, solange er sein Laptop dabeihatte.

Natürlich kam ihr Chef nicht mal im Ansatz an Dorsey heran – er war nur ein billiger Abklatsch. Lee Sai-Wing hegte große Träume davon, die Firma international zu platzieren, doch leider reichten dafür weder Talent, Vision noch Motivation. Er hatte den Familienbetrieb übernommen, eine Textilfabrik in Festlandchina, ihn aber nach einigen verlustreichen Jahren verkauft und in Hongkong ein IT-Unternehmen gegründet.

GT Technology Ltd. existierte seit etwa einem Jahr; das Kerngeschäft bildete eine Onlineplattform namens GT Net. Chung-Nam und Ma-Chai, die beiden Mitarbeiter mit der größten Computererfahrung, waren für Aufbau und Pflege der Website zuständig. Dann gab es noch Thomas, den Grafikdesigner, Hao, den Chat-Moderator und Kundenbetreuer, und Joanne, Collegeabsolventin und Mr Lees persönliche Assistentin. Nicht lange nachdem sie zur Firma gestoßen war, kam Chung-Nam der Verdacht, dass die Betonung bei Joannes Verhältnis zu Mr Lee mehr auf »persönlich« als auf »Assistentin« lag.

Hao war ein paar Jahre älter als Chung-Nam und nahm die Sache gelassener als er. »Schön, der Boss hat ihr ein Vierteljahrhundert voraus, aber sie sind beide Single. Tut doch niemandem weh. Außerdem ist es doch nett, eine Schnecke im Büro zu haben.«

Chung-Nam stimmte ihm zwar zu, glücklich war er aber trotzdem nicht. Joanne war zwar kein Supermodel, aber sie war jung und die einzige Frau im Team. Natürlich war er an ihr interessiert gewesen, doch dann hatte er von Hao erfahren, dass ihr Chef schneller gewesen war. Genauer gesagt, Mr Lee hatte, kaum einen Monat nachdem Joanne bei GT Technology angefangen hatte, zugeschlagen. Also hatte Chung-Nam sich zurückgezogen – er wollte schließlich seinen Job behalten.

Im Laufe des letzten halben Jahres hatte sich GT durch die Kombination der besten Elemente von Social Media und Chat-Plattformen trotz der kleinen Mannschaft zur angesagtesten neuen Website von Hongkong gemausert. Die größte Sparte war Gossip Trading – Gerüchtehandel –, sogar mit einer eigenen Währung, dem G-Dollar. Im Gegensatz zu anderen Bezahlseiten basierte der Preis auf Ratings und Zugriffsquoten. Genau wie an der Börse gab es Gewinner und Verlierer – alles, was mit Promis zu tun hatte, ging normalerweise durch die Decke, während langweiligere Posten abstürzten oder manchmal sogar ganz umsonst zu haben waren.

»Habt ihr zwei das Videostreaming schon fertig getestet?« Mr Lee trat zu ihnen, als Chung-Nam gerade sein Telefon weggesteckt hatte.

»So gut wie. Nächste Woche können wir die Beta-Version releasen«, sagte Ma-Chai. GT unterstützte zwar Bilder, aber Videos mussten im Augenblick noch über einen Drittanbieter wie YouTube oder Vimeo gepostet werden, was dazu führte, dass die Nutzer damit den Bezahlvorgang umgehen konnten.

»Das hat oberste Priorität. Seht zu, dass ihr damit fertig werdet.«

Obwohl GT bereits seit ein paar Monaten online war, gab es ständige Verbesserungen. Mr Lee hatte frühzeitig drei Schlüsselelemente benannt: sichere Zahlung, eine eigene Suchmaschine und Videostreaming. Inzwischen stand nur noch der dritte Punkt aus.

Auf sein Baby, die Suchmaschine, war Chung-Nam besonders stolz. Gab man beispielsweise den Namen eines bestimmten männlichen Promis ein, beinhaltete das Ergebnis außerdem den Klatsch über jede Frau, mit der der Betreffende jemals verlinkt war. In einer Welt, wo jeder seine fünfzehn Minuten Ruhm abbekam, konnten selbst die banalsten Dinge wie ein Streit im Restaurant oder eine Kabbelei zwischen Liebenden im Bus mitgefilmt und bei GT hochgeladen werden. Einmal geloggt, wurde daraus ein unlöschbares, auffindbares Element. Mit der Verbreitung des chinesischen Internetphänomens »Renrou Sousuo«, der »Menschenfleischsuche«, mit deren Hilfe die wahre Identität von Leuten enthüllt werden konnte, nachdem ein Internetmob sie gejagt hatte, stieg generell die Angst vor der Verletzung der eigenen Intimsphäre. Doch dieser Trend konnte ebenso gut als Waffe benutzt werden, und wer die Spielregeln kannte, konnte Profit daraus schlagen.

»Falls du mehr Leute brauchen solltest, mach dir keine Sorgen. Wenn alles gut geht, expandieren wir bald.« Mr Lee schlug Chung-Nam auf die Schulter. »Ich habe jetzt ein Meeting. Morgen zeigst du mir deinen Prototyp.«

Sobald er weg war, kam Ma-Chai herübergeflitzt. »Was meint er damit, mach dir keine Sorgen, wenn du mehr Leute brauchst? Sind wir zu Geld gekommen?«

»Weißt du nicht, mit wem er sich trifft?«

Ma-Chai schüttelte den Kopf.

»Das Productivity Council hat ein neues Programm aufgelegt. Sie organisieren Blind Dates zwischen Risikoinvestoren und lokalen Tech-Start-ups.«

»Ach, so wie vor ein paar Jahren, als 9GAG zwanzig Millionen eingestrichen hat?«

»Zwanzig Millionen wären super«, sagte Hao, der gerade vorbeikam. »Wir könnten in ein größeres Büro ziehen und noch ein paar Moderatoren einstellen.«

»Auf der Welt wimmelt es von Risikoinvestoren mit mehr Geld, als sie je ausgeben können. Vielleicht sind ja ein oder zwei tatsächlich blöd genug und lassen uns zwanzig Millionen rüberwachsen.« Chung-Nam grinste. »Ob sie ihre Kohle allerdings je wiedersehen, steht auf einem anderen Blatt.«

»Ha! Du findest also, GT ist wertlos?« Hao zog sich einen Stuhl heran und setzte sich neben ihn.

Chung-Nam warf einen Blick zu Joanne hinüber, die gerade telefonierte. Sie war Auge und Ohr des Chefs, und er wollte sichergehen, dass sie zu beschäftigt war, um zuzuhören. »GT ist nicht profitabel und viel zu leicht zu kopieren. Im Moment bekommen die Leute ihre G-Dollar umsonst, natürlich sind sie großzügig damit. Aber wer soll das denn löhnen, wenn wir dafür erst mal echtes Geld verlangen? Außerdem ist es unmöglich, den wirklich heißen Scheiß exklusiv bei uns zu halten – innerhalb eines Tages landet alles auf Popcorn.«

»Das liegt an euch, Jungs.« Hao zuckte die Achseln. »Wenn ihr die Videos sperrt und verhindert, dass man sie teilen kann, lassen die Leute auch ihre G-Dollar rüberwachsen. Das ist auch nicht anders, als für eine Klatschzeitschrift zu bezahlen.«

Leute, die keine Ahnung vom Codieren haben, glauben immer, es sei ganz einfach, dachte Chung-Nam. In Wirklichkeit war es so gut wie unmöglich, zu verhindern, dass ein Video runtergeladen und auf YouTube neu hochgeladen wurde.

»Das könnte sogar unverschlüsselt funktionieren«, meldete Ma-Chai sich zu Wort. »Ehe Apple mit iTunes startete, hieß es auch, das könnte gar nicht funktionieren, wegen Datenklau – und trotzdem waren jede Menge Leute bereit, für die Inhalte zu bezahlen.«

»Ich bleibe trotzdem skeptisch«, sagte Chung-Nam. »Warum sollte, wer Tratsch will, nicht zu Popcorn gehen? Dort kriege ich alles umsonst.«

»Wir haben einfach nicht genug Penetration«, sagte Hao. »Popcorn bringt es auf dreißig Millionen Klicks pro Monat. Wenn wir solche Zahlen hätten, würden wir allein mit der Werbung genug Geld machen.«

»*Wenn* wir solche Zahlen hätten«, sagte Chung-Nam.

»Ich stimme Nam zu«, sagte Ma-Chai. »Popcorn ist uns so weit voraus, die könnten wir selbst in zehn Jahren nicht einholen. Erinnert ihr euch an die Vierzehnjährige, die diesem Typen Belästigung angehängt hat? Die Geschichte ging durch die Decke, und zwar wegen einem einzigen Popcorn-Post.«

»Wir können es nicht ändern, dass sie zuerst da waren.« Hao spreizte die Hände. »Aber zeigt das nicht gerade, dass es für GT genug Platz zur Expansion gibt? Denkt doch mal nach: Die Geschichte tauchte als Erstes auf Popcorn auf, aber wenn wir sie danach gedoxt hätten, hätten die Leute sich bei uns registriert und dafür bezahlt, ihren richtigen Namen zu erfahren.«

Ma-Chai runzelte die Stirn. »Sie hat sich umgebracht, Kumpel. Willst du wirklich damit Kohle machen?«

»Mein lieber, guter, naiver Ma-Chai«, sagte Hao. »Geld ist Geld, daran ist nichts gut und nichts schlecht. Wenn du an der Börse Profit machst, nimmst du ihn anderen Investoren weg. Wird dein Geld dadurch schmutzig? Du glaubst also an Karma. Woher willst du wissen, dass der Selbstmord nicht genau das war, was das Mädchen verdient hat? Jeder einzelne Code, den du schreibst, könnte irgendwann zu einer Tragödie führen. Übernimmst du dafür die Verantwortung? Solange wir damit nicht gegen das Gesetz verstoßen oder verklagt werden können, sollten wir die Kohle nehmen, die auf dem Tisch liegt. Auf der ›Adult Friends‹-Site von Popcorn bieten Nutten ihre Dienste an – ist Popcorn deswegen ein Kuppler? In dieser Stadt gilt ›Survival of the fittest‹ – abzocken oder abgezockt werden. Gute Taten werden schon lange nicht mehr belohnt. In Hongkong spielen nur noch zwei Dinge eine Rolle: der Kapitalismus und der Markt.«

»Aber bei Menschenleben ist das was anderes …« Ma-Chai zögerte, unsicher, wie er seine Gedanken in Worte fassen sollte. »Was meinst du, Chung-Nam?«

»Mhm. Ihr habt beide nicht unrecht«, sagte er diplomatisch. »Das Mädchen hat selbst entschieden, sich das Leben zu nehmen. Wenn man einen Schuldigen suchen will, könnte man ebenso gut behaupten, die ganze Gesellschaft hätte Schuld daran, oder? Egal, darüber sprechen wir, wenn uns das passiert. Wir müssen jetzt dringend unsere Plattform fertig bauen.«

Hao zog einen Flunsch, als wollte er sagen: »Feigling, eierst hier rum«, und kehrte an seinen Platz zurück. Ma-Chai drehte sich wieder zu seiner Tastatur um, und die Codezeilen fingen wieder an, über den Bildschirm zu jagen.

Keiner von beiden registrierte Chung-Nams verschlagenes Grinsen. Wie hätten sie auch ahnen können, dass der wahre Mörder des Mädchens direkt vor ihnen saß?

2

Seit Shiu Tak-Pings Entlassung aus dem Gefängnis hatte er sich angewöhnt, eine Kappe aufzusetzen, sobald er das Haus verließ. Wenn er sich den Schirm tief ins Gesicht zog, konnte er fast jeden Blickkontakt vermeiden.

Er war inzwischen seit einem Monat wieder zu Hause, aber noch nicht in seinen Laden zurückgekehrt – seine Frau hielt die Stellung. Die Schülerin hatte sich zehn Tage vor seiner Entlassung das Leben genommen, und natürlich lagen die Reporter wieder auf der Lauer. Die einzige Möglichkeit, diesen Piranhas zu entkommen, war, in der Wohnung zu bleiben.

Zum Glück verlor die Presse nach etwa einem Monat das Interesse, und jetzt musste er nur noch die bösen Blicke der Nachbarn ertragen. Ab und zu ging er zum Mittagessen außer Haus, aber nie zur Stoßzeit. Außerdem mied er seinen Stammimbiss im Lower Wong Tai Sin Estate und ging stattdessen ein Stückchen weiter zum Good Fortune Restaurant auf der Tai Shing Street. Früher hatte er sich beim Bummeln Zeit gelassen, sich umgesehen und dabei ganz besonders auf knapp bekleidete Frauen geachtet, aber jetzt hielt er den Blick fest vor sich auf den Gehweg gerichtet.

»Tofu und Reis mit gebratenem Schwein und einen Tee mit heißer Milch«, sagte er zu der Kellnerin.

Er blickte sich um, ob ein bekanntes Gesicht zu sehen war. Der Vorfall hatte ihm den wahren Charakter der Menschen gezeigt. Früher hatten sie mit freundlichen Gesichtern bei ihm im Laden zu handeln versucht, heute wandten sie sich ab, wenn sie ihn auf der Straße trafen, oder, noch schlimmer, riefen ihm im Vorbeigehen Gemeinheiten hinterher. Der Laden hatte die Hälfte seiner Kundschaft verloren, und seit der letzten Mieterhöhung wurde es finanziell immer enger. Seine Frau beschwerte sich, wenn sie abends nach Hause kam. Von ihrem Gejammer bekam er langsam Schwielen an den Ohren.

Tak-Ping musterte alle Gesichter im Restaurant und stellte erleichtert fest, dass offensichtlich niemand ihn kannte.

Als er am Nebentisch einen Fotoapparat entdeckte, dachte er im ersten Moment, ein Paparazzo hätte ihn verfolgt, doch dann wurde ihm klar, dass er sich geirrt hatte – die Kamera war eine altmodische zweiäugige Spiegelreflex. Kein Journalist würde heute noch ein derartiges Museumsstück benutzen.

Die Kamera war so ungewöhnlich, dass er noch immer den Blick nicht abwenden konnte, als die Kellnerin ihm den Tee hinstellte.

»Entschuldigung?«, sagte der Mann am Nebentisch plötzlich zu ihm.

»Wa…was?«

»Würden Sie mir bitte den Zucker reichen?« Er deutete auf Tak-Pings Tisch.

Tak-Ping tat ihm den Gefallen und gaffte weiter die Kamera an.

»Danke.« Der Mann nahm die Zuckerdose und rührte sich ein paar Löffel in den Kaffee. »Interessieren Sie sich für Fotografie?«

»Ja. Ist das eine Rolleiflex 3.5 F?«

»Nein, eine 2.8 F.«

Tak-Ping war überrascht. Rollei war ein bekannter deutscher Hersteller und die 3.5 F ein ziemlich verbreitetes Modell – sie war schon für ein paar Tausend Hongkong-Dollar zu bekommen. Die 2.8 F dagegen war sehr viel rarer, und für ein Exemplar in gutem Zustand musste man schon eine ordentliche fünfstellige Summe auf den Tisch blättern.

»Haben Sie schon mal mit einer Zweiäugigen fotografiert?«, fragte der Mann.

Tak-Ping schüttelte den Kopf. »Zu teuer. Bei mir hat es nur zu einer Seagull 4B gereicht.« Das war eine Marke aus Schanghai, die schon für einige Hundert zu haben war.

»Vergessen Sie's.« Der Mann lächelte. »Die Seagulls sehen zwar gut aus, aber die Bilder sind leblos.«

»Ein Freund von mir hat letztes Jahr eine gebrauchte Rolleicord für fünfzehnhundert verkauft. Ich hätte sie fast genommen«, sagte Tak-Ping.

»Nicht schlecht. Und warum haben Sie nicht?«

»Meine Frau hat Nein gesagt.« Tak-Ping verzog das Gesicht. »Frauen. Die meckert schon, wenn ich mir einen extra Film kaufe.«

»Film? Fotografieren Sie nicht digital?«

»Nein. Im Augenblick besitze ich nur eine Minolta X-700 und ein paar Objektive.«

»Oh, die ist nicht schlecht.« Der Mann nickte. »Aber heute dreht sich alles nur noch um digitale Fotografie. Ich mache beides.«

»Einäugige Digitale sind zu teuer.«

»Gebrauchte bekommt man online ziemlich günstig«, sagte der Mann. »Ich kann Ihnen eine Website nennen.«

Tak-Ping schüttelte den Kopf. »Schon okay. Ich hab's mit Onlineforen oder was auch immer eigentlich nicht so besonders. Außerdem habe ich gehört, wenn man auf digital umsteigen will, braucht man einen leistungsstarken Rechner. Dazu fehlt mir das Geld.«

»Nur, wenn man viel bearbeitet. Haben Sie keinen Computer zu Hause?«

»Doch, aber den benutzen wir kaum. Den habe ich vor ein paar Jahren zusammen mit dem Kabelanschluss bekommen. Ich brauche ihn nur zum Schachspielen und für YouTube-Tutorials. Ist ein leistungsstarker Computer wirklich überflüssig?«

»Wenn Sie den Rechner nur zum Speichern und Ansehen der Fotos brauchen, tut es auch ein altes Modell«, sagte der Mann. »Wenn Sie die Kamera gekauft haben, müssen Sie nur ein paar zusätzliche Programme installieren. Haben Sie wen, der sich mit Computern auskennt?«

»Hm, vielleicht, wenn es nicht allzu kompliziert ist.« Tak-Ping hatte ein paar Freunde im Sinn, die demselben Hobby nachgingen, obwohl er nach seiner Entlassung noch nicht wieder Kontakt zu ihnen aufgenommen hatte – er hatte keine Ahnung, ob er noch willkommen war. Die Vorstellung war verlockend. »Egal. Meine Frau macht mir die Hölle heiß, wenn ich mir noch eine Kamera kaufe.«

»Ach so. Tja, da kann man nichts machen.«

Ihr Essen kam, und sie unterbrachen ihr Gespräch. Sie aßen schweigend, und Tak-Ping beschloss, direkt im Anschluss zu gehen.

»Ich muss dann mal«, sagte er.

»Okay. Bye.« Der Mann nickte und trank noch einen Schluck Kaffee.

Auf dem Heimweg ging Tak-Ping die Kamera nicht mehr aus dem Kopf. Zum ersten Mal seit seiner Entlassung fühlten seine Schritte sich leicht an, und er dachte weder an seine Familie, das Mädchen noch ans Gefängnis. Er beschloss, sich etwas zu gönnen – entweder eine Digitalkamera oder eine billigere Seagull.

Soll sie doch meckern, dachte er. Man muss im Leben mit dem Strom schwimmen und zugreifen, wenn die Gelegenheit sich bietet.

3

»Shiu Tak-Ping ist ein Scheißkerl«, verkündete N, als er ihr die Tür aufmachte.

Er hatte Freitagabend eingewilligt, Nga-Yees Fall zu übernehmen. Am nächsten Morgen war sie zur Bank gegangen, um ihr Konto leer zu räumen. Der Kassierer hatte sie wiederholt gefragt, ob sie Opfer einer Erpressung geworden sei, und sie hatte ihm immer wieder lächelnd versichert, sie wüsste, was sie täte. In Wirklichkeit hatte sie sich selbst gefragt, wo eigentlich der Unterschied dazu gewesen wäre, ihr Geld einem Erpresser in die Hand zu drücken. Was, wenn N sagte, er hätte nichts rausfinden können? In dem Fall wäre sie völlig machtlos. Trotzdem hatte sie ihm die gesamte Summe ausgehändigt, bis auf den letzten Cent. Er hatte gesagt, er würde sie anrufen, sobald es was Neues gab, und sie kaum eine Minute später schon wieder zur Tür rausgescheucht. Erst als sie nach Hause kam, wurde ihr bewusst, dass sie überhaupt keine Möglichkeit hatte, mit ihm in Kontakt zu treten. Sie versuchte, sich zu beruhigen und sich einzureden, dass er sich bestimmt bald melden würde. In ihrem Kopf stritten zwei Stimmen, die des Kassierers ihrer Bank, der sagte, *Ich hoffe, Sie werden nicht reingelegt, Miss*, und die von Mr Mok, der N als *Spezialisten für Hightech-Fälle* beschrieben hatte.

Nachdem sie N all ihre Ersparnisse ausgehändigt hatte, war Nga-Yee nur noch der Hundertdollarschein in ihrer Geldbörse geblieben, ihre Octopus-MTR-Karte für die öffentlichen Verkehrsmittel mit einem Guthaben von etwa fünfzig Dollar und etwa zehn Dollar in Münzen. Sie war am Vortag einkaufen gewesen, hatte also für den Moment genug Lebensmittel, aber bis zum Zahltag waren es trotzdem noch zwei Wochen. Selbst wenn sie von Instantnudeln lebte, kostete die Fahrt zur Arbeit trotzdem täglich zwanzig Dollar, und sie konnte schlecht aufhören, zur Arbeit zu gehen. Dann waren da noch die Rechnungen für

Wasser und Strom. Sie bedauerte, sich nie eine Kreditkarte zugelegt zu haben, aber die Warnung ihrer Mutter – niemals Geld auszugeben, das ihr nicht gehörte – saß einfach zu tief.

Als sie Samstagnachmittag ihre Schicht in der Bibliothek antrat, bat sie ihre Kollegin Wendy, ihr zur Überbrückung ein bisschen Geld zu leihen. Wendy war überrascht, denn sie wusste, wie sorgsam Nga-Yee normalerweise mit ihrem Geld umging. Als Wendy wissen wollte, warum, erzählte Nga-Yee ihr vage etwas von unerwarteten Ausgaben.

»Okay, hier sind achthundert. Du kannst sie mir nächsten Monat wiedergeben«, sagte Wendy und nahm sämtliche Hundertdollarscheine aus ihrer Geldbörse.

»Danke, aber fünfhundert reichen auch.«

»Kein Problem, ich vertraue dir. Du weißt, dass du mit mir sprechen kannst, wenn du Probleme hast, ja?«

Wendy war vor zwei Jahren von der Filiale in Sha Tin in die Zentralbibliothek gewechselt. Sie war warmherzig, redselig und etwa fünf Jahre älter als Nga-Yee. Für Nga-Yees Geschmack war sie fast ein bisschen zu freundlich, und sie erfand jedes Mal eine Ausrede, wenn Wendy mal wieder eine Kollegenrunde zum Abendessen oder fürs Kino organisierte. Gleichzeitig war Wendys offene Art der Grund gewesen, weshalb Nga-Yee sich mit der Bitte um Hilfe an sie gewendet hatte. Wendys Besorgtheit, zusammen mit den Bemerkungen des Bankbeamten vom Vormittag, verursachten in Nga-Yee das beklemmende Gefühl, eins von den naiven Opfern aus *Crimewatch* zu sein, und sie wurde noch nervöser. Sie überprüfte ununterbrochen ihr Telefon, um nachzusehen, ob sie seinen Anruf verpasst hatte. Doch N meldete sich nicht.

Nach drei Tagen verlor sie schließlich die Geduld.

Am Dienstag, den 16. Juni, fuhr sie wieder nach Sai Ying Pun, fest entschlossen, einen Lagebericht einzufordern, doch an der Ecke zur Second Street blieb sie zögernd stehen.

Was tue ich hier? Was, wenn ich ihm dermaßen auf die Nerven gehe, dass er seine Arbeit beendet und mich mit einer billigen Ausrede abspeist? Obwohl sie jetzt seine zahlende Klientin war, hatte sie auf seltsame Weise Angst vor ihm – wie ein Frosch, der eine Schlange sieht und in ihr instinktiv einen natürlichen Feind erkennt.

Sie stand seit etwa zehn Minuten an der Ecke, unfähig, genug Entschlusskraft zu entwickeln, um weiterzugehen, als ihr Telefon klingelte.

»Wenn Sie schon mal hier sind, können Sie genauso gut raufkommen. Am Ende hält Sie sonst noch jemand für eine Stalkerin und ruft die Polizei«, sagte N und legte auf.

Nga-Yee sah sich erschrocken um. Sie war nicht einmal in der Nähe der 151, N konnte sie auf keinen Fall aus dem Fenster gesehen haben. Sie eilte zu seinem Wohnhaus und rannte die sechs Stockwerke hinauf.

»Shiu Tak-Ping ist ein Scheißkerl«, verkündete er, als er ihr öffnete. »Aber er ist nicht kidkit727.«

»Was?« Nga-Yee hatte sich auf Gemecker gefasst gemacht, weil sie ihm auf die Pelle rückte, aber nicht auf neue Details zu ihrem Fall.

»Shiu Tak-Ping hat nichts mit dem Post zu tun.« N schaffte es, genug Platz in seinem Chaos frei zu räumen, damit sie sich auf das Sofa setzen konnte. »In Moks Bericht steht, Shiu hätte keine Ahnung, wer den Post geschrieben hat, doch da es darin um ihn geht, musste ich mich selbst überzeugen.«

»Wollen Sie damit sagen, Sie haben ihn getroffen? Hätten Sie die Informationen, die Sie haben wollten, nicht einfach im Internet recherchieren können?«

»Manche Dinge erfährt man leichter, wenn man direkt mit den Leuten spricht.«

»Was? Sie haben sich mit Shiu Tak-Ping getroffen? Und ihn selbst gefragt? Der hätte doch niemals die Wahrheit gesagt.«

»Menschen sind seltsame Geschöpfe, Miss Au. Bringt man sie erst dazu, in ihrer Wachsamkeit nachzulassen, erzählen sie einem Fremden mehr als der eigenen Familie.« N legte einen Fotoapparat auf den Tisch. »Ich habe ihn zwei Tage lang beschattet; gestern dann habe ich so getan, als wäre ich Fotografie-Fan, und ihn in ein Gespräch verwickelt.«

»Was? Sie sind einfach so auf ihn zuspaziert und haben gefragt: ›Sind Sie kidkit727?‹«

N lachte. »Seien Sie nicht dumm. Wir haben uns über Kameras unterhalten.«

Nga-Yee nahm die zweiäugige Spiegelreflexkamera vom Tisch und musterte sie. »Und Sie haben ganz nebenbei rausgefunden, dass er nichts mit kidkit727 zu tun hat?«

»Erstens, Shiu Tak-Ping, seine Frau und seine Mutter haben keinen blassen Schimmer von Computern oder Internet. Er sagt, er geht nur online, um Schach zu spielen oder sich Erklärfilmchen anzusehen. Diese Aussage habe ich mit der Browser-History von seinem Breitbandanschluss und sämtlichen Mobiltelefonen der Familie abgeglichen. Keiner von den dreien wüsste auch nur im Ansatz, wie man seinen digitalen Fußabdruck von einer Chat-Plattform löscht. Ich habe ihn außerdem gefragt, ob er irgendwelche Computerexperten in seinem Freundeskreis hat, aber das brachte auch nichts zutage.«

Nga-Yee sagte nichts, sondern hörte nur aufmerksam zu.

»Zweitens: Shius politische Haltung steht im Widerspruch zu den Darstellungen des Posts«, fuhr N fort. »Wenn tatsächlich er selbst oder jemand, der ihm nahesteht, dahinterstecken würde, hätte der Text einen anderen Tenor.«

»Seine politische Haltung?«

»Shiu hat den Wahlkampf eines Kandidaten des Establishments unterstützt – das Wahlplakat hängt immer noch in seinem Laden. Außerdem hat der Mann im Kiosk an der Station Yau Ma Tei ausgesagt, Shiu hätte sich darüber beschwert, dass die jungen Leute von heute lauter Nichtsnutze wären, die Hongkong in den Ruin treiben würden. Er tendiert mit seiner Haltung eindeutig nach rechts.« N nahm sein Laptop vom Schreibtisch und stellte es vor Nga-Yee auf den Couchtisch. Der Bildschirm zeigte die Chatseite von Popcorn an. »Dieser Post wurde jedoch eindeutig von einem Liberalen verfasst, und zwar von einem jungen, von jemandem, dem die im Trend liegenden Widerstandsparolen vertraut sind. Hier zum Beispiel: ›In Hongkong geht es zurzeit drunter und drüber – es gibt Macht, aber keine Gerechtigkeit. Das Gesetz hat keine Bedeutung mehr, und wenn irgendwer ankommt und behauptet, schwarz wäre weiß, stimmen die Leute ihm zu.‹ Oder Formulierungen wie ›sich der Ungerechtigkeit beugen‹. Ein Konservativer würde sich niemals so äußern – zumindest aber hätte er die politisch aufgeladene Phrase ›Macht, aber keine Gerechtigkeit‹ weggelassen. Gleich und gleich gesellt sich gern. Ich glaube nicht, dass es in Shius Umfeld jemanden gibt, der eine derart konträre politische Meinung hat und ihm trotzdem nahe genug steht, um eine solche Brandrede für ihn zu schreiben.«

»Okay, trotz dieser beiden Punkte: Gibt es nicht immer auch Ausnahmen von der Regel?«, wandte Nga-Yee ein. »Es könnte trotzdem sein, dass Shiu doch einen Computerexperten kennengelernt hat, sich gut mit ihm verstand und ihn bat, seine Spuren für ihn zu verwischen. Die politischen Phrasen und Ähnliches könnten auch Teil des Plans gewesen sein.«

»Gut. Nehmen wir an, kidkit727 ist ein geniales Täuschungsmanöver, von jemandem erdacht, dessen Denkprozesse ebenso reibungslos funktionieren wie die meinen. Nehmen wir also an, derjenige weiß, wie man dem Verfasser eines Posts mit Worten eine gefakte Persönlichkeit verpasst. Und nehmen wir weiter an, es handelt sich um jemanden mit ausreichend Selbstbeherrschung, um nach einem einzigen Post schon wieder aufzuhören, anstatt die Flammen weiter anzufachen«, sagte N selbstgefällig. »Trotzdem war dieses Genie so dumm, zuzuschlagen, während Shiu noch im Gefängnis saß und damit die Situation am schwersten zu beherrschen war?«

»Wieso schwer zu beherrschen?«

»Stellen Sie sich vor, Sie sind Shiu Tak-Ping. Würden Sie Ihren Computerspezialisten bitten, den Text zu posten, während Sie noch im Knast sitzen und nichts unternehmen können, während Ihre Frau und Ihre Mutter ins Visier der Presse geraten? Oder würden Sie damit warten, bis Sie wieder draußen sind und direkt in die Fernsehkameras sprechen könnten?«

Nga-Yee wurde erst jetzt klar, worauf N hinauswollte.

»Shiu Tak-Pings Beziehung zu seiner Frau ist nicht so liebevoll, wie der Post das darstellt, aber er ist auch nicht so dumm, sein Geschäft zu gefährden. Der Schreibwarenladen ist die einzige Einkommensquelle der Familie, und während er im Knast saß, hat seine Frau das Geschäft geführt. Seine Unschuld zu beteuern, während er selbst noch im Gefängnis saß, wäre die Mühe nicht wert gewesen. Er hat seine fünfzehn Minuten Ruhm verpasst – denn als er einen Monat später wieder entlassen wurde, hatte die Presse das Interesse an der Story längst wieder verloren. Dessen war sich sein gerissener Freund kidkit727 mit Sicherheit bewusst.« Nach einer Kunstpause fuhr N fort. »Das Wichtigste aber: Nachdem Ihre Schwester sich umgebracht hat, schlugen Shiu noch mehr Kritik und Hass entgegen. Wenn er tatsächlich für den Post verantwortlich wäre, hätte er nicht nur ihr geschadet, sondern auch sich selbst.«

Bei der Erwähnung von Siu-Man überkam Nga-Yee eine Woge der Traurigkeit. »Sie sagen also, meine Schwester war das Ziel?«, fragte sie und versuchte vergeblich, den Schmerz zu unterdrücken.

»Ja, dieses Szenario ist am wahrscheinlichsten. Natürlich haben wir dafür keinen handfesten Beweis und können deshalb für den Moment andere Theorien noch nicht ganz ausschließen.«

»Wenn Shiu mit kidkit727 tatsächlich nichts zu tun hat, warum erzählt er das dann nicht einfach der Presse?«

»Was hätte er denn sagen sollen?« N kicherte in sich hinein. »›Ich habe zwar keinen Neffen, aber irgendein mysteriöser Unbekannter hat online für mich Partei ergriffen und versucht, mich zu entlasten.‹ Das würde nur neuen Schlamm aufwirbeln und Presse und Öffentlichkeit dazu anstacheln, ihm noch mehr zuzusetzen.«

Nga-Yee dachte nach. Das ergab Sinn.

»Wo wir gerade dabei sind: Jetzt, da ich Shiu kennengelernt habe, wirft der Post an ein paar anderen Stellen Fragen auf, die ich nicht verstehe.« N hatte aufgehört zu lächeln. Er saß, die Hände vor der Brust verschränkt, vor ihr und sah sie an.

»Sie meinen …«

»Was dieser Text über Shiu Tak-Ping aussagt, ist an mancher Stelle zutreffend und an anderer Stelle übertrieben.« N deutete auf den Fotoapparat, den Nga-Yee noch immer in der Hand hielt. »Es ist richtig, dass er sich für Fotografie interessiert und nur Kameras aus zweiter Hand besitzt. Ich bin in seinem Laden gewesen, dort stehen tatsächlich einige Fotobücher zum Verkauf, auch wenn ich nicht weiß, ob er die Titel, die attraktive junge Frauen zum Thema hatten, weggeschafft hat. Das Angebot verrät, dass Shius Interesse echt ist. Außerdem hat er sich bereitwillig mit mir, einem vollkommen Fremden, über Fotoapparate ausgetauscht, wir wissen also, dass das nicht vorgeschoben war. Übrigens sollten Sie das lieber wieder hinlegen. Die Kamera ist geliehen und fünfundzwanzig Riesen wert. Sie könnten es sich nicht leisten, die zu beschädigen.«

Nga-Yee erschrak dermaßen, dass sie den Fotoapparat fast fallen gelassen hätte. Hastig und gleichzeitig behutsam legte sie die Kamera zurück auf den Tisch.

»Doch was die Ehe betrifft, liegt der Post völlig falsch«, fuhr N vornübergebeugt fort. »Dort heißt es, er wäre ins Gefängnis gegangen, damit sich die Dinge beruhigten – dass er seine Frau lieben würde und nicht wollte, dass sie noch mehr durchmachte. Völliger Schwachsinn. Seit er aus dem Gefängnis gekommen ist, versteckt Shiu sich zu Hause, anstatt in den Laden zurückzukehren, weil er Schiss hat, dass die Leute ihm das Leben schwer machen. Der Typ hat keinen Arsch in der Hose. Er schultert seiner Frau die gesamte Bürde auf, die Familie zu ernähren, und ist nicht nur völlig undankbar, sondern hat sich auch noch bei mir – wie gesagt, einem völlig Fremden – darüber beschwert, dass sie ihm nicht erlaubt, sich einen neuen Fotoapparat zu kaufen.«

»Aber weshalb ist die Hälfte des Posts falsch?«, fragte Nga-Yee. »Um den richtigen Teil zu schreiben, muss, wer immer den Post verfasst hat, Shiu kennen.«

»Haben Sie sich das wirklich genau angesehen? Finden Sie nicht auch, der Post lässt sich auf eine ganz bestimmte Weise lesen?«

»Auf welche denn?«

»Es hört sich an wie das Plädoyer eines Verteidigers vor Gericht.«

Nga-Yee starrte ihn an.

»Betonung des Positiven, Herunterspielen des Negativen. Den Angeklagten ins bestmögliche Licht setzen, während alles dafür getan wird, intime Details zu verdrehen, wie zum Beispiel den Zustand seiner Ehe. Denn wenn Mrs Shiu sagt: ›Wir sind ein glückliches Ehepaar‹, wie sollte die Gegenseite dann das Gegenteil beweisen? So etwas wird mehr oder weniger erwartet, wenn man vor Gericht aussagt. Meine Vermutung lautet deshalb, der Verfasser steht auf irgendeine Weise mit dem Verteidiger von Shiu in Verbindung, auch wenn sein Anwalt natürlich nicht so dumm wäre, sich direkt einzumischen – das würde seinem Klienten wenig nutzen.« N zog ein Blatt Papier aus dem Chaos auf seinem Schreibtisch. »Das ist Martin Tong. Hat sich in seiner Branche einen ziemlichen Namen gemacht. Veranstaltet regionale Veranstaltungen zur Rechtsberatung und arbeitet immer wieder pro bono. Der setzt seinen glänzenden Ruf auf keinen Fall mit billigen Tricks aufs Spiel. Das würde nur seinem Image schaden.«

»Könnte er trotzdem verwickelt sein, auch wenn er es nicht selbst getan hat?«

»Sie haben recht, aber es ist nicht einfach, mit einem Anwalt die Klingen zu kreuzen.« N zuckte die Achseln. »Ich bleibe dran, aber es gibt eine weitere Spur, die mich sehr viel mehr interessiert.«

»Welche denn?«

»Ihre Schwester.«

Nga-Yee schauderte.

»Interessiert Sie das nicht, Miss Au?«, fragte N unsentimental. »Nach allem, was wir wissen, wurde dieser Post mit hoher Wahrscheinlichkeit verfasst, um Ihrer Schwester zu schaden – entweder aus persönlichem Groll oder weil der Verfasser tatsächlich der Meinung war, sie hätte Shiu Tak-Ping zu Unrecht belastet, und Gerechtigkeit wollte. Ich muss alles wissen, was es über Au Siu-Man zu wissen gibt: in welchen Kreisen sie sich bewegt hat, ihr Privatleben, ihre Gedanken und jegliche Feinde, die sie womöglich hatte.«

»Siu-Man war fünfzehn. Was hätte sie für Feinde haben sollen?«

»Gott, sind Sie naiv!«, höhnte N. »Heutzutage haben Mädchen mit vierzehn oder fünfzehn viel mehr Geheimnisse als wir Erwachsenen, und ihre sozialen Netzwerke sind unfassbar komplex. Mithilfe von Social Media und Instant Messaging ist es für die Kids schon mit elf oder zwölf ein Leichtes, sich in die Welt der Erwachsenen zu begeben. Früher waren Mädchen, die anschaffen gingen, von ihren Zuhältern abhängig, inzwischen findet man seine Freier per App. Manche dieser Mädchen haben keine Ahnung, worauf sie sich einlassen – sie glauben, ein Escortgirl würde jemanden in der Öffentlichkeit begleiten und Händchen halten. Dann werden sie ins Bett gelockt, dort vielleicht fotografiert oder gefilmt, und schon sind sie ein leichtes Ziel für Erpressung. Um Hilfe bitten können sie nicht, aus Angst, wegen Prostitution verhaftet zu werden, also fügen sie sich. Und währenddessen schieben ihre Familien ihr verändertes Verhalten auf die Pubertät. Der Post behauptet, Ihre Schwester hätte getrunken, Drogen genommen und ihren Körper verkauft. Können Sie mir in die Augen sehen und mit Bestimmtheit sagen, dass Siu-Man kein solches Mädchen war?«

Nga-Yee erwiderte seinen Blick und wollte schon antworten, doch dann erinnerte sie sich daran, dass nicht mal eine Handvoll Klassenkameraden von Siu-Man gekommen waren, um ihr die letzte Ehre zu erweisen, und brachte kein Wort heraus. Erst nach Siu-Mans Tod war ihr klar geworden, dass sie ihre kleine Schwester nicht so gut gekannt hatte, wie sie dachte. Sie war oft erst spät aus der Bibliothek nach Hause gekommen und hatte sich nie gefragt, ob Siu-Man direkt nach der Schule nach Hause kam oder ob sie, wenn sie ab und zu noch später dran war als sie selbst, tatsächlich in der Schulbücherei gewesen war, um zu lernen, wie sie behauptete. War Siu-Man in schlechte Gesellschaft geraten, als Nga-Yee nicht aufpasste? Hatte sie Geheimnisse gehabt, die sie mit ihrer Schwester nicht teilen konnte? Hatte sie dieses Zeitfenster womöglich genutzt, um für ein Taschengeld verbotene Dinge zu tun?

Mit dem Tod von Siu-Man war in Nga-Yees Herz der Samen des Zweifels gesät worden. Ohne dass sie etwas davon bemerkt hatte, war dieser Samen zu einer giftigen Schlingpflanze herangewachsen, die sich um ihre Seele schlang und ihre Zuversicht erstickte.

N bemerkte ihr Zögern, und anstatt das Thema weiter zu verfolgen, sagte er in sanfterem Tonfall: »Miss Au, wenn Sie den Drahtzieher im Hintergrund finden wollen, müssen Sie sich in die Vergangenheit Ihrer Schwester vertiefen. Es gibt dort möglicherweise Dinge, die Sie lieber nicht wissen würden. Verstehen Sie mich?«

»Ja«, sagte Nga-Yee, ohne zu zögern. »Ich will denjenigen finden, der für Siu-Mans Tod verantwortlich ist. Um jeden Preis.«

»Gut. Ich möchte, dass Sie nach Hause fahren und herausfinden, ob Ihre Schwester ein Tagebuch oder irgendeine Art von Notizbuch geführt hat. Ach, hatte sie eigentlich einen Computer?«

»Nein, nur ein Smartphone.«

»Das muss ich mir ansehen. Die Leute haben ihr Telefon immer bei sich. Man kann einen Menschen vollkommen durchschauen, nur indem man sein Telefon analysiert.«

»Wollen Sie sich denn nicht unsere Wohnung ansehen?«

»Ich habe mir bereits zwei Tage mit der Beschattung von Shiu Tak-Ping um die Ohren geschlagen, Miss Au. Sagen Sie mir nicht, was ich zu tun habe. Ich bin nicht Ihr Privatsekretär.« N ging zurück an seinen Schreibtisch und nahm auf dem Bürostuhl Platz. »Rufen Sie diese Nummer an, wenn Sie mich brauchen. Ich kann Ihnen allerdings nicht versprechen, dass ich rangehen werde. Falls es was Wichtiges ist, hinterlassen Sie mir eine Nachricht, und ich rufe zurück, wenn ich Zeit habe.«

Er reichte ihr einen Notizzettel, auf den mit Bleistift eine achtstellige Nummer gekritzelt war.

Sobald sie den Zettel in Händen hielt, deutete er auf die

Wohnungstür, um ihr klarzumachen, dass das Gespräch beendet war. Nga-Yee hatte weitere Fragen, aber sie kannte N inzwischen gut genug, um zu ahnen, dass sie sich damit nur die nächste Verbalattacke einhandeln würde. Auf dem Rückweg dachte sie darüber nach, dass seine Ausdrucksweise zwar barsch war, er aber nicht versucht hatte, sie mit irgendwelchen Sprüchen über »laufende Ermittlungen« abzuspeisen. Im Gegenteil, er hatte den Fall ernsthaft mit ihr diskutiert. Mr Mok hatte absolut recht gehabt – N war ein schräger Vogel.

Mir bleibt wohl nichts anderes übrig, als ihm zu vertrauen, sagte sie sich mit einem Blick auf den Zettel in ihrer Hand.

Um Fahrtkosten zu sparen, fuhr Nga-Yee statt mit der teureren U-Bahn mit Straßenbahn, Fähre und Bus nach Hause. Momentan leistete sie sich die U-Bahn nur für den Weg zur Arbeit, weil sie dort pünktlich ankommen musste. Ob sie für den Heimweg ein bisschen länger brauchte, spielte keine Rolle. Es war bereits nach zehn, als sie Wun Wah House erreichte.

Sie machte das Licht an und ging, ohne sich umzuziehen, um das Bücherregal herum, das Siu-Mans »Zimmer« vom Rest des Apartments abgetrennt hatte. Sie hatte Siu-Mans Dinge seit ihrem Tod nicht angerührt, und alles war genauso wie immer: ein kleiner Schreibtisch, ein Hochbett und darunter ein Bücherregal und ein Kleiderschrank. Als junges Mädchen hatte Nga-Yee zusammen mit ihrer Mutter den Nachlass ihres Vaters sortiert; dann, nach dem Tod ihrer Mom, hatte sie unter Tränen deren Dinge weggepackt. Doch als Siu-Man an der Reihe gewesen war, hatte sie es nicht über sich gebracht, mit ihren Sachen dasselbe zu tun. Ende Mai hatte Siu-Mans Klassenlehrerin Miss Yuen sie angerufen, um ihr mitzuteilen, dass in Siu-Mans Spind noch ein paar Bücher eingeschlossen waren, und hatte wissen wollen, ob Nga-Yee vorbeikommen könne, um die Sachen abzuholen. Nga-Yee hatte geantwortet, sie sei zu beschäftigt, und es ständig vor sich hergeschoben, aus Angst, Siu-Mans Sachen zu sehen, könnte zu viel für sie sein.

Jetzt durchsuchte Nga-Yee die Schreibtischschubladen und das Bücherregal, aber so was wie ein Tagebuch war nirgends zu finden; nur Make-up, Accessoires, ein paar Packungen teeniehaftes Brief- und Bastelpapier und einige Rollen Washi-Tape. Im Regal lagen nur Schulhefte und ein paar Modemagazine, und in ihrer Schultasche steckten nur ein paar Schulbücher. Auch den Kleiderschrank durchsuchte Nga-Yee Zentimeter für Zentimeter, aber dort war ebenfalls nichts zu finden.

Hat sie denn nicht mal einen Terminplaner besessen?, fragte sich Nga-Yee, die sich noch die kleinste Kleinigkeit auf Papier notierte, bis es sie traf wie ein Blitz. »Natürlich! Das Telefon!«

Das führte sofort zum nächsten Problem. Siu-Mans Smartphone war nirgends zu finden.

Nga-Yee erinnerte sich genau, dass ihre Schwester das knallrote Telefon immer oben rechts auf ihrem Schreibtisch aufbewahrt hatte, weil dort das Ladegerät steckte. Am Ladekabel hing nichts. Sie durchwühlte das Bett, aber auch da war nichts.

Als sie etwas genauer nachdachte, wurde Nga-Yee klar, dass sie Siu-Mans Telefon seit ihrem Tod nicht mehr gesehen hatte.

Sie zog ihr eigenes Telefon aus der Tasche und wählte die Nummer ihrer Schwester, wurde aber sofort zur Mailbox umgeleitet. Natürlich. Nach mehr als einem Monat war der Akku längst leer.

Es sei denn … sie war mit dem Telefon zum Fenster hinausgesprungen …

Bis jetzt hatte Nga-Yee es vermieden, an den Moment von Siu-Mans Selbstmord zu denken, doch jetzt ließ sich das nicht länger vermeiden. Trotzdem. Nein, dann wäre das Telefon neben ihr auf dem Asphalt gelandet und von der Polizei entdeckt worden. Das hätte man ihr doch sicher zurückgegeben.

Aber wo war es dann? Ob es noch in der Schule lag?

Sie suchte nach dem Zettel und wählte die achtstellige Nummer.

»Dies ist die Mailbox von 61448651. Bitte hinterlassen Sie eine Nachricht nach dem Signalton«, sagte eine Computerstimme.

»Hallo? Hallo, hier spricht Au Nga-Yee. Ich habe getan, was Sie gesagt haben, aber ich kann kein Tagebuch finden, und das

Telefon ist auch weg. Äh ... vielleicht ... vielleicht könnten Sie doch selbst danach suchen?«, stammelte sie und legte auf.

Sie suchte noch einmal alles ab, um sicherzugehen. Siu-Mans Geldbeutel und ihr Schlüsselbund, alles da. Nur ihr Telefon fehlte.

Nga-Yee schlief noch schlechter als sonst. Sie musste ständig an Siu-Mans Smartphone denken, und N rief nicht zurück. Als am nächsten Morgen ihr Wecker klingelte, fühlte sie sich, als hätte sie die ganze Nacht kein Auge zugetan. Sie ging, wie sonst auch, zur Arbeit, machte aber den ganzen Tag bei der Ausgabe und Rücknahme der Bücher Fehler. Um die Kundenbeschwerden zu minimieren, setzte ihre Chefin sie schließlich vom Schalter weg und ließ sie stattdessen Regale einräumen.

In der Mittagspause rief sie wieder bei N an und erreichte wieder nur die Mailbox.

Am Abend hatte er noch immer nicht zurückgerufen.

»Hallo? Hier spricht Au Nga-Yee. Könnten Sie mich bitte zurückrufen, wenn Sie das hier abhören?« Sie klang inzwischen ein bisschen gereizt. Was hatte es für einen Sinn, seine Nummer herzugeben, wenn man grundsätzlich nicht ans Telefon ging?

Auch in dieser Nacht passierte nichts, aber als sie am nächsten Morgen um sieben Uhr aufwachte, hatte sie eine neue Textnachricht: »Sind Sie blind? Suchen Sie noch mal die ganze Wohnung ab, Schafsnase!«

Die Nachricht war um 04:38 Uhr geschickt worden. Nga-Yee war augenblicklich hellwach und etwas gekränkt, weil N offensichtlich so wenig von ihr hielt. Seit Siu-Man tot war, konnte sie nicht mehr still sitzen. Um nicht mit ihren Gedanken allein zu sein, hatte sie sich endlos mit Hausarbeit abgelenkt. Sie hatte jeden Zentimeter der Wohnung geputzt. Nur Siu-Mans Sachen hatte sie nicht angerührt. Hätte das Telefon auf einem Küchenregal gelegen, neben dem Fernseher oder unter einem Sofakissen, sie hätte es definitiv entdeckt. Fast hätte sie ihm eine wütende Antwort geschickt, doch sie schaffte es gerade noch, sich zusammenzureißen.

Sie arbeitete bis acht Uhr abends und beschloss danach, zu N zu fahren und ihn, falls nötig, mit Gewalt zu sich nach Hause zu schleppen, um zu beweisen, dass sie nichts übersehen hatte. In dem Moment, als sie die Straßenbahn in Richtung Westen von Hong Kong Island besteigen wollte, kam ihr eine andere Idee.

Es gab einen einzigen Ort in der Wohnung, den sie seit dem Suizid ihrer Schwester gemieden hatte. Das Fenster, aus dem Siu-Man in den Tod gesprungen war. Es lag direkt neben der Waschmaschine, und wann immer Nga-Yee im letzten Monat Wäsche gewaschen hatte, hatte sie ihre Schwester vor Augen gehabt, wie sie sich an die Maschine lehnte, auf den Klappstuhl stieg, der danebenstand, das Fenster aufschob und sprang.

Hatte sie das Telefon vielleicht bis zum Schluss in der Hand gehalten?

Sie eilte nach Hause, nahm all ihren Mut zusammen, ging in die Waschecke und zwang sich zu suchen.

Sie kniete sich hin, drückte das Gesicht gegen den Boden, spähte unter die Waschmaschine und sah es.

In dem Spalt zwischen Gerät und Boden lag Siu-Mans Telefon.

Nga-Yee versuchte, es zu fassen zu kriegen, doch der Schlitz war zu schmal für ihre Hand. Sie sah sich suchend um und entdeckte ein paar Kleiderbügel aus Metall. Mit zitternden Händen bog sie sich eilig einen zurecht und schob den gekrümmten Draht unter die Waschmaschine.

Da war es: An der Öse baumelte ein Katzenanhänger, das Display hatte einen Sprung, wahrscheinlich vom Aufprall auf den Boden. Nga-Yee drückte den Einschaltknopf, aber nichts geschah. Sie bekam Angst. War es beim Sturz kaputtgegangen? Sie schoss an Siu-Mans Schreibtisch hinüber und brauchte drei Versuche, ehe sie das Telefon ans Ladekabel angeschlossen hatte, so sehr zitterten ihr die Finger.

Pling.

Der Bildschirm erwachte zum Leben, und das Ladezeichen erschien. Nga-Yee stieß einen Seufzer der Erleichterung aus. Sie sah zum Fenster hinüber und fragte sich, wie das Telefon unter die Waschmaschine geraten war. Hatte Siu-Man es fallen lassen? Aber dabei hätte es einiger Wucht bedurft, um so weit hinten zu landen. Hatte sie es geworfen? Oder war es versehentlich durch einen Fußtritt dort gelandet? War es zwischen Wand und Waschmaschine gefallen?

Was hatte Siu-Man unmittelbar vor ihrem Tod getan?

Nga-Yee gab es auf, sich darüber den Kopf zu zerbrechen. Hauptsache, sie hatte das Telefon. Während es lud, drückte sie wieder den Einschaltknopf. Das Logo des Providers erschien auf dem Schirm, und dann ein Quadrat aus neun Punkten. Sie ließ die Fingerspitze darübergleiten, und »falsches Muster« erschien. Nach ein paar Versuchen gab sie auf und ließ es zu Ende laden.

N ist Hacker. Der kann so was, dachte sie.

Ihr erster Impuls war gewesen, sofort mit dem Telefon zu N rüberzufahren, doch als die Aufregung ein wenig abebbte, wurde ihr klar, dass es inzwischen viel zu spät war, um sich noch auf den Weg zu machen. Sie müsste mit dem Taxi zurückfahren, und das wäre teuer. Und was, wenn sie zu ihm eilte und er es einfach in die nächste Ecke pfefferte? Sie beschloss zu warten, bis sie am folgenden Tag mit der Arbeit fertig war und sie neben ihm stehen und zusehen konnte, während er das Passwort knackte.

»Ich habe Siu-Mans Telefon gefunden. Ich bringe es morgen nach der Arbeit vorbei«, schrieb sie, nachdem er wieder mal nicht auf ihren Anruf reagiert hatte.

In dieser Nacht träumte sie von Siu-Man. Sie saß auf dem Sofa, wie immer in ihr Telefon vertieft. Nga-Yee sagte etwas zu ihr, und sie antwortete, doch nach dem Aufwachen konnte Nga-Yee sich nicht mehr erinnern, über was sie gesprochen hatten.

Sie erinnerte sich nur noch an Siu-Mans Lächeln.

Morgens wischte sie sich die Spuren der Tränen aus dem Gesicht, wusch sich und zog sich an, steckte das geladene Telefon in die Handtasche und fuhr zur Arbeit.

»Du wirkst in letzter Zeit so zerstreut, Nga-Yee«, sagte Wendy in der Mittagspause im Aufenthaltsraum zu ihr. »Geht es dir wirklich gut?«

»Ja. Ich habe nur ein bisschen viel um die Ohren momentan«, antwortete sie.

»Ist es wegen den Ermittlungen? Hat mein Onkel immer noch nichts rausgefunden?« Wendy wusste nicht, dass der Fall inzwischen zu einem Meisterhacker weitergewandert war.

»Es gibt ein paar Fortschritte«, antwortete Nga-Yee ausweichend.

»Falls Geld das Problem ist, kann ich dir helfen«, sagte Wendy ernst. Seit Siu-Mans Tod war sie aufrichtig um Nga-Yee besorgt.

»Du hast mir vor ein paar Tagen erst achthundert Dollar geliehen. Das ist mehr als genug.«

»Verlangt mein Onkel zu viel von dir? Meine Tante hat mich sehr gern. Ich könnte sie bitten, dass er seine Gebühren ein bisschen senkt ...« Wendy holte bereits ihr Telefon aus der Tasche, um Mrs Mok augenblicklich eine WhatsApp zu schicken.

Sie malte mit dem Zeigefinger ein Muster auf das Display, um die Sperre aufzuheben, und Nga-Yee erstarrte. Eine Sekunde lang dachte sie, sie hätte ein Flashback aus dem Traum von letzter Nacht, doch dann wurde es ihr klar.

Die Erinnerung war echt, sie hatte einen realen Moment vor Augen: Siu-Man, die ihr Telefon entsperrte.

Unten links, Mitte links, oben rechts, Mitte, oben links.

Eilig holte sie Siu-Mans Telefon aus der Tasche und zeichnete das Muster aufs Display. Der Passwortbildschirm löste sich auf.

Einen Augenblick lang verspürte sie ein Hochgefühl, weil sie den Code geknackt hatte, doch als sie die Worte auf dem Bildschirm sah, geriet alles in ihr in freien Fall, ihr wurde kurz schwindelig, und die Schädeldecke wurde taub. Sie klickte auf den Monitor, und was sie als Nächstes sah, brachte ihr Herz zum Rasen, und sie hatte das Gefühl, keine Luft mehr zu bekommen.

»Wen…Wendy, hilf mir, du musst sagen, ich musste dringend weg«, stammelte sie und versuchte, das Gleichgewicht zu halten.

»Was ist passiert? Nga-Yee! Geht es dir gut?«

»Ich … ich muss weg, es ist sehr dringend. Bi…bitte, du musst mir helfen …« Sie ließ das Telefon in die Tasche fallen, ignorierte Wendys Rufe und rannte davon.

Nga-Yee hatte zwar noch nie ein Smartphone benutzt, aber instinktiv auf das E-Mail-Icon gedrückt und damit die neueste Mail aufgerufen:

Von: kid kit kidkit727@gmail.com
An: Siu-Man ausiumanman@gmail.com
Datum: 5. Mai 2015, 18:06h
Betr.: RE:

Au Siu-Man,
hast Du den Mut zu sterben? Ziehst diesmal nicht wieder einen Deiner billigen Tricks ab, um bei den Leuten einen auf Mitleid zu machen? Deine Klassenkameraden fallen jedenfalls nicht mehr darauf rein. Abschaum wie Du hat kein Recht, weiterzuleben.
Kidkit727

DONNERSTAG, 21. MAI 2015

Ich hab Dir was nicht erzählt. 22:07 ✓

Ich habe Au Siu-Man gemailt.

Ist das ein Problem? 22:07 ✓

könnte sein 22:09

wie hast du die mail verschickt? 22:10

so wie ichs dir gezeigt habe? 22:11

deine onlinespuren verwischt? 22:12

Ja. 22:15 ✓

dann ist gut 22:16

mach dir keinen kopf 22:17

VIERTES KAPITEL

1

»Alle mal herhören! Morgen seid ihr ordentlich angezogen! Räumt euren Schreibtisch auf, ich will keine persönlichen Gegenstände mehr sehen. Wer einen Pornostar als Desktop-Hintergrund habt, ändert das. Ich mache morgen früh die Runde, und wenn ich dann noch was finde, das die Firma in schlechtes Licht rückt, ziehe ich demjenigen fünfhundert Dollar vom Lohn ab!«

Mr Lee hatte gerade einen Anruf bekommen, und jetzt stand er mitten im Büro von GT Technology und brüllte. Obwohl er ein bisschen verwirrt wirkte, war allen klar, dass darunter pure Erregung lag.

»Was ist los, Boss?«, fragte Hao.

»Morgen kommt ein Risikoinvestor ins Haus! Aus dem Ausland – die sind gerade dem Programm des Productivity Council beigetreten und haben Interesse an uns bekundet. Könnte sein, dass die investieren!«, rief Mr Lee. Ma-Chai und Sze Chung-Nam hörten auf zu tippen und drehten sich zu ihm um.

»Gibt es tatsächlich jemanden, der blöd genug wäre?«, flüsterte Ma-Chai seinem Freund zu.

»Aus welchem Land kommt der Investor?«, fragte Chung-Nam.

»Kein Druck, Leute, aber es handelt sich um SIQ aus Amerika!«

Als sie den Namen hörten, zuckten Chung-Nam, Hao und Joanne zusammen. Nur Ma-Chai und Thomas reagierten nicht.

»Kennt man die, Chung-Nam?«, wollte Ma-Chai wissen.

»Thomas ist Grafikdesigner, dem kann ich seine Unwissenheit verzeihen. Aber du als Programmierer? Solltest du nicht wissen, was auf dem Markt so los ist?«, sagte Chung-Nam mit gerunzelter Stirn. »SIQ ist Amerikas größter Risikokapitalgeber im Bereich Internettechnologie. Die sind genauso bekannt wie Andreessen Horowitz.«

»Andrewer Wasowitz?«

Sich mit einem derartigen Ignoranten zu unterhalten, hatte keinen Sinn. »Jedenfalls haben die jede Menge Kohle und einen super Riecher«, blaffte Chung-Nam. Ihm war vollkommen klar, weshalb Lee so nervös war: Ein Besuch von SIQ war eine einmalige Chance. Der Firmenname setzte sich aus den Initialen der Gründer zusammen: Szeto Wai, Satoshi Inoue und Kyle Quincy. 1994, damals noch an der University of California, LA, hatte der Computerwunderknabe Satoshi eine neue Methode zur Komprimierung von Bildern entwickelt, die es erlaubte, selbst bei beschränkter Bandbreite mehr Bilder in derselben Zeit zu übertragen. Seine Erfindung veränderte den gesamten Entwicklungsverlauf des Internets. Er und sein Studienkollege Szeto Wai gründeten in Silicon Valley ein Softwareunternehmen namens Isotope Technologies, das neue Algorithmen für die Übertragung von Bildern, Videos und Musik entwickelte. Als Nächstes nahmen sie sich die Verschlüsselung in der drahtlosen Kommunikation vor und meldeten Hunderte Patente an. Dank Szeto Wais Geschäftssinn fanden die patentierten Technologien von Isotope Eingang in die Hard- und Software jedes großen Unternehmens. Das verschaffte Szeto und Satoshi, noch ehe sie dreißig waren, einen führenden Platz auf der Liste der einflussreichsten Talente aus dem Silicon Valley, ganz zu schweigen von den Hunderten Millionen von Dollar, die sie damit verdienten. 2005 schlossen sie sich mit Kyle Quincy zusammen und gründeten SIQ, ein Venture-Capital-Unternehmen, das fortan in kleine bis mittelgroße IT-Start-ups investierte. So wie das Investment von Andreessen Horowitz in Facebook und Twitter sich in nur wenigen Jahren mit einer riesigen Rendite bezahlt gemacht hatte, konnte SIQ das investierte Anfangskapital von vierhundert Millionen US-Dollar auf fast drei Milliarden vermehren.

Obwohl GT nicht im Entferntesten in derselben Liga spielte wie Isotope, machte Mr Lee sich die unrealistische Hoffnung, es zu vergleichbarem Wohlstand und Ruf zu bringen wie Satoshi und Szeto. Chung-Nam erahnte die Sehnsüchte seines

Chefs und grinste höhnisch in sich hinein bei der Vorstellung, wie jemand, der bis in seine Vierziger hinein wartete, ehe er die familieneigene Textilfabrik verhökerte, um einen Neustart auf dem IT-Sektor zu wagen, sich einbildete, ein IT-Millionär werden zu können. Um genau zu sein, hegte Chung-Nam sehr konkrete eigene Ambitionen: Er wollte so bald wie möglich seine eigene Firma gründen und der nächste Jack Ma oder Larry Page werden.

Wenigstens bringe ich im Gegensatz zu diesem Loser Lee Sai-Wing den richtigen Background mit, dachte er.

Nach dem College hatte Chung-Nam eine Stelle in einer kleinen Firma angenommen, mit der Absicht, den Posten als Sprungbrett für Größeres zu nutzen. Er hatte gute Referenzen und hätte sofort größer einsteigen können, doch er kannte seine Grenzen und wusste, dass es in einem größeren Rahmen ungleich schwerer geworden wäre, seine Vorgesetzten auf sich aufmerksam zu machen und eine Beförderung zu ergattern. Er hatte keine Lust, sich jahrzehntelang unbemerkt abzustrampeln und erst in mittleren Jahren den ersten Erfolg zu kosten. GT war ein Unternehmen mit weniger als zehn Mitarbeitern, was es ihm einfacher machte, dem Chef in den Hintern zu kriechen, und ihm viel mehr Gelegenheiten verschaffte, zu glänzen.

Zum Beispiel würde er sehr bald schon den Schlüsselfiguren von SIQ höchstpersönlich begegnen.

Er hatte keinerlei Interesse, dem jämmerlichen Mr Lee dabei zu helfen, SIQ eine Investition aus den Rippen zu leiern, doch sich selbst zuliebe würde er trotzdem sein Bestes geben. Wenn er einen guten Eindruck machte, bekäme er vielleicht die Chance, selbst mit ihnen zusammenzuarbeiten und sich einen dicken Batzen Startkapital für sein eigenes Geschäft zu sichern. Er hatte mal von einem lokalen Investor gehört, der sich mit einem Existenzgründer zum Kaffee getroffen und vom Fleck weg beschlossen hatte, einige Millionen US-Dollar in dessen Geschäftsidee zu stecken. Auf dem IT-Sektor waren Risikoinvestoren bereit, in vielversprechende Talente oder Ideen großes Geld zu investieren, und wenn es ihm gelang, die Jungs von SIQ von seinen Fähigkeiten zu überzeugen, konnte es auch ein armer Schlucker zum Multimillionär bringen. Dies, dachte Chung-Nam, war die Gelegenheit, auf die er gewartet hatte.

»Wow, der Boss hat es tatsächlich geschafft, ein Meeting mit SIQ hinzukriegen«, sagte Hao nach der Arbeit im Aufzug. »Tja, manche werden eben unter einem glücklichen Stern geboren. Die Textilfabrik seines Vaters hat er in Grund und Boden gewirtschaftet, und trotzdem muss er nur den Schnabel aufsperren, und schon fliegen ihm die gebratenen Täubchen hinein … Ich wette, Ma-Chai sagt jetzt, das ist die Belohnung für gute Taten oder so was.«

Chung-Nam glaubte nicht an kosmische Gerechtigkeit. Er sah schon seit Jahren zu, wie skrupellose Schweine die schmutzigsten Tricks abzogen und dafür belohnt wurden, während die Guten schikaniert wurden. Auch wenn er es nie laut aussprechen würde, Chung-Nam verachtete die Schwachen. Aber weil die Gesellschaft jeden dazu drängte, ein »guter Mensch« zu sein, spielte er mit. Die Scheinheiligkeit der Regeln war offensichtlich. Regierungsmitglieder und Magnaten benutzten die Moral als Deckmantel, und das Gesetz diente ihnen lediglich als Werkzeug, um sich noch mehr Vorteile zu verschaffen und die normalen Leute kleinzuhalten. Gute Taten wurden nicht belohnt; es galt nur: Jeder ist seines Glückes Schmied. Gäbe es tatsächlich so etwas wie ausgleichende Gerechtigkeit, wären die Dinge, die er getan hatte, schon längst bestraft worden. In Wirklichkeit sah er überall um sich herum Leute, die noch viel Schlimmeres getan hatten als er, langsam, aber sicher die Leiter hochklettern. Gott hilft denen, die sich selbst zu helfen wissen, dachte er.

Um neun Uhr am nächsten Morgen war die Belegschaft von GT bereit für die Besucher – auch wenn sie nicht vor elf erwartet wurden. Thomas, der normalerweise eher lässig gekleidet war, fühlte sich sichtlich unwohl in einem Anzug, der nicht gut saß, und musste sich ständig den Kragen lockern, um Luft zu kriegen. Joanne trug ein Kostüm mit weißer Bluse und schwarzem Rock und wirkte entschieden seriöser als sonst. Obwohl

Mr Lee, was den Dresscode während der Arbeitszeit betraf, ziemlich entspannt war, hatte Chung-Nam als Softwareentwickler schon immer den Anspruch gehabt, sich professionell zu kleiden. Wenn er rumlief wie ein Nerd, würde er immer ein Nerd bleiben.

»Nam, mein Englisch ist fürchterlich. Du musst mir helfen, wenn die SIQ-Leute was von mir wissen wollen«, sagte Ma-Chai, dessen übliches Outfit geradezu »Nerd« schrie. Er stand erst seit einigen Jahren im Berufsleben, und seine Noten in den Geisteswissenschaften waren, wie bei vielen Informatikstudenten, bescheiden gewesen, mit Englisch als dem mit Abstand schwächsten Fach.

»Keine Angst, wenn sie Fachfragen stellen, übernehme ich.« Chung-Nam setzte das Gesicht des versierten, erfahrenen Kollegen auf, und Ma-Chai nickte erleichtert. Chung-Nam hatte es von vornherein darauf abgesehen, im Gespräch mit den SIQ-Leuten das Wort zu führen und seinen jüngeren Kollegen gar keine Chance zu geben, dazwischenzufunken. Obwohl sie dieselbe Jobbeschreibung hatten, hatte Chung-Man in Ma-Chai noch nie etwas anderes gesehen als jemanden unter sich in der Hierarchie, den man ausnutzen konnte. Falls irgendwann irgendwas schieflaufen sollte, wäre er der Erste, der Ma-Chai den Wölfen zum Fraß vorwarf.

Im Gegensatz zu der sonst eher lockeren Atmosphäre vergingen die nächsten zwei Stunden in absoluter Stille. Für seichtes Geschwätz waren sie alle viel zu angespannt. Chung-Man war nicht in der Stimmung für Arbeit. Das Programmiertool war zwar geöffnet, aber sein Blick schweifte ständig wieder zu der kleinen Uhr in der Ecke und erfasste auf die Sekunde genau, wie lang es noch bis elf Uhr war.

Als der Türsummer ertönte, setzten alle sich kerzengerade hin, und Mr Lee sprang auf. Joanne fuhr ebenfalls in die Höhe und eilte zur Tür. Mochte GT auch noch so klein sein, es kam nicht infrage, dass der Inhaber selbst die Tür aufmachte.

Chung-Nam, Ma-Chai und Hao hielten die Blicke fest auf ihre Bildschirme gerichtet und lauschten angestrengt. Joanne stand an der Eingangstür und begrüßte die Besucher auf Englisch, doch zu ihrer aller Überraschung erfolgte die Antwort auf Kantonesisch.

»Wir haben einen Termin bei Mr Lee Sai-Wing«, sagte die forsche Stimme einer Frau.

»Hier … hier entlang«, stammelte Joanne und wechselte zurück in ihre Muttersprache.

Als sich die Schritte näherten, konnte Chung-Nam nicht widerstehen und riskierte einen Blick. Joanne führte eine beeindruckende Frau Mitte zwanzig herein; sie war zierlich und hatte braunes Haar, und ihre Gesichtszüge verrieten sowohl asiatische als auch westliche Vorfahren. Wie Joanne trug auch sie ein Kostüm, allerdings mit Hose statt Rock, was sie sehr kompetent erscheinen ließ. Sie hatte keine Tasche bei sich, nur ein dunkelgraues iPad, was ihre souveräne Ausstrahlung noch weiter unterstrich. Sie war so gut aussehend, dass Chung-Nam nicht gleich den Blick von ihr wenden konnte, und so registrierte er den Mann hinter ihr erst ein paar Sekunden später.

Er wirkte etwa zehn Jahre älter als Chung-Nam, trug einen modischen grauen Anzug, und seine schwarze Krawatte bildete einen eleganten Kontrast zu dem weißen Einstecktuch. Die Augen hinter der rahmenlosen Brille strahlten Selbstvertrauen aus. Mit seinen dichten Augenbrauen und dem ungebändigten Haarschopf erinnerte er an Richard Gere in *Pretty Woman* – an die asiatische Version natürlich.

Aber Chung-Nam irritierte nicht sein gutes Aussehen. Der Mann kam ihm irgendwie bekannt vor.

»Guten Tag. Ich bin Kenneth Lee von GT Technology«, sagte Mr Lee, trat vor und schüttelte dem attraktiven Duo die Hand.

»Hallo«, sagte die eurasische Frau und deutete auf den Mann an ihrer Seite. »Darf ich vorstellen? Szeto Wai von SIQ Ventures.«

Mr Lee fiel die Kinnlade herunter, und Chung-Nam hätte vor Schreck fast einen Luftsprung gemacht. Jetzt wusste er, woher er diesen Mann kannte: Er hatte auf einer ausländischen

IT-Nachrichtenseite ein altes Foto von ihm entdeckt. Szeto Wai und Satoshi Inoue mieden das Rampenlicht und überließen Kyle Quincy sämtliche Öffentlichkeitsarbeit. Trotzdem hatten sie vor etwa zehn Jahren bei der Gründung von Isotope einige Interviews gegeben und mit den Fotos ein paar gehässige Kommentare provoziert. Satoshi war ein typischer Nerd und trug grundsätzlich nur T-Shirts und Shorts, während Szeto Wai zwar etwa im gleichen Alter war, sich jedoch kleidete wie ein altmodischer Kauz und mit Vorliebe steife Anzüge trug. Nebeneinander sahen sie aus wie ein Geschäftsmann und sein Sohn.

Chung-Nam musterte Szeto Wai genauer. Er war sich sicher, dass dies tatsächlich der Mann von dem Foto war. Er hätte niemals erwartet, dass SIQ ihren zweiten Mann schicken würden, um einer Miniklitsche mit gerade mal fünf Angestellten einen Besuch abzustatten.

»Mr Sze…Szeto Wai, it's n…nice to meet you«, stammelte Mr Lee, obwohl er so nervös war, dass er in Wirklichkeit »night to miss you« sagte.

»Wir können uns gern auf Kantonesisch unterhalten«, sagte Szeto. Er sprach zwar mit leichtem Akzent, doch seine Aussprache war klar und deutlich. »Meine Mutter stammt aus Hongkong, und ich bin in den ersten Jahren hier zur Schule gegangen. Ich habe mein Kantonesisch nie verlernt.«

»Oh, äh, schön, Sie kennenzulernen. Ich habe so viel Gutes von Ihnen gehört«, sagte Mr Lee noch nervöser, während sie Visitenkarten tauschten. »Mr Szeto … *der* Mr Szeto?«

»Genau. Das bin ich. Kein Faketitel.« Er deutete lächelnd auf die Karte. »Das werde ich ständig gefragt, wenn ich ein Unternehmen besichtige.«

»Bitte … bitte verzeihen Sie mir«, sagte Mr Lee, der sich immer mehr verhaspelte. Die schmeichlerische Begrüßungsrede, die er vorbereitet hatte, hatte er längst vergessen. »Ich hatte nicht erwartet, dass der berühmte Mr Szeto uns persönlich die Ehre erweisen würde. Willkommen in unseren bescheidenen Räumlichkeiten.«

»Ich war zufällig in Hongkong, zu Besuch bei Freunden. Ich habe inzwischen den Großteil der Geschäfte an Kyle übergeben und bin an die Ostküste gezogen. Bis auf kurze Videokonferenzen mache ich nicht mehr viel. Aber langsam wird mir dieses halbe Rentnerleben zu langweilig, und wenn mir ein interessantes Projekt zwischen die Finger kommt, engagiere ich mich gerne persönlich.« Szeto grinste. »Im Internetzeitalter korreliert die Größe einer Firma nicht unbedingt mit ihrem Potenzial. Als ich damals mit Satoshi Isotope gründete, waren wir nur zu viert. Kleine Firmen sind oft viel profitabler. Ehrlich gesagt, ich ziehe kleine Unternehmen diesen Riesenfirmen mit Hunderten Leuten vor. Wenn es ums Talent geht, zählt Qualität, nicht Quantität.«

»Es ist uns eine Ehre, Sie bei uns zu haben. Lassen Sie uns ins Besprechungszimmer gehen, dann kann ich Ihnen mehr über unser Angebot und unsere Geschäftspläne erzählen.« Mr Lee bedeutete den Besuchern, ihm zu folgen.

Sobald die hohen Tiere verschwunden waren, sprang Hao zu Chung-Nam herüber und flüsterte: »Mein Gott, die fahren ja tatsächlich die ganz großen Geschütze auf! Ist das wirklich der Gründer von SIQ?«

»Ja. Ich habe ein Foto gesehen.« Chung-Nam öffnete einen Browser und suchte nach Szeto und Satoshi. Das erste Ergebnis zeigte das Foto von dem Nerd und dem Gentleman.

»Los, klick die Firmenseite an. Lass uns mal sehen.« Ma-Chai deutete auf einen der Links.

Chung-Nam folgte dem Link, und die Homepage von SIQ Ventures erschien auf dem Bildschirm. Sie hatte nichts Übertriebenes an sich. Die Startseite enthielt eine Reihe von Beiträgen und Bildern, die alle möglichen Themen abdeckten: die Richtung, in die Social Media sich entwickelte, Beispiele für Kollaborationen zwischen dem Silicon Valley und dem amerikanischen Militär, die Zukunft von Virtual Reality, die Schwankungen des Markts für Videospiele und irgendwas über »Quantum Computing«, das selbst Chung-Nam nicht auf Anhieb entschlüsseln konnte.

»Was soll das denn? Ein Reiter ›Portfolio‹? Haben die's etwa nötig, Beispiele für ihre Arbeit zu demonstrieren?«, fragte Hao und tippte auf eine Bildschirmecke.

»Ich glaube, die meinen Beteiligungsportfolio.« Chung-Nam klickte den Reiter an, und tatsächlich: Der Monitor füllte sich mit einer langen Liste von Firmen, den Namen der CEOs und Links zu deren Webseiten. Er erkannte darunter so einige Internetfirmen.

»Lasst uns mal einen Blick auf das Team werfen«, drängelte Ma-Chai und zeigte auf den nächsten Reiter.

Es gab weniger Mitarbeiter, als Chung-Nam erwartet hatte – etwa vierzig Porträtfotos poppten auf der Seite auf. Es war natürlich gut möglich, dass an dieser Stelle nur die Abteilungsleiter präsentiert wurden.

»Da, Szeto Wai.« Chung-Nam bewegte den Mauszeiger auf das Foto eines Mannes im Anzug. Die meisten anderen waren legerer gekleidet, viele Männer trugen nicht mal Krawatten.

Plötzlich öffnete sich die Tür zum Besprechungszimmer. Hao sprang auf seinen Platz zurück, und Ma-Chai beugte sich eilig über seine Tastatur. Chung-Nam kehrte mit Alt-Tab auf seinen Programmierbildschirm zurück. Doch dann kam nur Joanne heraus, um den Besuchern Kaffee zu bringen.

Als Joanne wieder im Besprechungsraum verschwunden war, blieben Hao und Ma-Chai auf ihren Plätzen, doch Chung-Nam war noch nicht fertig. Er wollte mehr über Szeto Wai erfahren. Ein Klick aufs Bild führte zu seinem LinkedIn-Profil, doch der Lebenslauf hatte nichts besonders Interessantes zu bieten, und Chung-Nam kehrte auf die SIQ-Seite zurück.

Während er sich durch die Seiten scrollte, haderte er mit seiner Nachlässigkeit. Als Mr Lee gestern verkündet hatte, dass der Besuch von SIQ ins Haus stand, hatte er zwar englische Antworten auf alle möglichen IT-Fragen eingeübt, war jedoch nicht auf die Idee gekommen, sich über SIQ selbst zu informieren und dafür zu sorgen, dass er besser über den Investor Bescheid wusste als Mr Lee, um damit bei den Besuchern Eindruck zu schinden. Zum Glück war es noch nicht zu spät –

er würde die Zeit nutzen, die ihm noch blieb, um sich so viele Informationen wie möglich einzuverleiben.

Nachdem er etwa zwanzig Minuten damit verbracht hatte, sich mit der Investitionsstrategie von SIQ auseinanderzusetzen und mit dem Mitarbeiterorganigramm vertraut zu machen, öffnete sich die Tür zum Besprechungszimmer ein weiteres Mal, und Chung-Nam minimierte hastig das Browserfenster.

»Mr Szeto, ich würde Ihnen gerne einige meiner herausragenden Mitarbeiter vorstellen«, sagte Mr Lee, rieb sich die Hände und kam zu den Schreibtischen herüber. »Dies ist unser Director of Technology, Charles Sze, und daneben sitzt unser Chefentwickler Hugo Ma.«

Ganz kurz war Chung-Nam irritiert, auf diese Weise vorgestellt zu werden. Es stimmte, sein englischer Name war Charles, doch den benutzte er so gut wie nie, höchstens bei bestimmten Frauen. Außerdem hatte er nicht gewusst, dass Ma-Chai auch auf Hugo hörte. Aber mehr noch als die westlichen Namen hätten ihn ihre Jobtitel um ein Haar zum Lachen gebracht. Sie waren die einzigen beiden Programmierer hier. Die hochtrabenden Titel änderten ja wohl nichts daran, dass sie auch noch für die niedersten Aufgaben herhalten mussten.

»Sehr erfreut.« Chung-Nam und Ma-Chai schüttelten Szeto Wai die Hand. Chung-Nam registrierte das gestickte Monogramm auf dem Hemdaufschlag und die mit schwarzen Emailintarsien verzierten silbernen Manschettenknöpfe.

Mr Lee fuhr fort, Szeto sein Team vorzustellen, und bedachte Thomas und Hao dabei mit den hochtrabenden Titeln Art Director und Customer Experience Designer.

»Ich interessiere mich für Ihr Back-End-System«, sagte Szeto und wandte sich wieder Chung-Nam und Ma-Chai zu. »Zum Beispiel, ob der Server von GT in der Lage wäre, einen hundertfachen Anstieg der Nutzerzahlen zu bewältigen. Haben Sie je über paralleles Daten-Processing nachgedacht? Sie wollen Videostreaming anbieten, damit kommt eine hohe Belastung auf Ihren Server und die Datenbank zu, und das hat einen Dominoeffekt auf das Kundenerlebnis.«

»Darauf sind wir vorbereitet«, sagte Chung-Nam. »Lädt ein Kunde ein Video hoch, teilt das Programm es in Dreißigsekundensegmente auf. Das reduziert den Druck auf den Server und hindert andere Nutzer gleichzeitig daran, sich das ganze Video mithilfe eines externen Plug-ins herunterzuladen.«

Chung-Nam fuhr fort, die Streaming- und Verschlüsselungssysteme von GT zu erläutern. Eigentlich war Ma-Chai für die Entwicklung der Programme verantwortlich, aber Chung-Nam hatte Angst, dass er ihm die Show stahl, und ließ seinen Kollegen gar nicht erst zu Wort kommen. Dann wollte Szeto Näheres über die Mechanik des G-Dollar-Trading erfahren, wollte wissen, welche Keyword-Such-Algorithmen sie verwendeten, auf welche Weise das System jedem Posten im Gossip Trading einen Wert zuwies, und so weiter. Souverän beantwortete Chung-Nam all seine Fragen.

»Charles ist unser bester Mann. Seine IT-Skills sind den Herausforderungen einer Expansion von GT definitiv gewachsen«, meldete Mr Lee sich zu Wort, sobald Szeto kurz das Fragenfeuer einstellte.

»Ich will offen sein, Kenneth.« Szeto schüttelte lächelnd den Kopf. »Charles besitzt eindeutig Talent und ist bestens mit Ihrem System vertraut, aber was Ihr Kerngeschäft betrifft, den Handel mit Information, habe ich Bedenken … oder besser gesagt, es ist nicht ganz das, was ich erwartet hatte. Ich glaube nicht, dass dieses Geschäftsmodell auf Dauer profitabel ist.«

Mr Lee erstarrte. Er hatte alle Mühe, sich nichts anmerken zu lassen, und lächelte tapfer weiter, doch die angespannten Lippen und der hektische Blick verrieten seine Gefühle. Leicht stammelnd sagte er: »Das … das ist noch nicht alles, was wir im Angebot haben. Wir … wir bereiten uns darauf vor, unsere Servicebandbreite entscheidend zu vergrößern.«

»Zum Beispiel?«, fragte Szeto.

»Äh …«

»Zum Beispiel die Bündelung von G-Dollar und Informationshandel analog zu Finanzprodukten«, sagte Chung-Nam plötzlich.

Szeto wirkte interessiert. »Aha?«

Mr Lee nickte hektisch. »Ja, ja, genau.«

»Können Sie das etwas näher erläutern?«

»Äh, also …« Mr Lee wusste nicht weiter.

»Wir sind noch in der Entwicklung, deshalb sind sämtliche Informationen streng vertraulich, und wir können im Augenblick noch nicht allzu viel darüber sagen«, meldete Chung-Nam sich zu Wort. »Nur so viel: Indem wir den An- und Verkauf von Informationen künftig behandeln wie an der Börse, werden wir auch in der Lage sein, Futures und Optionen darauf anzubieten. Das einundzwanzigste Jahrhundert ist das Zeitalter der Informationsexplosion, und die Zukunft von GT hängt von der Fähigkeit ab, Informationen zurückzuhalten und so zu einem handelbaren Produkt zu machen.«

»Mhm, das klingt logisch.« Szeto rieb sich das Kinn.

Mr Lees Kopf fuhr auf und ab wie der Stößel in einem Mörser. »Ja, ja, genau – in die Richtung soll unsere Expansion gehen, aber wir stehen damit noch ganz am Anfang, deshalb ist in meinem Bericht darüber noch nichts zu finden.«

»Wenn das so ist, könnten Sie mir das Vorhaben wenigstens kurz umreißen?« Szeto drehte sich zu Mr Lee um. »Ich bin gerne bereit, eine Vertraulichkeitsvereinbarung zu unterzeichnen, das ist kein Problem. Ich garantiere Ihnen hundertprozentige Verschwiegenheit gegenüber Dritten.«

»Also gut, mal sehen …«

»Wir werden ein bisschen Zeit brauchen, um das zu formulieren«, fiel Chung-Nam ihm ins Wort. »Wie lange werden Sie in Hongkong bleiben, Mr Szeto?«

»Keine Eile.« Szeto lächelte. »Ich bin einen ganzen Monat hier und kehre erst Mitte Juli in die Staaten zurück. Es reicht, wenn Sie mir das Konzept zukommen lassen, ehe ich wieder abreise.«

Chung-Nam nickte und warf seinem Chef einen heimlichen Blick zu, der sich an einem schmeichlerischen Lächeln versuchte. Alles, was Chung-Nam eben von sich gegeben hatte, war absolut improvisiert – GT hatte in diese Richtung schlicht keinerlei Pläne. Doch ihm war klar gewesen, dass ein Schuss ins Blaue die einzige Möglichkeit wäre, diese einmalige Gelegenheit nicht verstreichen zu lassen, und so gab er mit Freuden den größten Blödsinn von sich, nur um sich noch einmal mit Szeto treffen und weiter Eindruck auf ihn machen zu können. Er fragte sich, ob er zu weit gegangen war und seine Hintergedanken verraten hatte. Andererseits waren Amerikaner selbst ziemlich proaktiv, und Szeto würde mit Sicherheit nicht schlecht von Chung-Nam denken, nur weil er die Chance genutzt hatte.

»Na gut, da wir uns noch einmal sehen werden, schlage ich vor, wir machen für heute Schluss«, sagte Szeto und sah sich ein letztes Mal um. »Hier ist es wirklich sehr ordentlich. Das hatte ich auch nicht erwartet.«

»Wir haben aufgeräumt, weil wir wussten, dass Sie kommen«, gestand Mr Lee peinlich berührt.

»IT-Firmen dürfen nie zu keimfrei sein. Damals, als Satoshi und ich unsere Software noch im Studentenwohnheim entwickelt haben, war unser Zimmer ein Katastrophengebiet. Satoshi konnte nur bei dröhnender Rockmusik programmieren und hat die Anlage immer bis zum Anschlag aufgedreht. Was wir deshalb gestritten haben!« Szeto grinste.

»Mögen Sie keine Rockmusik, Mr Szeto?«, fragte Mr Lee.

»Ich bin eher der klassische Typ«, antwortete Szeto und schwang mit der rechten Hand einen imaginären Taktstock. »Das Hong Kong Philharmonic Orchestra gibt morgen Abend ein Konzert mit der berühmten chinesischen Pianistin Yuja Wang – ehrlich gesagt ist das einer der Hauptgründe, weshalb ich mich dazu entschlossen habe, hier Urlaub zu machen.«

»Das Hong Kong Philharmonic Orchestra … ich fürchte, von denen habe ich noch nie gehört. Kann man in Hongkong tatsächlich davon leben, klassische Musik zu machen?«, fragte Mr Lee hölzern.

»Natürlich!« Szeto lachte. »Das Hong Kong Phil gehört zu den berühmtesten Orchestern Asiens – und beheimatet einige Musiker von Weltrang. Allerdings ist der Musikdirektor, Jaap van Zweden, Niederländer; der Erste Gastdirigent, Yu Long, stammt aus Schanghai; und Jing Wang, der Konzertmeister, ist

Chinesischkanadier. Offenbar herrscht ein gewisser Mangel an lokalen Talenten.«

Szeto Wais Worte brachten Chung-Nam auf eine Idee. Er ließ sich jedoch nichts anmerken und lauschte weiter stumm, während Mr Lee und Szeto sich unterhielten. Nach zehn Minuten Small Talk über Hongkongs ausgezeichnete Küche, das Landschaftsbild und das Wetter hatte Chung-Nam einiges an Informationen gesammelt: Szeto wohnte in einem Apartmenthotel in Wan Chai, hatte neben GT nichts anderes auf dem Schirm, und die eurasische Frau an seiner Seite hieß Doris und war seine persönliche Assistentin.

»Belassen wir es dabei.« Szeto erhob sich. »Schön, Sie alle kennengelernt zu haben. Sobald Sie ein Konzept erstellt haben, melden Sie sich bei Doris, dann arrangiert sie unser nächstes Treffen. Ich freue mich auf unsere Zusammenarbeit.«

Szeto Wai gab allen noch einmal die Hand, dann gingen sie.

»Whoo-hoo!« Sobald Mr Lee und Joanne die Tür hinter den Besuchern geschlossen hatten, stießen sie unisono einen Seufzer der Erleichterung aus, als hätten sie die ganze Zeit über die Luft angehalten.

»Char…, ich meine Chung-Nam, diese Finanzprodukte, von denen du eben geredet hast – hast du irgendeine Ahnung, wie die aussehen könnten?«, fragte Mr Lee und lockerte die Krawatte.

»Natürlich nicht. Das war einfach das Erste, das mir in den Sinn kam.« Chung-Nam zuckte die Achseln.

»Wenn das so ist … Hao, du wirst Chung-Nam in den nächsten zwei Wochen helfen, dieses Konzept zu erstellen.«

»Was? Warum ausgerechnet ich?«, japste Hao.

»Weil du unser Customer Experience Designer bist«, kicherte Mr Lee. »Chung-Nam, es liegt in deiner Verantwortung, ob SIQ in unsere Firma investiert oder nicht. Es steht viel auf dem Spiel, also vermassle es nicht. Ma-Chai übernimmt sämtliche laufenden Projekte, damit du dich ganz auf das Konzept konzentrieren kannst. Falls irgendwas brennt, sorg dafür, dass du es im Laufe der nächsten ein, zwei Tage an Ma-Chai übergibst.«

»Okay, Mr Lee.«

Chung-Nam rollte mit dem Stuhl zu Ma-Chais Schreibtisch hinüber, um mit ihm die laufenden Projekte durchzugehen, und merkte, dass Ma-Chai sich durch die SIQ-Website scrollte.

»Was willst du da denn noch?«, fragte er.

»Mir ist vorhin etwas aufgefallen«, antwortete Ma-Chai.

»Was denn?«

»Satoshi Inoue steht gar nicht mit im Organigramm.« Ma-Chai fuhr mit dem Mauszeiger über die Seite und klickte in sämtliche Richtungen. Satoshis Foto war nirgends zu sehen, weder in der Entwicklung noch bei Investment.

»Ich vermute, das hier ist nur die kommerzielle Seite. Satoshis Stärke ist die Softwareentwicklung. Wahrscheinlich hat er keine Lust auf Kontakt nach außen.«

»Verstehe ich. Ich liebe Programmieren, aber wenn ich beraten müsste, würde ich Pickel kriegen«, sagte Ma-Chai.

»Mach das zu. Ich muss dir die Sache mit den Modulen erklären, die ich gerade zusammenstelle.«

Während Chung-Nam mit Ma-Chai seine Baustellen durchging, war er in Gedanken woanders: Er überlegte, wie er Szeto Wai für sich gewinnen und mit seinem Bild auf die Portfolioseite von SIQ kommen könnte.

Dies war eine einmalige Gelegenheit, und nur ein völliger Stümper würde sie ungenutzt vorüberziehen lassen. Er musste daran denken, wie seine Klassenkameraden und Lehrer oft die Augen verdreht und ihn ausgelacht hatten, weil er so ehrgeizig und realitätsfern gewesen war. Dies war seine Chance, es endlich allen zu zeigen.

2 *Brrrrr brrrrrrr brrrrrrrr brrrr.* Nga-Yee stocherte wie eine Verrückte auf dem Klingelknopf herum, aber bis auf das grelle Schrillen im Inneren der Wohnung rührte sich nichts. Als sie schließlich überzeugt war, dass N sie nicht einfach ignorierte, sondern tatsächlich nicht zu Hause war, holte sie das Telefon aus der Tasche und wählte die Nummer, die er ihr gegeben hatte. Wieder sprang sofort die Mailbox an.

»Hier … hier spricht Nga-Yee. Ich habe etwas Wichtiges gefunden. Es … es ist sehr wichtig. Äh. Bitte, bitte kommen Sie schnell zurück.«

Nachdem sie N diese reichlich wirre Nachricht hinterlassen hatte, setzte Nga-Yee sich vor seine Türschwelle. Ihr fiel kaum auf, wie schmutzig der Boden war. Im Treppenhaus war es düster, aber sie hatte keine Zeit, sich zu ängstigen. Sie war viel zu beschäftigt mit der schrecklichen E-Mail, die sie auf Siu-Mans Telefon entdeckt hatte. Während der Busfahrt nach Sai Ying Pun hatte sie kein einziges Mal auf das Telefon gesehen – einerseits, weil sie Angst hatte, dabei versehentlich die Mail zu löschen, und andererseits, weil sie die Wahrheit nicht ertragen konnte: Ehe sie sich das Leben nahm, hatte Siu-Man Kontakt zu dem Verfasser des Hass-Posts gehabt, mit dem das Cybermobbing begonnen hatte.

Hast Du den Mut zu sterben? Dieser erste Satz war genauso gut wie eine unsichtbare Hand, die ihre Schwester zum Fenster hinausgestoßen hatte.

Je länger Nga-Yee in der Düsternis saß und grübelte, desto aufgewühlter wurde sie. Es fühlte sich an, als hätte sie die Mordwaffe in der Handtasche, als würde dem roten Smartphone eine Wolke des Bösen entströmen und sie mit Haut und Haar verschlingen.

Abwesend nahm sie das Telefon ihrer Schwester aus der

Handtasche. Ehe sie wusste, was sie tat, hatte sie bereits den Wischcode eingegeben. Weil sie das E-Mail-Programm nicht wieder geschlossen hatte – sie hätte gar nicht gewusst, wie –, sprangen ihr augenblicklich die giftigen Worte ins Auge. Wenigstens war sie diesmal darauf vorbereitet und in der Lage, ruhig zu bleiben und sich das Telefon genauer anzusehen. Sie versuchte, die Benutzeroberfläche zu verstehen. Sie tippte auf dem Bildschirm herum, wie sie es bei anderen beobachtet hatte, und geriet dabei versehentlich auf einen Kreis mit einer 5.

Das Fenster vergrößerte sich, und Nga-Yee verstand, dass 5 sich auf die Anzahl der Mails zwischen der ersten und der letzten bezog. Mit anderen Worten, Siu-Man hatte vor ihrem Tod mit dieser Person mehrfach kommuniziert.

Obwohl es ihr, abgesehen von dem Uralt-Mailprogramm der Bibliothek, an jeglicher Erfahrung fehlte, bekam Nga-Yee langsam den Bogen raus. Sie tippte die erste Nachricht an.

Von: kid kit kidkit727@gmail.com
An: Siu-Man ausiumanman@gmail.com
Datum: 5. Mai 2015, 17:57h
Betr.: (kein Betreff)

Au Siu-Man,
ich habe Dich beobachtet. Glaub ja nicht, die Leute haben Mitleid mit Dir, weil Du erst fünfzehn bist. Ich werde der Welt Dein wahres Gesicht zeigen, und dann weiß jeder, wie widerlich Du in Wirklichkeit bist. Du bist noch nicht genug gestraft. Ich werde dafür sorgen, dass Du nie wieder lächeln wirst.
Kidkit727

Das war die erste Nachricht. Kidkit727 hatte den Austausch begonnen. Keuchend las Nga-Yee, was dort stand.

Ich muss ruhig bleiben, sagte sie sich. Panik würde jetzt niemandem helfen. Nur wenn sie die Nerven behielt, wäre sie in der Lage, jedes noch so kleine Detail nach Hinweisen auf den Mörder zu untersuchen.

Sie konnte natürlich nicht wissen, ob diese Mail tatsächlich von dem Täter stammte. Sie erinnerte sich, dass N gesagt hatte, auf der Chat-Plattform von Popcorn hätte kidkit727 die Mailadresse irgendeiner russischen Firma mit Y benutzt. Das hier war zwar eine andere Adresse, aber der Inhalt war dem Popcorn-Post ziemlich ähnlich – es war genau derselbe giftige Tonfall.

Als Nga-Yee den Zeitstempel sah, wurde ihr schwindelig – 17:57h am 5. Mai.

Zehn Minuten ehe Siu-Man sich umgebracht hatte.

Von: Siu-Man ausiumanman@gmail.com
An: kid kit kidkit727@gmail.com
Datum: 5. Mai 2020, 18:01h
Betr.: RE:

Wer bist Du?
Woher hast Du meine Mailadresse?
Was willst Du von mir?

Selbst in den wenigen kurzen Zeilen spürte Nga-Yee Siu-Mans grauenvolle Angst heraus. Und jetzt, sechs Wochen später, konnte sie nur von außen dabei zusehen, wie ihre kleine Schwester ganz allein und vergeblich versuchte, sich gegen die Gestalt zu wehren, die sich in den Schatten der Anonymität verbarg.

Von: kid kit kidkit727@gmail.com
An: Siu-Man ausiumanman@gmail.com
Datum: 5. Mai 2015, 18:01h
Betr.: RE:
Anhang: IMG_6651.jpg

Hast Du Angst, Au Siu-Man?
Ja? Kann man Dir also wirklich Angst einjagen? Ha, ha! Du hast auch allen Grund dazu, denn ich werde dieses Foto veröffentlichen. Du bist eine Schande für Deine Klassenkameraden,

und dann weiß endlich jeder, dass ich in dem Post über Dich nichts als die Wahrheit gesagt habe.
Kidkit 727

Der letzte Satz machte deutlich, dass der Absender kein Trittbrettfahrer war, sondern tatsächlich der Verursacher der Cybermobbing-Welle. Diese Erkenntnis beschäftigte Nga-Yee so sehr, dass sie überhaupt nicht darüber nachdachte, von was für einem »Foto« die Rede war. Als sie nach unten scrollte, traf sie der Anhang deshalb vollkommen unvorbereitet.

Da war sie, Siu-Man. Ihre Schwester füllte den kleinen Bildschirm aus.

Das Bild war an einem ziemlich dunklen Ort aufgenommen worden, einer Karaoke-Bar vielleicht oder einem Nachtclub. Auf einem niedrigen Tischchen standen diverse Bierflaschen und Gläser, aufgerissene Instantkaffeebeutel, zwei Schalen Erdnüsse, ein Würfelbecher und ein Mikrofon. Außerdem ein Päckchen Zigaretten, ein Feuerzeug und eine kleine schwarze Schachtel.

Doch das interessierte Nga-Yee alles gar nicht; ihre ganze Aufmerksamkeit gehörte den beiden Menschen auf dem Bild. Siu-Man, nicht in ihrer Schuluniform, und ein hipper älterer Junge mit rot gefärbten Haaren. Sie lagen auf einer Couch. Der Junge hatte beide Arme um Siu-Man geschlungen, und sein Mund war ganz nah an ihrem. Die eine Hand kam von hinten aus ihrer Achselhöhle heraus und tastete nach ihrer Brust. Siu-Man hatte die Augen halb geschlossen, ihr Blick war mit schläfrigem Lächeln auf einen Punkt hinter der Kamera gerichtet. Ihr Gesichtsausdruck rangierte irgendwo zwischen berauscht und verführerisch.

Nga-Yee war erschüttert, ihre Schwester mit einem derart ekelhaften Typen zu sehen. Sie und ihre Mutter hatten Siu-Man immer wieder vor Draufgängern gewarnt, und ihre Schwester hatte nie Anzeichen von Rebellion gezeigt. Auf diesem Bild jedoch hatte sie plötzlich etwas Frauliches an sich, das Nga-Yee noch nie an ihr gesehen hatte.

Ein Satz aus dem Post von kidkit727 kam ihr in den Sinn: *Nach der Schule hängt sie immer mit total fertigen Typen rum und säuft, wer weiß, vielleicht nimmt sie sogar Drogen und hurt durch die Gegend.*

»Niemals! Niemals!«, sagte Nga-Yee leise vor sich hin und versuchte verzweifelt, die dreckigen Bilder in ihrem Kopf loszuwerden.

Es gab keinen Hinweis darauf, wann dieses Foto entstanden war, allerdings war Siu-Man eher für kaltes Wetter gekleidet. Stammte es von letztem Winter oder von dem davor? War ihre Schwester eher dreizehn oder vierzehn gewesen? Es ließ sich nicht sagen. Obwohl es sich bei dem Mädchen auf dem Bild eindeutig um Siu-Man handelte, hatte Nga-Yee das Gefühl, eine Fremde zu betrachten. Sie versuchte, die verstörenden Gedanken abzuschütteln, und öffnete die nächste E-Mail.

Von: Siu-Man ausiumanman@gmail.com
An: kid kit kidkit727@gmail.com
Datum: 5. Mai 2020, 18:02h
Betr.: RE:

Woher hast Du dieses Foto?
Das Bild lügt!
Das war ein Versehen!

In Nga-Yee tobten widerstreitende Gefühle. Diese Antwort war quasi ein Schuldeingeständnis – Siu-Man kannte diesen widerwärtigen Jungen tatsächlich. Gleichzeitig ließ der Hinweis auf einen »Unfall« vermuten, dass mehr dahintersteckte. Eines stand jedoch fest: Der Absender wollte Siu-Man mit dem Foto schaden. Und noch schlimmer, die Mail war keine Drohung – es gab keinerlei Forderungen, nur den Wunsch, ihrer wehrlosen Schwester zu schaden.

Von: kid kit kidkit727@gmail.com
An: Siu-Man ausiumanman@gmail.com
Datum: 5. Mai 2015, 18:02h
Betr.: RE:

Weißt Du, Au Siu-Man, egal, was wir tun, die Götter sehen alles. Ich kann vor jedem im Himmel und auf Erden für das, was ich getan habe, einstehen. Und Du? Du weißt nur, wie man Lügen erfindet und andere Leute fälschlich beschuldigt.
Kidkit727

Damit hatte sie nicht gerechnet. Nga-Yee hatte den Absender für niederträchtig gehalten, doch mit dieser Nachricht stellte er sich als moralisch überlegen hin – als würde Siu-Man lediglich ihre gerechte Strafe empfangen.

Hatte kidkit727 den Post tatsächlich geschrieben, weil er Shiu Tak-Ping für unschuldig hielt? Nga-Yee drehte sich der Kopf.

Von: Siu-Man ausiumanman@gmail.com
An: kid kit kidkit727@gmail.com
Datum: 5. Mai 2020, 18:04h
Betr.: RE:

Willst Du, dass ich sterbe?

Nga-Yee traten Tränen in die Augen. Im Kontext des Mailwechsels betrachtet, wirkten diese Worte wie ein wütender Satz in einem Streit, aber sie kannte die wahre Bedeutung. Das war keine Erwiderung auf ein Trommelfeuer an Beleidigungen, das war Siu-Mans letzter, verzweifelter Hilferuf vom Rande des Abgrunds.

Von: kid kit kidkit727@gmail.com
An: Siu-Man ausiumanman@gmail.com
Datum: 5. Mai 2015, 18:06h
Betr.: RE:

Au Siu-Man,
hast Du den Mut zu sterben? Ziehst diesmal nicht wieder einen Deiner billigen Tricks ab, um bei den Leuten einen auf Mitleid zu machen? Deine Klassenkameraden fallen jedenfalls nicht mehr darauf rein. Abschaum wie Du hat kein Recht, weiterzuleben.
Kidkit727

Das war die erste Mail, die Nga-Yee gelesen hatte, und für ihre Schwester Siu-Man die letzte in ihrem Leben.

Der Schriftwechsel löste in Nga-Yee unglaublichen Hass auf den Absender aus. Wäre der Tonfall dieser letzten E-Mail nur ein bisschen anders gewesen, hätte dort etwas anderes gestanden, wäre Siu-Man heute vielleicht noch am Leben. Oder wäre das Ganze nur ein bisschen später passiert. Wäre Nga-Yee schon zu Hause gewesen und hätte gemerkt, dass etwas nicht stimmte, hätte Siu-Man sich vielleicht an ihrer Schulter ausgeweint, hätte sich endlich Luft gemacht, und die Gefahr wäre vorübergezogen. Doch dieser Teufel hatte ihr nicht mal die Luft zum Atmen gelassen. Er hatte ihr an ihrem psychisch labilsten Punkt auf brutale Weise das Messer in die Brust gerammt.

Kein Recht, weiterzuleben. Die Worte hatten sich in ihre Pupillen eingebrannt und stachen auf sämtliche Nervenenden ein.

»He, was machen Sie denn hier?«

Der ruppige Tonfall riss Nga-Yee in die Wirklichkeit zurück. Sie hob den Blick. N stand vor ihr, abgerissen wie immer, in Cargohose und zerschlissenem T-Shirt.

»Wo waren Sie denn? Warum haben Sie meine Anrufe nicht beantwortet? Ich habe doch gesagt, dass ich vorbeikomme! Warum haben Sie nicht auf mich gewartet?« Sie ließ ihn nicht zu Wort kommen. Dabei war sie im Grunde nicht wütend auf ihn, doch die E-Mails hatten einen solchen Zorn in ihr entfacht, dass sie nicht anders konnte, als die Wut an ihm auszulassen.

»Ich war mittagessen und im Supermarkt«, antwortete er ungerührt. Er hielt eine Einkaufstüte hoch und ließ Nga-Yee hineinschauen. Die Tüte war voll mit Bier, Tiefkühlpizza, Schinken, Snackriegeln und Instantnudeln.

»Ich habe gesagt, ich komme nach der Arbeit vorbei! Warum sind Sie nicht zu Hause geblieben? Warum haben Sie mich hier rumsitzen und warten lassen?«

»Meine Güte, es ist vier Uhr nachmittags. Ihre Schicht geht bis neunzehn Uhr. Woher hätte ich wissen sollen, dass Sie schon so früh kommen?« Er tat ihren Zornausbruch mit einem Achselzucken ab.

Sie wollte schon zurückschießen und geriet ins Stocken, als ihr klar wurde, dass sie ihm nie gesagt hatte, wann ihre Schicht endete.

»Jetzt kommen Sie wieder runter.« N machte sich die kurze Pause zunutze. »Sie sind völlig aus dem Häuschen und haben extra früher Schluss gemacht, um mich zu sehen. Ich vermute, Sie haben etwas gefunden?«

Sie stieß ihm das Telefon vor die Brust. »In der Mittagspause ist mir plötzlich Siu-Mans Muster eingefallen. Und dann habe ich die E-Mails gelesen …«

Sie malte den Wischcode in die Luft, N malte ihn mit dem Daumen nach und entsperrte das Telefon.

»Interessant«, sagte N mit einem verschlagenen Lächeln. Er drückte Nga-Yee die Einkäufe in die Hand, als wäre sie sein Dienstmädchen, scrollte sich mit der Linken durch die Mails, angelte mit der Rechten einen großen Schlüsselbund aus der Hosentasche und schloss die Wohnungstür auf.

»Die Einkäufe kommen in den Kühlschrank«, sagte er, ohne die Augen von Siu-Mans Telefon zu nehmen. Seine unhöfliche Art ging ihr auf die Nerven, aber sie tat trotzdem, was er wollte. Die Küche war viel sauberer, als sie erwartet hatte – zumindest standen nicht überall leere Kartons und Plastikschalen herum wie im Wohnzimmer –, und der Kühlschrank war vollkommen leer. Wahrscheinlich gehörte N zu den Leuten, die erst einkaufen gingen, wenn endgültig gar nichts mehr im Haus war.

Als sie zurück ins Wohnzimmer kam, saß N bereits mit Siu-Mans Telefon am Schreibtisch.

»Sie kennen nicht zufällig ihr Google-Passwort?«, fragte er plötzlich.

Nga-Yee schüttelte den Kopf. »Sie können die Mails auch so lesen. Wozu brauchen Sie das Passwort?«

»Über die App stehen nur begrenzte Informationen zur Verfügung. Ich kann viel tiefer einsteigen, wenn ich mir ihren Account auf meinen Rechner laden kann.« Er legte das Telefon aus der Hand und wandte sich seinem Laptop zu. Seine Finger tanzten in Lichtgeschwindigkeit über die Tastatur.

»Können Sie den Account nicht hacken?«, fragte Nga-Yee.

»Klar kann ich, aber man braucht kein Schwert, um ein Hühnchen zu töten.«

Er deutete auf einen freien Stuhl, forderte sie mit einer Handbewegung auf, sich zu setzen, und drehte das Laptop so, dass sie hineinsehen konnte.

»Seit alle sich Sorgen um die Sicherheit im Netz machen, verlangen viele Dienste eine Zwei-Faktor-Authentifizierung und fordern von ihren Usern, regelmäßig das Passwort zu ändern. Trotzdem gibt es noch genügend Schlupflöcher – vielleicht sogar mehr als vorher.« N benutzte einen Browser, den Nga-Yee noch nie gesehen hatte. Er rief die Google-Startseite auf. »Dienste wie Google und Facebook erlauben ihren Usern, das Passwort selbst zu ändern, anstatt bei irgendwelchen Helpdesks tagelang in der Warteschleife zu hängen.«

N klickte auf die Hilfsseite und wählte aus dem Drop-down-Menü »Passwort vergessen« aus.

»Wenn ein User sich mit seinem Passwort nicht anmelden kann, muss er seine Identität auf andere Weise bestätigen, üblicherweise per …«

Ding! Siu-Mans Telefon gab einen durchdringenden Ton von sich.

»… per SMS.« N hielt Nga-Yee das Telefon hin. Auf dem Display stand ein sechsstelliger Code. Er tippte die Zahl in das Feld auf der Google-Seite.

»So einfach?« Nga-Yee staunte nicht schlecht.

»Ja. Genau wie bei Yahoo oder Facebook und den meisten

anderen Anbietern. Es reicht der Zugang zum Telefon eines Users, um seine komplette Identität zu übernehmen. Das Internet erscheint praktisch und bequem, aber durch die enge Vernetzung reicht es, das schwächste Glied zu identifizieren, um die ganze Kette zu zerstören.«

N richtete ein neues Passwort für Siu-Mans Account ein und öffnete dann den E-Mail-Thread. Er klickte ein paarmal herum, und auf dem Bildschirm erschien eine ungeordnete Zeichenreihe. Dasselbe wiederholte sich noch vier Mal, dann war der ganze Bildschirm mit unverständlichen englischen Begriffen wie »DKIM-Signature« oder »X-Mailer« gefüllt. Nga-Yee vermutete darin ähnliche Strukturen wie bei Popcorn, die er ihr das letzte Mal gezeigt hatte. N musterte die Buchstabensuppe eine Weile mit zusammengekniffenen Augen, dann lächelte er zufrieden.

»Volltreffer, Miss Au.«

»Was?« Sie sah ihn verständnislos an. »Was sehen Sie denn in diesem … in diesem Durcheinander?«

»Sie haben keine Ahnung, was Sie da vor sich haben, oder?« N deutete auf den mit Ameisenstraßen überzogenen Bildschirm. »E-Mails bestehen nicht nur aus Absender, Empfänger, Betreff und so weiter. Jede E-Mail hat außerdem einen sogenannten Header, der digitale Informationen aufzeichnet, die nur die Software entziffern kann. Das E-Mail-Programm und der Server fügen jeweils eigene Daten hinzu. Es besteht also die Möglichkeit, dass sich hier die IP-Adresse des Absenders verbirgt.«

Dieses letzte Stückchen Information fuhr durch sie hindurch wie ein elektrischer Schlag. Nga-Yee hatte zwar keine Ahnung von Computern, aber sie hatte ein gutes Gedächtnis, und sie hatte nicht vergessen, was N ihr das letzte Mal beigebracht hatte.

»Der Täter hat seine Adresse hinterlassen? Die ist aber nicht wieder irgendwo in Luxemburg, oder?« Nga-Yee hätte sich vor Aufregung fast auf die Zunge gebissen.

N markierte und vergrößerte einen Abschnitt auf seinem Monitor.

Received: from 10.167.128.165(1-65-43-119.static.netvigator.com. 1.65.43.119)

By smtp.gmail.com with ESMTPSA id u31sm8172637p fa.81.2015.05.05.01.57.23

»Das ist in Hongkong.« Er strahlte. Nga-Yee erkannte das Wort »netvigator«, was, wie sogar sie wusste, ein lokaler Internetprovider war.

»Dann kennen wir jetzt den Standort des Täters?« Sie sah N mit kugelrunden Augen an und musste sich zusammenreißen, um ihn nicht am Arm zu packen.

»Nein. Er ist zwar ein bisschen aus der Deckung gekommen, aber so blöd, seinen genauen Standort zu offenbaren, ist er auch wieder nicht.«

»Sie haben seine IP-Adresse, wissen aber nicht, wo er sitzt? Nach dem, was Sie mir neulich gesagt haben, kann das doch eigentlich gar nicht sein.«

»Die vier Nachrichten dieser einen Person stammen von drei verschiedenen IP-Adressen.« N markierte drei weitere Bereiche:

Received: from 10.167.128.165(1-65-43-119.static.netvigator.com. 1.65.43.119)

By smtp.gmail.com with ESMTPSA id u31sm8172637p fa.81.2015.05.05.01.57.23

Received: from 10.191.138.91(tswc3199.netvigator.com. 218.102.4.199)

By smtp.gmail.com with ESMTPSA id 316sm8262529p fc.63.2015.05.05.02.04.19

Received: from 10.191.140.110(1-65-67-221.static.netvigator.com. 1.65.67.221)

By smtp.gmail.com with ESMTPSA id 11sm5888169p fk.91.2015.05.05.02.06.33

»Die ersten beiden Mails stammen von derselben Adresse, die dritte und vierte aber je von einer anderen.«

»Dann hat er das Gleiche gemacht wie bei dem Post, über so einen Proxy«, sagte Nga-Yee verzagt.

»Nein. In dem Fall würden wir nicht nur lokale IP-Adressen sehen.« N kehrte auf die Google-Startseite zurück. »Von einer IP-Adresse zur nächsten zu springen, ist nicht ungewöhnlich. Stellen Sie sich vor, Sie verschicken von Ihrem Laptop zwei E-Mails, eine von zu Hause und eine aus der Bibliothek. Dann hätten Sie zwei verschiedenen IP-Adressen benutzt. Was in diesem Fall ungewöhnlich ist, sind drei verschiedene IPs innerhalb von zehn Minuten. Mir fällt nur eine Situation ein, wo das der Fall sein würde.«

»Und die wäre?«

»Wenn der Absender sich fortbewegt und auf dem Weg verschiedene WiFi-Netzwerke benutzt.« N tippte auf seinen Monitor. »Sagen wir, der Täter saß in der U-Bahn. Er hätte sich jeweils während der einen Minute Aufenthalt in einem Bahnhof in das dortige Netzwerk einwählen können.«

»Die Nachrichten sind kurz, aber so schnell hätte er sie auch wieder nicht tippen können, oder?« Nga-Yee war sich nicht sicher, was WiFi bedeutete, erinnerte sich aber, dass Siu-Man so was Ähnliches benutzt hatte, wenn sie zu Hause online ging.

»Zum Lesen und Schreiben von E-Mails braucht man keine Verbindung«, erklärte N. »Vielleicht hat der Täter offline geschrieben und den Halt im Bahnhof benutzt, um seine Nachrichten zu verschicken und sich die neuen herunterzuladen. Dazu reichen zehn Sekunden.«

»Können wir herausfinden, welche U-Bahn-Stationen das waren?«

»Ja.« N drehte das Laptop wieder zu sich, als wollte er verhindern, dass Nga-Yee sah, was er machte. »Wir haben das Datum, die Uhrzeit und die IP-Adressen, das genügt. Wie ich bereits sagte, auf diese Weise macht die Polizei bestimmte Internet-User ausfindig. Natürlich geht die Polizei dabei ordnungsgemäß vor, indem sie die Provider um Einblick in die

Kundendaten bittet. Meine Methoden sind, na ja, ein wenig unorthodoxer.«

Nga-Yee beschloss, nicht weiter nachzuhaken. Gut möglich, dass es illegal war, und je weniger sie wusste, desto besser. Ein paar Minuten später drehte N ihr den Bildschirm wieder zu.

»Japp, alles Adressen von U-Bahn-Haltestellen«, sagte er gleichgültig, als wäre es die natürlichste Sache der Welt, dass er mit seiner Vermutung richtiggelegen hatte. »Die ersten zwei Mails wurden aus Yau Ma Tei verschickt, die dritte aus Mong Kok und die vierte aus Prince Edward. Der Absender hat sich mit einer Prepaid-Karte registriert, deshalb können wir ihn darüber nicht finden.«

»Registriert?«

N kratzte sich sichtlich genervt am Kopf, weil er ihr selbst das erklären musste, und fuhr im gleichen gelangweilten Tonfall fort. »Auch wenn die Benutzung des WiFi-Netzes umsonst ist, muss man sich dafür registrieren, entweder mit seiner Festnetz- oder mit einer Mobilfunknummer.«

»Und man muss keine persönlichen Informationen angeben, wenn man sich per Prepaid-Nummer registriert?« Siu-Man hatte ebenfalls eine Prepaid-Nummer benutzt, aber Nga-Yee hatte immer gedacht, sie hätte es aus Kostengründen getan.

»Stimmt.« N lächelte freudlos. »In der Beziehung ist Hongkong sehr liberal – jeder kann sich ein Wegwerfhandy besorgen. In vielen anderen Ländern braucht man zur Registrierung seinen Personalausweis oder eine Kreditkarte. Bei uns bekommen die Verkaufsstellen die Prepaid-Karten in großer Stückzahl geliefert, und solange man cash bezahlt, kann niemand einen zurückverfolgen.«

Nga-Yee sah N ernst an. »Trotzdem gibt es in den Verkaufsstellen Überwachungskameras. Dann hätten wir zwar immer noch nicht seinen Namen, aber wir wüssten wenigstens, wie er aussieht. Sie finden die Nummer raus, mit der er sich bei dem Netzwerk registriert hat, dann, wo er die Prepaid-Karte gekauft hat, dann sichten Sie die Aufzeichnungen der Überwachungskamera …«

»Für wen halten Sie mich – für Gott?«, spottete N. »Aber Sie haben natürlich recht. Könnte ich alles tun, wenn ich wollte. Aber leider werden die Karten an vielen Stellen verkauft, wo es keine Überwachungskameras gibt. Der Flohmarkt auf der Apliu Street, zum Beispiel.«

»Sie haben es nicht mal versucht. Woher wollen Sie wissen, dass die Karte ausgerechnet von dort stammt?«

Ohne zu antworten, öffnete N die Schreibtischschublade und nahm eine kleine schwarze Plastikschachtel heraus, nicht mal so groß wie seine Handfläche. Er schüttete sie aus, und Dutzende SIM-Karten in Fingernagelgröße purzelten auf den Schreibtisch und türmten sich zu einem kleinen Haufen.

»Weil ich es genauso machen würde.« Er nahm ein paar SIM-Karten vom Tisch und schüttelte sie in der geschlossenen Faust. »Genauso wenig könnten Sie mich mit der Nummer ausfindig machen, die ich Ihnen gegeben habe.«

In dem Moment wurde Nga-Yee klar, dass er ihr eine Wegwerfnummer gegeben hatte, die er wieder loswerden würde, sobald der Fall abgeschlossen war. Sie wollte ihn schon fast fragen, warum er sich die Mühe machte – schließlich wusste sie schon, wo er wohnte –, aber die Antwort auf die Frage kam ihr sofort selbst: Er konnte mühelos aus diesem Rattennest ausziehen und mit einem Streich sämtliche Verbindungen zu ihr kappen.

»Dann … dann lassen wir das mit der Nummer«, sagte sie, »und konzentrieren uns lieber auf die Überwachungsbilder der U-Bahn-Stationen. Sie haben selbst gesagt, wir wissen, wann er wo war, und mit seiner Octopus-Karte können wir feststellen, wann genau er die Station betreten und wieder verlassen hat …« Sie hatte davon gehört, dass die Polizei auf diese Weise Verdächtige aufspürte, und wenn die Polizei dazu in der Lage war, war N es bestimmt ebenfalls.

»Wissen Sie, wie viele Pendler täglich unterwegs sind, Miss Au?« N fegte die SIM-Karten mit der Hand in die Schachtel zurück. »Selbst wenn ich an die Aufzeichnungen rankäme, Yau Ma Tei, Mong Kok und Prince Edward sind die am stärksten frequentierten Stationen in ganz Kowloon. Wie sollen wir herausfinden, wer in dieser Menschenmenge ausgerechnet Ihrer Schwester geschrieben hat? Ganz zu schweigen davon, dass es in jeder U-Bahn-Station tote Winkel gibt und in den Zügen gar keine Kameras installiert sind. Anstatt anonym aus einem, sagen wir, Coffeeshop zu schreiben, hat der Täter diese Methode haargenau aus dem Grund gewählt, um nicht erkannt zu werden.«

»Dann …« Nga-Yee wusste nicht, wie sie den Satz beenden sollte. Ihr war klar, was er ihr damit sagen wollte, trotzdem war es bitter, dass die einzige Spur, die sie entdeckt hatte, in einer Sackgasse endete.

»Trotzdem habe ich mir so eine Menge Zeit gespart, es müsste somit leichter sein, wenigstens einen von ihnen aufzuspüren«, sagte N und legte die Schachtel zurück in die Schublade.

»Einen von ihnen?«

»Hinter kidkit727 stecken zwei Personen – vielleicht sogar drei oder vier. Aber wahrscheinlich sind es zwei.«

»Woher wissen Sie das?«

»Ich mache es kurz und erspare Ihnen die Einzelheiten«, sagte N im immer noch gleichen, gelangweilten Tonfall. »Die E-Mails und der Post auf Popcorn wurden von zwei Leuten geschrieben. Der eine heißt bei mir Little Seven – er nennt sich schließlich selbst kidkit727 –, der andere hat sich als rat10934@yandex.com bei Popcorn registriert, nennen wir ihn also The Rat. Little Seven ist vermutlich der Vordenker. Er hat den Post verfasst und Ihrer Schwester die E-Mails geschrieben, während der andere lediglich den technischen Support geleistet hat. Das leite ich aus der unterschiedlichen Handhabung des Popcorn-Posts und der E-Mails ab.«

N nahm einen Schluck aus der Tasse auf dem Schreibtisch und fuhr fort. »Obwohl beide Male Maßnahmen getroffen wurden, um Spuren zu verwischen, hat Letzterer einen komplizierteren Weg eingeschlagen. Die Taktik von The Rat, sich auf Popcorn mit einer Wegwerfnummer zu registrieren und über Proxyserver zu gehen, war sehr effektiv – selbst ich konnte nichts bis zu ihm zurückverfolgen. Die Methode von Little Seven, diverse Bahnhofs-WiFi-Netze zu benutzen, um die Spuren zu verwischen, erscheint unnötig. Warum nicht wieder über Proxyserver gehen, wie beim ersten Mal? Oder mit der nicht registrierten SIM-Karte direkt online gehen? Und warum einen Gmail-Account benutzen? Es gibt nicht zurückverfolgbare E-Mail-Provider, die in regelmäßigen Intervallen automatisch sämtliche Daten löschen. Die kennt jeder, der weiß, wie man Proxys verwendet. Aus dem Grund bin ich mir fast sicher, dass hinter kidkit727 zwei verschiedene Personen stecken. Sie arbeiten nicht regelmäßig zusammen, und sämtliche Sicherheitstaktiken, die The Rat Little Seven gezeigt hat, lassen sich auch mit geringem IT-Wissen umsetzen. Wahrscheinlich hat The Rat die Prepaid-Nummer besorgt. Er musste Little Seven lediglich die Log-in-Daten weiterleiten, mit denen er sich im WiFi-Netz der Verkehrsbetriebe registriert hat, und ihn anweisen, nur an den vollsten Stationen online zu gehen, um nicht entdeckt zu werden.«

Trotz ihrer mangelnden Fachkenntnisse leuchtete Nga-Yee diese Erklärung ein.

»Aber weshalb haben Sie sich damit dann Zeit gespart? Erschweren mehrere Beteiligte die Ermittlungen denn nicht?«

»Nein. Als Nächstes muss ich lediglich herausfinden, welche Mitschüler Ihrer Schwester ein iPhone besitzen, und schon sind wir wieder einen Schritt weiter.«

Nga-Yee verstand nicht. »Ihre … ihre Mitschüler?«, stammelte sie. »Glauben Sie, Little Seven geht in Siu-Mans Klasse?«

»Mit hoher Wahrscheinlichkeit.«

»Woher wollen Sie das wissen? Weil die ersten beiden E-Mails von Yau Ma Tei geschickt wurden, der Haltestelle in der Nähe von Siu-Mans Schule?«

»Die Haltestelle hat geholfen, aber der offensichtlichste Hinweis ist in den E-Mails selbst zu finden.« N holte die erste Nachricht auf den Bildschirm zurück.

»Ach so – stand das in diesem Header-Dingsda?«

N seufzte übertrieben und grinste sie an. »Machen Sie einfach die Augen auf. Es steht im zweiten Satz.«

»Was? Was steht denn im zweiten Satz?« Nga-Yee musterte nervös den Monitor. *Glaub ja nicht, die Leute haben Mitleid mit Dir, weil Du erst fünfzehn bist.*

»Die Überschrift des Popcorn-Posts vom 10. April lautete: ›Vierzehnjährige Schlampe ist schuld, dass mein Onkel in den Knast gewandert ist‹, und in dieser Mail vom 5. Mai heißt es, sie sei fünfzehn. Der Geburtstag Ihrer Schwester war am 17. April, ihr Alter hatte sich also inzwischen geändert, aber das konnte nur jemand wissen, der näher mit ihr zu tun hatte.«

Nga-Yee war sprachlos. Er hatte recht, auch in den Zeitungen war Siu-Man nach dem Popcorn-Post »Miss A, 14« genannt worden. Erst nach dem Suizid und dem Polizeibericht hatten die Reporter ihr neues Alter angegeben.

»Außerdem heißt es in der zweiten Mail: ›Du bist eine Schande für Deine Klassenkameraden.‹ Das ist seltsam ausgedrückt.« N scrollte nach unten. »Normal wäre gewesen, ›eine Schande für Deine Familie‹ zu schreiben oder meinetwegen ›eine Schande für Deine Schule‹. Aber für die Klassenkameraden? Das lässt vermuten, dass der Verfasser sich als Teil dieser Gruppe betrachtete. Und wusste, dass Ihre Schwester inzwischen Geburtstag hatte. Was darauf hindeutet, dass sie wahrscheinlich demselben Jahrgang angehören und sogar derselben Klasse.«

»Aber … wahrscheinlich heißt noch nicht, dass wir uns sicher sein können, oder?«

»Haben Sie sich schon mal gefragt, welches Motiv der Absender haben könnte?«

»Welches Motiv? Siu-Man Angst einzujagen, sie leiden zu lassen …«

»Das sind Ziele. Ich spreche von dem *Motiv*, die E-Mails zu schicken.«

»Gibt es einen Unterschied?«

»Selbstverständlich«, sagte N, als läge das auf der Hand. »Anders ausgedrückt: Weshalb hat diese Person sich dazu entschlossen, diese Drohmails ausgerechnet am 5. Mai zu schicken? Warum hat sie nicht noch etwas gewartet, zum Beispiel, bis The Rat ihr eine Möglichkeit zur besseren Vertuschung gezeigt hat?«

Nga-Yee zögerte. So weit hatte sie gar nicht gedacht.

»Ich vermute, die Antwort ist ganz einfach.« N zeigte auf den Monitor. »Little Seven hat sich im Eifer des Gefechts dazu hinreißen lassen, die Nachrichten zu schreiben, ohne auf Unterstützung zu warten. Das lässt sich aus dem letzten Satz der ersten E-Mail ablesen.«

»›Ich werde dafür sorgen, dass Du nie wieder lächeln wirst‹?«

»Menschen geben mit dem, was sie sagen, unwissentlich eine Menge über sich preis. Little Seven muss Ihre Schwester gehasst haben – aus persönlichen Gründen oder weil Shiu Tak-Ping unrecht getan wurde. War Siu-Man in letzter Zeit nicht auch depressiv?«

»Ja. Sie hatte Depressionen, seit letztes Jahr unsere Mutter starb … Und sobald es ihr wieder etwas besser ging, passierte irgendwas und zog sie wieder runter.«

»Das ergibt Sinn. Little Seven wollte, dass Ihre Schwester leidet, und zog aus ihrer Verzweiflung Genugtuung. ›Du bist noch nicht genug gestraft. Ich werde dafür sorgen, dass Du nie wieder lächeln wirst.‹ Der Begriff ›nie wieder‹ legt nahe, dass Little Seven Ihre Schwester unbeschwert erlebt hat. Das konnte der Täter nicht ertragen. Er konnte nicht widerstehen, sie sofort zu bedrohen und so dafür zu sorgen, dass sie keinen einzigen Moment Frieden hatte.«

»Sie glauben, das ist der Grund?«, fragte Nga-Yee ungläubig.

»Die boshaftesten Motive erwachsen häufig aus sehr banalen Gründen.« N zuckte die Achseln, als wäre er mit solchem Verhalten bestens vertraut. »Um genau zu sein, was einen Angriff auf Ihre Schwester betrifft, sind die E-Mails, was Inhalt und Taktik anbelangt, ungehobelter und weniger zielführend als der Popcorn-Post. Und das angehängte Foto ist Kinderkacke.«

Die Erwähnung des Fotos weckte sofort neue Zweifel bezüglich ihrer Schwester, trotzdem verstand Nga-Yee nicht, weshalb N das eben gesagt hatte.

»Kinderkacke? Ist das etwa keine offene Drohung?«

»Im Ernst, Miss Au, was, bitte, soll daran eine Drohung sein?«

»Siu-Man wird unterstellt, sich mit widerlichem Gesindel herumzutreiben, das deutet auf einen schlechten Charakter hin, also hat sie, was Shiu Tak-Ping betrifft, gelogen ...«

»Schön, sie knutscht mit einem Typen rum. Na und?« N grinste. »Die meisten Erwachsenen würden nur mit den Schultern zucken. Wenn Little Seven versucht hat, Ihre Schwester ernstlich in Misskredit zu bringen, hätte er oder sie dann nicht etwas Skandalöseres vorweisen müssen, wie zum Beispiel die Bilder, mit denen ich den beiden Triaden-Typen neulich einen Schrecken eingejagt habe? Ein Foto wie dieses könnte man öffentlich machen, ohne dass irgendein Hahn danach kräht.«

»Vielleicht hat der Täter noch mehr Fotos?«

»Das würde Sinn ergeben, wenn das Bild online gepostet worden wäre. So funktioniert Erpressung – wie Zahnpasta aus der Tube drücken –, man fängt harmlos an, macht mit Nacktfotos weiter, mit Sex-Videos und so weiter, und zieht die Daumenschrauben immer fester. Aber dieses Foto wurde direkt an Ihre Schwester geschickt, und das bedeutet, es gab keinen Grund, sich zu bremsen. Ganz im Gegenteil – man legt sofort den größten Trumpf auf den Tisch, um sich sein Opfer durch Schock gefügig zu machen. Es liegt auf der Hand, dass Little Seven nur dieses eine Foto hatte.«

Nga-Yee wurde klar, dass sie viel zu befangen gewesen war. Sie hatte die Mails ausschließlich aus dem Blickwinkel der großen Schwester gelesen. Sie waren etwa einen Monat nach dem Popcorn-Post geschrieben worden, und selbst wenn der Absender darauf hoffte, den Skandal damit neu anzufachen, hätte das wohl kaum funktioniert. N hatte recht, dieses Foto barg keinen besonderen Zündstoff. Wäre es zur selben Zeit aufgetaucht wie der Post, hätte es die Argumentation unterstützen können, aber es steuerte keinerlei neue Informationen bei. Die Onlinediskussion hatte sich weiterbewegt, und selbst die Veröffentlichung zu einem früheren Zeitpunkt hätte nicht viel Zugkraft besessen.

»Fassen wir zusammen: Little Seven kannte den Geburtstag Ihrer Schwester, wusste von ihren Depressionen und benutzte im Zustand inneren Aufruhrs dieses Foto als lahmarschige Drohung. All das deutet auf jemanden etwa im selben Alter hin, der sie tagtäglich sah. Höchstwahrscheinlich einer ihrer Klassenkameraden. Wir können sogar die Schlussfolgerung wagen, dass Little Seven auch die Quelle für die Popcorn-Behauptung ›an ihrer Schule wissen alle‹ war. Ich finde, das gibt uns ausreichend Grund, die Liste der Verdächtigen einzuschränken.«

»Und ... was ist das mit dem iPhone ...«

»Das schließe ich aus dem ›Header-Dingsda‹.« Feixend öffnete N das andere Fenster.

X-Mailer: iPhone Mail (11D257)

»Dieser String stammt von der iPhone-Mail-App, 11D257 steht für die Modellnummer, das heißt, das Betriebssystem des betreffenden Modells war iOS 7.1.2.« N lehnte sich zurück. »Jetzt müssen wir nur noch rausfinden, welche Klassenkameraden Ihrer Schwester ein iPhone besitzen, und schon haben wir unsere Verdächtigen.«

Nga-Yee hatte bereits festgestellt, dass N kein Normalsterblicher war, aber sie musste ihn schon wieder bewundern. Der Typ war krass. Sie hatte stundenlang auf die E-Mails gestarrt, und er hatte nur ein paar Minuten gebraucht, um die entscheidenden Details zu erkennen. Sie musste wieder daran denken, was Mr Mok gesagt hatte. Inzwischen war ihr völlig klar, weshalb ein erfahrener Privatdetektiv mit seinen unlösbaren Problemen zu diesem arbeitslosen Penner ging.

»Wenn das so ist«, sagte Nga-Yee gedehnt, um sich ihre Bewunderung nicht anmerken zu lassen – schließlich ging ihr seine Arroganz immer noch auf die Nerven –, »müssen Sie dann sämtliche Klassenkameraden meiner Schwester überprüfen, um rauszufinden, welches Telefon sie benutzen?«

N stieß ein bellendes Lachen aus. »Sie machen mich fertig,

Miss Au. Manchmal scheint Ihr Hirn tatsächlich recht schnell zu funktionieren, und dann stellen Sie plötzlich wieder die dämlichsten Fragen. Haben Sie schon wieder vergessen, was ich Ihnen erklärt habe – dass es Datenmaterial gibt, das sich User Agent nennt?«

Nga-Yee erinnerte sich. Als sie neulich versuchten, auf dem Popcorn-Server die Registrierungsdaten von kidkit727 zu finden, hatte N ihr erklärt, hinter dem User Agent würden sich die Aufzeichnungen für jeden einzelnen Kunden verbergen.

N öffnete einen neuen Browser-Reiter und rief die Homepage der Enoch Secondary School auf. »Die Schule Ihrer Schwester ist beim E-Learning-Programm des Bildungsministeriums registriert und verfügt über jede Menge Ressourcen zum Aufbau von Systemen und Netzwerken. Die Schule besitzt diverse Server und stellt jedem Fach, jeder Klasse und jedem Kurs einen eigenen Chatroom zur Verfügung. Die Schüler werden ermutigt, diese Räume zur Kommunikation zu nutzen.«

Er machte ein paar Eingaben und rief einen in minimalistischem Design gehaltenen Chatroom in verschiedenen Grautönen auf. Noch ein paar Klicks, und N hatte eine Diskussion aufgerufen.

»Sehen wir uns das mal an.«

Gruppe: Klasse 3B
Von: 3B_Admin
Betr.: KlassenAdmin Pulloverbestellung
Datum: 10. Oktober 2014 16:02:53

Folgende Schülerinnen und Schüler haben ihr Bestellformular noch nicht abgegeben. Bitte setzt euch umgehend mit der Schülerberatung in Verbindung. Au Siu-Man, Mindy Chang, Trixie Tse, Woo Yui-Kar

Als sie den Namen ihrer Schwester sah, machte Nga-Yees Herz einen Sprung, aber sie versuchte, sich zusammenzureißen, und las weiter.

Von: AuSiuMan
Betr.: Re: KlassenAdmin Pulloverbestellung
Datum: 10. Oktober 2014 20:01:41

Für mich keinen Pullover, danke.
Ich gebe mein Formular Montag ab.

»Das … das hat Siu-Man gepostet?«, würgte Nga-Yee mühsam heraus. Es war, wie ein Vermächtnis ihrer Schwester zu lesen.

»Ja. Das ist der Chatroom ihrer Klasse.« N merkte gar nicht, wie aufgewühlt sie war, und sprach unbeteiligt weiter. »Die Enoch Secondary brüstet sich mit ihrer IT-Ausstattung, hat aber nicht mal ein IT-Team an Bord. Sämtliche Software wird von einem externen Dienstleister entwickelt und gewartet. Der Schuladministrator, der das System verwalten soll, ist ein Idiot. Die Schule hatte offensichtlich keine Lust, einen Fachmann anzustellen, und hat einfach jemanden aus der Verwaltung abgestellt. Eigentlich dürfte dieser Chat nur für Lehrer und Schüler sichtbar sein, aber ich habe die Seite schon vor einigen Tagen gehackt. Inzwischen habe ich vollständigen Zugang, und zwar inklusive Back-End.«

N scrollte hinunter, und Nga-Yee durchfuhr es kalt, als der Name ihrer Schwester verschwand. Schon wieder plötzlich weg. Inzwischen war auf dem Bildschirm eine eng beschriebene Tabelle zu sehen.

»Dies ist ein Überblick über sämtliche Daten dieser Chat-Gruppe: alle gelöschten Nachrichten, die Info, wer sich wann eingeloggt hat, IP-Adressen und User Agents der aktiven Teilnehmer und so weiter. Wir brauchen nur einen kurzen Blick darauf zu werfen, und schon wissen wir, welche Telefone die meisten Schüler benutzt haben. Hier, das ist das Telefon Ihrer Schwester.«

Er bewegte die Maus und markierte eine Zeile:

Mozilla/5/0 (Linux; U; Android 4.0.4; zh-tw; SonyST21i Build/11.0.A.016)

AppleWebKit/534.30(KHTML, like Gecko) Version/4.0 Mobile Safari/534.20

»Das sagt mir, dass die Posts Ihrer Schwester mit einem Sony Android, Modell ST21i, verfasst wurden.« Er nahm Siu-Mans rotes Mobiltelefon in die Hand und winkte Nga-Yee damit zu. »Wenn ich wollte, könnte ich eine Zeile programmieren, die sich auf das Front-End auswirkt. Jeder, der sich ab dann in den Chatroom einloggt, würde einen noch detaillierteren digitalen Fußabdruck hinterlassen. Zufällig war heute an der Enoch Secondary der letzte Prüfungstag des Schuljahrs, und die Schüler werden mit Sicherheit scharenweise online sein, um ihre Pläne für den Sommer zu diskutieren. Die Kids benutzen inzwischen ihre Smartphones viel öfter als den Computer, und wir brauchen nur ein bisschen Geduld, bis einer nach dem anderen unseren Köder geschluckt hat.«

»Und was, wenn jemand sich nicht einloggt?«

N öffnete einen weiteren Reiter mit einem Twitter-Account, der Avatar eine lächelnde junge Frau.

»Viele junge Leute nutzen Social Media – Facebook, Weibo, Instagram und so weiter. Sie posten einfach alles, Fotos, Videos, neue Freundschaften – alles Private wird öffentliches Eigentum. Ihnen sind Likes wichtiger als jede Privatsphäre. Um ihre Persönlichkeit, ihr soziales Umfeld, ihren Lifestyle, sogar ihre Hobbys auszuspionieren, muss ich gar nicht hacken.« N klickte auf die Seite. »Dieser Account, ›cute_cute_yiyi‹, gehört einer Klassenkameradin Ihrer Schwester, die jeden Tag auf sämtlichen Social-Media-Kanälen postet. Bei ihr gibt es Unmengen Müll-Tweets und dämliche Bildchen zu bewundern. Viele posten Auspack-Filmchen oder Fotos, sobald sie ein neues Spielzeug haben. Für einen Vierzehn- oder Fünfzehnjährigen wäre ein neues Smartphone – vor allem etwas so Teures wie ein iPhone – mit Sicherheit Grund genug, damit anzugeben.«

»Wie sind Sie auf die Klassenkameradin gestoßen?«

»Ehe Sie heute gekommen sind, habe ich mir jeden angesehen, der mit Ihrer Schwester in Verbindung stand.« N öffnete den Browser-Verlauf, um ihr die letzten dreißig bis vierzig besuchten Seiten zu zeigen. »Die stehen alle in Verbindung mit ihren Klassenkameraden. Ich hatte geplant, mir anzusehen, in welcher Beziehung sie zu jedem Einzelnen stand, aber jetzt können wir uns auf ein einziges Detail konzentrieren: die benutzten Telefone.«

Dann konnte sie sich also doch auf ihn verlassen, dachte Nga-Yee.

»Haben Sie irgendwelche Leute gefunden, denen sie nahestand?«

»Nein. Genauer gesagt, ich habe so gut wie gar nichts gefunden, das mit ihr zu tun hat. Ihre Klassenkameraden haben ein, zwei Zeilen Beileid gepostet, aber das war's. Noch nicht mal irgendwelche Fotos.«

»Hä?« Nga-Yee war fassungslos. »Sie … sie hatte überhaupt keine Freunde?«

»Sie sind die große Schwester, Miss Au. Sollten Sie das nicht besser wissen als ich?« Er warf ihr einen Blick zu. »Es ist allerdings kein Zufall, dass ich kein einziges Bild finden konnte.«

»Wie meinen Sie das?«

»Wenn ich mit ihr befreundet gewesen wäre, ich hätte jedes einzelne Bild gelöscht, das ich von ihr hatte. Haben Sie vergessen, was passierte, nachdem dieser Post auf Popcorn erschienen war?«

Nga-Yee erstarrte, als ihr klar wurde, was er meinte. In den ersten Tagen, nachdem die Anschuldigungen von kidkit727 online gegangen waren, machten plötzlich Bilder von Siu-Man von den Social-Media-Accounts ihrer Klassenkameraden die Runde. Daraufhin drängte die Schule alle Schülerinnen und Schüler, jegliche Posts und Fotos zu löschen, die gegen Siu-Man hätten verwendet werden können.

»Ach so … wie lange werden Sie brauchen, um etwas zu finden?«, fragte sie.

»Sie meinen, den Verdächtigen mit dem iPhone?« N rieb sich das Kinn. »Der Jahrgang Ihrer Schwester umfasst mehr als hundert Schüler. Über die Chatrooms werde ich in etwa siebzig Prozent von ihnen erfassen können. Die übrigen dreißig Prozent werde ich wohl einzeln überprüfen müssen, wobei ich mich auf ehemalige und gegenwärtige Klassenkameraden konzentriere. Wegen dem Drachenbootfest ist ab morgen langes Wochenende, deswegen können sie heute Abend nach Herzenslust online gehen, und ich kann damit anfangen, mir über den Schulserver die Infos zu besorgen. Bis morgen früh sollte ich also etwas für Sie haben.«

»Ich habe morgen frei. Ich kann bleiben und hier auf die Liste mit Namen warten.«

N wirkte regelrecht verstört von ihrer Antwort. »Machen Sie Witze, Miss Au?« Er klang unsicher. »Ich bin es gewohnt, allein zu arbeiten, und hasse jede Form von Kontrolle. Ich sagte, ich kümmere mich darum, und ich stehe zu meinem Wort.«

»Nein, nein. Es ist nicht, dass ich Ihnen nicht vertraue …«

»Dann gehen Sie nach Hause und warten einen oder zwei Tage!«

»Ich wollte es nur so schnell wie möglich von Ihnen erfahren«, entgegnete Nga-Yee schmeichelnd. »Wenn ich jetzt nach Hause fahre, sitze ich nur rum und grüble und lese immer wieder diese schrecklichen Mails. Ich weiß nicht, was ich mit mir anfangen soll.«

N runzelte die Stirn und sah sie finster an. Eine Weile herrschte Schweigen. Nga-Yee knetete einen Zipfel ihrer Bluse und überlegte, wie sie ihn dazu kriegen könnte, sie hierbleiben zu lassen, aber als sie zu ihm hochsah und ihre Blicke sich kreuzten, bekam sie Angst, er würde anfangen herumzubrüllen, sobald sie den Mund aufmachte. Nein, noch schlimmer, er würde nicht herumbrüllen, sondern ihr kurzerhand eine Weigerung entgegenbellen.

Mit dem, was N dann sagte, hatte sie nicht gerechnet.

»Okay. Wie Sie wollen. Solange Sie mir nicht auf die Nerven gehen. Aber wenn Sie mir dazwischenfunken und mich aus dem Konzept bringen, werfe ich Sie raus.«

Nga-Yee nickte. Sie stand auf und zog sich aufs Sofa zurück. »Ich bleibe hier sitzen und warte.«

Ohne sie weiter zu beachten, griff N nach der Fernbedienung. Aus den Lautsprechern dröhnte psychedelische Rockmusik. Nga-Yee hörte kaum westliche Musik und hatte keine Ahnung, welche Band das war. Sie saß eine Weile stumm da, bis sie merkte, dass sie ihn anstarrte. Um ihm nicht aus Versehen doch auf die Nerven zu gehen, versuchte sie, sich mit einem Roman abzulenken, den sie sich aus der Bibliothek geliehen hatte, aber sie konnte sich nicht konzentrieren, und es blieb kein Wort bei ihr hängen. Es handelte sich ausgerechnet um *Natürliche Mängel* von Thomas Pynchon. Der Krimi war in Kalifornien in den Siebzigern angesiedelt. Wäre Nga-Yee über die ersten Seiten hinausgekommen, hätte sie vielleicht erkannt, dass N große Ähnlichkeit mit der Hauptfigur hatte, einem skrupellosen Detektiv namens Doc.

Sie blätterte lustlos durch die Seiten und warf dem stummen N zwischendurch immer wieder einen Blick zu. Etwa vierzig Minuten später ließ eine vertraute Melodie sie aufhorchen.

»Nicht das schon wieder«, murmelte sie. Es war der Song, mit dem N neulich lautstark versucht hatte, sie zu verjagen. Als der letzte Ton verklungen war, war zum zweiten Mal die psychedelische Rocknummer an der Reihe. Das Album fing wieder von vorne an.

Allmählich verlor sich Nga-Yee in dem hypnotischen Rhythmus.

»He!«, rief N plötzlich zu ihr rüber.

»Was? Haben Sie was gefunden?«

»Wie denn? Ich sitze hier erst ein paar Stunden«, sagte er mürrisch. »Ich wollte fragen, ob Sie Hunger haben.«

Nga-Yee sah auf die Uhr. Es war bereits nach sieben.

Sie nickte. »Ja, ein bisschen.«

»Gut.« Er streckte ihr einen Zwanzigdollarschein und eine Zehndollarmünze hin. »Dann können Sie mir von Loi was mitbringen.«

Widerstrebend nahm sie das Geld. Sie hatte tatsächlich gedacht, er hätte aus Nettigkeit gefragt. Wie naiv von ihr!

»Loi? Ist das der Laden auf der Whitty Street?«

»Ja. Ich nehme eine große Portion Wan Tans, mit weniger Nudeln, viel Frühlingszwiebeln, die Brühe extra, frittiertes Gemüse, keine Austernsoße«, spulte er herunter.

Was für eine pingelige Bestellung für eine Schale Nudeln, dachte Nga-Yee missmutig.

Sie verließ das Haus, überquerte die Water Street und ging langsam die Des Voeux Road West entlang. Die Second Street hatte verlassen im Dämmerlicht gelegen, doch sobald sie in die Des Voeux abbog, verschlang sie der abendliche Trubel der Stadt. Angestellte eilten nach Hause, Liebespaare standen knutschend an der Straßenbahnhaltestelle, und die Restaurants waren voll mit Familien, die beim Abendessen saßen. Supermärkte, Ramschläden, Elektronik-Shops, Friseure – überall blinkten Neonlichter, und obwohl es nicht so überfüllt war wie in Causeway Bay oder Mong Kok, herrschte jede Menge Leben.

Zehn Minuten später war Nga-Yee am Ziel. Bei Loi war es nicht so voll wie neulich zur Mittagszeit: Vor ihr standen nur wenige Kunden.

»Was darf's sein, Miss?«, rief der Mann am Wok ihr mit dröhnender Stimme zu, sobald sie den Laden betreten hatte.

»Eine große Portion Wan Tans, mit weniger Nudeln, viel Frühlingszwiebeln, die Brühe extra, frittiertes Gemüse, keine Austernsoße.« Sie warf einen Blick auf die handgeschriebene Speisekarte an der Wand. »Und, hm, einmal Wan Tans, klein.« Sie musste für den Rest des Monats von geliehenem Geld leben und beschied sich mit dem billigsten Gericht auf der Karte.

»Bei der kleinen Portion die Brühe auch extra?«

»Hm – muss nicht sein.«

»Ist aber besser, beides getrennt zu transportieren. Dann saugen die Nudeln unterwegs nicht die ganze Flüssigkeit auf«, sagte der Mann, während er mit der einen Hand die Bestellung notierte und mit der anderen Nga-Yees Geld nahm. »Sie haben sieben oder acht Minuten zu gehen, das reicht, um eine schöne Schale Nudeln zu ruinieren.«

Nga-Yee starrte ihn an. »Woher wissen Sie, wie weit ich zu laufen habe?«

»Das ist doch für N, oder nicht? Wer sonst bestellt extra Frühlingszwiebeln und weniger Nudeln?«

»Stimmt, so pingelig ist kaum jemand«, antwortete Nga-Yee diplomatisch.

»Nein, nicht pingelig.« Der Mann kicherte und machte sich daran, ihre Bestellung fertig zu machen. »Heutzutage wollen alle ständig *mehr* Nudeln. Wenn sie die Portion reduzieren, müssen sie dasselbe bezahlen, warum sollten sie also? Lieber werfen sie die Reste weg. N aber weiß, dass man den Koch beleidigt, wenn man sein Essen in den Müll wirft. Deshalb bestellt er nur, soviel er essen kann. Ich will gar nicht angeben, die Nudeln sind nicht von mir, aber ich hole sie jeden Tag frisch auf der Third Street bei einem Nudelkoch alter Schule. Jahrein, jahraus dieselbe Qualität. Und die Shrimps für meine Wan Tans besorge ich jeden Morgen in aller Frühe …«

Während er weiter von seinen wunderbaren Wan-Tan-Nudeln schwärmte, schweiften Nga-Yees Gedanken ab. Als sie zum ersten Mal hier gewesen war, hatte der Besitzer N wie einen Stammgast begrüßt. Wenn er außerdem wusste, wie weit sie laufen musste, wusste er auch, wo N lebte.

»Äh, entschuldigen Sie …«, unterbrach sie ihn. »Kennen Sie N gut?«

»Nicht so besonders, aber er ist Stammgast hier … seit etwa sechs oder sieben Jahren.«

»Was für ein Mensch ist er?« Der Nudelverkäufer wirkte aufrichtig, und Nga-Yee meinte, ihn direkt fragen zu können.

Er sah ihr in die Augen und lächelte. »Er ist der rechtschaffenste Mensch, dem ich je begegnet bin.«

Das Wort »rechtschaffen« hätte Nga-Yee in Bezug auf N als Allerletztes erwartet. In ihren Augen war er ganz klar ein gerissener Hacker, der es liebte, Leute zu schikanieren, und außerdem ein arrogantes Arschloch, das verbrecherische Bandenmitglieder in die Flucht schlug, indem es ihre verabscheuungswürdigen Methoden noch übertraf. An ihm war nichts »recht«, und »rechtschaffen« schon gar nicht. Wäre sie gezwungen, etwas Positives über ihn zu sagen, hätte Nga-Yee sich für »zuverlässig«

entschieden – obwohl sie auch mit diesem Urteil lieber wartete, bis sie tatsächlich Ergebnisse in Händen hielt.

Dann war das Essen bereit, verpackt in fünf verschiedene Behälter. Der Besitzer reichte ihr die Tüte, und Nga-Yee machte sich auf den Rückweg.

»Oh Gott!« Als sie die Water Street entlangging, wusste sie plötzlich, warum der Nudelmann N als »rechtschaffen« bezeichnet hatte.

Er hatte sie missverstanden, dachte sie peinlich berührt. Eine junge Frau, die für einen schmuddeligen Junggesellen Abendessen besorgte und sich nebenbei über seinen Charakter informierte. Das musste ausgesehen haben, als würde sie darüber nachdenken, sich festzulegen – oder zumindest eine Affäre in Erwägung ziehen.

Kein Wunder, dass er mich so angesehen hat, dachte sie. Dieses wissende Lachen … Loi und N sind befreundet, natürlich hat er versucht, ihm zu helfen, indem er sich positiv äußert. Wenn man über jemanden gar nichts Gutes sagen kann, ist man mit »rechtschaffen« auf der sicheren Seite.

Jetzt erst wurde ihr klar, wie unbedacht sie sich benommen hatte; eine alleinstehende junge Frau besteht darauf, die Nacht in der Wohnung eines verlotterten Junggesellen zu verbringen. Sie hatte auf der Oberschule keinen einzigen Freund gehabt, von etwas, das man ansatzweise als Date beschreiben könnte, ganz zu schweigen. Auch als Erwachsene hatte Nga-Yee so gut wie nichts mit Männern zu tun. In ihrem Leben war kein Platz für Liebe, nicht wie bei anderen Mädchen. Sie hatte immer zu viel zu tun gehabt, sich um ihre Schwester kümmern, arbeiten, den Haushalt in Schuss halten. Dann war ihre Mutter krank geworden. Alle Menschen, die ihr etwas bedeuteten, waren von ihr gegangen, einer nach dem anderen. Sie hatte noch immer kaum Freunde, nur Bekannte aus der Bibliothek, die meisten ihrer Kollegen waren Frauen oder verheiratete Männer. Es war ein einsames Leben.

Denk nicht darüber nach, sagte sie zu sich und versuchte, sowohl ihre Impulsivität als auch Lois Schlussfolgerung zu vergessen. Sie durfte das Ziel nicht aus den Augen verlieren: Siu-Mans Mörder aufzuspüren. Sie würde jeden Preis dafür bezahlen. Seit dem Moment, als sie Siu-Man in der Blutlache hatte liegen sehen, hatte sie aufgehört, sich für sich selbst oder ihre Zukunft zu interessieren.

In dieser komplexen Gemütsverfassung stieg sie die sechs Stockwerke der Second Street Nr. 151 hinauf und fand sich vor Ns weit geöffnetem Gitter wieder. Sie drückte die Wohnungstür auf, halb in der Annahme, er hätte ihre Abwesenheit genutzt, um sich zu verdrücken, doch er saß an seinem Schreibtisch, völlig in die zwei Bildschirme versunken. Im Zimmer war alles unverändert, bis auf die Musik – N hatte eine neue CD eingelegt.

Sie stellte ihm die Nudeln auf eine Ecke des Schreibtisches. Anstatt sich zu bedanken, streckte er nur die Hand aus. Sie zögerte einen Moment, verkniff sich ein Augenrollen und händigte ihm eine Zweidollarmünze aus. Seine Bestellung hatte achtundzwanzig Dollar gekostet.

Von wegen »rechtschaffen«, du kleiner Geizhals, dachte sie.

Sie setzte sich in den Armsessel und schlang ihr Abendessen hinunter. Es schmeckte köstlich. Überrascht stellte Nga-Yee fest, wie hungrig sie war – sie hätte sich nicht gewundert, wenn ihr die Dinge, die sie heute über die Qualen ihrer Schwester erfahren hatte, für immer den Appetit geraubt hätten. N dagegen rührte sein Abendessen nicht an, zumindest nicht gleich – erst eine gute halbe Stunde später hörte sie ihn plötzlich seine Nudeln schlürfen.

Aus den Lautsprechern dröhnte ein Rocksong. Nga-Yees Englisch war mittelmäßig, und es gelang ihr nicht, dem seltsamen Text einen Sinn abzugewinnen. Sie verstand nur einzelne Wörter: »Jesus«, »crows«, »revolution«, »raccoon«. Sie zog ihr Buch wieder aus der Tasche und fing unkonzentriert an zu lesen. Die Zeit verrann. Sie ging in die Küche, um ein Glas Wasser zu trinken, und benutzte das Badezimmer mit der heiklen Verriegelung. Schließlich war es weit nach Mitternacht, und N war immer noch nicht fertig. Sie hing zusammengesackt quer über Sessel und Armlehne, die Augen halb geschlossen, und las noch immer die Geschichte von Docs Fehde gegen einen Cop namens Bigfoot.

»Oh, ich bin eingeschlafen …« Nga-Yee öffnete blinzelnd die Augen und stellte fest, dass sie in dem Sessel weggedöst war. Als sie wach genug war, um auf die Uhr an der Wand zu sehen, stellte sie erschrocken fest, dass es inzwischen nach sechs Uhr morgens war. Sie hatte mit dem Buch in den Händen über vier Stunden geschlafen. Lichter, die Musik und die Computer waren ausgeschaltet, und durchs Fenster drangen die ersten Sonnenstrahlen ins Zimmer.

Der Schreibtischstuhl war leer. Die Tür am anderen Ende des Raums, die vorhin noch offen gestanden hatte, war geschlossen. N war offensichtlich ins Bett gegangen. Sie war kurz davor, ihn zu wecken und zu fragen, was er herausgefunden hatte, doch das wäre wohl tatsächlich ein bisschen zu übergriffig gewesen.

Ich konnte mich nicht wach halten, obwohl ich nur rumsaß und nichts getan habe. Ich kann ihm schlecht vorwerfen, dass er ein bisschen Schlaf braucht, dachte sie und setzte sich wieder hin.

Ihre Gedanken fingen wieder an zu rasen. Sie stellte sich Siu-Mans Gesicht beim Lesen dieser E-Mails vor. Das Foto von ihrer Schwester und dem widerlichen Kerl schoss ihr durch den Kopf. Wie viele Geheimnisse hatte Siu-Man gehabt? War es nur eine leere Drohung, als kidkit727 ankündigte, »der Welt ihr wahres Gesicht zu zeigen«? Führte Siu-Man hinter dem Rücken ihrer Familie ein Doppelleben? Nga-Yee taten von der Nacht im Sessel sämtliche Knochen weh, und in dem Versuch, diese unguten Gedanken loszuwerden, stand sie auf und fing an, im Zimmer auf und ab zu gehen.

In sämtlichen Ecken stapelte sich der Krempel. Selbst die leeren Verpackungen hatten sich seit ihrem ersten Besuch nicht vom Fleck bewegt. Nga-Yee hatte es gern ordentlich, und weil ihre Mutter immer gearbeitet hatte, war es an ihr gewesen, ihr Zuhause in Schuss zu halten. Sie war zwar keine Putzfanatikerin, aber Unordnung konnte sie nicht leiden. Ns Wohnung fing an, ihr ernstlich auf die Nerven zu gehen. Am schlimmsten waren die beiden großen Bücherregale in der Ecke.

Was für eine Schande, dachte sie mit Blick auf das Durcheinander an Büchern. Als Leserin der ersten Stunde und professionelle Bibliothekarin tat es ihr weh, sie so schlecht behandelt zu sehen. Manche standen aufrecht, manche lagen in Stapeln übereinander, und der Rest war kreuz und quer in sämtliche verbliebenen Lücken gestopft.

Leise las sie sich die einzelnen Titel vor, nur um festzustellen, dass sie das meiste davon nicht verstand – sie, die sie ihre Tage von Büchern umgeben verbrachte. Es handelte sich hauptsächlich um englische Titel, dazwischen nur ab und zu ein paar chinesische und japanische. *UNIX: The Complete Reference; POSIX Operating Systems Interface Standard; Network Security: Current Status and Future Directions; Public-Key Cryptography; Artificial Intelligence: A Modern Approach.* Die Titel hätten ebenso gut in einer völlig fremden Sprache geschrieben sein können. Noch rätselhafter war ein eindeutig alter Band mit orangefarbenem Einband, der quer über ein paar anderen Büchern lag: *Department of Defense Trusted Computer System Evaluation Criteria*, darüber der amerikanische Adler. Dann gab es eine ganze Reihe mit den Zeichnungen wilder Tiere auf dem Buchrücken, doch als sie den Schuber herausnahm, in der Annahme, es handele sich um zoologische Sachbücher, traf sie nur auf noch mehr fremde Ausdrücke: *802.II Wireless Internet Technology; Managing Unix. Linux in Python* und so weiter. Auf dem letzten Buchrücken prangte eine Schlange. Ob das die Python war?

Die ganze Wohnung war ein einziges Drecksloch. Sie blickte sich im Zimmer um. Die Styroporbehälter vom Abendessen standen immer noch auf dem Schreibtisch.

Etwa eine Stunde später, um Punkt acht Uhr, kam N aus seinem Schlafzimmer. Er öffnete die Tür und erstarrte.

»Au Nga-Yee! Was haben Sie getan!«, brüllte er.

Nga-Yee war gerade dabei, mit einem Staubwedel die Bücherregale abzustauben. Die Umzugskisten, die im ganzen Zimmer verstreut gewesen waren, standen ordentlich nebeneinander an der Wand, und die mit allem möglichen Elektrozubehör vollgestopften Holzkisten waren verschwunden. Die Bücher waren sorgsam ins Regal sortiert. Der Müll war von seinem Schreibtisch verschwunden, und sämtliches Schreibzubehör lag übersichtlich auf dem Tisch.

»Was denn?« Sie sah N überrascht an. Seine Haare waren noch wirrer als sonst.

»Wer hat Ihnen erlaubt, meine Sachen anzufassen?«, brüllte er. Er durchquerte das Zimmer und zeigte auf den runden Tisch vor dem Bücherregal. »Wo sind meine Ersatzteile?«

Nga-Yee trat beiseite und deutete nach unten. In dem Spalt zwischen Regal und Wand standen übereinandergestapelt die drei Holzkisten.

»Die passen genau in die Lücke, ist doch gut, oder?«, sagte sie.

»Die benutze ich ständig! Wie soll ich da denn drankommen, wenn die Kisten hinter dem Regal klemmen?«

»Ja klar, verarschen Sie mich nicht. Auf den Ladegeräten und Kabeln war eine zentimeterdicke Staubschicht. Die benutzen Sie überhaupt nicht.«

N blinzelte. Er hätte nicht damit gerechnet, dass der bis dato so unaufmerksamen Nga-Yee ausgerechnet dieses Detail aufgefallen war.

»Und was ist mit den Sachen von meinem Schreibtisch?« Er marschierte an seinen Arbeitsplatz.

»Ich habe den Müll rausgebracht«, sagte sie. »Der Müllraum ist unten im ersten Stock – wundert mich nicht, dass Sie das nicht selbst auf sich nehmen. Ich musste zweimal gehen, bis …«

»Davon spreche ich nicht!«, fuhr er sie an. »Da lagen alle möglichen Beweise rum! Unterlagen zu einem anderen Fall …«

»Das hier?« Nga-Yee griff unter den Tisch und zog eine Pappschachtel heraus. Zuoberst auf diversen Gegenständen lag in einer durchsichtigen Plastiktüte eine leere Erdnussverpackung.

»Die … die ist noch da?« N wirkte kurzfristig verblüfft.

»Natürlich. Ich habe nur Snackverpackungen, leere Bierflaschen und Take-away-Behälter von weiß der Himmel wie vielen Tagen entsorgt«, sagte sie pikiert. »Mir war klar, dass Sie die Erdnusspackung noch brauchen.«

»Wie das?«

»Erstens, sie steckt in einer Plastiktüte. Zweitens, es gibt hier sonst auch keine Erdnüsse, nur Snackriegel.« Sie deutete zur Küche rüber. »Würden Sie Erdnüsse essen, wären gestern welche in der Tüte gewesen, die ich für Sie auspacken sollte.«

»Die Erklärung reicht mir nicht. Was, wenn ich eines Tages einfach Lust auf Erdnüsse gehabt hätte und die leere Packung in einer Plastiktüte entsorgt hätte?«

»Drittens waren auf Ihrem Schreibtisch keine Erdnussschalen. Die Nüsse« – sie zeigte auf die Verpackung – »waren ungeschält. Weshalb hätten Sie die Schalen entsorgen sollen, aber nicht die Verpackung? Ist das jetzt Erklärung genug?«

Ehe er noch etwas finden konnte, um sie zu piesacken, ertönte aus der Küche ein lautes Klacken.

»Oh. Das Wasser kocht.« Nga-Yee ignorierte N und ging in die Küche.

»Ach, jetzt bedienen Sie sich auch noch an meinen …« Er kam ihr nach und sah zu, wie sie heißes Wasser in eine Teekanne goss.

»Ich wollte eigentlich Frühstück machen, aber Sie haben ja nicht mal Eier oder Brot im Haus. Also koche ich eben Tee.« Sie schwenkte behutsam die Kanne. »Ich hätte nicht erwartet, bei Ihnen so guten Tee zu finden – der duftet, sobald man die Dose aufmacht. Was für eine Marke ist Fortnum and Mason? Ich habe gesehen, dass er aus England stammt.«

»Ist Ihnen der Gedanke gekommen, dass der Tee ebenfalls ein Beweisstück sein könnte?«

Einen Moment lang wirkte Nga-Yee erschrocken, dann merkte sie, dass er ihr lediglich das Leben schwer machen wollte.

»Sie würden wichtige Beweisstücke ja wohl kaum in der Küche aufbewahren.« Sie schenkte den Tee in zwei Tassen. »Ihre

Teekanne ist richtig hübsch und sauber. Haben Sie die geschenkt bekommen?«

»Nein. Die habe ich mir selbst gekauft.« Er nahm eine Tasse und trank einen Schluck. »Aber ich koche mir nur selten Tee.«

»Wahrscheinlich, weil es Ihnen zu lästig ist, hinterher abzuspülen.«

Sie standen zusammen in der kleinen Küche und tranken schweigend. In diesem Moment wirkte N irgendwie anders. Sein Ausdruck war weicher und weniger angespannt als sonst.

Aber als er den Mund aufmachte, wusste Nga-Yee, dass sie sich getäuscht hatte.

»Wenn Sie noch einmal ohne meine Erlaubnis meine Sachen anfassen, breche ich die Ermittlung auf der Stelle ab.« Er stellte die Tasse hin und verschwand ins Bad. Nga-Yee nahm ihren Tee mit ins Wohnzimmer, nur um festzustellen, dass er die Tür nicht zugemacht hatte. Eilig wandte sie den Blick ab und setzte sich in den Sessel, auf dem sie eine unbequeme Nacht verbracht hatte.

»Haben Sie was rausgefunden?«, fragte sie, als er ins Wohnzimmer zurückkam.

»Das sehe ich mir jetzt an.«

»Wieso jetzt?«

»Ich habe ein Programm geschrieben, das die Daten durchforstet hat, während ich geschlafen habe. Es hat sich sämtliche Leute vorgenommen, die ich noch nicht recherchiert hatte.« N gähnte. »Ich habe es darauf ausgerichtet, sämtliche Social-Media-Seiten der Klassenkameraden Ihrer Schwester auf alle Posts und Kommentare hin zu untersuchen, in denen die Schlagworte ›Mobiltelefon‹, ›Handy‹, ›iPhone‹ und so weiter vorkommen.«

»So was kann ein Computer tun?«

»Natürlich nicht mit der gleichen Feinfühligkeit wie ein menschliches Gehirn.« N setzte sich an den Schreibtisch und schaltete beide Computer ein. Der eine Bildschirm zeigte eine ganze Reihe geöffneter Fenster verschiedenster Größe: Facebook-Seiten, diverse Chat-Gruppen der Enoch Secondary

School und manche mit Unmengen weißer Buchstaben auf schwarzem Hintergrund. Der zweite Bildschirm war in vier gleich große Rechtecke unterteilt und sah aus wie ein öffentlicher Überwachungsmonitor. Auf jedem Bild war ein anderer Abschnitt eines U-Bahnsteigs zu sehen. Passagiere stiegen einander anrempelnd ein und aus, andere standen gegen die blauen Pfeiler gelehnt oder saßen auf den Bänken und starrten mit gesenkten Köpfen auf ihre Telefone.

»Hä? Überprüfen Sie jetzt doch die Überwachungskameras der Verkehrsbetriebe?«, rief Nga-Yee.

N drückte eine Taste, und die Bildschirmansicht veränderte sich. »Das geht Sie gar nichts an. Das gehört zu einem anderen Fall.«

Nga-Yee vermutete, dass N nicht zugeben wollte, dass er sich geirrt hatte, aber jetzt Schadenfreude zu zeigen wäre ihr kleinlich erschienen. »Also … konnten Sie unter Siu-Mans Freunden Verdächtige finden?«

»Geben Sie mir noch einen Moment.« Er öffnete eine Tabelle und kopierte ein paar Zeilen Text von dem Schwarz-Weiß-Fenster hinein. Dann holte er einige der Social-Media-Seiten nach vorne.

»Sie sollten Ihrem Glücksstern danken, dass Android-Telefone in Hongkong so beliebt sind.« Er klickte in die Tabelle. »In Nordamerika wären mindestens die Hälfte davon iPhones. Hier ist es lediglich ein Fünftel. Von den einhundertdreizehn Schülern im Jahrgang Ihrer Schwester besitzen einhundertfünf ein Smartphone, achtzehn davon iPhones. Die anderen haben ein Samsung, Xiaomi, Sony oder ein anderes Android-Gerät.«

N tippte auf seiner Tastatur herum, und eine Liste mit achtzehn Namen erschien.

»Und einer von denen ist für Siu-Mans Tod verantwortlich?«, fragte Nga-Yee.

»Ich werde mich nicht festlegen, aber ich bin zu neunzig Prozent sicher, dass einer von denen kidkit727 ist. Kommt Ihnen jemand bekannt vor?«

Nga-Yee studierte sorgfältig die Namen, doch sie musste den Kopf schütteln.

»Hat Ihre Schwester je den Namen eines Klassenkameraden erwähnt? Vielleicht den englischen Namen oder einen Spitznamen? Der Täter hat so viele Wege gefunden, sie anzugreifen, es muss sich um jemanden handeln, mit dem sie ziemlich viel zu tun hatte. Es wäre naheliegend, wenn sie diese Person zu Hause irgendwann mal erwähnt hätte.«

»Ich … ich kann mich nicht erinnern.«

»Haben Sie überhaupt jemals mit Ihrer Schwester gesprochen? Sie muss doch über ihre Klassenkameraden geredet haben. Können Sie sich wirklich an keinen einzigen Namen erinnern?«

Nga-Yee wühlte in ihrem Gedächtnis, aber ihr wollte einfach nichts einfallen. Beim Abendessen hatte Siu-Man definitiv von der Schule erzählt, aber an einzelne Namen konnte sie sich beim besten Willen nicht erinnern.

Wenn sie ehrlich war, musste Nga-Yee zugeben, dass sie sich nie sonderlich für Siu-Mans Alltag interessiert hatte. Die Einzelheiten waren zum einen Ohr hinein- und zum anderen wieder hinausgegangen. Meistens hatte ihre Mutter auf ihr Geplapper reagiert.

»Haben Sie Bilder? Ich kann mich zwar an keine Namen erinnern, aber vielleicht fällt mir was ein, wenn ich die Gesichter sehe.«

Seufzend bewegte N die Maus. Er ging die Liste durch, öffnete eine Social-Media-Seite nach der anderen und markierte die Bilder von vierzehn- bis fünfzehnjährigen Jugendlichen. Niemand kam Nga-Yee bekannt vor. Angefangen bei dem gut aussehenden Sportler bis hin zu dem wie eine Manga-Figur gekleideten Mädchen, waren ihr die Kids völlig fremd. Es war N, der zu jedem eine Kurzbeschreibung beisteuerte – was sie machten, ob sie in Siu-Mans Klasse gingen oder gemeinsam Kurse besucht hatten –, als wäre er und nicht sie das Familienmitglied. Nga-Yee sah sich mehr als zehn Fotos an, ohne auch nur irgendetwas wiederzuerkennen.

»Als Nächstes hätten wir … Violet To.« Das Bild war auf dem Schulgelände aufgenommen worden: ein reichlich nerdig aussehendes Mädchen mit langen Haaren und Brille. »Die ist zwar nicht in den sozialen Medien unterwegs, dafür gibt es ein Foto auf der Seite für außerschulische Aktivitäten.«

»Oh! Moment – ich glaube, die habe ich schon mal gesehen.« Nga-Yee hatte kein besonders gutes Personengedächtnis, aber die eckige Brille, die so gar nicht zu dem Gesicht passen wollte, kam ihr bekannt vor, und auch der schlecht sitzende blaue Pullover. »Genau. Das ist das Mädchen, das ich auf Siu-Mans Trauerfeier gesehen habe.«

»Sie war auf ihrer Trauerfeier?«

»Ja. Gegen acht Uhr abends. Sie kam allein«, sagte Nga-Yee. »Sie kam, um ihr die letzte Ehre zu erweisen. Das kann doch wohl kaum die Täterin sein, oder?«

»Vielleicht kam sie aber auch mit einem Hintergedanken: um dafür zu sorgen, dort von Ihnen gesehen zu werden, aus Angst, aufzufliegen.«

Nga-Yee war unsicher. Es war schwer vorstellbar, dass dieses Kind und der böse, durchtriebene kidkit727 ein und dieselbe Person sein sollten.

N markierte Violet To und rief die nächsten Bilder auf, aber bei keinem der verbliebenen Kandidaten klingelte es bei Nga-Yee.

»Das ist die Letzte«, sagte N und deutete auf eine Facebook-Seite. Das Profilbild zeigte einen Jungen und ein Mädchen in kurzen Sommerklamotten vor der Tafel in einem Klassenzimmer. Der Junge hatte ein kantiges Gesicht und trug die Haare noch kürzer als bei einem Bürstenschnitt, das Mädchen hatte kurze Haare und ein hübsches Gesicht. »Das Mädchen heißt Lily Shu. Sie und Violet To gingen drei Jahre lang in die Klasse Ihrer Schwester. Ich glaube, sie sind … Miss Au? Was ist?«

»Die … die beiden waren auch auf der Trauerfeier. Das Mädchen wirkte verzweifelt.«

»Die zwei?« N tippte auf den Jungen. »Er auch?«

Nga-Yee nickte.

»Das ist Chiu Kwok-Tai. Er war in diesem Schuljahr in Siu-Mans Klasse. Lily Shu ist offenbar seine Freundin.« N überprüfte ein Browser-Fenster auf dem zweiten Computer. »Er hat ein Samsung, kein iPhone.«

»Das sind sie. Ich bin mir ganz sicher. Die waren einmal bei uns. Siu-Man ging es nicht gut, und sie haben sie nach Hause begleitet.«

»Sie waren bei Ihnen zu Hause?« N hob kaum merklich die Augenbrauen. Sein Interesse war geweckt.

»Ja. Das war … letztes Jahr an Heiligabend.«

»Sind Sie sicher?«

»Doch. Das müsste stimmen. Siu-Man sollte spätestens um halb elf zu Hause sein, aber sie kam nicht, und telefonisch konnten wir sie nicht erreichen. Wir hatten schon angefangen, uns Sorgen zu machen, als es an der Tür klingelte. Sie sagten, Siu-Man hätte sich auf der Party plötzlich unwohl gefühlt und sie wären mitgekommen, um sicherzugehen, dass sie heil nach Hause kam. Meine Mutter musste sich die ganze Nacht um sie kümmern.« Bei der Erinnerung daran überkam Nga-Yee Traurigkeit. »Als ich das Mädchen auf der Trauerfeier wiedersah, dachte ich, dass sie eine gute Freundin gewesen sei. Aber wenn ich mir die Sache jetzt ansehe, könnte sie … Sie könnte …«

»Sie könnte der Cyberbully gewesen sein, der Ihre Schwester in den Tod getrieben hat?«

Nga-Yee antwortete nicht und starrte nur mit leerem Gesichtsausdruck das Foto an. Was N eben über Hintergedanken gesagt hatte, konnte genauso gut für dieses Mädchen gelten.

»Wir sollten uns Lily Shu auf alle Fälle näher ansehen. Ob sie die E-Mails nun geschrieben hat oder nicht, wir werden über sie mehr über den Schulalltag Ihrer Schwester erfahren.«

»Werden Sie sie und Chiu Kwok-Tai beschatten?«

»Viel einfacher. Ich werde dasselbe machen wie mit Shiu Tak-Ping. Ich rede mit ihnen.«

»Aber wenn sie es war, wird sie das kaum zugeben.«

»Sie sind wirklich zu dämlich.« N lachte. »Stehen Sie in Kontakt mit der Schule Ihrer Schwester? Oder gibt es eine Ausrede für einen Besuch?«

Nga-Yee dachte nach. »Siu-Mans Klassenlehrerin sagte, in ihrem Spind hätten noch ein paar Bücher gelegen, und ob ich die abholen könnte.«

»Perfekt.« N wandte sich wieder dem Monitor zu, überflog die Tabelle und griff zu dem altmodischen Tastenhandy auf dem Schreibtisch. »Es ist zwar noch nicht mal neun, aber Miss Yuen ist sicher schon wach.«

»Möchten Sie Miss Yuen anrufen?« Nga-Yee angelte ihre Handtasche aus dem Sessel, um aus ihrem Kalender Miss Yuens Nummer herauszusuchen.

N winkte ab, tippte blitzschnell ein paar Ziffern in die Tasten und aktivierte die Freisprechfunktion.

»Hallo?«, ertönte nach dem dritten Klingeln eine ziemlich heisere Stimme.

»Guten Morgen! Spreche ich mit Miss Yuen?« Ns Stimme klang wärmer, als Nga-Yee sich das je hätte vorstellen können. Er beugte sich über das Telefon. »Mein Name ist Ong. Ich bin ein Freund der Familie Au.«

»Oh, hallo, guten Morgen.«

»Es tut mir sehr leid, Sie so früh zu stören.«

»Das macht doch nichts. Normalerweise wäre ich um diese Uhrzeit längst in der Schule«, sagte sie höflich. »Was kann ich für Sie tun, Mr Ong?«

»Es geht um Siu-Mans Bücher. Ich glaube, sie hatte noch welche in ihrem Spind, richtig? Ich rufe an, um zu fragen, ob es möglich wäre, einen Termin zur Abholung zu vereinbaren.«

»Ja, richtig, ein paar Lexika. Miss Au hat sich nie wieder bei mir gemeldet, und ich wollte sie nicht belästigen … Wie geht es Miss Au?«

»Es geht ihr gut, danke der Nachfrage. Sie hat einfach lange gebraucht, um zu akzeptieren, was mit Siu-Man geschehen ist. Als sie die Bücher erwähnte, dachte ich, es hat wenig Sinn, das noch länger hinauszuzögern. Schließlich ist das Schuljahr inzwischen fast vorbei.«

»Das ist sehr freundlich von Ihnen, Mr Ong. Sie haben recht. Ich würde Siu-Mans Eigentum tatsächlich so schnell wie möglich an ihre Familie aushändigen. Wo wohnen Sie? Wir vereinbaren einen Termin, und ich bringe Ihnen die Sachen vorbei.«

»Das ist wirklich sehr nett von Ihnen«, sagte N, noch immer mit dieser unfassbar freundlichen Stimme, die Nga-Yee ihm nie zugetraut hätte. »Leider habe ich fürchterlich unregelmäßige Arbeitszeiten. Machen Sie sich keine Mühe, es ist wahrscheinlich einfacher, ich komme in der Schule vorbei. Wäre Montagvormittag für Sie in Ordnung?«

»Absolut in Ordnung. Wie nett, dass Sie den weiten Weg auf sich nehmen wollen«, sagte Miss Yuen. »Kommen Sie allein oder mit Miss Au?«

»Allein …« Kaum hatte er das gesagt, sprang Nga-Yee nach vorn, packte das Telefon und deutete mit der freien Hand energisch auf sich. Es war klar, was sie meinte: Entweder Sie nehmen mich mit, oder ich gebe das Telefon nicht mehr her. N verzog das Gesicht, nickte widerstrebend und nestelte ihr das Telefon aus der Hand. »Ich meine, ich wäre eigentlich allein gekommen, aber vielleicht möchte Nga-Yee ja die Schule sehen, die ihre Schwester besuchte. Ich werde sie fragen. Es könnte dabei helfen, ihren Schmerz zu lindern.«

»In Ordnung. Ich hoffe, es geht Miss Au bald wieder besser. Wie wäre es um elf Uhr dreißig?«

»Sehr gut. Vielen Dank. Also dann, bis übermorgen.«

»Ja. Bis dann.«

Sobald er aufgelegt hatte, rief Nga-Yee erbost: »Kommen Sie gar nicht erst auf die Idee, mich zu übergehen. Ich begleite Sie.«

»Seien Sie nicht so misstrauisch.« Der selbstgefällige Tonfall war wieder da.

»Das ging ja schnell«, sagte Nga-Yee lachend. »He! Ich bin Ihre Mandantin. Vielleicht versuchen Sie es zur Abwechslung bei mir auch mal mit Höflichkeit, so wie bei Miss Yuen eben.«

»Höflichkeit würde der Ermittlung keinen Millimeter weiterhelfen, Sie Schwachkopf. Wozu sollte ich mir die Mühe machen? Außerdem war das keine Höflichkeit, das war Social Engineering.«

»Was?« Den Ausdruck hatte Nga-Yee noch nie gehört.

»Das haben alle guten Hacker drauf. Es bedeutet, sich mithilfe sozialer Interaktion Zugang zu einem System zu verschaffen. Mit jemandem chatten, bis derjenige sein Passwort preisgibt, oder ihn täuschen, um das zu erreichen. Manchmal sogar den anderen dazu bringen, es gleich selbst für einen zu erledigen.« N lächelte grimmig. »Das schwächste Glied ist immer der Mensch. Computersysteme werden im Laufe der Zeit immer perfekter, aber menschliche Schwäche wird sich niemals ändern.«

Nga-Yee dachte darüber nach. Die Vorstellung, Menschen als Objekte zu betrachten, die man benutzen konnte, gefiel ihr nicht, trotzdem war ihr klar, dass N von einer Tatsache sprach. Eine Wettbewerbsgesellschaft unterteilt Menschen in Ausnutzer und Ausgenutzte. Für den, der erfahren darin war, die Schwächen anderer auszunutzen, war es leicht, sich bei den Erfolgreichen einzureihen.

»Woher hatten Sie eigentlich Miss Yuens Telefonnummer?«, fragte Nga-Yee.

»Ich habe jeden beleuchtet, der mit Ihrer Schwester in Kontakt stand. Selbstverständlich habe ich ihre Telefonnummer«, antwortete er lässig. »Ach, das hatte ich vorhin vergessen zu erwähnen. Diese Yuen zählt auch zum Kreis der Verdächtigen – sie besitzt ebenfalls ein iPhone.«

Nga-Yee starrte ihn an. Sie konnte sich nicht vorstellen, dass Siu-Mans Lehrerin eine ihrer eigenen Schülerinnen in den Tod gehetzt hatte.

»Nicht vergessen: Lily Shu ist vielleicht gar nicht kidkit727. Wir statten der Schule einen Besuch ab, um unser Glück zu versuchen und herauszufinden, ob es sich lohnt, einen der anderen siebzehn – nein, achtzehn – Verdächtigen näher unter die Lupe zu nehmen. Mit vorgefertigten Meinungen loszulaufen, ist das Schlimmste, was man machen kann. Eine Hypothese ist was Schönes, aber man sollte immer im Hinterkopf behalten, dass sie vielleicht nicht stimmt. Mehr noch, man sollte alles dafür tun, die eigene Hypothese zu widerlegen, anstatt nach Beweisen zu suchen, um sie zu stützen.«

Nga-Yee nickte. In einem Buch über logisches Denken, das sie mal gelesen hatte, wurde folgendes Beispiel genannt: Die Schlussfolgerung »Alle Krähen sind schwarz«, nur weil man schon zehntausend schwarze Krähen gesehen hat, ist nicht rational. Eine einzige weiße Krähe würde genügen, um diese These zu widerlegen. Stattdessen sollte man das Gegenteil annehmen – es gibt Krähen, die nicht schwarz sind – und zeigen, dass das nicht stimmen kann.

Natürlich wäre es so gut wie unmöglich, so etwas zu belegen. Nga-Yee fürchtete, dass der Ausflug an die Schule keine stichhaltigen Beweise zutage fördern würde.

Es blieb ihnen nichts anderes übrig. Sie mussten Schritt für Schritt vorgehen.

»Kann ich einen Ausdruck der achtzehn Verdächtigen bekommen?« Nga-Yee deutete auf die Tabelle. »Ich werde sie noch einmal einzeln durchgehen, wenn ich nach Hause komme. Vielleicht lösen die Namen und die Fotos ja doch noch eine Erinnerung bei mir aus.«

N warf ihr einen Seitenblick zu, als wollte er sagen: »Und wenn Sie sich die Namen hundert Mal ansehen, Sie werden nichts finden.« Trotzdem ging er auf Drucken und reichte ihr zehn Sekunden später ein Din-A4-Blatt.

»Sind das alle Online-Informationen – Facebook, Insta-Dings?« Nga-Yee ließ den Finger über eine Spalte gleiten. »Das ist doch viel zu kurz für eine Web-Adresse.«

»Sie gehen mir wirklich auf die Nerven!« N tippte auf ein paar weitere Tasten, und der Drucker spuckte eine zweite Seite aus. Das Blatt war eng beschrieben und wies über hundert Zeilen auf.

»So viele?«

»Auf dem ersten Blatt stehen die verkürzten Hyperlinks. Das zweite zeigt die vollständigen Adressen – das würde sogar ein Erstklässler kapieren. Sind Sie jetzt zufrieden, Miss Au?« N gähnte. »Ich beginne mit den Ermittlungen an der Schule Ihrer Schwester übermorgen um Punkt elf Uhr dreißig. Wenn Sie mich begleiten wollen, seien Sie bitte pünktlich. Und jetzt muss ich Ihro Gnaden höflichst bitten, mich Ihrer liebenswürdigen Anwesenheit zu berauben, alldieweil ich mich dringlichst in meine Gemächer zurückziehen muss.«

Diese sarkastische Zurschaustellung übertriebener Höflichkeit war eine ärgerliche Provokation, aber Nga-Yee sparte sich jeden Kommentar. Sie hatte noch eine Menge Fragen, zum Beispiel, welcher der achtzehn Verdächtigen am wahrscheinlichsten der Täter war, ob N Anzeichen dafür gefunden hatte, dass jemand aus diesem Kreis Siu-Man nahegestanden hatte, oder ob er herausfinden konnte, ob Siu-Man die schlimmen Dinge, die ihr in dem Popcorn-Post unterstellt worden waren, tatsächlich getan hatte. Aber sie wusste, dass sie im Augenblick nichts mehr aus ihm herauskriegen würde. Außerdem hatte er sein Versprechen gehalten, ihr innerhalb eines Tages eine Liste der Verdächtigen zu präsentieren, und sie würde ihn in der Schule wiedersehen. Sie beschloss, es einstweilen gut sein zu lassen.

Als Nga-Yee die Treppe hinunterging, merkte sie, dass sie trotz ihrer Erschöpfung innerlich ein bisschen ruhiger geworden war.

Als sie auf den Gehweg hinaustrat, kam eine Frau auf das Haus zugelaufen, die sie zu kennen schien. »Oh, hallo – guten Morgen!« Nga-Yee brauchte einen Moment, bis sie sich an ihre erste Begegnung erinnerte: genau hier, vor genau zwei Wochen.

»Guten Morgen.« Nga-Yee nickte ihr lächelnd zu.

»Sind Sie nicht die junge Dame, die sich vor vierzehn Tagen nach N erkundigt hat?«

»Ja, mein Name ist Au. Wohnen Sie auch hier?«

»Nein, nein. Ich bin die Haushaltshilfe. Ich putze zweimal wöchentlich bei N, mittwochs und samstags.« Die Frau hielt ihren roten Eimer mit den Putzutensilien hoch. »Sie können Heung zu mir sagen.«

Nga-Yee beschlich der Gedanke, dass Heung keinen besonders guten Job machte. Andererseits hasste N es, wenn jemand seinen Krempel anfasste, vielleicht machte sie nur das Bad und die Küche sauber.

»Dann halte ich Sie mal nicht länger auf, Miss Au. Bis bald.« Heung lächelte. Nga-Yee hatte den Eindruck, dass sie es eilig hatte, an die Arbeit zu kommen, und verabschiedete sich ebenfalls.

Irgendwas an Heungs Verhalten war ein bisschen seltsam gewesen, doch Nga-Yee schenkte dem nicht sofort Beachtung. Erst als sie am Ende der Water Street angekommen war, ging ihr ein Licht auf.

Eine junge Frau mit wirren Haaren, die aussah, als hätte sie die ganze Nacht kein Auge zugetan, kam um kurz nach neun Uhr morgens aus der Wohnung eines Junggesellen. Das musste ausgesehen haben, als ob … Nga-Yee schlug sich die Hände vors Gesicht.

Vergiss es, dachte sie, sollen die Leute denken, was sie wollen. Sie musste sich auf Siu-Mans Fall konzentrieren. Vor ihren müden Augen flackerten die Gesichter der Verdächtigen auf – inklusive dem von Miss Yuen. Sie sahen alle völlig normal aus, und doch besaß einer von ihnen eine dunkle Seite, die einen anderen Menschen das Leben gekostet hatte. Der Gedanke ließ sie schaudern.

Aber es gab noch eine weitere beunruhigende Frage.

Weshalb war Siu-Man von einem solchen Menschen ins Visier genommen worden?

Hatte ihre Schwester tatsächlich eine andere Seite gehabt, eine, von der Nga-Yee nie etwas geahnt hatte?

DONNERSTAG, 21. MAI 2015

mach dir keinen kopf 22:17

ist ein prepaid account, kann nicht verfolgt werden 22:19

Okay. 22:20 ✓

was hast du eigentlich geschrieben? 22:24

Ich wollte ihr Angst einjagen. Ich habe gesagt, ich veröffentliche das Foto. 22:24 ✓

Sie hat sich an dem Tag benommen, als wäre nie was gewesen, hat gelacht und sich unterhalten. Ich war so sauer. 22:25 ✓

Ich habe die Mails geschrieben, um ihr eine Lektion zu erteilen. 22:25 ✓

alles okay. sie ist diejenige die mist gebaut hat 22:26

schneeflocken wie die stürzen nun mal in den tod das ist ihr wesen 22:27

sie hat es nicht anders verdient 22:27

Aber ist das nicht illegal? Anstiftung zum Selbstmord oder so? 22:30 ✓

wenn du schuldig bist ist sie es erst recht 22:32

die hat dein Mitleid nicht verdient 22:33

FÜNFTES KAPITEL

1

Sze Chung-Nam stand im überfüllten Foyer des Hong Kong Cultural Centre und sah sich suchend um.

Es war Viertel nach zehn Uhr abends, und das Konzert des Philharmonic Orchestra mit Yuja Wang war gerade zu Ende gegangen. Obwohl den Hongkongern oft nachgesagt wurde, sie seien unkultiviert, tauchten bei Events wie diesem immer jede Menge Menschen auf. Natürlich ließ sich unmöglich sagen, wie viele von ihnen der Kunst wegen gekommen waren und wie viele einfach nur angeben wollten und ihr Geld dazu benutzten, ihren Mangel an Geschmack zu kaschieren.

Was klassische Musik betraf, war Chung-Nam völlig unbeleckt. Weder von Brahms' Zweitem Klavierkonzert in B-Dur noch von Debussys *La Mer* hatte er auch nur ein Motiv erkannt. Lediglich bei Ravels *Boléro* hatte es ansatzweise geklingelt. Und im Augenblick war er sowieso nur daran interessiert, in dieser Menschenmenge Szeto Wai zu finden.

Als Szeto am Vortag erwähnt hatte, dass er dieses Konzert besuchen würde, hatte Chung-Nam den Vorsatz gefasst, ihm dort rein zufällig über den Weg zu laufen. Er hatte auch überlegt, ob er sein Glück vor dem Apartmenthotel versuchen sollte, aber hier ein Gespräch anzufangen wäre entschieden leichter als auf der Straße.

Doch Szeto Wai war nirgends zu sehen. Chung-Nam hatte sich die Eintrittskarte am Vortag nachmittags online über sein Smartphone gekauft, ohne zu ahnen, dass das Publikum über tausend Menschen umfassen würde. Da am Tag vor der Vorstellung nur noch Karten für die billigsten Plätze übrig gewesen waren, war er im obersten Rang gelandet, irgendwo ganz außen am Rand, ohne jeden Blick hinunter ins Parkett. Er hatte versucht, Szeto beim Eingang abzupassen, hatte ihn jedoch im Meer der wohlgekleideten Crème de la Crème der Stadt nirgends entdeckt.

Sobald das Konzert vorüber war, eilte Chung-Nam nach unten ins Erdgeschoss, in der Hoffnung, Szeto am Ausgang auflauern zu können. Ein reicher Mann wie Szeto hatte mit Sicherheit die teuersten Karten gekauft. In den Rängen hatte Chung-Nam ihn nirgends entdecken können und vermutete ihn deshalb unten im Parkett. Leider war Chung-Nam mit der Architektur des Cultural Centre nicht vertraut, und als er endlich den Weg zum Ausgang des Parketts gefunden hatte, herrschte im Foyer schon wieder dichtes Gedränge. Seine Pläne waren vereitelt, und ihm blieb nichts anderes übrig, als sich durch die Menge treiben zu lassen in der Hoffnung, in diesem Chaos durch Zufall ins Schwarze zu treffen.

Eine Viertelstunde später hatte er noch immer nichts erreicht.

Inzwischen hatte etwa die Hälfte des Publikums das Konzerthaus wieder verlassen, und Chung-Nam wollte gerade aufgeben, als er neben einer Anzeigentafel bei den Kassen eine Gestalt im schwarzen Anzug entdeckte. Da stand er, Szeto Wai, und unterhielt sich angeregt mit einem groß gewachsenen Westler. In der Nähe wartete eine attraktive Frau in einem tief dekolletierten roten Kleid.

Chung-Nams Augen fingen an zu leuchten, und er wurde augenblicklich hellwach. Während er im Geiste noch einmal seine Gesprächsthemen wiederholte, ging er gemächlich auf die Gruppe zu und tat, als wäre er ganz in die großflächigen Anzeigen für die nächsten Ballettabende vertieft. Dabei warf er Szetos beiden Begleitern aus den Augenwinkeln unauffällig ein paar Blicke zu. Die etwa fünfzigjährige Langnase trug keine Krawatte und sah nach einem Geschäftskontakt aus. Die weibliche Begleitung hatte Chung-Nam anfänglich für Doris gehalten, doch auf den zweiten Blick entpuppte sie sich als andere, gleichermaßen gut aussehende Frau. Als er näher kam, hörte er, wie sich Szeto und der Westler auf Englisch verabschiedeten. »Be sure to look me up for a drink next time you're in Hong Kong«, sagte die Langnase zu Szeto.

Chung-Nam hob den Kopf und sorgte dafür, dass ihre Blicke

sich trafen. »Hey, sind Sie nicht einer von Kenneths Leuten?«, rief Szeto ihm zu. Chung-Nam jubelte innerlich – Szeto hatte ihn zuerst angesprochen. Umso besser! Das ließ die Begegnung weniger inszeniert aussehen.

»Oh! Mr Szeto, Sie sind's! Guten Abend.« Chung-Nam machte ein überraschtes Gesicht. »Dann war *dies* also das Konzert, das Sie gestern erwähnten. Ich wollte nicht fragen.«

Szeto Wai lächelte. »Sind Sie meinetwegen hier?«

»Nein! Ein Freund von mir liebt klassische Musik, er hat mich mitgenommen. Ich fürchte, ich kenne mich nicht besonders gut aus«, log Chung-Nam. »Ich hätte es gestern fast erwähnt, aber was, wenn das Konzert schlecht gewesen wäre? Das wäre mir peinlich gewesen.«

»Ha! Verstehe. Und Ihr Freund?«

»Der hat noch ein Date mit seiner Freundin.«

»Was? Heute ist Feiertag, und Ihr Freund versetzt seine Freundin, um sich mit Ihnen ein klassisches Konzert anzuhören, obwohl Sie sich nicht für Klassik interessieren?«

»Ich bin nicht uninteressiert, ich weiß nur nicht allzu viel darüber. Seine Freundin hört ausschließlich Eason Chan. Zwei Stunden in einem klassischen Konzert still sitzen zu müssen, würde sie wahrscheinlich umbringen«, scherzte Chung-Nam. Die fiktive Freundin basierte auf Joanne, die mal gesagt hatte, »Konzerte ohne Popstars« wären reinste Geldverschwendung.

»Eason Chan, der Cantopopsänger? Ist der nicht auch mal mit einem europäischen Orchester aufgetreten? Wenn er das wieder macht, könnte Ihr Freund seine Freundin mitnehmen«, sagte Szeto Wai lächelnd.

»Wie hat Ihnen das Konzert gefallen?«, fragte Chung-Nam.

»Yuja Wangs Talent als Pianistin steht außer Frage, aber für mich ging es im Kern um das gute Zusammenspiel mit dem Orchester. Van Zweden hat perfekt dirigiert – er hat nicht zugelassen, dass das Klavier dem Orchester die Schau stiehlt. Gleichzeitig haben die Philharmoniker ihr nicht die Luft zum Atmen genommen. Dem Klavierkonzert von Brahms gerecht zu werden, ist nicht einfach, aber diese Interpretation kann es ohne Weiteres mit europäischen Orchestern aufnehmen. Was meinen Sie?«

»Oh, ich bin blutiger Anfänger. Ich weiß nicht, was gut ist und was schlecht. Aber sogar jemandem wie mir ist aufgefallen, wie gut Orchester und Solistin harmoniert haben.«

»Van Zweden ist einer der berühmtesten Violinisten und Dirigenten der Niederlande. Ihm die Leitung der Hong Kong Philharmonics zu übertragen, war quasi ein Garant für gute Aufführungen«, fuhr Szeto redselig fort. »Die Philharmoniker haben selbst eine hervorragende Tradition. Auch wenn sich viele Hongkonger dessen nicht bewusst sind, dieses Orchester existiert in seinen Ursprüngen bereits seit über hundert Jahren, länger als die Londoner Symphoniker oder das Philadelphia Orchestra. Auch vor Van Zweden hat das Orchester eine ganze Reihe berühmter internationaler Dirigenten vorzuweisen. Maxim Schostakowitsch, der Sohn des berühmten russischen Komponisten, war nur einer von ihnen.«

Chung-Nam war begeistert. Er hat den Köder tatsächlich geschluckt, dachte er, während Szeto Wai fröhlich weiterplauderte und ihn bereitwillig an seinem Wissen über klassische Musik teilhaben ließ.

»Wie wäre es noch mit einer Tasse Kaffee, Mr Szeto? Ich würde gern noch mehr von Ihnen lernen.« Chung-Nam nickte zu dem Starbucks in einer Ecke des Foyers hinüber.

Kurz wirkte Szeto ein wenig verdutzt, dann lächelte er bedeutungsvoll.

»Oh, das tut mir sehr leid. Ich fürchte, ich habe heute Abend keine Zeit mehr.« Er legte seiner weiblichen Begleitung sanft die Hand auf den Rücken, ließ sie auf die schmale Taille hinuntergleiten und zwinkerte Chung-Nam zu. Die Frau lachte peinlich berührt und schmiegte sich dann in Szetos Arm. Ihr Busen sah aus, als würde er jeden Moment das Kleid sprengen. Chung-Nam konnte nicht anders, als einen flüchtigen Blick in ihren Ausschnitt zu werfen. Aus Angst, einen schlechten Eindruck zu machen, sah er Szeto eilig ins Gesicht und hoffte, dass er nichts bemerkt hatte.

Chung-Nam war auf eine Absage gefasst gewesen und hatte diverse Ausreden parat, um Mr Szeto doch noch zu überzeugen, aber mit diesem Szenario hatte er nicht gerechnet. Während er nach einem Weg suchte, das Gespräch noch etwas in die Länge zu ziehen, ergriff Szeto erneut das Wort.

»Wie wäre es mit einem Abendessen irgendwann dieser Tage? Ich habe nicht besonders viel zu tun, während ich in Hongkong bin.«

Chung-Nam war sprachlos – wieder hatte Szeto von sich aus die Initiative ergriffen.

»Klingt gut.« Chung-Nam zog eine Visitenkarte aus der Anzugtasche und überreichte sie respektvoll. »Hier ist meine Handynummer.«

Szeto holte ein BlackBerry heraus (hatten die Amis sich nicht längst davon verabschiedet?, fragte sich Chung-Nam – aber vielleicht hatten die Tech-Blogger einfach nur mal wieder übertrieben) und tippte die Nummer ein. Im gleichen Augenblick klingelte es in Chung-Nams Hosentasche. »Jetzt haben Sie meine Nummer. Wir sehen uns nächste Woche.«

Das war besser gelaufen als gedacht. Chung-Nam hatte sich alle möglichen Szenarien ausgedacht, um Szeto seine Telefonnummer abzuluchsen, und am Ende war nichts davon nötig gewesen.

Szeto musterte die Visitenkarte. »Ich weiß noch, Sie sagten, Ihr Name sei Charles, aber den kann ich hier gar nicht finden.«

Chung-Nam rieb sich verlegen die Augenbraue. »Ehrlich gesagt, ich verwende meinen englischen Namen so gut wie nie. Selbst mein Chef nennt mich immer Chung-Nam.«

»Gut! Dann sage ich auch Chung-Nam zu Ihnen.« Szeto schmunzelte. »Ach, übrigens, ich hätte da einige Fragen zu GT, die ich Ihnen gern stellen würde. Aber darüber können wir uns dann beim Abendessen unterhalten.«

Das kam überraschend. Szeto handelte also auch aus Eigeninteresse. Was er wohl wissen wollte? Und weshalb würde er sich deshalb an einen Angestellten wenden anstatt direkt an Mr Lee?

»Äh, ich … ich bin nicht befugt, über Firmeninterna zu sprechen«, stotterte er. Er wusste zwar nicht, ob er richtig gehandelt hatte, aber ihm war klar, dass dies eine Art Test war.

»Sie sind ein kluger Bursche.« Szeto sah ihn anerkennend an. Er hatte offensichtlich den Test bestanden.

Szeto und seine Begleiterin verabschiedeten sich. Wieder allein, fing Chung-Nam in einer Ecke des Cultural Centre endlich an zu grinsen.

Die Begegnung war unglaublich glattgegangen. Chung-Nam speicherte Szetos Telefonnummer in seinem Adressbuch ab. Besser hätte es absolut nicht laufen können. Dass Szeto sich privat mit ihm verabreden würde, war gar nicht so unwahrscheinlich gewesen. Die Amis waren so. Außerdem war er als »Director of Technology« ein durchaus würdiger Gesprächspartner.

Das läuft alles wie am Schnürchen, dachte er, während er sich auf den Weg zum Ausgang machte. Jetzt muss ich nur noch entscheiden, wie ich mich verkaufen will.

In dem Moment, als Chung-Nam die Glastür aufstieß, kam ihm ein junges Mädchen entgegen. Sobald sie merkte, dass sie ihm den Weg versperrte, machte sie entschuldigend kehrt, um die andere Tür zu benutzen. Chung-Nam warf ihr einen Blick zu. Sie erinnerte ihn irgendwie an diese Schülerin, Au Irgendwie.

Survival of the fittest, dachte er.

Sein Gehirn war noch immer geflutet mit Dopamin von der Begegnung mit Szeto Wai, und er fühlte sich euphorisch. Chung-Nam ahnte nicht, dass ihn, während er mit Szeto sprach, ein Augenpaar aus der Ecke des Foyers die ganze Zeit beobachtet hatte.

2

Montagvormittag um 11:20 Uhr stand Nga-Yee am Tor der Enoch Secondary School in Yau Ma Tei und wartete auf N.

Sie hätte eigentlich arbeiten müssen und hatte ihren Vorgesetzten um einen Diensttausch gebeten. Er war von der Unzuverlässigkeit, die sie in letzter Zeit an den Tag legte, wenig begeistert, andererseits waren ihre Leistungen bis jetzt immer tadellos gewesen, außerdem kannte er die jüngste Folge von Familientragödien in ihrem Leben. Er mied ihren Blick und meinte, sie solle bitte so schnell wie möglich ihre Dinge geregelt bekommen. Nga-Yee war klar, dass sie ihren Kollegen nicht auf Dauer ihre Schichten aufhalsen konnte, aber im Augenblick hatte sie nur eines im Sinn: Siu-Mans Mörder zu finden.

Sie hatte am Wochenende viel Zeit damit verbracht, die Webseiten auf der Liste zu durchforsten, die sie von N bekommen hatte, aber bis auf die beiden Schülerinnen, die sie auf der Trauerfeier gesehen hatte, Lily Shu und Violet To, sagte keiner der achtzehn Verdächtigen ihr irgendwas. Sie hatte sich sogar wie eine echte Stalkerin durch deren uralte Facebook- und Instagram-Posts gewühlt, hatte jedoch, genau wie N es vorhergesehen hatte, keinen einzigen Hinweis gefunden.

Fest entschlossen, nicht aufzugeben, war sie sämtliche Namen auf der Liste durchgegangen. Zum Beispiel Chiu Kwok-Tai, der Lily zur Trauerfeier begleitet hatte. Vielleicht irrte N sich, und kidkit727 war doch kein iPhone-Nutzer. Viele Webadressen bestanden aus einer unmöglichen Kombination von Zahlen und Buchstaben, immer wieder verwechselte sie das kleine l mit dem großen I oder die Null mit dem O und musste manche Adressen zwei- oder dreimal eintippen, ehe sie Erfolg hatte. Doch selbst das konnte ihre Entschlossenheit nicht mindern.

Leider kam sie mit Entschlossenheit allein im Augenblick nicht weiter.

Sie hatte den ganzen Samstag vor dem Bildschirm verbracht. Sonntagvormittag musste sie arbeiten, doch sobald ihre Schicht beendet war, klebte sie wieder vor dem Monitor. Trotzdem war sie nach dem Besuch von über hundert Webseiten immer noch nicht klüger. Ihre Schwester war auf keiner einzigen Social-Media-Seite ihrer Klassenkameraden aufgetaucht. Wenn, dann höchstens in seltsamen Nachrichten, die *vielleicht* ein Nachruf auf sie waren. Auf der Facebook-Seite von Chiu Kwok-Tai las sie:

> Kenny Chiu
> Donnerstag, 21. Mai 2015 um 22:31
>
> Auf Wiedersehen. Ich habe nie an ein Leben nach dem Tod geglaubt, aber jetzt bete ich, dass es eins gibt. Ich hoffe, dir geht es gut, dort, wo du jetzt bist. Leb wohl.

Vielleicht war es so, wie N gesagt hatte, und die Schule hatte die Schülerinnen und Schüler angewiesen, alles, was mit Siu-Man zu tun hatte, zu löschen. Für Nga-Yee war schwer vorstellbar, dass vierzehn- bis fünfzehnjährige Teenager ihren Lehrern so klaglos gehorchten, außerdem gehörten sie einer Generation an, die im Netz zu Hause war – der eine oder andere musste doch etwas übersehen oder mit Absicht nicht gelöscht haben! Ihr erschien es wahrscheinlicher, dass Siu-Man hier nie präsent gewesen war. Die Worte von kidkit727 hallten wie ein dämonischer Fluch in ihren Ohren: *Deshalb hat sie auch überhaupt keine Freunde.*

Hinter einigen der über hundert Adressen, die N ihr gegeben hatte, steckten keine Social-Media-Seiten, sondern Chatrooms. Jedes Mal, wenn die Popcorn-Seite auf ihrem Bildschirm erschien, wurde ihr das Herz schwer, weil hinter der Adresse wieder eine Antwort auf den Ursprungs-Post steckte, und die hatte sie vor zwei Monaten alle schon gelesen. Sich jetzt wieder mit diesen Gemeinheiten auseinandersetzen zu müssen, tat weh.

Als sie wieder einen vermeintlich normalen Popcorn-Link eintippte, stockte ihr der Atem.

Auf dem Bildschirm erschien das Foto einer halb nackten jungen Frau.

Im Gegensatz zu den anderen Kommentaren befand sich das Foto im Erwachsenenbereich von Popcorn – hier trafen sich Leute, um sich über eindeutige Themen auszutauschen und sich mit Volljährigen zu »befreunden«. Die Regularien schrieben vor, dass auf Fotos keinerlei pornografische Details oder Genitalien gezeigt werden und keine Minderjährigen zu sehen sein durften, aber während sich Ersteres leicht durchsetzen ließ, konnte schlussendlich nur derjenige, der ein Bild postete, wissen, ob die dargestellte Person unter achtzehn war oder nicht.

Der Titel des Threads lautete: »Jung und zart: Schülerin und ihr Sugardaddy«. Der Anhang bestand aus insgesamt fünf Bildern. Sie zeigten eine junge Frau, die nackt bis auf ein weißes Höschen neben einem Bett kniete. Ihre Brüste waren entblößt, das Gesicht über dem Kinn abgeschnitten. Die ersten drei Bilder zeigten sie in verschiedenen Posen, die alle darauf ausgerichtet waren, ihren Busen zu präsentieren. Das vierte Foto war von hinten aufgenommen, das Höschen war bis auf die Oberschenkel heruntergezogen und entblößte ihren glatten Po; das fünfte Foto war das widerlichste: Ein korpulenter Mann, den Kopf ganz nah an ihrer Brust, hatte die Zunge herausgestreckt, wie um ihren Nippel zu lecken. Bis auf Mund und Zunge war sein Gesicht verpixelt. Der Blickwinkel legte nahe, dass er einen Arm um sie gelegt und mit der freien Hand ein Selfie geschossen hatte. Er hatte kein Oberteil an, und obwohl man ihn nur von der Hüfte aufwärts sah, war er wahrscheinlich nackt.

Nga-Yee wurde schwarz vor Augen – der Gedanke, dass ihre Schwester solche Dinge getan hatte, war unerträglich. In ihr tobte eine Mischung aus Trauer, Wut und Ekel. Irgendwann hatte sie sich wieder genug beruhigt, um einen zweiten Blick auf die Fotos zu werfen. Ihr wurde klar, dass sie sich komplett geirrt hatte: Siu-Man war kleiner gewesen als das Mädchen auf den Fotos, sie hatte kleinere Brüste gehabt, und auch die Frisur stimmte nicht. Vor allem aber: Nga-Yee hatte ihre Schwester jeden Tag gewaschen, als sie noch klein war, und kannte jedes Muttermal und jede Sommersprosse auf ihrem Körper. Auch die Leberflecke dieser Frau waren ihr fremd.

Nga-Yee atmete zittrig auf und fing an, sich zu fragen, was dieser Link auf Ns Liste zu suchen hatte. Es war die einzige Adresse, die auf den Erwachsenenbereich von Popcorn führte. Vielleicht war das Mädchen eine Klassenkameradin von Siu-Man, und die Fotos hatten etwas mit einer Fehde zwischen ihnen zu tun. Doch dann entdeckte sie auf dem dritten Bild im Hintergrund eine dunkle Schuluniform auf dem Bett. Die Uniform der Enoch Secondary war weiß.

Vielleicht wollte dieses Arschloch mir einfach einen Streich spielen, dachte sie, nachdem sie eine halbe Stunde damit verschwendet hatte, die widerlichen Bilder anzustarren. Dann kam ihr eine weitere Möglichkeit in den Sinn: N war klar gewesen, dass sie sämtliche Links auf der Liste durchgehen würde, und hatte eine peinliche Adresse daruntergeschmuggelt, um ihr eins auszuwischen. Wenn sie sich bei ihm beschwerte, würde er wahrscheinlich antworten, das sei der Beweis dafür, dass sie sich von vornherein hätte heraushalten und die Arbeit dem Profi überlassen sollen. In dem Fall würde sie ihm nur in die Hände spielen, wenn sie sich weiter mit diesen Bildern und dem Rest der hundert Links rumquälte. Sie verließ die virtuelle Welt, die sie die letzten zwei Tage mit Haut und Haaren verschluckt hatte, fuhr den Computer herunter und stellte fest, dass es bereits zehn Uhr am Sonntagabend war.

In dieser Nacht träumte Nga-Yee wieder von ihrer Schwester. Ein Traum, aus dem sie voller Schrecken hochfuhr. Ein kugelrunder Mann mit gepixeltem Gesicht befingerte Siu-Man in einem Nachtclub, umringt von einer Gruppe Männer mit verhüllten Gesichtern, die dabei zusahen und mit ihren Handys fotografierten und filmten. Siu-Man hatte ein charmantes Lächeln aufgesetzt und ließ den Mann tun, was er wollte, während sie ihre Kleidung abstreifte. Sie genoss es offensichtlich, seine Hände überall auf ihrem Körper zu spüren. Als der Mann sich auf ihre kleine Schwester legte und anfing, sich an ihr zu reiben, schrie Nga-Yee laut auf. Siu-Man lang splitternackt auf dem Sofa und sah sie abfällig an, als wollte sie sagen: »Was geht dich das an?«

Noch am nächsten Morgen hafteten Bruchstücke des Albtraums an ihr. Nga-Yee zwang sich, die Bilder abzuschütteln, riss sich zusammen und machte sich auf den Weg zur Schule.

Das Schicksal schien es heute besonders auf sie abgesehen zu haben. Auf dem Weg nach draußen fand sie in ihrem Briefkasten einen niederschmetternden Brief.

Die Wohnungsbehörde hatte ihr den Umzugsbescheid geschickt. Ihr war eine neue Wohnung zugewiesen worden, und sie wurde aufgefordert, sich vor dem 7. Juli bei der Verwaltung zu melden, um die Formulare auszufüllen. Sie würde künftig im Tin Yuet Estate in Tin Shui Wai in den New Territories wohnen. Nga-Yee beschloss, den Umzug vorerst zu ignorieren. Schließlich hatte sie das Recht, zwei Wohnungsangebote abzulehnen – auch wenn es keine Garantie dafür gab, dass die nächste Wohnung nicht noch weiter draußen liegen würde.

Der Himmel war grau und wolkenverhangen und passte zu ihrer Stimmung. Obwohl es nach Regen aussah, fiel kein einziger Tropfen. Jetzt stand sie vor dem Schultor und sah, in der Hoffnung, N zu entdecken, die Straße hinauf und hinunter. Doch bis auf eine alte Frau, die aussah wie eine Müllsammlerin, einen Mann im Anzug, der wartend am Straßenrand stand, und zwei ältere Herren, wahrscheinlich Rentner, die ins Gespräch vertieft spazieren gingen, war niemand zu sehen. Direkt auf der anderen Straßenseite befand sich das Cityview International Hotel, aber für den Check-out war es noch zu früh, und es stand nur ein leerer Reisebus vor der Tür und wartete auf die lärmenden Festlandtouristen.

Als Nga-Yee auf die Uhr sah, waren zehn Minuten vergangen, und es war genau halb zwölf. Als sie N im Geiste für seine Unpünktlichkeit verfluchte, kam ihr ein Gedanke: Was, wenn er Miss Yuen angerufen und den Termin verschoben hatte, ohne ihr Bescheid zu geben? Sie holte ihr Telefon aus der Tasche und wählte seine Nummer.

Zu ihrer Linken erklang ein Klingelton. Sie wandte sich zu dem Geräusch um und sah N gemächlich auf sich zukommen, den Blick auf das altmodische Tastentelefon gesenkt, mit dem er Miss Yuen angerufen hatte.

»Ungeduldige Menschen bringen es zu gar nichts«, sagte er und drückte ihren Anruf weg. Typisch, dass die ersten Worte aus seinem Mund anstatt einer Entschuldigung für die Verspätung eine Beleidigung waren.

»Sie hätten sich ruhig was Ordentliches anziehen können«, sagte Nga-Yee. Sie hatte keine Zeit für seine unhöfliche Art, sein Aufzug machte ihr mehr Sorge. Er trug wie immer eine Cargohose und dazu eine rote Kapuzenjacke. Trotz des zugezogenen Reißverschlusses war Nga-Yee sich sicher, dass er darunter das übliche zerknitterte T-Shirt trug.

»Ich habe Schuhe an!«, protestierte er und hob einen Fuß, um zu zeigen, dass er Turnschuhe statt der üblichen Flip-Flops trug. »Das ist absolut coole Streetwear. Sie haben bloß keinen Blick für so was.«

»Sie haben Miss Yuen erzählt, Sie wären ein guter Freund der Familie. Ich will nicht, dass sie glaubt, ich würde mich mit schlecht gekleideten Männern abgeben.«

»Wo liegt das Problem?« N feixte. »Die sehen Sie sowieso nie wieder. Oder wollen Sie beste Freundinnen werden? Wen interessiert, was Miss Yuen von Ihrem Männergeschmack hält?«

Darauf hatte Nga-Yee keine Antwort.

»Heutzutage wimmelt es vor Idioten, die sich nur dafür interessieren, wie sie von anderen gesehen werden. Sie glauben, die Welt würde sich nur um sie drehen. Sie sollten aufhören, Romane zu lesen. Lesen Sie lieber *Kümmert Sie, was andere Leute denken?* von Richard Feynman oder Yoshihiro Koizumis *Das selbstsüchtige Schwein.*« N grinste höhnisch. »Vergessen Sie nicht, unser Ziel lautet, Leute aufzuspüren, die sich im Internet versteckt haben. Ist Ihnen auch dann noch wichtig, was Miss Yuen über uns denkt, falls sich herausstellt, dass sie kidkit727 ist?«

Nga-Yee antwortete nicht.

»Und jetzt los.« N hatte sich bereits in Bewegung gesetzt. »Wenn Sie nicht mit mir Schritt halten können, ermittle ich allein weiter. Ach, und nicht vergessen: Ich heiße heute Ong.«

Sie betraten die Schule und meldeten sich am Empfang. Der Pförtner reichte ihnen zwei Besucherausweise und führte sie zu einem Klassenzimmer im dritten Stock des Hauptgebäudes. Miss Yuen erwartete sie bereits. Sobald Nga-Yee den Raum betrat, stand die Lehrerin auf und kam ihr entgegen, um sie zu begrüßen.

»Überlassen Sie das Reden mir«, zischte N aus dem Mundwinkel. Nga-Yee konnte ihm schlecht widersprechen, weil Miss Yuen sie gehört hätte.

»Hallo, Miss Au! Wie geht es Ihnen?«, fragte die Lehrerin. »Und Sie müssen Mr Ong sein.«

»Hallo!« Wie auf Knopfdruck hatte N ein freundliches Gesicht aufgesetzt und schüttelte Miss Yuen bereits herzlich die Hand. »Vielen Dank für alles, was Sie für unsere liebe Siu-Man getan haben.«

Nga-Yee war schockiert, doch es gelang ihr, sich nichts anmerken zu lassen. »Unsere liebe Siu-Man«, hatte er gesagt, als würde er zur Familie gehören. Die Geschwindigkeit, mit der N in der Lage war, die Rollen zu wechseln, erstaunte sie auch diesmal. Will der mich ärgern?, dachte sie. Nur weil sie vorhin klargestellt hatte, dass sie von Miss Yuen auf keinen Fall für seine Freundin gehalten werden wollte, machte er jetzt mit Absicht einen auf Siu-Mans künftigen Schwager.

»Ja, Siu-Man war ein liebes Mädchen ...« Miss Yuen verstummte, als wäre es ihr unangenehm, das traurige Thema anzusprechen. »Aber wollen wir uns doch bitte setzen. Kommen Sie mit mir.«

Sie führte sie in ein kleines Besprechungszimmer mit einem rechteckigen Tisch, um den acht Stühle platziert waren. In der Ecke stand ein Getränkespender, und sie schenkte ihren Gästen zwei Tassen Tee ein.

»Dies sind die Bücher aus Siu-Mans Spind«, sagte sie und

legte eine weiße Plastiktüte sowie ein kleines Notizbuch auf den Tisch. In der Tüte schienen etwa sechs bis sieben Bücher zu sein.

»Danke«, sagte N und griff nach der Tüte.

»Und in diesem Büchlein haben ihre Klassenkameraden ihre Beileidsbekundungen verfasst. Sie hat uns so plötzlich verlassen. Es war schwer für die Klasse, das zu verarbeiten. Wir haben die Schülerinnen und Schüler gebeten, hier ihre Gedanken festzuhalten, weil wir uns erhofften, dass sie dadurch etwas Trost finden würden.«

Nga-Yee blätterte in dem Ringbuch und las auf so gut wie jedem Blatt dieselben Sätze: »Ich werde dich immer vermissen«, »Ruhe in Frieden«, »Mein Beileid« und so weiter. Die meisten Seiten waren nicht unterschrieben, und Nga-Yee fragte sich, ob es für die Schüler einfach nur eine weitere Hausaufgabe gewesen war, etwas, das man möglichst schnell hinter sich brachte, ohne je wieder einen Gedanken daran zu verschwenden. Auf den etwa zwanzig Seiten waren nur ein paar längere Einträge zu finden. Einer davon stach ihr besonders ins Auge:

»Siu-Man, es tut mir so leid. Bitte vergib mir meine Feigheit. Seit du gegangen bist, frage ich mich ständig, ob es unsere Schuld war. Es tut mir so furchtbar leid. Mögest du in Frieden ruhen. Ich hoffe, deine Familie kommt über die Trauer hinweg.«

Keine Unterschrift. Nga-Yee fragte sich, ob kidkit727 der Verfasser war. War es möglich, dass der Täter sich wegen Siu-Mans Selbstmord schuldig fühlte? Aber was war mit »Feigheit« gemeint? An den Mails von kidkit727 hatte nichts feige geklungen.

Während Nga-Yee noch durch das Ringbuch blätterte, sagte N: »Vielen Dank, Miss Yuen. Es tut uns leid, dass wir erst jetzt gekommen sind.«

»Kein Problem.« Sie nickte lächelnd. »Ich hatte mir schon gedacht, dass Sie etwas Zeit brauchen würden.«

»Vielen Dank für Ihr Verständnis.« N deutete eine Verbeugung an. »Ich hoffe, Sie hatten nicht allzu große Schwierigkeiten. Es ist sicher nicht einfach für eine Schule, mit so etwas umzugehen.«

»Wir folgen den Vorgaben des Bildungsministeriums, wir haben alles im Griff.« Miss Yuen warf Nga-Yee einen Seitenblick zu. »Wir hatten bereits nach dem Vorfall in der U-Bahn eine unruhige Zeit an der Schule. Als im April dann dieser verleumderische Hass-Post erschien, haben wir einen Sonderausschuss eingesetzt, der sich damit befasst hat. Ein paar Eltern haben sich bei uns über unsere Handhabung der Situation beschwert, aber die wissen nicht, wie hinter den Kulissen gearbeitet wird. Inzwischen haben die meisten Schülerinnen und Schüler sich wieder beruhigt. Von Unruhe ist kaum noch etwas zu spüren.«

»Dieser Popcorn-Post muss für einigen Aufruhr gesorgt haben«, sagte N. »Bitte verzeihen Sie die Frage – aber wurden eigentlich schulintern Erkundungen angestellt, um herauszufinden, ob jemand aus der Schülerschaft für die falschen Anschuldigungen verantwortlich war? Die Schule war schließlich ebenfalls betroffen.«

Nga-Yee erschrak, weil N ohne Umschweife auf den Punkt kam, aber natürlich interessierte sie auch, was Miss Yuen dazu zu sagen hatte.

Die Lehrerin wirkte betroffen. »Sie haben recht, Mr Ong. Der Post hat an der Schule tatsächlich einigen Schaden angerichtet. Doch für uns als Erzieher gilt unser Hauptinteresse der Zukunft unserer Schülerinnen und Schüler, und wir müssen zuallererst an sie denken. Wir konnten nicht riskieren, noch mehr Ängste und Aufruhr zu schüren. Nach Siu-Mans Tod haben wir ebenso viel Energie darauf verwandt, ihnen den richtigen Umgang mit ihrer Trauer zu ermöglichen, wie darauf, ihr Selbstvertrauen und ein Gefühl der Sicherheit zurückzugewinnen.«

»Das stelle ich mir nicht einfach vor. Ich bin mir sicher, dass die Schule in solchen Fällen über gute Strategien verfügt, aber es ist trotzdem nicht leicht, auf derartige Unwägbarkeiten vorbereitet zu sein, und Unvorhergesehenes geschieht schließlich immer.« N nickte mitfühlend. »Wenn ich mich recht entsinne, unterrichten Sie Chinesisch?«

»Ja.«

»Ich würde gerne wissen, womit Siu-Man sich in ihrer Seminararbeit beschäftigt hat. Natürlich gehe ich nicht davon aus, dort unmittelbar Gründe für das zu finden, was sie getan hat, aber es könnte trotzdem hilfreich für uns sein, wenn wir wüssten, was ihr durch den Kopf ging, ob sie sich mit Gedanken quälte, von denen wir nichts wussten.«

»Ich fürchte, ich erinnere mich nicht an Einzelheiten …« Miss Yuen hielt inne. »Wenn Sie einen Moment warten, gehe ich nachsehen. Wir behalten die Aufsätze unserer Schülerinnen und Schüler und veröffentlichen die besten davon in der Schulzeitung. Die übrigen werden am Schuljahresende zurückgegeben. Sie können mit Siu-Mans Text sicher viel mehr anfangen.«

»Das wäre wunderbar.«

Miss Yuen verließ das Zimmer. Sobald Nga-Yee sicher war, dass sie allein waren, wandte sie sich an N, um ihn zu fragen, was er mit Siu-Mans Aufsatz wollte. Doch er schnitt ihr das Wort ab. »Wir sprechen später.« Also saß sie schweigend da und musterte ihre Umgebung. Als ihr Blick auf das Schulwappen an der Wand fiel, wurde ihr plötzlich bewusst, dass ihre Schwester fast jeden Werktag der letzten drei Jahre an diesem Ort verbracht hatte. Hier war ihr Lebensmittelpunkt gewesen. Durch das Fenster sah Nga-Yee einen Flur im anderen Flügel des L-förmigen Gebäudes. Ein Mädchen ging mit federnden Schritten vorbei, in ihrer kurzärmeligen Schuluniform, die Bücher an die Brust gepresst, und unterhielt sich mit ihrer Begleiterin. Nga-Yee stellte sich vor, wie Siu-Mans Schatten hinter den beiden Mädchen herschwebte.

Doch Siu-Man war nicht mehr da.

Ihre Nase begann schmerzhaft zu jucken, und plötzlich musste sie die Tränen zurückhalten. Sie riss sich zusammen und konzentrierte sich auf ihr Ziel: den Mörder ihrer kleinen Schwester zu finden. Nga-Yee schwor sich, keine einzige Träne mehr zu weinen, bis der Täter zur Rechenschaft gezogen worden war.

Sie warf N einen Blick zu. Kerzengerade und beherrscht saß er da, spielte seine Rolle als trauerndes Familienmitglied perfekt. Plötzlich fiel ihr auf, dass er eigentlich tatsächlich gar nicht so schlecht angezogen war. Sowohl die Hose als auch die Kapuzenjacke waren ganz normale Kleidungsstücke und wirkten auch nicht übermäßig lässig. Außerdem half, dass er frisch rasiert war. Jetzt, wo Nga-Yee näher darüber nachdachte, wurde ihr klar, dass er eigentlich nur bei ihrer ersten Begegnung ausgesehen hatte wie ein obdachloser Stadtstreicher. Seitdem hatte sie nie wieder Bartstoppeln auf seinen Wangen gesehen. Vielleicht hatte sein Outfit Miss Yuen dazu bewegt, ihm zu vertrauen. Hätte ein Mann im Anzug ihr derart viele Fragen gestellt, hätte das womöglich ihr Misstrauen geweckt. So, wie er jetzt dasaß, wäre man nie auf die Idee gekommen, dass er Detektiv war.

Vielleicht fällt das auch unter Social Engineering, dachte Nga-Yee.

Bald darauf kam Miss Yuen mit einem Stapel eselsohriger Blätter zurück. »Das sind Siu-Mans Hausarbeiten aus diesem Schuljahr, insgesamt zehn Seiten.« Sie legte ihnen die Arbeiten hin. Beim Anblick der vertrauten Handschrift überkam Nga-Yee eine Woge der Traurigkeit, doch sie ließ sich nicht davon ablenken und griff nach dem Stapel, um ihn durchzusehen. Es waren die üblichen Themen: »Meine Pläne fürs Jahr«; »Mein Traumberuf«; »Beobachtungen aus dem Teehaus« und so weiter. Auch ein paar komplexere Themen waren dabei, zum Beispiel: »Eine Armee kann ihren Anführer austauschen, aber ein Mensch nicht seine Ideale. *Die Analekten.* – Erörterung«.

»Siu-Mans Noten waren nicht allzu gut«, sagte N mit einem Blick auf den Stapel. Ihre Handschrift war in Ordnung, aber jeder Aufsatz war mit »befriedigend« bis »ausreichend« benotet worden.

»Sie war Durchschnitt – nicht allzu gut und nicht allzu schlecht«, sagte Miss Yuen lächelnd. »In diesem Alter sind die wenigsten Schülerinnen und Schüler in der Lage, gute Texte zu schreiben. Die Naturwissenschaften lagen Siu-Man mehr, und niemand beherrscht alles.«

Miss Yuen war sehr diplomatisch, aber die Bewertungen sprachen eine andere Sprache: »Gut formuliert, aber Du hast kaum etwas ausgesagt und bist nicht gründlich genug auf das Thema eingegangen.« »Deine Argumentation ist unklar. Bitte schreibe künftig mit mehr Sorgfalt.« Der Aufsatz »Mein Traumberuf« war am schlechtesten benotet worden, und Miss Yuens Bemerkung lautete: »Du drehst Dich im Kreis. Sag, was Du denkst.«

»Siu-Man hatte kein besonderes Talent dafür, eigene Texte zu verfassen«, sagte Miss Yuen, als sie merkte, dass Nga-Yee sich die Aufsätze detailliert ansah. »Ihr Wortschatz war in Ordnung, aber es mangelte ihr an Substanz. Wahrscheinlich hatte sie noch nicht genug Lebenserfahrung. Wenn sie doch nur – oh, nein, es tut mir leid, das hätte ich nicht sagen sollen.«

»Schon gut. Vielen Dank, dass Sie uns ihre Aufsätze überlassen, Miss Yuen.« Nga-Yee hatte das Gefühl, zwischen den Seiten einer völlig unbekannten Version ihrer Schwester zu begegnen. Vielleicht half ihr das bei ihrer Trauer. Plötzlich wurde ihr klar, dass Siu-Man sie nach dem Wechsel auf die weiterführende Schule nie wieder darum gebeten hatte, ihr bei den Hausaufgaben zu helfen. Aus dem Grund hatte sie auch keinerlei Einblick mehr in ihre schulischen Leistungen gehabt.

»Wie war Siu-Mans Betragen im Unterricht?«, fragte N.

»Im ersten Schuljahr war sie noch etwas verspielt – ich hatte sie damals in Chinesisch –, aber allmählich lernte sie, sich zu benehmen.« Miss Yuen wandte sich an Nga-Yee. »Im zweiten Halbjahr der zweiten Klasse wurde sie ziemlich introvertiert, vermutlich … vermutlich wegen der Krankheit Ihrer Mutter.«

Nga-Yee wurde das Herz schwer.

»Hatte sie Freundinnen unter ihren Klassenkameradinnen?« N spielte immer noch die Rolle des besorgten Freunds der Familie. »Sie hat ein oder zwei Namen erwähnt, aber ich kann mich nicht mehr erinnern …«

»Es gab eine Zeit, als sie viel mit Lily und Kwok-Tai zusammensteckte, aber ich glaube, das ist dann später etwas auseinandergegangen.«

»Lily Shu und Chiu Kwok-Tai? Jetzt, wo Sie es sagen, fällt es mir wieder ein. Sie waren mal zu Besuch, aber ich bin ihnen nie persönlich begegnet.«

Es kostete Nga-Yee alle Mühe, bei Ns aalglatten Lügen ruhig sitzen zu bleiben, aber sie sagte sich, dass er aus gutem Grund fragte.

»Ja, genau. Ich weiß nicht, was damals passiert ist, wahrscheinlich irgendwelche Dreiecksgeschichten und Eifersüchteleien. Die Kinder werden heutzutage so schnell erwachsen.« Miss Yuen seufzte.

»Eine Dreiecksgeschichte?«

Das Wort traf Nga-Yee wie Nadelstiche ins Herz. In ihren Augen war ihre Schwester immer ein kleines Mädchen gewesen, noch meilenweit davon entfernt, mit einem Jungen zu gehen, aber woher sollte sie wissen, ob ihre Einschätzung stimmte? Sie war sich immer weniger sicher, dass sie ihre Schwester tatsächlich gekannt hatte. Sie musste an das Foto denken, das kidkit727 geschickt hatte, und an den Vorwurf aus dem Post, Siu-Man hätte einem anderen Mädchen den Freund ausgespannt.

»Gab es außer den beiden noch jemanden? Weitere Schulfreunde?«, fragte N.

»Hmm, nicht dass ich wüsste. Ich hatte eigentlich den Eindruck, dass sie gut mit anderen zurechtkommt. Falls Sie wissen wollen, ob sie in der Schule gemobbt wurde, würde ich sagen, nein, mit Sicherheit nicht.«

»Nein, nein, nichts so Gravierendes. Das wollte ich damit natürlich nicht sagen.«

»Nach dem Vorfall in der U-Bahn vergangenes Jahr gingen in der Klasse einige Gerüchte um. Vor allem die Jungs kamen mit allen möglichen Übertreibungen daher. Daraufhin schickte die Schule sie alle zur Beratung bei unserem Schulpsychologen, und den Kindern wurde klar, dass sie mit ihrem Verhalten das Opfer ein zweites Mal verletzten. Danach hörte es auf. Als dieser Post erschien, konnte ich bei meinen Schülerinnen und Schülern keinerlei ungewöhnliche Reaktionen mehr feststellen, vielleicht, weil wir sie zu dem Zeitpunkt bereits zur Beratung geschickt hatten.«

»Wäre es möglich, mit einigen ihrer Klassenkameraden zu sprechen, Miss Yuen? Nur ganz kurz. Lily und Kwok-Tai sind zu Siu-Mans Trauerfeier erschienen, und wir würden uns gerne bei ihnen bedanken.«

»Hm …« Miss Yuen zögerte einen Moment. »Ja, gut«, sagte sie dann. »Die Prüfungen sind vorüber, und sie verbringen den Vormittag mit dem Durcharbeiten der Ergebnisse. Am Nachmittag sind freies Lernen und Wahlkurse angesetzt. Gleich ist Mittagspause. Ich bringe Sie zum Klassenzimmer.«

»Danke sehr«, sagte N und drückte Nga-Yee die schwere Tüte mit den Büchern in die Hand. Offensichtlich war die Schlepperei ihre Aufgabe, während er die Aufsätze und das Ringbuch an sich nahm.

Miss Yuen führte sie aus dem Besprechungsraum, doch sobald sie den Gang erreicht hatten, nahm N die Lehrerin beiseite und unterhielt sich flüsternd mit ihr. Nga-Yee blieb unschlüssig daneben stehen. Schließlich nickte Miss Yuen und sagte, sie hätte noch etwas im Lehrerzimmer zu erledigen.

»Was sollte das denn schon wieder?«, fragte Nga-Yee, sobald sie allein waren.

»Ich habe sie abgewimmelt. Ich wollte nicht, dass sie uns in die Quere kommt.«

»Was haben Sie ihr gesagt?«

»Ich habe gesagt, Sie sind krank.«

»Was?«

»Ich habe ihr gesagt, Sie litten nach dem Tod Ihrer Schwester an chronischen Schlafstörungen, und der Arzt meinte, ein Gespräch mit Siu-Mans Freunden könnte helfen, Ihre psychischen Blockaden zu überwinden.« N war wieder zu seinem gelangweilten Tonfall zurückgekehrt. »Ich sagte, wenn sie mit dabei ist, wären die Kids vielleicht gehemmt, und das wäre wenig hilfreich für Ihre Genesung. Also hat sie mir gesagt, wo das Klassenzimmer ist. Sobald es geläutet hat, können wir rein.«

Nga-Yee schluckte ihren Ärger herunter. Sie war nicht krank!

Wieder blieb ihr nichts anderes übrig, als ihm zu vertrauen und zu hoffen, dass er für all das gute Gründe hatte. »Miss Yuen ist nett«, sagte sie stattdessen.

»Nett? Am Arsch!« Er warf einen Blick zur Tür des Lehrerzimmers zurück.

»Wie bitte?«

»Nicht hier.« Er schob Nga-Yee in Richtung der Treppe am Ende des Flurs.

Sie gingen die Treppe hinunter und überquerten den leeren Schulhof. N blätterte in dem Ringbuch und sagte beim Lesen: »Was für eine blöde Kuh, diese Lehrerin. Schlimm!«

»Wovon reden Sie?« Nga-Yee stand völlig auf dem Schlauch. Miss Yuen hatte all ihre Fragen bereitwillig und geduldig beantwortet, ihnen darüber hinaus Siu-Mans Aufsätze ausgehändigt und auch noch die Erlaubnis gegeben, mit der Klasse zu reden.

»Ich spreche von dieser Kreatur, die es nicht verdient hat, eine Lehrerin genannt zu werden. ›Handlangerin des Rektorats‹ wäre vielleicht der bessere Begriff.« Ns Tonfall war gehässig.

»Was hat sie Ihnen denn getan?« Miss Yuen hatte auf Nga-Yee einen guten Eindruck gemacht, und sie hatte das Gefühl, die Lehrerin gegen Ns Schmährede verteidigen zu müssen.

»Sie sind so leicht zu blenden! Jemand sagt etwas Nettes, und schon glauben Sie, das sei ein netter Mensch«, spottete N. »Miss Yuen tut freundlich, dabei denkt sie nur an sich. Sobald es ein bisschen heikel wurde, hat sie sich, so schnell sie konnte, aus der Affäre gezogen und behauptet, die Schule würde nach irgendeiner Scheißvorgabe handeln. Das ist alles nur Blabla, nachgeplapperte Worthülsen aus irgendwelchen Direktiven des Bildungsministeriums. Wahrscheinlich hat sie die Unterlagen auswendig gelernt und den Eltern dieselbe Geschichte vorgebetet. Genau wie dieses Ringbuch hier. Zwei oder drei Schüler haben wirklich etwas Persönliches geschrieben, der Rest ist sentimentale Poesiealbumkacke. Warum die Schüler dazu zwingen, wenn ihnen nicht danach ist? Aber das war Miss Yuen natürlich ganz egal, sie ist einfach dem ›Standardprozedere‹ gefolgt wie ein dämlicher Roboter. Wissen Sie, was sie als Erstes sagte, als ich fragte, ob wir allein zu den Schülern gehen könnten? ›Das ist gegen die Regeln.‹ Mein Grund für diese Bitte interessierte sie gar nicht, und auch nicht, ob es den Schülern eventuell schaden könnte. Ihr geht es weder um sie noch um ihre Gefühle, sondern nur darum, ob die Eltern sich beschweren könnten.«

»Aber … aber Miss Yuen kam sogar auf die Trauerfeier. Weshalb sollte sie das tun, wenn ihre Schüler ihr egal sind?«

»Was hat sie denn auf der Trauerfeier zu Ihnen gesagt?«

»Das weiß ich nicht mehr. Wahrscheinlich hat sie mir ihr Beileid ausgesprochen …«

»Hat sie um Verzeihung gebeten?« N sah ihr direkt in die Augen.

»Ich … ich glaube nicht. Aber sie hat doch nichts falsch gemacht.«

»Ihre Schüler sind alle verschieden, aber hätte ihr als Klassenlehrerin Siu-Mans ungewöhnliches Verhalten nicht trotzdem auffallen müssen? Hätte sie wegen ihrer Nachlässigkeit nicht ein schlechtes Gewissen haben müssen? Auch wenn sie den Suizid Ihrer Schwester vielleicht nicht hätte verhindern können, hätte sie wenigstens sagen müssen, dass es ihr leidtut. Ich spreche ja nicht davon, vor Ihnen zu Kreuze zu kriechen oder ein volles Geständnis abzulegen, aber jeder Mensch, der auch nur einen Funken Empathie im Leib hat, würde zumindest etwas Schuld empfinden, wenn mit einem seiner Schutzbefohlenen so etwas passiert. In den Augen von Miss Yuen ist alles, was schiefgeht, grundsätzlich die Schuld anderer. Sie würde niemals aus dem Herzen sprechen. Sie sieht sich selbst als kleines Rädchen im Getriebe, dessen Aufgabe es ist, jeglichen Ärger abzuwenden, ehe die Chefs davon erfahren. Wir werden erstickt von Leuten wie ihr, Leuten, die Angst davor haben, Wirbel zu machen. Leute wie sie sind der Grund dafür, weshalb dieses Land von innen verrottet.«

N klang wie ein Anarchist, trotzdem konnte Nga-Yee ihm kaum widersprechen.

»Wie dem auch sei, jedenfalls wissen wir jetzt, dass sie nicht kidkit727 sein kann«, sagte N unvermittelt.

»Warum das denn?«

»Sie würde niemals riskieren, sich – oder die Schule – auf diese Weise in Schwierigkeiten zu bringen. Hätte sie sich, aus welchen Gründen auch immer, an Ihrer Schwester rächen wollen, hätte sie nicht zu Beschimpfungen im Internet gegriffen. In ihren Augen sind die Schüler nichts anderes als Rohmaterial in einer Fabrik, das in Form gegossen und als möglichst identische Abgüsse hinten wieder rauskommen soll, jegliche Individualität abgeschliffen und weggebrannt. Von der Laderampe aus werden sie an die große Maschinerie namens Gesellschaft ausgeliefert, als austauschbare und unbedeutende Zahnrädchen wie sie.«

Nga-Yee wusste nicht, was sie davon halten sollte. Ns Standpunkt erschien ihr extrem, andererseits hatte sie die Situation noch nie aus diesem Blickwinkel betrachtet. Seit ihrer Kindheit war sie der Maxime gefolgt, dass man fleißig lernen und hart arbeiten musste, um ein wertvolles Mitglied der Gesellschaft zu sein. Das war immer ihr Ziel gewesen, doch nach dem plötzlichen Tod ihrer Mutter und dann auch noch ihrer Schwester fing Nga-Yee an, sich zu fragen, was es eigentlich für einen Zweck hatte, nützlich zu sein.

»Wieso wollten Sie Siu-Mans Aufsätze sehen?«, fragte sie in dem Versuch, die seltsame Stimmung zu vertreiben.

N ignorierte die Frage und blätterte in dem Kondolenzbuch. »Wissen Sie, selbst wenn das hier alles erfunden ist und kein einziges Wort davon wahr, verraten die Urheber damit trotzdem etwas über ihre Persönlichkeit. Das setzt natürlich voraus, dass man weiß, wonach man suchen muss. Sonst könnte man hundert Jahre hinsehen, ohne die richtigen Details zu erkennen.«

Nga-Yee wusste nicht, ob er sich über sie lustig machte. Sie weigerte sich, auf sein Spiel einzusteigen, und reagierte nicht.

»Gehen wir. Wir sollten vor dem Klassenzimmer warten. Sie können gerne ›Hallo‹ sagen, aber das Reden übernehme ich.« N steckte die Aufsätze als Lesezeichen zwischen die Seiten und schlug das Ringbuch zu.

Er ging voraus in den Ostflügel, die Treppen hinauf und durch diverse Korridore, ohne auch nur einmal zu zögern. Nga-Yee war überrascht, wie gut er sich in dem Gebäude auskannte, und hätte fast gefragt, ob er die Schule kannte. Doch dann wurde ihr klar, dass er sich vermutlich im Vorfeld online den Grundriss angesehen hatte.

Kwok-Tai und Lily besuchten die 3B im vierten Stock. Sobald der Mittagsgong ertönte, strömten die Schülerinnen und Schüler aus dem Klassenzimmer, Nga-Yee und N ernteten zahlreiche neugierige Blicke. Dann kam das Pärchen durch die Tür, auf das sie gewartet hatten. Die beiden erkannten Nga-Yee sofort, erschraken sichtlich und verbeugten sich schon zum Gruß, ehe sie ihre Namen rufen konnte.

»Chiu Kwok-Tai und Lily Shu, richtig? Ich bin …«

»Sie sind Siu-Mans große Schwester«, fiel Kwok-Tai ihr ins Wort.

»Ja, und das hier ist mein Freund Mr Ong.«

»Wir sind hergekommen, um Siu-Mans Bücher abzuholen«, sagte N. »Und da dachten wir uns, wenn wir schon mal hier sind, könnten wir doch auch gleich mit ihren Freunden sprechen. Wir haben Miss Yuen gefragt, wem Siu-Man am nächsten stand, und da erwähnte sie sofort euch beide. Außerdem wart ihr doch auf der Trauerfeier, oder nicht? Vielen Dank dafür.« Kwok-Tai und Lily nickten verblüfft, und Nga-Yee meinte eine kleine Regung auf ihren Gesichtern gesehen zu haben.

»Kein Problem«, sagte Lily. Trotz ihres fast frechen Gesichtsausdrucks war ihre Stimme kaum mehr als ein Flüstern.

»Geht ihr jetzt mittagessen? Dürfen wir euch einladen?« N hatte wieder sein freundliches Gesicht aufgesetzt. »Siu-Man hat uns so plötzlich verlassen, wir würden gern etwas mehr über ihr Leben in der Schule erfahren.«

Lily sah Kwok-Tai zögernd an, und er nickte. »Okay, aber nur in der Cafeteria.«

»Wunderbar. Nga-Yee würde sicher gerne sehen, wo Siu-Man mittags gegessen hat.«

Obwohl Nga-Yee etwas an der Aufrichtigkeit von Ns Worten

zweifelte, wurde sie von einer Woge Emotionen überschwemmt. Zu sitzen, wo ihre Schwester einst saß, das gleiche Mittagessen zu sich zu nehmen – vielleicht half das tatsächlich dabei, das Loch in ihrem Herzen ein winziges bisschen kleiner zu machen.

Die Cafeteria befand sich im Erdgeschoss des Westflügels, direkt neben dem Haupteingang. Normalerweise war es viel voller, aber jetzt, kurz vor Schuljahresende, gönnten sich viele Schülerinnen und Schüler ein Mittagessen außerhalb des Schulgeländes.

Viel Auswahl gab es nicht. Trotz des Namens war die Cafeteria mehr Snackbar als Kantine. Es gab nur Einweggeschirr. Nga-Yee hatte keinen Hunger und entschied sich für ein Sandwich, während N sich das Tagesgericht mit Schweinskotelett bestellte. Die Schüler nahmen beide die Nudelsuppe. Sie setzten sich an einen Ecktisch am Fenster mit Blick auf den Basketballplatz und die Bäume. Dahinter ragte etwa zwanzig Stockwerke hoch das Cityview Hotel an der Waterloo Road auf. Während Kwok-Tai und Lily ihre Nudeln schlürften, wurde Nga-Yees Blick immer wieder magisch von den beiden Handys angezogen, die sie vor sich auf den Tisch gelegt hatten. Weil Mobiltelefone während des Unterrichts ausgeschaltet bleiben mussten, nutzten alle die Mittagspause, um nachzuholen, was sie zwischenzeitlich verpasst hatten. Nga-Yees Sandwich hätte ebenso gut aus Wachs bestehen können; der Anblick von Lilys iPhone hatte ihr auch noch das letzte bisschen Appetit geraubt. In ihrem Kopf hatte nur die Frage Platz, ob dieses unscheinbare Mädchen am Ende die Täterin war.

»Wart ihr gut mit Siu-Man befreundet?«, fragte N wie nebenbei und schnitt ein Stückchen Kotelett ab.

»Na ja, denke schon …«, sagte Kwok-Tai. So abgelenkt Nga-Yee auch war, selbst ihr fiel auf, wie seltsam seine Antwort klang.

»Habt ihr sie nicht damals nach Hause gebracht, als es ihr nicht gut ging?«, unterbrach sie ihn.

Sie hatte eigentlich nur versucht, das Gespräch ein bisschen aufzulockern, um N bei seiner Befragung zu helfen. Doch sobald sie die Frage gestellt hatte, ging mit den beiden Teenagern eine Veränderung vor. Lily und Kwok-Tai wirkten plötzlich wie zwei wilde Tiere, die spürten, dass sich ein Fressfeind näherte. Gleichzeitig bekam Nga-Yee von N unter dem Tisch einen heftigen Tritt gegen das Schienbein verpasst, ohne dass er sich irgendetwas anmerken ließ.

»Siu-Man stand auf One Direction, oder?«, fragte N leichthin, als hätte er gar nicht gemerkt, wie unwohl sich die beiden plötzlich fühlten. Nga-Yee hatte keine Ahnung, was One Direction sein sollte, doch die Worte hatten auf Lily einen geradezu magischen Effekt – sie entspannte sich augenblicklich.

»Ja, die fanden wir alle toll – ich meine, finden wir natürlich immer noch ... ich habe sie zuerst entdeckt; dann habe ich Siu-Man ein paar Lieder vorgespielt, und sie ist auch ein Fan geworden.«

»Dieser Song von denen, *What Makes You Beautiful*, ist echt toll. Der ist sogar an einem so alten Mann wie mir nicht vorbeigegangen.« Nga-Yee zählte zwei und zwei zusammen: One Direction musste eine Band sein.

»Ja, und *One Thing* erst!« Lilys Augen glänzten. Offensichtlich traf sie nicht oft Erwachsene, die ihren Musikgeschmack teilten.

»Manche Leute unterstellen ihnen ja, die Plattenfirma hätte die Chartplatzierung gekauft, aber das halte ich für etwas übertrieben. Schließlich hat es die Band in *X-Factor* auf den dritten Platz geschafft – das geht nicht ohne Talent.« N klang plötzlich wie ein Musikkritiker. »Ganz ehrlich? Ich finde, es ist ein bisschen naiv zu glauben, man könnte sich mit Geld die Aufmerksamkeit der ganzen Welt erkaufen.«

Lily nickte begeistert. Offensichtlich war sie absolut seiner Meinung.

»Wer ist dein Liebling?«, fragte N.

»Liam«, antwortete Lily schüchtern.

»Viele Leute lieben Liam.« N nahm das Kotelett zwischen die Finger und biss hinein. »Ich habe einen englischen Freund, dessen Tochter ist verrückt nach Zayn. Als er die Band verließ, hat sie zwei Tage lang durchgeweint.«

Plötzlich wirkte Lily bedrückt.

»Oh, bitte entschuldige, das tut mir leid. Ich hätte nicht erwähnen sollen, dass Zayn die Band verlassen hat – das ist zu traurig.«

»Nein, nein.« Lily schüttelte den Kopf und bekam rote Augen. »Es ist wegen Siu-Man ... Wir haben uns gegenseitig versprochen, zusammen aufs Konzert zu gehen, falls One Direction jemals nach Hongkong kommen sollten. Aber als das Konzert dann stattfand, redeten wir nicht mehr miteinander ... und jetzt ... ist sie ...«

Kwok-Tai gab ihr ein Taschentuch, und sie tupfte sich die Tränen ab.

»Ich kann mir nicht vorstellen, dass Siu-Man dir deshalb Vorwürfe gemacht hat«, sagte N.

»Aber ich bin ja auch schuld! Alles, was passiert ist, ist meine Schuld!«

Lily fing verzweifelt an zu schluchzen. Was war das denn jetzt? Wurden sie etwa gerade Zeugen eines Geständnisses? Eine Gruppe Mädchen warf ihnen vom Nebentisch verstohlene Blicke zu.

»Ich habe sie umge...«

»Red keinen Blödsinn«, fiel Kwok-Tai ihr ins Wort. »Miss Au, Lily möchte damit sagen, dass Siu-Man niemanden mehr hatte, an den sie sich hätte wenden können, weil sie keine Freundinnen mehr waren. Diesen Vorwurf macht sie sich seitdem jeden Tag.«

Nga-Yee wusste nicht, wie sie darauf reagieren sollte. Sagte Kwok-Tai die Wahrheit? War das der Grund für Lilys Tränen? Oder war das Zerwürfnis tiefer gegangen, als sie zugab, und ihre Selbstvorwürfe hatten in Wirklichkeit damit zu tun, dass sie Siu-Man in den Tod getrieben hatte?

»Spielst du eigentlich in einer Band, Kwok-Tai?«, fragte N plötzlich. Nga-Yee starrte ihn fassungslos an. Wie konnte er ausgerechnet jetzt das Thema wechseln? Wieso versuchte er nicht, mehr über die Freundschaft zwischen Siu-Man und Lily herauszufinden?

»Äh, hm, ja!«, stotterte Kwok-Tai, offensichtlich ebenso verdattert wie sie.

»Mir sind die Schwielen an deiner rechten Hand aufgefallen«, sagte N und machte eine Geste. »Gitarre, richtig?«

»Gitarre und Bass. Ich spiele erst seit ein paar Jahren. Ich bin noch nicht sehr gut.«

»Ich habe früher auch Gitarre gespielt. Aber nicht sehr lange. Ich kann mich an keinen einzigen Griff mehr erinnern«, sagte N.

Nga-Yee erinnerte sich an die E-Gitarre in seiner Wohnung und fragte sich, ob er ausnahmsweise mal die Wahrheit sagte.

»Was haben Sie gespielt? Folk? Rock 'n' Roll?«, fragte Kwok-Tai.

»Nein. Japan-Rock. Als ich in eurem Alter war, waren die Bands aus Tokio in aller Munde: X Japan, Seikima-II, Boøwy.«

»Wir machen auch J-Rock, meine Band und ich! Wir spielen Coversongs von Flumpool und One Ok Rock.«

»Die Namen habe ich online zwar schon mal gelesen, aber das war's dann auch schon. Ich fürchte, ich werde alt.«

In den nächsten zehn Minuten unterhielten sich N und Kwok-Tai über Rockmusik und Bands. Auch Lily machte ab und zu eine Bemerkung, nur Nga-Yee saß schweigend daneben und hörte zu. Sie hatte keine Ahnung, wovon die Rede war, aber N hatte sicher seine Gründe, das Gespräch in diese Richtung zu lenken.

»Eure Generation hat es inzwischen viel leichter als wir«, sagte N, schluckte den letzten Bissen hinunter und wischte sich den Mund ab. »Damals kostete allein ein Effektpedal locker ein paar Hundert Dollar und gern auch ein paar Tausend, wenn man ein gutes wollte. Heute braucht man nur einen Computer, manchen reichen sogar ein Smartphone und ein Adapter. Mit der richtigen Software dazu kriegt man jeden Sound, den man haben will.«

»Meinen Sie einen Adapter wie den iRig? Davon hat mein Gitarrenlehrer vor einer Weile mal gesprochen, aber in der Band sind wir alle Anfänger. Bei uns hat keiner einen Plan von

Software und so.« Kwok-Tai schüttelte den Kopf. »Braucht man dazu nicht außerdem ein MacBook? Die Dinger sind zu teuer. Wenn ich die Kohle hätte, würde ich sie eher in eine Squire oder eine Telecaster investieren.«

»Eine Squire? Nachbauten sind zwar billiger, dafür halten sie nicht so lange. Die Telecaster werden immer noch direkt von Fender hergestellt – die Qualität ist viel besser.«

»Eine Fender ist viel zu teuer! Selbst wenn ich das Geld hätte; meine Eltern würden austicken, wenn sie rausfinden würden, dass ich so viel Kohle für eine Gitarre ausgegeben habe.« Kwok-Tai verzog den Mund zu einem trostlosen Grinsen.

N lächelte ihn mitfühlend an. Er sah aus, als wollte er was sagen, verkniff es sich aber. Plötzlich wirkte er betroffen.

»Ach ja«, sagte er gedehnt. »Wenn Siu-Man noch am Leben wäre, wäre ich heute nicht an eure Schule gekommen und hätte mich nie mit euch über Gitarren unterhalten. Wer weiß? Vielleicht hat Siu-Man uns zusammengeführt, wo auch immer sie jetzt sein mag.«

Auch Lily und Kwok-Tai machten bedrückte Gesichter.

»Was hat Siu-Man mittags eigentlich am liebsten gegessen?«, fragte N.

»Ein Tomaten-Ei-Sandwich, genau wie Miss Au jetzt«, sagte Kwok-Tai.

Nga-Yee gelang es nicht, ihren Schreck zu verbergen. Sie konnte nicht fassen, dass sie zufällig das gleiche Mittagessen gewählt hatte wie ihre Schwester. Ihre Wahl war auf das Sandwich gefallen, weil sie keinen Hunger hatte und weil es das Billigste auf der Karte gewesen war. Ob N recht hatte? Ob Siu-Man all dies aus dem Jenseits arrangiert hatte?

»Das ist aber nicht sehr viel. Reichte ihr das?«, hakte N nach.

»Glaub schon. Wir sind nach der Schule manchmal noch Tee trinken gegangen«, erzählte Kwok-Tai.

»Zu Hause hatte Siu-Man immer guten Appetit. Euch Heranwachsenden kann es nicht schaden, ein bisschen mehr zu essen. Aber bitte, immer schön auf ausgewogene Ernährung achten. Werdet ja nicht so heikel wie ich«, sagte N fröhlich, schob die

Erbsen auf seinem Teller herum und versuchte, sie unter dem Knochen zu verstecken. Die Teenager fingen an zu lachen, und Nga-Yee wurde klar, wie klug er gehandelt hatte. Er hatte unverfängliche Themen wie Musik gesucht, um den Kids vorzugaukeln, dass sie etwas gemeinsam hätten. Erst als der Boden bereitet war, brachte er Siu-Man ins Spiel. Mehr noch, er redete von ihr, wie man sich mit neuen Bekannten über eine gemeinsame Freundin unterhalten würde, die weggezogen war – ohne jede Tragik in der Stimme. Auf diese Weise ließen Lily und Kwok-Tai sich viel leichter in ein Gespräch verwickeln, ganz gleich, ob Lily tatsächlich für Siu-Mans Tod verantwortlich war.

Nga-Yee machte ein unbeteiligtes Gesicht. N kam ihr vor wie ein Boxer, der Kwok-Tai leichtfüßig umkreiste und dabei fröhlich über alles Mögliche redete, wofür Teenager sich interessierten. Hin und wieder rückte er ihm ein Stückchen auf den Pelz und platzierte ein paar präzise Fausthiebe, indem er Siu-Mans Namen erwähnte. Nga-Yee spürte, dass die beiden immer noch zögerten, über ihre Schwester zu sprechen, aber sie hatten die starre Abwehrhaltung wieder aufgegeben. Inzwischen laberte N irgendwas über die neuen Klarnamenregularien bei Facebook und die neuesten Gerüchte über einen berühmten Influencer, der wegen Diebstahl verhaftet worden war. In dem Augenblick, als Nga-Yee am wenigsten darauf gefasst war, landete er einen Aufwärtshaken.

»Das Internet hat ja inzwischen eine enorme Reichweite. Egal, was passiert, innerhalb von ein paar Stunden haben alle davon gehört.« N runzelte die Stirn. »So wie dieser Post auf Popcorn mit den Anfeindungen gegen Siu-Man. Der ist in null Komma nix viral gegangen.«

Kwok-Tai und Lily sahen sich verstohlen an, dann nickten sie verhalten.

»Die Lehrer haben uns verboten, darüber zu sprechen, deshalb war es zu der Zeit bei uns an der Schule ziemlich ruhig – nach außen hin«, sagte Kwok-Tai.

»Aber das war doch in eurer Klasse sicherlich Thema, oder?«, hakte N nach.

»Na ja … der Post war eine einzige Lüge. Siu-Man hätte niemals …«

»Das wissen wir.« N nickte zustimmend. »Aber das waren schwere Anschuldigungen. Wisst ihr zufällig, ob es an der Schule jemanden gibt, den oder die Siu-Man so sehr verletzt hat, dass er oder sie aus Rache versucht haben könnte, sie in den Schmutz zu ziehen?«

»Ich glaube, das war die Prinzessin«, sagte Lily plötzlich.

»Die Prinzessin?«, hakte N nach.

»In unserem Jahrgang gibt es ein Mädchen namens Miranda Lai. Sie führt sich auf wie die Bienenkönigin. Ständig schwirrt ein ganzer Hofstaat um sie herum«, erzählte Kwok-Tai. »Man könnte sie als unsere Elite bezeichnen. Sie geben an der Schule den Ton an, vor allem für die anderen Mädchen. Wenn die Prinzessin und ihr Gefolge es auf jemanden abgesehen haben, traut sich niemand mehr, ihr Opfer zu verteidigen, aus Angst, als Nächstes ins Visier zu geraten.«

»Dann gibt es bei euch in der Klasse also Mobbing«, sagte N.

»Eigentlich nicht …« Kwok-Tai schüttelte den Kopf. »Ich habe nie gesehen, dass sie jemanden körperlich bedrängt hätten, sie machen auch keine Sachen kaputt oder so. Meistens isolieren sie ihre Opfer und sagen fiese Dinge. Das kann man nicht wirklich als Mobbing bezeichnen, oder? Ich glaube, in unserem Jahrgang gibt es noch viel schlimmere Leute.«

»Letztes Jahr hatte die Prinzessin als Ziel für unseren Ausflug Disneyland vorgeschlagen«, erzählte Lily. »Bis auf Siu-Man haben alle Mädchen für sie gestimmt, und am Ende hat Disneyland wegen einer Stimme verloren, und wir sind stattdessen in den Ma On Shan Country Park gefahren.« Lily machte ein unglückliches Gesicht. »Die Prinzessin liebt es, Ärger zu machen. Ich wette, sie war dieses Schuljahr immer noch stocksauer auf Siu-Man, und deshalb hat sie sich bei der ersten Gelegenheit diesen Blödsinn ausgedacht …«

»Das kannst du ohne Beweise nicht einfach behaupten«, fiel Kwok-Tai ihr ins Wort. »Normalerweise haben die Mädchen Siu-Man in Ruhe gelassen. Außerdem hat die Prinzessin sich von Siu-Man verabschiedet – ich glaube, so schlimm ist die gar nicht.«

»Moment. Sich verabschiedet?« Nga-Yee bekam einen Schreck. »Meinst du, sie war auf Siu-Mans Trauerfeier?«

Kwok-Tai und Lily sahen sie verwirrt an. »War sie nicht da?«, fragte Kwok-Tai. »Als wir an dem Tag aus der Trauerhalle kamen, stand sie allein davor.«

»Habt ihr mit ihr gesprochen?«, fragte N.

Kwok-Tai schüttelte den Kopf. »Wir sind nicht befreundet. Außerdem konnte Lily sie noch nie ausstehen. Normalerweise tun beide so, als wäre die andere Luft.«

»Trug sie Schuluniform?«, wollte Nga-Yee wissen.

»Ja. Deshalb ist sie uns überhaupt aufgefallen.«

»Die einzigen Leute von eurer Schule wart ihr beide und Violet To«, sagte Nga-Yee, nachdem sie ihr Gedächtnis noch einmal durchforstet hatte.

»Violet To? Nicht die Prinzessin?«, fragte Lily. »Hatte sie kurze oder lange Haare?«

»Lange. Sie war etwa so groß.« Nga-Yee hielt die Hand in die Luft. »Und sie trug eine eckige Brille.«

»Stimmt, das ist Violet«, murmelte Lily.

»Was ist denn, Kwok-Tai?«, fragte N. Der Junge saß mit gerunzelter Stirn da.

»Gar nichts. Ich wusste nicht, dass Siu-Man und Violet befreundet waren, das ist alles.« Es wirkte, als würde noch mehr dahinterstecken, aber er sprach nicht weiter.

»Ach so. Na ja, ich glaube, Siu-Man hätte sich über jeden gefreut, der zu ihrer Trauerfeier gekommen wäre, um Abschied zu nehmen. Aber dieser Schulausflug, der interessiert mich wirklich.« Kunstvoll lenkte N das Gespräch zurück zu Belanglosigkeiten. »Heißt das, ihr habt heutzutage wirklich die Möglichkeit, einen Schulausflug nach Disneyland zu machen? Ich dachte, da ginge es immer nur um Exkursionen aufs Land in irgendwelche Jugendlager. Gesunder Körper, gesunder Geist, solche Dinge. Also, damit will ich natürlich nicht sagen, dass Disneyland nicht gesund für Geist und Körper wäre.«

Jeder Außenstehende hätte das Gespräch für freundliches Geplänkel gehalten und nichts Außergewöhnliches daran erkennen können, bis auf die Tatsache, dass zwei Erwachsene anwesend waren – aber die hätten genauso gut Lehrer sein können. Die Erwähnung von Disneyland weckte in Nga-Yee eine verborgene Erinnerung: Ihr Vater hatte eines Tages in den Fernsehnachrichten gesehen, dass in Hongkong ein Disneyland gebaut wurde, und gesagt, dahin würde er seine Familie ausführen. Doch er starb bereits vor der Eröffnung. Nga-Yee erinnerte sich noch, dass ihre Mutter gesagt hatte, die Eintrittskarten seien sicher teuer, worauf ihr Vater nur fröhlich geantwortet hatte: »Dann wird ab jetzt gespart.« Obwohl Nga-Yee auch heute für Freizeitparks nicht allzu viel übrig hatte, konnte sie sich noch gut erinnern, wie begeistert ihr Vater damals gewesen war.

Ob Siu-Man sich auch daran erinnert hatte? Sie war erst drei gewesen.

»Ihr habt sicher gleich wieder Unterricht. Die Mittagspause müsste bald vorbei sein«, sagte N mit einem Blick auf die Uhr. Die meisten anderen Schüler hatten die Cafeteria inzwischen wieder verlassen.

»Unsere Prüfungen sind seit letzter Woche vorbei, wir haben nachmittags jetzt nur noch Wahlkurse«, sagte Kwok-Tai. »Wir können noch ein bisschen länger bleiben …«

»Nein, können wir nicht.« Lily schüttelte den Kopf. »Du hast Bandprobe, und ich habe Volleyball.«

»Du bist Sportlerin«, sagte N, und Lily lächelte schüchtern. »Wir wollen euch nicht länger aufhalten. Vielen Dank, dass ihr euch Zeit für uns genommen habt – wir sind euch wirklich sehr dankbar.« N neigte den Kopf zu einer kleinen Verbeugung.

»Es war uns ein Vergnügen. Wir sind froh, Siu-Mans Familie kennengelernt zu haben. Das hilft uns auch ein bisschen«, sagte Kwok-Tai.

N nahm einen Kugelschreiber aus der Jackentasche und kritzelte ein paar Ziffern auf eine Papierserviette. »Hier ist meine Telefonnummer.« Er gab Kwok-Tai die Serviette. »War schön, mit euch zu sprechen. Wenn es Probleme gibt, über die ihr reden wollt, ruft mich gerne an. Wir hoffen, auf diese Weise noch ein bisschen mehr über Siu-Man zu erfahren. Auch wenn sie nicht mehr bei uns ist, lebt sie in unseren Herzen fort.«

»Klar.« Kwok-Tai nahm die Serviette entgegen. »Gehen Sie jetzt?«

N sah sich um. »Vielleicht bleiben wir noch ein bisschen und sehen uns das Gelände an.«

Kwok-Tai und Lily verabschiedeten sich höflich und gingen davon. Bis auf N, Nga-Yee und einen Schuldiener, der an einem anderen Tisch beim Mittagessen saß, war die Cafeteria leer.

»Was tun wir als Nächstes, N?« Nga-Yee drehte sich zu ihm um und zuckte zusammen. Er musterte sie missbilligend wie ein mürrischer alter Griesgram.

»Miss Au«, sagte er eisig und mit gerunzelter Stirn. »Ich habe gesagt, Sie überlassen mir das Reden. Wenn Sie ständig dazwischenfunken und meine Ermittlungen stören, lege ich den Fall augenblicklich nieder.«

»Was habe ich denn getan? Meinen Sie meine Zwischenfrage?« Nga-Yee tat jetzt noch das Schienbein weh. »Mir ist in dem Moment eingefallen, dass sie Siu-Man einmal nach Hause gebracht haben, und ich wollte Ihnen …«

»Ich habe Ihnen gesagt, dass Amateure sich nicht einmischen sollen!« N konnte bedrohlich wirken, ohne die Stimme zu heben. »Teenager sind fragile Wesen. Die sind so leicht zu verstören wie scheue Tiere. Eine Vollidiotin wie Sie ohne das geringste psychologische Einfühlungsvermögen sollte einfach den Rand halten. Sie haben sich kaum an den Tisch gesetzt und schon die Bombe platzen lassen – es hat mich große Mühe gekostet, die Situation zu retten, weil die beiden mich sonst als Feind behandelt hätten. So ist es mir lediglich gelungen, ein paar wenige Hinweise zu ergattern, leider ohne zum Kern der Sache vorzudringen.«

»Und der wäre?«

»Die Sache, die Sie mit Ihrer großen Klappe gleich herausbrüllen mussten.«

»Dass die beiden Siu-Man nach Hause gebracht haben? Wieso soll das der Kern der Sache sein?«

»Deshalb hasse ich nichts ahnende Idioten so sehr, die glauben, sie hätten die Weisheit mit Löffeln gefressen!« N fasste in die Jackentasche, holte Siu-Mans kleines rotes Telefon heraus, tippte ein bisschen auf dem Bildschirm herum und wedelte Nga-Yee damit vor der Nase herum. »Ich dachte, Sie wollten wissen, wo dieses Foto herstammt?«

Nga-Yee holte scharf Luft. Es war das Erpresserfoto, auf dem Siu-Man von dem fremden Jungen begrapscht wurde.

»Als die digitale Fotografie populär wurde, entwickelte die Japan Electronic Industry Development Association ein Dateiformat namens Exchangeable Image File Format, kurz Exif. Es erlaubte zusätzlich zu den reinen Bilddaten die Speicherung einer ganzen Reihe Metadaten.« Er tippte auf dem Telefon herum. »Auch Smartphones benutzen Exif, um Fotos zu speichern, und erfassen Informationen wie Marke und Seriennummer der Kamera, Belichtungszeit, Brennweite, Bilddrehung …« Er legte Nga-Yee das Handy hin. »Sowie Datum und Uhrzeit der Aufnahme.«

In einem Fenster auf dem Bildschirm waren ein paar Textzeilen zu sehen, darunter die Zahlenfolge »2013/12/24, 22:13:55«.

Nga-Yee verstand nicht sofort, was an der Angabe so wichtig war, doch dann kapierte sie: Der Tag, an dem Kwok-Tai und Lily Siu-Man nach Hause gebracht hatten, war tatsächlich der Heilige Abend des Vorjahres gewesen.

»Das … das heißt also, am selben … am selben Tag …«

»Und weil Sie das unbedingt auf den Tisch bringen mussten, sobald wir uns gesetzt hatten, gab es keine Möglichkeit mehr, noch mal darauf zurückzukommen.« N sah sie böse an. »Menschen sind irrational. Sie beurteilen Wichtigkeit nicht nach Tatsachen, sondern nach ihren Instinkten. Sobald die beiden zu dem Schluss gekommen waren, dass wir auf einer Wellenlänge sind, haben sie bereitwillig über alles Mögliche geredet. Trotzdem, ich hätte eine ganze Stunde darauf verwenden können, ihnen in unserer Gesellschaft ein gutes Gefühl zu geben, sie hätten sofort wieder dichtgemacht, sobald ich Weihnachten erwähnt hätte – nur wegen dem ersten Eindruck, den Sie zu einem Zeitpunkt prägten, als wir noch Fremde waren. Kapieren Sie jetzt, warum ich sage, Sie haben alles kaputt gemacht?«

»Tja – woher hätte ich das denn auch wissen sollen? Sie haben mir im Vorfeld nichts davon gesagt!«, schoss Nga-Yee zurück. Sie erinnerte sich, dass N sie mehr als einmal nach Heiligabend gefragt hatte, nachdem sie Lily und Kwok-Tai auf dem Facebook-Profilbild erkannt hatte. Offensichtlich war ihm der Zusammenhang damals bereits klar gewesen.

»Natürlich nicht. Sie hätten uns sofort verraten! Hätte ich Ihnen erzählt, dass das Foto von kidkit727 an dem Abend entstand, als Lily und Kwok-Tai das einzige Mal bei Ihnen zu Hause waren, hätten Sie dann etwa eine ganze Stunde lang entspannt dagesessen und gelächelt und sich mit der Rolle der trauernden Schwester begnügt?«

Nga-Yee wusste nicht, was sie sagen sollte. N hatte eindeutig recht, und seine Anweisung, das Reden ihm zu überlassen, war sehr deutlich gewesen.

»Es … es tut mir leid«, stotterte sie schließlich zerknirscht. Obwohl sie seine Art nicht ausstehen konnte, war sie selbstkritisch genug, um einzusehen, dass sie es verbockt hatte.

»Egal.« N war offenbar bereit, die Sache abzuhaken, auch wenn er ihre Entschuldigung nicht wirklich angenommen hatte. »Vertrauen Sie mir, Miss Au. Sie haben mich mit diesem Fall beauftragt, also akzeptieren Sie auch meine Methoden. Das ist der einzige Weg, die Antworten zu bekommen, nach denen Sie suchen.«

»Ich habe verstanden.« Nga-Yee nickte. »Also waren Kwok-Tai und Lily auch auf der Party, wo das Foto aufgenommen wurde. Wenn Siu-Man tatsächlich als Hostess arbeitete oder Drogen genommen hat, müssten sie Bescheid wissen.«

»Als Hostess? Sieht das Foto für Sie etwa aus, als wäre sie eine Nutte gewesen?«

»Etwa nicht? Wollen Sie behaupten, dieser widerliche Typ mit den roten Haaren wäre ihr Freund gewesen? Glauben Sie, es ging um diesen Kerl, als kidkit727 behauptete, Siu-Man hätte einem anderen Mädchen den Freund ausgespannt?«

N runzelte die Stirn und sah Nga-Yee in die Augen. »Ich fürchte, gleich wird es ziemlich unangenehm für Sie. Sind Sie bereit, Miss Au?«

Nga-Yee zwang sich zu nicken. Schließlich hatte sie sich geschworen, die Wahrheit zu akzeptieren.

N nahm das Telefon zur Hand und vergrößerte einen Ausschnitt des Fotos. »Sehen Sie das?«

Nga-Yee beugte sich über den Bildschirm. N hatte einen Teil des zugemüllten Tisches vergrößert. Darauf standen alle möglichen Dinge: Bierflaschen, Gläser, Instantkaffee, Erdnüsse, ein Würfelbecher, Zigaretten und ein Feuerzeug.

»Wollen Sie mir sagen, dass Siu-Man geraucht hat?«

»Nein. Das hier.« Er deutete auf das Tütchen Instantkaffee. »Selbst wenn man in einem Nachtclub Lust auf eine Tasse Kaffee hätte, würde man sich den nicht eher bestellen? Kommt es Ihnen nicht seltsam vor, dass jemand seinen eigenen Kaffee mitbringt?«

»Oh! Also Drogen. Ecstasy?«

»Fast richtig. Wenn es sich um Ecstasy oder LSD handeln würde, hätten sie die Pillen in einer Bonbondose aufbewahren können. Es gibt nur eine Droge, die sich als löslicher Kaffee tarnen lässt: Rohypnol.«

Das Wort traf sie wie ein Blitzschlag. Nga-Yee starrte ihn an.

»Ein verbreiteter Trick«, dozierte N ungerührt. »Arschlöcher wie dieser Typ gehen mit Frauen aus und machen sie betrunken, aber die meisten Frauen wissen, wann sie aufhören müssen, ehe sie die Kontrolle verlieren. Dann kommen diese Typen und sagen, Kaffee würde helfen, den Kopf wieder klar zu kriegen. Sie ziehen ein Tütchen Instantkaffee aus der Tasche. Natürlich sieht die Packung unverdächtig aus. Die Mädchen ahnen nicht, dass sie aufgeschnitten und wieder zugeklebt wurde, nachdem man das Kaffeepulver mit der Droge versetzt hat. Wenn man genau hinsieht, fällt auf, dass die Päckchen ein bisschen kürzer sind als eine normale Portion, aber wem würde das bei der schummrigen Nachtclubbeleuchtung schon auffallen?«

»Also war Siu-Man, als das Foto entstand …«

»Jemand hat ihr was ins Getränk gemischt.«

»Und sie wurde vielleicht …« Nga-Yee brachte es nicht über sich, den Satz zu beenden.

»Und sie wurde vielleicht auch missbraucht.«

Nga-Yee stockte der Atem. Sie hatte geglaubt, das Schlimmste, was herauskommen könnte, wäre die Tatsache, dass ihre Schwester ihren Körper verkauft oder Drogen genommen hatte, dabei war die Wahrheit noch viel schrecklicher. Sie saß da wie in Schockstarre; sie hatte das Gefühl, in einen Abgrund zu stürzen, in ein Loch ohne Boden, voller Finsternis und Schmerz.

»Ich sagte ›vielleicht‹, Miss Au.«

Wie der rettende Spinnenfaden, den Buddha in die Hölle hinuntergelassen hatte, zogen Ns Worte sie aus tiefster Verzweiflung wieder ans Tageslicht empor.

»Vielleicht?«

»Sie haben erzählt, Kwok-Tai und Lily hätten Ihre Schwester Heiligabend gegen dreiundzwanzig Uhr nach Hause gebracht. Wenn ein Vergewaltiger sich an einem bewusstlosen Mädchen vergeht, ist er normalerweise nicht so schnell fertig mit ihr.«

Nga-Yee stieß einen erleichterten Seufzer aus. Jetzt hatte sie erst recht Verständnis dafür, dass N vorhin stocksauer gewesen war. Hätte sie sich nicht eingemischt, hätte N von Kwok-Tai und Lily erfahren, was an dem Abend tatsächlich mit Siu-Man passiert war, ehe die beiden sie nach Hause gebracht hatten. Von den Erkenntnissen ausgehend, hätte N die Spur vielleicht sogar bis zu kidkit727 zurückverfolgen können.

»Gibt es irgendeine Chance, Kwok-Tai und Lily doch noch zu fragen, was passiert ist?« Nga-Yee war verzweifelt.

»Wenn eine Chance vertan ist, ist sie vertan. Uns bleibt nichts anderes übrig, als auf die nächste Gelegenheit zu warten.« N legte Siu-Mans Telefon auf den Tisch zurück. »Da Sie inzwischen sowieso schon diverse Einzelheiten kennen, kann ich Ihnen den Rest auch noch erzählen«, sagte er. »Die Karaoke-Bar auf dem Foto befindet sich im King Wah Centre auf der Shantung Street in Mong Kok. Ich habe mich bei einem Kenner der Gegend schlaugemacht, um rauszufinden, wer der Rotschopf ist.«

»Sie haben die Bar nur über die Einrichtung identifiziert?«

»Nein. Ein Smartphone speichert mit einem Foto nicht nur die Exif-Daten ab, sondern auch GPS-Koordinaten. Im King Wah Centre gibt es nur eine einzige Karaoke-Bar. Allerdings liegt die Sache anderthalb Jahre zurück, und die Bar hat inzwischen dichtgemacht. Selbst wenn es uns gelänge, die ehemaligen Angestellten aufzuspüren, wäre es ungewiss, ob jemand sich an den Vorfall erinnert. Anders gesagt, Kwok-Tai und Lily waren unsere besten Quellen, um die Wahrheit über den Abend herauszufinden.«

Nga-Yee überkam ein Gefühl der Hoffnungslosigkeit.

Sie wechselte das Thema. »Und Siu-Man mochte diese Band, One Direction?«

»One Direction ist keine Band, sondern eine Gruppe männlicher Teenie-Idole. Hingen bei Ihnen zu Hause denn gar keine Poster?«

»Nein.«

»Aha.« N nahm Siu-Mans Telefon zur Hand und holte ein Albumcover mit fünf gut aussehenden Jungs auf den Schirm. »Auf dem Telefon Ihrer Schwester befindet sich ausschließlich Musik von One Direction. Sie und Lily hatten sich auf Facebook über Neuigkeiten ausgetauscht. Mir war klar, dass ich mit dem Thema das Vertrauen der beiden gewinnen würde. Bei Kwok-Tai dasselbe – ich wusste, schon bevor ich die Schwielen auf seinen Fingern sah, von seinem Twitter-Account, dass er Gitarre spielt. Sie wollten doch von mir unbedingt die ganzen Daten über die Klassenkameraden Ihrer Schwester haben. Ist Ihnen etwa nichts davon aufgefallen?«

Nga-Yee schwieg betreten. Sie hatte mindestens zwei Tage damit verschwendet, sich durch die Social-Media-Seiten dieser Kids zu wühlen, ohne sich tatsächlich für sie zu interessieren.

Sie hatte ausschließlich Posts oder Bilder im Blick gehabt, die mit ihrer Schwester in Zusammenhang standen.

»Doch, doch – und sind auf ihrem Telefon irgendwelche Nachrichten?«, fragte Nga-Yee. »Hat Siu-Man mit ihren Klassenkameraden gechattet?« Plötzlich kam ihr der Gedanke, ihre Schwester hätte, wenn sie schon in keinem Social-Media-Account auftauchte, vielleicht wenigstens auf diese Weise zu ihren Mitschülern Kontakt gehalten.

»Nichts.« N tippte auf dem Bildschirm herum. »Nicht mal Werbung von ihrem Provider. Es sieht so aus, als hätte Ihre Schwester regelmäßig ihre Nachrichten-Chats geleert. Sie hatte zwar die Line-App installiert, aber keinen einzigen Kontakt gespeichert. Aber auch hier gilt, vielleicht hat sie alles im Anschluss sofort wieder gelöscht. Es ist möglich, dass Ihre Schwester nach allem, was geschehen ist, lieber sämtliche Kontakte und Nachrichten gelöscht hat, um nicht noch mehr Ärger zu provozieren.«

»Was ist Line?«

»Line ist ein Instant-Messaging-Dienst, so was Ähnliches wie SMS«, sagte N mit einem Blick, als wollte er sagen: »Stimmt, ich vergaß, dass Sie aus dem letzten Jahrhundert sind.«

»Ach!« Beim Anblick der Linse auf der Rückseite von Siu-Mans Telefon fiel ihr noch etwas ein. »Sie hatte doch sicher Fotos auf ihrem Telefon. Gibt es da irgendwelche Hinweise?«

»Nur sehr wenige. Ich habe mir auch da die Metadaten angesehen, aber es ist dasselbe wie bei den Textnachrichten und bei Line: Ihre Schwester hat das meiste gelöscht. Unter den verbleibenden Fotos ist nur ein einziges, das eine Klassenkameradin zeigt.«

N öffnete Siu-Mans Foto-App und zeigte ihr das Bild: Siu-Man und Lily, in Uniform, auf dem Schulflur. Der Blickwinkel legte nahe, dass Lily mit dem Handy ein Selfie gemacht hatte. Die Gesichter waren nahe an der Linse, und beide lächelten. Lilys Haare waren länger als jetzt.

»Das Foto stammt vom vorigen Juni, als beide noch im ersten Jahr waren«, sagte N.

Nga-Yee stiegen Tränen in die Augen. Wann hatte sie Siu-Man zum letzten Mal lächeln sehen?

»Das heißt … Lily ist wahrscheinlich nicht kidkit727, oder?« Nga-Yee hob den Kopf. »Sie war wirklich gut mit Siu-Man befreundet, und auf der Trauerfeier hat sie sehr geweint. Eben hat sie wieder angefangen zu weinen. Ich glaube nicht, dass sie unsere Täterin ist. Was meinen Sie?«

N zuckte die Achseln. »Vielleicht ist sie aber auch eine sehr begabte Schauspielerin.«

Nga-Yee blieb skeptisch. »Eine Schauspielerin? Sie ist erst vierzehn oder fünfzehn. Quasi noch ein Kind.«

»Unterschätzen Sie die Jugend von heute nicht. Erst recht nicht die unserer kranken Gesellschaft. Kinder müssen von klein auf lernen, in einem von durchtriebenen Erwachsenen erschaffenen Dschungel zu überleben. Um ihren Kindern den Zugang zu Eliteschulen zu ermöglichen, setzen Eltern heutzutage schon ihre Fünfjährigen in Aufnahmegespräche, wo sie perfekte, höfliche und zuvorkommende Rotznasen spielen müssen. Sobald sie wieder zu Hause sind, verwandeln sie sich zurück in kleine Monster, die ihre Eltern herumkommandieren.«

»Das ist ein bisschen übertrieben …«

»Das ist die Wahrheit!«, fuhr N sie an. »Wie Kwok-Tai eben selbst sagte: Die Schule hat den Schülern verboten, auch nur einen Ton über Siu-Man zu verlieren. Das ist reinste Heuchelei. Nur weil man ihnen verbietet, darüber zu sprechen, heißt das noch lange nicht, dass nichts passiert wäre. Glauben die ernsthaft, man könnte die Wurzel des Übels ausmerzen, indem man den Kindern Ohren und Augen zuhält und weiter einen auf glückliche Familie macht? Was für Grundlagen werden mit so einem Verhalten gelegt? Die Kinder lernen, was ihnen vorgelebt wird, da führt kein Weg dran vorbei.«

Wieder einmal wusste Nga-Yee nicht, was sie darauf hätte antworten sollen.

»Für uns bedeutet das zusammengenommen, solange wir keine schlüssigen Beweise in Händen halten, trauen wir weiterhin niemandem.« N steckte Siu-Mans Telefon zurück in seine Jackentasche.

»Und wo sollen wir diese Beweise finden?«

»Keine Ahnung. Aber ich weiß, mit wem wir als Nächstes reden sollten.«

»Mit wem?«

»Mit der Prinzessin.«

»Weil Lily und Kwok-Tai sie am Tag der Trauerfeier gesehen haben?«

»Nein, aus diesem Grund.« N griff in die andere Jackentasche und zog ein weißes Smartphone heraus. Wie viele von den Dingern hatte er eigentlich noch bei sich? Es war ein Miniexemplar, nicht größer als eine Visitenkarte, dafür gut einen Zentimeter dick. N tippte den Bildschirm an und hielt ihn Nga-Yee vor die Nase. Ein Facebook-Profilbild war zu sehen: ein hübsches Mädchen in weißem Kleid, die Haare zu einem Bob geschnitten und mit so zarten Gesichtszügen, dass sie fast aussah wie eine Puppe. Sie hielt ein Telefon in der Hand und fotografierte sich in einem Spiegel. In dem Spiegel war ein Zimmer zu sehen, wahrscheinlich ihres. Alles um sie herum war pink. Nga-Yee wollte N gerade fragen, ob dieses Mädchen die Prinzessin war, als ihr klar wurde, dass das Bild ihr bekannt vorkam.

»Das hab ich schon mal gesehen … Oh!«

Es war eines der Bilder von gestern. Miranda Lai, die Prinzessin, hielt ein iPhone in der Hand.

»Genau. Die Prinzessin ist eine der achtzehn iPhone-Besitzer«, sagte N.

Nga-Yee staunte über sein Erinnerungsvermögen: Offensichtlich hatte er die Verbindung hergestellt, sobald Kwok-Tai Mirandas Namen erwähnt hatte.

»Dann … dann ist sie unsere Hauptverdächtige! Lily hat erzählt, die Prinzessin wäre sauer auf Siu-Man gewesen. Bestimmt ist sie am Tag der Trauerfeier zum Schnüffeln gekommen, traute sich aber nicht hinein, und …«

»Geht das schon wieder los! Was habe ich Ihnen gesagt?«

Nga-Yee erstarrte. Ns Ermahnung schrillte ihr in den Ohren:

Mit vorgefertigten Meinungen loszulaufen, ist das Schlimmste, was man machen kann. Eine Hypothese ist was Schönes, aber man sollte immer im Hinterkopf behalten, dass sie vielleicht nicht stimmt. Mehr noch, man sollte alles dafür tun, die eigene Hypothese zu widerlegen, anstatt nach Beweisen zu suchen, um sie zu stützen.

»Verstanden. Vielleicht ist die Prinzessin die Täterin, vielleicht aber auch nicht. Aber wo ist sie jetzt? Miss Yuen hat gesagt, nachmittags wären die Schülerinnen und Schüler in ihren Wahlkursen.«

»Im Theaterraum im vierten Stock.« N deutete an die Decke. »Direkt über uns. Die Prinzessin ist in der Theatergruppe. Im Augenblick finden die Proben für die schulübergreifenden Aufführungen in einem Monat statt.«

»Woher wissen Sie das?«

»Im Gegensatz zu einer gewissen Person, die nichts als Stroh im Kopf hat, fällt es mir nicht schwer, mir ein paar Basics von achtzehn Schülern zu merken.« N ließ wirklich keine Gelegenheit aus, gegen sie zu sticheln. »Weil ich wusste, dass wir uns heute in die Höhle des Löwen begeben, habe ich dafür gesorgt, dass ich alles, was ich brauche, bei der Hand habe. Man muss mit sämtlichen Tricks arbeiten, wenn man den kleinen Teufelsbraten die Wahrheit entlocken will. Dafür gehöre ich nicht zu den Leuten, die sich wegen der Klamotten ihres Partners Sorgen darüber machen, was andere von ihnen halten könnten.«

Nga-Yee hätte sich zu gern zur Wehr gesetzt – sie war schließlich kein Profi, natürlich war sie im Aufspüren von Informationen nicht so gut wie N –, aber sie schluckte es hinunter. Dies war der falsche Zeitpunkt für einen Streit.

N ging voraus zum Probenraum. Während sie durch den L-förmigen Gang zum Treppenhaus liefen, begegneten sie einigen Schülerinnen und Schülern, die sie neugierig musterten und das Interesse verloren, sobald sie die Besucherausweise sahen, die sie um den Hals trugen. Nga-Yee vermutete, dass in dieser Schule momentan ständig Eltern, Reporter oder Behördenmitarbeiter auftauchten.

»Wie viel Taschengeld bekam Ihre Schwester eigentlich?«, wollte N wissen, als sie die Treppe hinaufstiegen.

»Wozu wollen Sie das wissen?«

»Spielt keine Rolle, beantworten Sie einfach meine Frage.«

»Dreihundert pro Woche.«

»Inklusive Verpflegung und Fahrtgeld?«

»Ja. Und gefrühstückt wurde zu Hause.«

Weil Nga-Yee wollte, dass ihre Schwester lernte, mit Geld umzugehen, hatten sie und ihre Mutter darüber diskutiert, wie viel Taschengeld Siu-Man bekommen sollte, als sie auf die weiterführende Schule kam. Die Fahrt zur Schule kostete mit der Schülerkarte fünfzehn Dollar pro Tag, und die restlichen gut zweihundert Dollar reichten für Mittagessen und Snacks. Wenn sie Geld fürs Wochenende wollte, musste sie sich das unter der Woche absparen. Nga-Yee wusste zwar nicht, ob Siu-Man ihre Mutter je um Geld gebeten hatte, aber zumindest seit ihre Mutter gestorben war, hatte Siu-Man niemals einen Cent extra gewollt.

Die Tür zum Theaterraum im vierten Stock stand offen. In einem Saal von der Größe mehrerer Klassenzimmer waren etwa ein Dutzend Schülerinnen und Schüler versammelt. Der Saal war mit etwa dreißig Reihen bestuhlt, nur vorne waren Stühle beiseitegeschoben worden, um Platz zu machen. Dort waren die Theaterschüler versammelt. In der Mitte standen drei Jungen, die anderen saßen oder standen rundherum und sahen dem Trio zu.

»Dreitausend Dukaten, für drei Monate – mal sehen, was das bringt.«

»Tja, Shylock, soll man in deiner Schuld stehen?«

Einen Augenblick war Nga-Yee verwirrt, weil sie dachte, es ginge um Sherlock Holmes. Ein paar Zeilen später erkannte sie den Text: *Der Kaufmann von Venedig.* Sie hatte das Stück ein paarmal gelesen, aber das hier klang irgendwie anders – wahrscheinlich modernisiert.

»Stopp! Das klingt viel zu abgehackt«, rief ein Mädchen dazwischen – offenbar die Regisseurin. »Du musst den Text spielen, nicht nur runterleiern! Wir machen fünf Minuten Pause, dann spielen wir die Szene noch mal durch.«

N ergriff die Gelegenheit und klopfte an die offene Tür. Ein pummeliger Junge kam zu ihnen. »Kann ich Ihnen helfen?«

»Bitte entschuldige die Störung. Wir sind auf der Suche nach Miranda Lai«, sagte N. Er hatte sein freundliches Gesicht wieder aufgesetzt.

Der Junge drehte sich um und rief: »Prinzessin!« Er schlurfte davon, und ein Mädchen kam an die Tür. Trotz ihrer Schuluniform und dem fehlenden Make-up war sie eindeutig als das Mädchen von dem Selfie zu erkennen.

»Hallo«, sagte N höflich und machte einen Schritt in den Raum hinein. »Du bist Miranda aus der 3B, stimmt's?«

»Na und?«

Die Prinzessin sah zwar nett aus, aber nichts in ihrem Auftreten ließ irgendwelchen Respekt für N und Nga-Yee durchblicken – wahrscheinlich sprach sie mit ihren Gefolgsleuten genauso. Prinzessinnensyndrom, dachte Nga-Yee.

»Hast du einen Augenblick Zeit für uns?«, fragte N. »Das hier ist die Schwester von Au Siu-Man«, flüsterte er so leise, dass niemand sonst es mitbekam.

Das Mädchen wirkte alarmiert und trat einen halben Schritt zurück, in Nga-Yees Augen ein eindeutiges Zeichen von Schuld.

»Was soll das hier?« Sie schien sich vor N in Acht zu nehmen, ihr Tonfall blieb feindselig.

»Hm …« N nickte mit dem Kinn zu den anderen hinüber. Einige Schüler schienen inzwischen zu lauschen. Zwei Fremde, die sich mit der Prinzessin unterhalten wollten, waren offensichtlich etwas Besonderes.

Miranda führte sie in eine Ecke des Saals, zu einem Tisch, auf dem sich Requisiten, Kostüme und Textbücher türmten. Nga-Yee sah einige Exemplare des *Kaufmanns* mit dem Stempel der schulischen Theatergruppe darauf. Die Prinzessin starrte N ungeduldig an.

»Wir wollen dich nicht lange aufhalten.« N legte das Kondolenzbuch auf den Tisch, um beide Hände frei zu haben, zog den Geldbeutel aus der Hosentasche und nahm ein paar Scheine heraus. »Siu-Man hatte sich von dir doch zweihundert Dollar geliehen, stimmt's? Leider haben wir erst nach ihrem Tod erfahren, dass sie sich von ihren Klassenkameraden Geld lieh. Sie bekam nicht sehr viel Taschengeld. Aber obwohl sie inzwischen von uns gegangen ist, würden wir gerne ihre Schulden begleichen.«

»Hä? Hat sie doch gar nicht.«

»Ach so? Wir haben bei ihren Dingen ein Notizbuch gefunden, in dem sie auflistete, wem sie etwas schuldete. Leider wurde Wasser darüber verschüttet, und ein paar Stellen wurden unleserlich, aber ich konnte deinen Namen eben noch entziffern.«

»Ich habe ihr niemals Geld geliehen.«

»Du heißt doch Miranda Lai?«

»Ja. Aber ich habe trotzdem Au Siu-Man keinen Cent geliehen.«

N umklammerte seinen Geldbeutel und machte ein betroffenes Gesicht. »Gibt es in deiner Klasse noch jemanden, dessen Name mit M anfängt?«

»Äh … ja, Mindy Chang.«

»Oh, entschuldige, vielleicht war sie gemeint. Waren die beiden gut befreundet?«

»Keine Ahnung.« Die Prinzessin konnte es offensichtlich kaum erwarten, dieses Gespräch zu beenden.

»Dann versuchen wir es bei Mindy. Siu-Man hat so oft über dich gesprochen, deshalb waren wir uns sicher. Entschuldige.«

»Sie hat über mich gesprochen?«, fragte die Prinzessin. Perplex sah sie von N zu Nga-Yee und wieder zurück.

»Ja, sie erzählte, ein Mädchen aus ihrer Klasse sei in der Theatergruppe und würde mit Sicherheit mal ein großer Star werden. Siu-Man war ziemlich eigen, und nicht jeder hat sie verstanden … Ach, sie hat auch erzählt, dass sie dich reingeritten hätte, und ich habe ihr damals gesagt, sie solle sich bei dir entschuldigen.«

»Entschuldigen?«

»Hat sie das nicht getan? Sie hatte damals bei der Abstimmung über den Schulausflug gegen Disneyland gestimmt, und sie sagte, der Vorschlag für Disneyland wäre ursprünglich von dir gekommen. In Wirklichkeit wäre sie selbst gern dort hingefahren, aber ihre große Schwester ist ziemlich geizig – ich meine, sparsam –, sie hätte ihr niemals das Geld dafür gegeben. Das ist der einzige Grund, weshalb Siu-Man damals gegen Disneyland als Ziel stimmte.«

Nga-Yee musste sich mit aller Kraft zusammenreißen, um nicht lauthals dagegenzuhalten. Es gelang ihr, nur stumm zu nicken.

»Warum hat sie das nicht gleich gesagt? Ich hätte ihr das Eintrittsgeld doch leihen können.« Die Stimme der Prinzessin wurde etwas höher, und sie runzelte die Stirn.

»Sie stand damals schon bei einigen Klassenkameraden in der Kreide. Wahrscheinlich war es insgesamt schon so viel, dass sie sich nicht mehr getraut hat.«

Mirandas Gesicht spiegelte eine komplizierte Mischung aus Emotionen wider, es wirkte wie eine Mischung aus Unmut und Reue. Nga-Yee fragte sich, was in ihr vorging: Bedauerte sie, nicht nach Disneyland gekommen zu sein oder Siu-Man wegen einer derartigen Lappalie in den Tod getrieben zu haben?

»Wenn sie es nicht getan hat, dann tue ich es jetzt«, sagte N. »Es tut mir leid.« Sein Gesicht war ein Ausdruck reinster Aufrichtigkeit. »Und dieser Vorfall, in den sie verwickelt wurde, hat bei euch allen bestimmt für einigen Aufruhr gesorgt. Auch das tut mir leid.«

»Ach das – das war eigentlich nicht so schlimm.« Die Prinzessin wusste offensichtlich nicht recht, wie sie damit umgehen sollte, dass ein Erwachsener sich vor ihr kleinmachte.

»Siu-Man muss jemandem aus der Schule ziemlich wehgetan haben, um derartige Verleumdungen zu provozieren«, sagte N. »Du warst doch in ihrer Klasse, Miranda. Hast du eine Idee, wer so etwas getan haben könnte?«

Die Prinzessin sah ihn abweisend an und verschränkte die Arme. »Keine Ahnung.«

»Habt ihr in eurer Klasse nie darüber gesprochen?«

»Das haben uns die Lehrer verboten. Falls irgendjemand der Presse oder sonst wem was gesteckt hat, weiß ich nichts davon.«

Die Prinzessin bemühte sich offenbar, möglichst wenig preiszugeben, und machte Nga-Yee damit noch misstrauischer. Sie erwartete, dass N weiterbohrte, doch mit seinem nächsten Schritt hatte sie nicht gerechnet.

»Na gut. Ich will dich nicht noch länger von den Proben abhalten. Bitte entschuldige die Störung.«

Er nickte zum Abschied. Nga-Yee hatte keine Ahnung, was das abrupte Ende sollte, aber da sie versprochen hatte, sich nicht einzumischen, stand sie nur stumm daneben und lächelte der Prinzessin freundlich zu. Das Mädchen ließ sich zum Abschied zu einer höflichen Verbeugung hinab, die auf Nga-Yee absolut gekünstelt wirkte.

»Ach, eine Sache noch.« Nach ein paar Schritten drehte N sich plötzlich noch mal um. »Du warst auf Siu-Mans Trauerfeier, nicht wahr?«

Das Mädchen durchfuhr ein leises Zittern, und sie brauchte ein paar Sekunden, ehe sie murmelnd antwortete: »Nein. Sie müssen mich verwechseln.«

»Ach so, Entschuldigung. Auf Wiedersehen.«

Sie verließen den Probenraum und gingen über den offenen Verbindungsgang hinüber ans andere Ende des vierten Stockwerks. An der steinernen Balustrade angekommen, blieb N stehen und zog das weiße Telefon heraus, als wollte er seine Nachrichten überprüfen. Vier Stockwerke unter ihnen lag ein Volleyballplatz, auf dem eine Gruppe in Sportzeug gekleidete Schülerinnen spielte.

»War sie es?«, fragte Nga-Yee, nachdem sie sich vergewissert hatte, dass sie allein waren.

»Keine Ahnung.« Er zuckte die Achseln und steckte das Telefon wieder in die Tasche zurück.

»Keine Ahnung? Und warum haben Sie die Prinzessin dann so schnell wieder vom Haken gelassen? Sie hätten ihr noch viel mehr Fragen stellen müssen!«

»Zwecklos.« Die Arme verschränkend, ahmte er die Pose der Prinzessin nach. »Die ist dermaßen auf der Hut, die lässt uns nicht an sich ran, egal, womit wir es versuchen. Außerdem gab es jede Menge Zeugen, es hätte die Sache nur verschlimmert, wenn wir ihr zu sehr auf die Pelle gerückt wären.«

»Und was jetzt?«

»Wir unterhalten uns irgendwann noch mal mit ihr, sonst nichts.«

»Wenn sie so vorsichtig ist, spricht sie vielleicht nicht noch mal mit uns.«

»Doch, wird sie. Versprochen.« N winkte mit einem Ringbuch, das aussah wie das Kondolenzbüchlein, doch beim näheren Hinsehen erkannte Nga-Yee ein Exemplar von *Der Kaufmann von Venedig*. In der Ecke stand mit Kugelschreiber »Miranda Lai«.

»Sie haben ihr das Textbuch geklaut?«

»Blödsinn. Ich habe meine Sachen auf dem Tisch abgelegt und dann versehentlich zusammen mit dem Kondolenzbuch Ihrer Schwester das darunterliegende Heft mitgenommen. Ich gehe selbstverständlich sehr verantwortungsvoll damit um und komme bald wieder, um es ihr zurückzugeben. Und natürlich werde ich darauf bestehen, es ihr persönlich zu überreichen.« N hatte das Skript offensichtlich entdeckt, sobald Miranda sie zu dem Tisch geführt hatte, und sofort diese kleine Nummer geplant. Wahrscheinlich hatte er sich das dünne, kaum dreißig Seiten starke Heftchen gekrallt, als er so umständlich mit seiner Geldbörse hantiert hatte.

»Oje, sie spielt die Portia«, sagte N und blätterte das Heft durch. »Sieht ziemlich wichtig aus. Hier, sie hat ihren Text mit jeder Menge Randbemerkungen versehen. Ich vermute, das bedeutet, sie hätte dieses Textbuch gerne zurück.«

Das klang in Nga-Yees Ohren zwar ein bisschen nach Erpressung, doch unter diesen Umständen war es wahrscheinlich das Beste – sie war inzwischen absolut sicher, dass die Prinzessin kidkit727 war.

»Als Sie Siu-Mans Trauerfeier erwähnten, hat sie tatsächlich gezittert, haben Sie das gesehen? Und als Sie ihr im Weggehen wie beiläufig die letzte Frage zuwarfen, konnte sogar ich sehen, dass sie was zu verbergen hat.«

»Sie haben recht. Aber das kann man kaum als eindeutigen Beweis werten.«

»Was? Das reicht nicht?«

»Okay. Sagen Sie mir, warum, ich übernehme die Verteidigung der Prinzessin. Wir werden ja sehen, wie stichhaltig Ihre Beweisführung ist.« N schloss das Skript, steckte es zu den anderen Büchern und sah sie erwartungsvoll an.

»Sie versuchte, unseren Fragen auszuweichen, und verhielt sich feindselig.«

»Jede Vierzehnjährige wird ein bisschen patzig, wenn zwei völlig fremde Erwachsene plötzlich ankommen und anfangen, herumzuschnüffeln.«

»Als Sie sich in Siu-Mans Namen bei ihr entschuldigten, reagierte sie sehr aufgewühlt. Mit Sicherheit aus Schuldgefühlen.«

»Vielleicht ist ihr schlechtes Gewissen auf völlig andere Dinge zurückzuführen.«

»Als Sie von ihr wissen wollten, wer Siu-Man verleumdet hat, ist sie der Frage ausgewichen. Das heißt, sie ist die Täterin.«

»Die Schule hat den Kids verboten, mit irgendwem über die Sache zu sprechen. Natürlich wollte sie nichts sagen. Sie kennt uns nicht. Was, wenn wir ihrer Lehrerin erzählen, was sie uns gesagt hat? Dann würde sie in großen Schwierigkeiten stecken. An der Enoch werden die Hausregeln offensichtlich mit ziemlicher Härte durchgesetzt.«

»Gut, okay, das klingt alles plausibel. Aber was wirklich zählt, ist doch, dass sie wegen der Trauerfeier gelogen hat!« Triumphierend zog Nga-Yee ihr Ass aus dem Ärmel.

»Woher wissen Sie, dass in Wirklichkeit nicht Kwok-Tai und Lily hier die Lügner sind?«

Nga-Yee starrte ihn an. Nachdem er ihr die Details der Aufnahme aus der Karaoke-Bar erläutert hatte, hatte sie Lily umgehend von ihrer Liste gestrichen. Wer Siu-Man aus einer derart schlimmen Situation gerettet hatte, konnte unmöglich so durchtrieben sein.

»Halten Sie Lily immer noch für eine begnadete Schauspielerin?«

»Wir wissen es nicht«, antwortete N. »Vielleicht lenkt sie uns absichtlich auf die falsche Fährte. Wir dürfen nicht alles glauben, was sie uns erzählt. Denken Sie doch mal nach. Hätten Sie eine ehemalige Freundin in den Tod getrieben, und plötzlich stünde die Familie dieser Freundin vor Ihnen, um jede Menge Fragen zu stellen, würden Sie etwa nicht versuchen, die Schuld möglichst weit von sich zu schieben? Und wären Sie nicht auch froh, wenn dann jemand greifbar wäre, der schon früher mit Siu-Man Streit hatte? Klingt logisch, oder?«

»Hm …« Dagegen konnte Nga-Yee nicht ankommen.

»Das ist natürlich nur eine Vermutung. Ich kann weder beweisen noch widerlegen, dass Lily oder die Prinzessin hinter kidkit727 steckt. Ich sage lediglich, es ist zu früh, um Schlüsse zu ziehen.«

Nga-Yee sah ihn nachdenklich an und nickte. Sie war zu voreilig gewesen. Seit sie das Schulgelände betreten hatten, hatte sich ein seltsamer Druck in ihr aufgebaut.

Ob es vielleicht zu viel für sie war, sich in der Nähe des Täters zu befinden?

»Gehen wir«, sagte N. »Wir sind noch nicht fertig. Ein Gespräch steht noch aus.«

»Mit wem?«

»Mit Violet To, dem anderen Mädchen auf der Trauerfeier. Als Sie vorhin ihren Namen erwähnten, wirkte Kwok-Tai ein bisschen nervös. Vielleicht ist zwischen ihr und Ihrer Schwester irgendetwas vorgefallen, und sie weiß mehr, als sie zugibt.«

»Über die wissen Sie doch sicher auch längst Bescheid. Wo ist sie? Was macht sie?«

»Dasselbe wie Sie.«

»Wie bitte?«

»Sie arbeitet in der Bücherei.«

Die Schulbibliothek befand sich im Westflügel direkt über

dem Probenraum und nahm das halbe fünfte Stockwerk ein. Als sie am Chemielabor vorbeigingen, das die andere Hälfte belegte, warf Nga-Yee einen Blick auf die langen Versuchstische mit ihren Waschbecken und Bunsenbrennern und dachte an ihre eigene Schulzeit zurück. An ihrer Schule hatte die Bücherei auch direkt neben dem Chemielabor gelegen.

Als sie die Bibliothek betraten, spürte Nga-Yee, wie ihre Anspannung ein wenig nachließ. Hier gab es hohe, von den Spuren der Zeit gezeichnete Holzregale, Bücher in ordentlichen Reihen und weitere, die auf einem Wagen lagen und darauf warteten, wieder einsortiert zu werden. All das war ihr auf beruhigende Weise vertraut.

Die Bücherei wirkte verwaist, vielleicht weil die meisten Schülerinnen und Schüler zu dieser Zeit in ihren Wahlkursen saßen. An den Lesetischen und Computerterminals saß kein Mensch. Ein dürrer Junge, der im *Newton Science Magazine* blätterte, und das langhaarige Mädchen hinter der Ausgabe, das einen Roman las, waren die einzigen Anwesenden. Nga-Yee erkannte sie sofort: Violet To.

»Hallo«, sagte N zu Violet. Sie hob den Blick und erschrak beim Anblick der zwei fremden Erwachsenen, doch als sie die Besucherausweise entdeckte, reagierte sie genauso höflich wie alle vor ihr.

»Kann ich Ihnen helfen?« Ihre zarte Stimme, die dicken Brillengläser und die krumme Haltung weckten in Nga-Yee den Verdacht, dass Violet sich für die Arbeit in der Bücherei entschieden hatte, weil sie nicht besonders sportlich war. Verstärkt wurde dieser Eindruck durch den blauen Pullover, den sie trug, obwohl es nicht sonderlich kalt war. Viele Mädchen, erinnerte sich Nga-Yee, die schon weiter entwickelt waren, versteckten sich absichtlich unter dicken Sachen, um der Aufmerksamkeit ihrer männlichen Klassenkameraden zu entgehen. Nga-Yee selbst war während der Pubertät zu sehr damit beschäftigt gewesen, ihre Mutter zu unterstützen und ihre kleine Schwester zu hüten, um sich Gedanken darüber zu machen, wie sie auf Jungs wirkte.

»Violet To? Aus der 3B? Wir sind Verwandte von Au Siu-Man. Das hier ist ihre große Schwester.«

Violet wirkte erschrocken. Sie brauchte ein paar Sekunden, dann brachte sie ein gestammeltes »Ha…hallo«, heraus.

»Wir sind heute in die Schule gekommen, um Siu-Mans Sachen abzuholen, und da dachten wir, wir nutzen die Gelegenheit, um uns dafür zu bedanken, dass du zu ihrer Trauerfeier gekommen bist.«

»Kein Problem.« Violet wirkte argwöhnisch. »Woher wissen Sie, wie ich heiße?«

»Es sind nicht viele von ihren Klassenkameraden zu Siu-Mans Trauerfeier gekommen. Wir haben dich ein paar Leuten beschrieben, und die konnten uns sofort sagen, wer du bist.« N klang absolut überzeugend. »Warst du gut mit Siu-Man befreundet? Sie hat zu Hause so gut wie nie über die Schule gesprochen.«

Nga-Yee fragte sich, weshalb er bei ihr einen völlig anderen Ansatz verfolgte als vorhin bei der Prinzessin. Miranda hatte er glauben gemacht, Siu-Man hätte ständig von ihr erzählt, und bei Violet tat er genau das Gegenteil. Sie dachte nach: Von dem Streit zwischen Siu-Man und der Prinzessin hatten sie gewusst, deshalb war die Herangehensweise sinnvoll gewesen. Dagegen hatten sie keine Ahnung, wie genau die Beziehung von Siu-Man zu Violet gewesen war.

»Nicht besonders.« Violet schüttelte den Kopf. »Nach dem Unterricht kam sie rauf in die Bücherei, um ihre Hausaufgaben zu machen. Deshalb haben wir uns zwar oft gesehen, aber wir haben so gut wie nie ein Wort gewechselt. Aber als sie dann starb, dachte ich, ich sollte mich wenigstens von ihr verabschieden.«

»Das ist sehr nett.« N schenkte ihr ein warmherziges Lächeln. »Wie war sie denn so? Hat sie sich gut mit ihren Klassenkameraden verstanden?«

»Hm, schon okay, glaube ich. Sie wirkte von … von dieser Sache in der U-Bahn zwar nicht besonders schwer getroffen, aber es kann schon sein, dass wir anderen ihr danach ein bisschen aus dem Weg gegangen sind, weil wir nicht wussten, wie wir damit umgehen sollen. Als dann die – äh – zweite Sache passierte, waren unsere Lehrer noch strenger. Wir durften über das Thema überhaupt nicht sprechen. Nach der Sache haben die Leute Siu-Man gemieden.«

»Ist sie noch oft in die Bücherei gekommen?«

»Ich weiß nicht, ich bin nicht jeden Tag hier … aber immer, wenn ich da war, habe ich sie gesehen.« Violet zeigte zu einem der langen Lesetische hinüber. »Da drüben war ihr Stammplatz.«

Einen Moment lang sah Nga-Yee ihre kleine Schwester vor sich, wie sie zusammengesackt über dem Tisch kauerte und mit einem Kugelschreiber in ihr Hausaufgabenheft schrieb. Sie hatte immer eine schlechte Haltung gehabt und hing mit der Nase oft praktisch direkt über dem Blatt. Nga-Yee hatte sich alle Mühe gegeben, diese schlechte Angewohnheit zu korrigieren, doch sobald Siu-Man nicht mehr daran dachte, war sie wieder in die Haltung zurückgefallen.

Plötzlich meldeten sich alle möglichen Erinnerungen, und Nga-Yee zog sich das Herz zusammen. Ihr wurde in diesem Moment bewusst, wie viele kleine Augenblicke sie schon zu vergessen begonnen hatte.

»Entschuldigung, kann ich bitte mein Telefon wiederhaben?«

N und Nga-Yee drehten sich um. Hinter ihnen stand der dürre Junge.

»Natürlich.« Violet nahm den Schülerausweis entgegen, scannte den Barcode, griff in ein Regal hinter dem Schalter und reichte ihm ein Mobiltelefon. Der Junge bedankte sich und ging, über den Bildschirm wischend, davon.

»Müssen die Schüler ihr Telefon abgeben?«, fragte N interessiert.

»Nein. Bei uns gibt es eine Ladestation.« Sie deutete auf ein Holzgestell hinter dem Schalter, mit Fächern in Telefongröße und einem Gewirr aus Ladekabeln. Die meisten führten zu einer großen grauen Powerbank mit einem Dutzend USB-Ports und eines zu einem einzelnen schwarzen Ladegerät. »Bei uns sind sämtliche Klassenzimmer damit ausgestattet, für unsere Tablets und Telefone. Später kamen dann auch noch die Bibliothek und die Freizeiträume hinzu.«

»Ach, das ist ja eine gute Idee.« N musterte bewundernd das Holzgestell. »Und die einzelnen Fächer werden bei Belegung mit der Schüler-ID verlinkt, sodass jeder auch wirklich sein Telefon zurückbekommt?«

»Natürlich. Unsere Schule hat IT-mäßig Vollausstattung.«

»Als Bibliothekarin kennst du dich bestimmt gut mit der EDV aus«, sagte N.

»Das ist inzwischen alles viel einfacher als früher. Wir müssen zum Beispiel keine Karten mehr stempeln. Ich habe gehört, eine Bibliothekarin hätte versehentlich mal den Datumsstempel falsch eingestellt, und alle Bücher, die an dem Tag entliehen wurden, hatten das falsche Rückgabedatum. Jetzt bekommt jeder bei der Ausleihe automatisch eine Mail geschickt, und wenn das Buch fällig ist, kommt rechtzeitig eine Erinnerungs-SMS.«

»Das ist bequem *und* umweltbewusst. Aber ich bin mir sicher, es gibt immer noch jede Menge Dummköpfe, die keine Ahnung von IT haben und glauben, es wäre einfacher, Karteikarten zu stempeln.« N warf Nga-Yee einen spöttischen Seitenblick zu. Sie biss sich auf die Zunge, obwohl sie nur zu gern gesagt hätte, dass sie sich mit diesem System tatsächlich auskannte – es unterschied sich nicht groß von dem, das sie bei sich in der Arbeit nutzte. Was sie verwirrte, war lediglich das Internet mit seinen ständigen Veränderungen.

»Darf ich dich etwas fragen, Violet?« N kam zur Sache zurück. »Weißt du, ob es etwas gab, das Siu-Man sich wünschte? Wir wissen nicht, ob sie in der Schule Ärger hatte, und vielleicht können wir ihr einen letzten Wunsch erfüllen, wo wir schon mal hier sind.«

Violet dachte ein paar Sekunden nach, doch dann schüttelte sie den Kopf. »Ich weiß nicht. Tut mir leid. Wir standen uns wirklich nicht besonders nahe.«

»Schon gut, das muss dir nicht leidtun«, sagte N. »Siu-Mans Abschied kam sehr plötzlich, und davor wurde sie von diesen schrecklichen Gerüchten gequält. Wir dachten einfach, es gäbe vielleicht noch irgendetwas, das wir für sie tun könnten.«

Violet nickte nur stumm.

»Ich weiß, dass euch die Lehrer verboten haben, über die Gerüchte zu sprechen, aber ihr habt euch doch bestimmt trotzdem heimlich darüber unterhalten … Oh! Gab es an der Schule womöglich jemanden, der Siu-Man nicht ausstehen konnte?«

Violet sah ihn verständnislos an.

»Ich denke die ganze Zeit, dass sie sich jemanden zum Feind gemacht haben muss, wenn ihr Name derart durch den Schmutz gezogen wurde. Diese vielen Lügen …« N seufzte. »Wenn sie tatsächlich jemanden verletzt hat, müssen wir denjenigen finden und ihm dabei helfen, mit der Sache ins Reine zu kommen. Erst dann wird Siu-Man endgültig Frieden finden.«

»Na ja …«

»Ja? Fällt dir vielleicht jemand ein?«

»Ich weiß es nicht genau, aber ich glaube, Lily Shu war nicht gut auf sie zu sprechen.« Ihre Stimme schrumpfte zu einem Flüstern zusammen – sie fühlte sich offensichtlich unwohl dabei, schlecht über eine Klassenkameradin zu sprechen. »Früher waren die beiden beste Freundinnen, quasi unzertrennlich, aber dann sprachen sie plötzlich nicht mehr miteinander.«

»Glaubst du, Lily hat diese Gerüchte in die Welt gesetzt?«

»Ich bin mir nicht sicher, aber ich habe schon oft mitbekommen, wie aus besten Freundinnen Feindinnen werden und sie sich gegenseitig plötzlich die schlimmsten Dinge antun. Mit dem Internet ist es inzwischen so leicht, die Wahrheit zu verdrehen.«

Lilys Namen zu hören, war ein Schock, auch wenn N sie gewarnt hatte, dass Kwok-Tai und Lily möglicherweise logen. Nga-Yees freundschaftliche Gefühle für das Mädchen und sämtliches Vertrauen lösten sich augenblicklich in Luft auf.

»Da hast du recht.« N machte ein trauriges Gesicht. »Sie hat in der Schulbücherei viel Zeit verbracht. Weißt du, ob sie sich hier oben ab und zu mit anderen unterhalten hat? Vielleicht finden wir noch jemanden, mit dem wir sprechen könnten.«

»Sie war immer allein«, sagte Violet. »Es kommen zwar einige Schülerinnen und Schüler her, um hier ihre Hausaufgaben zu machen, aber die bleiben alle für sich. Nach dem Unterricht ist hier kaum noch was los – meistens kommen die Leute nur her, um eine Zeitschrift zu lesen oder ihre Telefone zu laden, nachdem die Klassenzimmer abgeschlossen worden sind.«

Nga-Yee wusste, wie sich das für Violet anfühlen musste. Sie war ebenfalls leidenschaftliche Leserin, aber die meisten jungen Leute lasen lieber irgendwelchen Müll im Internet, als ein Buch aufzuschlagen. Eine amerikanische Studie besagte, dass der Durchschnitts-Internet-Nutzer online täglich fünfzigtausend Wörter liest – praktisch einen ganzen Roman.

»Dürfen wir uns hier kurz umsehen? Ich würde gerne erfahren, wie Siu-Mans Alltag aussah.«

»Natürlich.«

N bedankte sich bei Violet und entfernte sich mit Nga-Yee von ihrem Schalter. Das Mädchen vertiefte sich wieder in sein Buch. Nga-Yee steuerte direkt auf Siu-Mans Stammplatz zu und strich sanft über den Tisch, als würde ihre Schwester tatsächlich dort sitzen. Eine alte Erinnerung stieg an die Oberfläche: sie selbst, neben dem kleinen Klapptisch in ihrer Wohnung stehend, wie sie ihrer achtjährigen Schwester bei den Hausaufgaben half.

Ein lautes Klingeln durchschnitt die Stille und riss Nga-Yee in die Gegenwart zurück. Sie hob den Kopf und sah, wie N am anderen Ende des Raums in der Tasche nach seinem Telefon wühlte.

»Entschuldigung!«, rief er Violet zu und eilte vor die Tür. Nga-Yee wusste nicht, ob sie mitkommen sollte, doch er gab ihr im Vorbeilaufen mit einem Winken zu verstehen, dass sie hierbleiben sollte. Sie hätte nicht erwartet, dass ausgerechnet N sich an Bibliotheksregeln halten würde, doch ein einziger Blick auf Violet genügte, um ihr ins Gedächtnis zu rufen, dass er immer noch die Rolle des netten Typen spielte, der mit Siu-Man verwandt war – perfektes Social Engineering.

Nga-Yee ließ nicht zu, dass sie noch einmal in Erinnerungen versank, jetzt, wo sie wieder im Hier und Jetzt war. Sie war schließlich nicht gekommen, um ihrer Schwester zu gedenken, sondern um die Wahrheit rauszufinden. Sie setzte sich auf Siu-Mans Lieblingsplatz und sah sich sorgfältig um. Sie hatte insgeheim auf irgendeinen Hinweis gehofft, aber dies hier war eine ganz normale Schulbibliothek. Das Regal, das ihr am nächsten stand, beherbergte Geschichte und Geografie, darunter befanden sich die Bereiche Sprachen und Literatur, sämtlicher Bestand war nach der chinesischen Bibliotheksaufstellung sortiert. An der Wand über den Computerplätzen zu ihrer Linken hingen ein Poster mit Reklame für einen Lesewettbewerb, eine Liste der abonnierten Zeitschriften und Hinweise auf die jüngsten Neuanschaffungen. Der einzige Hinweis, der sich nicht direkt auf die Bibliothek bezog, stammte von der Schulleitung und ermahnte die Schülerinnen und Schüler zu einem verantwortungsvollen Umgang mit dem Internet, zur Geheimhaltung von Passwörtern und so weiter. Im Grunde war es allerdings eher unwahrscheinlich, dass die Schüler den Plakaten viel Beachtung schenkten, ob sie sich nun auf »Neue Bücher« oder »Sicheres Surfen im Netz« bezogen.

Plötzlich fühlte Nga-Yee sich sehr einsam. Sie dachte an den Trubel auf dem Volleyballfeld und das Durcheinander im Probenraum. Die Stille in der Bibliothek fühlte sich an wie von der Welt abgetrennt. Ihre Einsamkeit presste ihr sämtliches Leben aus dem Körper und ließ sie langsam erstarren. Lag es an der Bibliothek oder an dem Licht, das durch die Fenster fiel? Oder daran, dass sie nicht aufhören konnte, an Siu-Man zu denken?

Genau hier hatte ihre Schwester einst gesessen und hatte, den Kopf über die Bücher gebeugt, versucht, vor der ständigen Beobachtung zu fliehen.

»Reicht es? Zeit zu gehen.«

Nga-Yee drehte sich um. N stand direkt hinter ihr. Sie hatte ihn nicht wieder hereinkommen hören. Sie stand auf und verabschiedete sich stumm.

»Vielen Dank für deine Hilfe, Violet. Wir gehen wieder«, rief N. Das Mädchen ließ den Roman sinken und nickte. Nga-Yee registrierte den Titel – *Geständnisse* von Kanae Minato – und fragte sich kurz, ob das für eine Fünfzehnjährige eine angemessene Lektüre war.

»Glauben Sie, dass stimmt, was Violet über Lily und Siu-Man gesagt hat? Dass sie Feindinnen waren? Könnte Lily doch die Täterin sein?«, fragte Nga-Yee, sobald sie das Treppenhaus erreicht hatten, wo niemand sie hören konnte.

»Sie sind so leicht zu beeinflussen, Miss Au«, sagte N. »Violet hat uns erzählt, dass Ihre Schwester sich mit einer guten Freundin zerstritten hat. Das macht diese Freundin noch nicht zur Mörderin.«

»Konnten Sie da drin irgendwelche Hinweise entdecken?«

»Ja, aber nicht genug für irgendwelche Schlussfolgerungen, es hat also wenig Sinn, Ihnen davon zu erzählen. Und? Was sagen Sie?«

»Zu Violet To? Ehrlich gesagt, ich mag sie – ein introvertiertes Mädchen, das gerne liest. Außerdem bin ich auch Bibliothekarin, also haben wir was gemeinsam …«

»Ich spreche nicht von der To.« N blieb stehen und sah sie an. »Sie haben heute die Klassenkameraden Ihrer Schwester kennengelernt. Sie haben erfahren, was diese Leute von ihr gehalten haben. Sie sind durch die Schule gelaufen, durch die Ihre Schwester einst lief, saßen am selben Platz wie sie, sahen, was sie gesehen hat. Wo liegt Ihrer Meinung nach der Unterschied zwischen der echten Siu-Man und der in Ihrem Kopf?«

Nga-Yee verstand die Frage nicht. »Siu-Man ist Siu-Man, oder nicht?«

»Vergessen Sie's. Vergessen Sie, dass ich überhaupt gefragt habe.« N schürzte die Lippen und gab ihr deutlich zu verstehen, dass es sich offenbar nicht lohnte, ihr irgendetwas zu erklären. Er drehte sich um und stapfte davon. Nga-Yee hatte keine Ahnung, womit sie es verdient hatte, dass er sie derart abblitzen ließ. Ihr blieb nichts, als diesen arroganten Scheißkerl wieder einmal innerlich zu verfluchen.

»Mit wem müssen wir noch sprechen? Was ist mit den anderen iPhone-Besitzern auf der Liste?«

»Nicht nötig. Wir gehen.«

»Die Ermittlung ist beendet?«

»Natürlich nicht. Wir unterhalten uns, wenn wir hier weg sind.«

»Wir sollten uns wenigstens von Miss Yuen verabschieden.«

»Wozu das denn? Um ihr zu sagen, dass wir jetzt gehen? Weder macht sie das glücklich, noch wird sie Ihre guten Manieren zu schätzen wissen. Im schlimmsten Fall wird sie sich fragen, warum wir immer noch hier sind und was wir so lange hier getrieben haben.«

»Miss Yuen würde doch nicht …«

»Gut. Dann sprechen Sie mit der Frau. Ich gehe nach Hause. Ob Sie mitkommen oder nicht, liegt ganz bei Ihnen.«

Nga-Yee blieb nichts anderes übrig, als ihm zu folgen. Die Ermittlung war ihr wichtiger als die Frage, ob Miss Yuen sie womöglich für unhöflich halten würde.

Sie gaben die Ausweise an der Pforte ab und gingen dann die Waterloo Road in Richtung Nathan Road davon. N lief voraus. Nga-Yee hätte ihn gern gefragt, wie der nächste Schritt aussah, aber sie hielt den Mund.

»Besorgen wir uns einen Kaffee.« Sie waren inzwischen auf der Nathan Road, kurz vor der U-Bahn-Station Pitt Street, als N auf ein Schild zeigte: PISCES CAFÉ. Das Café befand sich im zweiten Stock eines Wolkenkratzers. Die Mieten in Yau Ma Tei und Mong Kok waren hoch, und ein unabhängiges Café konnte nur überleben, wenn es nicht auf einen Zugang auf Straßenhöhe bestand. Eine Klapptafel im Erdgeschoss verwies auf die Öffnungszeiten und wies ihnen mit einem Pfeil den Weg. Das Logo des Cafés zeigte zwei Fische in einem grünen Kreis und erinnerte verdächtig an die Starbucks-Meerjungfrau, auch wenn eher nicht damit zu rechnen war, dass irgendjemand diesen Laden mit dem Original verwechselte.

Sie gingen die Treppe hinauf. Auch die Möblierung und die Farbgebung waren Starbucks-Imitate, bis hin zur Selbstbedienungstheke.

»Einen Medium Iced Latte«, sagte N zu dem Barista. Natürlich fragte er Nga-Yee nicht, was sie wollte, und sie hatte auch nicht damit gerechnet. Sie las die Karte und verglich die Preise: Kaffeeprodukte fingen bei dreißig Dollar an, und selbst das billigste Getränk, eine Tasse Tee, würde sie zwanzig Dollar kosten. Sie lebte immer noch von den achthundert Dollar, die Wendy ihr geliehen hatte, aber da sie von N noch mehr erfahren wollte, blieb ihr nichts anderes übrig, als zwanzig Dollar für eine Tasse Tee zu blechen, die mit Sicherheit nicht mehr als zwei wert war.

Es war noch vor fünfzehn Uhr und das Café fast leer. N trug seinen Iced Latte zu einem Ecktisch, und Nga-Yee kam mit ihrem Tee hinterher.

»Okay. Sagen Sie mir jetzt, ob wir für heute fertig sind?«, bedrängte sie ihn.

N kaute auf seinem Strohhalm und trank einen Schluck. Dann holte er das weiße Telefon aus der Tasche. Er tippte es an und sagte: »Ich habe Ihnen zwar noch nichts davon gesagt, aber es gibt einen weiteren Grund, weshalb wir heute in der Schule waren.«

»Und welchen?«

»Um sicherzugehen, dass kidkit727 wirklich ein Schulkamerad Ihrer Schwester ist.«

»Hatten Sie das nicht bereits abgeleitet?«

»Das war lediglich eine Schlussfolgerung. Ich spreche von Beweisen.« Er sah sie an. »Stichhaltigen Beweisen. Wissen Sie noch, was ich Ihnen über die Mails erzählt habe, die kidkit727 aus den U-Bahn-Stationen verschickt hat?«

»Ja, da ging es um diese – wie heißen die Dinger noch mal? – IP-Adressen.«

»Und ich habe Ihnen gesagt, eine IP-Adresse ist wie die Wartenummer in der Bank oder beim Arzt. Man bekommt jedes Mal eine zugewiesen. Richtig?«

Nga-Yee nickte.

»Wenn man über ein WiFi-Netz online geht, zeichnet der Provider eine weitere Zahlenfolge auf. Um bei der Bank-Analogie zu bleiben, das ist, als würde man seinen Ausweis, also eine

ID, vorlegen, um seine Identität nachzuweisen. Erst dann bekommt man seine Wartenummer zugeteilt – beziehungsweise die IP-Adresse.«

»Eine ID?«

»Ja. Eine einzigartige Nummer, nur für Sie.« N zeigte auf das Telefon in seiner Hand und dann auf den Festnetzapparat, der auf dem Tresen stand. »Jedes WiFi-fähige Endgerät besitzt eine vom Hersteller zugewiesene Media Access Control Address, kurz MAC-Adresse. Einfach gesagt, in Hongkong gibt es zehn Millionen Smartphones, das heißt, es gibt zehn Millionen MAC-Adressen. Diese Adressen sind einzigartig wie der menschliche Fingerabdruck. Zwei identische kann es nicht geben.«

»Was bedeutet das?«

»Als ich die IP-Adressen recherchiert habe, die kidkit727 nutzte, um online zu gehen, habe ich außerdem die MAC-Adresse des iPhones herausgefunden: 3E06B2A252F3.« Ohne zu blinzeln, ratterte N Zahlen und Buchstaben herunter.

»3E…«

»3E06B2A252F3. Theoretisch müssen wir lediglich ein iPhone mit dieser MAC-Adresse finden, und wir haben kidkit727 gefunden.«

Nga-Yee wäre fast aufgesprungen wie von der Tarantel gestochen. »Dann gehen wir jetzt sofort in die Schule zurück und überprüfen die MAC-Adressen der achtzehn iPhones.«

»Längst passiert.«

»Und?«

»Lassen Sie mich Ihnen zuerst eine Lehrstunde in Sachen Wireless Technology geben. Wissen Sie, was WiFi ist?«

»Über WiFi verbindet man ein Tablet oder Smartphone kabellos mit dem Internet«, sagte Nga-Yee. Nachdem N ihr erzählt hatte, Siu-Man hätte diese Mails via WiFi bekommen, hatte sie sich in der Bibliothek ein Buch mit einfachen Erklärungen zu dieser Technologie besorgt. Im Gegensatz zu den meisten Menschen bezog sie ihre Informationen immer noch am liebsten aus Büchern.

»Was geschieht, wenn Sie auf den Knopf drücken und Ihrem Telefon oder Tablet befehlen, sich mit dem WiFi zu verbinden?«

Nga-Yee sah ihn mit großen Augen an. Das Buch hatte ihr lediglich erklärt, wie man das machte.

»War mir klar. Sie haben keinen blassen Schimmer. Aber ehrlich gesagt, da geht es den meisten Smartphone-Nutzern wie Ihnen. Das Einzige, was sie tun, ist, sich aus einer Liste das richtige Netzwerk aussuchen und es anklicken.« N deutete auf ein Schild hinter dem Tresen. »Können Sie lesen, was da steht?«

Nga-Yee wandte den Kopf. FREE WIFI, stand auf dem Schild, und darunter: ID: PiscesFreeWiFi

N legte Siu-Mans Telefon vor sie hin und öffnete eine Liste: CSL, Y5Zone, Alan_Xiaomi und so weiter. Neben »PiscesFreeWiFi« stand »verbunden«.

»Die anderen sind Netzwerke in der Nähe. Stellen Sie sich die als Freileitungskabel vor, die alle mit einem unterirdischen Glasfasernetz verbunden sind. Können Sie mir folgen?«

Nga-Yee nickte.

»Jetzt kommt der Teil, der den meisten Menschen nicht klar ist. Was glauben Sie, warum tauchen diese Namen hier auf? CSL, Y5Zone und so weiter?«

»Weil das Telefon sie irgendwoher bekommt? So wie ein Radio bestimmte Sender empfängt?«

»Zum Teil. Die Netzwerke senden ihre Namen und andere Daten, und wenn sich Ihr Telefon in Reichweite befindet, verbinden sie sich. Was Sie allerdings vergessen haben, ist, dass Ihr Telefon ebenfalls ständig Signale sendet und, auch wenn Sie nicht online sind, Daten mit Netzwerken austauscht, die sich in der Nähe befinden.«

»Was? Ich dachte, das passiert nur, wenn man dem Telefon sagt, es soll sich verbinden.«

»Nein. Bis Sie zu diesem Punkt kommen, haben die Geräte schon so einiges an Informationen ausgetauscht. Und auch wenn Ihr Telefon bereits mit einem Netzwerk verbunden ist, sendet es ab und zu ein Signal, um zu sehen, was sich sonst noch da draußen rumtreibt. Dieser Vorgang nennt sich Probe Request. Als würde es sagen: ›Hallo, ich bin ein Mobiltelefon, sind irgendwelche Netzwerke zum Unterhalten in der Nähe?‹ Alle Netzwerke, die das hören, schicken eine sogenannte Probe Response: ›Hallo, hier spricht PiscesFreeWiFi, ich stehe zur Verfügung.‹ Das ist der Grund, weshalb der Netzwerkname auf Ihrem Telefon erscheint.«

»Okay, verstanden. Aber wozu muss ich das wissen?«

N legte das kleine weiße Telefon neben Siu-Mans rotes auf den Tisch. »Während wir in der Schule waren, hatte ich mein Telefon die ganze Zeit als Hotspot geschaltet, und dabei hat es sämtliche Probe Requests aufgezeichnet, die in der Nähe waren. Ach, ich vergaß: Zu den von einem Probe Request gesammelten Informationen gehört unter anderem die MAC-Adresse des Geräts.«

Nga-Yee las die Textzeilen auf dem Bildschirm des weißen Telefons. Eine davon war markiert: »3E:06:B2:A2:52:F3.«

»Wir sind vorhin direkt an dem Mobiltelefon von kidkit727 vorbeigegangen«, sagte N beiläufig.

»War es … war es Lily?«, stotterte Nga-Yee. Das iPhone auf dem Tisch in der Cafeteria fiel ihr ein.

»Laut Zeitprotokoll wurde die MAC-Adresse in dem Moment registriert, als wir Lily vor dem Klassenzimmer getroffen haben. Das bedeutet aber nicht, dass sie es war. Es könnte genauso gut jemand in unmittelbarer Nähe gewesen sein oder auch einen Stock höher oder tiefer – WiFi-Signale durchdringen Wände und Decken.«

Nga-Yee verstand, was N damit sagen wollte. Alle drei verdächtigen iPhone-Besitzer waren die ganze Zeit innerhalb der Reichweite gewesen: die Prinzessin in ihrem Probenraum im vierten Stock, Violet To in der Bibliothek im Stockwerk darüber. Vielleicht waren die beiden ebenfalls in der Cafeteria gewesen, ohne dass Nga-Yee sie bemerkt hatte. Und das Volleyballfeld, auf dem Lily später trainiert hatte, befand sich ebenfalls in Reichweite.

»Dann sind Lily, Violet und die Prinzessin unsere Verdächtigen.«

»Nicht zwingend. Trotzdem: Weil ich das Signal erstmals vor dem Klassenzimmer empfangen habe, müssen wir uns auf die Klassenkameraden Ihrer Schwester konzentrieren.«

»Wieso nicht zwingend?«

»Aus zwei Gründen.« N trank einen Schluck Latte. »Erstens können wir die Möglichkeit nicht ausschließen, dass kidkit727 sich nur zufällig irgendwo im Westflügel befand. Es hat keinen Sinn, uns auf die Verdächtigen zu beschränken, mit denen wir bereits gesprochen haben.«

Nga-Yee nickte, auch wenn sie immer noch glaubte, dass eine der drei die Schuldige war.

»Zweitens: Ich will zwar unsere Hoffnungen nicht gleich wieder zunichtemachen«, N lächelte verbissen, »aber MAC-Adressen sind eben doch keine Fingerabdrücke. Sie können verändert werden.«

»Ach so?«

»Die richtige Software vorausgesetzt, kann man seine MAC-Adresse ändern. Das iPhone 5S zum Beispiel ist mit iOS 8 kompatibel. Dieses Betriebssystem würde erlauben, bei Probe Requests eine zufällig generierte falsche MAC-Adresse zu senden und die echte nur zu verwenden, wenn sich das Gerät tatsächlich über WiFi verbindet. Apple sagt, dies diene dem Schutz der Privatsphäre seiner Nutzer, doch viele Wettbewerber sehen darin nur eine weitere Methode, um sich das Datenmonopol zu sichern.«

»Also war der heutige Tag reine Zeitverschwendung«, sagte Nga-Yee.

»Nein, nein, nein.« N lächelte sie an. »Allein schon, dass wir 3E06B2A252F3 in der Schule auffangen konnten, bringt uns einen großen Schritt weiter. Selbst wenn ein neues iPhone eine randomisierte MAC-Adresse aussenden würde, läge die Chance, dass die Software zufällig ausgerechnet diese Adresse generiert, bei etwa eins zu 280 Milliarden. Mit anderen Worten, bei null.«

»Aber Sie haben doch eben gesagt, man könnte die Adresse auch absichtlich ändern.«

»Genau. Wissen Sie noch? Unser Hauptfeind ist The Rat, der sich hinter Little Seven versteckt und sein IT-Wissen beisteuert. Könnte sein, dass er oder auch sie versucht, die Ermittlungen in die falsche Richtung zu lenken, indem er Little Seven gezeigt hat, wie man gefakte MAC-Adressen benutzt, als der Täter Ihrer Schwester die E-Mails geschickt hat, genau wie er wusste, dass er sich am besten über das Bahnhofs-WiFi-Netz einwählt. Die Programme sind leicht zu bedienen. Mit der richtigen Anleitung könnten selbst Sie das in fünf Minuten lernen.«

»Also hatte ich doch recht?«, fragte Nga-Yee verwirrt.

»Sie haben es immer noch nicht kapiert. Wir erwägen inzwischen zwei Möglichkeiten: Falls The Rat Little Seven nicht geholfen hat, die MAC-Adresse zu verschleiern, können wir Little Seven über sein oder ihr iPhone identifizieren.«

»Und falls doch?«

»Dann versucht Little Seven, den Besitzer des iPhones mit der MAC-Adresse 3E06B2A252F3 reinzureiten – andernfalls würde er einfach irgendeine zufällig generierte Adresse verwenden.«

Bei Nga-Yee fiel der Groschen. »Also müssen wir auf alle Fälle den Besitzer des 3E-wasweißdennich-Telefons finden. Entweder ist das unser Täter oder jemand, den unser Täter reinreiten will.«

»Sie haben nicht unrecht, aber ich möchte noch eine weitere Methode ausprobieren.«

»Und welche?«

»Wie oft habe ich Ihnen schon gesagt, Sie sollen mich nicht nach meinen Methoden fragen, Miss Au? Ich garantiere Ihnen, Sie werden mit dem Ergebnis zufrieden sein, und mehr brauchen Sie nicht zu wissen.«

Nga-Yee verzog beleidigt das Gesicht und trank einen Schluck kalt gewordenen Tee.

N strich sich nachdenklich über das Kinn. »Wir wollen Ihren Horizont ein wenig erweitern. Sehen Sie hin.«

Nga-Yee sah in die angedeutete Richtung. Ein paar Tische weiter surfte eine junge Frau um die zwanzig im Internet. Sie saß mit dem Rücken zu ihnen, und Nga-Yee konnte über ihre Schulter das Tablet erkennen.

»Was soll ich denn sehen?«

Sanft drückte N auf das weiße Telefon, und seitlich sprang eine kleine Tastatur heraus. Also deshalb war das Gerät so dick. Ns Daumen flogen über die Tasten.

»Hund, Katze oder Kaninchen?«, fragte er, ohne den Blick zu heben.

»Was?«

»Hund, Katze oder Kaninchen. Suchen Sie sich was aus.«

»Kaninchen?«

»Beobachten Sie ihren Bildschirm.«

Die Frau klickte einen Link auf ihrer Newsseite an, und Nga-Yee hätte fast den Tee ausgespuckt.

Das Bild eines weißen Kaninchens füllte den Bildschirm, die dazugehörige Schlagzeile lautete: IN ENGLAND ENTDECKT: KILLERKANINCHEN BEWACHT DEN HEILIGEN GRAL.

Die Frau wirkte überrascht. Sie wischte mit dem Finger über den Bildschirm und kehrte zur vorherigen Seite zurück. Als sie den Link aufs Neue anklickte, erschien das Kaninchen nicht noch einmal.

Nga-Yee drehte sich wieder zu N um. Er grinste verschlagen und zeigte ihr den Bildschirm des weißen Telefons. Dort war dasselbe Kaninchen zu sehen.

»Sie haben sich in ihr Tablet gehackt?«

»Logisch.«

»Einfach so?«

»Da ist nichts dabei.«

»Ist das tatsächlich möglich?« Nga-Yee dachte an die Dinge, die sie aus Filmen kannte: Hacker mit allem möglichen Equipment, die in Serverräume einbrachen und dort physisch vorhandene Kabel manipulierten.

»Frei zugängliche, öffentliche WiFi-Netze strotzen vor verwundbaren Stellen. Noch wichtiger, die Leute besitzen keinerlei

Bewusstsein für Selbstschutz. Im Grunde fahren Sie mit Ihrer Ignoranz tatsächlich am besten. Die meisten Menschen glauben, sie könnten mit Technologie umgehen, dabei sind ihre Endgeräte viel leistungsstärker, als sie sich das je vorstellen könnten.«

»Was ist denn an WiFi verkehrt?« Was N da eben getan hatte, kam ihr immer noch vor wie ein Zaubertrick.

»Raten Sie, wie ich das gemacht habe.«

»Sie haben die Kontrolle über ihr Tablet übernommen.«

»Nö.« N deutete auf das PiscesFreeWiFi-Schild hinter dem Tresen.

»Ich kontrolliere das WiFi-Netzwerk, mit dem sie verbunden ist.«

»Hä?«

»Das nennt sich Janus- oder Man-in-the-Middle-Angriff, kurz MITM. Hacker-Techniken sind im Grunde ganz simpel. Nicht besser als ein drittklassiger Zaubertrick. Die Leute glauben, es wäre komplex, nur weil es an der Oberfläche wissenschaftlich wirkt.« N sah zu der Frau mit dem Tablet hinüber. »Ich habe mein Telefon dazu gebracht, sich als PiscesFreeWiFi auszugeben. Weil mein Signal stärker ist als das des hiesigen Routers, hat ihr Tablet sich automatisch bei mir eingewählt. Gleichzeitig habe ich mich mit dem echten PiscesFreeWiFi verbunden und mich so in eine unsichtbare Zwischenstation verwandelt. Wissen Sie, was Ihr Computer tut, wenn Sie auf einer Website surfen?«

Nga-Yee schüttelte den Kopf.

»So einfach wie möglich ausgedrückt: Wenn Sie eine Adresse eintippen, schickt Ihr Computer eine Anfrage an den Remote Server, woraufhin der die richtigen Worte und Bilder an Ihren Computer zurückschickt. Das WiFi-Netzwerk stellt die Verbindung zwischen beiden her. Stellen Sie sich vor, Sie sind in der Bibliothek, und jemand möchte sich einen *Harry Potter*-Band ausleihen. Er kommt zu Ihnen an den Schalter, und Sie holen das Buch für ihn aus dem Regal. In diesem Beispiel sind Sie das WiFi-Netz.«

Mit dieser Analogie konnte Nga-Yee etwas anfangen – schließlich tat sie den ganzen Tag nichts anderes.

»Ich habe mir eben einen Mitarbeiterausweis umgehängt und am Eingang einen Fake-Schalter aufgestellt. Weil die Kunden mich für den Bibliothekar halten, fragen Sie mich nach dem *Harry Potter*. Ich nehme den Ausweis ab, gehe zu Ihnen an den echten Schalter und bitte Sie um das Buch. Sie händigen es an mich aus, und ich reiche es weiter. Weder Sie noch der Kunde würden je merken, dass etwas nicht stimmt.«

»Und Sie haben rausgefunden, dass der Kunde ein *Harry Potter*-Buch wollte.«

»Ja. Das ist der totale Eingriff in die Privatsphäre des Kunden. Und wenn ich richtig Ärger machen wollte, könnte ich zum Beispiel einen *Harry Potter*-Schutzumschlag nehmen und ein Exemplar von *Die 120 Tage von Sodom* hineinstecken …«

Nga-Yee wusste, worauf er hinauswollte. Als die Frau mit dem Tablet zum ersten Mal den Link angeklickt hatte, hatte N den Request abgefangen und ihr zur Antwort etwas über Killerkaninchen geschickt. Hätte der Kunde in dem Beispiel noch nie ein *Harry Potter*-Buch gelesen, würde er am Ende vielleicht glauben, die *Harry Potter*-Geschichten würden sich nicht um Hogwarts drehen, sondern um die Perversionen im Château de Silling. Schlimmer noch: Wäre die gefakte Antwort etwas weniger Offensichtliches gewesen als der Bericht über ein Killerkaninchen, hätte die Frau die Irreführung nie bemerkt und die Antwort für wahr gehalten.

»Oh!«, rief Nga-Yee und fuhr mit gesenkter Stimme fort: »Hätte sie gerade Online-Banking gemacht, hätten Sie sich ihre Log-in-Daten holen oder sie dazu bringen können, Ihnen das Geld zu überweisen.«

»Bei einer Bank wären noch ein paar mehr Schritte nötig – man bräuchte eine gefälschte Website, um die Verifizierung zu umgehen –, aber im Grunde liegen Sie richtig. Geben Sie mir zehn Minuten, und ich finde den Namen der Frau raus, dazu Adresse, Job, Beziehungsstatus, momentane Sorgen, BH-Größe und so weiter. Geben Sie mir eine Stunde, und ich finde einen

Weg, ihr Denken zu beeinflussen und ihr Verhalten zu ändern. Deshalb habe ich gesagt, mit Computern nichts am Hut zu haben, kann ein Vorteil sein. Sie müssen sich wenigstens keine Sorgen machen, dass fremde Leute Ihre Fetische rausfinden, weil sie sehen, welche besonderen Sextoys Sie online bestellt haben.«

Nga-Yee lief ein Schauder über den Rücken. Sie hatte zwar gewusst, dass die Privatsphäre im Internet ein heikles Thema war, aber bis jetzt war sie davon ausgegangen, dass das, was Siu-Man passiert war, eine Ausnahme gewesen war. Doch N hatte ihr gerade demonstriert, dass die Leute nur glaubten, sie wären unbeobachtet, und nicht verstanden, dass die Wände um sie herum aus Glas waren und unzählige Augen sie in ihren intimsten Momenten beobachten konnten.

N machte ihr Gänsehaut, wie er seelenruhig dasaß und an seiner geeisten Latte nippte. Wie viele ihrer Geheimnisse er wohl kannte? Obwohl sie so gut wie nie im Internet unterwegs war, war er genau über ihren Kontostand informiert gewesen, über ihren Dienstplan und weiß Gott was noch alles. Für ihn war sie ein offenes Buch.

Ein kleiner Trost war immerhin, dass dieser furchterregende Mann auf ihrer Seite war.

Plötzlich griff N nach Siu-Mans Telefon und ließ es zusammen mit dem weißen eilig in der Tasche verschwinden. Nga-Yee wusste nicht, was los war. Von einer Sekunde auf die andere änderte sich sein Gesichtsausdruck, und das warme Lächeln war zurück, das er in der Schule aufgesetzt hatte.

»Noch mal. Sie funken nicht dazwischen. Verstanden?«

Mit diesen Worten stand N auf und winkte jemandem zu. Nga-Yee drehte sich zum Eingang um und sah überrascht, dass Kwok-Tai auf sie zukam.

»Hallo, Mr Ong, Miss Au«, sagte er höflich und setzte seine Schultasche ab. »Ich gehe mir schnell was holen.«

N nickte. Als Kwok-Tai an der Theke stand, zischte Nga-Yee N zu: »Was macht er hier? Wieso benimmt er sich, als wären wir verabredet?«

»Wissen Sie noch, als ich sagte, wir müssen auf die nächste Gelegenheit warten?« N grinste. »Ich habe uns ein Hintertürchen offen gelassen, um Ihren dämlichen Patzer wiedergutzumachen. Ich hätte allerdings nicht gedacht, dass es so schnell gehen würde.«

Nga-Yee erinnerte sich daran, dass er Kwok-Tai und Lily in der Cafeteria seine Telefonnummer gegeben hatte.

»Ach, dann hat er Sie vorhin in der Bibliothek angerufen.«

»Er hat vorgeschlagen, sich hier mit uns zu treffen. Offensichtlich hat er noch mehr über Ihre Schwester zu sagen.«

Unverschämt, dass er es nicht für nötig befunden hatte, sie einzuweihen, dachte Nga-Yee. Hätte sie vorhin tatsächlich die Beherrschung verloren und wäre gegangen, hätte er sich allein mit Kwok-Tai getroffen, und sie hätte nie etwas davon erfahren.

»Sie halten die Klappe!«, sagte N, als Kwok-Tai vom Tresen zurückkam und sich mit einem geeisten Kaffee am Tisch niederließ.

»Isst du gar nichts?«, fragte N. »Als ich in deinem Alter war, hatte ich nach der Schule immer einen Bärenhunger.«

»Nein, nein, ich – ich habe keinen Hunger.« Kwok-Tai zwang sich zu einem Lächeln.

Er trank einen Schluck und senkte den Blick. Er hatte eindeutig etwas auf dem Herzen, wusste aber nicht, wo er anfangen sollte. Schließlich ergriff er das Wort. »Hat … hat Siu-Man jemals von mir erzählt?«, fragte er Nga-Yee.

Ehe Nga-Yee sich darüber klar werden konnte, wie sie darauf antworten sollte, hatte N bereits dazwischengegrätscht. »Nein.«

»Wahrscheinlich hat sie mir nie verziehen.« Kwok-Tai sah traurig aus.

»Ist zwischen euch beiden was passiert?«

»Wir, also, wir waren mal kurz zusammen«, sagte Kwok-Tai. »Aber nach ein paar Wochen war wieder Schluss.«

Nga-Yee traute ihren Ohren nicht. Ihre Schwester hatte einen Freund gehabt? Dann stimmte doch, was Miss Yuen angedeutet hatte – Siu-Man hatte Beziehungsprobleme gehabt. Nga-Yee hatte nie irgendwelche Anzeichen dafür bemerkt, dass Siu-Man einen Freund hatte. Und mehr noch: Hieß das, die Vorwürfe von kidkit727 stimmten doch? Hatte sie einem anderen Mädchen tatsächlich den Freund ausgespannt? Und bedeutete das, die anderen Dinge – Prostitution, Drogen – waren ebenfalls wahr?

»Wie fing es an?«, fragte N mitfühlend.

»Lily und ich waren schon in der Grundschule in einer Klasse, wir wohnten nebeneinander und waren immer Spielkameraden gewesen.« Kwok-Tai sprach mit ruhiger Stimme, aber sein Gesicht spiegelte schmerzliche Gefühle wider. »Im ersten Jahr auf der Highschool gingen Siu-Man und Lily in dieselbe Klasse. Sie saßen direkt nebeneinander, und nach einer Weile wurden sie beste Freundinnen. Deshalb habe ich Siu-Man auch oft gesehen. Wir drei haben uns jeden Freitag nach der Schule hier getroffen, um abzuhängen und Tee zu trinken. Hinterher sind wir manchmal noch durch Mong Kok gelaufen. Das war eine tolle Zeit. In den Sommerferien haben wir uns auch viel gesehen. Und dann … dann habe ich mich in Siu-Man verknallt.«

Nga-Yee versuchte angestrengt, sich zu erinnern, aber sie hatte keine Ahnung, was Siu-Man im vorherigen Sommer getan hatte. Sie hatte zu viel zu tun gehabt. Sie arbeitete in der Hauptfiliale, und im Sommer war in der Bibliothek immer am meisten los. Die Schüler hatten Ferien, Arbeitnehmer liehen sich mehr Bücher aus, und die Senioren kamen, um die klimatisierten Räume gratis zu genießen. Im Sommer wurden bei ihr und ihren Kollegen sogar die Pausen gekürzt. Sie konnte beim besten Willen nicht sagen, ob Siu-Man in den Ferien viel unterwegs gewesen war; wenn sie von der Arbeit nach Hause kam, war sie viel zu müde gewesen, um sich noch groß mit ihrer Schwester und ihrer Mutter zu unterhalten. Nga-Yee stellte mit Schrecken fest, dass sie an diese Zeit tatsächlich so gut wie keine Erinnerungen hatte. Ihre Tage folgten der immer gleichen Routine: aufstehen, zur Arbeit gehen, wieder nach Hause fahren, mit der Familie zu Abend essen, ein paar Seiten lesen, dann schlafen. Ein monotoner Trott, in dem sie nichts anderes tat, als ihre Zeit in Geld zu verwandeln, mit dem einzigen Ziel, den Kontostand zu erhöhen, um ihre Familie zu unterstützen. Etwas anderes zählte nicht.

»Im zweiten Jahr trat Lily in die Volleyballmannschaft ein und hatte nach dem Unterricht Training, also waren wir nachmittags nur noch zu zweit, Siu-Man und ich. Ich glaube, im November habe ich ihr dann gesagt, dass ich sie mag. Sie war überrascht, aber am nächsten Tag hat sie dann gesagt, sie will mit mir gehen«, fuhr Kwok-Tai fort. »Ich war der glücklichste Junge der Welt, aber eine Woche später hat sie mich dann plötzlich geghostet. Ich dachte, ich hätte vielleicht was Falsches gesagt oder getan, sie hat einfach nicht mit mir geredet. Zwei Wochen später hat sie sich dann endlich bei mir gemeldet, um mir zu sagen, dass sie Schluss macht, weil wir zu verschieden wären. Ich konnte einfach nicht verstehen, warum. Als ich versuchte, sie umzustimmen, ist sie völlig ausgetickt. Sie machte mir Angst.«

»Wieso Angst?«

»Ich hatte das Gefühl, sie würde mich plötzlich aus tiefstem Herzen hassen. So hatte ich sie noch nie erlebt. Irgendwann hielt ich es nicht mehr aus und schrie sie nur noch an, warf ihr vor, sie hätte nur mit meinen Gefühlen gespielt. Und das war's dann.«

»Und das war es, was sie dir nie verziehen hat?«

»Nein, nein.« Kwok-Tai schüttelte traurig den Kopf. »Das war gar nichts. Das war einfach nur dumm von mir. Aber von da an hat Siu-Man auch nicht mehr mit Lily geredet. Ich war verzweifelt, und Lily hat versucht, mich zu trösten, und … na ja, schließlich bin ich dann mit ihr zusammengekommen.«

Am Anfang hatte Nga-Yee gedacht, ein Junge wie Kwok-Tai hätte bestimmt einen verlässlichen Freund abgegeben, doch als er zu Ende erzählt hatte, musste sie ihre Meinung ändern. Wie konnte er so kurz nach der Trennung von ihrer Schwester schon wieder mit einem anderen Mädchen gehen? Aber vielleicht war Nga-Yee auch nur altmodisch – soweit sie wusste, führten viele Teenager nur noch Fast-Food-Beziehungen. Vielleicht war Kwok-Tai sogar einer von den Guten, weil er nur mit einem Mädchen auf einmal zusammen gewesen war.

»Seid ihr zwei immer noch ein Paar, Lily und du?«, fragte N.

»Ja, aber es gab zwischendurch eine schwierige Phase. Das war, als ich rausfand, was wirklich los war.« Kwok-Tai seufzte. »Letztes Jahr im Mai wirkte Siu-Man ziemlich neben der Spur. Ich fragte unsere Lehrerin und erfuhr, dass ihre Mutter gestorben war. Ich fand, das wäre der richtige Zeitpunkt, um mit der Vergangenheit abzuschließen. Ich versprach Lily, dass ich mich nicht noch mal um Siu-Man kümmern würde, aber ich sagte ihr auch, dass Siu-Man in so einer Situation ihre Freunde brauchte. Ich sagte ihr, dass wir die Sache zwischen uns endlich bereinigen müssten, aber sie weigerte sich. Ich dachte, sie wäre immer noch sauer, weil Siu-Man mich damals so verletzt hatte. Ich hatte ja keine Ahnung.«

»Ist zwischen Siu-Man und Lily etwas vorgefallen?«, fragte N vorsichtig.

»Erraten. Ich war so ein Idiot.« Kwok-Tai verzog das Gesicht. »Ich habe nicht lockergelassen, bis Lily mir schließlich die Wahrheit gesagt hat: Siu-Man hatte Lily damals erzählt, dass sie eingewilligt hätte, mit mir zu gehen. Ich hatte keine Ahnung, dass Lily in mich verliebt war, seit wir Kinder waren. Sie ist völlig ausgetickt – hat wild um sich geschlagen und Siu-Man vorgeworfen, ihr die große Liebe auszuspannen. Sie kündigte ihr die Freundschaft auf. Kurz darauf hat Siu-Man mit mir Schluss gemacht. Das ist der wahre Grund, weshalb die beiden nicht mehr miteinander gesprochen haben. Als ich das erfuhr, wusste ich nicht, was ich machen sollte. Irgendwann beschloss ich, mit Lily zusammenzubleiben und die beiden weiter ihr Ding machen zu lassen.«

Auch wenn sich die Sache anhörte wie drei Kinder, die Vater, Mutter, Kind spielten, war Nga-Yee klar, wie hart das gewesen sein musste. Mit vierzehn macht man aus jeder Mücke einen Elefanten, und es braucht nicht viel, um fragile Freundschaften zu zerstören. Wahrscheinlich hatte Lily vorhin beim Mittagessen ihr Gewissen erleichtern wollen, aber Kwok-Tai hatte sie davon abgehalten, wahrscheinlich aus Angst vor Nga-Yees Reaktion. Stattdessen hatte er N um dieses Treffen gebeten.

»Als Siu-Man dann so plötzlich starb, hast du das alles sicher bitter bereut«, sagte N ohne Vorwurf in der Stimme.

Kwok-Tai nickte. Er hatte plötzlich rote Augen.

»Als Sie beide heute nichts davon erwähnten, wusste ich, dass Siu-Man zu Hause nichts von uns erzählt hatte. Das macht mich so traurig. Verurteilen Sie mich, wenn Sie wollen, aber bitte machen Sie Lily keine Vorwürfe. Es war meine Schuld – ich hätte merken müssen, was zwischen den beiden abging. Und als es ihr dann richtig schlecht ging, waren wir nicht für sie da. Das war … das war auch meine Schuld.«

Ihm lief eine Träne über die Wange, und er begann leise zu schluchzen. Nga-Yee wusste nicht, was sie tun sollte. Plötzlich stupste N sie an und deutete auf ihre Handtasche. Sie holte ein Taschentuch heraus und reichte es Kwok-Tai. Er wirkte so elend, dass Nga-Yee ihm am liebsten gesagt hätte, es sei nicht seine Schuld gewesen, die Verantwortung für Siu-Mans Tod trage jemand anderes, eine Person namens kidkit727.

Kwok-Tai wischte sich die Tränen ab, und eine Weile blieben alle stumm. Nga-Yee hielt den Mund, weil N es ihr befohlen hatte. Sein Schweigen war mit Sicherheit taktischer Natur: Er gab Kwok-Tai ausreichend Raum, sich zu fassen, um dann die Befragung fortzusetzen.

»Kwok-Tai«, sagte N, ehe die Gesprächspause anfing, peinlich zu wirken, »du hast gesagt, du hättest Lily versprochen, dich nicht *noch mal* um Siu-Man zu kümmern. Was meintest du damit? Bedeutet das, du bist ihr schon einmal zu Hilfe geeilt, als du bereits mit Lily zusammen warst?«

Der Junge erstarrte einen Augenblick und nickte dann. »Ja. Die Situation war so gefährlich, dass ich keine Rücksicht auf Lilys Gefühle nehmen konnte.«

»Meinst du das, was an Heiligabend in der Karaoke-Bar passiert ist?«

»Sie wissen davon?« Kwok-Tai starrte ihn an. »Hat Siu-Man zu Hause davon erzählt? Ich dachte, sie würde keinem was sagen, vor allem, weil sie wahrscheinlich selbst nicht wusste, was dort eigentlich passiert war.«

»Nein. Ich habe zufällig ein paar Einzelheiten erfahren und mir den Rest zusammengereimt. Wir wissen allerdings nicht, was wirklich dort vorgefallen ist.«

Kwok-Tai sah von N zu Nga-Yee. Er zögerte lange, dann biss er sich auf die Unterlippe und sagte: »Jetzt, wo Sie sogar wissen, dass wir mal zusammen waren, kann ich Ihnen ebenso gut alles erzählen.«

Nga-Yee musste schlucken.

»Es war vorletztes Jahr am 24. Dezember. Ich hatte gedacht, ich würde die Winterferien mit Siu-Man verbringen, aber dann landete ich stattdessen bei Lily.« Kwok-Tai sprach sehr langsam, als fiele es ihm schwer, sich an die Dreiecksgeschichte zurückzuerinnern. »Ich hasste mich selbst. Ich dachte ständig an Siu-Man, auch wenn ich mit Lily zusammen war. Ich fühlte mich wie der letzte Dreck. An dem Abend waren Lily und ich shoppen. Wir wollten in einem japanischen Restaurant zu Abend essen, aber auf dem Weg dorthin liefen wir einem älteren Mitschüler aus meiner Band über den Weg. Und der hat plötzlich Siu-Man erwähnt.«

»Er kannte sie ebenfalls?«

»Nicht so richtig, aber Lily und Siu-Man kamen manchmal zusammen zu unseren Bandproben, und er wusste, dass wir gute Freunde waren … Er ahnte ja nichts von dem ganzen Ärger. Er erzählte uns, er wäre am Langham Place an einer größeren Gruppe vorbeigekommen, unter anderem an Siu-Man. Es gab Gerüchte, einige von den Typen würden nur deshalb in einer Band spielen, um an Frauen ranzukommen – alles schrecklich schlechte Musiker. Es hieß, sie würden junge Mädchen dazu überreden, als Escorts zu arbeiten …«

Der Begriff »Escort« erinnerte Nga-Yee an den Post von kidkit727.

»Kannte Siu-Man diese Typen?«, wollte N wissen.

»Das weiß ich nicht.« Kwok-Tai saß mit gerunzelter Stirn vor ihnen. Die Sache machte ihm eindeutig zu schaffen. »Ich konnte mir nicht vorstellen, dass Siu-Man sich je mit denen abgeben würde, aber trotzdem … Ich hatte den ganzen Abend ein ungutes Gefühl, und als Lily nach dem Essen auf die Toilette ging, rief ich Siu-Man an. Sie ging erst beim zweiten Versuch dran und redete unverständliches Zeug – sie lallte total. Die Geräusche im Hintergrund sagten mir, dass sie in einer Karaoke-Bar war.«

»War Lily dabei, als dein Bandkollege dir erzählte, was er gesehen hatte?«

»Ja. Sie hat alles mit angehört.«

»Hat Sie sich keine Sorgen gemacht?«

»Sie hatten sich erst kurz zuvor zerstritten, und wir redeten nicht über Siu-Man. Es war ein bisschen peinlich, als mein Bandkollege sie erwähnte, und wir haben hinterher beide getan, als wäre nichts gewesen. Aber ich merkte ihr an, dass sie ebenfalls beunruhigt war – sie hat sogar ihr Lieblingssushi liegen lassen.«

»Und nachdem du mit Siu-Man telefoniert hattest, sagtest du zu Lily, dass ihr beide sie da wegholen müsst?«

Kwok-Tai nickte. »Sie hatte sich so seltsam angehört. Ich dachte, Lily würde sich weigern, aber sie war einverstanden. Sie sagte nur: ›Das ist das letzte Mal, dass du dich um sie kümmerst.‹ Wir zahlten schnell die Rechnung und eilten hinüber in die Karaoke-Bar im King Wah Centre.«

N schenkte ihm einen anerkennenden Blick. »Und dort habt ihr sie gefunden?«

»Nein – viel schlimmer.« Kwok-Tai seufzte. »Als wir gegen halb elf dort ankamen, war Siu-Man draußen auf der Straße. Zwei Männer hatten sie in die Mitte genommen und waren dabei, sie in Richtung Sai Yeung Choi Street wegzuschleppen. Ich rannte hinterher, um sie aufzuhalten, und die beiden Arschlöcher hatten tatsächlich den Nerv, mir zu sagen, ich solle keinen Ärger machen. Deshalb rief ich ganz laut, dass sie noch minderjährig wäre. Daraufhin drehten sich ein paar Passanten um, und die Männer ließen Siu-Man los und rannten weg.«

»In was für einem Zustand war sie da?«

»Benommen, wie unter Drogen.« Kwok-Tai klang, als wäre er immer noch wütend.

»Zum Glück wart ihr da! Wer weiß, wo die Männer sie hingeschleppt hätten, wenn ihr nur eine Minute später gekommen wärt«, sagte N. »Und dann habt ihr Siu-Man nach Hause gebracht?«

»Ja. Vorher saßen wir noch eine Zeit lang bei McDonald's, bis sie wieder ein bisschen bei sich war. Dann haben wir sie mit dem Taxi nach Wun Wah House gebracht. Im Auto ging es ihr dann wieder etwas besser, und sie murmelte etwas vor sich hin. Ich verstand es nicht gleich, aber sie sagte: ›Erzählt meiner Mom nichts davon.‹ Deshalb habe ich mir die Geschichte mit der Party ausgedacht, und dass Siu-Man schlecht geworden wäre.«

Nga-Yee wurde von widersprüchlichen Gefühlen überflutet: Dankbarkeit, weil Kwok-Tai da gewesen war und sie gerettet hatte; Kummer bei dem Gedanken an die schrecklichen Dinge, die sie in der Bar womöglich erlebt hatte. Außerdem wurde ihr plötzlich klar, dass ihre Mutter womöglich die Wahrheit geahnt hatte. Sie hatte sich damals die ganze Nacht um Siu-Man gekümmert. Jemand, der im Leben schon so viel durchgemacht hatte wie Chau Yee-Chin, ließ sich nicht so leicht was vormachen.

»Weiß außer dir und Lily noch jemand davon?« Endlich kam N zum Kern der Sache. Nga-Yee wartete gespannt auf die Antwort. Falls Kwok-Tai verneinte, erhärtete das den Verdacht gegen Lily nur noch weiter.

»Hm – das ging leider ziemlich schief.« Kwok-Tai warf N einen nervösen Blick zu. »Wir wollten nicht, dass irgendwer was von der Sache erfährt, aber dann hieß es plötzlich, Heiligabend hätte es einen Übergriff auf ein Mädchen von unserer Schule gegeben. Die älteren Schüler redeten alle darüber. Weil niemand ihren Namen nannte, unternahmen die Lehrer nichts, brachten bloß mal wieder die Schulleitung dazu, uns an die allgemeinen Verhaltensregeln zu erinnern. Wir sollten auf unsere Worte und unser Verhalten achtgeben – das übliche Blabla.

Ich fragte meinen Bandkollegen. Offensichtlich hatte einer der fiesen Typen einen Cousin an unserer Schule, der die Gerüchte verbreitet hat.«

Nga-Yee war enttäuscht, aber N nickte, als hätte er nichts anderes erwartet.

»Wissen Sie, als Sie beide sich heute bei Lily und mir dafür bedankten, dass wir auf der Trauerfeier waren, fühlte ich mich furchtbar schuldig. Wir haben sie im Stich gelassen, und wir stehen tief in ihrer Schuld.« Kwok-Tai verzog das Gesicht. »Wir waren nicht da, um sie zu trösten, als ihre Mutter starb. Wir waren nicht an ihrer Seite, als sie in der U-Bahn belästigt wurde. Wir traten nicht für sie ein, als sie im Internet gemobbt wurde. Wir dachten nur an uns selbst. Es war zu peinlich, zwischen uns war zu viel passiert. Und jetzt haben wir nicht mehr die Chance, es jemals wiedergutzumachen. Wir waren schlechte Freunde. Es gibt keinen Grund, uns zu danken.«

»Das liegt alles in der Vergangenheit, Kwok-Tai. Du darfst dich nicht quälen«, rief Nga-Yee aus und brach damit ihr Schweigegelübde. Sie konnte nicht anders. Der Junge sah aus, als würde er jeden Moment wieder in Tränen ausbrechen. »Ich danke dir für den Mut, uns all das zu erzählen. Ich bin sicher, Siu-Man würde dir keinen Vorwurf machen, wenn sie dich jetzt hören könnte. Bitte pass gut auf dich auf und auch auf Lily. Das würde Siu-Man sicher auch wollen.«

»Aber …« Er war so angespannt, dass er mit Sicherheit keine einzige von Nga-Yees Floskeln verstanden hatte.

»Wenn du tatsächlich der Meinung bist, du hast Siu-Man im Stich gelassen, wirst du mit diesem Schuldgefühl leben müssen.«

Nga-Yee erschrak, und Kwok-Tai starrte N mit offen stehendem Mund an und fragte sich bestimmt, was plötzlich in den netten Mr Ong gefahren war.

»Wir Menschen sind vergessliche, äußerst egoistische Kreaturen.« Ns Stimme klang ruhig, und sein Gesichtsausdruck war unverändert. Trotzdem wusste Nga-Yee, dass er seine Maske abgelegt hatte. »Auch die Bitte um Vergebung geschieht aus reinem Egoismus. Man erhält Absolution und darf nach vorne blicken. Dabei ist es unter dem Strich Heuchelei. Wenn du glaubst, Siu-Man hätte dir nicht verziehen, trägst du diese Schuld für den Rest deines Lebens. Du musst jeden einzelnen Moment damit leben, dass du eine gute Freundin schlecht behandelt hast, und es gibt keine Möglichkeit, das jemals wiedergutzumachen. Aber vergiss dabei eines nicht: Du hast die Pflicht, dein Leben sinnvoll zu nutzen. Nur indem du auf dein Innerstes hörst und die richtigen Entscheidungen triffst, kannst du deinen Schmerz allmählich lindern und dich reinwaschen. Dann wird die Schuld zu einem Teil von dir, und sie wird zugleich zum Beweis dafür, dass du ein guter Mensch bist.«

Kwok-Tais Stirn glättete sich, und er nickte energisch. »Ich verstehe, Mr Ong. Ich danke Ihnen!«

»Es reicht, wenn du's verstehst.« N lächelte, die Unbekümmertheit war zurück. Er trank einen Schluck Latte. Bis jetzt hatte Nga-Yee gedacht, N würde prinzipiell nur Unsinn reden, aber was er da eben gesagt hatte … Sie wusste selbst nicht, ob es nun Unsinn war oder nicht, jedenfalls war es viel eindringlicher als alles, was sie zustande gebracht hatte.

»Ach.« N setzte das Glas ab. »Eine Sache noch. Kennst du Violet To?«

»Ja. Wir gehen in eine Klasse.« Kwok-Tais Gesicht wirkte plötzlich schmerzverzerrt, als hätte N auf ihn eingestochen.

»Als vorhin in der Cafeteria ihr Name fiel, hatte ich den Eindruck, du wolltest etwas sagen«, erwiderte N im Plauderton. »Das fand ich seltsam, sonst nichts.«

»Als Sie fragten, ob wir jemanden wüssten, der Siu-Man aus Hass hätte verleumden können, nannte Lily die Prinzessin, aber ich glaube, Sie sollten lieber Violet im Auge behalten. Die Prinzessin und ihr Gefolge spucken große Töne, aber wenn man jemanden sucht, der sich gerne wichtigmacht und über andere hinter ihrem Rücken lästert, steht Violet für mich ganz oben auf der Liste.«

»Was ist zwischen ihr und Siu-Man vorgefallen?«, hakte N nach.

»Nichts. Aber sie hat eine Vorgeschichte.«

»Was hat sie getan?«

»Es begann im ersten Jahr.« Kwok-Tai hatte sich wieder etwas beruhigt. »Ich war in der 1B, Siu-Man und Lily gingen beide in die 1A. Violet war Verbindungsschülerin. In der 1A gab es ein Mädchen namens Laura, sie war sehr beliebt – sie war nett und schrieb gute Noten. Ziemlich viele Jungs aus meiner Klasse standen auf sie, aber Laura ließ sie alle abblitzen. Es gab das Gerücht, sie würde mit einem Jungen aus dem vorletzten Jahr gehen, entweder mit jemandem aus der Basketballmannschaft oder mit dem Captain des Debattierteams.«

Einen festen Freund im ersten Oberschuljahr! Nga-Yee war sprachlos, wie schnell Jugendliche inzwischen erwachsen wurden.

»Aber dann … es passierte irgendwann im zweiten Halbjahr, ich glaube, im Mai. Ein Lehrer erwischte Laura in einer – äh – intimen Situation auf dem Schuldach mit jemandem aus einem höheren Jahrgang. Der Vorfall wurde zum Skandal, und man legte Laura nahe, ›freiwillig die Schule zu verlassen‹.«

»Wurde der Schüler angezeigt, und musste er ebenfalls gehen?«, fragte N. »Selbst wenn sie einverstanden war, gilt eine Dreizehnjährige immer noch als Kind. Das war Verführung Minderjähriger.«

»Nein. Die Schule wollte keinen Skandal. Außerdem kam es ja nicht zu Sex oder so. Soweit ich weiß, haben die beiden nur ein bisschen rumgeknutscht.«

»Und wo ist der Skandal?«, fragte N ungläubig.

»Es handelte sich um zwei Mädchen. Die Ältere stand kurz vor dem Examen, darum konnte die Schule nichts machen. Enoch ist eine Missionsschule und in vielen Dingen immer noch sehr konservativ.«

»Was hatte Violet To damit zu tun?«, fragte N.

»Sie hatte die beiden verpetzt«, sagte Kwok-Tai wütend. »Ich musste im Lehrerzimmer meine Hausaufgaben abgeben, und da habe ich gesehen, wie Violet sich in einer Ecke mit dem Disziplinarvertreter unterhielt. Sie wirkten sehr ernst, und ich konnte hören, wie der Lehrer sie fragte: ›Hast du das mit eigenen Augen gesehen?‹ ›Ja‹, antwortete sie. ›Auf dem Dach?‹, fragte er weiter, und sie sagte: ›Ja, das stimmt.‹ Mir war damals nicht klar, worüber sie sprachen, aber als am nächsten Tag die ganze Sache rauskam, habe ich verstanden, was passiert war. Laura wurde vom Disziplinarvertreter verhört wie eine Verbrecherin und ziemlich übel beschimpft. Wir waren alle angewidert. Haben die noch nicht mitbekommen, dass wir inzwischen im einundzwanzigsten Jahrhundert leben? In manchen Ländern gibt es sogar schon gleichgeschlechtliche Ehen! Verstößt das nicht gegen die Menschenrechte? Aber wir waren nicht nur sauer auf die Lehrer, sondern erst recht auf Violet To.«

»Und deshalb glaubst du, Violet wäre eher als die Prinzessin in der Lage, einen Ruf zu zerstören – weil sie es schon mal getan hat?«

»Richtig.«

»Aber Streit hatten die beiden keinen, oder? Die Prinzessin hatte nach der Sache mit dem Ausflug wenigstens einen Grund, auf Siu-Man wütend zu sein.«

»Laura hatte Violet auch nichts getan«, antwortete Kwok-Tai. »Ich habe mal im Fernsehen gesehen, dass es Menschen gibt, die davon überzeugt sind, für Recht und Gerechtigkeit einzustehen. Aber in Wirklichkeit sind sie lediglich moralische Extremisten, Frömmler, die alles loswerden wollen, was sie als frevelhaft erachten. Wahrscheinlich war sie der Meinung, Laura hätte die Todesstrafe verdient, weil sie ein Mädchen geküsst hat. Sie muss irgendwie rausgefunden haben, dass es in dem Weihnachtsskandal um Siu-Man ging, und da hat sie sich ihre eigene Geschichte zusammengereimt, in der Siu-Man freiwillig mit irgendwelchen Gangstern abhing. Und deshalb hat sie die Gerüchte in die Welt gesetzt.«

»Was ist aus Laura geworden? Hast du je wieder was von ihr gehört?«

»Ich glaube, sie wurde schließlich nach Australien auf die Schule geschickt. Ihre Eltern haben ziemlich viel Geld, also haben sie Laura ins Ausland verfrachtet, um sie von dem anderen Mädchen fernzuhalten.«

Mit einer derart dramatischen Geschichte hatte Nga-Yee nicht gerechnet, aber sie hätte der belesenen Violet To auch nicht zugetraut, ein solcher Moralapostel zu sein. Als Kwok-Tai von »noch viel schlimmeren Leuten« als der Prinzessin sprach, musste er Violet im Sinn gehabt haben.

»Deshalb war ich auch so überrascht, als Sie sagten, Violet wäre auf Siu-Mans Trauerfeier gewesen«, fuhr Kwok-Tan fort. »Normalerweise sind ihr andere Menschen total egal. Was wollte sie da? Krokodilstränen heulen?«

»Lily meinte, es war die Prinzessin, du sagst, es war Violet. Aber das ist beides nur geraten, richtig?«, hakte N nach.

»Na ja ... schon ...«

»Vielen Dank für deine Offenheit.« N lächelte. »Es ist egal, weshalb Violet oder die Prinzessin auf die Trauerfeier gekommen sind. Unterm Strich war nur eine Handvoll Menschen da, um von Siu-Man Abschied zu nehmen. Ich denke, das sollte so sein. Auch wenn Siu-Man von uns gegangen ist, in unseren Herzen wird sie immer weiterleben.«

Nga-Yee nickte zur Bestätigung, auch wenn ihr klar war, dass N eigentlich etwas anderes damit meinte. Im Herzen von kidkit727 lebte ihre Schwester sicher ebenfalls weiter – und zwar als Objekt des Hasses.

Gegen Viertel nach vier verabschiedete sich Kwok-Tai von ihnen. Um halb fünf endete das Volleyballtraining, und er musste zurück zur Schule, um Lily abzuholen.

»Sie macht sich inzwischen sicher ganz verrückt«, sagte er beim Gehen. Es war klar, dass er ihre Begegnung von vorhin meinte.

Nga-Yee sah ihm nach. In ihrem Kopf herrschte heillose Verwirrung. In der Schule war sie immer wieder sicher gewesen, endgültig zu wissen, wer hinter kidkit727 steckte, und jetzt wusste sie überhaupt nichts mehr. Sie waren alle verdächtig. Die Prinzessin Miranda Lai hatte sich verdächtig benommen und war ihnen gegenüber offen feindselig gewesen; Lily konnte die Täterin sein, weil Hass die Kehrseite von Liebe ist und das Ende einer engen Freundschaft – vor allem, wenn es dabei um Jungs geht – einen dazu treiben konnte, schreckliche Dinge zu tun; schließlich war da noch Violet To. Besaß die sanftmütige Bibliothekarin womöglich eine verborgene, dunkle Seite? Abgesehen davon konnte es natürlich auch jemand völlig anderes sein – sie hatten den Kreis der Verdächtigen lediglich anhand von Indizien auf drei reduziert.

»Wie lang wollen Sie noch hier rumsitzen? Für heute sind wir fertig. Ich gehe nach Hause«, sagte N mit unbeteiligtem Gesicht und stand auf.

»Das war's? Ermitteln wir nicht weiter?«

»Meine liebe Miss Au, gut, dass Sie keine Firma leiten. Sie würden Ihre Angestellten bestimmt zu Tode schinden.« N streckte sich. »Sie haben mir nur achtzig Riesen gezahlt. Das berechtigt Sie nicht zur vollständigen Verfügung über meine Zeit.«

»Sie haben immer noch keine Antworten geliefert …«

»Sie wollen Antworten? Ich bin mir zu neunzig Prozent sicher, dass einer derjenigen, mit denen wir heute gesprochen haben, der ist, den wir suchen. Fragen Sie nicht, warum. Solange ich keine stichhaltigen Beweise in Händen halte, lasse ich mir nicht in die Karten sehen.«

Nga-Yee hatte keine Ahnung, ob er die Wahrheit sagte oder nur versuchte, sie loszuwerden.

»Aber …«

»Ich muss los, Barbara verdurstet sonst.«

»Wer ist Barbara?«

»Meine Topfpflanze – ich habe heute Morgen vergessen, meine *Sacred Lily* zu gießen. Ich melde mich, wenn sich was tut.« N verließ das Café, ohne sich noch einmal umzudrehen. Was war das denn für eine Ausrede? Nga-Yee erinnerte sich zwar an die immergrüne Pflanze vor seinem Fenster, doch die hatte definitiv nicht ausgesehen, als würde sie nach einem Tag ohne Wasser eingehen. Noch entscheidender, N war nicht der Typ, der seine Zimmerpflanze Barbara nannte.

Sie merkte erst zu Hause, dass N sämtliche Unterlagen aus der Schule mitgenommen hatte, die Bücher, Siu-Mans Aufsätze, das Kondolenzbüchlein und das Textheft, das er der Prinzessin geklaut hatte. Das störte sie nicht, die Sachen waren lediglich eine Entschuldigung gewesen, um aufs Gelände zu kommen. Sie setzte sich an den Computer und ging ins Internet, um sich Lily, die Prinzessin und Violet noch einmal näher anzusehen. Mit etwas Glück fand sie auf ihren Social-Media-Seiten doch noch ein paar Hinweise.

Lilys Facebook-Seite bestand hauptsächlich aus Posts über One Direction – die hatte sie bei ihrer ersten Recherche völlig ignoriert – und Food-Fotos, oft von japanischen Gerichten, wahrscheinlich während der Dates mit Kwok-Tai. Nga-Yee hatte noch nie verstanden, warum man sein Abendessen fotografierte, aber offensichtlich machte das inzwischen jeder. Die Prinzessin hatte ihre Facebook-Seite mit Selfies gefüllt, als wäre sie ein Star, und jedes einzelne ihrer Bilder hatte Hunderte Likes mehr als die von Lily. Die Bildunterschriften wimmelten nur so von putzigen Emojis, und Nga-Yee hatte Mühe, sie mit dem mürrischen Mädchen, das sie getroffen hatten, in Einklang zu bringen. Violet hatte lediglich einen Bücher-Blog. Auch den hatte Nga-Yee beim ersten Mal ignoriert, weil er keinerlei persönliche Informationen zu enthalten schien. Als sie sich den Blog jetzt näher ansah, erfuhr sie, dass Violet gerne Haruki Murakami, Eileen Chang, Carlos Ruiz Zafón und Gillian Flynn las, mehr nicht. Ihre kurzen Buchbesprechungen enthielten auf den ersten Blick nichts, das mit Siu-Man in Verbindung stand.

Obwohl N versprochen hatte, sich zu melden, sobald es etwas Neues gab, wurde Nga-Yee nach ein paar Tagen kribbelig. Bei der Arbeit konnte sie sich schlecht konzentrieren, weil Lily und die anderen ständig in ihrem Kopf herumgeisterten. Auch was N gesagt hatte, ging ihr nicht mehr aus dem Sinn, und sie überlegte, ob er versucht hatte, sie in die Irre zu führen, als er sagte, der Täter sei jemand, mit dem sie an dem Tag gesprochen hatten. Das waren, genau gesagt, nicht nur die drei Mädchen, sondern auch Miss Yuen und Kwok-Tai gewesen, ganz abgesehen von der Frau in der Cafeteria, den Schülern aus der Theatergruppe, dem lesenden Jungen in der Bibliothek. Und was war mit der Frau, deren Tablet N im Café gehackt hatte? War einer von ihnen kidkit727? Nga-Yees Ratlosigkeit wuchs ins Unermessliche, und sie wünschte sich nichts sehnlicher, als endlich von N erlöst zu werden, aber von ihm kam kein Mucks. Am Mittwoch nach der Frühschicht setzte sie sich in die Straßenbahn und fuhr, ohne darüber nachzudenken, zu Ns Wohnung.

Als sie nach Central kam, hatten sie längst Zweifel beschlichen. Auch wenn Siu-Mans Tod sie aus der Bahn geworfen hatte, war Nga-Yee trotz ihres permanenten Unbehagens ein durch und durch rationaler Mensch. Ihr war bewusst, dass man manche Dinge nicht überstürzen durfte, und sie hatte auch nicht vergessen, dass sie die ganze Sache fast vermasselt hätte, weil sie in der Cafeteria Ns Anweisungen nicht befolgt hatte. Vielleicht sollte sie N einfach vertrauen und ihn in Ruhe weitermachen lassen.

Während sie noch mit sich rang, erreichte die Trambahn Sai Ying Pun. Schließlich gewann die Vernunft die Oberhand, und sie stieg an der Whitty Street aus, anstatt noch bis zur Second weiterzufahren.

Jetzt, wo ich schon mal hier bin, kann ich mir ebenso gut was zu essen besorgen, dachte sie und erinnerte sich an die köstlichen Wan Tans bei Loi's – eine der wenigen richtig guten Mahlzeiten, seit sie den Gürtel so eng schnallen musste. Sie warf einen Blick in ihren Geldbeutel, um sich zu vergewissern, dass sie noch genug hatte, um die nächste Woche zu überstehen, dann überquerte sie die Straße und betrat das Lokal.

Nga-Yee wählte einen Platz an der Theke. Sie war die einzige Kundin, und der Besitzer sah sich auf einem winzigen Bildschirm die Nachrichten an. »Hi. Eine kleine Portion Wan Tans, bitte.«

»Wan Tans, klein, kommt sofort.« Er trat an den Herd und fing an zu kochen, dann drehte er sich zu ihr um und fragte: »Holen Sie heute nichts für N?«

Nga-Yee stöhnte innerlich, doch dann beschloss sie, die Gelegenheit zu nutzen, um das Missverständnis aus der Welt zu schaffen.

»Nein. Heute nur für mich. Ich bin eigentlich nicht mit N befreundet, wir arbeiten nur gemeinsam an etwas.«

»Sie arbeiten zusammen?« Er schwenkte die Nudeln knapp zwanzig Sekunden in kochendem Wasser, schreckte sie kalt ab und gab sie zurück in die Hitze. »Verstehe. Glück für Sie, dass er Ihren Fall angenommen hat.«

Nga-Yee sah ihn entgeistert an. »Hat N Ihnen von mir erzählt?«, fragte sie. Waren Detektive nicht dazu verpflichtet, über ihre Mandanten Stillschweigen zu bewahren?

»Nein, aber ich würde sagen, neun von zehn Leuten, die mit N ›zusammenarbeiten‹, sind Mandanten von ihm.« Der Besitzer lächelte sie freundlich an. Er goss die Nudeln ab und machte sich an die Zubereitung der Wan Tans.

Nga-Yee verfluchte sich für ihre Dummheit. Mit ihrer Frage hatte sie lediglich seine Vermutung bestätigt. Andererseits konnte sie jetzt, wo sie schon mal im Gespräch waren, auch versuchen, noch ein bisschen mehr herauszufinden.

»Wissen Sie, womit N sein Geld verdient?«

»Mehr oder weniger. Er hilft Leuten, ihre Probleme zu lösen.«

»Sie sagten, ich hätte Glück gehabt. Heißt das, er nimmt nicht viele Fälle an?«

Der Besitzer hielt inne, sah sie erstaunt an und wandte sich kichernd wieder ihrer Bestellung zu. »Sie wissen offensichtlich nicht, wie gut N ist, Miss. Er ist absolut unorthodox.«

»Wie meinen Sie das?«

»Weder die Cops noch die Verbrecher würden es wagen, sich bei ihm unbeliebt zu machen.«

»Ist N … ist er ein Triaden-Führer?«, fragte Nga-Yee nervös. Sie wusste, dass Hacker manchmal dubiose Dinge tun mussten, aber sich tatsächlich mit der kriminellen Unterwelt einzulassen, wäre eine ganz andere Sache.

»Nein, ach was!« Der Mann grinste. »Seine Macht ist noch größer. Er gehört keiner Triade an und wird trotzdem von allen Clanführern respektiert und gefürchtet. Wenn er denen in die Quere kommt, müssen sie es einfach unter Pech verbuchen. Ich habe gehört, er hätte mal mit einem Polizisten im Western District zu tun gehabt, und selbst der musste vor ihm katzbuckeln.«

Jetzt verstand sie, was der Besitzer gemeint hatte, damals nach dem Entführungsversuch. »Die Idioten haben keine Ahnung, auf wen die sich eingelassen haben«, hatte er zu N gesagt.

»Sehen Sie die?« Der Mann schob sich die Haare aus der Stirn und präsentierte eine zwei Zentimeter lange Narbe. »Vor ein paar Jahren kamen ein paar Gangster zu mir in den Laden, um Ärger zu machen. Sie behaupteten, ihr Boss hätte von meinen Wan Tans Bauchweh bekommen. Ich dachte, sie wären auf Schutzgeld aus, das Übliche eben, aber noch ehe ich fragen konnte, wie viel sie wollten, hatten sie sich schon an die Arbeit gemacht. Sämtliche Stühle und Tische flogen durchs Lokal, und sie zertrümmerten mir die Theke. Ich war seit über zwanzig Jahren im Geschäft und kannte die Spielchen natürlich. Ich hätte es geschluckt, wenn es eine einmalige Sache gewesen wäre, aber eine Woche später tauchten die Arschlöcher wieder bei mir auf. Beim dritten Mal konnte ich nicht mehr. Ich versuchte, sie aufzuhalten. Ich landete im Krankenhaus und bekam sechs Stiche verpasst.«

»Haben Sie Anzeige erstattet?« Nga-Yee wusste nicht genau, worauf er hinauswollte.

»Ja, aber das führte zu nichts. Ich hatte mir die Verletzung beim Sturz zugezogen. Die Typen waren clever, sie zertrümmerten mein Inventar, aber mich fassten sie nie an. Die Polizei nahm nur die Sachbeschädigung auf, was natürlich eine geringere Priorität hatte.« Er drehte sich um und schöpfte ein paar Wan Tans in die Schale. »Das Seltsame war, danach ließen sie sich nie wieder blicken. Als wäre ihr Boss auf einmal nicht mehr sauer auf mich oder als hätten sie plötzlich ihr Gewissen entdeckt. Erst ein halbes Jahr später erfuhr ich den wahren Grund.«

»Und das war … N?«

»Ja.« Der Mann nickte. »Er hat nie einen Ton darüber verloren, aber ich habe Freunde, die ihre Ohren überall haben, und die haben mir erzählt, der Triaden-Führer wäre aus dem Geschäft – jemand von außerhalb hätte ihn kaltgestellt. Die Bauchschmerzen waren natürlich nur ein Vorwand gewesen. Ein Bauunternehmer hatte sie angeheuert, um mich zur Geschäftsaufgabe zu zwingen. Wenn ich raus gewesen wäre, hätten sie das ganze Gebäude aufkaufen, abreißen und eine Luxuswohnanlage hochziehen können. Das hätte Millionen gebracht.«

»Wie haben Sie erfahren, dass N dahintersteckte?«

»Er hatte sich bei mir nach den Gangstern erkundigt: ob sie irgendwelche besonderen Erkennungsmerkmale hätten, was sie sagten, als sie den Laden zertrümmerten. Ich dachte, er wäre bloß neugierig gewesen. Als ich ihn später danach fragte, stritt er nichts ab. Er sagte lediglich: ›Es wäre ein echter Verlust für das Viertel, wenn Loi's zumachen müsste.‹«

Nga-Yee fragte sich, ob er N nicht ein bisschen zu sehr glorifizierte. Andererseits kannte sie seine unheimliche Fähigkeit, noch in den scheinbar irrelevantesten Details wichtige Hinweise zu entdecken, und war selbst dabei gewesen, als er den beiden Gangstern eine Heidenangst eingejagt hatte.

»Viele Leute in der Unterwelt und außerhalb davon wollen Ns Hilfe, aber er ist wählerisch mit seinen Fällen. Wenn N etwas nicht machen will, lässt er sich von keinem Geld der Welt umstimmen. Und dann kommt es manchmal einfach vor, dass ein Fall ihn interessiert, den alten Wichtigtuer. Haben Sie *Demi-Gods and Semi-Devils* von Jin Yong gelesen? N ist wie dieser Shaolin-Mönch, der den Boden fegt und sich nie in die Kung-Fu-Welt einmischt. Wenn er dann aber einschreitet, können nicht mal Murong Fu oder Xiao Feng ihn aufhalten.«

Nga-Ye hatte *Demi-Gods and Semi-Devils* tatsächlich gelesen, aber es fiel ihr schwer, irgendeinen Protagonisten des Martial-Arts-Romans mit N in Zusammenhang zu bringen. Der Besitzer schien ein großer Fan zu sein und fing an, ihr ausführlich die Unterschiede diverser Fernsehadaptionen darzulegen. Nga-Yee hörte ihm lächelnd und nickend zu, bis er eine köstlich duftende Schale vor sie hinstellte: dicke Wan Tans und herrlich zarte Nudeln in einer aromatischen Fischbrühe. Nachdem sie die Portion verschlungen hatte, stellte er ihr eine Tasse heißen Tee hin und machte diese Mahlzeit damit zu einer der besten aller Zeiten.

Sie bezahlte, sobald sie den Tee getrunken hatte. Obwohl es noch ziemlich ruhig war, war der Laden so klein, dass sie ihren Platz nicht länger als nötig blockieren wollte.

Als der Besitzer Nga-Yee das Wechselgeld aushändigte, kam ein neuer Kunde herein. »Eine große Portion Wan Tans, weniger Nudeln, mehr Frühlingszwiebeln, die Brühe extra, frittiertes Gemüse, keine Austernsoße.«

Nga-Yee fuhr herum. Die Überraschung war groß. Es war nicht N, sondern ein anderes bekanntes Gesicht.

»Oh! Miss Au?«

Vor ihr stand ein Mann um die fünfzig mit grauem Haarschopf: Wendys Onkel.

»Mr Mok?«

»Welch ein Zufall.« Er setzte sich neben sie. »Oder sind Sie in der Gegend, um N zu besuchen? Dann wäre es doch kein Zufall.«

»Nein, falsch geraten.« Sie redete sich ein, dass es stimmte: In dem Moment, als sie beschlossen hatte, im Loi's Nudeln zu essen, war sie nicht mehr in Sai Ying Pun, um N zu sehen.

»Aber Sie kennen diesen Laden durch N, richtig? Er hat mich vor ein paar Jahren mal mit hergenommen, seitdem bin ich süchtig. Ich komme jedes Mal her, wenn ich in der Gegend bin.« Er strahlte. »Die meisten Nudelrestaurants sind inzwischen sehr geizig – man kann von Glück reden, wenn man sechs Wan Tans in seiner Schale hat. Hier bekommt man vier bei der kleinen Portion und acht bei der großen. Für mich ist das ein echtes Stück vom alten Hongkong.«

»Haben Sie geschäftlich im Western District zu tun?« Nga-Yee vermied Begriffe wie »Ermittlungen«, weil sie nicht sicher war, ob Detektive öffentlich über ihre Arbeit sprechen durften.

»Ja, in Ihrem Fall.«

»In meinem?«

»N hat mich gebeten, einige Details zu überprüfen, und ich war hier, um ihm meine Ergebnisse zu bringen.« Mr Mok nahm ein Paar Einwegstäbchen aus der Verpackung. »Er sagte, ich hätte Sie ihm angedreht, also müsste ich auch ›Kundendienst‹ leisten. Schräger Vogel. Nennt sich IT-Experte und lässt sich trotzdem von mir alles persönlich vorbeibringen. Offensichtlich ist der Dokumentenversand per E-Mail nicht sicher.«

»Was sollten Sie denn für ihn tun?«, fragte Nga-Yee nervös.

»Es ging um den rothaarigen Teenager, der mit Ihrer Schwester auf dem Foto zu …«

Nga-Yee ließ ihn nicht ausreden. Sie sprang vom Hocker, verabschiedete sich hastig von Mr Mok und dem Besitzer und rannte zur Second Street Nr. 151.

Brrr-Brrr-Brrr-Brrr-Brrr-Brrr-Brrr-Brrr-Brrr. Nachdem sie die sechs Stockwerke hinaufgeflogen war, klingelte sie Sturm, doch selbst der schrille Lärm schaffte es nicht, ihre innere Raserei widerzuspiegeln. Einen Augenblick später öffnete sich die weiße Holztür und enthüllte Ns miesepetrige Miene.

»Miss Au! Sagte ich nicht, ich melde mich, wenn …«

»Ich bin eben Mr Mok über den Weg gelaufen.«

N zog die Augenbrauen zusammen. Mit einem tiefen Seufzer öffnete er die Tür und ließ sie herein.

»Was hat er Ihnen erzählt?«, fragte er und ging an seinen Schreibtisch.

»Sie hatten vor, jemanden zu finden, der sich in Mong Kok auskennt, um nach dem rothaarigen Typen zu suchen.« Ohne auf eine Aufforderung zu warten, setzte sie sich ihm gegenüber. »Und Sie meinten Mr Mok.«

»Ja.«

»Was hat er herausgefunden?«

»Hat er Ihnen das nicht gesagt?«

»Als er mir erzählte, was er für Sie recherchieren sollte, bin ich sofort hergerannt«, sprudelte es aus ihr heraus. »Selbst wenn er mir gesagt hätte, wie der Typ heißt, hätte ich nicht gewusst, ob er was mit Siu-Man oder kidkit727 zu tun hatte. Sie sind der Einzige, der die Puzzleteile zusammensetzen kann.«

N legte bequem den rechten Fuß übers linke Knie, lehnte sich zurück und verschränkte die Hände im Nacken. »Ihre Argumentation ist schlüssig, trotzdem ist die Spur eine Sackgasse. Der Typ hat nichts mit kidkit727 zu tun.«

»Woher wissen Sie das?«

»Er kam letzten März in die Jugendstrafanstalt auf Lantau Island und sitzt dort bis heute.«

Nga-Yee blinzelte. In Hongkong gab es vier solche Einrichtungen für Straftäter im Alter zwischen vierzehn und einundzwanzig.

»Das Arschloch heißt Kayden Cheung. Er wurde letztes Jahr wegen Einbruch und Körperverletzung verhaftet, ungefähr einen Monat nach dem Vorfall in der Karaoke-Bar. Erinnern Sie sich an die beiden Drecksäcke, von denen Kwok-Tai uns erzählte? Die nur in Bands spielen, um Mädchen aufzureißen? Er ist einer davon. Sein Cousin geht auf die Schule Ihrer Schwester und veranstaltet einen Mordsaufstand, seit Kayden verhaftet wurde.«

»Wer ist das? Gingen sie in dieselbe Klasse?«

»Der Cousin heißt Jason und war einen Jahrgang über Ihrer Schwester – bis er letztes Jahr die Schule wechselte.« N zuckte die Achseln. »Wie es scheint, verfolgt Enoch tatsächlich die Strategie, unerwünschte Charaktere zu überreden, ›freiwillig‹ die Schule zu verlassen.«

»Und dieser Jason …«

»Miss Au. Ich befinde mich in einer laufenden Ermittlung, also hören Sie bitte mit der Fragerei auf.« N sackte nach vorn und schlug die Hände vors Gesicht. »Ehrlich! Sie sind die lästigste Mandantin, die ich je hatte!«

Nga-Yee hatte noch jede Menge Fragen, doch als sie merkte, wie genervt er schon wieder von ihr war, gab sie es auf.

»Fahren Sie nach Hause. Ich rufe Sie an, sobald es Neuigkeiten gibt.«

Sie stand widerstrebend auf und ging zur Tür. Es war nicht

zu übersehen, dass Ns Wohnung sich schon wieder in das alte Drecksloch zurückverwandelt hatte: Müll und Plastiktüten in jeder freien Ritze des Wohnzimmers. Sie lugte in die Küche: Die Teekanne und die Tasse, die sie bei ihrem letzten Besuch benutzt hatte, standen exakt da, wo Nga-Yee sie abgestellt hatte. Sie war überzeugt, dass selbst die Teeblätter noch in der Kanne vor sich hin moderten.

»N, warum haben Sie …«

Sie wollte ihm gerade seine Schlampigkeit vorwerfen – er hatte Mr Mok nicht mal eine Tasse Tee angeboten –, als sie plötzlich wie angewurzelt stehen blieb.

»Mr Mok kam also her, um Sie über Kayden Cheung und Jason zu informieren?«, fragte sie von der Tür aus.

»Das sagte ich bereits.«

»Sie lügen.«

Er beäugte sie argwöhnisch. »Ich? Lügen?«

»Ja. Mr Mok hat mir erzählt, Sie hätten ihn gebeten, ›einige Details‹ zu überprüfen. Wenn es nur um Kayden gegangen wäre, hätte er sich anders ausgedrückt. Er hätte ›eine Person‹ gesagt oder so was.«

»Ich bin nicht für Mr Moks Wortwahl verantwortlich.«

»Darum geht es nicht.« Sie kam zum Schreibtisch zurück, stützte die Hände darauf und sah ihn an. »Er hat außerdem gesagt, Sie hätten von ihm verlangt, persönlich vorbeizukommen, weil der Dokumentenversand per E-Mail nicht sicher wäre. Hätte er sich lediglich um den rothaarigen Typen gekümmert, hätte er nicht bis nach Sai Ying Pun fahren müssen, um Ihnen seinen Namen mitzuteilen und dass er im Gefängnis sitzt – dazu hätte ein Telefonat gereicht. Er hat Ihnen ein Dokument vorbeigebracht – also einen physischen Gegenstand. Was hat er recherchiert? Um welches Dokument geht es da?«

N sah sie finster an, aber sie hielt seinem Blick stand. Nach ein paar Sekunden seufzte er, griff in eine Schublade und holte einen USB-Stick heraus.

»Sie sind wirklich die absolut nervtötendste Mandantin der Welt.« Er steckte den USB-Stick in seinen Computer.

»Was ist das?«

»Hören Sie zu.«

Ein paar Mausklicks später ertönte eine Stimme aus dem Lautsprecher:

»Vielen Dank für die Information, Mr Mok. Ich habe Victor natürlich sofort rausgeworfen. Ich habe gründliche Nachforschungen zu den Informationen angestellt, die er durchsickern ließ, und bin mir sicher, dass dies rechtlich keinerlei Konsequenzen haben wird.«

»Schon gut, Mr Tong. Mir ging es auch gar nicht um die rechtlichen Konsequenzen. Ich wollte lediglich etwas mehr Details. Hätte mein Mandant weitere Schritte unternehmen wollen, wäre ich heute nicht zu Ihnen gekommen.«

»Das macht die Dinge entschieden einfacher. Victor hat eben erst die Schule abgeschlossen. Er ist noch sehr unerfahren und hat kaum Ahnung. Das ist der Grund, weshalb ihm ein derart schwerer Fehler unterlaufen konnte. Die jungen Leute sind heutzutage unglaublich faul. Sie sitzen nur rum und spielen mit ihren Telefonen. Es ist ein Albtraum.«

»Wie hat Victor das Mädchen kennengelernt?«

»Unser Team geht ehrenamtlich in die Gemeindezentren diverser Distrikte und hält Vorträge zu juristischen Themen. Hinterher kommen die Leute oft zu uns und fragen um Rat. Diese Gespräche überlasse ich meistens den Praktikanten oder Assistenten. So kam Victor mit ihr ins Gespräch. Er hatte bei Frauen noch nie Glück, und als sie auf ihn zukam und anfing, sich mit ihm zu unterhalten, hat er seine Professionalität vergessen. Wenn ich jetzt darüber nachdenke, glaube ich, sie hat ihn absichtlich ins Visier genommen, um an Informationen zu kommen.«

»Wie viel hat Victor ihr erzählt?«

»Das meiste war bereits öffentlich, zum Beispiel, was Shiu Tak-Ping bei seiner ersten Vernehmung aussagte. Alles andere waren Details, die wir für seine Verteidigung zurückhalten wollten, zum Beispiel die Beziehung zu seiner

Frau, gewisse Widersprüche, die man zu seinen Gunsten auslegen konnte, und so weiter. Ich bin mir sehr sicher, dass nichts davon die Privatsphäre von Dritten verletzt hat, auch nicht die meines Mandanten.«

»Es gibt keinen Grund, ständig wieder darauf hinzuweisen, Mr Tong. Außerdem haben Sie Victor inzwischen entlassen, sprich, Sie haben sich um die Angelegenheit gekümmert.«

»Ja, richtig.«

»Wie oft hat Victor sich mit dem Mädchen getroffen?«

»Drei-, vielleicht viermal. Sie erzählte ihm, sie wolle Jura studieren und hätte von älteren Schülern den Rat bekommen, anhand eines realen Fallbeispiels praktische Erfahrung zu sammeln, um bei der Bewerbung besser argumentieren zu können.«

»Und das hat er ihr geglaubt?«

»Er ist ein bisschen dumm. Hat sich nicht mal gefragt, ob sie vielleicht einem Journalisten einen Tipp geben wollte. Ich glaube, wir sind noch mal mit einem blauen Auge davongekommen, als wir ihn entlassen haben. Ach, Mr Mock, wer ist denn Ihr Mandant? Ich hoffe, es handelt sich nicht um eine Zeitung, die alte Rechnungen begleichen will.«

»Mir geht es so wie Ihnen, Mr Tong. Ich unterliege hinsichtlich meiner Mandanten der Schweigepflicht. Sie können beruhigt sein. Ich garantiere Ihnen, dass alles, was Sie mir erzählt haben, streng vertraulich behandelt wird.«

»Gut. Vielen Dank.«

»Hat Victor den Namen des Mädchens erwähnt?«

»Hm … wie war das noch gleich – ach ja, ein recht ungewöhnlicher Nachname: Shu. Genau. Sie hieß Lily Shu.«

MONTAG, 22. JUNI 2015

Wir stecken in Schwierigkeiten.
Au Siu-Mans Schwester und ihr Freund waren eben in der Schule. Sie haben jede Menge Fragen gestellt. 16:25 ✓

Vielleicht wissen sie, was ich getan habe? 16:31 ✓

sorry war in einem meeting 17:14

was wollten sie? 17:15

Wollten lauter Sachen über Siu-Man wissen, als sie noch lebte, über die Schule ... 17:17 ✓

Die wissen, was wir getan haben, definitiv! 17:17 ✓

Was, wenn die schon die Polizei eingeschaltet haben? 17:18 ✓

Ich habe solche Angst. 17:18 ✓

vielleicht wollten sie nur den Lehrern hallo sagen 17:41

die können gar nicht wissen wer du bist 17:42

denk nicht mehr dran du machst dich nur verrückt 17:43

Okay ... 17:50 ✓

Hast Du heute Abend Zeit?
Ich würde Dich gerne sehen. 17:55 ✓

heute und morgen schwierig, zu viel zu tun 18:02

großer Kunde 18:03

meld mich später wieder bei dir 18:03

SECHSTES KAPITEL

1

Überwältigt, euphorisch und ein bisschen nervös stand Sze Chung-Nam an der Ecke Shanghai Street und Langham Place in Mong Kok. Immer wieder sah er sich suchend um und musterte die Menge.

Es war 18:45 Uhr am Donnerstag, den 25. Juni, fünf Tage nachdem Chung-Nam Szeto Wai im Cultural Centre »rein zufällig« über den Weg gelaufen war. Seit er mit dem CEO von SIQ Telefonnummern ausgetauscht hatte, hatte Chung-Nam die Augen nicht mehr von seinem Telefon genommen, aus Angst, einen Anruf zu verpassen. Aber es war nicht mal eine Nachricht gekommen. Die ersten beiden Tage war es ihm noch gelungen, seine Nervosität im Zaum zu halten – wahrscheinlich hatte Szeto viel zu tun. Am vierten Tag hatte er sich bereits verrückt gemacht. Sogar Ma-Chai merkte, dass etwas nicht stimmte. Er überlegte, ob er von sich aus anrufen sollte, schließlich hatte Szeto gesagt, er würde ihn gern noch mal treffen, um ein bisschen Insidertratsch von GT zu erfahren – aber Szeto war praktisch ein Gott, und Chung-Nam hatte nicht das Gefühl, ihn einfach so stören zu dürfen.

Als er endgültig nicht mehr gewusst hatte, was er tun sollte, hatte Szeto Wai ihn während der Arbeit angerufen. Als Chung-Nam die Nummer auf seinem Display aufleuchten sah, tat er, als müsste er aufs Klo, und verließ, ehe er dranging, eilig das Gemeinschaftsbüro mit den neugierigen Ohren.

»Chung-Nam? Hier spricht Szeto Wai.« Wie neulich schon sprach er Kantonesisch mit leichtem Akzent.

»Mr Szeto! Hallo!«

»Wir wollten zusammen zu Abend essen. Haben Sie heute Zeit?«

Chung-Nam sah auf die Uhr. Es war 16:30 Uhr.

»Ja, natürlich! Klar habe ich Zeit!« Eigentlich hatte er tatsächlich schon etwas vor, aber das hier war wichtiger als alles andere.

»Wunderbar. Wir treffen uns um sieben. Ist ein Hangzhou-Restaurant in Tsim Sha Tsui okay für Sie?«

»Hangzhou ist toll, aber sieben schaffe ich vielleicht nicht ganz. Ich komme nicht vor halb sieben raus. In der Rushhour ein Taxi zu kriegen, ist so gut wie unmöglich, und die U-Bahn ist so überfüllt, dass man zwei, drei Züge fahren lassen muss, ehe man einen Platz ergattert.«

»Haben Sie keinen Führerschein?«

»Ich habe kein Auto. Das ist in Hongkong viel zu teuer.« Sechs Zehntel seines Gehalts gingen allein für die Miete drauf. Wenn Chung-Nam sich auch noch einen Wagen kaufte, würde der Parkplatz wahrscheinlich die restlichen vierzig Prozent auffressen.

»Wie wär's, wenn ich Sie in der Nähe der Firma abhole? 18:45 Uhr am Seiteneingang des Langham Place Hotel auf der Shanghai Street. Okay?«

»Oh nein, machen Sie sich keine Umstände …«

»Ich bin unterwegs zu einem Termin im InnoCentre in Kowloon Tong, es liegt also auf dem Weg. Gar kein Problem. Wir sehen uns um 18:45 Uhr.«

Westler waren immer so direkt. Szeto Wai legte auf, ohne Chung-Nam die Chance zu geben, abzulehnen.

Chung-Nam fand es zwar toll, dass Szeto Wai so unkompliziert war, aber er hatte das Angebot nicht aus Höflichkeit abgelehnt, sondern aus Eigeninteresse. Online war es einfach, seine Identität zu verbergen, aber im echten Leben konnte man sich weder hinter einem falschen Namen verstecken noch eine Maske tragen. Wenn einer seiner Kollegen ihn dabei erwischte, wie er sich heimlich mit einem potenziellen Investor traf, konnte er sich in die Schlange am Arbeitsamt einreihen.

Um das Risiko, gesehen zu werden, möglichst klein zu halten, verließ Chung-Nam das Büro erst um 18:40 Uhr und rannte zum vereinbarten Treffpunkt. Weil Ma-Chai, Hao und Thomas auch heute Überstunden schoben, musste er sich lediglich von Mr Lee und Joanne fernhalten, die beide gegen sechs das Büro verlassen hatten. Sie waren natürlich getrennt gegangen, aber Chung-Nam vermutete, dass sie damit nur eine falsche Fährte legen wollten und sich hinterher irgendwo trafen. Obwohl das nahelegte, dass sie, um nicht entdeckt zu werden, eher weiter weg fuhren, als in Mong Kok zu bleiben, war es Chung-Nam nicht möglich, sich zu entspannen. Er sah sich ständig suchend um.

Natürlich überwog seine Aufregung bei Weitem seine Nervosität.

Als Chung-Nam ein kleines Kind gewesen war, waren seine Eltern mit ihm zu einem Wahrsager gegangen, der ihnen eröffnet hatte, der Junge sei zu Höherem geboren als nur zu einem von vielen Fischen im Teich. Er würde Großes bewirken. Und obwohl er schon sein ganzes Leben mehr als das übliche Maß an Augenrollen geerntet hatte, war Chung-Nam von seiner eigenen Erhabenheit fest überzeugt. Er war immer Klassenbester gewesen und stolz darauf, dass sein außergewöhnlicher Intellekt dazu in der Lage war, auch verborgene Bedeutungsebenen zu erfassen. Szeto Wai behandelte ihn anders, als er Mr Lee behandelte. Er konnte zwar nicht genau sagen, worin der Unterschied bestand, doch sein Gefühl sagte ihm, dass Szeto Wai versuchte, ihn abzuwerben.

Und eben das ergab überhaupt keinen Sinn. Was genau konnte dieser internationale Multiplayer mit einem Personalstamm, der Milliarden wert war, im »Director of Technology« einer kleinen Klitsche schon sehen?

Er grübelte noch über diese Frage nach, als neben ihm ein schwarzer Wagen am Straßenrand hielt.

Das Fenster wurde heruntergelassen, und Szeto Wai streckte den Kopf heraus. »Ich hoffe, ich habe Sie nicht warten lassen.«

Chung-Nam hatte sich zwar schnell wieder im Griff, aber der Anblick des Wagens machte ihn trotzdem sprachlos. Er besaß seit Jahren den Führerschein, und wie für viele Männer in Hongkong war ein eigenes Auto sein großer Traum. Die Standardmarker für Erfolg waren bei jemandem mit seinem Status eine schicke Wohnung, ein Markenwagen, teure Weine und eine schöne Frau. Er hielt sich bei sämtlichen Autowebseiten auf dem Laufenden und verpasste keine einzige Folge von *Top Gear*. Als Szeto ihm anbot, ihn abzuholen, war er davon ausgegangen, dass jemand wie er einen Porsche oder Audi gemietet hatte. Aber das hier überstieg all seine Erwartungen – kein gediegener Rolls-Royce, kein knallroter Ferrari, sondern ein Modell, das Szeto Wais Status als Tech-Genie besser unterstrich als alles andere: ein Tesla Model S.

»Sie wirken überrascht.« Lachend öffnete Szeto Wai ihm die hintere Tür. Chung-Nam bedankte sich mit einem hastigen Nicken und stieg ein. Das Erste, was ihm ins Auge fiel, war nicht das berühmte Model-S-Cockpit, das im Grunde nur aus einem Tablet bestand, sondern die Fahrerin: Am Steuer saß Doris, die eurasische Frau, die ihn neulich schon begleitet hatte.

»Stimmt was nicht?«, fragte Szeto, als sie sich die Hand gaben.

»Nein, nein. Ich habe nur noch nie in einem Tesla gesessen.« Chung-Nam bemühte sich sehr, sich nicht zu benehmen wie ein kleiner Junge im Süßigkeitenladen.

»Ja, dieses Modell ist ganz nett – so viel PS wie ein Sportwagen, plus Allrad. Nur schade, dass der Verkehr in Hongkong so übel ist, ich würde zu gern mal Vollgas geben.« Szeto lächelte. »Stehen Sie auf Autos?«

»Ja. Ich kann mir kein eigenes leisten, aber ich liebe es, in Autozeitschriften zu blättern und so.«

»Verstehe.«

In der nächsten Viertelstunde sprach Szeto Wai über Autos – er hatte zu allem eine Meinung, von der Geschichte der Automobilfabrikation bis hin zu den kosteneffizientesten Modellen. Die Amerikaner hatten tatsächlich Benzin im Blut.

»Sehr schade, dass Hongkong solche Platzprobleme hat. Anders als in den Staaten ist es bei uns zu eng für Autos für alle«, sagte Chung-Nam.

»Ein Leben ohne Auto ist zum Gähnen.« Szeto kehrte den selbstgefälligen Ami raus. »Ein Auto verrät jede Menge über seinen Besitzer, so, wie man den Geschmack an der Kleidung erkennen kann.«

»In Hongkong drückt man die Persönlichkeit über sein Telefon aus.« Chung-Nam lachte. »Weil wir uns keine Autos leisten können, wechseln wir wie die Irren das Telefon. Ein Smartphone ist für uns ein Saisonartikel.«

»Da haben Sie nicht ganz unrecht. Ich habe gehört, Hongkong hätte bei sieben Millionen Einwohnern siebzehn Millionen Mobiltelefone. Das sind mehr als zwei pro Kopf! Wahrscheinlich wechselt ihr eure Modelle ungefähr so häufig wie echte Autofreaks in den Staaten ihre Autos.« Szeto Wai dachte einen Moment nach. »Nein. Ich glaube, ihr seid noch verrückter.«

»Ha! Es ist ja auch billiger, sich ein neues Smartphone zu kaufen.«

»Stimmt.« Szeto drehte sich nach vorn und sah hinaus. »Na ja, solange der Konsum den Markt beherrscht, bleibt die Weltwirtschaft am Laufen, und Investoren wie ich können damit weitermachen, Wohlstand zu generieren.«

Chung-Nam folgte seinem Blick. Sie fuhren durch Tsim Sha Tsui, vorbei an den Luxusgeschäften entlang der Canton Road und deren finanzstarker Klientel. Diese Gegend war die Essenz von Hongkong: ein Ort, an dem Geld mehr zählte als Menschlichkeit. Ob man es nun durch harte Arbeit zu Wohlstand brachte oder indem man andere übers Ohr haute, Reichtum wurde Respekt gezollt. Selbst wer mit diesen Machtstrukturen nicht einverstanden war, musste sich, um in dieser Gesellschaft zu überleben, an ihre Regeln halten. Haos Worte kamen ihm in den Sinn. *In dieser Stadt gilt »Survival of the fittest« – abzocken oder abgezockt werden.*

Der Wagen bog in die Peking Road ab und setzte Chung-Nam und Szeto Wai gegenüber der iSQUARE-Mall ab. Doris bog in die Hankow Road ab und verschwand.

»Begleitet sie uns nicht zum Abendessen?«, fragte Chung-Nam.

»Dies ist kein offizieller Geschäftstermin, da brauchen wir Doris nicht.« Szeto grinste. »Oder wollten Sie damit sagen, Sie hätten lieber ein Date mit ihr gehabt?«

»Nein, nein. Natürlich nicht!«

»Daran wäre nichts verkehrt.« Szeto lachte herzhaft. »Doris ist eine attraktive Frau. Welcher heterosexuelle Mann hätte da wohl kein Interesse?«

»Mr Szeto, sind Sie … haben Sie …«, stammelte Chung-Nam, unsicher, wie er sich taktvoll ausdrücken sollte.

»Nein. Doris ist meine Assistentin«, antwortete Szeto gelassen. »Wie lautet das chinesische Sprichwort gleich wieder? Kaninchen fressen nicht neben dem eigenen Bau? Sie ist sehr gut in ihrem Job, und ich möchte unser Arbeitsverhältnis auf keinen Fall belasten oder ihre Effizienz schmälern. Abgesehen davon kenne ich jede Menge Frauen, die noch viel heißer sind und *nicht* für mich arbeiten.«

Chung-Nam musste unwillkürlich an Mr Lee und Joanne denken. Mr Lee würde einem Szeto Wai niemals das Wasser reichen können.

Sie betraten das iSQUARE und begaben sich zu den Aufzügen. Als Szeto die 31 drückte, hielt Chung-Nam kurz den Atem an. Die Mall beherbergte jede Menge Geschäfte, sogar einen IMAX-Kino-Komplex, aber ab dem zwanzigsten Stock kamen nur noch die Edelrestaurants. Je höher, desto teurer. In den Läden konnte man locker ein- bis zweitausend Hongkong-Dollar für ein einzelnes Gericht hinblättern. Solche Preise konnte sich ein einfacher Lohnsklave wie Chung-Nam nicht leisten.

»Ich lade Sie ein – keine Widerrede«, sagte Mr Szeto ruhig, als hätte er Chung-Nams Gedanken gelesen.

»Oh, also, vielen – vielen Dank.« Chung-Nam hatte kurz überlegt, zum Schein abzulehnen, doch das gab seine Geldbörse nicht her, und er konnte nicht riskieren, dass Mr Szeto ihn womöglich doch selbst zahlen ließ. Es war besser, dankend anzunehmen. Welch exquisite Köstlichkeiten ihn hier wohl erwarteten?

Die Aufzugtüren öffneten sich, und sie wurden von einer blassgelben Steinwand begrüßt. Der Eingang zum Tin Ding Hin war eine feudale Mischung aus asiatischen und westlichen

Stilrichtungen. Der Name des chinesischen Restaurants war in den Stein gemeißelt. Hinter einem Empfangspult stand eine junge Hostess. Die eng anliegende violette Uniform brachte ihren Modelkörper zur Geltung, aber noch bemerkenswerter waren ihre Züge – kein Wunder, dass sie zum ersten Gesicht erkoren worden war, das die Gäste zur Begrüßung zu sehen bekamen.

»Guten Abend, Mr Szeto. Bitte hier entlang.«

Ehrerbietig führte sie die beiden Männer ins Innere des Restaurants. Etwas derart Stilvolles hatte Chung-Nam noch nie besucht, aber Mr Szeto war offenbar Stammgast hier.

Als er den Tisch sah, wusste er, dass er recht hatte.

Sie befanden sich in einem Separee. Das raumhohe Panoramafenster ging hinaus auf die Ostseite von Victoria Harbour. Es war ausreichend Platz für ein Dutzend Menschen, aber im Augenblick war lediglich ein kleiner Tisch für zwei gedeckt. Die Kellnerin trug ebenfalls Violett und war ebenso umwerfend wie ihre Kollegin.

Chung-Nam frohlockte innerlich, weil er Anzug und Krawatte trug – das übliche, hemdsärmelige Outfit wäre hier absolut fehl am Platz gewesen. Mr Lee hatte sie plötzlich dazu ermahnt, sich stets angemessen zu kleiden und ein professionelles Bild abzugeben, wahrscheinlich aus Angst, dass Mr Szeto ihnen einen Überraschungsbesuch abstattete.

Mr Szeto bat Chung-Nam, sich zu setzen, und wählte für sich den weiter von der Tür entfernt gelegenen Platz.

»Die Beleuchtung hier ist genau richtig«, sagte Mr Szeto. »Es ist hell genug, um zu sehen, was man auf dem Teller hat, und wir können trotzdem die abendliche Aussicht genießen. Das erfordert geschicktes Design.«

Die letzten Strahlen der untergehenden Sonne tauchten die Wolkenkratzer zu beiden Seiten des Victoria Harbour in roten Glanz. Neonlichter in sämtlichen Farben und Formen leuchteten auf und bereiteten dem Abend die Bühne. Chung-Nam hatte irgendwo gelesen, dass die Shōgune der Edo-Zeit von ihren Türmen aus über die Städte blickten, während in Tausenden Häusern allmählich die Lichter angingen. Vielleicht war diese Kulisse die zeitgenössische Version dieses Rituals, das es den Reichen erlaubte, sich zu fühlen, als würden sie über alles herrschen, was vor ihren Augen lag.

Die Hostess verließ den Raum, und die Kellnerin reichte Mr Szeto die Speisekarte. Anstatt sie entgegenzunehmen, wandte der sich an Chung-Nam. »Gibt es irgendetwas, das Sie nicht essen? Zum Beispiel Meeresfrüchte?«

»Nein.« Er schüttelte den Kopf.

»Sehr gut.« Szeto wandte sich wieder an die Kellnerin. »Das Menü Imperial für zwei.«

Sie nickte und zog sich unauffällig zurück. Sobald sie gegangen war, erschien eine weitere Kellnerin, diesmal eine mit offenen langen Haaren, schwarzem Hosenanzug und Krawatte.

»Was würden Sie heute Abend gerne trinken, Mr Szeto?«, fragte sie und reichte ihm die Weinkarte.

»Hmm …« Szeto setzte die Brille auf und studierte die Karte. »Den 2012er Buccella Cabernet Sauvignon.«

»Sehr gerne.« Sie lächelte und ging hinaus.

Mr Szeto sah aus, als wäre ihm eben erst etwas eingefallen. »Trinken Sie Rotwein, Chung-Nam?«

»Ja, natürlich – allerdings weiß ich nicht viel darüber, und zu chinesischem Essen habe ich ihn noch gar nicht probiert.«

»Ich dachte immer, hier würde bei Hochzeitsbanketten zum Essen Wein getrunken. Den hier kann ich jedenfalls sehr empfehlen – er steht den europäischen Weinen in nichts nach.«

»Dann ist das kein Franzose?« Chung-Nam hatte geglaubt, ein Milliardär würde bestimmt französischen Bordeaux trinken.

»Nein, ein Amerikaner, aus Napa Valley. Das liegt in Kalifornien, genau wie Silicon Valley. Damals bei der Gründung von Isotope veranstalteten Satoshi und ich so manches Mitarbeiterseminar in Napa. Das waren mit dem Wagen nur ein paar Stunden. Waren Sie schon mal in Kalifornien?«

»Nein. Und auch sonst nirgendwo in den Staaten. Ehrlich gesagt, weiter als bis Japan bin ich noch nicht gekommen.«

»Da sollten Sie unbedingt hin, falls sich je die Chance dazu bieten sollte.«

Mr Szeto war mitten in der Beschreibung diverser kalifornischer Sehenswürdigkeiten, als die Sommelière mit einer tiefschwarzen Flasche zurückkehrte. Auf einem weißen Oval stand in geschwungener Schrift die Zahl 2012, darüber prangte ein rotes Siegel. Das ganze Design wirkte reduziert und asketisch.

»Buccella Cabernet Sauvignon 2012.«

Die Sommelière präsentierte Mr Szeto die Flasche, setzte sie, als er nickte, auf einem Beistelltisch ab, holte einen Korkenzieher hervor und entfernte umsichtig den Korken. Dann füllte sie einen kleinen Schluck in Mr Szetos Glas. Er hielt die rubinrote Flüssigkeit gegen das Licht, schnupperte daran, nippte kurz und nickte wieder.

Die Sommelière füllte Chung-Nams Glas zur Hälfte und schenkte Mr Szeto dann nach.

Diesem Ritual hatte Chung-Nam noch nie beigewohnt – wenn er Rotwein trank, kaufte er sich im Supermarkt eine Flasche mit Schraubverschluss, trug sie nach Hause und stürzte sie hinunter. Zum Glück war das Essen chinesisch – dachte er. Da gab es sicher weniger Rituale zu beachten. Wäre dies ein französisches Restaurant, hätte er sich von vorne bis hinten blamiert.

»Na los, probieren Sie. Ich war schon immer der Meinung, dass dieser Wein besonders gut zur Hangzhou-Küche passt. Die kalifornischen Weine besitzen mehr Säure als die aus Europa, und weil sich der einzigartig feinfruchtige Geschmack nicht in den Vordergrund drängt, kommt er dem Essen nicht in die Quere.«

Chung-Nam trank ein Schlückchen. Weil er keine Ahnung hatte, wie französischer Wein schmeckte, konnte er ihn auch nicht vergleichen, trotzdem merkte selbst er, dass es sich um einen köstlichen Tropfen handelte.

Während Mr Szeto sich über Rotwein ausließ, kam die violett gekleidete Kellnerin mit einem Silbertablett zurück und fing an, ihnen das Abendessen zu servieren.

»Hangzhou-Shrimps in Longjingtee.«

Familienplatten waren alles, was Chung-Nam an chinesischem Essen kannte. Das hier sah eher nach französischer Haute Cuisine aus: Auf winzigen Tellern lagen fachgemäß geschälte Garnelen, umgeben von einer appetitlichen Gemüsegarnitur.

Es folgte Gang auf Gang an Köstlichkeiten: mit Honig glasierter Schinken, gebratene Bohnenquarkröllchen, Westseefisch in Essigsoße, geschmorter Schweinebauch und viele andere Höhepunkte der Hangzhou-Küche, dazu viele Meeresdelikatessen, die nur wenig mit Hangzhou zu tun hatten – Abalone, Seegurke, Fischblasen –, mit Elementen der westlichen Küche wie schwarzem Trüffel oder Spargel ergänzt zu einem perfekten Beispiel für Fusionsküche. Die Portionen waren winzig, die Gänge endlos. Chung-Nam fühlte sich an das japanische Kaiseki erinnert, auch wenn Speisenfolge und Geschirr eher dem europäischen Menü ähnelten.

Während des Essens betrieb Szeto Wai unbeschwert Small Talk, auch wenn sich das Gespräch nur um drei Themen drehte: Essen, Autos und Reisen. Chung-Nam hätte zu gerne erfahren, was er vor ein paar Tagen gemeint hatte, als er sagte, *Sie sind ein kluger Bursche*, doch er riss sich zusammen und erwähnte weder GT Net noch SIQ Ventures auch nur mit einem Wort. Das Gespräch auf berufliche Themen zu lenken, hätte zu verzweifelt gewirkt. Er musste warten, bis Mr Szeto das Thema anschnitt, und dann seine Segel nach dem Wind ausrichten.

Als Mr Szeto schließlich auf ihre Begegnung im Cultural Centre zu sprechen kam, wehte er jedoch aus vollkommen unerwarteter Richtung. »Chung-Nam«, sagte er, nahm ein Löffelchen Schwalbennest und trank einen Schluck Wein, »in Wirklichkeit haben Sie gar keinen Freund, der klassische Musik mag, habe ich recht?«

»Wie bitte?« Chung-Nam traute seinen Ohren nicht.

»Sie waren letzten Samstag allein im Cultural Centre, und Sie waren auch nicht dort, um ein klassisches Konzert zu hören.« Mr Szeto schwenkte sein Glas, um das Gesagte zu unterstreichen. Sein Tonfall blieb gelassen.

Chung-Nams Herz pochte so laut, dass er Angst hatte, Mr Szeto könnte es über den Tisch hinweg hören. Er versuchte sich zu beruhigen und hätte um ein Haar gegen die Unterstellung protestiert und lauthals behauptet, dass ihre Begegnung *sehr wohl* reiner Zufall gewesen sei, doch kurz bevor er den Mund aufmachte, überkam ihn das vage Gefühl, dass dies womöglich die falsche Antwort war.

»Hm … ja. Ich war dort, weil ich Sie treffen wollte.«

»Sehr gut.« Szeto Wai lächelte. »Gut gemacht – Sie wissen, wann Sie lügen müssen und wann es besser ist, die Wahrheit zu sagen. Die Branche ist geprägt von Bluffs und Betrug. Mich hat das noch nie gestört, aber wissen Sie, was beleidigend ist? Wenn jemand weiß, dass ich ihn durchschaut habe, und trotzdem versucht, seine Behauptung aufrechtzuerhalten.«

Chung-Nam fiel ein Stein vom Herzen.

»Nächste Frage.« Szeto Wai setzte sein Glas ab. »Diese Idee, G-Dollar und Informationshandel zu bündeln wie Finanzprodukte – das war doch nur irgendein Unsinn, den Sie sich im Stegreif aus den Fingern gesogen haben, richtig? Ihre Firma hat keinerlei Pläne in dieser Richtung.«

Chung-Nam nickte.

»Interessieren Sie sich für Fußball, Chung-Nam?«

Was sollte der plötzliche Themenwechsel? »Nicht so besonders, aber ich behalte die UEFA Champions League im Auge«, antwortete Chung-Nam.

»Und ich dachte, neun von zehn Hongkongern wären fußballverrückt.« Mr Szeto grinste. »Dann kennen Sie auch nicht den Unterschied zwischen einem Weltklassestürmer und einem normalen Talent?«

Chung-Nam schüttelte den Kopf. Er hatte keine Ahnung, worauf Szeto hinauswollte.

»Er liegt in der Fähigkeit, Gelegenheiten zu ergreifen, wenn sie sich bieten. Ein Beispiel: Sagen wir, Mannschaft A hat einen Stürmer, der jeden zehnten Torschuss verwandelt, während die Trefferquote des Stürmers von B bei eins zu fünf liegt. Stellen wir uns ein Spiel vor, bei dem jedes Team sich sieben Torchancen erspielt. Mannschaft A könnte bestenfalls ein torloses Unentschieden erreichen, Mannschaft B hat beste Chancen auf einen Eins-zu-null-Sieg. Das ist jetzt sehr vereinfacht dargestellt, aber ich will auf Folgendes hinaus: Ein Weltklassetalent ist in der Lage, eine Situation blitzschnell zu überblicken, zu erkennen, wo die Chancen liegen, und aus jeder Situation das Beste zu machen. Natürlich kann jeder Stürmer auch mal das Glück haben, in einer bestimmten Partie fünf oder auch sechs Tore zu erzielen, aber nur ein echtes Talent zeigt während der ganzen Saison gleichbleibende Leistungen und vermag jede Chance zu ergreifen, die sich bietet. Ein intelligenter Trainer würde sich deshalb genau so jemanden in seine Mannschaft holen.«

Szeto Wai legte eine kurze Pause ein, dann stieß er mit dem Zeigefinger in die Luft. »In Ihrer Firma sind Sie der Einzige mit dieser Fähigkeit.«

»Das ist … das ist sehr freundlich.«

»Als ich anfing, Ihren Businessplan zu zerpflücken, und sagte, der würde womöglich nie rentabel werden, brachte Ihr Chef zu seiner Verteidigung nicht einen zusammenhängenden Satz zustande. Kenneth ist offensichtlich unfähig, entschlossen zu reagieren. Ihm mangelt es völlig an Flexibilität. Ihre Kollegen haben sich alle viel zu respektvoll verhalten, auf diese typisch chinesische Art – ohne die Erlaubnis vom Boss traut niemand sich aus der Deckung. Die übliche Denkweise: Wer nicht agiert, macht auch keine Fehler. Sie sind als Einziger aktiv geworden – Ihnen war klar, dass ich ein dicker Fisch bin und Sie mich auf keinen Fall vom Haken lassen durften, auch wenn Sie dafür ein aus der Luft gegriffenes Projekt erfinden mussten. Als wir uns wiedertrafen, haben Sie sogar ›Firmeninterna‹ ins Spiel gebracht, um mein Interesse weiter anzuheizen.«

In diesem Moment wurde Chung-Nam klar, dass Szeto Wai an GT Net keinerlei Interesse hatte. Er machte ihnen lediglich das Leben schwer, um zu sehen, was sie draufhatten.

»Sie klangen so überzeugend, dass ich fast drauf reingefallen wäre«, fuhr Mr Szeto fort. »Hätte Kenneth seine Gedanken nicht offen auf der Stirn zur Schau getragen, hätte ich tatsächlich geglaubt, diese ›Nachrichtenaktien‹ gäbe es wirklich. Lächerlich. Seien wir ehrlich – das ganze Konzept von GT ist völliger Blödsinn. Klatsch wird sich nie zur Handelsware eignen. Es lassen sich zwar unendliche Mengen davon generieren, aber viel Glück mit dem Versuch, das auf dem freien Markt zu platzieren!«

Chung-Nam hätte fast gestanden, dass Mr Lee ihn und Hao Tag und Nacht schuften ließ, um den lächerlichen Plan, den er Mr Szeto in zwei Wochen präsentieren wollte, in die Tat umzusetzen. Er wusste selbst, dass die Vorstellung, mit Klatsch zu handeln, ein Hirngespinst war und dass die Chancen, ein schlüssiges Konzept zu präsentierten, schlecht standen. Hao und er hatten sich in den letzten Tagen den Kopf darüber zerbrochen, wie sie ein Projekt retten sollten, das sich als immer mieser erwies, je weiter sie kamen.

»Trotzdem würde ich Ihrer Performance an dem Tag neunzig von hundert Punkten geben«, sagte Szeto Wai. »Ich habe Sie einem zweiten Test unterzogen, und Sie haben mich nicht enttäuscht. Sie haben bestanden.«

»Ein zweiter Test?«

»Was glauben Sie? Weshalb habe ich neulich wohl angefangen, vor Ihnen von klassischer Musik zu sprechen, und erwähnt, ich würde Samstag ein Konzert besuchen?«

Also war es sein Plan gewesen – und Chung-Nam hatte sich für besonders schlau gehalten und sich selbst auf die Schulter geklopft, weil Szeto Wai ihm ins Netz gegangen war.

»Diese Einladung ist meine Art der Gratulation.« Szeto Wai erhob sein Glas. »Wenn ich einem Talent begegne, das Entschlossenheit, Tatkraft und Selbstvertrauen in sich vereint, belohne ich das mit gutem Essen und hervorragendem Wein. Einige dieser Talente sind inzwischen zu bedeutenden Teilhabern von SIQ geworden.«

Chung-Nam jubelte innerlich vor Freude. Er fühlte sich, als hätte er im Lotto gewonnen. Obwohl Szeto Wai ihm nichts versprochen hatte, stand eines fest: Er hatte sich die Aufmerksamkeit dieses Tech-Titanen gesichert.

»Freuen Sie sich nicht zu früh«, fuhr Szeto Wai fort, ohne eine Antwort abzuwarten. »Ich mache den Wert meines Geschenks von der Performance abhängig. Dieser Buccella kostet nur zweihundert US-Dollar, das sind etwa fünfzehnhundert Hongkong-Dollar. Es gab auch schon ein junges Talent, für das ich eine Tausenddollarflasche aufgemacht habe. Wären Sie anstatt dieses Blödsinns über Futures und Optionen mit einer machbaren Idee gekommen, säßen wir jetzt im hundertsten Stock des ICC.«

Das ICC – oder International Commerce Centre, um es bei seinem vollen Namen zu nennen – war der höchste Wolkenkratzer in Hongkong. Die obersten der 108 Stockwerke beherbergten ein Sechssternehotel und eine Reihe exklusiver Nobelrestaurants, die alle unbezahlbar waren.

Chung-Nam spürte einen leisen Stich der Enttäuschung, weil ihm nichts Besseres eingefallen war, doch der Moment verflog. Die Hauptsache war, jetzt die Gelegenheit zu ergreifen, die sich ihm bot. Was war schon ein Abendessen im ICC? Er hatte größere Träume. Vielleicht kaufte er eines Tages den Burj Khalifa!

»Mr Szeto? Woher wussten Sie, dass ich nicht im Cultural Centre war, um das Konzert zu besuchen?«

»Sie haben heute Abend kein einziges Wort über Musik verloren. Um Ihre Lüge aufrechtzuerhalten, hätten Sie das Thema während des Essens zumindest anschneiden müssen.« Szeto Wai schmunzelte. »Was wollen Sie noch wissen? Immer raus damit!«

»Weshalb hat SIQ ausgerechnet unser Unternehmen ins Visier genommen? Wenn Sie tatsächlich der Meinung sind, GT Net könnte nie profitabel werden, hat SIQ keinen Grund, in uns zu investieren. Daran ändert auch die beste Performance von mir nichts.«

»Kennen Sie das Metcalfe'sche Gesetz?«

»Das hat was mit dem Internet zu tun, oder nicht?«

»Sehr gut. Es besagt, dass der Nutzen eines Telekommunikationsnetzwerks proportional zum Quadrat der Teilnehmerzahl wächst. Das bedeutet, ein Netzwerk mit fünfzig Kunden ist fünfundzwanzig Mal so viel wert wie ein Netzwerk mit zehn – und nicht fünf Mal. Das erklärt, weshalb große Technologieunternehmen grundsätzlich kleinere Firmen aufkaufen, die ein ähnliches Geschäftsmodell haben. Wenn ein Unternehmen mit fünfzig Kunden eines mit zehn aufkauft, haben sie ihren Kundenstamm zwar nur um zwanzig Prozent erhöht, den Wert jedoch um fünfzig.«

»Was hat das mit GT Net zu tun?«

»Sind Sie noch nicht dahintergekommen?« Szeto Wai lächelte vielsagend.

In einem Geistesblitz kam Chung-Nam die Antwort. »SIQ hat in den Staaten bereits in eine ähnliche Firma investiert.«

»Richtig.« Szeto Wai sah Chung-Nam direkt in die Augen. »Ich werde jetzt nicht ins Detail gehen, aber das Geschäftsmodell Ihrer Firma, Informationen zu kaufen und zu verkaufen, ähnelt dem eines unserer Hauptinvestments sehr. Wir gehen davon aus, dass sich das Unternehmen zum nächsten Tumblr oder Snapchat entwickeln wird. Also bleiben wir der Zeit voraus und kaufen rund um den Globus ähnliche Firmen auf.«

»So wie Groupon uBuyiBuy gekauft hat?«

»Ja. Genau so.«

2010 hatten zwei junge Hongkonger das riesige Potenzial des chinesischen Online-Shopping-Wahns erkannt und eine Verkaufsplattform namens uBuyiBuy gegründet. Ein halbes Jahr später wurden sie von Groupon aufgekauft, die damals gerade nach Asien expandierten und in Taiwan und Singapur bereits dasselbe gemacht hatten.

»Weitere Fragen?«

»Hmmm … Plant SIQ, eine Niederlassung in Hongkong zu eröffnen?«

Szeto Wai zögerte. »Wie kommen Sie auf diese Idee?«

»Weil wir in einem Tesla unterwegs waren«, antwortete Chung-Nam. »Sie haben gesagt, Sie würden in Hongkong Urlaub machen, Mr Szeto, also bin ich davon ausgegangen, dass Sie einen Mietwagen fahren. Elektrofahrzeuge sind hier nicht besonders verbreitet, und keiner der hier ansässigen Autovermieter hätte einen Tesla im Programm. Hätten Sie ihn von einem Freund geliehen, wäre das Gespräch darauf gekommen – aber Sie haben von dem Wagen gesprochen, als wäre es Ihrer. Sie haben in Hongkong ein eigenes Fahrzeug, obwohl Sie in Amerika leben. Die einzig sinnvolle Erklärung ist, dass SIQ schon bald eine Niederlassung hier eröffnen wird und der Tesla in Wirklichkeit ein Firmenwagen ist. Meine Vermutung lautet, Sie waren heute im InnoCentre, um sich für SIQ mit lokalen Unternehmen zu verknüpfen.«

»Offensichtlich habe ich einen Fehler gemacht.« Szeto Wai klopfte mit dem Zeigefinger an die Weinflasche. »Ich hätte eine Fünfhundertdollarflasche bestellen sollen.«

Chung-Nam jubelte innerlich über das versteckte Kompliment.

»SIQ bereitet die Expansion nach China vor. Ein erster Schritt ist die Einrichtung eines Hongkonger Büros als Asien-HQ«, sagte Szeto Wai jetzt sehr direkt. »Auf dem Festland gibt es eine ganze Reihe neuer Unternehmen, die von jungen Leuten gegründet wurden, die genauso viel Talent besitzen wie irgendwer im Westen. Chinas Wirtschaftswachstum war in den letzten Jahren rückläufig, und das bietet SIQ die großartige Gelegenheit, in die vielen neuen Tech-Unternehmen mit ihrem unglaublichen Potenzial zu investieren und sie irgendwann eventuell zu übernehmen. Aber ich bin nicht deswegen in Hongkong. Kyle hat bei uns inzwischen das Ruder übernommen. Ich spreche nur mit Kunden und mache ab und zu ein bisschen Headhunting.«

Vor ihrer Verabredung hatte Chung-Nam alles gelesen, was er über SIQ finden konnte, und wusste deshalb, dass Szeto Wai die Wahrheit sagte. Auf YouTube waren einige Interviews und Pressekonferenzen zu sehen gewesen, und Wortführer war immer der etwa fünfzigjährige, Schnauzbart tragende Kyle Quincy gewesen.

»Wenn SIQ nach China geht, hieße das nicht, dass Sie prädestiniert wären, den asiatischen Markt zu leiten?«, fragte Chung-

Nam. »Mr Quincy hat sicher sehr viel Einfluss im Westen, aber es würde Ihnen als Asiaten sicher leichter fallen, mit den Leuten hier in Kontakt zu kommen.«

»Sie haben recht, aber ich habe nicht die Absicht, mich ins Rampenlicht zu stellen.« Szeto Wai zuckte die Achseln. »Ich bin sehr zufrieden mit meinem Leben. Ich reise von Land zu Land, genieße gutes Essen und guten Wein und muss mir nie Gedanken über meine Investitionen machen. Ab und zu denke ich doch ein bisschen nach und komme mit ein paar neuen Ideen für die Firma an. Ich will nicht in der ersten Reihe stehen. Kyle hat bereits angefangen, sich nach jemandem umzusehen, der den Asienzweig leiten kann.«

»Was ist mit Mr Satoshi?« Schließlich waren zwei der drei Köpfe von SIQ Asiaten, und in Chung-Nams Augen wäre es dumm, diesen Vorteil nicht zu nutzen.

»Ha!« Szeto Wai lachte schallend. »Gott weiß, wo Satoshi steckt oder was er gerade treibt.«

»Ach so? Ich dachte, Mr Satoshi wäre einer der drei CEOs von SIQ?«

»Auf dem Papier, das ist alles. Er hat sich seit Jahren bei keiner Vorstandssitzung mehr blicken lassen und ist offensichtlich nicht daran interessiert, was mit der Firma passiert. Der Typ ist ein Genie, aber er besitzt null Geschäftssinn. So ist er eben – er zieht sich lieber zurück und bastelt rum. Ich habe ihn seit ein paar Jahren nicht mehr gesehen – ich wüsste nicht mal, wie ich mit ihm in Kontakt treten soll. Aber sobald der Vorstand etwas von ihm will, ist er es, der sich bei uns meldet. Als würde er alles im Auge behalten. Manchmal frage ich mich, ob er sich in unsere Systeme gehackt hat und uns kontrolliert.«

»Ist er so gut?«

»Wenn er es nicht wäre, wie wäre Isotope dann an so viele Patente gekommen?«

»Patente sind das eine, aber sich in Ihr System zu hacken, ist eine völlig andere Hausnummer.«

»Haben Sie schon mal von Kevin Mitnick gehört?«

Chung-Nam schüttelte den Kopf.

»Kevin Mitnick leitet in Amerika eine IT-Sicherheitsfirma. Er hilft Unternehmen, ihre Systeme zu überprüfen, und sucht nach Schwachstellen, die ein Hacker ausnutzen könnte. Er ist in der Tech-Branche sehr bekannt.« Szeto Wai malte mit dem Zeigefinger einen Kreis in die Luft, als würde er die Uhr zurückdrehen. »Aber bis zum Jahr 2000 gehörte Mitnick zu den gefürchtetsten Hackern der Welt. Er war der meistgesuchte Cyberkriminelle in den Vereinigten Staaten. Er hatte sich weltweit in unzählige Firmen- und Regierungsnetzwerke gehackt und eine beträchtliche Menge an vertraulichen Daten gestohlen.«

»Ha, das klingt ganz nach Mr Satoshi … Oh!«

»Das haben Sie gesagt.« Szeto Wai warf ihm einen Blick zu.

Chung-Nam beließ es dabei. Er wusste, dass es Dinge gab, die man nicht allzu offen aussprechen sollte. Nach allem, was er online gelesen hatte, war Satoshi Inoue in die Entwicklung diverser Cybersecurity-Vereinbarungen involviert. Es wäre nicht verwunderlich, wenn er genug Wissen und Erfahrung hätte, um in ein Netzwerk einzubrechen.

»Genug von dem Kerl«, sagte Szeto Wai. »Noch weitere Fragen?«

Chung-Nam wollte gerade damit angeben, dass er selbst schon mal ein bisschen gehackt hatte, doch dann hielt er inne. War das ein dritter Test? Er brauchte eine Sekunde für die richtige Antwort.

»Wenn ich Sie richtig verstanden habe, steht es so gut wie fest, dass wir Geldmittel von Ihnen bekommen. Richtig?«

»Richtig.«

»Dann sagen Sie mir – was kann ich für Sie tun?«

Szeto Wai lächelte zufrieden; Chung Nam hatte richtig geschlussfolgert, dass die Investition von vornherein beschlossene Sache gewesen war – zehn oder zwanzig Millionen Hongkong-Dollar waren schließlich Peanuts für SIQ –, was bedeutete, dass das Konzept lediglich der Vorwand war.

»Natürlich wird Kenneth weiter der Manager sein, nachdem SIQ in Ihre Firma investiert hat«, sagte Szeto Wai. Chung-Nam musste sich sehr zusammenreißen, nicht laut aufzulachen, weil man seinen Chef als »Manager« bezeichnete. »Was wir natürlich nicht wissen, ist, ob er tatsächlich in der Lage ist, die Firma im Interesse des Mutterkonzerns weiterzuentwickeln. Ich brauche jemanden, der weiß, wie man Entwicklungen beobachtet und adaptiert, der uns auf dem Laufenden hält und wissen lässt, ob die Dinge wie gewünscht ihren Gang gehen.«

Chung-Nam lächelte. »Sie wollen mich also als Informanten?«

»Das klingt nicht schön. Nennen wir es lieber Insider.« Szeto Wai grinste zurück.

»Zu Ihren Diensten.« Chung-Nam stand auf und streckte ihm die rechte Hand entgegen; Szeto Wai erhob sich ebenfalls, und sie schüttelten sich die Hände.

Dann tranken sie weiter Wein und unterhielten sich über Essen und Autos. Chung-Nam befand sich in einem völlig anderen Geisteszustand als noch vor einer Stunde. Die Gelegenheit, auf die er gewartet hatte, war endlich gekommen. Bald schon würden seine Pläne wahr werden.

»Ich muss langsam zurück.« Szeto Wai warf einen Blick auf die Uhr. Es war kurz vor halb zehn. »Ich wäre gerne noch mit Ihnen etwas trinken gegangen, aber ich habe morgen früh einen Termin und fürchte, wir müssen für heute Schluss machen.«

Chung-Nam war ein bisschen enttäuscht, aber er sagte sich, dass es keinen Grund zur Eile gab – er hatte die Eintrittskarte zu SIQ in der Tasche. »Haben Sie Zeit für ein weiteres Abendessen, ehe Sie in die USA zurückfliegen?«

»Ich melde mich – ich habe ja Ihre Nummer.« Szeto Wai wedelte mit seinem BlackBerry.

Es klopfte an der Tür, die sich nicht wieder geöffnet hatte, seit der letzte Gang serviert worden war. Chung-Nam vermutete, dass das in Nobelrestaurants so üblich war, wenn Stammgäste vertrauliche Dinge zu besprechen hatten.

»Oh, hallo, Doris.«

Zur Tür herein kam weder die Kellnerin noch die Sommelière, sondern Szeto Wais Assistentin. Sie sagte nichts, sondern stand stumm in der Tür und wartete auf seine Anweisungen.

»Wo wohnen Sie, Chung-Nam?«

»Diamond Hill.«

»Ach, wenn es irgendwo auf Hongkong Island gewesen wäre, hätte ich angeboten, Sie mitzunehmen.« Szeto Wai massierte sich das Kinn. »Die Wohnung, die ich gemietet habe, liegt in Wan Chai.«

»Machen Sie sich keine Umstände, ich nehme die U-Bahn. Die Station Tsim Sha Tsui ist gleich vor dem Haus.«

»Dann ist es gut.«

Auf dem Weg hinaus standen die violett gekleideten Kellnerinnen und die Sommelière zum Abschied Spalier. Chung-Nam fragte sich, warum nie eine Rechnung gekommen war; dann wurde ihm klar, dass sich Doris offensichtlich darum gekümmert hatte.

Nachdem sie sich verabschiedet hatten, tanzte Chung-Nam beinahe durch die Fahrkartenschranke und in die U-Bahn hinein. Obwohl die Rushhour längst vorbei war und es jede Menge freie Sitzplätze gab, stellte er sich an seinen Stammplatz neben den Türen. Er nahm das Telefon aus seiner Aktentasche, schaltete es wieder ein und beantwortete eilig die Nachrichten, die während des Abendessens gekommen waren. Dabei fragte er sich, wie er Szeto Wais verbleibende Zeit in Hongkong nutzen konnte, um die Bindung zwischen ihnen zu zementieren.

Der Abend war beinahe perfekt gewesen. Es gab nichts, das ihm die gute Laune noch hätte verderben können.

Doch er täuschte sich.

Als er müßig den Blick durch den Gang schweifen ließ, erregte jemand seine Aufmerksamkeit: In der Mitte des Waggons saß ein Mann, an dem ihn etwas störte. Als Chung-Nam näher hinsah, verwandelte sich seine Verwirrung in Unbehagen.

Er hatte diesen Mann schon einmal gesehen.

Als er drei Stunden zuvor an der Shanghai Street gestanden und auf Mr Szeto gewartet hatte, hatte er sich ständig nervös umgesehen, aus Angst, seinem Chef oder einem Kollegen zu begegnen. Dabei hatte er auf der anderen Straßenseite an einem Waffelstand diesen Mann stehen sehen. Er hatte Zeitung gelesen und ausgesehen, als würde er auf jemanden warten. Der Abstand zwischen ihnen hatte zehn Meter betragen, genau wie jetzt.

Konnte das Zufall sein?

In Mong Kok musste Chung-Nam auf die Kwun-Tong-Linie wechseln. Er stieg aus und sah sich des Öfteren verstohlen um. Und tatsächlich tauchte der Mann auch auf dem Bahnsteig auf.

Wurde er verfolgt?

Chung-Nam bemühte sich, keine plötzlichen Bewegungen zu machen, um sich nicht zu verraten. Wer sollte ihn verfolgen? Hatte Mr Lee von seinem heimlichen Kontakt zu SIQ Wind bekommen? Oder war Industriespionage im Spiel? Vielleicht wurde jeder, der mit Szeto Wai auf diese Weise Kontakt hatte, beschnüffelt.

Dann kam ihm ein anderer Gedanke: die Polizei?

Er griff in die Aktentasche und tastete nach dem Telefon, das er eben weggesteckt hatte.

Nein, die Polizei wäre direkt zu ihm nach Hause gekommen. Selbst wenn seine bösen Taten ans Licht kämen, würde die Polizei ihn kaum durch einen Beamten in Zivil beschatten lassen. Er war schließlich nicht das Superhirn eines Verbrechersyndikats oder so was.

Viele Menschen bestiegen den Zug, und Chung-Nam verlor den Mann aus den Augen. Als er in Diamond Hill aus der U-Bahn stieg, musterte er den Bahnsteig, doch von dem Mann war nichts zu sehen. Er blickte sich auf dem ganzen Heimweg immer wieder nervös um – keine Spur.

Hatte er sich umsonst Sorgen gemacht?

Tief in Gedanken, betrat er seine kleine Wohnung.

Doch schließlich schüttelte er den Kopf und versuchte, die Sache zu vergessen. Dieser Abend würde ein Meilenstein in seiner Karriere sein, und er hatte nicht vor, sich das verderben zu lassen.

Ping! Er hatte eine neue Nachricht.

Er löste die Krawatte, setzte sich auf seinen bequemen Bürostuhl und erweckte den schlafenden Computer zum Leben. Er schloss das Dialogfenster, das ihn an ein bevorstehendes Update erinnerte, und öffnete den Popcorn-Chatroom, den er jeden Abend nach der Arbeit besuchte. Gleichzeitig las er die eingegangene Nachricht auf seinem Telefon.

»Geht morgen Abend um sieben?«

Als er ihre Nachricht las, fiel ihm der Mann aus der U-Bahn wieder ein. Es fühlte sich an, als würde in einer Ecke seiner Wohnung ein Gespenst lauern und ihn auf Schritt und Tritt beobachten.

2 »Es fährt ein der Zug nach North Point. Bitte aussteigenden Passagieren den Vortritt lassen.«

Die Bahnsteigansage holte Nga-Yee in die Gegenwart zurück. Sie wartete am Bahnhof Yau Tong auf ihren Anschlusszug. Seit sie bei N die letzten Worte von Mr Moks Mitschnitt gehört hatte, ging ihr die Entdeckung nicht mehr aus dem Kopf.

Lily Shu war kidkit727.

Zu Beginn hatte N einmal gesagt, der Post, mit dem alles angefangen hatte, würde sich anhören wie das Plädoyer eines Strafverteidigers vor Gericht, und dass er dem nachgehen würde. Nga-Yee hätte nicht gedacht, dass er Mr Mok auf die Sache ansetzen würde. Und jetzt stellte sich überraschenderweise heraus, dass Lily dem Anwaltsgehilfen Informationen entlockt hatte. Mehr noch, der Verfasser des Posts hatte Siu-Man nicht einfach nur angegriffen, sondern absichtlich bis zum Ende von Shiu Tak-Pings Verhandlung gewartet, um sie mit im Vorfeld gesammelten Informationen im Internet zu verleumden.

Doch am meisten hatte sie Ns Reaktion überrascht.

»Schön. Sie haben den Mitschnitt gehört. Und jetzt gehen Sie bitte.«

Mehr hatte er nicht dazu zu sagen gehabt. Als hätten Martin Tongs Worte für ihn keinerlei Relevanz.

»Gehen? Aber die Aufnahme sagt uns doch, wer der Täter ist! Wieso haben Sie mir nicht erzählt, dass die Ermittlungen abgeschlossen sind? Wollten Sie warten, bis ich mein Gehalt bekommen habe, um mich noch ein bisschen weiter zu schröpfen?«

»Das sind noch immer keine schlüssigen Beweise.«

Nga-Yee wäre beinahe explodiert. N war offenbar fest entschlossen, die Sache in die Länge zu ziehen. Lily Shu besaß ein iPhone, genau wie der Täter; sie hatte mit Siu-Man Streit um einen Jungen gehabt, und das hieß, sie hegte Groll gegen sie; sie gehörte zu den wenigen, die wussten, was an Heiligabend in der Karaoke-Bar geschehen war; und der Anwalt Martin Tong hatte bestätigt, dass sie Informationen zum Fall Shiu Tak-Ping besaß, die die Öffentlichkeit nicht hatte. Wie man es auch drehte und wendete, Lily war eindeutig kidkit727. Sie hatten Zeugen, Beweise und ein Motiv. Und das sollte nicht schlüssig sein? Die einzige Erklärung, die ihr dazu einfiel, lautete, dass N versuchte, sein Gesicht zu wahren: Während er die Verdächtigen mit seinen Hightech-Methoden eingekreist hatte, war Mr Mok mit solider, altmodischer Handwerksarbeit ans Ziel gelangt.

Sie hatte noch ein paar Minuten mit N gestritten, doch er war nicht umzustimmen gewesen. Immerhin konnte sie ihm das Versprechen abnehmen, dass sie mit von der Partie sein durfte, wenn er Lily das nächste Mal befragte. Den ganzen Heimweg über kochte Nga-Yee vor Wut, und in der Nacht tat sie kein Auge zu.

Schon seit Tagen gingen ihr Lily, Kwok-Tai und Siu-Man nicht mehr aus dem Kopf. Wie tief ging Lilys Hass? Obwohl Siu-Man den Kontakt zu den andern beiden abgebrochen und die Dreiecksgeschichte damit beendet hatte, fühlte Lily trotzdem das Bedürfnis, sie mit den stärksten zur Verfügung stehenden Mitteln zu bedrohen. Als Nga-Yee an die Begegnung mit ihr zurückdachte, durchlief sie ein Schaudern. Falls Lilys Tränen bedeutet hatten, dass sie es bereute, zu weit gegangen zu sein und Siu-Man in den Selbstmord getrieben zu haben, trug sie wenigstens noch einen Funken Menschlichkeit in sich. Aber was, wenn sie geahnt hatte, dass Kwok-Tai ihnen von ihrer Liebesbeziehung erzählen würde, und die Schuldgefühle nur vorgeschoben hatte, um von sich abzulenken? Falls das Krokodilstränen gewesen waren, konnte einem dieses Mädchen wirklich Angst machen.

Sonntagvormittag, kurz nachdem Nga-Yee in der Bibliothek ihre Schicht angetreten hatte, klingelte ihr seit Tagen stummes Mobiltelefon.

»Morgen, 12:30 Uhr. Am Eingang zur Schule.«

Das Display zeigte keine Nummer an, aber Nga-Yee erkannte Ns Stimme. Wie unverschämt, ihr ohne Umschweife einfach

Befehle entgegenzublöken. Nga-Yee konnte sich nicht zusammenreißen. »Was, zum Teufel?«, fuhr sie ihn an. »Sie pfeifen, und ich springe, oder wie? Fragen nicht mal, ob ich Zeit habe?«

»Morgen ist Ihr freier Tag, natürlich haben Sie Zeit. Wenn Sie keine Lust haben, auch in Ordnung. Ich arbeite sowieso besser, wenn mir niemand an den Hacken klebt.«

Nga-Yee wurde vor Zorn erst rot und dann weiß.

»Schön. Ich werde da sein«, antwortete sie eisig, aber sie konnte sich die Frage nicht verkneifen. »Welche Ausrede hatten Sie diesmal? Oder lauern wir ihnen am Schultor auf?«

»Wir bringen ein Buch zurück.«

»Sie meinen, wir bringen der Prinzessin ihr Textbuch zurück?«

»Nein.« Ns Stimme entfernte sich vom Hörer, als würde er abseits nach etwas suchen. »Der Bücherstapel, den Miss Yuen uns ausgehändigt hat, enthielt ein Buch, das Eigentum der Schulbibliothek ist. Ich vermute, es lag im Spind Ihrer Schwester, und Miss Yuen hat es übersehen. Ich habe mit ihr telefoniert, um die Übergabe zu arrangieren; danach habe ich Kontakt zu Kwok-Tai aufgenommen und mir eine Ausrede ausgedacht, um noch einmal mit den beiden zu Mittag zu essen.«

»Siu-Man hat sich ein Buch ausgeliehen? Was für eines?«

»*Anna Karenina*, Band eins.«

Das überraschte sie. Siu-Man hatte noch die seichteste Lektüre immer als zu anstrengend empfunden und niemals einen Roman in die Hand genommen, es sei denn, es handelte sich um Unterrichtsstoff. Nga-Yee konnte sich nicht vorstellen, dass ihre Schwester sich ausgerechnet für Tolstoi oder für russische Literatur interessierte.

Um halb eins am nächsten Tag stand Nga-Yee wieder vor der Schule ihrer Schwester. Im Gegensatz zu letzter Woche herrschte das allerschönste Wetter, aber ihre Stimmung war düsterer denn je. Sie hatte keine Ahnung, wie sie sich verhalten würde, wenn sie Lily gegenüberstand.

Sollte sie aus der Deckung kommen und Lily geradeheraus fragen, warum sie Siu-Man wehtun wollte? Oder wäre es besser, ein Pokerface aufzusetzen, sie in die Enge zu treiben und rauszufinden, ob ihre Reue echt war? Nga-Yees Herz war voller Zweifel und Verwirrung. Sie verfluchte den Dämon, der ihre Schwester in den Selbstmord getrieben hatte, aber als sie an die strahlenden Gesichter der beiden Mädchen auf dem Foto dachte, fand sie die Vorstellung, der ehemaligen besten Freundin ihrer Schwester etwas anzutun, unerträglich.

Sie wartete zehn Minuten, doch N war weit und breit nirgends zu sehen. Inzwischen hatte die Mittagspause begonnen. In kleinen Gruppen kamen Jungen und Mädchen in Schuluniform durch das Tor gelaufen. Gerade als sie N anrufen wollte, ertönte auf ihrem Telefon das Signal für eine neue Nachricht.

»Noch beschäftigt. Verspäte mich. Gehen Sie allein rein. Sind mit Kwok-Tai in der Bücherei verabredet.«

Nga-Yee runzelte die Stirn, aber ihr blieb nichts anderes übrig, als missmutig Ns Instruktionen zu befolgen. Sie ging durchs Schultor und sah, dass der Pförtner, der ihnen letzte Woche die Ausweise ausgehändigt hatte, gerade aus einem Thermobehälter sein Mittagessen aß. Sie sagte Hallo.

»Oh, hallo, Miss Au, nicht wahr? Miss Yuen sagte, Sie könnten das Buch bei mir lassen.« Er war um die sechzig und ziemlich dick. Strahlend fügte er hinzu: »Miss Yuen hat leider keine Zeit – ihr ist etwas dazwischengekommen.«

»Was denn?«, fragte Nga-Yee ein wenig irritiert.

»Morgen ist die Jahreszeugnisvergabe geplant, und dann beginnen die Sommerferien. Irgendwas ist mit den Computern passiert, und jetzt sind alle Noten verschwunden. Die Lehrer müssen bis morgen sämtliche Ergebnisse nachkontrollieren und per Hand eingeben. Seit heute Morgen herrscht im Lehrerzimmer Panik. Ich habe gehört, selbst die IT-Spezialisten, die hinzugezogen wurden, konnten die Daten nicht wiederherstellen.«

»Oh weh.« Wenn N nur hier wäre, dachte Nga-Yee – der wüsste vielleicht eine Lösung.

»Das Buch, Miss Au?«

Nga-Yee zögerte. Wenn sie sagte, dass N das Buch bei sich

hatte und noch nicht hier war, würde der Pförtner ihr womöglich den Zutritt verwehren. N hatte sich mit Kwok-Tai und Lily in der Bibliothek verabredet. Was, wenn sie nicht warten wollten und gingen?

Plötzlich kam ihr eine Idee – *Social Engineering!*

»Ich würde das Buch gern selbst zurückbringen, wenn ich darf«, sagte Nga-Yee und klopfte auf ihre Handtasche. »Ich will Ihnen keine Umstände machen. Ich bin mir sicher, bei den Computerproblemen haben Sie sicher selbst jede Menge extra Arbeit.«

»Das stimmt.« Der Pförtner lächelte kläglich. »Normalerweise wechseln wir uns in der Pause ab, aber meine Kollegen wurden alle ins Direktorat gerufen, um mit anzupacken. Ich kann meinen Posten nicht verlassen. Wissen Sie, wo die Bücherei ist?«

»Im fünften Stock, richtig?«

»Genau. Dann überlasse ich Ihnen das selbst.«

»Als ich letztes Mal hier war, hat mich ein Mr Ong begleitet – können Sie sich an ihn erinnern? Er musste noch auf die Toilette um die Ecke – hat sich den Magen verdorben. Könnten Sie ihm bitte sagen, wo er mich finden kann, wenn er kommt?«

»Kein Problem. Das kommt in letzter Zeit andauernd vor. Bei der momentanen Hitze passen viele Restaurants bei der Zubereitung nicht richtig auf …«

Ohne ihm zu Ende zuzuhören, drehte Nga-Yee sich um und ging auf das Treppenhaus zu. Das war kein schlechtes Social Engineering gewesen, lobte sie sich. Auch wenn es vielleicht nicht die eleganteste Möglichkeit gewesen war, das Gespräch zu beenden, indem sie N sprichwörtlich in die Scheiße ritt.

»Warten Sie! Miss Au!«

Ihr Herz raste. Hatte sie sich verraten? Sie drehte sich um und sah den Pförtner mit einer Plastikkarte wedeln.

»Sie haben Ihren Besucherausweis vergessen«, rief er immer noch lächelnd.

Sie bedankte sich und hängte sich, während sie schon die Treppe hinauflief, das Band um den Hals. Sie hatte es tunlichst vermieden, ihm noch einmal in die Augen zu sehen. Sie war nicht zum Lügen gemacht.

Als sie im fünften Stock ankam, war in der Bibliothek zwar mehr los als beim letzten Mal, aber sie sah trotzdem nur vier oder fünf Leute. Es waren Schüler aus höheren Klassen, und sie waren nicht der Bücher wegen hier, sondern standen um die Computerplätze geschart und druckten etwas aus, das nach Vereinsaushängen aussah. Violet To war auch heute an der Ausgabe und beobachtete, statt zu lesen wie beim letzten Mal, die Gruppe am Drucker. Als sie Nga-Yee entdeckte, erschrak sie kurz, hatte sich jedoch schnell wieder unter Kontrolle und nickte ihr grüßend zu.

»Hallo«, sagte Nga-Yee. Kwok-Tai und Lily waren offensichtlich noch nicht gekommen, da konnte sie sich ebenso gut mit Violet unterhalten. »Hast du keine Mittagspause?«

»Wir wechseln uns bei der Pause ab«, antwortete Violet zögerlich. »Ich mache eine halbe Stunde die Aufsicht, dann werde ich abgelöst.«

Letzte Woche ist Violet nach der Mittagspause hier gewesen, dachte Nga-Yee. Offensichtlich änderte sich der Schichtplan ständig.

»Was führt Sie heute in die Schule?«, wollte Violet wissen.

»Siu-Man hatte vergessen, ein Leihbuch zurückzubringen.« Die halbe Wahrheit würde reichen müssen, denn Nga-Yee konnte schlecht sagen: »Ich bin gekommen, um Lily Shus wahres Gesicht zu entblößen.«

»Ich kann mich gar nicht erinnern, dass sie etwas ausgeliehen hat – wahrscheinlich war das nicht in meiner Schicht.« Sie sah Nga-Yee an. Als es begann, peinlich zu werden, wurde Nga-Yee klar, dass Violet auf das Buch wartete.

»Äh, ich habe das Buch nicht bei mir.« Sie lächelte entschuldigend. »Mr Ong bringt es mit. Weißt du? Der Mann, der mich letzte Woche begleitet hat …«

»Ach so.« Violet nickte und wandte ihre Aufmerksamkeit wieder der Gruppe in der Computerecke zu. Hatte sie Angst, sie würden den Drucker beschädigen?

»He! Ich habe eure Nachricht bekommen. Was soll das?«

Nga-Yee fuhr herum und sah Miranda Lai hereinstürmen, dicht gefolgt von ihren zwei Zofen, und obwohl sie sich im Grunde nicht sehr von den anderen Mädchen unterschieden, machten die aufwendigen Frisuren und übertrieben geschmückten Telefone klar, dass sie keine Mauerblümchen waren.

»Ja?«, sagte Violet.

»Ich habe eine Nachricht bekommen, in der steht, ich hätte Schulden bei euch!« Die Prinzessin ignorierte Nga-Yee, die vor dem Schalter stand, und sprach an ihr vorbei.

Violet tippte auf ein paar Tasten und musterte den Bildschirm. »Stimmt. Du hast was ausgedruckt und nicht bezahlt. Das macht 135 Hongkong-Dollar. Das Schuljahr ist zu Ende, du müsstest wirklich heute zahlen …«

»Ich schulde euch gar nichts!« Die Prinzessin nahm eine aggressive Haltung ein. »Ich habe noch nie überzogen! Wir haben fünfzig Dollar am Tag frei, richtig?«

»Das gilt nur für schwarz-weiß. Hier steht, du hast in Farbe gedruckt. Das kostet drei Dollar pro Seite, und du hast fünfundvierzig Seiten gedruckt.« Violet sprach betont langsam und völlig ruhig. »Vielleicht hast du die falsche Taste gedrückt und versehentlich in Farbe gedruckt?«

»Ich bin doch nicht bescheuert!«, fauchte die Prinzessin. »Der Drucker ist nicht neu, den benutze ich seit einer Ewigkeit. Der Fehler muss bei euch liegen!«

»Genau, *Fieso*let«, spöttelte eine der Zofen. »Glaub bitte nicht, dass jeder so bescheuert ist wie du!«

»Wenn du nicht zahlst, muss ich dich im Sekretariat melden«, murmelte Violet.

»Ja, klar, du Petze, das tust du ja sowieso am liebsten, oder? Na los, dann mach doch!«, meldete sich die zweite Zofe zu Wort.

»Das sind zwar nur Peanuts, aber ich zahle nichts, was ich nicht zahlen muss!«

»Das liegt ganz bei dir, aber Regeln sind Regeln«, antwortete Violet ungerührt. »Wenn du nicht zahlst, melde ich dich dem Sekretariat, und das informiert deine Eltern.«

»Ach was! Ist das eine Drohung?«

Nga-Yee wich ein paar Schritte zurück. Sie war die einzige anwesende Erwachsene und fragte sich, ob sie dazwischengehen sollte. Andererseits schmälerte der Besucherausweis ihre Autorität. Wenn sie den Mund aufmachte, würde sich der Sarkasmus der Prinzessin und ihrer Zofen sicher gegen sie richten.

Sie hatte sich bis an den langen Tisch zurückgezogen, wo die anderen Schüler ihre Ausdrucke sortierten und den Streit ebenfalls mitbekommen hatten, als Kwok-Tai und Lily die Bibliothek betraten.

»Hallo, Miss Au. Wie geht es Ihnen?«, fragte Kwok-Tai höflich. Lily neigte grüßend den Kopf.

Nga-Yee erstarrte. Sie hätte Lily am liebsten ins Gesicht geschlagen, sie am Kragen gepackt und zu wissen verlangt, wie sie so grausam hatte sein können, aber sie brachte keinen Ton heraus. Vielleicht war Lily schon genug von ihrer Schuld gequält, und wäre es nicht eine viel größere Bestrafung, wenn die Täterin die schwere Bürde ihrer Schuld für den Rest ihres Lebens mit sich schleppen musste?

»Wo ist Mr Ong?«, unterbrach Kwok-Tai ihre Gedanken.

»Er … er ist auf dem Weg.« Nga-Yee zwang sich dazu, sich nichts anmerken zu lassen.

»Okay.« Auch Kwok-Tai hatte den Streit zwischen Violet und der Prinzessin mitbekommen. »Was ist denn da drüben los?«, fragte er.

»Irgendein Missverständnis wegen Gebühren für den Laserdrucker«, erklärte Nga-Yee. In dem Versuch, sich von Lily abzulenken, fragte sie: »Bezahlt ihr bar, wenn ihr den Drucker benutzt?«

»Normalerweise schon. Aber wenn in der Bücherei oder im Computerraum gerade niemand Dienst hat, vermerken wir das in unserer Gebührendatei und bezahlen später.«

»Woher weiß man, wer wie viel offen hat?«

»Jeder Schüler hat ein Onlinekonto, dasselbe, das wir auch für den Schulchat verwenden …«

Plötzlich ertönte fürchterlicher Krach, und alles erstarrte: Kwok-Tais und Nga-Yees Gespräch, der Streit zwischen Violet und Miranda, das gedämpfte Getuschel der lauschenden Schülergruppe. In der offenen Tür stand N, wie immer in seiner Kapuzenjacke und schwer keuchend. Den Lärm hatte die Eingangstür verursacht, die beim Aufstoßen heftig gegen die Wand gekracht war.

»N? Was ist passiert?«, fragte Nga-Yee. Sie hatte ihn noch nie so aufgeregt erlebt.

»Ruf … ruf Miss Yuen an. Sie muss sofort herkommen«, japste er an Violet gewandt, ohne Nga-Yee auch nur eines Blickes zu würdigen. Ohne zu wissen, was vor sich ging, tat Violet, was er wollte.

N stürmte zu Nga-Yee an den Tisch, zog einen Stuhl heraus und ließ sich schwer darauffallen. Nga-Yee öffnete den Mund, aber er brachte sie mit einer Handbewegung zum Schweigen, immer noch schwer keuchend.

Kaum eine Minute später kam Miss Yuen hereingeeilt.

»Mr Ong! Miss Au! Was geht hier vor?«

Ns Atmung beruhigte sich langsam, er stand auf, ging an den Schalter und legte ein Buch auf den Tresen. *Anna Karenina*, Band eins. Nga-Yee erkannte den grünen Umschlag – es handelte sich um eine taiwanesische Ausgabe aus den Achtzigern, die inzwischen nicht mehr neu aufgelegt wurde.

»Wie dumm von mir – nicht zu fassen, dass ich da nicht schon früher drauf gekommen bin«, faselte N. »Auf dem Weg hierher habe ich zufällig in dem Buch geblättert und das hier gefunden …«

Er schlug das Buch auf. Ungefähr bei Seite hundert steckten zwei kleine gelbe Notizzettel. N faltete sie auseinander und breitete sie auf dem Tresen aus:

Lieber Unbekannter,
wenn du diese Zeilen liest, bin ich vielleicht nicht mehr da.
Ich denke zurzeit tagtäglich an den Tod.

Beim Anblick der handtellergroßen, mit einer Borte aus aufgedruckten Tieren verzierten Blätter sprangen Nga-Yee Tränen in die Augen, und sie konnte nicht weiterlesen. »Das ist Siu-Mans Handschrift!«, sagte sie mit erstickter Stimme.

Miss Yuen wirkte fassungslos, und alle Anwesenden starrten sie unverhohlen an.

»Siu-Man hat doch einen Abschiedsbrief hinterlassen – wir haben ihn nur nicht gefunden«, sagte N. Er legte die beiden Blätter ordentlich nebeneinander. Das Papier war liniert, jedes Blatt hatte dreizehn kurze Zeilen. Nga-Yee las weiter.

Ich bin so müde. So furchtbar müde.
Ich habe jede Nacht denselben Albtraum: Ich bin in der Wildnis, dunkle Gestalten beginnen, mich zu jagen.
Ich renne weg und schreie um Hilfe, aber keiner kommt, um mich zu retten.
Ich weiß genau, dass keiner kommt, um mich zu retten.
Die dunklen Gestalten reißen mich in Stücke. Sie lachen, als sie mir Arme und Beine ausreißen. Sie lachen und lachen.
Grauenvolles Gelächter.
Das Schlimmste ist, dass ich mitlache. Mein Herz

ist auch verfault.
Jeden Tag spüre ich Tausende Augen, die sich voller Hass in mich reinbohren.
Sie wollen alle, dass ich tot bin.
Ich kann nirgendwo hin.
Auf dem Weg zur Schule und zurück denke ich oft, wenn der Bahnsteig kein Geländer hätte, würde ich mich vor den Zug werfen.
Und allem ein Ende machen.
Vielleicht ist es besser, wenn ich tot bin. Ich ziehe jeden mit runter.
Jeden Tag im Klassenzimmer schaue ich sie an.
Sie zeigt es nicht, aber ich weiß, dass sie mich hasst.

Und ich weiß, was sie getan hat.
Sie nennt mich Männerdiebin, Junkie, Hure.
Obwohl

»Und weiter?« Nga-Yee drehte die Blätter um, aber die Rückseiten waren leer. Wie eine Verrückte blätterte sie in dem Buch.

»Das war's«, sagte N und machte ein ernstes Gesicht. »Nur die zwei Seiten. Als mir klar wurde, dass die Seiten zu einem Abschiedsbrief gehören, ist mir eine Idee gekommen – vielleicht haben wir Glück.«

Nga-Yee und die anderen sahen verständnislos zu, während er hinüber an die Regale eilte. Sie reichten ihm nur bis zur Schulter, und er ging eilig die Buchrücken durch. Schließlich zog er ein Buch heraus und kam damit an den Schalter zurück.

Anna Karenina, Band zwei.

N legte das Buch vor sich hin und fing an zu blättern. Als er auf Seite 126 angelangt war, wurde Nga-Yee klar, was er mit »Glück« gemeint hatte: Im Falz steckte ein blassgelber Notizzettel. Nga-Yee versuchte, das Zittern zu unterdrücken, und griff danach.

»Zum Glück ist es noch da!«, murmelte N.

Doch was dort stand, machte sie auch nicht klüger.

schon.
Ihren Namen zu nennen, soll keine Anklage sein.
Schließlich kennst du mich nicht, und ich kenne dich nicht.
Ich wollte einfach nur, dass ein Fremder erfährt, was ich durchgemacht habe, als Beweis dafür, dass ich mal existiert habe auf dieser Welt.
Wenn du diese Zeilen liest, bin ich vielleicht nicht mehr da.

»Das passt doch nicht zusammen«, sagte Kwok-Tai.

»Es sieht so aus, als fehlte eine Seite«, sagte Miss Yuen.

N blätterte dreimal das Buch mit dem Daumen von vorn bis hinten durch, aber nichts fiel heraus.

»Gibt es noch einen dritten Band?«, fragte er Violet.

»Nein …«, fing sie an, aber Nga-Yee fiel ihr ins Wort. »Diese Ausgabe hat nur zwei Bände.«

»Hm …« N senkte nachdenklich den Kopf und wandte sich abrupt wieder an Violet. »Schnell, überprüf Siu-Mans Leihregister.«

»Ihr Register?«, wiederholte Miss Yuen.

»Sie hat die beiden ersten Seiten im ersten Band versteckt. Ich glaube nicht, dass sie sich nur dieses eine Buch geliehen und die übrigen Seiten wahllos in der Bücherei versteckt hat. Ich glaube eher, sie hat sich einen Stapel Bücher ausgeliehen, den Brief auf die einzelnen Bände verteilt und sie wieder zurückgebracht – wobei eines versehentlich in ihrem Spind liegen blieb. Der Rest des Briefs steckt wahrscheinlich in einem anderen Buch oder mehreren.«

Kwok-Tai runzelte die Stirn. »Weshalb hätte sie das tun sollen?«

»Keine Ahnung.« N schüttelte den Kopf. »Vielleicht wollte sie sichergehen, dass wir den Abschiedsbrief auf keinen Fall finden, ehe sie sich umgebracht hat, und hat deshalb diesen Umweg gewählt. Den Brief auf verschiedene Bücher aufzuteilen, hat es wahrscheinlicher gemacht, dass er irgendwann gefunden wird. Schließlich lesen Schüler heutzutage kaum noch Bücher. Hätte sie alle Seiten in einem einzigen Band versteckt, wären sie vielleicht jahrelang dort liegen geblieben, bis niemand mehr wusste, wer sie war.«

Nga-Yee durchzuckte ein schmerzhafter Stich. Wie war es möglich, dass Siu-Man sich einem Unbekannten anvertraut hatte, aber nicht ihrer eigenen Schwester?

»Sie muss sehr durcheinander gewesen sein, als sie diesen Brief schrieb«, fuhr N fort. »Einerseits wollte sie auf keinen Fall, dass jemand mitbekam, wie sie sich fühlte, andererseits musste sie sich dringend von der Seele schreiben, wie es ihr ging. Also hat sie sich entschlossen, ihre Gedanken mit jemandem zu teilen, den sie nicht kannte, der existierte oder auch nicht …«

Er wurde von Violet unterbrochen. »Ich hab's«, sagte sie. »*Anna Karenina*, erster und zweiter Band. Sonst nichts.«

»Sonst nichts?«, wiederholten N und Nga-Yee im Chor.

»Nein.« Violett klickte ein bisschen mit der Maus herum. »Sie hat beide Bücher am 30. April entliehen und Band zwei vormittags am 4. Mai zurückgebracht. Wahrscheinlich in der Pause nach der dritten Stunde.«

Am 5. Mai hatte Siu-Man sich das Leben genommen. In Nga-Yee wallte Trauer auf. Also hatte Siu-Man schon vor den letzten belastenden Mails von kidkit727 mit dem Gedanken gespielt, Selbstmord zu begehen.

»Und sie hat sich nie irgendwelche anderen Bücher ausgeliehen?«, fragte N.

Violet schüttelte den Kopf. »In ihrem Leihregister sind nur diese zwei Bücher vermerkt.«

»Ich kann mich nicht erinnern, dass sie jemals irgendwelche Leihbücher erwähnt hätte«, sagte Kwok-Tai.

»Oh!«, rief Nga-Yee. »Vielleicht steckt der Rest irgendwo zwischen den anderen Sachen? Vielleicht in den Schulbüchern …«

»Gute Idee, das überprüfen wir. Miss Yuen, wäre es möglich, noch einmal in ihrem Spind nachzusehen, ob sich die fehlenden Seiten dort befinden? Oder unter ihrer Bank?«

»Natürlich. Ich werde eine gründliche Suche veranlassen.«

Die drei blassgelben Seiten umklammernd, verbeugte sich Nga-Yee zum Dank. Sie fühlte sich hin- und hergerissen und hatte keine Ahnung, was sie als Nächstes tun sollte.

»Wir treffen uns ein andermal«, sagte N zu Kwok-Tai im Gehen und öffnete die Ausgangstür. Der Junge nickte.

Nga-Yee und N gaben ihre Besucherausweise zurück und eilten im Stechschritt über die Waterloo Road zum U-Bahnhof Yau Ma Tei. Nga-Yee war so durcheinander, dass sie völlig vergessen hatte, Lily zur Rede zu stellen. Im Augenblick zählte nur, den Rest der letzten Worte ihrer Schwester wiederzufinden.

Selbst der unvollständige Abschiedsbrief machte klar, dass Siu-Man gewusst hatte, wer sie verleumdet hatte, und dass diese Person sie hasste.

Sie hatte gewusst, was Lily ihr angetan hatte. Der Gedanke war unerträglich.

»He! Hier geht's lang!«

Nga-Yee sah sich um. N war vor dem Nebeneingang zum Cityview Hotel stehen geblieben und zeigte auf die elektrischen Schiebetüren, die in die Lobby führten.

»Ich dachte, wir fahren zu Ihnen, um nach den fehlenden Seiten zu suchen?«

»Hören Sie auf, dumme Fragen zu stellen, kommen Sie einfach mit.« N betrat mit großen Schritten das Hotel, und Nga-Yee blieb nichts anderes übrig, als ihm hinterherzulaufen.

Sie eilten durchs Foyer und betraten den Lift. N drückte den Knopf für den sechsten Stock. Als sich die Türen öffneten, ging er voraus zu Zimmer 603. Er ignorierte das BITTE NICHT STÖREN-Schild am Türknauf, holte eine Magnetkarte aus der Tasche und zog sie durch den Kartenleser. Das rote Licht wechselte zu Grün, und ein leises Klicken ertönte.

Nga-Yee hatte das Gefühl, aus der Wirklichkeit herauszutreten. Sie stand in einem ziemlich normalen Viersternehotelzimmer. Auf dem Bett lagen zwei Laptops, an die mehrfarbige Kabel angeschlossen waren, und auf dem Tisch neben dem Gratis-Obstkorb standen diverse schwarze Boxen in der Größe von Take-away-Kartons, zwei große Monitore und eine Tastatur mit integriertem Touchpad. Kreuz und quer über den Fußboden verliefen unterschiedlich dicke Kabel. Einige davon mündeten in dem an die Wand montierten 42-Zoll-Fernseher. Vor dem Fenster waren drei Stative aufgestellt. Auf den beiden äußeren war je eine Videokamera installiert (eine davon mit Teleobjektiv), und in der Mitte war ein runder Empfänger montiert, der aussah wie eine kleine Satellitenschüssel. Am Tisch saß ein dunkelhäutiger, ernst wirkender Mann. Er trug Kopfhörer und beobachtete konzentriert die beiden Monitore. Nur als Nga-Yee und N hereingekommen waren, hatte er kurz den Blick gehoben.

Nga-Yee hatte das Gefühl, in einen Tom-Clancy-Roman gestolpert zu sein.

»Tut sich was?«, fragte N und trat ans Fenster.

»Noch nicht.«

»Ich übernehme jetzt – du kannst gehen.«

Der Mann setzte den Kopfhörer ab, griff nach dem schwarzen Rucksack, der zu seinen Füßen stand, und lief zur Tür. Im Vorbeigehen nickte er Nga-Yee kurz zu, sagte aber kein Wort, als wäre ihre Anwesenheit keine Überraschung für ihn.

»Wer war das?«, fragte Nga-Yee, sobald er weg war.

»Sein Name ist Ducky. Er gehört gewissermaßen zu meinem Supportteam.« N hatte sich auf den Stuhl gesetzt und beobachtete die beiden Monitore, so wie Ducky es eben noch getan hatte.

»Ducky?«

»Er hatte früher mal einen Elektroladen auf der Apliu Street in Sham Shui Po – der Apliu-Flohmarkt, auch bekannt als Entenstall, richtig? Daher der Spitzname.« N ließ die beiden Monitore nicht aus den Augen. »Inzwischen gehören ihm mehrere Läden für Computerzubehör.«

»Und was ist das hier?«

»Wonach sieht's denn aus? Überwachung, natürlich!«

»Aber was überwachen Sie ... Oh!« Plötzlich wurde Nga-Yee klar, was sie auf den Bildschirmen sah: die Schulbibliothek. Sie eilte ans Fenster, und tatsächlich, die Kameras waren auf das Schulgebäude gegenüber gerichtet. Sie befanden sich einige Hundert Meter vom Westflügel entfernt, zu weit, um mit bloßem Auge Einzelheiten zu erkennen. Doch die Kameras waren stark genug, um scharfe Bilder von allem zu liefern, was hinter den Fenstern der Schule vor sich ging.

»Nicht anfassen!«, rief N. Nga-Yee war versehentlich leicht gegen eine der Kameras gestoßen, doch es hatte genügt, um das Bild zu verwackeln.

»Was soll das? Wen beobachten Sie?« Die professionelle Spionageausrüstung verursachte ihr ein unangenehmes Gefühl.

»Sie haben mich angeheuert, um kidkit727 zu finden, also tue ich das«, antwortete N nur.

»Aber Lily Shu ist kidkit727. Wir haben alle Beweise, die wir brauchen. Was soll das hier noch?«

»Wie oft soll ich es noch sagen? Was wir haben, ist noch nicht stichhaltig.« N warf ihr einen Blick zu und winkte sie zu sich. »Ich zeige Ihnen, wie stichhaltige Beweise aussehen.«

»Was?«

»Können Sie erkennen, was da drüben vor sich geht?«

Nga-Yee schaute in den linken Monitor. Durch das Fenster der Bibliothek waren Regale zu erkennen und dahinter der Eingang. Miss Yuen, Kwok-Tai, Lily, die Prinzessin und ihre Zofen waren alle noch da, genau wie die Wichtigtuer am Drucker sowie Violet hinter ihrem Schalter. Miss Yuen unterhielt sich mit Lily und Kwok-Tai, und die Prinzessin samt Gefolge setzte ihren Streit mit Violet fort. Nga-Yee und N hatten die Bücherei vor wenigen Minuten verlassen, und es hatte sich offensichtlich nichts verändert.

»Kennen Sie die Zhiwen-Press-Ausgabe von *Schuld und Sühne*?«, wollte N wissen.

»Natürlich. Das ist die mit der Bronzefigur von Dostojewski auf dem Umschlag.«

»Die Enoch-Bibliothek besitzt zwei Exemplare von *Schuld und Sühne*: eine Neuübersetzung, letztes Jahr bei Summer Publishing erschienen, und die Zhiwen-Ausgabe von 1985.« N legte eine Kunstpause ein. »Gleich wird jemand dort drüben an das entsprechende Regal gehen, die Neuausgabe stehen lassen und nach der alten greifen. Diese Person ist kidkit727.«

Nga-Yee verstand kein Wort, aber N hatte sich bereits den Kopfhörer aufgesetzt und signalisierte ihr damit, dass die Unterhaltung vorüber war. Nga-Yee blieb nichts anderes übrig, als darauf zu warten, dass das Rätsel sich lüftete. Auf dem Monitor war zu sehen, wie Miss Yuen die Bibliothek verließ. Die Prinzessin hatte den Streit mit Violet offenbar verloren. Sie holte ein paar Scheine aus ihrem Geldbeutel und pfefferte sie auf den Schalter. Dann rauschte sie samt ihrem Gefolge davon. Auch die anderen Schüler verließen den Raum, einer von ihnen mit einem Stapel Blätter unter dem Arm. Kwok-Tai und Lily saßen am Lesetisch. Lily schien zu weinen, Kwok-Tai tröstete sie. Kurz darauf gingen sie ebenfalls, Lily in seinem Arm. Jetzt war nur noch Violet To anwesend.

Nga-Yee traute ihren Augen nicht.

Violet verließ ihren Schalter, trat vor ein Regal am Fenster und zog ein Buch aus dem vierten Fach. Obwohl die Auflösung auf dem Monitor nicht die beste war, erkannte Nga-Yee auf dem Umschlag den Mann mit dem riesigen Bart: Russlands Schriftstellertitan Fjodor Michailowitsch Dostojewski.

Doch das war noch nicht alles.

Violet blätterte eilig durch die Seiten und zog ein gefaltetes hellgelbes Blatt heraus. Sie ließ es in die Tasche gleiten, stellte das Buch ins Regal und huschte schnell zurück hinter ihren Schalter.

»Das ist die Person, die Sie gesucht haben, Miss Au«, sagte N, setzte den Kopfhörer ab und sah Nga-Yee ins fassungslose Gesicht.

»Ist … ist das die fehlende Seite von Siu-Mans Abschiedsbrief?« Nga-Yee wich rückwärts in Richtung Zimmertür, als wollte sie jeden Moment hinausstürmen, um Violet das Blatt zu entreißen.

»Beruhigen Sie sich.« N stand auf, zog einen zweiten Stuhl heran und zwang Nga-Yee, sich zu setzen, indem er ihre Schultern nach unten drückte. »Der Abschiedsbrief ist eine Fälschung.«

»Eine Fälschung? Ich habe doch Siu-Mans Handschrift erkannt …«

»Ich habe sie kopiert.«

Nga-Yee starrte ihn ungläubig an. »Weshalb würde jemand etwas derart Grausames tun?«, schrie sie mit hochrotem Gesicht. »Siu-Man ist ohne ein Wort gegangen, und Sie haben mich glauben lassen, sie hätte einen Brief hinterlassen …«

»Das war die einzige Möglichkeit, kidkit727 zu überführen«, sagte N mit ausdruckslosem Gesicht. »Ich habe Ihren Auftrag an mich nie aus den Augen verloren, Miss Au: die Person zu finden, die den Blog-Post verfasst hat. Sie waren diejenige, die unser Ziel vergaß, als Sie diese Zeilen zu sehen bekamen. Sie müssen begreifen, dass es keinen anderen Weg gab, an hieb- und stichfeste Beweise zu kommen.«

»Wieso das denn?«

»Alles, was Sie vorhin über Augenzeugen und Beweise gesagt haben, waren Indizien«, erklärte N gelassen. »Nichts davon hat uns die wahre Identität von kidkit727 verraten. Der Täter hat den Post auf Popcorn veröffentlicht, ohne irgendwelche Spuren zu hinterlassen, und Ihrer Schwester E-Mails aus der U-Bahn geschickt, ebenfalls nicht nachzuverfolgen. Selbst wenn es mir gelungen wäre, an das Telefon von kidkit727 heranzukommen und mich dort ins Postfach zu hacken, hätte ich die Mails vielleicht nicht gefunden. Und selbst wenn es mir gelungen wäre, zu beweisen, dass die Mails von einem bestimmten Telefon verschickt worden waren, hätte ich keine Möglichkeit gehabt, zu beweisen, dass die Person, der das Telefon gehört, tatsächlich kidkit727 ist. Betrachten Sie die Sache mal so: Würde ich mich in ein fremdes Telefon hacken, es zum Verschicken von Drohmails benutzen und es schaffen, mich wieder zurückzuziehen, ohne Spuren zu hinterlassen, würden Sie den Besitzer des Telefons zu Unrecht beschuldigen. Mir war von Anfang an klar, dass die Daten allein uns nicht helfen würden, unseren Täter zu finden.«

»Und wozu haben wir dann die ganzen Beweise gesammelt?«

»Um den Kreis der Verdächtigen einzugrenzen. Sobald wir die Liste auf ein paar wenige Namen zusammengestrichen hatten, wurde es Zeit für den zweiten Schritt: dem Täter eine Falle zu stellen, in die er hineintappen musste. Violet To hat eigenhändig den Beweis geliefert, dass sie kidkit727 ist. Unser Besuch in der Schule letzte Woche diente nur dem Zweck, das Terrain zu sondieren und den besten Ort zu finden, um die Falle aufzustellen. Ich dachte, ich hätte Ihnen erklärt, wie Sondieren funktioniert?«

Nga-Yee erinnerte sich daran, dass er den Ausdruck benutzt hatte, nachdem die zwei Gangster sie entführt hatten.

»Also haben Sie sich den Abschiedsbrief schon letzte Woche ausgedacht?«

»Die Idee kam mir bereits an dem Tag, als ich Ihren Fall annahm, aber erst letzte Woche beschloss ich, sie durchzuführen.

Ihre Schwester hat keinen Abschiedsbrief hinterlassen, also war das eine hervorragende Möglichkeit, den Täter psychologisch zu beeinflussen.«

»Aber wie ist es Ihnen gelungen, Siu-Mans Schrift …«

Bevor sie den Satz beenden konnte, hob N die Hand, dann griff er in seine Aktentasche und holte einen Stapel Blätter hervor: Siu-Mans Aufsätze.

»Mit diesen Vorlagen brauchte es nur ein paar Tage Übung, um etwas annähernd Ähnliches zustande zu bringen. Die Ähnlichkeit musste lediglich ausreichen, um Sie zu überzeugen. Es war notwendig, dass Sie vor sämtlichen Zeugen die Echtheit bestätigten. Wenn Siu-Mans eigene Schwester sagt, dass der Brief echt ist, würde niemand daran zweifeln.«

Nga-Yee begriff: Sie hatte den Köder gespielt. Obwohl sie sein Motiv nachvollziehen konnte, fiel es ihr schwer, nicht sauer zu sein, weil sie schon wieder reingelegt worden war.

»Was ist mit *Anna Karenina* und *Schuld und Sühne*?«

»Das war natürlich ebenfalls ich.«

»Sie sind im Vorfeld in die Schule eingebrochen, um die Blätter zu verstecken?«

»Nein. Das ist alles direkt vor Ihrer Nase passiert«, sagte N nonchalant. »Letzte Woche habe ich nicht nur der Prinzessin den Theatertext gestohlen, sondern außerdem ein Buch mitgehen lassen.«

»Wie bitte?«

»Während ich noch überlegte, welches Buch ich wählen sollte, rief Kwok-Tai an. Weil es schnell gehen musste, steckte ich mir im Hinausgehen einfach den ersten Band *Anna Karenina* in die Jackentasche. Ganz normaler Ladendiebstahlstrick.«

»Dann hat sich Siu-Man das Buch überhaupt nicht ausgeliehen?«

»Nein.«

»Ich hatte mich schon gewundert. Sie hat nie Romane gelesen, von Tolstoi ganz zu schweigen.«

»Nachdem ich mit der Fälschung des Abschiedsbriefs fertig war, rief ich Sie an, um Ihnen zu sagen, dass ich noch mal zur

Schule wollte«, fuhr N fort. »Ihnen habe ich erzählt, das Buch hätte sich in dem Stapel befunden, den wir von Miss Yuen erhalten hatten. Ihr erzählte ich, wir hätten das Buch bei Ihnen zu Hause entdeckt. Auf die Weise habe ich Sie beide getäuscht. Band eins war die Angel, Band zwei war der Köder, und *Schuld und Sühne* war der Angelhaken …«

»Ah! Sie haben die anderen beiden Seiten erst heute versteckt!«

»Exakt. Sie konnten nicht sehen, was ich tat, weil das Regal zwischen uns stand – dazu waren nur ein paar Sekunden nötig.« N legte eine Kunstpause ein. »Sobald mir klar war, dass der Täter Ihre Schwester gekannt haben musste, beschloss ich, dass der falsche Abschiedsbrief die beste Möglichkeit wäre, den Täter dazu zu bringen, sich zu verraten. Wenn die Gefahr bestand, dass der Brief kidkit727s richtigen Namen verriet, würde die betreffende Person alles tun, um diesen Beweis zu vernichten. Natürlich konnte kidkit727 nicht wissen, ob der Brief einen anderen Namen oder tatsächlich den ihren nannte, aber dieses Risiko würde sie keinesfalls eingehen – nicht nach allem, was sie unternommen hatte, um ihre Identität geheim zu halten.« Ns Blick war immer noch fest auf den Bildschirm gerichtet. Er ließ Violet nicht aus den Augen.

»Also musste derjenige, der sich am Regal für ausländische Literatur zu schaffen machte, der Täter sein?«, fragte Nga-Yee zweifelnd. »Was, wenn Violet einfach nur neugierig war oder bei der Suche helfen wollte?«

»Was glauben Sie, woher ich wusste, dass kidkit727 sofort zum richtigen Buch greifen würde?« N warf Nga-Yee einen Blick zu. »Violet hat sich selbst verraten, noch ehe wir wieder zur Tür raus waren.«

»Womit?«

»Fragen Sie sich nicht, wieso es eine Entleihnotiz für *Anna Karenina* geben konnte, obwohl ich es gestohlen hatte?«

Nga-Yee starrte ihn an. »Sie … Sie haben sich in das Intranet der Schule gehackt!«

»Richtig.« N lächelte. »Das Entleihsystem funktioniert ausschließlich online; es gibt keine Karteikarten mehr, was mir die Sache sehr erleichterte. Ich brauchte nur ein paar Klicks, um den Status der Bücher zu verändern. Hier, so sieht jetzt der Eintrag Ihrer Schwester aus.«

Er nahm eines der Laptops vom Bett, drückte ein paar Tasten und schob es zu Nga-Yee herüber. Auf dem Bildschirm war eine Tabelle mit folgender Überschrift zu sehen: »Name: Au Siu-Man/Klasse: 3B/SchülerID: A120527.« Darunter standen drei Zeilen:

889.0143/ *Anna Karenina,* Band eins/ Summer Press/ 30.4.15/ LEIHFRIST ABGELAUFEN

889.0144/ *Anna Karenina,* Band zwei/ Summer Press/ 30.4.15–4.5.15/ Rückgabe erfolgt

889.0257/ *Schuld und Sühne/* Zhiwen Press/ 30.4.15–4.5.15/ Rückgabe erfolgt

»Diese Anzeige erschien bei Violet To auf dem Bildschirm, aber uns erzählte sie, Siu-Man hätte nur *Anna Karenina* ausgeliehen. In dem Moment hat sie sich verraten.« N tippte vehement gegen den Bildschirm.

Nga-Yee blieb die Luft weg. Violet hatte so ruhig und hilfsbereit gewirkt, dabei hatte sie die ganze Zeit gelogen wie gedruckt und sie wie zwei Vollidioten behandelt. Sie begriff nicht, wie jemand so durchtrieben sein konnte, ganz zu schweigen von einer fünfzehnjährigen Schülerin, die, ohne mit der Wimper zu zucken, zwei wildfremden Erwachsenen mitten ins Gesicht log.

Ping. Plötzlich poppte auf dem Bildschirm mit Siu-Mans Eintrag eine Nachricht auf.

»Ist ja interessant!«, sagte N.

Das Fenster hatte sich rot gefärbt, und in einer Ecke erschien das Wort »Bearbeitungsmodus«. Nga-Yee sah zu, wie eine Zeile des Eintrags markiert wurde und vom Bildschirm verschwand.

Die Zeile »889.0257/ *Schuld und Sühne/* …« war gelöscht worden.

Nga-Yee wandte sich schnell wieder dem Beobachtungsmonitor zu. Violett saß immer noch hinter dem Schalter und arbeitete an ihrem Computer.

»Dieser Bildschirm spiegelt den Bibliothekscomputer. Alles, was in Echtzeit dort passiert, sehen Sie auch hier.«

»Sie löscht den Eintrag.« Nga-Yee hatte insgeheim immer noch gehofft, dass all das ein Missverständnis war – nicht zuletzt, weil sie sich Violet als »Kollegin« irgendwie nahe gefühlt hatte. Doch was sie eben gesehen hatte, reichte, um sie davon zu überzeugen, dass dieses nach außen hin ruhige, belesene Mädchen die Mörderin ihrer Schwester war.

»Sehr schlau von ihr. Jetzt kann niemand mehr was finden«, sagte N trocken.

»Aber … aber ich dachte, Lily wäre die Täterin …« Es fiel Nga-Yee immer noch schwer, die Wahrheit zu akzeptieren. Schließlich hatte sie die letzten Tage mit der festen Überzeugung zugebracht, dass Lily ihre Schwester aus Eifersucht schikaniert hatte.

»Glauben Sie mir etwa immer noch nicht? Sie sind wirklich dickköpfiger als jeder Esel«, murrte N. »Ich habe mir die Mühe gemacht, alle Verdächtigen in einem Raum zu versammeln, reicht Ihnen das immer noch nicht? Wäre Lily kidkit727, hätte sie zuerst schockiert reagiert und dann so getan, als wäre sie ganz ruhig, während sie die nächsten Schritte plant – aber sie wäre sicher nicht in Tränen ausgebrochen und hätte sich in eine Ecke gesetzt.«

»Sie haben was gemacht?«

»Was glauben Sie, weshalb ich Lily und Kwok-Tai gebeten hatte, sich mit uns in der Bibliothek zu treffen, während Violet im Dienst war? Und weshalb ist Ihrer Meinung nach die Prinzessin just in diesem Augenblick ebenfalls da oben aufgekreuzt?«

»Moment. Das mit Lily und Kwok-Tai verstehe ich ja noch, aber die Prinzessin ist doch nur rein zufällig …«

»In meinem Job verlasse ich mich nicht auf Zufälle«, blaffte N. »Die Prinzessin schuldete der Bibliothek keinen Cent. Ich habe mich in das System gehackt und ihr die Aufforderung geschickt.«

»Warten Sie – wollen Sie damit sagen, Sie sind absichtlich zu spät gekommen?« Natürlich – mit dem Buch durch die Tür zu stürmen, wenn alle versammelt waren, hatte den besten Effekt erzielt, wurde ihr klar.

»Korrekt. Ich bin heute Morgen als Erstes hierhergekommen und habe mit Ducky die Überwachung gestartet, um sicherzugehen, dass alles nach Plan lief. Hätte sich heute zufällig jemand den zweiten Band *Anna Karenina* oder *Schuld und Sühne* ausgeliehen, hätte ich den Datensatz Ihrer Schwester noch einmal verändern müssen. Aber die Gefahr, dass jemand sich kurz vor den Sommerferien, wo alle Bücher zurückgebracht sein müssen, noch einen dicken russischen Schinken ausleiht, war verhältnismäßig gering.« N feixte. »Ach ja, und um sicherzugehen, dass wir zwei wirklich in die Bibliothek kommen können, habe ich etwas wirklich Gemeines getan – die Lehrer haben immer noch darunter zu leiden.«

Nga-Yee starrte ihn an. »Sie haben sich in den Schulserver gehackt und die Prüfungsergebnisse gelöscht?«

»Korrekt. Hätte ich das nicht getan, hätte Miss Yuen uns das Buch am Schultor abgenommen. Mit welcher Ausrede wären wir dann noch bis zur Bibliothek gekommen? Ich musste etwas unternehmen, um sicherzustellen, dass Miss Yuen anderweitig beschäftigt war. Sie haben mich übrigens nicht enttäuscht – Ihre Vorstellung war zwar ein wenig steif, aber es ist Ihnen trotzdem gelungen, sich am Pförtner vorbeizumogeln. Mein Plan B wurde nicht benötigt.«

»Moment, Sie wussten, dass ich … Oh!«

N hatte eine Funktionstaste gedrückt. Der Bildschirm des Bibliothekscomputers mit Siu-Mans Leihkartei verschwand und wurde durch ein anderes Bild ersetzt: das Schultor.

»In dem Wagen auf der anderen Straßenseite befindet sich eine Kamera und in einem der Blumenkübel am Schultor ein Abhörgerät. Ich habe jedes Wort gehört.« N tippte sich an den Kopfhörer. »Sobald Sie es hinein geschafft hatten, bin ich nach unten gegangen, um zu warten. Ducky behielt weiter die Bibliothek im Auge und gab mir das Signal, sobald alle versammelt waren. Ich betrat das Schulgebäude, rannte die fünf Stockwerke hinauf und spielte die nächste Szene.«

Nga-Yee hatte immer noch Zweifel.

»Wenn Violet hinter kidkit727 steckt, wie ist sie dann an dieses Foto aus der Karaoke-Bar gekommen? Woher wusste sie, was Siu-Man damals passiert ist?«

»Kidkit727 weiß überhaupt nicht, was an dem Abend in der Karaoke-Bar passiert ist. In dem Post ist lediglich vage von ›Saufen‹ und von ›fertigen Typen‹ die Rede, und an die E-Mail an Ihre Schwester war lediglich das Foto angehängt, ohne irgendwelchen Text. Ich glaube, mehr als das Foto hatte sie nicht, also dachte sie sich eine passende Geschichte dazu aus. Es reichte völlig, wenn sie es klingen ließ, als wüsste sie Bescheid, und die anderen ihr glaubten.«

»Aber das Foto …«

»Ich würde sagen, sie hat es von Jason bekommen.«

Jason war der Cousin des rothaarigen Jungen – von dem Mr Mok behauptet hatte, er würde ebenfalls die Enoch besuchen.

»Violet kennt Jason?«

»Unklar, aber unwichtig.« N tippte den Bildschirm an. »Wenn sie wollte, könnte sie von jedem beliebigen Mitschüler alle möglichen Daten klauen. Erinnern Sie sich an die Ladestation in der Bibliothek?«

»Sie meinen, sie hat einfach gewartet, bis Jason sein Telefon zum Laden angesteckt hat, und dann heimlich das Foto heruntergeladen?«

»So in etwa.« N holte Siu-Mans Telefon heraus und hielt Nga-Yee die Unterseite hin. »Die Ladebuchse kann auch zum Datendownload benutzt werden. Sobald das Telefon mit einem USB-Port verbunden ist, reicht ein bisschen Basiswissen, um sich alles Mögliche von dort herunterzuladen. Das nennt sich Juice Jacking.«

»Violet weiß, wie so was geht?«

»Keine Ahnung, aber The Rat weiß es mit Sicherheit«, sagte N und erinnerte Nga-Yee damit an seine Theorie, dass hinter kidkit727 in Wirklichkeit zwei Leute steckten. »Ich glaube übrigens nicht, dass sie es speziell auf dieses Foto abgesehen hatte. Ich wette, sie hat sich über die Ladestation alle möglichen Geheimnisse ihrer Mitschüler besorgt, egal ob zum Vergnügen oder aus einem anderen Grund, und hat erst später gemerkt, dass das Mädchen auf diesem Foto Ihre Schwester war. Kwok-Tai hat uns erzählt, zwischen den älteren Schülern hätte es ziemliches Gerede über das gegeben, was passiert war, und ich bin mir sicher, dass Jason das Foto mit seinen Freunden geteilt hat. Damit Violet an das Foto kam, genügte es also, wenn irgendeiner der Beteiligten sein Telefon in der Bibliothek zum Laden abgab. Seien Sie dankbar, dass auf dem Foto nichts Verfänglicheres zu sehen war, sonst wäre es mit Sicherheit viral gegangen. In Amerika gab es einige solcher Fälle – Bilder von sexueller Nötigung, die sich wie ein Lauffeuer an einer Schule verbreiten.«

»Aber das ist nur geraten.«

»Klar. Ich kann zwar nicht beweisen, wie Violet an das Foto kam, aber ich bin zu hundert Prozent sicher, dass jemand die Ladestation der Bibliothek benutzt, um Daten zu stehlen.«

»Wieso?«

»Weil ich Hacker bin.« N zog ein schwarzes Gerät aus der Tasche und stellte es auf den Tisch. »Neben der grauen Powerbank befand sich an der Ladestation der Bibliothek außerdem so ein Ladegerät. Dieses aber lädt nicht, es saugt Daten. Die meisten würden die Geräte nicht unterscheiden können, aber weil in Hongkong nur ein paar Modelle im Umlauf sind, fällt es nicht schwer, sie zu erkennen.«

Nga-Yee erinnerte sich dunkel, dass neben der Powerbank noch ein einzelnes Ladegerät gestanden hatte und sie deshalb kurz irritiert gewesen war.

»Und wie erklären Sie sich den Tonmitschnitt von Mr Mok? Martin Tongs Assistent hat Lily als diejenige identifiziert, die versuchte, mehr über den Fall zu erfahren.«

»Nein. Er sprach von einem Mädchen, das sich Lily Shu nannte – das bedeutet nicht, dass es auch wirklich Lily war«, sagte N ungeduldig. »Kidkit727 hat bewiesen, dass sie einiges auf sich nimmt, um ihre Spuren zu verwischen. Glauben Sie tatsächlich, sie würde ihren richtigen Namen verwenden? Es spielt keine Rolle, ob Violet oder jemand anderes sich für Lily ausgegeben hat. Wie gesagt, das Einzige, was eine Rolle spielte, war, kidkit727 dazu zu bringen, sich selbst zu verraten. Alles andere dient höchstens als Beweis, um unsere Hypothese zu stützen.«

Nga-Yee hatte immer noch Fragen. »Was ist mit der Prinzessin? Kwok-Tai und Lily sagten, sie hätte sich vor der Trauerhalle herumgedrückt. Für mich heißt das, sie hatte Schuldgefühle. Oder glauben Sie, Kwok-Tai hat uns ebenfalls belogen?«

»Es gibt Menschen, die haben scharfe Zungen, doch ihr Herz ist so weich wie Seidentofu. So arrogant die Prinzessin nach außen hin wirkt, in Wirklichkeit ist sie ein mitfühlender Mensch.« N nahm das Kondolenzbuch aus der Tasche und schlug es auf. »Hier. Sehen Sie sich das an.«

Nga-Yee musterte die Seite. Es war eine, die sie bereits gelesen hatte: »Siu-Man, es tut mir so leid. Bitte vergib mir meine Feigheit. Seit du gegangen bist, frage ich mich ständig, ob es unsere Schuld war. Es tut mir so furchtbar leid. Mögest du in Frieden ruhen. Ich hoffe, deine Familie kommt über die Trauer hinweg.«

Eine Unterschrift fehlte, aber Nga-Yee ahnte, worauf N hinauswollte. »Das soll die Prinzessin geschrieben haben?«, fragte sie ungläubig.

»Sehen Sie selbst.« Er reichte ihr das gestohlene Textheft zum *Kaufmann von Venedig*. Nga-Yee wusste nicht gleich, was sie damit anfangen sollte, doch dann fiel ihr auf, dass die Regieanweisungen und Randbemerkungen in derselben Handschrift verfasst waren wie der Kondolenzeintrag.

»Also …« Es fiel ihr zwar schwer, die freundlichen Worte mit der überheblichen Miranda Lai in Einklang zu bringen, doch selbst ein Laie konnte erkennen, dass die Handschrift dieselbe war.

»Was, also? Wollen Sie damit sagen, das Mitgefühl ist gespielt?«, fragte N. »Ich kann es natürlich nicht beweisen, aber ich glaube eher, es ist andersherum: Das, was sie in das Kondolenzbuch geschrieben hat, ist ihrem wahren Selbst viel näher als ihr öffentliches Gehabe. Der Eintrag ist nicht unterschrieben. Sie hatte keinen Grund, etwas vorzutäuschen. Das wiederum erklärt ihr Verhalten vor der Trauerhalle: Sie hätte tatsächlich gern von Siu-Man Abschied genommen. Aber vielleicht hatte sie Angst, ihren Ruf zu ruinieren, oder vielleicht sah sie Kwok-Tai und Lily und hat sich dagegen entschieden.«

»Weshalb gibt sie sich dann immer so unverschämt?«

»Sind Sie niemals zur Schule gegangen, Miss Au? Können Sie sich nicht mehr erinnern, wie wichtig es war, Ihren Schulkameraden ein bestimmtes Bild von sich zu vermitteln? Es gibt nur noch sehr wenige Jugendliche, denen egal ist, wie sie von anderen gesehen werden. Wenn sich alle darin einig wären, dass zwei plus zwei fünf ergibt, würden ausgerechnet Sie sich gegen alle anderen stellen? Allzu vehementer Widerspruch hätte Ächtung zur Folge. Würde das Gefolge der Prinzessin auch nur einen Hauch Schwäche wittern, wäre sie in Windeseile wieder zur normalsterblichen Bürgerlichen degradiert. Jeder einzelne dieser Schüler trägt eine Maske und zwingt sich in die Form und Gestalt seines idealen Selbst. Die Aufgabe der Erwachsenen wäre es eigentlich, ihnen Selbstbewusstsein beizubringen und Freude daran, sie selbst zu sein, aber in unserer kranken Gesellschaft geht es in der Erziehung allein darum, eine Serie Roboter nach der anderen zu produzieren, die sich der Obrigkeit fügen und an den Mainstream angepasst bleiben.«

Darauf wusste Nga-Yee nichts zu erwidern – wieder etwas, das ihr nicht bewusst gewesen war, weil ihr früheres Leben ein einziger Kampf gewesen war. Jetzt, wo sie darüber nachdachte, erschien ihr Ns Theorie über die Prinzessin durchaus logisch. Kwok-Tai hatte gesagt, sie wäre allein gewesen, ohne ihr Gefolge. Nie sind wir so sehr wir selbst, als wenn niemand in der Nähe ist und wir das Visier herunterlassen.

»Aber … aber musste die Prinzessin nicht Angst haben, dass jemand ihre Handschrift erkennt?«

»Das ist ein Ringbuch. Die Schüler haben auf lose Blätter geschrieben und sie der Klassenlehrerin ausgehändigt. Niemand hat zu sehen bekommen, was sie geschrieben hat. Abgesehen davon machen sich die meisten Menschen keine Gedanken darüber, ob die Worte in einem Kondolenzbuch aufrichtig sind oder nicht.«

»Ich … ich wäre nicht auf die Idee gekommen, das Textbuch zu benutzen, um die Gefühle der Prinzessin zu analysieren …«, stammelte Nga-Yee.

»Ich auch nicht.« N zuckte die Achseln. »Es sollte eigentlich nur als Requisite für unseren nächsten Schritt dienen, doch dann hat Violet To sich verraten, und Plan B wurde überflüssig.«

Trotzdem nagte noch etwas an Nga-Yee. Irgendwas ergab noch immer keinen Sinn.

»Nur Violet To hätte in Ihre Falle tappen können. Zum Beispiel war sie die Einzige, die die Bibliothekskartei manipulieren konnte. Wann genau ist sie Ihnen ins Visier geraten?«

»Als ich sie letzte Woche in der Bibliothek kennenlernte. Ich wusste sofort, dass eine Chance von achtzig bis neunzig Prozent besteht, dass Violet die Person ist, die Sie suchten.«

»Wie bitte? Das war ja noch, bevor Kwok-Tai uns von dem Streit zwischen Siu-Man und Lily oder von dem Vorfall in der Karaoke-Bar erzählt hat!«

»Ja. Ich wollte Kwok-Tai nur ein paar weitere Informationen entlocken, um Lily als Verdächtige definitiv ausschließen zu können.«

»Und weshalb Violet? Zu dem Zeitpunkt hatte Kwok-Tai uns auch noch nichts über das Mädchen erzählt, das ihretwegen die Schule verlassen musste – wie hieß sie noch mal? Laura?«

»Obwohl Sie die ganze Zeit anwesend waren, ist Ihnen nicht aufgefallen, dass Violet als Einzige verdächtig reagiert hat.«

»Wie das denn?«

»Ich habe allen Schülern und auch Miss Yuen an dem Tag ungefähr dieselbe Frage gestellt. Können Sie sich daran erinnern?«

»Meinen Sie, ob sie wüssten, wen Siu-Man verletzt hat, um so schlimm verleumdet zu werden?«

»Korrekt. Und erinnern Sie sich noch an die Antworten?«

»Miss Yuen sagte, in der Klasse gäbe es kein Mobbing, Lily meinte, es wäre die Prinzessin, und die Prinzessin sagte, sie hätte keine Ahnung. Violet nannte Lily, und Kwok-Tai erzählte uns von dem Vorfall mit Violet und Laura. Haben Sie Violet verdächtigt, weil sie mit dem Finger auf Lily gezeigt hat? Zu dem Zeitpunkt kannten wir noch nicht mal die Aufnahme von Mr Mok.«

»Sie übersehen das Wesentliche. Es spielt überhaupt keine Rolle, welchen Namen sie nannten, sondern nur, wie sie meine Frage verstanden haben.«

Nga-Yee sah ihn verständnislos an.

»Lily sagte, die Prinzessin hätte es geliebt, Ärger zu machen, und hätte sicher allzu gern Gerüchte verbreitet; die Prinzessin sagte, die Schule hätte ihnen verboten, über das Thema zu sprechen, weshalb sie nicht wüsste, wer mit Externen darüber gesprochen haben könnte; Kwok-Tai sagte, Violet wäre gegenüber Siu-Man voreingenommen gewesen und hätte vielleicht Gerüchte über sie in die Welt gesetzt; und Miss Yuen fing sofort an, von Mobbing zu sprechen.« N machte eine kleine Kunstpause. »Violet war die Einzige, die davon sprach, wie aus besten Freundinnen Feindinnen würden und sich plötzlich die schlimmsten Dinge antäten. Und wie leicht es mit dem Internet inzwischen wäre, einfach irgendwas zu posten.«

»Und was ist daran verkehrt?«

»Wen suchten wir denn, als wir uns in der Schule umhörten und fragten, wer Siu-Man verleumdet haben könnte?«

»Kidkit727 natürlich.«

»Richtig. Aber in den Augen ihrer Mitschüler war der Verleumder jemand anderes.«

»Wieso jemand anderes?«

»Shiu Tak-Pings Neffe behauptete, er hätte die Informationen über Siu-Mans schlechte Angewohnheiten und ihren üblen Umgang von jemandem aus ihrer Klasse bekommen.«

»Shiu Tak-Ping hat doch gar keinen Neffen … Oh!«

Plötzlich war ihr klar, was er meinte. Vom Standpunkt der Schülerinnen und Schüler aus war Nga-Yee auf der Suche nach dem in dem Post *erwähnten* Klassenkameraden – »laut jemandem aus ihrer Klasse«. Niemand konnte gewusst haben, dass sich in Wirklichkeit der *Verfasser* des Posts in ihren Reihen befand.

»Alle redeten von Gesprächen mit Außenstehenden, mit der Presse und so weiter. Nur Violet erwähnte direkt das Internet. Als wüsste sie, dass es keinen Neffen gab. Damit hat sie sich direkt an die Spitze meiner Verdächtigenliste katapultiert.« N tippte mit dem Zeigefinger gegen Violets Bild auf dem Monitor. »Und ihr unwissentliches Geständnis hat eben gerade bewiesen, dass ich recht hatte.«

Ns Erklärung kam ihr vor wie das Schälen einer Zwiebel. Schicht um Schicht enthüllte er neue Beweggründe für ihre beiden Besuche in der Schule. Jetzt endlich war Nga-Yee bereit zu akzeptieren, dass Violet To hinter kidkit727 steckte. Ihr Herz füllte sich mit Hass und Trauer und mehr noch mit einem überwältigenden Gefühl der Ohnmacht. Sie hatten die Täterin gefunden, na und? Was sollte sich durch diese Erkenntnis ändern?

»Ich habe die Person ausfindig gemacht, Miss Au, mein Auftrag ist erfüllt. Falls Sie keine weiteren Fragen haben, sehe ich den Fall als erledigt an«, sagte N.

»Aber … was soll ich denn jetzt tun? Kann ich sie befragen? Soll ich sie bloßstellen oder sie in aller Öffentlichkeit niederbrüllen?«

»Das bleibt ganz und gar Ihnen überlassen.«

Nga-Yee starrte niedergeschlagen den Monitor an, wo Violet noch immer hölzern an ihrem Schalter saß; als würde etwas geschehen, wenn Nga-Yee sie nur lange genug ansähe.

Überraschenderweise funktionierte es.

Ein Mädchen mit kurzen Haaren betrat die Schulbücherei und nickte Violet zu. Sie sagte etwas, trat hinter den Schalter und übernahm Violets Platz. Violet kam hinter dem Schalter hervor und wandte sich ohne Eile zum Gehen.

»Wahrscheinlich übernimmt sie nach der Mittagspause die Schicht … Oh!« N holte scharf Luft.

»Was ist denn?«

»Sie ist nach rechts abgebogen.« N trat eilig ans Fenster. »Sowohl die Cafeteria als auch das Schultor befindet sich zur Linken.«

Nga-Yee ließ den Monitor nicht aus den Augen, aber Violet war schon nicht mehr im Bild. N trat an die Videokamera mit dem Teleobjektiv, klappte den Sucher aus und bewegte behutsam die Kamera. Auch das Bild auf dem Monitor vor Nga-Yee bewegte sich nach rechts. N hatte eine ausgesprochen ruhige Hand, fiel ihr auf. Schon bald kam Violet wieder ins Bild. Sie war auf dem Gang, sah sich zu beiden Seiten um und öffnete die Tür neben der Bücherei: das Chemielabor. Sie streckte den Kopf in den Raum, offensichtlich, um sicherzugehen, dass niemand darin war, dann ging sie hinein. Obwohl der Winkel sehr spitz wurde, konnte Ns Kamera Violet noch immer deutlich einfangen. Sie stand am ersten Tisch, direkt vor der Tafel.

Was hatte sie vor? Nga-Yee konnte außer ihr niemanden sehen – wahrscheinlich war der Laboraufseher ebenfalls gerade in der Mittagspause.

Was Violet dann tat, erfüllte Nga-Yee mit rasender Wut.

Das Mädchen nahm eine Schachtel vom Tisch und zog die blassgelbe, gefaltete Seite mit dem gefälschten Abschiedsbrief aus der Tasche. Sie zögerte kurz, fasste einen Entschluss und öffnete die Schachtel: Es handelte sich um Streichhölzer. Violet zündete eines an und hielt das Blatt mit einer Ecke in die Flamme, bis es Feuer fing. Als das meiste zu Asche verbrannt war, ließ sie den Rest fallen, vermutlich in ein feuerfestes Gefäß, das unterhalb des sichtbaren Ausschnitts lag.

»Nicht schlecht. So vernichtet man Beweise«, sagte N halb spöttisch, halb bewundernd.

Nga-Yee hörte nicht hin. Sie hatte das Gefühl, ihre Innereien würden durch den Fleischwolf gedreht und ihr Herz in kleine Scheiben geschnitten. Sie hatte einen Blick auf Violets Gesicht erhascht.

Auf ihren Lippen lag ein leises Lächeln.

Dieses Lächeln reichte aus, um Nga-Yee über den Rand zu treiben.

Sie sprang auf, packte das Messer aus dem Obstkorb und rannte zur Tür.

N drehte sich um, sah, was sie tat, hechtete quer über das Bett und packte sie am Arm.

»Lassen Sie mich los! Ich bringe diese Schlampe um!« Nga-Yee versuchte sich loszumachen. »Sie grinst! Von Reue keine Spur! Hat sich nicht mal die Mühe gemacht, den Brief zu lesen, hat ihn einfach verbrannt! Hätte Siu-Man das wirklich geschrieben, wäre jetzt alles weg. Niemand würde je ihre letzten Worte erfahren. Diese Schlange hat es nicht verdient, am Leben zu bleiben! Als wäre es nicht schon genug, dass sie Siu-Man umgebracht hat, jetzt will sie auch noch jede Spur von ihr auslöschen, als hätte sie nie existiert!«

Nga-Yees hysterisches Geschrei verwandelte sich in Schluchzer. Doch sie versuchte noch immer verzweifelt, sich aus Ns Griff zu befreien.

»Lassen Sie das Messer los! Sie können gerne rüberlaufen und sie umbringen, aber nicht mit einem Gegenstand aus diesem Zimmer«, brüllte N. »Die Polizei wird das Messer zurückverfolgen. Bringen Sie um, wen Sie wollen, aber lassen Sie mich aus dem Spiel.«

Nga-Yee erstarrte für eine Sekunde. Sie warf das Messer aufs Bett und versuchte wieder, aus dem Zimmer zu kommen, aber N ließ sie nicht los.

»Ich lasse das Messer hier! Was wollen Sie denn noch von mir? Ich gehe jetzt und nehme Rache für meine kleine Schwester!«

Ns Gesichtsausdruck war zur üblichen Gelassenheit zurückgekehrt. »Wollen Sie das wirklich? Rache?«

»Lassen Sie mich los!«

»Ich habe Ihnen eine Frage gestellt. Wollen Sie wirklich Rache?«

»Ja! Ich will, dass dieses Monster in Stücke gerissen wird!«

»Kommen Sie wieder runter, und lassen Sie uns das in Ruhe besprechen.«

»Was besprechen? Wollen Sie mir jetzt etwa sagen, ich soll zur Polizei gehen? Violet To dem Gesetz überantworten oder so was …«

»Nein. Recht und Gesetz können bei Violet To nichts ausrichten«, sagte N ungerührt. »Auch wenn Anstiftung zum Suizid in Hongkong strafbar ist, trifft der Tatbestand auf diesen Fall nicht zu. Wir bräuchten Beweismittel, um eine Verurteilung zu erwirken – zum Beispiel Beweise dafür, dass sie die Suizidmethode vorgeschlagen oder Beihilfe dazu geleistet hat. Beides ist nicht der Fall. Violet hat Ihre Schwester zwar mit ihren Nachrichten gepeinigt, doch sie hat sie nie direkt bedroht oder ihr den Selbstmord nahegelegt.«

»Deshalb ist sie umzubringen die einzige Möglichkeit, Gerechtigkeit zu erlangen!«

»Haben Sie sich nie gefragt, weshalb ich N heiße?«

Der plötzliche Themenwechsel brachte Nga-Yee aus dem Konzept, und sie beruhigte sich tatsächlich ein wenig.

»Wozu auch? Mir ist egal, ob Sie N oder M oder Q heißen …«

»N ist die Abkürzung für meinen Usernamen. Der lautet *Nemesis*. Detektivarbeit ist für mich lediglich Zeitvertreib. Meine wahre Berufung besteht darin, Leuten dabei zu helfen, Rache zu nehmen.« Er ließ sie los. »Es ist nicht billig, aber ich garantiere hundertprozentige Zufriedenheit.«

»Ist das Ihr Ernst?«

»Wissen Sie noch, diese Entführung, als Sie zum ersten Mal bei mir waren?«

»Wie sollte ich die je vergessen?«

»Wollen Sie wissen, mit was ich die Kerle provoziert habe?«

Nga-Yee sah ihn misstrauisch an und fragte sich, worauf er hinauswollte. Dann nickte sie.

»Jemand wurde um zehn Millionen Dollar betrogen und heuerte mich an, um Rache zu nehmen. Ich sollte dem Betrüger zwanzig Millionen Dollar abpressen – die ursprüngliche Summe zuzüglich Zinsen. Der Klient wandte sich an mich, weil es keinen legalen Weg gegeben hätte, sein Geld zurückzubekommen. Was daraufhin geschah, wissen Sie.«

»Zwanzig Millionen?« Nga-Yee blieb der Mund offen stehen.

»Zwanzig Millionen sind gar nichts – ich hatte schon mit viel größeren Summen zu tun.« N grinste. »Für den durchschnittlichen, gesetzestreuen Bürger mag es schwer zu verstehen sein, aber Fälle von Rache sind viel häufiger, als Sie glauben würden. Auge um Auge. Vor allem in einer Gesellschaft wie unserer, wo die Oberfläche aus einer hauchdünnen Schicht Zivilisiertheit besteht. Aber wir haben das Gesetz des Dschungels im Blut. Survival of the fittest. Normalerweise arbeite ich für Unternehmer, die in, nun ja, Graubereichen tätig sind, aber ab und zu übernehme ich auch kleinere Fälle wie Ihren.«

»Ich habe es nicht auf Geld abgesehen.«

»Ich weiß. Auch Schmutzarbeit wie diese habe ich schon gemacht.«

Der Ausdruck auf seinem Gesicht stieß eine Erinnerung in ihr an. So hatte N in dem Augenblick ausgesehen, als er bei den beiden Gangstern im Transporter den Spieß umgedreht hatte. Sie hatte geglaubt, er würde bluffen, dabei wäre er tatsächlich bereit gewesen, dem Kind des Fahrers etwas anzutun oder dem anderen Typen hirnzersetzende Parasiten ins Trinkwasser zu mischen. Nachdem sie erlebt hatte, wie viel Aufwand N betrieben hatte, um Violet To zu überführen, wirkte er nicht mehr wie jemand auf sie, der leere Drohungen aussprach.

»Wie hoch ist Ihr Honorar?«, fragte sie.

»Für Sie fünfhunderttausend Hongkong-Dollar.«

»So viel Geld habe ich nicht, wie Sie sehr genau wissen«, antwortete Nga-Yee frostig.

»Ein Rachekomplott läuft anders als Ermittlungen. Ich verlange von Ihnen keinen Cent Vorschuss. Sobald die Sache erledigt ist, präsentiere ich Ihnen einen für Sie angemessenen Zahlungsplan.«

»Können Sie mir versprechen, dass Violet To bekommt, was sie verdient hat?«

»Violet To und ihr Komplize werden ihre Strafe bekommen.«

Nga-Yee holte tief Luft. Sie hatte sich so auf die Rache an kidkit727 konzentriert, dass sie The Rat vollkommen vergessen hatte. Sie fragte sich, wie Ns Zahlungsplan aussehen mochte – wahrscheinlich sollte sie ihre Organe verkaufen. Doch der Rachedämon hatte seine Klauen so tief in sie geschlagen, dass sie mit Freuden jedes Opfer gebracht hätte.

»In Ordnung. Wir haben einen Deal.«

N lächelte. Wieder löste sein Gesicht eine Erinnerung in ihr aus, diesmal an etwas, das sie gelesen hatte. Sie konnte sich zwar nicht an den genauen Wortlaut erinnern, aber es hatte etwas mit lodernden Flammen in den Augen einer Person zu tun und mit dem Gefühl, der Blick würde die eigene Seele verschlingen. Das Bild stammte aus einer Beschreibung von Rasputin und den verheerenden Schäden, die er in der Zarenfamilie angerichtet hatte, die ihn geliebt und zugleich gehasst hatte.

Vielleicht habe ich gerade meine Seele an einen Teufel wie Rasputin verkauft, dachte sie.

Ihre Entscheidung bereute Nga-Yee trotzdem nicht.

MONTAG, 29. JUNI 2015

Siu-Mans Familie war schon wieder hier.
Die haben einen Abschiedsbrief gefunden. 15:32 ✓

Ich dachte, ich sterbe! 15:32 ✓

einen abschiedsbrief? 15:54

Ja, aber die wichtigste Seite
hab ich vernichtet. 15:55 ✓

was stand drin? 15:56

Keine Ahnung. Ich habe ihn verbrannt. 15:57 ✓

Hab mich nicht getraut, ihn zu lesen. 15:57 ✓

okay gut gemacht 15:58

Hast Du heute Abend Zeit? 16:12 ✓

Dad ist für zehn Tage in Peking,
ich muss mich nicht mal rausschleichen. 16:14 ✓

Aber wenn Du wieder Überstunden
schieben musst, ist auch nicht schlimm. 16:16 ✓

müsste klappen 16:25

um sieben gleicher ort wie immer 16:26

SIEBTES KAPITEL

1

»Nam? Was ist dieser ›Repeat Bonus‹?« Hao deutete auf eine Zeile auf dem Laptop-Bildschirm.

Sze Chung-Nam und Hao saßen in dem winzigen Besprechungszimmer von GT Technology und brüteten über dem Konzept für Szeto Wai. Mr Lee hatte bei Mr Szetos Assistentin angerufen, um einen zweiten Besuch für die kommende Woche zu vereinbaren, und der Zeitdruck wuchs.

»Wenn Kunden ein Abo auf den regelmäßigen Kauf von G-Dollar abschließen, legt das System monatlich einen kleinen Betrag obendrauf. Zur Verfügung steht der Bonus erst jeweils nach drei Monaten«, antwortete Chung-Nam, ohne aufzusehen. Er saß über einen Taschenrechner gebeugt und überprüfte die Zahlen in seinem Rechenmodell.

»Wozu das denn? Ich dachte, so was machen nur Versicherungen?«

»Spielt doch keine Rolle. Wir brauchen noch ein paar Punkte, damit das Konzept besser rüberkommt.«

»Ziemlich gewagt«, sagte Hao trocken. »Szeto Wai ist kein Idiot. Das durchschaut er sofort. Wage es nicht, mich vorzuschieben, falls er nach Details fragt.«

»Ja, ja. Schon gut.«

Chung-Nam und Hao saßen seit über einer Woche in Vorbereitung auf diesen zweiten Besuch an dem Material, und ein Strategiemeeting jagte das andere. Hao kannte sich in der Finanzwelt nicht aus, und weil auch Chung-Nam nicht viel darüber wusste, blieb ihnen nichts anderes übrig, als sich durchzuwursteln und dafür zu sorgen, dass sich »Gossip-Rohstoffe« und »G-Dollar-Futures« möglichst real anhörten. Chung-Nam kam auf die Idee, News Items in Stufen einzuteilen und den Nutzern gegen einen geringen Betrag in G-Dollar den Zugriff auf die Vorschau betreffender Beiträge zu verkaufen. Die Artikel an sich konnten die so vorab informierten Nutzer dann zu einem frei verhandelbaren Preis direkt an andere User weiterverkaufen. Auf den ersten Blick wirkte es wie Aktienhandel, auch wenn Chung-Nam sich fragte, ob so was in der Praxis tatsächlich funktionieren würde. Hao drängte auf die einfachere Idee, den Nutzern verschiedene Abonnements zur Wahl zu stellen, für die mit G-Dollar bezahlt wurde. Gegen einen kleinen Betrag konnten sie Informationen einer bestimmten Quelle beziehen. Für Chung-Nam klang das wie das Abonnement eines YouTube-Kanals, nur gegen Gebühr. Mr Lee nahm an diesen Diskussionen so gut wie nicht teil. In den alle paar Tage stattfindenden Meetings stimmte er grundsätzlich allem zu, was Chung-Nam vorschlug, und beendete die Besprechung stets mit denselben Worten: »Tut, was immer nötig ist, damit SIQ in uns investiert.«

Chung-Nam dachte außerdem darüber nach, die Menge an G-Dollar generell zu begrenzen, um den Wert von Futures und Optionen zu steigern, aber weil G-Dollar als künstlicher Rohstoff dazu dienen sollte, den Nutzern im Austausch für Klatsch echtes Geld aus der Tasche zu ziehen, würde die Verknappung des Umlaufs nur dafür sorgen, dass die User das Interesse verloren. Deshalb ließ er den Gedanken wieder fallen. Welche Pläne sie auch skizzierten, sie waren alle nicht kompatibel mit dem Kerngeschäftsmodell von GT und mussten wieder verworfen werden.

Seit dem heimlichen Abendessen mit Szeto Wai hatten seine Ideen sich um hundertachtzig Grad gedreht.

Selbst wenn SIQ am Ende in GT investierte, wäre dieses Konzept nur ein Feigenblatt. Chung-Nam brauchte nichts weiter zu tun, als es ausreichend weitschweifig zu präsentieren – er wusste, dass er sich keine Sorgen zu machen brauchte. Zu diesem Zeitpunkt bestand der wahre Zweck des Konzepts längst darin, Mr Lee zu täuschen, der offenbar tatsächlich glaubte, Szeto Wai ließe sich mit so unsinnigen Begriffen wie »Repeat Bonus« überzeugen. Chung-Nam wusste genau, wie dürftig Mr Lees Fachwissen war und wie groß trotz alledem sein Selbstvertrauen. Wenn es ihm und Hao gelang, dieses lächerliche

Angebot halbwegs überzeugend klingen zu lassen, würde Mr Lee aus Angst, seine Unwissenheit zu verraten, mit Sicherheit keine Einwände erheben, selbst wenn ihm Zweifel kommen sollten.

Plötzlich erschien alles in Reichweite. Chung-Nam war in den letzten Tagen mit seiner Arbeit an dem Konzept nachlässig geworden, hatte nur noch das Nötigste beigetragen. Eine Stimme in ihm sagte ihm, dass er seinen Vorteil nutzen musste und die Gelegenheit, das ersehnte Ziel zu erreichen, nicht verstreichen lassen durfte.

Er hatte also den Feiertag – Anlass war der Tag der Gründung der chinesischen Sonderverwaltungszone Hongkong – genutzt, um Szeto Wai anzurufen und ihn um ein weiteres Treffen zu bitten.

»Hallo?«, sagte eine weibliche Stimme nach ein paarmal Klingeln. Chung-Nam erkannte sie sofort: Es war Doris.

»Hier … hier spricht Charles Sze von GT Technology. Ist Mr Szeto zu sprechen?« Er zwang sich zu einer ruhigen Stimme.

»Mr Szeto ist im Augenblick nicht verfügbar. Kann ich ihm etwas ausrichten?«

»Gerne.« Chung-Nam musste schlucken. »Ich habe betreffend GT Technology ein paar Dinge, die ich gern mit Mr Szeto besprechen würde. Es wäre toll, wenn wir uns dazu persönlich sehen könnten.«

»Gut. Ich richte es aus.«

»Ah … okay, vielen Dank.« Er wusste nicht, was er auf eine so knappe Antwort noch hätte sagen sollen.

Er hatte nicht damit gerechnet, dass Mr Seto nicht selbst ans Telefon gehen würde – er hatte sämtliche Sätze geprobt und die nächsten Schritte genau geplant. Stattdessen musste er dasitzen und darauf warten, dass er zurückgerufen wurde.

Ein ganzer Tag verging, ohne dass Mr Szeto sich meldete. Chung-Nam verfluchte Doris im Geiste – er war sicher, dass sie vergessen hatte, seine Nachricht weiterzugeben. Er beschloss, es nach der Arbeit noch einmal zu versuchen, doch direkt nach der Mittagspause, als er mit Hao wieder im Besprechungszimmer über Texten und Folien des Konzepts saß, hörte er den Klingelton, auf den er gewartet hatte.

»Da muss ich kurz rangehen«, sagte er zu Hao, eilte aus dem Zimmer und nach draußen auf den Flur vor ihrem Büro.

»Hallo, hier spricht Chung-Nam.«

»Hi. Sorry wegen gestern. Doris hat eine unmögliche Handschrift. Ich dachte, ein anderer Charles hätte angerufen.« Szeto Wai lachte. »Sie wollen mich treffen? Was gibt's?«

»Äh, ich kann im Augenblick nicht gut reden.« Chung-Nam sprach mit gedämpfter Stimme und blickte ständig zur Tür. Ihm graute davor, dass Hao oder jemand anderes aus der Firma dahinterstehen und lauschen könnte.

»Verstehe. Haben Sie heute Abend schon was vor? Wollen wir uns auf einen Drink treffen?«

»In Ordnung. Wann immer Sie wollen.«

»Sagen wir um neun – ich bin vorher zum Essen verabredet«, sagte Szeto Wai. »Dann hole ich Sie in Mong Kok ab?«

»Nein, bitte, machen Sie sich keine Umstände. Sagen Sie mir einfach, wo, und ich komme selbst hin.« Chung-Nam wollte noch immer nicht, dass jemand aus der Firma sie zusammen sah.

»Der Zutritt zu der Bar, in die ich mit Ihnen gehen möchte, ist nur für Mitglieder. Da kommen Sie ohne mich gar nicht rein …« Mr Szeto zögerte offensichtlich, dann sagte er mit übertriebenem Ernst: »Außerdem will ich Ihnen vorher noch was zeigen. Besser, wir treffen uns in Mong Kok.«

Chung-Nam wusste nicht, was er davon halten sollte, und weil er nicht wieder an irgendeiner Straßenecke stehen und sich nervös nach seinem Boss oder seinen Kollegen umsehen wollte, sagte er eilig: »Dabei fällt mir gerade ein, ich habe nach der Arbeit noch etwas zu erledigen. Ich bin dann in Quarry Bay im östlichen Distrikt von Hong Kong Island – wieso treffen wir uns nicht dort?«

»Okay. Sagen wir Taikoo Place, 21:00 Uhr?« Taikoo Place war ein bekanntes Geschäftsviertel in Quarry Bay. Auch die Hongkong-Niederlassung von IBM befand sich dort.

»Sehr gut! Danke sehr.«

Chung-Nam hatte sich Quarry Bay nur ausgesucht, um die Gefahr zu reduzieren, jemandem über den Weg zu laufen. Aus seiner Firma wohnte niemand auf Hong Kong Island, und falls tatsächlich doch einer seiner Kollegen heute dort zu Abend essen wollte, dann eher in Causeway Bay oder Central.

Chung-Nam versuchte, nicht allzu selbstzufrieden zu wirken, als er in den Besprechungsraum zurückkehrte, wo Hao immer noch auf den Computer einhackte und Begriffe und Zahlen eintippte, die er nicht verstand.

»Freundin?«, fragte er aus heiterem Himmel.

Es dauerte zwei Sekunden, bis Chung-Nam begriff, dass sein Kollege den Anruf meinte.

»Quatsch, du weißt doch, dass ich Single bin.« Er grinste, um seine Nervosität zu überspielen, und gab sich möglichst locker.

»Ach so – dann war das gar nicht deine Freundin? Auch wenn sie nicht deine Freundin ist … wobei – sie war auch eher gar nicht dein Typ«, sagte Hao, ohne den Blick von der Tastatur zu heben.

»Nur ein ehemaliger Klassenkamerad, der sich für nächste Woche mit mir zum Essen verabreden wollte.« Chung-Nam griff nach der erstbesten Ausrede, die ihm einfiel, ohne zu realisieren, was Hao da eben gesagt hatte.

»Ich meine nicht den Anruf.« Hao hob den Kopf und grinste. »Das Mädchen sah sehr jung aus. War sicher nicht billig.«

»Wovon redest du?«

»Vor ein paar Tagen war ich im Kino in der Festival-Walk-Mall. Hinterher hab ich dich auf der Fressmeile mit einem ziemlich jungen Mädchen gesehen. Eindeutig ein Date.« Hao zog die Augenbraue hoch. »PTGF?«

Chung-Nam erstarrte. Er wusste nicht, dass er gesehen worden war.

»Red keinen Müll«, sagte er mit finsterem Gesicht. »Das war meine kleine Schwester.«

PTGF stand für »Part-time Girlfriend« oder, anders gesagt, für »Escort«.

»Du hast eine kleine Schwester? Wie kommt es, dass du sie noch nie erwähnt hast?«

»Ach, bitte.« Chung-Nam schlug einen spöttischen Tonfall an. »Wenn du und Ma-Chai wüsstet, dass ich eine derart niedliche Schwester habe, würdet ihr mich damit zu Tode nerven, sie euch vorzustellen.«

»Sicher nicht. Ich bin schließlich kein Pädo. Ich mag sie nicht so jung. Und so gut sieht deine Schwester auch wieder nicht aus.«

»Schluss mit dem Blödsinn.« Chung-Nam setzte sich neben Hao an den Tisch. »Hast du aus den Prognosen der Nutzerzahlen eine Trendlinie gemacht?«

»Bitte sehr. Allerdings sehen die Zahlen nicht wirklich gut aus.«

Hao fing an, ihm die Schwachstellen zu erläutern, aber Chung-Nam registrierte kein einziges Wort. Er konnte nicht fassen, dass Hao ihn neulich abends tatsächlich gesehen hatte. Nicht dass es eine Rolle spielte, was Hao sah und was nicht, aber unbemerkt beobachtet worden zu sein, war beunruhigend. Der verdächtige Typ in der U-Bahn auf dem Nachhauseweg von dem Abendessen mit Szeto Wai fiel ihm wieder ein.

»Ich gehe jetzt – ich habe noch was Dringendes zu erledigen«, sagte er um Punkt sieben und ließ Hao allein in einem Haufen Unterlagen sitzen.

»He! Bei der Geschwindigkeit werden wir bis nächste Woche nie fertig.«

»Ich nehme übers Wochenende was mit nach Hause.«

»Schön. Aber erwarte bitte nicht, dass ich am Wochenende arbeite – ich habe bereits Pläne.« Hao grinste. »Auch ein Gehenkter braucht ab und zu mal frische Luft.«

Chung-Nam streckte ihm den gereckten Daumen entgegen, nahm die Aktentasche und verließ im Schlendergang das Büro.

Er ließ die geschäftigen Straßen von Mong Kok hinter sich und nahm die U-Bahn nach Quarry Bay. Natürlich war dort längst keine Bucht mehr – die Werften waren Taikoo Shing gewichen, einem schicken Wohnkomplex, und der Taikoo Place befand sich auf dem Grund und Boden der einstigen Zuckerraffinerien. Nur hier und da erinnerten Straßennamen wie Shipyard Lane an die Vergangenheit. Rund um den Taikoo Place befanden sich viele Restaurants, um die unzähligen Büroangestellten zu verköstigen, während die günstigen Garküchen in den Seitenstraßen sich um die Bedürfnisse der langjährigen Anwohner kümmerten. Chung-Nam hatte vorgehabt, in einem Restaurant im amerikanischen Stil namens The Press auf der Tong Chong Street zu Abend zu essen, doch der kurze Blick auf die Speisekarte neben der Tür hatte gezeigt, dass schon allein die Vorspeisen nicht unter hundert Dollar zu haben waren. So tief konnte er nicht in die Tasche greifen; stattdessen bog er in die nächste Seitenstraße ab, um in einem ziemlich heruntergekommenen Nudelladen seinen Riesenhunger zu stillen.

Nach ein paar Teigtaschen und Nudeln – beides überraschend schmackhaft – wartete Chung-Nam in der Kneipe bis zur vereinbarten Uhrzeit. Er spielte diverse Szenarien durch und hoffte dabei, dass diese Begegnung so glatt verlief wie die letzte. Es waren kaum Gäste anwesend, das Personal saß herum, starrte in den Fernseher und ignorierte den nachdenklichen, anonymen Büroangestellten, der allein in einer Ecke herumlungerte.

Um 20:50 Uhr wurde Chung-Nam von seinem Telefon aus den Gedanken gerissen.

»Ich bin in Quarry Bay, auf der King's Road«, ertönte Szeto Wais Stimme. »Und Sie?«

»In der Hoi Kwong Street.«

Szeto Wai wiederholte den Straßennamen, und ein Piepton ertönte – wahrscheinlich sein GPS, welches das Ziel erfasst hatte. »Wir treffen uns an der Ecke Hoi Kwong und Tong Chong.«

Eilig bezahlte Chung-Nam die Rechnung, verließ das Lokal und begab sich, nach dem schwarzen Tesla Ausschau haltend, zum Treffpunkt. Doch weit gefehlt – als er die Kreuzung erreichte, sah er Szeto Wai neben einem umwerfenden roten Sportwagen stehen.

Chung-Nam gab ihm die Hand und konnte dabei den Blick nicht von dem Wagen lassen. »Mr Szeto, ist das ein …«

»Ich hab doch gesagt, ich will Ihnen was zeigen«, feixte Szeto Wai. »Erkennen Sie das Modell?«

»Natürlich! Das ist eine Corvette C7.« Chung-Nam war derart überwältigt, dass er vergaß, Szeto Wais Hand loszulassen. Es handelte sich um das neueste Modell, dessen Pferdestärken und stromlinienförmige Karosserie es mit jedem Porsche oder Ferrari aufnehmen konnten. In ganz Hongkong gab es nur sehr wenige davon.

»Den habe ich mir von einem Freund geliehen. Los, wir machen eine Spritztour!« Begeistert wie ein kleiner Junge von seinem neuen Spielzeug, hielt Szeto ihm die Tür auf.

Noch aufgeregter als neulich im Tesla nahm Chung-Nam auf dem Beifahrersitz Platz. Schon allein die Sitze mit den Metallrahmen und dem zweiflaggigen Corvette-Logo machten diesen Wagen zu etwas Besonderem. Verglichen mit den Modellen europäischer Hersteller besaß die Corvette eine ungezähmte Energie, die haargenau zu dem Gefühl von Dominanz passte, auf das Chung-Nam es abgesehen hatte.

»Doris hat heute ihren freien Tag, also dachte ich, wir nehmen den Zweisitzer«, sagte Szeto Wai und setzte sich hinters Steuer. »Ganz abgesehen davon – ich würde mir ziemlich blöd vorkommen auf dem Beifahrersitz, während Doris fährt, verstehen Sie?«

»Ja, stimmt, eine Frau am Steuer einer Corvette wäre ein ziemlich seltsamer Anblick.« Was Chung-Nam betraf, war dieses Auto extrem maskulin.

»Das wäre nicht das Problem. Ich hätte lediglich Angst, wie ein Betamännchen auszusehen.«

Szeto Wai schien sich ihm gegenüber zu öffnen – ein gutes Zeichen. Das hieß, er fing an, in Chung-Nam einen Freund zu sehen. Szeto war auch heute wieder lässig gekleidet: hellgraues Hemd, keine Krawatte, dunkelblaues, ultraleichtes Jackett, Khakis und dunkelbraune Schuhe. Das Ensemble ließ ihn einige Jahre jünger wirken, als er war. So informell die Sachen auch wirkten, verrieten sie bei näherer Betrachtung die exquisite Verarbeitung und deuteten zusammen mit der Jaeger-Le-Coultre am linken Handgelenk an, dass ihr Träger ausnehmend wohlhabend war.

Als Szeto Wai sich anschnallte, wurde Chung-Nam plötzlich etwas klar. »He, die Corvette ist ja mit Rechtssteuerung ausgestattet!«

»Natürlich. Fahrzeuge mit Linkssteuerung bekommen in Hongkong keine Zulassung.« Szetos Mundwinkel zuckten. »Es sei denn, man ist Diplomat oder jemand mit, hm, Einfluss aus China.«

»Ach so? Ich meine, gelesen zu haben, dass Chevrolet die C7 gar nicht mit Rechtssteuerung anbietet.«

»Wenn man Geld hat, spielt das keine Rolle.« Szeto Wai grinste. »Ich habe mich in den Staaten als Mittelsmann zur Verfügung gestellt, um meinem Freund den Wagen zu besorgen. Habe für ihn den Kontakt zu den richtigen Leuten hergestellt, bei einem Händler die notwendigen Teile besorgt und die Links- auf Rechtssteuerung umbauen lassen. Er musste nur noch die Fracht nach Hongkong organisieren, die Einfuhrsteuern bezahlen, sich ein Nummernschild besorgen und den Wagen anmelden, und schon konnte er ihn ganz legal hier fahren.«

»Das kann nicht billig gewesen sein. Umbau, Transportkosten und Einfuhrsteuer waren zusammengenommen sicher teurer als der ganze Wagen.«

»Oh ja, natürlich«, sagte Szeto Wai desinteressiert und schob seine Brille den Nasenrücken hoch. »Trotzdem war es so viel auch wieder nicht – rund sechshunderttausend für den Wagen plus eine Million für den Rest. Inzwischen kostet eine Vierzigquadratmeterwohnung in Hongkong schon fünf oder sechs Millionen, was ist da schon eine Million?«

Chung Nam rechnete eilig nach – er hatte recht.

»Mein Freund ist Unternehmer. Für ihn ist die C7 nichts weiter als ein Spielzeug. Nur so was wie ein Pagani Zonda ist ein richtiges Auto.« Szeto Wai stieg aufs Gas. Der Motor röhrte und schüttelte auch Chung-Nams letzte verbliebene Bedenken ab.

Sie rasten die King's Road entlang, vorbei an Taikoo Shing, weiter auf den Island Eastern Corridor und dann durch den Eastern-Harbor-Crossing-Tunnel. Als sie wieder ins Freie kamen, wurden sie von der Skyline von Victoria Harbour begrüßt. Die Lichter des Kai Tak Cruise Terminal und von Kwun Tong glitzerten wie wertvolle Edelsteine. Dunkel lag das Meer vor ihnen, doch wenn man genauer hinschaute, sah man Boote und Schiffe in allen Größen langsam das Wasser überqueren. Es herrschte kaum Verkehr, und Szeto Wai konnte ungehindert Gas geben. Während die Szenerie an ihnen vorbeirauschte, wurde Chung-Nam in seinen Sitz gepresst.

»Von null auf hundert in unter vier Sekunden«, prahlte Szeto Wai. »Ein Jammer, dass die Geschwindigkeit auf fünfundsechzig Stundenkilometer beschränkt ist. Um die Leistung der C7 wenigstens ein bisschen zu genießen, muss man raus auf den North Lantau Highway, da darf man zumindest auf hundertzehn beschleunigen. Aber selbst auf den amerikanischen Highways erreicht die Corvette nicht mal im Ansatz ihr volles Potenzial – dort liegt das Limit allerhöchstens bei hundertvierzig.«

»Was schafft sie?«

»Maximal zweihundertneunzig.« Szeto Wai grinste. »Um das zu erreichen, bräuchte man schon eine private Rennstrecke. Oder man muss nach Australien, dort achtet niemand auf die Geschwindigkeitsbegrenzungen auf den Highways. Einmal habe ich es dort auf hundertneunzig gebracht.«

»Das möchte ich wenigstens ein Mal im Leben ausprobieren.«

»Das kommt schon noch. Schade, dass der Wagen nicht mir gehört, sonst würde ich Sie mal ans Steuer lassen.«

Es war Donnerstagabend und wenig Verkehr. Einige Minuten später hatten sie Admiralty erreicht und verließen den Highway.

»Es ist kaum Verkehr – wir nehmen die Paradestrecke.«

Ehe Chung-Nam kapierte, was er damit meinte, hatte Szeto Wai den Wagen auf die Queen's Road Central gelenkt. Nicht mal eine Minute später verstand Chung-Nam, was sie hier taten. Ein knallroter Sportwagen, der zwischen den Glitzerfassaden der Flagstores europäischer Luxusmarken entlangglitt, erregte die neidischen Blicke von teuer gekleideten jungen Frauen auf ihrem Weg zu den Vergnügungspalästen von Lan Kwai Fong und verlieh ihm einen kurzen Augenblick das Gefühl, in Paris oder Manhattan zu sein.

So also holen die Reichen sich ihre Kicks, dachte er.

Sie cruisten auf der Hollywood Road in Sheung Wan, dann ging es zurück nach Central. Chung-Nam hatte angenommen, dass sie sich nach Lan Kwai Fong begeben würden, doch Szeto Wai stellte die Corvette direkt am The Centrium auf der Wyndham Street ab, in einiger Entfernung zu den Szenebars, die Chung-Nam im Sinn gehabt hatte.

»Wir sind da«, sagte Szeto Wai und zog den Zündschlüssel ab. »Sie können Ihre Aktentasche im Wagen lassen.«

»Kein Problem, ich nehme sie mit.«

Sie betraten das Gebäude. An den Aufzügen stand ein bärenstarker Ausländer in schwarzem Anzug. Als Szeto Wai ihn grüßte, trat ein entspanntes Lächeln auf sein Gesicht. Er nahm den Autoschlüssel entgegen, rief ihnen einen Aufzug und bat Szeto und Chung-Nam mit höflicher Geste, einzusteigen.

»Das war Egor«, sagte Szeto, als die Türen sich geschlossen hatten. »Er ist nicht nur der Parkwächter, sondern auch Türsteher vom Nightclub. Ob man reinkommt, hängt allein von seiner Laune ab.«

»Ich dachte, der Club wäre nur für Mitglieder?«

»Wer an Egor vorbeikommt, ist automatisch Mitglied. Natürlich gelten für Männer und für Frauen unterschiedliche Kriterien.«

Chung-Nam ahnte, was er meinte: Die männlichen Stammgäste beurteilte Egor nach ihrem gesellschaftlichen Status, was bedeutete, dass ein Trottel wie Chung-Nam allein nie an ihm vorbeigekommen wäre. Frauen hingegen mussten nur ausreichend attraktiv sein, um die Männer dazu zu ermutigen, mehr Drinks zu konsumieren.

Dieser Aufzug war eindeutig nur für die Stammgäste der Bar bestimmt – außer dem Erdgeschoss gab es nur noch einen weiteren Knopf. Die Türen öffneten sich in einen holzgetäfelten Raum hinein, der erfüllt war von sanfter Jazzmusik und gedämpfter Beleuchtung. Hinter der langen Bar am Eingang standen zwei Bartender und mixten Drinks. Weiter hinten waren etwa ein Dutzend Tische im Raum verteilt: niedrige, von Sesseln umgeben, und hohe mit Barhockern. Begrenzt wurde die Bar von einem raumhohen Fenster mit Balkon, durch das die Neonlichter der Stadt und die endlosen Fußgängerströme zu sehen waren. Es waren weniger als zwanzig Gäste anwesend, die meisten scharten sich in kleinen Grüppchen um die Tische, nur ein Paar saß an der Bar.

Eine mit Weste bekleidete Kellnerin führte sie zu einem Ecktisch und nahm ihre Bestellung auf.

»Ich fahre. Für mich nur ein Jacky Cola«, sagte Szeto sofort.

»Für mich dasselbe.« Chung-Nam hatte noch nie Jacky Cola getrunken, aber er wollte auf keinen Fall etwas verkehrt machen. Er hatte keine Ahnung, ob ein Martini zu angeberisch wäre oder ein Bier vielleicht zu vulgär.

»Nett hier.« Chung-Nam blickte sich um. Er kannte nur laute, überfüllte Bars mit dröhnender Rockmusik oder DJs, die Elektrobeats auflegten. Diese dagegen hatte Klasse, und die wenigen Besucher sorgten für eine entspannte Atmosphäre: der perfekte Ort für Geschäftsbesprechungen oder um sich mit Freunden auszutauschen. Selbst das Gespräch mit anderen Gästen zu suchen, schien hier möglich, ohne peinlich zu wirken.

»Hätten wir letzte Woche noch Zeit gehabt, wäre ich mit Ihnen hierhergegangen«, sagte Szeto Wai.

»Sind Sie oft hier?«

»Eigentlich nicht. Nur, wenn ich es nötig habe.«

»Und was soll das heißen?«

»Ich meinte …«

Szeto wurde von der Kellnerin unterbrochen, die mit zwei Highball-Gläsern zurückkam. Sie legte zwei Untersetzer auf den Tisch und servierte ihnen die Drinks.

»Bezahlt man die Rechnung am Ende?« Chung-Nam hatte bereits die Brieftasche gezückt, fest entschlossen, mindestens eine Runde zu bezahlen, aber die Kellnerin hatte keine Rechnung dazugelegt.

»Das kommt einfach auf meinen Deckel«, sagte Szeto zwinkernd und bedeutete Chung-Nam mit einer Geste, die Brieftasche wegzustecken. »Trinken wir auf unsere Zusammenarbeit.«

Chung-Nam stieß mit ihm an und trank einen Schluck.

Szeto kam sofort zur Sache. »Gut … Sie sagten, Sie wollten etwas mit mir besprechen?«

Chung-Nam setzte das Glas ab. »Mein Kollege Hao – unser ›Customer Experience Designer‹ – hat ein neues Konzept entworfen, das wir Ihnen nächste Woche präsentieren werden.«

»Gut. Wo liegt das Problem? Denn selbst wenn das Konzept nicht ganz den Erwartungen entsprechen sollte, werde ich in Ihre Firma investieren.«

»Das Problem ist, dass Kenneth sich nicht beteiligt hat.« Chung-Nam hätte fast angefangen zu stottern, er hatte sich noch nicht daran gewöhnt, Mr Lee bei seinem englischen Namen zu nennen.

»Ach?«

»Anstatt uns seine Vision vorzustellen, hat er einfach nur gesagt, wir sollen uns irgendwas ausdenken, so wie beim ersten Mal, um Ihr Interesse zu wecken und Sie dazu zu kriegen, Geld in die Firma zu stecken.« Chung-Nam runzelte die Stirn. »Ich halte das für ein ernsthaftes Problem. Kenneth ist mit GT angetreten, um die Chat-Plattformen aufzumischen und den alten Pennern bei Popcorn Feuer unterm Hintern zu machen. Ob er damit nun Erfolg hatte oder nicht, wenigstens hatte er da noch etwas Unternehmergeist. Aber jetzt hat er nur noch Dollarzeichen in den Augen.«

»Tatsächlich?«

»Ich glaube, die Firma hat ihre Orientierung verloren.« Chung-Nam seufzte. »Wir sind zwar nicht viele Leute bei GT, aber bis jetzt war die Arbeit immer fair verteilt. Kenneth ist der Boss, also konzentrierte er sich auf die Beschaffung von Geldern. Ma-Chai und ich waren für die IT zuständig und Hao eher für die Kundenseite. Doch seit Kenneth Kohle von Risikoinvestoren riecht, wirft er völlig sinnlos Geld zum Fenster raus, um GT zu entwickeln, obwohl das die falsche Reihenfolge ist.«

»Da ist was dran.«

»Jetzt hat die Firma die Chance, Geld von SIQ zu bekommen. Kenneth müsste die Fäden der neuen Strategie persönlich in der Hand halten, anstatt das Konzept völlig seinen Angestellten zu überlassen.«

»Was glauben Sie? Weshalb tut er das? Liegt es nur daran, dass Kenneth Ihren Vorschlag von neulich einfach nicht versteht, oder hat es andere Gründe?«

»Na ja …« Chung-Nam zögerte. »Er hat eine Affäre mit Joanne.«

»Mit seiner Sekretärin?«

Chung-Nam nickte. »An einer Büroromanze ist nichts verkehrt, solange sie die Arbeit nicht tangiert. Eigentlich sollte Kenneth die Führungskraft im Unternehmen sein, aber er ist viel zu verknallt, um seinen Job zu machen.«

»In dem Fall …« Szeto Wai griff zu seinem Glas und lehnte sich nachdenklich zurück.

Chung-Nam warf ihm einen verstohlenen Blick zu und versuchte abzuschätzen, ob seine Worte den gewünschten Effekt erzielten. Er hatte Szeto Wai nur die halbe Wahrheit gesagt: Mr Lee hatte sich an der Entwicklung des Konzepts tatsächlich nicht beteiligt, doch das lag daran, dass er keine Ahnung hatte, was »Optionen« etc. waren, weshalb er die Arbeit mit Freuden seinen Mitarbeitern überließ, während Chung-Nam und Ma-Chai sich darauf konzentrierten, das Videostreaming und die Mobil-App fertig zu kriegen. Mr Lee und Joanne gaben sich im Büro größte Mühe, diskret zu sein, und es war Mr Lees Inkompetenz, die ihn daran hinderte, seine Position auszufüllen, nicht ihre Affäre.

»Sehr enttäuschend«, sagte Szeto Wai.

Chung-Nam jubelte innerlich. Es hatte funktioniert. Doch

was Szeto Wai dann sagte, katapultierte ihn aus dem siebten Himmel direkt in die Hölle.

»Chung-Nam, Sie haben mich enttäuscht.«

Chung-Nam starrte sein Gegenüber erschrocken an. Er hatte keine Ahnung, wie er darauf reagieren sollte.

»Ich hatte Sie gebeten, für mich Augen und Ohren offenzuhalten, um mir sagen zu können, was sich hinter den Kulissen abspielt, nicht, um hinter ihrem Rücken über Ihre Kollegen zu lästern«, sagte Szeto Wai ungerührt. »Finden Sie es nicht leichtsinnig, mir das zu erzählen, ehe SIQ investiert hat? Was würden Sie an meiner Stelle tun? Würden Sie bei Kenneth ein Fass aufmachen und ihm mangelnde Führungsqualitäten vorwerfen oder die ganze Sache einfach sein lassen?«

Szeto Wais Tonfall war milde, doch Chung-Nam wusste, dass er außer sich war. Möglich, dass er tatsächlich zu weit gegangen war, aber nach diesem Spielzug blieb ihm keine andere Wahl, als seinen Einsatz zu erhöhen und weiterzuspielen.

»Ehe Sie noch etwas dazu sagen, bitte ich Sie, sich das hier anzusehen.« Chung-Nam fasste in seine Aktentasche, nahm sechs oder sieben Blätter Papier heraus und legte sie vor Szeto Wai auf den Tisch.

»Was ist das? Haben Sie Ihrer Firma vertrauliche Unterlagen gestohlen?«, fragte Szeto eisig. »Das wird ja immer schlimmer.«

»Nein. Das hier habe ich in meiner Freizeit geschrieben.« Ohne sich sein Unbehagen anmerken zu lassen, fuhr Chung-Nam fort. »Nachdem wir uns letzte Woche getroffen hatten, habe ich einige Zeit investiert, um mir die Investments von SIQ näher anzusehen sowie alles, was ich online dazu finden konnte – offizielle Finanzberichte genauso wie Blogger-Gerüchte.«

Szeto Wai wirkte etwas ratlos, ließ ihn aber fortfahren.

»SIQ hat im letzten Jahr in lediglich acht Internet-Dienste investiert. Dieser hier ist GT am ähnlichsten.« Er zeigte auf eine Zeile auf einem der englischsprachigen Dokumente. »Eine Website namens Chewover. Sie ist hinsichtlich des Designs und der Chat-Kapazitäten mit uns vergleichbar, kann jedoch Bilder, Clips und Audiodateien unabhängig verwalten. Die Site arbeitet mit auf Klicks und Ratings basierenden Ranglisten, und User mit hohem Rang erhalten spezielle Privilegien oder werden sogar bezahlt. So, wie YouTuber Erträge über Werbung generieren. Ich vermute, SIQ will GT kaufen und uns als Erstes mit dieser amerikanischen Website fusionieren.«

»Als Erstes?«

»Natürlich.« Chung-Nam zeigte auf eine andere Stelle desselben Dokuments. »Gleichzeitig mit der Investition von SIQ in Chewover übernahmen Sie ein unbedeutendes Unternehmen namens ZelebWatch, welches eine gleichnamige Website betreibt und hauptsächlich Klatsch über amerikanische Celebritys und Personen von öffentlichem Interesse sammelt. Am Anfang war die Site lediglich eine Content Farm für Showbiz-Magazine, doch dann wurde ein Redaktionsteam zusammengestellt, dessen Mitarbeiter gleichzeitig als Paparazzi fungieren und Bilder und Videos versteigern, die die Privatsphäre von Prominenten verletzen. Seitdem ähnelt die Site eher einem Boulevardblatt.«

Chung-Nam hob den Kopf und sah Szeto Wai direkt in die Augen. »SIQ wird Chewover und ZelebWatch fusionieren.«

»Wie kommen Sie zu dieser Schlussfolgerung?«

»Zuerst investiert SIQ in GT. Würden dann diese beiden Websites kombiniert, würden sie alles, was GT tut, mehr oder weniger kopieren.«

»Und die Erklärung steht in diesem Dokument?«

»Nein. Das ist die Geschäftsprognose und Entwicklungsanalyse von GT – eine Fünfjahreshochrechnung für die hypothetische Situation, die ich soeben aufgezeigt habe.«

Für einen kurzen Moment wurde Szeto Wais Gesicht etwas weicher.

»Ich glaube, dass GT Net sich zu einer neuen Form von Unterhaltungsmedium entwickeln und das gegenwärtige Modell, wie wir es kennen, über kurz oder lang massiv bedrängen wird«, sagte Chung-Nam. »Alleinstellungsmerkmal ist die flexible Preisgestaltung einzelner Posts nach Popularität. Wenn wir G-Dollar in echte Währung tauschbar machen, werden dadurch all unsere User zu Showbiz-Reportern. YouTube ist ein gutes Beispiel dafür, was passiert, wenn man ein Monopol bricht – heute kann jeder, der einen Computer oder ein Smartphone besitzt, YouTuber sein.«

Szeto Wai blätterte, während er zuhörte, in Chung-Nams Unterlagen.

»Wenn wir uns Computerterminals als Unterhaltungscenter denken, ist die Zukunft von GT Net leicht vorstellbar«, fuhr Chung-Nam eilig fort. Ihm war klar, dass dies vielleicht die einzige Gelegenheit war, sich zu präsentieren. »YouTube hatte Erfolg, weil es die ganze Welt zu Regisseuren machte. Wir müssen die Welt zu Paparazzi machen, zu Reportern, Redakteuren, Korrektoren, Druckern, Lieferanten und Zeitungsverkäufern. Die Technologie erlaubt, dass all diese Jobs von ganz normalen Leuten erledigt werden. Die Telefone, die wir mit uns rumtragen, sind mindestens so gut wie die Profikameras von früher. Online-Posts brauchen kein Layout und müssen nicht gedruckt werden. Und durch Online-Payment kann der Leser den Content-Provider direkt bezahlen. GT Net wird Amateure zu Reportern, Fotografen und Redakteuren machen. Klatschmagazine verlieren ihre Bedeutung und verschwinden schließlich. Das ist der erste Schritt.«

»Gibt es auch einen zweiten Schritt?«

»Ja.« Chung-Nam nickte. »Der zweite Schritt beinhaltet neue Methoden der Zusammenarbeit. Es gibt bereits YouTube-Kanäle, die untereinander kooperieren, mit Gastauftritten in den Videos befreundeter Kanäle, sogar Koproduktionen. Auch das kann GT Net bieten. Bekannte User – vielleicht sollten wir sie Chefredakteure nennen – wirken als Magnete auf Menschen, die mit ihnen zusammenarbeiten wollen. Genau wie Zeleb-Watch werden wir es ermöglichen, dass normale User sich gegenseitig mit Nachrichten, Bildern und Videos versorgen. Wir müssen lediglich dafür sorgen, dass es leicht ist, Content zu kommunizieren und zu verbreiten, und weil wir auf dem Gebiet Marktführer sind, müsste die Website dadurch sehr profitabel sein.«

»Interessanter Standpunkt«, sagte Szeto, den Blick immer noch auf die Unterlagen gerichtet. »Und was hat das alles mit Kenneth zu tun?«

Chung-Nam schluckte, nahm all seinen Mut zusammen und sprach aus, was ihm seit zwei Wochen auf der Zunge lag.

»Ich glaube, ich wäre für GT Net ein passenderer CEO als Kenneth Lee.«

Szeto Wai hob abrupt den Kopf und sah ihn entgeistert an. Er musterte Chung-Nam eingehend, als würde er ihn gerade zum allerersten Mal sehen.

Chung-Nam tat alles, um sich seine Angst nicht anmerken zu lassen. Schon im Studium hatte er davon geträumt, ein erfolgreiches Unternehmen zu leiten. Der Job in einer winzigen Firma war als Abkürzung nach oben gedacht gewesen, in der Hoffnung, dass der Tag kommen würde, an dem ein Investor mit genügend Weitsicht es wagen würde, sich auf ihn einzulassen. Doch bei der ersten Begegnung mit Szeto Wai hatte der etwas gesagt, das Chung-Nam dazu inspiriert hatte, sein Ziel zu verlagern.

Szeto Wai hatte zufällig erwähnt, dass der Musikdirektor der Hong Kong Philharmonics Niederländer war, der Erste Gastdirigent aus Schanghai stammte und der Konzertmeister Chinesischkanadier war.

Wieso einen Investor suchen, der mir hilft, mein eigenes Unternehmen aufzubauen, wenn ich mich ins gemachte Nest setzen kann?, lautete der Gedanke, der ihm dabei durch den Kopf schoss.

Es war viel leichter, sich eine Firma unter den Nagel zu reißen, als selbst was aufzubauen. Es spielte keine Rolle mehr, wer das Orchester einst gegründet hatte. Jetzt hatte van Zweden das Sagen. Er entschied, wie es geleitet wurde und wie seine Zukunft aussah. Das Hong Kong Philharmonic Orchestra war die Manifestation des Geistes dieses Mannes.

Wenn Chung-Nam es schaffte, Kenneth Lee loszuwerden, bräuchte er nur noch nach GT Net zu greifen.

Von dem Moment an steckte Chung-Nam alles, was er hatte,

in den Plan, dieses Ziel zu erreichen. Weil er wusste, dass Szeto Wai nur einen Monat lang in Hongkong sein würde, hatte er dafür gesorgt, ihm im Cultural Centre über den Weg zu laufen, hatte ihn in ein Gespräch verwickelt, all das nur, um sich seine künftige Position zu sichern.

»Sobald SIQ in GT investiert hat und Hauptanteilseigner geworden ist, haben Sie die alleinige Macht.« Sein Herz raste, aber in seiner Stimme schwang Selbstvertrauen. »Inklusive der Macht, die Spitze auszuwechseln.«

Szeto Wai schwieg. Mit verschränkten Armen und gefurchten Augenbrauen saß er vor ihm. Chung-Nam spürte, dass er nicht verärgert war. Er sah eher aus, als würde er zwischen zwei Alternativen abwägen.

»Sie sind dreister, als ich dachte, Chung-Nam«, sagte er nach einer sehr langen Weile. »Daran ist nichts verkehrt. Ich habe schon immer daran geglaubt, dass man wirklich Großes nur mit entsprechender Rücksichtslosigkeit erreicht. Wer auf Nummer sicher geht, verpasst Gelegenheiten. Aber wissen Sie, am Ende ist Brutus einen grausamen Tod gestorben, und Octavian hat die Macht übernommen.«

»Kenneth Lee ist kein Cäsar. Allerhöchstens ein Provinzgouverneur irgendwo am Rande des Römischen Reichs.«

Szeto Wai musste lachen, und sofort wurde die Atmosphäre ein wenig lockerer.

»Es hat schon Führungswechsel in Unternehmen mit SIQ-Investition gegeben, aber nur sehr wenige, und immer nur viele Jahre nachdem wir unser Geld hineingesteckt hatten«, sagte Szeto Wai. »Außerdem würden die meisten Risikoinvestoren diese Macht niemals nutzen. Eher versuchen wir, unsere Verluste zu beschränken, und ziehen uns zurück, als uns in Personalien einzumischen. Würde ein Investor seine Macht missbrauchen, würde das nicht nur dem Unternehmen schaden, sondern auch dem Ruf des Investors. Es gibt schließlich keine Garantie dafür, dass die von uns eingesetzte Spitze tatsächlich für eine verbesserte Performance sorgt. Es ist richtig, dass Kenneth beim Einstieg von SIQ für den Verkauf seiner Anteile eine beträchtliche Summe kassieren wird. Trotzdem würde er sich betrogen vorkommen, wenn wir ihn danach sofort ersetzen würden, und das hätte auch Einfluss auf Ihre Kollegen. Wenn er dann eine neue Firma gründen und einige seiner ehemaligen Mitarbeiter mitnehmen würde, wäre das für uns noch schädlicher. Ein Venture-Capitalist investiert nie in ein Unternehmen an sich, sondern immer in das Talent und die Kreativität, die in diesem Unternehmen vorhanden sind.«

»Was, wenn es mir gelingt, sämtliches Personal zu halten?«

»Tatsächlich? Auch die Sekretärin?«

»Joanne ist nur Kenneths Assistentin. Für die Firma an sich besitzt sie keinerlei Wert – sie könnte von jeder beliebigen Collegeabsolventin ersetzt werden«, sagte Chung-Nam ernst. »Die Leute, die GT am Laufen halten, das sind Ma-Chai, Hao, Thomas und ich. Wenn ich am Ruder wäre, ließen sich die meisten Probleme, die Sie vorhin erwähnten, mit Leichtigkeit lösen. Es ist ja nicht so, dass ich von außen reingrätsche. Indem Sie jemanden aus der bestehenden Belegschaft befördern, demonstrieren Sie damit, dass Talent belohnt wird, und das wiederum würde die Identifikation aller anderen mit dem Unternehmen nur noch erhöhen. Also, wie sieht es aus, Mr Szeto? Wenn ich Ihnen garantiere, dass die anderen drei bleiben, überdenken Sie dann meinen Vorschlag?«

Szeto Wai antwortete nicht. Er nahm aufs Neue die Unterlagen vom Tisch und fing konzentriert an zu lesen. Dabei strich er sich ab und zu übers Kinn, als würde er ernsthaft darüber nachdenken. Chung-Nam saß wie auf Kohlen und wartete auf die Entscheidung des künftigen Hauptkapitaleigners. Ganze fünfzehn Minuten lang saßen sie beide schweigend da. Chung-Nam war so angespannt, dass die Viertelstunde länger zu sein schien als ein ganzer Tag. Er hatte, ohne es zu merken, sein Glas geleert, traute sich jedoch nicht, das nächste Getränk zu bestellen.

Endlich schob Szeto Wai die Brille zur Nasenwurzel hoch und legte die Unterlagen auf den Tisch.

»Sie sagten, Sie und Ihre Kollegen würden für nächste Woche das Konzept vorbereiten?«

Chung-Nam nickte.

»Worum geht es?«

Chung-Nam erläuterte ihm die Pläne und Ideen, die er in das Konzept gestopft hatte, inklusive übertragbarer Zugänge und Pay-to-read-Optionen, und sogar den »Repeat Bonus«, den er selbst äußerst lächerlich fand. Szeto Wai hörte ihm grinsend zu, als würde Chung-Nam ihm einen Witz erzählen.

»Okay«, fiel er ihm schließlich ins Wort. »Das reicht. Es ist unfassbar, dass Kenneth nichts davon beanstandet hat – ich verstehe, ehrlich gesagt, nicht mal, wie er überhaupt auf die Idee mit GT Net kommen konnte. Also schön, ich nehme Ihren Vorschlag an …«

Es war, wie die Prüfungsergebnisse zu erfahren und zu merken, dass man es auf den ersten Platz geschafft hatte. Chung-Nams Herz explodierte vor Freude, und er musste sich zusammenreißen, um nicht aufzuspringen und laut loszujubeln. Er spürte, dass Szeto Wai noch nicht fertig war, also blieb er still und ließ ihn ausreden.

»… vorausgesetzt, Sie unterziehen sich einem Test.«

»Einem Test?«

»Ihre Analyse ist nicht schlecht, aber das hier ist höchstens ein erster Entwurf.« Szeto Wai klopfte auf das Dokument. »Ich will, dass Sie ein vollständiges Konzept verfassen, nicht nur über die Technologie und die Aussichten von GT Net, sondern außerdem einen Geschäftsbericht, eine Aufstellung sämtlicher Sicherheiten, Market Intelligence, Businesspläne und so weiter – ein Konzept zur Weiterleitung an die SIQ-Finanzabteilung zwecks Analyse. Außerdem erwarte ich eine formelle Stellungnahme mit Erläuterungen zum Inhalt dieses Berichts.«

Chung-Nam hatte keinen Zugriff auf die Informationen zu den Finanzen, aber er war sich ziemlich sicher, dass Mr Lee ihm die Daten ungefragt aushändigen würde, wenn er ihm erzählte, dass er die Informationen für den Unterpunkt »G-Dollars als Finanzinstrument« benötigte.

»Kein Problem. Und dürfte ich fragen, wann mein Konzept diskutiert wird?«

»Nächste Woche. Bei meinem Besuch in Ihrer Firma.«

Chung-Nam keuchte. »Sie … Sie wollen, dass ich Mr Lee direkt damit konfrontiere?«

»Nein.« Szeto Wai trank einen Schluck. »Ich möchte, dass Sie die Gelegenheit nutzen, Ihre Fähigkeiten unter Beweis zu stellen. Wie Sie bereits sagten, hat Kenneth keine Ahnung von diesen G-Dollar-Optionen, die Sie plötzlich aus dem Hut gezaubert haben, also wird er die Präsentation höchstwahrscheinlich Ihnen überlassen. Packen Sie die Gelegenheit beim Schopf und präsentieren Sie mir das neue Konzept. Aber ich warne Sie: Ich werde es Ihnen nicht leicht machen. Wenn mir das, was Sie mir zu sagen haben, nicht gefällt, werde ich Sie das sofort spüren lassen. Bin ich jedoch einverstanden, werde ich keinen Zweifel daran lassen, dass es allein Ihrem veränderten Konzept zu verdanken ist, dass unsere Investition zustande kommt. Das können Sie im Anschluss als Entschuldigung nehmen, um Kenneth abzusägen, und es wird für einen glatteren Übergang sorgen.«

So weit hatte Chung-Nam selbst noch gar nicht gedacht, aber bei näherer Betrachtung war dies wahrscheinlich die effektivste Taktik, um Mr Lees Autorität nachhaltig zu beschädigen und sich die Unterstützung seiner Kollegen zu sichern. Schließlich sagte Mr Lee selbst ständig, »Tut, was immer nötig ist, damit SIQ investiert«, und wenn Chung-Nam mit einem veränderten Konzept, das er in seiner Freizeit heimlich ausgearbeitet hatte, genau das tat, würde dies lediglich die Inkompetenz seines Chefs weiter unterstreichen.

Allerdings hatte Chung-Nam keine Ahnung, ob sein Konzept Mr Szeto tatsächlich überzeugen würde. Wenn die Sache schlecht lief, befände er sich in einer heiklen Lage: Er hätte die Unterstützung seiner Kollegen verspielt, ohne Mr Szetos Anerkennung zu gewinnen. Vielleicht würde Mr Lee seiner Intrige sogar auf die Schliche kommen, und damit würde er sich eine fristlose Kündigung einhandeln.

»Ich zwinge Sie zu nichts.« Szeto Wai lächelte. »Und ich erwarte jetzt auch keine Antwort von Ihnen. Ich tauche einfach nächste Woche wie verabredet in Ihrer Firma auf und warte ab, welche Version des Konzepts ich zu hören kriege.«

»Okay ...« Chung-Nam zog sich der Magen zusammen. Der Triumph schien in unmittelbarer Reichweite, aber um zu bekommen, was er wollte, würde er ein enormes Risiko auf sich nehmen müssen. Verwarf er seinen Plan und präsentierte pflichtschuldig den Schwachsinn über »G-Dollar-Futures«, bekam die Firma eine riesige Finanzspritze, die sich mit Sicherheit auch auf seinen Job und sein Gehalt auswirken würde. Keine Kehrseite vorhanden. Trotzdem war ihm klar, dass der Termin nächste Woche die beste Gelegenheit wäre, Mr Lee endgültig aus dem Weg zu räumen. Wenn er von seinem Konzept überzeugt war, würde er die Gelegenheit nutzen und alles daransetzen müssen, seine Chancen zu verbessern.

»Sie haben noch nicht gesagt, was Sie von meinem ersten Entwurf halten, Mr Szeto, und auch nicht, ob ich richtiglag, was Chewover und ZelebWatch betrifft. Verraten Sie mir zumindest, ob ich auf der richtigen Fährte bin. Das wäre nur fair.«

»Ach so? Fangen Sie jetzt schon an, mit mir zu feilschen?«, polterte Szeto Wai, doch sein Gesicht blieb freundlich. »Zu Chewover und ZelebWatch kann ich aufgrund von Vertraulichkeitsvereinbarungen selbstverständlich nichts sagen, aber die ersten beiden Schritte, die Sie erwähnt haben, passen tatsächlich zu den Plänen, die ich für GT Net habe. Um genau zu sein, es gibt noch einen dritten Schritt.«

»Einen dritten Schritt?«

»Erinnern Sie sich noch an das Boston-Marathon-Attentat vor ein paar Jahren? Wissen Sie, welches Medienunternehmen am schnellsten reagierte und die meisten Informationen hatte?«

»CNN?«

»Nein. BuzzFeed.«

Das war eine Überraschung. »BuzzFeed kann man aber nicht als Mainstream-Nachrichtenquelle bezeichnen, oder?«

»Damals mit Sicherheit noch nicht.« Szeto Wai zuckte die Achseln. »Tatsache ist jedoch, diese Runde ging an BuzzFeed.

Zu einem Zeitpunkt, als traditionelle Formate wie die *New York Post* fälschlicherweise noch von zwölf Toten sprachen, veröffentlichte BuzzFeed bereits die korrekte Anzahl auf der Website, dazu Fotos vom Tatort und Zitate der Bostoner Polizei. Während die klassischen Printmedien ihre Reporter losschickten, um Informationen zu sammeln, nutzte BuzzFeed das Netz: Twitter, Facebook, YouTube und so weiter waren die Quellen. Jedes einzelne Foto, jedes Stück Information, das die New Yorker Zentrale erreichte, wurde dort überprüft, bis sie daraus die Wahrheit zusammengesetzt hatten. Ein Reporter der *New York Times* twitterte irgendwann, selbst er hätte seine Updates von BuzzFeed bekommen.«

All das hörte Chung-Nam zum ersten Mal, aber er war schließlich kein Amerikaner und achtete kaum auf ausländische Nachrichten.

»Ab da galt BuzzFeed plötzlich nicht mehr als belanglose Website, sondern als ernst zu nehmendes neues Medienformat. Das hatte sogar der Stabschef des Präsidenten begriffen. Seit März hat BuzzFeed einen festen Platz bei den Pressekonferenzen im Weißen Haus, gleichberechtigt neben Reuters, AFP, CBS und so weiter.« Nach einer kleinen Pause sagte Szeto Wai: »Doch hinter dem Erfolg von BuzzFeed steht eine weitere Website.«

»Welche?«

»Reddit.«

Chung-Nam machte große Augen. Als »Director of Technology« hatte er natürlich schon von Reddit gehört, doch abgesehen von ein bisschen Herumgesurfe auf der Seite hatte er sich noch nicht näher damit befasst.

»Nicht mal fünfzehn Minuten nach dem Attentat gab es im News-Subreddit bereits einen Thread«, sagte Szeto Wai. »Menschen vor Ort posteten Augenzeugenberichte und Fotos, und selbst Menschen, die nicht selbst vor Ort waren, reposteten Informationen aus anderen Quellen. Irgendwer verlinkte die Zeiten der Läufer, damit die Leser überprüfen konnten, ob Familienmitglieder und Freunde sicher ins Ziel gekommen waren.

Manche der Bilder waren verstörend – Überlebende auf Tragen mit abgetrennten Gliedmaßen und so weiter –, aber es war die Realität, viel echter als die geschönten Bilder, die uns im Fernsehen präsentiert werden. Es lässt sich zwar nicht beweisen, aber viele Leute vermuten, dass die BuzzFeed-Redakteure über diesen Thread an Berichte aus erster Hand gekommen sind.«

»Also lautet der dritte Schritt …« Chung-Nam begann zu ahnen, worauf Szeto Wai hinauswollte.

»Ja. Ich glaube, das ist die nächste Welle der Nachrichtenrevolution.« Szeto Wai lächelte schief. »GT Net wird nicht nur zum Aggregator für Klatsch oder Unterhaltungs-News, sondern für *sämtliche* News. Früher haben Tageszeitungen, um die öffentliche Nachfrage nach Information zu befriedigen, eine Abendausgabe herausgegeben und bei besonderen Ereignissen auch mal ein Extrablatt. Mit Einzug des Fernsehens bekamen die Menschen eine direktere Nachrichtenquelle an die Hand, und die Zeitungen entwickelten sich eher zu einem Medium für eingehendere Analysen und Kommentare. Abendausgaben und Extrablätter verschwanden vom Markt. Das Internet wiederum fordert auch dieses Modell heraus. Wie Sie schon sagten, normale Leute haben Profis ersetzt, und wir begeben uns in eine Epoche, wo die gesamte Bevölkerung zu Reportern wird. Die Öffentlichkeit hat Zugang zu ungefilterten, unsortierten Daten und macht sich selbst ein Bild von dem, was wirklich geschieht. Das mindert die Autorität von Presse und Medien. Wissen Sie, wer die Boston-Bomber waren?«

»Waren das nicht zwei Brüder, die in die Staaten immigriert waren?«

»Korrekt. Und wissen Sie auch, wer die Brüder aufgespürt hat?«

Chung-Nam schüttelte den Kopf.

»Der Erste, der die Verdächtigen auf Fotos vom Tatort identifizierte, war ein Reddit User.«

Chung-Nam brauchte einen Moment, um das zu verdauen. »User haben online die Täter aufgespürt?«

»Natürlich würde die Bundespolizei das nie zugeben.« Szeto Wai grinste. »Doch noch ehe die ersten Fahndungsfotos in Umlauf kamen, hatten auf Reddit etliche Leute darauf hingewiesen, dass zwei Männer mit Rucksäcken, einer mit weißer Kappe und einer mit schwarzer, verdächtig wirkten. Im Grunde zogen sie dieselben Schlussfolgerungen wie die Polizei und hatten es dabei wahrscheinlich erheblich leichter – in einer Online-Community ist im Grunde jeder gerne bereit zu reden, Informationen auszutauschen und zu diskutieren, bis sich eine logische Schlussfolgerung ergibt. Dem FBI hingegen stehen für die Ermittlungen lediglich begrenzte Ressourcen zur Verfügung.«

Chung-Nam hätte nicht geglaubt, dass solche Dinge außerhalb von Filmen oder Romanen tatsächlich geschahen.

»Die Leute haben vergessen, welche Funktion Nachrichten haben«, fuhr Szeto Wai fort. »Die Nachrichten sind ein Mechanismus, der den Menschen hilft, zu verstehen, was in ihrer Gesellschaft geschieht. Darüber hinaus befriedigen sie unseren menschlichen Wissensdurst über die Welt. Doch am wichtigsten: Nachrichten sind eine Waffe, die uns erlaubt, ohne Angst zu leben. Journalisten berichten nicht über politische Skandale, um den Teeküchenklatsch zu befeuern, sondern um uns darüber zu informieren, dass unsere Rechte verletzt werden, dass egoistische Schweine uns unseres gemeinsamen Wohlstands berauben. Mordverdächtige werden benannt, um uns daran zu erinnern, wachsam zu bleiben, und um uns zu zeigen, dass der Gerechtigkeit Genüge getan wird. Das Internet hat eine desensibilisierte Gesellschaft aufgeweckt und sie daran erinnert, auf ihre Rechte, ihre Pflichten und ihre Umgebung aufzupassen. Mitglieder dieser Gesellschaft werden nicht länger zulassen, dass sie mit beliebigen Informationen gestopft werden wie Mastgänse. Stattdessen benutzen sie ihre eigenen Augen und Ohren, um selbst zu entscheiden, was wahr ist und was Lüge.«

Szeto Wai schwenkte sein Glas und ließ die schmelzenden Eiswürfel klirren. »Ich glaube, Sie verstehen jetzt, weshalb ich denke, dass sich eine Investition in GT Net lohnen wird. Wenn die ganze Bevölkerung zu Reportern gemacht worden ist und die Berichte aus erster Hand auf Ihrer Website zu finden sind, werden die Menschen selbstverständlich bereit sein, für den Zugang zu bezahlen. Das ist für jeden Risikoinvestor die ideale, effektivste Form von Investition mit den größten Erträgen.«

Chung-Nam wurde klar, dass er die ganze Thematik in einem viel zu kleinen Rahmen betrachtet hatte. Er hatte geglaubt, GT Net wäre kommerziell nicht existenzfähig, doch er hatte das ungeheure Potenzial nicht erkannt. Bis zum heutigen Tag hatte er sich grundsätzlich für den klügsten Kerl im Raum gehalten und automatisch auf alle anderen herabgesehen. Während der gesamten Zeit auf der Oberschule und an der Universität war er unbeliebt gewesen und hatte es immer darauf geschoben, dass die anderen neidisch auf sein Talent waren. Er hatte ihnen seine exzellenten Abschlussnoten unter die Nase gerieben. Doch in Szeto Wais Gegenwart wurde ihm klar, dass er sich die ganze Zeit selbst belogen hatte. Ein guter Abschluss war irgendwann auch nur noch ein Stück Altpapier, und er wirkte nur deshalb wie ein Überflieger, weil seine Kollegen ausgesprochene Loser waren. Wie viele Bürohengste war er voller Träume gewesen, dass ausgerechnet er sich in ungeahnte Höhen aufschwingen und Großes bewirken würde. Die meisten Menschen überschätzen ihre Fähigkeiten. Ihre Träume rinnen ihnen durch die Finger, bis ihnen nach zwanzig oder dreißig Jahren nichts mehr bleibt, als darüber zu lamentieren, dass sie es nie zu etwas gebracht haben und dass die Welt sich nie ihrem Willen gebeugt hat.

In diesem Augenblick überflutete Chung-Nam wie eine Welle ein Gefühl der Unzulänglichkeit. Vor ihm saß jemand, der wirklich außergewöhnlich war – nicht wegen seiner schicken Klamotten, seiner tollen Uhr oder des teuren Wagens, sondern weil er zweifelsohne ein echtes Genie war, ein Mann mit unfehlbarem Weit- und Durchblick und messerscharfem Verstand. Chung-Nam hatte sich bei Szeto Wai eingeschmeichelt, weil er es auf den Zugang zu Macht abgesehen hatte; allmählich wurde ihm klar, dass er eine Menge von ihm lernen konnte.

Er beschloss, die Gelegenheit zu nutzen, um hier und jetzt möglichst viel über künftige Tech-Trends zu erfahren. »Welchen Einfluss wird die Cloud Ihrer Meinung nach künftig auf das Internet haben, Mr Szeto?«

Szeto Wai ging bereitwillig auf all seine Fragen ein. Sie unterhielten sich über Big Data, Wearables und über den Goldenen Schild, die große chinesische Firewall zur Überwachung und Zensur des Internets. Der Großteil ihres Gesprächs hatte nichts mit GT Net zu tun – Chung-Nam wollte seinem Hirn so viel neue Nahrung wie möglich geben.

»Verzeihung – ich muss mich kurz entschuldigen.« Über eine Stunde später konnte Chung-Nam sich nicht länger zusammennehmen.

»Gleich da drüben.« Szeto Wai deutete in die Ecke am Ende der Bar.

Der Vorraum der Toilette war leer. Chung-Nam ging pinkeln, dann wusch er sich am Waschbecken das Gesicht. Der Mann im Spiegel sah aus wie neugeboren. Er hatte zwar nicht bekommen, was er wollte, aber er wusste, dass diese Schachpartie fast vorüber war. Szeto Wai hatte ihm einige – genauer gesagt, mehrere Dutzend – Ideen geliefert, wie sich GT Net zum führenden Webservice ihrer Ära ausbauen ließ. Chung-Nam war kein Visionär wie Szeto Wai, und er hatte auch keinen Partner, dessen Verstand so brillant war wie der von Satoshi Inoue. Er würde niemals etwas derart Vollkommenes zustande bringen wie Isotope oder SIQ, aber er war fest davon überzeugt, dass er ein überaus fähiger Leutnant werden und unter Seto Wais Führung triumphieren konnte.

Chung-Nam fing über das ganze Gesicht an zu grinsen. Sein Spiegelbild tat ihm den Gefallen und lächelte zurück.

Auf dem Rückweg zum Tisch fiel ihm auf, dass inzwischen erheblich mehr Menschen die Bar bevölkerten – er war zu sehr ins Gespräch vertieft gewesen, um davon etwas mitzubekommen. Inzwischen gab es nur noch zwei oder drei leere Plätze, und alle Tische waren besetzt. Auf dem Balkon standen mehrere ausländisch aussehende Gäste, die fröhlich plaudernd ihre Zigarren rauchten. Als er an einem der Stehtische vorbeikam, kreuzte sich sein Blick mit dem einer jungen Frau. Obwohl sie nach kaum einer Sekunde wieder wegsah, hinterließ sie einen bleibenden Eindruck – sie erinnerte ihn an ein japanisches Filmsternchen; die gleichen schmalen Brauen, die Mandelaugen, das ovale Gesicht, ganz zu schweigen vom sanften Schwung ihrer dunkelroten Lippen. Die Ähnlichkeit war verblüffend, abgesehen von den Haaren, die bei ihr glatt waren, während die Schauspielerin ihr Haar in Wellen trug. Sie trug ein ärmelloses Kleid bis zum Knie, und obwohl sie nicht allzu viel Haut zeigte, strahlte sie eine leidenschaftliche Sinnlichkeit aus, ein Widerspruch zu ihrem unschuldigen Puppengesicht. Neben ihr stand eine kurzhaarige Frau Anfang zwanzig, die ebenfalls umwerfend aussah, doch weder der tiefe Ausschnitt des pinkfarbenen Minikleids noch das angesagte koreanische Make-up konnte die Kluft zwischen ihr und ihrer Freundin überbrücken.

Chung-Nam kehrte in dem Moment an den Tisch zurück, als die Kellnerin eine neue Runde Jacky Cola servierte. »Ihr Glas war leer, ich habe Ihnen noch etwas bestellt«, sagte Szeto Wai.

»Danke«, antwortete Chung-Nam lächelnd, in Gedanken noch bei der Frau. Unwillkürlich drehte er sich um und warf ihr einen Blick zu.

»Jemand, den Sie kennen?«, fragte Szeto Wai.

»Oh, nein, nein. Aber sie erinnert mich an jemanden, eine japanische Schauspielerin.«

Chung-Nam versuchte, sich zusammenzureißen und sich nicht länger vor Mr Szeto zum Affen zu machen.

»Welche – die Schwarze oder die Pinke?«

»Die Schwarze.«

»Ah.« Szeto Wai schmunzelte. Offensichtlich erriet er Chung-Nams Gedanken. »Dann ist das also Ihr Typ.«

»Äh … Ja, wahrscheinlich.« Chung-Nam trank einen Schluck, um seine Verlegenheit zu überspielen. Er war sich nicht sicher, ob die Richtung, die dieses Gespräch einschlug, nicht wieder auf vermintes Gelände führte.

»Gehen Sie rüber, Hallo sagen.«

Chung-Nam hätte sich fast verschluckt – damit hatte er nicht gerechnet. War das schon wieder ein Test?

»Entspannen Sie sich, Chung-Nam«, sagte Mr Szeto lachend. »Wir haben genug über die Arbeit geredet. Das ist eine Bar – machen Sie sich locker. Lassen Sie sich gehen, haben Sie ein bisschen Spaß.«

»Einfach rübergehen und sie ansprechen? Die lässt mich doch abblitzen«, sagte Chung-Nam. Einen Korb zu kassieren, wäre an sich nicht so schlimm, aber vor Szeto Wai wollte er sich auf keinen Fall blamieren.

»Von zehn Frauen, die eine Bar besuchen, legen es neun drauf an, angebaggert zu werden.« Szeto Wai grinste anzüglich. »Vor allem solche mit einem Platz an der Bar oder an einem Stehtisch – das ist ein Signal dafür, dass sie bereit sind, angesprochen zu werden, denn das macht es dem Mann leicht, lässig zu ihnen rüberzuschlendern, sich dazuzustellen und Small Talk zu machen. Ich schätze, die zwei sind uns so gut wie sicher.«

»Ich bin nicht Sie, Mr Szeto. Frauen stehen nicht so auf mich.« Chung-Nam hatte schon öfter versucht, Frauen in Bars aufzureißen, aber seine Versuche hatten immer so schlimm geendet, dass er es schließlich aufgegeben hatte.

»Blödsinn!«, sagte Szeto Wai mit schneidender Stimme. »Das hat weder was mit dem Aussehen zu tun noch mit Geld oder Status. Wenn Sie nicht das nötige Vertrauen in sich selbst besitzen, werden Sie scheitern.«

»Okay. Dann lasse ich ihnen vielleicht was zu trinken hinstellen …«

»Oh Gott! Sie sind wirklich hoffnungslos.« Szeto Wai packte seine Hand, ehe er der Kellnerin winken konnte. »Wissen Sie, was Sie zum Ausdruck bringen, wenn Sie einer Frau ein Getränk spendieren? Sie sagen ihr: ›Ich habe leider kein Glück bei Frauen und kaufe mir mit diesem Getränk fünf Minuten Ihrer Zeit.‹«

»Ich dachte, das wäre die übliche Strategie, um in einer Bar ins Gespräch zu kommen.«

»Vergessen Sie's. Kommen Sie mit.« Szeto Wai sah ihn amüsiert an, griff zu seinem Glas und erhob sich. Chung-Nam erschrak kurz, doch dann tat er kurz entschlossen dasselbe und ging ihm nach.

»Verzeihen Sie.« Szeto Wai war inzwischen an den Tisch der beiden Frauen getreten und ignorierte ihre skeptischen Blicke. »Ich komme aus New York und kenne mich in Hongkong nicht besonders gut aus. Mein Kollege hier behauptet steif und fest, er hätte Sie beide in einer Zeitschrift gesehen, aber ich kann mir nicht vorstellen, dass es in einer Stadt mit sieben Millionen Einwohnern so leicht sein soll, zwei Celebritys über den Weg zu laufen. Bitte helfen Sie uns bei unserer Wette: Sind Sie Models oder Filmstars?«

»Natürlich nicht!« Die Frauen fingen an zu kichern. »Das ist wirklich charmant von Ihrem Kollegen.«

»Siehst du, Charles? Du schuldest mir ein Abendessen«, rief Szeto Wai. »Können Sie mir bitte ein Restaurant empfehlen? Je teurer, desto besser – der Kerl hier zahlt. Wenn ich nicht sage, wo es hingeht, schleppt er mich nur in irgendeine Spelunke und erzählt mir, der Laden wäre Kult.«

Und schon waren sie mitten im Gespräch, einfach so. Die Frauen spulten jede Menge französische und japanische Restaurants in Central herunter. Chung-Nam beobachtete, wie Szeto Wai beiläufig sein Glas auf dem Stehtisch absetzte und sich, während sie sich unterhielten, wie von selbst auf den freien Hocker neben der Kurzhaarigen gleiten ließ. Chung-Nam war sprachlos. Er hatte immer gedacht, um Mädchen in Nachtclubs aufzureißen, müsste man aalglatt sein und einen Drink nach dem anderen springen lassen, dabei war Szeto Wais subtile Methode eindeutig erfolgreicher.

»Ich bin übrigens Wade, und das da ist mein Freund Charles«, sagte Szeto Wai etwa fünf Minuten später. Den englischen Namen benutzte er wahrscheinlich eher selten, dachte Chung-Nam.

»Ich bin Talya. Mit y«, sagte die Kurzhaarige. Sie zeigte auf die Schönheit in Schwarz neben sich. »Und das ist Zoe.«

»Was für ein Zufall – eine meiner Kolleginnen in den Staaten heißt auch Talya. Ihr Vater ist Brite, aber ihre Mutter entstammt einer berühmten jüdischen Familie, und ich dachte immer, Talya wäre ein jüdischer Name …« Szeto Wai verstummte und musterte Talya von Kopf bis Fuß. »Sie stammen nicht zufällig auch aus einer berühmten Familie, oder?«

»Auf keinen Fall!« Talya kicherte, und selbst Zoe lächelte jetzt. »Was tun Sie in den Staaten, Wade?«

»Ach, das hat mit IT zu tun«, sagte er ausweichend. »Charles auch, aber er sitzt hier in Hongkong. Er ist Director of Technology.«

Die beiden Frauen reagierten sofort. Bis jetzt hatten sie nur Augen für den charmanten, geistreichen Szeto Wai gehabt. Chung-Nam war es noch nicht gelungen, sich in das Gespräch mit einzuklinken. Er hätte ebenso gut unsichtbar sein können. Jetzt aber musterten sie ihn interessiert.

»Aber in einer ganz kleinen Firma.« Chung-Nam zwang ein Lächeln auf seine Lippen. Er war nicht sicher, ob Szeto Wai den gefakten Jobtitel aus Bosheit derart betonte oder ob es zu seiner Taktik gehörte: jemand anderen in den Vordergrund schieben und seinen eigenen Status verbergen. Wahrscheinlich wäre es für manche Frauen eher beängstigend, wenn er sagen würde, dass er ein milliardenschwerer Unternehmer war, und es würde nur die Geldgeilen anlocken.

Im Laufe der nächsten Stunde verspürte Chung-Nam eine Selbstsicherheit in der Gegenwart von Frauen wie noch nie in seinem Leben. Die Unterhaltung war ziemlich oberflächlich – welche Nachtclubs und Restaurants sie mochten, Klatsch über diesen oder jenen Celebrity, und ab und zu warf Szeto Wai einen amerikanischen Witz in die Runde – es waren die Reaktionen der beiden, die ihm gefielen. Ihm war klar, dass er nichts Interessantes zu sagen hatte, trotzdem sahen sie ihn fasziniert an und lächelten ihm zu, die Augen glänzend vor Bewunderung. Wäre er allein gewesen, hätte das Gespräch wahrscheinlich nach spätestens zehn Minuten in betretenem Schweigen geendet, aber Szeto Wai war ein wahrer Meister des Small Talks.

Nach kurzer Zeit war die Atmosphäre zwischen ihnen so entspannt, dass man sie für alte Freunde hätte halten können.

»Ich kenne da einen erstaunlich treffsicheren psychologischen Test. Lust, ihn auszuprobieren?«

Sobald es etwas ruhiger am Tisch wurde, zog Szeto Wai das nächste Ass aus dem Ärmel, um die beiden Frauen wieder ins Gespräch zu verwickeln. Dabei konzentrierte er sich vor allem auf Talya und überließ Chung-Nam offenbar bereitwillig das Feld, um mit Zoe zu flirten.

»Blau? Das bedeutet, Sie sind wahrscheinlich nicht allzu beliebt«, sagte Szeto Wai zu Zoe. Bei dem Test war es um Farben gegangen.

»Es gibt verschiedene Blautöne«, sprang Chung-Nam ihr zur Seite. »Sie hatten mit Sicherheit Hellblau im Sinn, so blass, dass es fast weiß wirkt.« Talya hatte sich für Weiß entschieden, woraufhin Szeto Wai sagte, sie wäre gut im Umgang mit anderen.

Obwohl Zoe lachte, hatte Chung-Nam das Gefühl, nicht wirklich mit ihr auf einer Wellenlänge zu sein. Dabei gefiel sie ihm immer besser. Abgesehen davon, dass sie äußerlich absolut seinem Geschmack entsprach, war sie entspannt und hatte gute Manieren. In ihm regte sich ein echtes Gefühl. Ob er sich mehr Mühe geben sollte, sie rumzukriegen?

»Ich nehme noch einen«, sagte Talya und leerte ihr Glas. Sie hob den Arm, aber es war inzwischen nach elf, die Bar gut gefüllt, und die Kellnerinnen hatten viel zu tun.

»Ich gehe an die Bar«, sagte Zoe und sprang auf. Chung-Nam sah, dass ihr Glas inzwischen auch leer war.

Der Tresen war von einer Menschenmenge belagert. Zoe hatte Schwierigkeiten, sich bemerkbar zu machen, und quetschte sich nach vorne durch. Während Chung-Nam noch überlegte, ob er ihr helfen sollte, war Szeto Wai bereits aufgestanden, an die Bar gegangen und sprach mit dem Bartender. Kurz darauf kamen sie mit zwei melonengrünen Margaritas an den Tisch zurück.

Chung-Nam hätte sich am liebsten in den Hintern getreten. Als Szeto Wai und Zoe sich wieder setzten, tauschten sie die

Plätze – Szeto Wai hatte sich vorher zwischen Chung-Nam und Talya befunden, jetzt aber saß er zwischen beiden Frauen und schenkte Zoe erheblich mehr Aufmerksamkeit. Sie hatte an der Bar eindeutig Eindruck auf ihn gemacht. Währenddessen versuchte Talya, die jetzt direkt neben Chung-Nam saß, ihm ins Ohr zu flüstern.

»Wow, ›Director of Technology‹. Bist du jemals Steve Jobs oder Bill Gates begegnet?«

Die Stimmung hatte sich eindeutig geändert. Auf den ersten Blick lief die Unterhaltung weiter wie zuvor, aber jetzt warf Zoe Szeto Wai immer wieder bedeutungsvolle Blicke zu und schenkte ihm ihr bezauberndes Lachen, während Talya Chung-Nam immer näher kam und dafür sorgte, dass er guten Einblick in ihren Ausschnitt hatte. Er blieb freundlich, aber die Situation ging ihm auf die Nerven.

»Ich muss langsam nach Hause«, sagte Zoe um kurz vor eins.

»Es ist noch früh«, sagte Chung-Nam in der Hoffnung, sie doch noch zurückzugewinnen.

»Zoe hat es ziemlich weit. Bis sie zu Hause ist, ist es nach zwei«, mischte Talya sich ein.

»Wo müssen Sie hin?«, fragte Szeto Wai.

»Nach Yuen Long.«

»Ich fahre Sie nach Hause.«

»Danke sehr.« Zoe willigte ein, ohne zu zögern. Leichte Röte überzog ihre Wangen. In dem Augenblick kapierte Chung-Nam, dass er seine Chance verpasst hatte. Und daran war ganz allein er selbst schuld.

Szeto Wai stand auf und gab der Kellnerin ein Zeichen. Die nickte und sprach ein paar Anweisungen in ihr Mikrofon. Das galt mit Sicherheit nicht der Rechnung – Szeto Wais Rechnung ging direkt auf seine Kreditkarte –, sondern Egor, damit er den Wagen vorfuhr.

Talya und Zoe begaben sich zum Aufzug. Chung-Nam wollte hinterher, doch Szeto rief ihn zurück.

»Sie haben Ihre Aktentasche vergessen.«

Tatsächlich. Die Aktentasche stand immer noch dort, wo sie

vorhin gesessen hatten. Chung-Nam eilte hinüber, um sie zu holen.

»Danke.«

»Und? Angepisst?«, fragte Szeto Wai plötzlich.

»Wie bitte?«

»Ich habe Ihnen die Frau weggeschnappt.«

»Kein Problem, Mr Szeto. Wenn Zoe Ihnen besser gefällt, mache ich natürlich …«

»Im Grunde ist sie mir ziemlich egal.« Szeto Wai zuckte die Achseln. »Ich wollte Ihnen damit nur klarmachen, dass Ehrgeiz allein nicht reicht. Um Ihre Ziele zu erreichen, müssen Sie die richtigen Strategien einsetzen.«

Chung-Nam erstarrte. Ihm fehlten die Worte.

»Was glauben Sie, weshalb ich Zoe am Anfang ignoriert habe und mit irgendwelchem Psycho-Blödsinn über Unbeliebtheit angekommen bin? Schon mal was von Negging gehört? Ich habe sie absichtlich kleingehalten. Dieselbe Taktik lässt sich auch in der Geschäftswelt anwenden. Wenn Sie Kenneth wirklich als CEO ersetzen wollen, müssen Sie all diese Theorien beherrschen. Heute Abend eine Abfuhr zu kassieren, bedeutet gar nichts – ein Fick ist alles, was Ihnen entgeht. Aber wenn Sie es im Job vermasseln, könnte es sein, dass Sie sich von der Karriere verabschieden müssen, in die Sie so viele Jahre investiert haben.«

»Ka…kapiert.« Also war auch das ein Test gewesen, und Chung-Nam hatte versagt. Er wusste, wie Manipulation funktionierte, und hatte sich im entscheidenden Moment nicht getraut, den Abzug voll durchzuziehen. Außerdem war er sich nicht sicher, dass seine Methoden bei Zoe funktioniert hätten.

»Machen Sie sich nicht allzu viel draus«, sagte Szeto Wai fröhlich. »Talya ist auch ziemlich heiß. Als Notbehelf für heute Nacht nicht die Schlechteste.«

»Als Notbehelf?«

»Einpacken und mit nach Hause nehmen. Talya steht auf Sie. Haben Sie das nicht gemerkt?«

»Die sind doch nicht von dieser Sorte, oder?«

»Habe ich Ihnen nicht gesagt, die sind uns so gut wie sicher?« Szeto Wai grinste verschlagen. »Was Sie tun, ist mir egal, aber ich garantiere Ihnen, dass Zoe es heute Nacht nicht mehr bis nach Hause schafft.«

Auf der Fahrt nach unten zog sich Chung-Nams Herz zusammen. Er kannte Zoe zwar erst seit drei Stunden, aber er konnte nicht glauben, dass sie zu der Sorte Mädchen gehörte, die sofort mit einem Mann ins Bett stiegen, den sie eben erst getroffen hatten. Es kam ihm wie eine Beleidigung vor, sie mit irgendeiner Frau zu vergleichen, die er je kennengelernt hatte.

Als sie auf die Straße traten, wusste er, dass er sich geirrt hatte.

»Das ist Ihr Wagen?«, fragte Zoe. Mit offenen Mündern starrten die beiden Mädchen die rote Corvette an. Sie liefen darauf zu wie kleine Kinder, die soeben einen Süßigkeitenladen entdeckt hatten. Zoes Gesichtsausdruck sagte Chung-Nam, dass seine Göttin nicht mehr war als eine geschmacklose Kreatur, die sich liebend gern für Geld und Status prostituierte und mit Freuden ihren Körper gegen ein kleines Stück vom Glück eintauschte.

Tja, das ist nun mal das wahre Leben, dachte Chung-Nam bitter und belächelte grimmig seine eigene Naivität.

Szeto Wai nahm Egor den Autoschlüssel ab und sagte zu Chung-Nam: »He, wissen Sie noch, als Sie mich fragten, ob ich öfter hier wäre?«

Chung-Nam rief sich den Wortwechsel ins Gedächtnis. Szeto Wai hatte gesagt, er käme her, »wenn er es nötig hatte«.

»Das meinte ich mit ›nötig haben‹.« Szeto Wai sah zu Zoe hinüber, die versuchte, durch die Windschutzscheibe das Wageninnere zu erkennen.

Hilflos musste Chung-Nam mit ansehen, wie Szeto Wai Zoe die Tür aufhielt und sie einsteigen ließ.

»Sorry, dass ich euch nicht mitnehmen kann, ist leider nur ein Zweisitzer«, sagte Szeto durchs geöffnete Fenster. »Wir sehen uns nächste Woche, Charles.«

Der knallrote Sportwagen schoss davon und ließ Chung-

Nam wie einen begossenen Pudel stehen. In diesem Moment schwor er sich, ganz groß rauszukommen, mit ganzen Heerscharen Frauen im Schlepptau, und auf keinen Fall ein Loser zu bleiben, der sich derart abservieren ließ.

»Wollen wir noch wohin?«, fragte Talya. Ihr Gesicht war gerötet und ihr Gang unsicher. Obwohl sie sich klar artikulierte, war sie eindeutig betrunken. Im Anschluss an die Margarita hatte sie noch einen Long Island Iced Tea und einen Negroni getrunken.

Talya offerierte sich wirklich auf dem Silbertablett. Sie war zwar nicht sein Typ, aber er musste unbedingt sein Selbstbewusstsein wiederherstellen. Er würde Mr Szetos Vorschlag beherzigen und sie als »Notbehelf« betrachten.

»Ich habe noch was zu trinken zu Hause«, sagte er. »Wir können auch bei mir weiterfeiern.«

»Okay. Wo ist dein Wagen?«

»Ich … ich bin nicht mit dem Auto da.«

»Ach so.« Ihr Gesicht verfinsterte sich kurz, dann lächelte sie wieder. »Kein Problem. Nehmen wir eben ein Taxi. Taxi!«

Sie fing wild an zu winken, obwohl weit und breit kein Taxi in Sicht war. Chung-Nam fragte sich, ob sie vielleicht noch betrunkener war, als er dachte.

»He, Charles! Was für einen Wagen fährst du eigentlich?«

»Ich habe dir doch gesagt, ich fahre kein Auto.«

»Ja, heute, schon kapiert. Ich meinte, normalerweise.«

»Ich habe kein Auto.«

»Kein Auto?« Auf ihrem Gesicht spiegelte sich blankes Entsetzen. »Dein amerikanischer Kollege Wade fährt einen schicken Flitzer. Dann hast du doch mindestens einen Porsche oder zwei?«

»Mein amerikanischer Kollege? Wir arbeiten nicht für dieselbe Firma. Wir sind eher … Geschäftspartner.« Chung-Nam hatte kurz überlegt, sie anzulügen, aber er hatte schlechte Laune und gestattete seinem Alkoholpegel, die Wahrheit zu sagen.

»Dann bist du gar kein Tech-Direktor eines internationalen Konzerns?«

Jetzt war ihm alles klar. Als Szeto Wai ihn als Kollegen vorstellte, hatte Talya offenbar angenommen, er würde in der hiesigen Filiale einer amerikanischen Firma arbeiten.

»Nein. Es ist eine lokale Firma.«

»Ach, du meine Güte, und ich dachte, du hättest aus Bescheidenheit von einer ganz kleinen Firma gesprochen.« Sie sah ihn ungläubig an, dann wurde sie laut. »Wie viele Mitarbeiter hat die Firma denn? Wie viele Leute hast du unter dir?«, fragte sie mit schriller Stimme.

»Sechs.«

»Was? Nur sechs Untergebene?«, kreischte sie. »Du bist also nur Abteilungsleiter!«

»Nein. Wir sind sechs in der ganzen Firma. Und von denen arbeitet nur einer unter mir.«

Talya sah ihn an, als wäre er ein Hochstapler.

»Arschloch! Nur gut, dass ich nicht von gestern bin, sonst hättest du mich noch ins Bett gekriegt!« Ohne auf vorbeikommende Passanten zu achten, schrie Talya ihn mit ausgestrecktem Zeigefinger an.

»Miese Hure, an einer so ausgemergelten Kuh wie dir habe ich sowieso kein Interesse!« Was sie konnte, konnte er schon lange.

»Penner! Na los, piss auf die Straße und sieh in den Spiegel. Wer würde schon so einen wollen, ohne Geld?«

»Dich würde ich mit der Kneifzange nicht anfassen, selbst wenn du mich bezahlst!«

Der Wortwechsel dauerte kaum eine halbe Minute. Ein Taxi fuhr vorbei, Talya hob die Hand und schleuderte Chung-Nam beim Einsteigen noch ein paar Schimpfwörter an den Kopf.

»Scheiß drauf!« Chung-Nam lief durch Lan Kwai Fong in Richtung Queen's Road Central. Um ihn herum tummelten sich Betrunkene, Playboys und aufreizende Frauen, alle mit einem ganz gewissen Lächeln im Gesicht. Er war der Einzige mit finsterem Blick.

Wenn ich es geschafft habe, groß rauszukommen, wird das Weib sich mir zu Füßen werfen wie eine läufige Hündin, dachte er. Als er die U-Bahn-Station auf der Theatre Lane erreichte, erkannte er, dass Pech nur selten allein kommt. Der letzte Zug war gerade weg, und die Angestellten waren dabei, die Rollgitter herunterzulassen.

Schwer ließ er sich auf die Eingangsstufen sinken und wünschte, er hätte jetzt wen, an dem er seinen Frust auslassen konnte.

Nachdem er sich langsam wieder beruhigt hatte, fasste er in seine Aktentasche und holte das Dokument heraus, das er Szeto Wai vorhin präsentiert hatte. Nur darum ging es. In aller Öffentlichkeit von einer Frau angeschrien und stehen gelassen zu werden, war im Vergleich dazu völlig bedeutungslos.

Als er die Unterlagen wieder wegsteckte, fiel sein Blick auf sein Telefon, und er zog es heraus.

Keine einzige Nachricht. Schnell tippte er eine Nachricht und schickte sie ab. Es war zwar nach ein Uhr morgens, aber er ging davon aus, dass sie noch gelesen wurde.

Er steckte sich das Telefon in die Jackentasche und ging zur Pedder Street hinüber, um auf ein Taxi zu warten. Nicht allzu lange, und er konnte eins anhalten.

»Lung Poon Street, Diamond Hill«, sagte er beim Einsteigen. Der Fahrer nickte feierlich und fuhr los.

Sobald sie unterwegs waren, holte Chung-Nam das Telefon wieder raus. Seine Nachricht war zwar gelesen worden, blieb jedoch unbeantwortet. Die ganze Strecke bis hin zum Tunnel blieb das Telefon stumm. Das war ein bisschen seltsam. Er hatte strikte Anweisung gegeben, auf all seine Nachrichten umgehend zu antworten.

Während er wartete, fiel ihm plötzlich wieder ein, was Hao am Nachmittag zu ihm gesagt hatte; er hatte ihn indirekt einen »Pädo« genannt.

Ohne ersichtlichen Grund regte sich in ihm ein leises Unwohlsein.

2 Violet To schlug die Augen auf, über ihr die stumme weiße Zimmerdecke. Sie drehte den Kopf und sah auf den Wecker. Der kleine Zeiger stand zwischen acht und neun. Eine sanfte Brise blähte den hellblauen Vorhang, und die ersten milden Strahlen Morgenlicht fielen auf ihre Waden.

Wie still, dachte sie.

Weil Sommerferien waren, hatte sie sich keinen Wecker gestellt, sie gönnte es sich, von selbst wach zu werden. Normalerweise wachte sie sowieso vor dem Wecker auf, gestört vom Lärm der Taubenversammlung auf dem Sims der Klimaanlage vor ihrem Fenster. Offensichtlich hatten sie heute ihre Gedanken gelesen und sich das Gurren gespart, um sie in Frieden ausschlafen zu lassen.

In Frieden schlafen. Es war lange her, seit ihr das gelungen war.

In den vergangenen zwei Monaten waren ihre Nerven äußerst angespannt gewesen. Sie hätte nie gedacht, dass Au Siu-Man sich umbringen würde.

Am 5. Mai hatte sie ihr die letzte anonyme Mail geschickt. Als keine Antwort mehr kam, war sie davon ausgegangen, dass sie gewonnen hatte. Wahrscheinlich hatte Siu-Man sämtliche Nachrichten gelöscht und den Kopf in den Sand gesteckt. Aber vor der Wahrheit konnte man sich nicht verstecken. Sie hatte Siu-Man klarmachen wollen, dass Handlungen Konsequenzen nach sich ziehen und die himmlischen Mächte Sterbliche als Waffe verwenden, um den Schuldigen eine Lektion zu erteilen.

Wie hätte sie da ahnen sollen, dass Siu-Man schon nicht mehr auf dieser Welt war?

Als sie online von Siu-Mans Selbstmord erfahren hatte, hatte ihr Verstand ausgesetzt. Das musste eine andere sein, mit gleichem Namen, oder ein Irrtum. Wieder und wieder hatte sie die kurze Nachricht gelesen, während ihr langsam dämmerte, was sie getan hatte. Siu-Man hatte sich wegen ihrer E-Mails umgebracht. Auch wenn Violet sie nicht eigenhändig aus dem Fenster gestoßen hatte, trug sie trotzdem die Schuld.

Ich bin eine Mörderin.

In ihr fingen zwei verfeindete Stimmen an, sich zu bekriegen.

Das ist nicht deine Schuld. Oder hast du ihr etwa die Pistole an den Kopf gehalten und sie gezwungen zu springen?

Hör auf, dich selbst zu belügen. Du hast ihr geschrieben, dass sie sich umbringen soll, und sie hat's getan.

Immer wieder versuchte Violet, sich selbst von der Verantwortung für Siu-Mans Tod freizusprechen, doch jedes Mal siegte ganz allmählich die Stimme der Vernunft über die andere und flüsterte ihr wieder und wieder dieselbe Anklage ins Ohr: *Du bist eine Mörderin.*

Wenn sie dann wieder zu sich kam, kniete sie über der Toilettenschüssel und übergab sich.

Sie hätte nie geahnt, dass das Leben so schwer auf einem Menschen lasten konnte.

An jenem Tag war ihr Vater, genau wie an diesem, mal wieder auf einer Geschäftsreise im Norden gewesen und hatte sie in ihrer riesigen Wohnung allein gelassen. Sie lebten auf dem Broadcast Drive in Kowloon City, in einer der wenigen wirklich noblen Wohngegenden Kowloons. Wie ein Ouroboros hatte der knapp einen Kilometer lange Broadcast Drive seinen Anfangs- und Endpunkt an der Kreuzung Junction und Chuk Yuen Road und malte einen herzförmigen Ausschnitt in den Beacon Hill. Einst hatten sämtliche Radio- und Fernsehsender Hongkongs hier ihren Sitz – die beiden Straßen, welche die Ansiedlung durchschnitten, waren nach den Radiopionieren Marconi und Fessenden benannt –, doch sie waren nach und nach weggezogen. Heute waren nur noch Radio Television Hong Kong (RTHK) und das Commercial Radio Hong Kong übrig sowie jede Menge exorbitant teure Wohnungen. Die Tos wohnten in einem zehnstöckigen Gebäude mit nur zwei Apartments pro Stockwerk und über einhundert Quadratmetern Platz nur für sie beide. Das Wohnzimmer ging auf einen Ostbalkon hinaus, und das Elternschlafzimmer hatte sein eigenes Badezimmer. Von so einem Leben konnten die meisten Angestellten in Hongkong nur träumen.

Doch nach Siu-Mans Tod bekam Violet in der Wohnung das Gefühl, zu ersticken. Sie machte sämtliche Lichter an, dazu Fernseher und Radio, doch all das änderte nichts an der Tatsache, dass sie allein zu Hause war, wo die Angst sie auffraß, und ohne einen einzigen Menschen, mit dem sie reden konnte. Früher hatten sie ein philippinisches Hausmädchen namens Rosalie, die so lange bei ihnen gewesen war, dass sie in Violets Augen zur Familie gehörte. Dann, letztes Jahr im Mai, hatte ihr Vater Rosalie gefeuert, sie durch die Putzkräfte einer Agentur ersetzt und Violet damit noch tiefer in die Isolation getrieben.

An jenem Abend hatte Violet tief Luft geholt und mit zitternden Fingern dem einzigen Menschen auf der Welt, dem sie vertraute, eine Nachricht geschrieben: ihrem Bruder.

Das Weib ist tot!!!!

Klick. Das Geräusch der Wohnungstür riss Violet aus ihren Gedanken. Jeden Morgen um Punkt neun Uhr kam Miss Wong, die Haushaltshilfe, um sauber zu machen. Abends um sechs kam sie noch einmal wieder, um für Violet und ihren Vater das Abendessen zu kochen. Wenn Violet keine Schule hatte, stellte sie ihr außerdem eine Kleinigkeit zu Mittag hin. Fürs Frühstück sorgten sie selbst: Violet machte sich Brot, während ihr Vater noch früher als nötig das Haus verließ und in einem nahe gelegenen Imbiss aß.

Es hatte Zeiten gegeben, als es am To'schen Frühstückstisch noch anders zugegangen war.

Aufs Frühstück hatte Violet sich immer am meisten gefreut. Rosalie war in der Küche beschäftigt, ihr Vater trank Kaffee und sah sich im Fernsehen die Morgennachrichten an, und ihre Mutter beklagte sich über Rosalies Spiegeleier. Es war zwar nie ein Moment großer Familienharmonie gewesen, aber für Violet die einzige Gelegenheit des Tages, mit ihren Eltern an einem Tisch zu sitzen. Ihr Vater war meistens beruflich auf Reisen oder arbeitete lang, und ihre Mutter war häufig außer Haus. Dann, vor sechs Jahren, hatte ihre Mutter einfach eine Nachricht hingelegt, in der stand, sie würde ihren stummen Ehemann verlassen, und war nie wieder nach Hause zurückgekehrt.

Violets Vater war Ingenieur und seit dem College bei derselben großen Baufirma beschäftigt. Er hatte sich ins Management hochgearbeitet und verdiente inzwischen ein respektables Gehalt. Die Wohnung am Broadcast Drive hatte er gekauft, als die Immobilienpreise am Boden waren, seitdem hatte ihr Wert sich vervielfacht. Er war fast fünfzig gewesen, als er heiratete. Violet vermutete, dass ihre Mutter es auf sein Geld abgesehen hatte und sich von ihm trennte, als ihr klar geworden war, dass sich die unglaubliche Monotonie einer Ehe mit einem Workaholic, der niemals sprach, auch durch Wohlstand nicht wettmachen ließ. Stattdessen suchte sie trügerisches Glück in den Armen anderer Männer.

Am seltsamsten war, dass Violets Vater auf das Verschwinden seiner Frau nicht reagiert hatte.

Er wirkte nicht einmal verletzt und ging weiter regelmäßig seiner Arbeit nach wie vorher auch. Nichts in seinem Leben änderte sich. Vielleicht waren ihm Frau und Kind einfach vollkommen unwichtig. Violets Tante, die vor ein paar Jahren gestorben war, hatte Violet einmal erzählt, ihr Vater hätte keinerlei Interesse daran gehabt, zu heiraten, sondern nur dem Wunsch ihrer Mutter nachgegeben.

Aus diesem Grund hegte Violet für ihren Vater äußerst ambivalente Gefühle. Einerseits mangelte es ihr völlig an familiärer Wärme; ihr Vater kam ihr eher vor wie ein Mitbewohner. Andererseits war sie ihm dankbar, weil er ihre materiellen Bedürfnisse erfüllte. Auf dieser Ebene besaß sie mehr als viele andere, auf der emotionalen dagegen ungleich weniger.

Jedes Mal, wenn sie einen Vater mit einem Kind oder eine glückliche Familie sah, stellte sie sich unwillkürlich vor, was für ein vollkommen anderer Mensch sie wäre, wenn sie eine ganz normale Familie hätte.

Nachdem sie im Bad gewesen war, ging sie in die Küche, um sich ein Glas Wasser zu holen. »Guten Morgen«, sagte Miss Wong, die damit beschäftigt war, den Dunstabzug zu reinigen.

»Morgen.«

»Möchtest du ein paar frische Brötchen?«, fragte sie und deutete auf die Plastiktüte auf dem Tisch.

»Nein, es ist noch was von gestern übrig.« Violet nahm sich ein Walnussbrötchen aus dem Kühlschrank und wärmte es in der Mikrowelle auf.

Die Haushaltshilfe freute sich sichtlich über diese Zurschaustellung von Sparsamkeit. Dabei war Violet nicht wirklich besonders tugendhaft – sie wollte nur keinen Cent ihres Vaters mehr ausgeben als nötig. Sie versuchte, ihrer Mutter so unähnlich wie möglich zu sein.

Violet hasste es, wie sich ihr Körper in der Pubertät veränderte. Zu ihrem Entsetzen wurde sie ihrer Mutter bei jedem Blick in den Spiegel ähnlicher. Violets Mutter war eine Schönheit gewesen und wurde noch mit Mitte dreißig ständig von Männern angesprochen, die sie für eine Studentin hielten. Wenn sie lächelte, erschienen bezaubernde Grübchen auf ihren Wangen. Violet hatte diese Grübchen geerbt und auch ihre schimmernden Augen. Sie würde es sich zwar nie eingestehen, aber auch Violet verwandelte sich in eine echte Schönheit. Doch weil ihre treulose Mutter ihrem Ehemann und ihren Kindern nichts als Unglück gebracht hatte, begann Violet ihr Aussehen zu hassen. Sie trug eine große, eckige Brille, die ihr nicht stand, und zügelte ihre Emotionen so sehr, dass man sie so gut wie nie lächeln sah.

»Ein Mädchen in deinem Alter sollte sich ein bisschen zurechtmachen. Schön zu sein, ist keine Schande«, hatte ihr Bruder einmal zu ihr gesagt.

Er war die einzige wirkliche Stütze in ihrem Leben.

Mit einem Glas Wasser und dem Walnussbrötchen ging Violet in ihr Zimmer zurück. Sie versteckte sich oft hier – in dem riesigen Wohnzimmer fühlte sie sich noch einsamer. Auch ihr Zimmer war größer als ganze Wohnungen so mancher Menschen mit geringem Einkommen. Außer ihrem Bett, einem Schrank und dem Schreibtisch gab es noch eine Chaiselongue und einen Couchtisch, wo sie sich bei der Lektüre ihrer geliebten Romane entspannen konnte. Sie stellte das Glas auf dem Schreibtisch ab und räumte ein Buch zurück ins Regal – einen japanischen Kriminalroman, den sie erst gestern herausgesucht hatte. Obwohl sie das Buch schon viele Male gelesen hatte, wollte sie sich das Ende noch einmal genauer ansehen, wegen eines neuen Kommentars auf ihrem Bücherblog.

> Liebe Blogmeisterin, hab gerade dieses Buch zu Ende gelesen und war erschüttert. Hab deshalb online nach Besprechungen gesucht und bin auf deinen Blog gestoßen. Wie gut du schreibst! Hast meine Gefühle total gut zum Ausdruck gebracht. Bin voll fertig wegen den 2 Hauptfiguren, am Ende musste ich heulen. Aber ich verstehe nicht, warum der Typ sich umbringen musste. Okay, wenn er der heimliche Liebhaber von dem Mädchen gewesen wäre oder so, könnte ich's noch verstehen, aber die waren doch kein Paar, oder? Wozu sollte er sein Leben opfern? Als Wiedergutmachung? Er hat doch überhaupt nichts falsch gemacht! Bitte, klär du mich auf, Blogmeisterin. Danke!
> gepostet von Franny, 30/06/2015 20:13

Der Kommentar war eine Reaktion auf ihren Post über einen Roman von Keigo Higashino. Violet war kein besonders großer Fan seiner Werke, trotzdem gehörte diese Geschichte zu ihren Lieblingsbüchern. Sie hatte sich für die Besprechung letztes Jahr im Frühling besonders viel Zeit genommen, und dies war die erste Reaktion seit über einem Jahr. Violets Blog-Traffic war nicht besonders hoch – in Hongkong wurde nicht viel gelesen. Laut Blog-Analyse stammten einige ihrer Leser tatsächlich aus Taiwan. Nach der IP-Adresse war diese Franny ebenfalls Taiwanesin.

Seit sie den Kommentar gestern gelesen hatte, überlegte Violet, wie sie darauf antworten sollte. Sie wollte Franny erklären, dass die beiden Hauptfiguren keine romantische Liebe verband, dass sie auf verschiedenen Ebenen unterwegs waren. Doch das war schwer zu erklären. Es gab Dinge, in denen Violet es überaus genau nahm, und sie würde niemals einfach eine unüberlegte Antwort raushauen. Wenn schon mal jemand auf ihren Blog reagierte, wollte sie auch einen echten Austausch daraus machen.

Während sie auf ihrem Brötchen herumkaute und den Blick über das Bücherregal schweifen ließ, registrierte sie erstaunt, wie friedvoll sie sich fühlte – fast als hätte sie sich in den letzten Tagen gehäutet und mit der alten Schicht sämtlichen Schmerz und all ihre Sorgen abgestreift. Ihre Seele hatte sich erneuert. Vielleicht war dies die Zeit, die Wunden heilte, vielleicht lag es daran, dass Sommerferien waren und sie nicht mehr täglich mit Siu-Mans leerem Stuhl im Klassenzimmer konfrontiert war, vielleicht hatte der Blog-Kommentar sie auch einfach nur abgelenkt. Aber der Hauptgrund für ihre Gelassenheit war bestimmt die Tatsache, dass sie die fehlende Seite von Siu-Mans Abschiedsbrief verbrannt hatte.

Der plötzlich aufgetauchte Brief hatte sie innerlich ins Chaos gestürzt. Während es ihr nach außen hin gelungen war, vor den anderen die Fassung zu wahren, hatte sie innerlich verzweifelt darüber nachgedacht, wie sie mit dieser Bedrohung umgehen sollte. Sie war heilfroh, dass sie so schnell hatte reagieren können, und das hatte sie allein der ständigen Ermutigung durch ihren Bruder zu verdanken. Sie hatte die Situation gemeistert und hatte verhindern können, durch die entscheidende Seite von Siu-Mans Abschiedsbrief entlarvt zu werden. Sie hatte sich nicht getraut, die Stelle zu lesen, doch die Gefahr, dass dort ihr Name stand, war relativ groß gewesen.

Violet hatte mal irgendwo gelesen, dass die Menschen im Zuge der Zivilisationsentwicklung oft äußere Handlungen wie Rituale nutzten, um ihren Gedanken eine neue Richtung zu geben – um sich veränderten sozialen Hierarchien anzupassen oder spirituellen Schutz zu erlangen. Vielleicht war der Akt des Briefverbrennens als Ritual notwendig gewesen, um sich erlöst und befreit zu fühlen.

Als sie neulich ihren Bruder gesehen hatte, hatte er ihr gratuliert, weil sie sich endlich befreit hatte. Ihr war völlig klar, dass Siu-Man ihm ebenfalls ein Dorn im Auge gewesen war. Er hatte sich nur deshalb nichts anmerken lassen, weil er als einzige Stütze für sie stark sein musste.

»Genau, was ich dir schon immer gesagt habe – du musst lernen, egoistischer zu sein. Dir ein dickeres Fell wachsen lassen«, hatte er gesagt. »Wir leben in einer brutalen Gesellschaft, und wer Schwäche zeigt, wird gnadenlos angegriffen. Die Au ist nicht deinetwegen gestorben. Wenn jeder vom Dach springen würde, über den irgendjemand ein paar Sachen geschrieben hat, gäbe es jeden Tag Tausende Selbstmorde. Sie starb, weil sie zu schwach war. Es war für sie die einzige Möglichkeit, dem Druck dieser irrwitzigen Gesellschaft zu entkommen.«

Obwohl seine Logik irgendwie verdreht klang, ging es Violet hinterher besser.

Sie griff nach dem Wasserglas und hätte es versehentlich fast über das Zeugnis gekippt, das sie gestern bekommen hatte. Ihre Noten waren nicht so gut wie sonst – sie war vom dreizehnten auf den siebzehnten Klassenrang abgerutscht –, verständlich, wenn man bedachte, dass sie sich in letzter Zeit kaum noch aufs Lernen konzentrieren konnte. Violet war nicht mehr so versessen auf gute Noten wie früher. Letztes Jahr war sie noch Klassenbeste gewesen, und auch wenn ihre Eltern nie Druck auf sie ausübten, hatte sie selbst sich immer zu harter Arbeit gezwungen – in dem Irrglauben, wenn sie nur gut genug in der Schule wäre, würden ihre Eltern sich vielleicht doch für sie interessieren. Sie ging noch auf die Grundschule, als ihre Mutter die Familie verließ, und Violet hatte sich früher eingeredet, sie würde zurückkommen, wenn sie es nur einmal schaffte, Klassenbeste zu sein. Selbst als sie schließlich alt genug war, um zu erkennen, dass dies reines Wunschdenken war, konnte sie von ihrem Ehrgeiz nicht ablassen. Der Druck, dem sie sich aussetzte, fraß sie von innen auf. Manchmal bekam sie kaum noch Luft.

Ihr Bruder war es schließlich, der ihr dabei half, ihre Denkmuster zu verändern und sich die Erlaubnis zu geben, loszulassen.

Nachdem sie endgültig zur Vernunft gekommen war, empfand Violet Dankbarkeit, dass sie ihren Eltern im Gegensatz zu ihren Klassenkameraden keinerlei Rechenschaft schuldig war. Ihr Vater benahm sich völlig indifferent – weder belohnte er sie für gute Leistungen, noch schalt er sie für schlechte. Er war inzwischen seit zwei Tagen auf Geschäftsreise und hatte noch kein einziges Mal angerufen.

Pling. In dem Moment, als Violet an ihren Vater dachte, poppte auf ihrem Smartphone eine Benachrichtigung auf:

> Erinnerung der Schulbücherei der Enoch Secondary School. Folgende Medien sind in drei Tagen fällig. &#65297, &#65299, &#65294, &#65302, &#65303. Für weitere Informationen oder Leihfristverlängerung gehe auf http://www.enochss.edu.hk/lib/q?s=71926

Das war seltsam. Die Bücherei war in den Sommerferien geschlossen, und das System dürfte eigentlich keine Benachrichtigungen verschicken. Außerdem wusste sie, dass sie keine offenen Ausleihen mehr hatte. Noch seltsamer war, dass die Benachrichtigung zwar ganz normal aussah, aber anstelle von Buchtiteln irgendwelche unsinnigen Zeichen-Zahlen-Kombinationen aufwies. Da stimmte was nicht. Sie klickte auf den Link, und auf ihrem Telefon öffnete sich ein Browser-Fenster, ohne dass sich etwas lud. Erst ungefähr zwanzig Sekunden später fand sie sich auf der Homepage der Schule wieder.

Ob der IT-Provider Wartungsarbeiten ausführte? Sie hatte gehört, dass wegen einer Computerpanne keine Zeugnisvergabe hätte stattfinden können, wäre es den Lehrern nicht gelungen, alle Daten noch einmal einzugeben.

Sie klickte sich durch bis zur Büchereiseite und loggte sich ein. Natürlich war ihr Ausleihregister leer. Als Nächstes ging sie in den Schulchatroom, um herauszufinden, ob noch jemand betroffen war. Es gab einen Bücherei-Chat, auch wenn dort nur selten was los war. Sie entdeckte tatsächlich einen Thread zum Thema.

Thema: Ausleihe Hat noch wer ne komische Info bekommen?

Er war am Vorabend eröffnet worden und hatte bereits vier Beiträge von Leuten, die genau wie sie seltsame Benachrichtigungen erhalten hatten. Daraufhin hörte Violet auf, sich Sorgen zu machen. Sie beschloss, ihren Tag mit einem Ausflug in die Mall am nahe gelegenen Lok Fu Place zu beginnen, um sich ein paar neue Bücher zu kaufen. Ehe sie das Telefon weglegte, klickte sie aus Gewohnheit auf »Rückkehr zum Hauptmenü«. Nur deshalb las sie aus reinem Zufall eine Überschrift. »Was gestern passiert ist.« Violet erschrak.

Obwohl sich daraus kaum etwas ablesen ließ, spürte sie, wie sich vor Angst ihre Brust zusammenzog, während sie nervös den zughörigen Thread aufklappte.

Gruppe: Bücherei
Von: WongKwongTak2 (Ham Tak)
Betr.: chat Was gestern passiert ist
Datum: 30. Juni, 2015 21:14:13

Hab gehört, gestern gegen Mittag hätte es in der Bücherei einen kleinen Vorfall gegeben.
Irgendwas wegen Der Sache in der 3B. Hat jemand was mitbekommen?

Das war alles. Violet vermutete einen klatschsüchtigen Mitschüler, der Wind von der Sache in der Bücherei bekommen hatte und auf diesem Weg versuchte, mehr zu erfahren. Posts wie dieser wurden normalerweise von den Moderatoren ziemlich schnell wieder gelöscht, aber vielleicht verzögerte sich der

Prozess durch die Wartungsarbeiten, vielleicht war er auch einfach noch nicht entdeckt worden. Jedenfalls war er lange genug online, um eine Diskussion in Gang zu bringen.

- Ich dachte, wir dürfen nicht über Die Sache reden?
- Du nun wieder, Ham Tak! XD
- Wir haben ein Recht auf Information! Die Lehrer können uns nicht ständig im Dunkeln lassen.
- Hast du keine Angst vor Ärger? Die könnten dich sogar in den Ferien nachsitzen lassen
- Ein Hoch auf die Redefreiheit! (Bitte, bitte, nicht nachsitzen)
- Komisch, dass die Mods noch nichts gelöscht haben.

Die Diskussionsgruppen wurden normalerweise von Vertrauensschülern moderiert, nur waren für diese die Büchereilehrer zuständig, und Erwachsene waren nun mal tendenziell langsamer, wenn es darum ging, im Netz Dinge zu erledigen. Eilig überflog Violet die einzelnen Kommentare, und gerade als sie zu hoffen wagte, ihre Sorge könnte umsonst gewesen sein, kam sie zu einem längeren Beitrag am Ende der Seite.

Von: LamKamHon (Boss Hon)
Betr.: Re: chat Was gestern passiert ist
Datum: 1. Juli 2015 01:00:48

Ich war an dem Tag dabei. Der Schachclub musste die Flyer für die Sommerkurse drucken – wir haben die ganze Nummer mitgekriegt. Ich weiß zwar nicht genau, was abging, jedenfalls hat die Familie von ihr wisst schon wem in der Bücherei ihren Abschiedsbrief gefunden. Ich hab einen Blick drauf geworfen. Echt krass. Sah ganz so aus, als würde sie jemandem von der Schule Vorwürfe machen. Ich will lieber nicht wissen, ob ihr Selbstmord am Ende eine Anklage war.
Ich will hier bestimmt nicht gegen die Regeln verstoßen, aber nachdem dies die Wahrheit ist (die ich mit eigenen Augen gesehen habe), ist es sicher besser, es hier offen auszusprechen,

anstatt irgendwelche Gerüchte in die Welt zu setzen. Falls Miss Yuen eine offizielle Stellungnahme mit weiteren Infos veröffentlicht, umso besser.
Außerdem wette ich, dass dieser Post sowieso bald gelöscht wird.

Violet holte scharf Luft. Sie hatte gedacht, der Sache mit der Vernichtung der fehlenden Seite ein Ende zu setzen, und plötzlich gab es Komplikationen. Sie kannte den Vorsitzenden des Schachclubs vom Sehen, und er war an dem Tag tatsächlich dabei gewesen. Er war an der Schule ziemlich hoch angesehen, hatte einige Schachturniere gewonnen, von seinen exzellenten Prüfungsergebnissen ganz abgesehen. Seine Popularität bedeutete, dass die anderen Schülerinnen und Schüler seiner Version der Ereignisse mit Sicherheit glauben würden.

Wenn es zu viele wurden, die ihm glaubten, wäre sie in Schwierigkeiten.

Nach den ganzen Mühen, die sie auf sich genommen hatte, um die belastende Seite verschwinden zu lassen, machte jetzt das Gerücht die Runde, der Verantwortliche könnte jemand aus Siu-Mans Klasse sein. Ihr zog sich vor Angst der Magen zusammen, und sie hatte das Gefühl, jeden Moment ihr Frühstück wieder von sich geben zu müssen. Augenblicklich ging sie auf Line, klickte das Profil ihres Bruder an und fing an zu schreiben:

Schlechte Nachrichten, jemand hat im Schulchat was über den

Doch sie schrieb den Satz nicht zu Ende. Ihre Daumen schwebten über dem Bildschirm, während sie sich fragte, ob sie ihm tatsächlich davon erzählen sollte. Er hatte erwähnt, dass seine Firma momentan mit einem Großkunden beschäftigt sei und er, wenn alles gut ging, mit einer Beförderung und mehr Geld rechnen könne. Sie hatte ihm nicht richtig zugehört – eigentlich hatte sie nur mitbekommen, dass er eine Zeit lang ziemlich viel zu tun haben würde. Vielleicht wäre es besser, ihn mit ihren Sorgen nicht auch noch zu belasten.

Im Grunde ist es keine große Sache, dachte sie. Sie wusste, dass er sich in den Schulchat hacken und sich mit Administratorenrechten ausstatten konnte. Deshalb wollte sie ihn eigentlich bitten, die Posts zu löschen. Doch als sie sich wieder etwas beruhigt hatte, wurde ihr klar, dass diese Situation anders war. Es gab keinen Grund, sich reinzusteigern. Siu-Mans Anschuldigungen waren nichts weiter als Worte auf einem Stück Papier. Selbst wenn Violets Name ans Licht kommen würde, gab es keine Beweise, die sie mit Siu-Mans Tod in Verbindung brachten. Dank allem, was ihr Bruder ihr beigebracht hatte, wusste sie, dass es keine Möglichkeit gab, diese Mails zu ihr zurückzuverfolgen. Lily Shu war viel verdächtiger als sie – in ihrer Klasse gab es jede Menge Leute, die wussten, weshalb Lily und Siu-Man keine Freundinnen mehr waren. Jeder normale Mensch würde denken, Siu-Man hätte sich wegen dieser Dreiecksgeschichte umgebracht. Wer würde je auf die Idee kommen, dass in Wirklichkeit Violet dahintersteckte?

Der Gedanke funktionierte wie ein Überdruckventil: In ihr wurde es wieder ruhig. Sie klappte das Laptop auf und loggte sich in ihren Blog ein, um Frannys Frage zu beantworten. Beim Tippen überlegte sie, ob sie lieber vor oder nach dem Mittagessen in den Buchladen gehen sollte. Lesen würde helfen, ihre Nerven zu beruhigen.

Und so verging der erste Tag der Sommerferien für Violet doch noch friedlich.

Sie hatte keine Ahnung, dass ihr diese »Komplikationen« bereits am nächsten Tag um die Ohren fliegen würden.

Von: ChuKaiLing (Ling Ling Chu)
Betr.: Re: chat Was gestern passiert ist
Datum: 2. Juli 2015 03:14:57
Schaut mal auf Popcorn rein! Da wurde was zu Der Sache gepostet!
http://forum.hkpopcrn.com/view?article=9818234&type=OA

Am nächsten Morgen schaltete Violet den Computer an und loggte sich noch einmal im Schulchat ein, um nachzusehen, ob die Moderatoren den Thread inzwischen gelöscht hatten. Nicht nur, dass er immer noch da war; ganz unten stand ein Post, der sie zutiefst erschreckte. Mit zitternden Fingern klickte sie den Link an, und es öffnete sich ein neuer Tab. Links oben war das vertraute Popcorn-Logo zu sehen.

GEPOSTET VON superconan AM 01.07.2015, 23:44
Wer steckt hinter Teenie(15)-Selbstmord?
Ich, SuperConan, Prince of Popcorn und Tastenkrieger, hab wieder mal hochexplosiven Stoff für euch. Die Bombe des Tages handelt von dem Kult-Post von vor drei Monaten, »Vierzehnjährige Schlampe ist schuld, dass mein Onkel in den Knast gewandert ist!!!«. Ihr erinnert euch? Das saßen wir doch alle feixend und Popcorn mampfend vor dem Rechner, oder? Aber was ging damals eigentlich hinter den Kulissen ab? Die Vergesslichen unter euch mögen ihre grauen Zellen gerne hier ein bisschen auffrischen:

http://forum.hkpopcrn.com/view?article=739912om

Nachdem dieser Vorwurf im Netz aufgetaucht war, erhob sich ein Mob sozial gesinnter Popcorner für die Gerechtigkeit und ging wie eine herabkrachende Felswand auf die Vierzehnjährige nieder, die einen unschuldigen Ladenbesitzer aus Rache hinter Gitter gebracht hatte. Man rottete sich zusammen, zerrte ihren Klarnamen samt Adresse ans Licht, natürlich inklusive offiziellem Schülerfoto, und all das im Namen der Rechtschaffenheit und zur Ächtung gröbsten Fehlverhaltens. Bis das kleine Monster schließlich aus dem Fenster sprang und seinem erbärmlichen Leben ein Ende machte. Wieder mal haben Popcorner die Welt gerettet! Gut gemacht! Gut gemacht, wir alle!

Ha! Kann es sein, dass viele von euch da draußen Zweifel haben und sich nicht trauen, sie auszusprechen? Also will ich, SuperConan, eines der acht Popcorn-Wunder, die Wahrheit sagen, die ihr nicht auszusprechen wagt.

Ihr. Seid. Mörder. Alle.

Ich, SuperConan, habe selbst oft genug Lunte gelegt, habe ungezählte Shitstorms befeuert und habe bei Gott selbst genug Hater, aber nie, nie, niemals habe ich auf jemanden eingetreten, der schon am Boden lag. Die Leute, die krakeelend nach Gerechtigkeit schreien, sind immer totale Arschlöcher, niemals Helden. Ich werde jetzt keine Namen nennen, die Popcorn-Community weiß mit Sicherheit selbst nur zu gut, wer von euch mit Hand angelegt hat, um dieses Mädchen aus dem Fenster zu stoßen. Völlig egal, ob der Ladenbesitzer unschuldig war oder nicht. Selbst wenn ihm unrecht getan wurde, rechtfertigt das tatsächlich ein Todesurteil?

Egal. Schwamm drüber. Ich bin nicht gekommen, um euch Schuldgefühle zu machen. Ich bin gekommen, um Faktenbomben zu werfen.

Erstens, bitte hier klicken: http://forum.hkpopcrn.com/user?id=66192614

Das ist die Homepage des geschätzten Popcorners, der »Vierzehnjährige Schlampe ist schuld« verfasst hat, Mr kidkit727 (oder vermutlich eher Ms kidkit727). Wie ihr sehen könnt, hat Mr oder Ms K exakt einen einzigen Post abgesetzt, null Komma null Kommentare geschrieben und sich zum allerersten Mal am 10. April bei uns eingeloggt. Letztes Log-in? Ebenfalls 10. April. Daran ist nichts verkehrt, warum auch? Vielleicht hat er oder sie sich einen anonymen Fake-Account eingerichtet, um den lieben Onkel zu verteidigen. Aber sich nach so einem Rant sofort wieder aus der Diskussion zu verabschieden? Und sich nie wieder einzuloggen? Nicht weiter dabei zu helfen, die kleine Schlampe fertigzumachen? Kommt mir schon seltsam vor. Sogar ich mit meinen SuperConan-Kräften konnte im ganzen weiten World Wide Web nichts zu kidkit727 finden. Nix. Nada. Niente. Keine E-Mail-Adresse, kein Facebook-Profil, nichts auf Weibo. Niemand, der die Popcorn-Armee hinter sich versammeln will, würde so geheimnisvoll tun. Öl ins Feuer zu gießen, würde viel mehr Sinn machen. Was mich zu der Frage bringt: Haben wir's vielleicht mit Catfishing zu tun?

Was ich damit sagen will, vielleicht seid ihr gar keine Mörder. Vielleicht seid ihr einfach nur Idioten, die einem Mörder die Arbeit abgenommen haben.

Jetzt sagt ihr sicher wieder, ich rede Müll?

SuperConan ist selbstverständlich in der Lage, seine Worte zu belegen. Gestern habe ich eine PM mit einem Insidertipp bekommen. Erinnert ihr euch noch, dass K den Mann im Knast als »Onkel« bezeichnet hat? Tja. Ratet mal. Der Typ hat weder Brüder noch Schwestern, ebenso wenig wie seine Frau. Wo, bitte sehr, kommt also dieser Neffe respektive diese Nichte her? Meine Quelle ist zuverlässig, aber ich bin mir ganz sicher, ihr Popcorner habt eure Möglichkeiten, das zu überprüfen.

Wenn K, wer immer dahintersteckt, gar nicht mit dem Typen, der in den Knast wanderte, verwandt ist, fragt sich, wozu ein Post von mehr als 1000 Wörtern? Um einen Fremden zu verteidigen? Oder steckt vielleicht doch ein anderes Motiv dahinter?

Na? Wie geht es euch damit, ihr lieben, klugen Popcorner? WIE GEHT ES EUCH DAMIT?

Violet lief es beim Lesen eiskalt den Rücken hinunter. Dieser SuperConan war offensichtlich Stammgast auf Popcorn – das Internet war voll von solchen Idioten, die den lieben langen Tag in allen möglichen Foren ihren Senf dazugaben, als bestünde der Sinn ihres Lebens allein darin, sich im Netz mit Fremden rumzustreiten. Auch wenn dieser Post nach sinnlosem Sarkasmus klang, war Violet klar, auf wen er abzielte – vor allem durch die Erwähnung des kleinen Details, dass Shiu Tak-Ping gar keinen Neffen hatte.

Als sie und ihr Bruder den Plan ausgeheckt hatten, Siu-Man den Cybermob auf den Hals zu hetzen, hatten sie unter anderem diskutiert, hinter welcher Identität sie sich verstecken sollten. Weil Violet den Praktikanten von Martin Tong ausgehorcht hatte, wusste sie zwar, dass Siu Tak-Ping weder Nichten noch Neffen hatte, aber ihr Bruder war der Meinung, das sei besser, als sich hinter jemandem zu verstecken, den es tatsächlich gab.

»Denk nach, Vi. Wenn wir als seine Frau oder irgendein Freund von ihm posten, meldet sich vielleicht die echte Person, und dann fliegt die ganze Sache auf«, hatte er gesagt. »Es ist wichtig, dass sich die Leute mit dem Poster identifizieren. Ein Familienmitglied ist viel überzeugender als ein Klassenkamerad oder ein Freund. Indem wir einen Neffen erfinden, gehen wir zwar ein Risiko ein, aber ich wette, dass die Shius sich nicht dazu äußern werden, vor allem nicht, solange Tak-Ping im Gefängnis sitzt. Weder seine Frau noch seine Mutter werden so dumm sein, den Reportern noch mehr Redestoff zu liefern.«

»Warum?«

»Weil es Shiu Tak-Ping nicht helfen würde. Er hat nicht mal versucht, sich zu verteidigen, sondern einfach auf ›schuldig‹ plädiert. Den Fall jetzt noch mal aufzurollen, würde der Familie nur schaden.«

»Was, wenn ein anderer, der die Familienverhältnisse kennt, Identität und Motiv des Posters anzweifelt?«

»Wir posten den Beitrag und tauchen wieder ab. Selbst wenn die Presse versuchen würde, uns aufzuspüren, könnten sie es nicht. Und falls Shiu Tak-Ping sich tatsächlich zu dem Post äußert und sagt, dass er den Verfasser nicht kennt, würde das lediglich einen Rashomon-Effekt bewirken und jede Menge widersprüchliche Aussagen nach sich ziehen. Für uns ergibt sich kein Nachteil. Zumindest hätten wir dann den Funken gezündet. Weißt du noch, wie unser Ziel lautet?«

»Ja. Siu-Man eliminieren.«

Damals hatte das, was er gesagt hatte, vernünftig geklungen. Jetzt wurde ihr klar, dass sie einen entscheidenden Punkt übersehen hatten. Nach Siu-Mans Tod hatte sich alles geändert.

Violet zwang ihre Gedanken zu SuperConans Post zurück. Er schrieb, jemand hätte ihm eine persönliche Nachricht geschickt – konnte das auch jemand aus der Bücherei gewesen sein? Sie hatte geglaubt, dass Shiu Tak-Ping niemanden von ihrer Schule kannte, aber dass der Beitrag ausgerechnet ein paar Tage nach dem Auftauchen von Siu-Mans Abschiedsbrief gepostet wurde, konnte eigentlich kein Zufall sein. Sie versuchte, ihre Panik unter Kontrolle zu halten und sich verschiedene Szenarien vorzustellen. War es möglich, dass der Informant von Anfang an gewusst hatte, dass es keinen Neffen gab, die Info aber damals für sich behalten hatte und erst jetzt auf die Idee gekommen war, es öffentlich zu machen, weil der Abschiedsbrief aufgetaucht war – und sich deshalb an SuperConan gewandt hatte?

Nein, das kam ihr irgendwie unlogisch vor, obwohl sie nicht sagen konnte, weshalb.

Nach kurzem Zögern griff sie zum Telefon und fing an zu tippen.

> Schau bei Popcorn rein! Da wühlt jemand rum! Was machen wir jetzt?
> http://forum.hkpopcrn.com/view?article=9818234&type=OA

Sie hasste es, ihren Bruder bei der Arbeit zu stören, aber er war der Einzige, an den sie sich wenden konnte.

Nachdem sie die Nachricht abgeschickt hatte, saß sie da wie erstarrt, die Augen fest auf ihr Telefon gerichtet, und wartete auf eine Antwort. Sie wusste, dass er oft zu viel zu tun hatte, und betete darum, dass er einen Moment finden würde, um ihre Nachricht zu lesen. Eine Minute später fehlte die Lesebestätigung immer noch. Frustriert wandte sie sich wieder ihrem Laptop zu, auf dem immer noch die Popcorn-Seite geöffnet war, checkte aber alle zehn Sekunden ihr Telefon.

Fünf Minuten später erschien endlich die Lesebestätigung. Violet umklammerte ihr Telefon und wartete verzweifelt auf eine Antwort ihres Bruders. Ihre linke Hand hatte sich zur Faust verkrampft, und sie merkte nicht mal, dass sie blutete, weil die Nägel sich so tief in ihr Fleisch gegraben hatten. Es dauerte weitere fünf qualvolle Minuten, dann kam endlich seine Antwort:

mach dir keine sorgen das ist nur irgendein idiot

Eilig schrieb Violet zurück:

Der weiß, dass es keinen Neffen gibt!

Sie schickte die Nachricht ab und machte sich auf die nächste qualvolle Warterei gefasst, aber er antwortete schon nach einer halben Minute:

wirklich mach dir keine sorgen
dem knallkopf glaubt doch keiner
lies die kommentare

SuperConans Post hatte nur zwei Kommentare. Der eine empfahl ihm mit einer ganzen Reihe blumiger Schimpfworte, einfach die Klappe zu halten – vielleicht war das einer der Hater, die SuperConan erwähnt hatte –, der andere bestand lediglich aus einem schmerzverzerrt lächelnden Emoji, was heißen sollte, dass nur ein Idiot diesen Schwachsinn glauben würde. Ihr Bruder war schon ewig auf Popcorn, wahrscheinlich kannte er den Namen. Offensichtlich ignorierten die meisten Nutzer SuperConan einfach. Trotzdem wollte sich ein Gefühl der Erleichterung nicht einstellen.

Können wir uns heute Abend sehen?

Sie trafen sich normalerweise nur ein Mal in der Woche, aber die Situation war ernst. Besser, sie fassten einen Plan für das Worst-Case-Szenario.

sorry kann nicht, muss überstunden machen
total viel zu tun, am wochenende muss ich auch arbeiten

Sie fühlte sich verzagt. Ihre Angst machte sie schwach. Noch vor Kurzem hatte ihr Bruder sie für ihre Ruhe bewundert, und jetzt saß sie hier, zum Zerreißen gespannt. Sie wurde in tosender See hin und her geworfen und klammerte sich an ihn wie an ein Stück Treibholz. Schnell tippte sie ein paar Worte, um zu zeigen, dass sie Verständnis für seine Lage hatte, und beendete die Konversation, damit er endlich zurück an die Arbeit konnte. Er schuftete nicht nur für Geld, sondern um etwas aus sich zu machen.

»Ich hole dich da raus, bevor du mit der Schule fertig bist, Vi.«

So lautete das Versprechen, das er ihr gegeben hatte.

»Ich kann dir zwar keine Luxuswohnung bieten, wie der Typ, und auch kein Hausmädchen, das hinter dir herräumt, aber dafür garantiere ich dir ein glückliches Leben.«

Violet wusste nicht mehr, was sie darauf geantwortet hatte, nur, wie gerührt sie damals gewesen war.

Sie war nicht mehr allein auf dieser Welt.

Trotz ihrer Zweifel versuchte Violet, sich einzureden, dass auch dieses Hindernis sich bald wieder in Luft aufgelöst hätte. Auf Popcorn erschienen jeden Tag Hunderte von Posts, und unpopuläre Threads rutschten gemäß den ökonomischen Gesetzmäßigkeiten von Chat-Plattformen schnell außer Sichtweite: Die Reichen werden reicher, und die Armen werden ärmer. Schon möglich, dass SuperConan ein Popcorn-Veteran war, aber offensichtlich hielten die anderen Nutzer nichts von ihm. Wenn sein Post weiter ignoriert wurde, landete er bald in der Versenkung.

Aber sicher sein, dass das passierte, konnte Violet nicht.

Sie versuchte, die Sache zu verdrängen und sich endlich in den neuesten Jeffery-Deaver-Thriller zu vertiefen, auf den sie sich so gefreut hatte. Doch sie konnte sich kaum konzentrieren.

Abends saß Violet stumm vor ihrem Teller am Esstisch. »Schmeckt es dir nicht?«, fragte Miss Wong, die sich zum Gehen bereit machte. Anders als in den meisten Wohnungen in Hongkong war in dieser sogar Platz für eine Spülmaschine, weshalb sie nicht bleiben musste, um den Abwasch zu erledigen.

»Was? Nein, alles gut.« Violet hatte gar nicht gemerkt, dass sie den Teller angestarrt hatte. Vor ihr lag eine frisch frittierte Makrele, gedämpfter Brokkoli und Fleisch, daneben eine Schale Suppe aus Wintermelone, Mais und Schweinerippchen. Diese Mahlzeit hätte gut auch in einem Restaurant serviert werden können.

»Du hast den Fisch nicht angerührt, deshalb dachte ich, es stimmt was nicht.« Miss Wong lachte. »Sonst isst du immer zuerst den Fisch.«

»Nein, alles gut. Ich bin nur gerade in Gedanken.« Violet zwang sich zu einem Lächeln.

Sie war den ganzen Abend kribbelig gewesen. Immer wieder hatte sie das Buch weggelegt und war zurück an den Computer gegangen, um nachzusehen, ob SuperConans Post neue Kommentare hatte. Sie seufzte jedes Mal erleichtert, wenn sie sah, dass der Post von der Startseite verschwunden war, aber sobald jemand doch etwas schrieb wie »SuperConan mal wieder«, sprang der Thread wieder zurück nach oben. Sie reagierte jedes Mal mit Herzrasen. Sie hatte gedacht, man würde ihr die Nervosität nicht anmerken, aber sogar Miss Wong war etwas aufgefallen.

Am nächsten Morgen wurde Violet vom Geräusch des Staubsaugers im Wohnzimmer geweckt. Sie sah auf die Uhr – es war schon zehn. Sie wusste nicht, wann sie letzte Nacht eingeschlafen war, nur, dass sie sich noch lange im Bett hin und her gewälzt hatte. Sofort waren die Schuldgefühle wieder da. Was, wenn noch ein Popcorner sich plötzlich wieder in den Fall verbiss und nicht wieder loslassen wollte? Sie wusste genau, wie so was lief – Cybermobbing und die Menschenfleischsuchmaschine.

Sie griff nach ihrem Telefon, in der Hoffnung, dass ihr Bruder sich auf dem Weg zur Arbeit gemeldet hatte, doch da war gar nichts. Nicht mal Spams. Sie zögerte, dann nahm sie allen Mut zusammen, öffnete den Internetbrowser und klickte erst auf das Schulchatforum und dort auf den Büchereibereich. Als sie den Inhalt der Seite überflogen hatte, wurde Violet ein bisschen ruhiger – der Post von Ham Tak war verschwunden. Die Moderatoren hatten ihn offenbar endlich gelöscht. Mit einem vorsichtig hoffnungsvollen Gefühl öffnete sie die Lesezeichen und ging auf die Popcorn-Seite. Wie weit der Post von SuperConan wohl inzwischen zurückgefallen war – zehn Seiten? Doch was sie dann sah, war schlimmer als alles, was sie je erwartet hätte.

GEPOSTET VON zerocool AM 3.7.2015, 01:56
Re: Wer steckt hinter Teenie(15)-Selbstmord?
Ich habe lange überlegt, ob ich das hier posten soll. Ist etwas länger geworden, sorry.

Ich bin schon ewig auf Popcorn unterwegs, aber ich benutze einen Fake-Account. Bitte versucht nicht, rauszufinden, wer ich bin. Ich habe meine Gründe.

Mein Job ist ein bisschen ungewöhnlich. Die Jobbeschreibung lautet »Berater für Datensicherheit«. Klingt toll, heißt aber nur, dass ich Hacker bin. Versteht mich nicht falsch, ich tue nichts Illegales. Die Leute holen mich, damit ich mich in ihre Systeme hacke und ihnen die Schwachstellen aufzeige. Mit anderen Worten, ich bin ein White-Hat. Das ist genau wie bei der Bank, die einen Schlosser beauftragt, um rauszukriegen, ob man ihren Tresor knacken kann.

Normalerweise wäre es also kein Ding, das öffentlich zuzugeben, aber jetzt kommt der Grund, weshalb ich inkognito bleibe: Bei dem, was ich tue, muss ich mich in ... na ja, fragwürdige Bereiche des Internets begeben. Ich treibe mich oft auf P2P-Sharing-Plattformen rum, auch wenn ich im Gegensatz zu den meisten Leuten dort weder Filme noch Musik raubkopiere. Mich interessiert nur, welche Art von privaten Daten über diese Websites laufen. Telekommunikationsfirmen könnten zum Beispiel versehentlich Kundendaten leaken, Ministerien könnten ganze Dokumente abhandenkommen und so weiter. Ich habe die Daten, an die ich auf diese Weise rangekommen bin, noch nie verwendet, aber schon allein das Eingeständnis, dass sie sich in meinem Besitz befinden, würde mich vor Gericht bringen.

Als ich letzten Monat mit PD – einer bestimmten Filesharing-Software – gearbeitet habe, stieß ich auf einen beschädigten Ordner, der von einer fremden Festplatte stammte. Ich verrate jetzt nicht, was für ein Ordner (damit ihr nicht anfangt zu suchen), jedenfalls ist es mir gelungen, die Sperre zu umgehen und den Ordner zu öffnen. Darin befand sich ein Haufen persönlicher Informationen. Sah aus, als hätte jemand versehentlich eine Version von PD mit, sagen wir, zusätzlichen Bestandteilen installiert und wäre beklaut worden. Im Netz gibt es jede Menge manipulierte Softwareprogramme – die bauen sich quasi eine Hintertür in euren Rechner und klauen eure Dateien, ohne dass ihr irgendwas davon mitbekommt.

Als ich sah, dass die Daten alle von Privatcomputern stammten, ignorierte ich sie – ich interessiere mich nicht für die Geheimnisse fremder Leute. (Außerdem kommen mir solche Dateien sowieso ständig vor die Nase.) Aber dann erinnerte mich SCs Post an was, und ich ging die Dateien aus dem Ordner noch mal durch. Was ich dort fand, hat mich echt schockiert.

Bei einer der Dateien aus dem Ordner handelte es sich um eine Textdatei mit dem exakten Wortlaut des Originalposts vom April, ihr wisst schon, der »Vierzehnjährige Schlampe«-Post von K. Zuerst dachte ich, jemand hätte sich den Post von Popcorn runtergeladen, aber dann sah ich genauer hin.

Ks Post erschien am 10. April, und die Datei aus dem Ordner wurde am 9. April angelegt. Also war der Popcorn-Beitrag vielleicht ein Re-Post? Aber ich habe im Netz gesucht, und der Text tauchte tatsächlich zum ersten Mal am 10. April in Popcorn auf. Was ich damit sagen will: Die Datei stammt eventuell von Ks Festplatte.

SC schreibt, vielleicht hätte K der Selbstmörderin schaden wollen. Ich war mir nicht sicher, ob ich damit an die Öffentlichkeit gehen soll, aber dann dachte ich, es ist jemand gestorben und ich habe die Pflicht, zu sagen, was ich weiß.

Deshalb der Fake-Account. Versucht gar nicht erst, meine IP-Adresse zu tracken – ich bin professioneller Berater für Datensicherheit, ihr könnt mich nicht finden.

Violet fiel fast in Ohnmacht – zum Glück hatte sie den Post im Bett gelesen, sonst wäre sie mit Sicherheit zusammengebrochen. Sie klickte auf das grüne Line-Icon und fragte ihren Bruder:

Hst du jemls ein Filesharing Dingsda namens PD benutzt?

Sie drückte sofort auf Senden, sogar ohne die Rechtschreibfehler zu korrigieren – jede Sekunde zählte. Zwei oder drei Minuten später war noch immer keine Lesebestätigung gekommen.

Es ist wichtig!

Er hatte ihr mal gesagt, sie sollte ihn bei der Arbeit nicht anrufen, sondern lieber Line-Nachrichten schicken, also hielt sie sich daran, ganz egal, wie dringend es war.

Wieder vergingen fünf Minuten. Immer noch nichts.

Wir haben ein Problem! Vielleicht ist

Sie hatte noch nicht fertig geschrieben, als endlich der »Gelesen«-Haken erschien. Violet atmete auf, doch die Antwort jagte ihr nur noch mehr Angst ein.

was ist los? klar nutze ich pd

Das bewies, dass der Datensicherheitstyp sich das nicht ausgedacht hatte. Sie löschte ihren Entwurf und tippte eine neue Nachricht:

Siehe Popcorn-Chat von gestern!

Zwei Minuten später kam seine Antwort.

keine sorge das ist nichts

Violet keuchte. Wie sollte das »nichts« sein?

Nichts?? Die haben Deinen Ordner!!

Diesmal dauerte es eine Ewigkeit, bis der zweite Haken erschien. Violet bekam Magenschmerzen, aus Angst und vielleicht auch, weil sie immer noch nichts gefrühstückt hatte.

muss nicht meiner sein
ich vertraue meiner firewall
kann sein irgendeine pc uhr geht einen tag nach und beim kopieren wurde das falsche datum übertragen

An diese Möglichkeit hatte Violet noch nicht gedacht. Trotzdem hatte sie ein übles Gefühl. Was, wenn …

Waren die Dateien, die ich Dir geschickt habe, auf derselben Festplatte?
Wenn das rauskommt, sind wir erledigt!

Sie wartete.

wovon sprichst du?

Die lässige Antwort brachte sie zur Weißglut. Sie tippte:

Die Dateien, die ich für Dich aus der Schule klauen sollte! Fotos, Kontakte, SMS und das ganze Zeug von den Schülerhandys! Klar, wenn jemand hinter Deine Popcorn-ID kommt, kannst Du immer noch sagen, die PC-Uhr wäre einen Tag nachgegangen. Aber wenn die rausfinden, dass wir uns kennen, kommen wir aus der Sache nicht mehr raus!

In diesem Ton hatte Violet noch nie mit ihrem Bruder gesprochen, aber ihre Sorge galt in erster Linie ihm. Sie wollte auf keinen Fall, dass er in Schwierigkeiten geriet. Nachdem Siu-Man in den Tod gesprungen war, hatte Violet sich das Worst-Case-Szenario bereits genau vorgestellt: Falls die Drohmails tatsächlich entdeckt wurden und zu ihr zurückverfolgt werden konnten, würde sie die Verantwortung allein auf sich nehmen und nicht zulassen, dass er mit hineingezogen wurde.

Um an Siu-Man ranzukommen, hatte er Violet geholfen, heimlich Material über ziemlich viele ihrer Mitschüler zu sammeln. Er hatte ihr ein kleines schwarzes Kästchen gegeben, das aussah wie ein Ladegerät. Sobald ein Telefon angeschlossen wurde, saugte das Gerät sämtliche Daten ab, inklusive Fotos, Videos, Kontakte, Textnachrichten und Kalender. Wenn niemand hinsah, manipulierte Violet die Ladegeräte im Klassenzimmer oder in der Bücherei und stahl immer noch mehr private Daten. Und all das nur, um ein Gerücht über Siu-Man zu unterfüttern, mit dem sie sie bestrafen wollten.

Das Gerücht selbst war schon längst wieder vergessen – es hieß, ein Mädchen von ihrer Schule hätte sich an Heiligabend mit einem Ganoven die Kante gegeben.

Obwohl Violet in der Schule kaum etwas sagte, hielt sie im Klassenzimmer und auf den Fluren Augen und Ohren offen und bekam immer wieder kleine Fetzen der Gespräche ihrer Mitschülerinnen und Mitschüler mit. Sie war sich zwar fast sicher, dass es bei dem Mädchen um Siu-Man ging, aber Beweise dafür hatte sie keine – weshalb ihr Bruder diese nächste Stufe ihrer Strategie implementierte. Auf diese Weise bekam sie so einiges mit: wer in wen verliebt war, wer wen betrog, wer besonders gut mit welchem Lehrer konnte und so weiter. Sie bekam intime Fotos und Videos zu Gesicht, von denen manche so eindeutig waren, dass sie sich gut als Erpressungsmaterial geeignet hätten. Nur für das Gerücht um Siu-Man tauchte kein einziger Beweis auf, lediglich ein Foto mit etwas Rumgefummel in einer Karaoke-Bar, was im Vergleich zu den anderen Sachen, die Violet gesehen hatte, absolut harmlos war.

Weil sie die Unmengen Material unmöglich alleine sichten konnte, hatte Violet die Daten an ihren Bruder weitergeleitet, um sich von ihm helfen zu lassen. Jetzt hatte sie Angst, dass über diese Daten die Verbindung zwischen ihnen ans Licht kam. Selbst wenn sie darauf beharrte, die alleinige Schuld zu tragen, würde man ihr vielleicht nicht glauben, und am Ende hing er doch mit drin. Sie war minderjährig, und selbst wenn sie verurteilt würde, wäre die Strafe vergleichsweise milde. Aber ihr Bruder war zehn Jahre älter und würde nicht so leicht davonkommen.

ach die!
keine sorge
die habe ich glaub ich auf der anderen festplatte gespeichert
hör auf dich verrückt zu machen
hab jetzt ein meeting, melde mich später

Die Antwort war genauso unbekümmert wie die letzte. Violet fühlte sich hilflos, wütend und frustriert. Wenn es eine Sache gab, die sie an ihrem Bruder nicht ausstehen konnte, dann, dass er ab und zu so selbstgefällig war. Natürlich gab es Situationen, wo sie genau das an ihm bewunderte – wie schlimm es auch um die Sache stehen mochte, er verlor nie die Zuversicht, sie in den Griff zu kriegen. Alle darauffolgenden Nachrichten blieben unbeantwortet, und sie musste schließlich akzeptieren, dass er tatsächlich beschäftigt war.

Auch der Post des Hacker-Fritzen hatte ein paar Kommentare, aber hauptsächlich Belanglosigkeiten wie »Ich hoffe, du findest die Wahrheit heraus« oder GIFs mit Popcornkauern. Ein Kommentar kam offensichtlich von einem SuperConan-Hater: »Verglichen mit dem Plappermaul SabberConan, demonstriert ZeroCool uns hier einen Meister seines Fachs bei der Arbeit …«

»Heute … heute Abend müssen Sie nicht noch mal wiederkommen«, sagte Violet gegen Mittag, als Miss Wong sich die Schuhe anzog, um zur nächsten Wohnung zu eilen.

»Bist du unterwegs?«, fragte die Haushaltshilfe.

»Ja«, log Violet und nickte. »Mit meinem Schulbuchclub. Wir sind den ganzen Tag unterwegs, ich komme erst nach dem Abendessen zurück.«

»Oh, ach so. Ich hatte bereits Lammkoteletts für dich besorgt.«

»Die können Sie mitnehmen. Für Ihr Kind.«

»Das geht doch nicht. Wenn Mr To das rausfindet, sagt er, ich hätte ihn bestohlen.«

»Wenn Sie das Fleisch im Kühlschrank lassen, wird es nur schlecht. Das wäre Verschwendung.«

»Das stimmt …« Sie klang immer noch zögerlich, aber ihr Gesicht sprach eine andere Sprache. »Wie lange geht dieser Buchclub denn?«

»Wie wäre es damit – sobald ich wieder hier zu Abend esse, sage ich Ihnen am Vortag Bescheid.«

Miss Wong nickte. Sie holte die Lammkoteletts aus dem Kühlschrank und verabschiedete sich glücklich. Violet hatte kein Ferienprogramm, sie wollte nur nicht allein zu Hause rumsitzen und sich verrückt machen. Am besten, sie aß in der Mall, umgeben von Leuten, wo sie sich ablenken konnte. Ihr Bruder hatte ihr mal erzählt, Ausgehen sei das beste Gegenmittel, falls sie je nervös werden sollte.

Am Nachmittag fuhr sie mit dem Bus zum Festival Walk nach Kowloon Tong. Nach dem Abendessen blieb sie noch bis nach elf in einem Coffeeshop sitzen, ehe sie sich auf den Heimweg machte. Lok Fu Place lag zwar näher an zu Hause, doch die Cafés und Restaurants dort schlossen viel früher. Mit ihrem Bruder traf sie sich trotzdem meistens in der Starbucks-Filiale in Lok Fu – in der Festival-Walk-Mall war oft zu viel los, vor allem an Feiertagen; manchmal musste man eine halbe Stunde lang auf einen Tisch warten. Im Normalfall mieden sie das Einkaufszentrum, es sei denn, sie wollten dort etwas Bestimmtes, zum Beispiel Handy-Ersatzteile oder den Apple Store besuchen.

Violet war auch sonst rationaler als die meisten Gleichaltrigen. In der Bücherei zum Beispiel war ihr sofort klar gewesen, was zu tun war, um ihr Geheimnis zu bewahren. Und jetzt war ihr klar, dass sie sich nur verrückt machte, wenn sie ständig wieder die Popcorn-Seite aktualisierte und auf die nächste schlechte Nachricht wartete. Sie wusste nur zu gut, was passieren würde, wenn sie zuließ, dass der Stress über ihre Toleranzgrenze hinauswuchs. Sie zwang sich durchzuatmen und ging ins Bett.

Aber selbst alle Vernunft konnte sie nicht vor dem grauenhaften Angriff auf ihre Sinne beschützen, der dann kam.

Dingelingelingelingelingeling-dingelingelingelingelingeling-dingelingelingelingelinge…

Das Klingeln ihres Telefons riss Violet aus dem Schlaf. Sie dachte zuerst, es wäre der Wecker, doch als sie die Augen aufmachte, war es noch dunkel, und ein Blick auf die Uhr zeigte ihr, dass es erst 03:30 Uhr war. Auf dem Display stand keine Nummer. Sie starrte das Telefon an und war mit einem Schlag hellwach. Ob ihrem Bruder etwas passiert war? Die meisten hätten wohl zuerst an ihre Eltern gedacht, aber Violet fühlte sich ihrem Bruder viel näher als ihrem abwesenden Vater, der ebenso ein Fremder hätte sein können.

Sie nahm den Anruf an. »Hallo?«

Am anderen Ende kein Ton.

»Hallo?«

Dann wurde abrupt aufgelegt.

Wahrscheinlich verwählt. Erleichtert ließ Violet sich zurück ins Kissen sinken, als das Telefon ein zweites Mal klingelte. Auch diesmal zeigte das Display keine Telefonnummer an.

»Hallo?«, sagte sie, inzwischen ein bisschen aggressiv.

Wieder bekam sie keine Antwort, doch diesmal hörte sie jemanden leise atmen.

»Wer ist da?«, schrie sie.

»Mörderin.«

Und dann war die Leitung wieder tot. Starr vor Schreck saß Violet kerzengerade im Bett. Es war die Stimme einer Frau gewesen – vielleicht auch die von einem Jungen –, und sie hatte ganz eindeutig »Mörderin« gesagt.

Und in dem Moment flutete die Panik ihr Hirn. Irgendwie hatten die ihre Telefonnummer rausgefunden. Jemand wusste, was sie getan hatte. Mit zitternden Fingern öffnete sie ihr Adressbuch – ganz egal, wie spät es war, sie musste sofort ihren Bruder anrufen. Aber noch ehe sie auf seinen Namen tippen konnte, erklang aufs Neue ihr »Wave«-Klingelton, fest entschlossen, die friedliche Stille im Zimmer zu zerstören.

»Wer sind Sie? Was wollen Sie von mir? Wenn Sie nicht aufhören, zeige ich Sie an!«, kreischte sie.

»Fick dich! Ha, ha, ha!«

Eine Beschimpfung, heiseres Lachen, dann ein Klick. Trotz ihrer Panik merkte Violet, dass die Stimme anders klang – diesmal war ein Mann dran gewesen.

Violet starrte das Telefon an. Ihr brach der kalte Schweiß aus, und sie fing an, unkontrolliert zu zittern. Das Telefon kannte keine Gnade und fing sofort wieder an zu klingeln. Sie drückte den Anruf weg, doch es hörte nicht auf.

Dingelingelingelingelingeling, ertönte der diabolische Klang. Sowie sie einen Anruf weggedrückt hatte, kam sofort der nächste rein. Ohne nachzudenken, schaltete Violet mit zitternden Fingern das Telefon aus.

Der Bildschirm wurde schwarz, und Violet starrte mit aufgerissenen Augen in ihr finsteres Zimmer. Bis auf das schwache Licht, das von der Straße durch das Fenster fiel, war alles dunkel. Sie kam sich vor, als würde sie in einem luftleeren, mit Boshaftigkeit gefüllten Raum treiben. Obwohl es nicht kalt war, wickelte sie sich fest in ihre Bettdecke, um sich zu beruhigen. Der Wind vor dem Fenster und das Ticken der Uhr klangen plötzlich wie elendes Jammern und Klagen. An Schlaf war nicht mehr zu denken. Violet tat bis zur Morgendämmerung kein Auge zu.

Irgendwann ertönte das beruhigende Geräusch der Wohnungstür. Nachdem die Sonne aufgegangen war, war es Violet gelungen, doch noch die Augen zuzumachen und ein bisschen zu dösen, bis sie bei der Ankunft der Haushaltshilfe wieder geweckt wurde.

Sie sah sich um, entdeckte das Telefon auf dem Fußboden,

dort, wo sie es letzte Nacht hingeworfen hatte, und sofort legte sich eine eisige Klammer um ihr Herz. Sie beugte sich aus dem Bett und griff danach. Sollte sie es einschalten? Schließlich gewann die Vernunft die Oberhand, und sie drückte auf den Knopf. Wenn sie ihren Bruder um Hilfe bitten wollte, blieb ihr nichts anderes übrig, als das Telefon zu benutzen.

Überraschenderweise blieb das Telefon stumm, nur die Mailbox zeigte mehr als vierzig Anrufe an. Sie wagte nicht, sie abzurufen – das war auch nicht nötig, denn weder ihr Vater noch ihr Bruder hätten ihr zwischen vier Uhr nachts und neun Uhr morgens eine Nachricht auf die Mailbox gesprochen.

Die Situation war so ernst, dass sie beschloss, ihren Bruder anzurufen, auch wenn sie ihn vielleicht bei der Arbeit störte. Sie musste seine Stimme hören. Nur ein einziger Satz aus seinem Mund würde reichen, um sie zu beruhigen.

Ring … ring …

Es klingelte mehr als zwanzig Sekunden lang, ohne dass er abhob.

Violet sah auf die Uhr. Es war zwar unwahrscheinlich, dass er schon um diese Zeit in einem Meeting war, aber als sie näher darüber nachdachte, musste sie zugeben, dass es trotzdem möglich war. Auf seine Unterstützung konnte sie also nicht zählen. Ihr blieb nichts anderes übrig, als sich möglichst gut zu wappnen, ehe sie auf Popcorn ging und nach der Ursache für den nächtlichen Angriff suchte. Ihr Gefühl sagte ihr, dass dieser ZeroCool dahintersteckte.

Als sie den Thread öffnete und den ersten Post las, wurde ihr schwarz vor Augen.

GEPOSTET VON admin AM 04.07.2015, 07:59
Re: Wer steckt hinter Teenie(15)-Selbstmord?
Bekanntmachung: Popcorn-User AcidBurn hat persönliche Daten einer dritten Person öffentlich gemacht und damit gegen Paragraf 16 der Nutzungsbedingungen verstoßen. Der Account wurde gesperrt. Bei Beschwerden kontaktieren Sie direkt den Webmaster.

*Als Diskussionsplattform übernimmt Popcorn Chatboard Ltd. keine Verantwortung für Texte, Bilder, Videos, Audiofiles oder irgendwelche anderen auf der Plattform veröffentlichten Dateien. Mit Einwilligung in die Nutzungsbedingungen übernehmen die Nutzer die alleinige rechtliche Verantwortung für sämtliche geteilten Inhalte.

Bei »persönliche Daten einer dritten Person« fing Violets Kopfhaut an zu kribbeln. Sie verfolgte den Thread zurück und fand eine gelöschte Nachricht mit dem Zeitstempel 03:15 Uhr. Daneben stand nur noch der User-Name AcidBurn. Die Kommentare waren noch vorhanden.

- Wow! Gute Arbeit, Mr Z, das ist der wasserdichte Beweis, dass K in diesem Spiel der Böse war.
- ZeroCool und AcidBurn sind doch Hacker-Namen, oder?
- Es gibt sogar eine Telefonnummer! Hat die schon mal wer probiert?
- Ich. Irgendeine Tussi. Los, Leute. Auf sie!
- Der Name klingt aber eher nach einem Typen, oder?
- Vielleicht hat sie einen Freund. Ich probier's auch mal.
- Ich auch, logo! Kann sowieso nicht schlafen.
- Aber denkt dran, zuerst 133 wählen, von wegen Rufnummernunterdrückung und so.

Und immer so weiter. Die Kommentare begannen um 03:20 Uhr und zogen sich bis kurz nach fünf – es waren um die zwanzig Stück. In Violet stieg Hass auf, auch wenn der Inhalt der Posts eher nach kindischem Geplänkel klang. Sie konnte die Gehässigkeit und die Grausamkeit hinter den Worten spüren. Violet war am Boden zerstört. Sie hatte es nicht anders verdient.

Allerdings wusste sie nicht sofort, was mit »wasserdichter Beweis« gemeint war, bis sie eine Antwort auf den gelöschten Post von AcidBurn entdeckte, die sie fast umwarf:

GEPOSTET VON kidkit727 AM 04.07.2015, 03:09
Re: Wer steckt hinter Teenie(15)-Selbstmord?
Hallo, hier ZeroCool. Ich habe das Passwort zu diesem Account in dem Ordner entdeckt, auf den ich gestoßen bin. Ich bin 100 % sicher, dass dieses Schwein was mit der Sache zu tun hat.

Violet hätte nie geglaubt, dass der kidkit727-Account gehackt werden könnte. Und selbst wenn, wäre das nicht weiter schlimm gewesen, denn sie und ihr Bruder hatten den Fake-Account nur eingerichtet, um Siu-Man hinzuhängen, und ihn danach nie wieder benutzt. Aber jetzt lagen die Dinge anders. Dass ZeroCool das Passwort entdeckt hatte, bewies, dass der gefundene Ordner kidkit727 gehörte.

»Was ist los mit dir? Bist du krank?«, fragte Miss Wong, als Violet in die Küche kam. Der Grund für die Frage war ihr klar. Als sie eben in den Spiegel gesehen hatte, war sie weiß wie die Wand gewesen.

»Ich habe schlecht geschlafen.« Violet zwang sich zu einem Lächeln und ging an den Kühlschrank, um sich ihr übliches Frühstück zu machen.

Als sie wieder in ihrem Zimmer war, entdeckte sie auf ihrem Telefon eine neue Nachricht. Eilig stellte sie Teller und Tasse hin und tippte den Bildschirm an.

was ist los?

Sie war inzwischen an einem Punkt angelangt, wo nur diese Worte ihres Bruders ihre zerschmetterte Seele noch zusammenhielten.

Hast Du Dir das Passwort für kidkit727 irgendwo notiert?
Jemand auf Popcorn hat den Account geknackt! Schau nach!

Violet musste ganze zehn Minuten warten, ehe die Antwort kam.

habs gesehen
keine panik, ich hab das passwort nirgendwo notiert
ich behalts im auge
wenn wer fragt streite alles ab
solche beweise sind für die tonne

Cool wie immer. War ihr Bruder tatsächlich so zuversichtlich, oder bluffte er, um sich selbst Mut zu machen? Sie fasste sich kurz:

Können wir reden?

Wieder vergingen fünf quälende Minuten bis zu seiner Antwort.

sorry bin beim boss
höllisch viel zu tun, meeting mit wichtigem kunden
melde mich später

Der abweisende Tonfall seiner Nachricht frustrierte sie, aber ihre Angst hatte sich inzwischen in Wut verwandelt. Sie wollte, dass er endlich kapierte, wie ernst die Sache war. Sie schrieb ihm noch einmal, doch die Lesebestätigung blieb aus.

Violet hatte das Gefühl, jeden Moment zusammenzubrechen. Sie schlug sich heftig ins Gesicht, um wieder zu sich zu kommen. Sie musste unbedingt die Nerven behalten, sie wollte ihrem Bruder auf keinen Fall in den Rücken fallen. Sie redete sich ein, dass er immer Zeit fand, sie zurückzurufen, egal, wie viel bei ihm los war. Der knappe Tonfall seiner Antworten hieß sicher nur, dass er wirklich sehr beschäftigt war.

Er meldet sich bestimmt nachher, beschwichtigte sie sich – er hat es versprochen.

Sie verbrachte den ganzen Vormittag vor dem Computer und beobachtete die Entwicklung auf Popcorn. Die Mobbinganrufe hatten aufgehört, und es gab auch keine neuen Posts mehr. Sie spielte mit dem Gedanken, sich unter anderem Namen einzuloggen und die Trolle zurechtzuweisen, aber sie hatte Angst, ins Wespennest zu stechen. Außerdem war sie kein Tech-Freak wie ihr Bruder und würde sicher Spuren hinterlassen. Er hatte ihr mal erklärt, dass Menschen im Netz vor allem dann erwischt werden, wenn sie zu ungeduldig sind und ihr Blatt überreizen. Unter dem Radar des Gesetzes blieb man nur, wenn man die Nerven behielt und sich unauffällig verhielt.

Der Hinweis in den Kommentaren, der Name klinge eher nach einem Typen, brachte Violet zu dem Schluss, dass ihr Name selbst wahrscheinlich nicht veröffentlicht worden war. Vielleicht war es der ihres Bruders gewesen oder ein völlig anderer. Sie begriff nicht, woher ZeroCool ihre Telefonnummer hatte. Fest stand nur, dass der Back-up-Ordner, den ZeroCool gefunden hatte, definitiv ihrem Bruder gehörte – wie sonst hätte er an den Original-Hetz-Post, an ihren Account und an das Passwort von kidkit727 kommen sollen? Das wären zu viele Zufälle gewesen. Wahrscheinlich hatte ihr Bruder irgendwo in dem Ordner ihre Handynummer abgelegt, und ZeroCool war davon ausgegangen, dass es seine war.

»Geht's dir gut?«

Violet zuckte vor Schreck zusammen. Miss Wong stand in der Zimmertür.

»Ich habe ein paarmal geklopft. Ich hatte Angst, du wärst ohnmächtig geworden«, sagte sie.

»Nein, nein, alles gut«, sagte Violet und schlug den Laptopdeckel zu, ehe die Haushälterin sehen konnte, was auf dem Bildschirm war. »Ich bin total vertieft gewesen.«

»Ich gehe jetzt – ich bin für heute fertig«, sagte Miss Wong und warf einen neugierigen Blick auf den Computer. »Soll ich heute Abend für dich kochen?«

»Nicht nötig. Ich bin nachher unterwegs.«

»Ist gut. Morgen ist mein freier Tag, wir sehen uns also übermorgen, ja? Ganz sicher, dass dir nichts fehlt?«

»Mir geht es gut.«

Violet hatte nicht vor, das Haus zu verlassen, und auch keine Lust dazu. Im Augenblick zählte nur, was im Forum los war und dass endlich ihr Bruder anrief. Sie wollte nicht, dass Miss Wong mitbekam, wie viel Zeit sie auf Popcorn verbrachte. Die Frau war nicht auf ihrer Seite.

Ihr Vater hatte Miss Wong heimlich beauftragt, Violet hinterherzuschnüffeln, vor allem, was den Kontakt zu ihrem Bruder betraf.

Violet wusste außerdem, dass er Rosalie, die ehemalige Haushälterin, rausgeworfen hatte, weil sie mit Violet Mitleid gehabt hatte.

Irgendwann wurde es Abend, und ihr Bruder hatte sich noch immer nicht gemeldet. Noch nicht mal mit einer Line-Nachricht. Sie griff ständig wieder zum Telefon, allerdings mit ambivalenten Gefühlen: Einerseits hoffte sie auf eine Nachricht von ihm, andererseits hatte sie schreckliche Angst vor der »42« auf ihrem Bildschirm. Auf der Mailbox lauerten mehr als vierzig gehässige Sprachnachrichten, die nur darauf warteten, entfesselt zu werden.

Obwohl sie keinen Appetit hatte, beschloss sie, sich etwas zum Abendessen zu besorgen. Ihr Bruder hatte mal zu ihr gesagt, wenn es einem nicht gut ginge, wäre es besonders wichtig, richtig zu essen, weil Hunger das Urteilsvermögen beeinträchtigen kann. Weil ihr Vater nicht wollte, dass sie Fertignudeln oder Snacks aß, hatten sie außer Reis, Eiern und rohem Gemüse nichts im Haus, aber Violet hatte nicht die Nerven zu kochen.

»Gehen Sie aus, Miss To?«, fragte der Pförtner und lächelte freundlich, als sie aus dem Aufzug stieg. Sie nickte ihm zu und verließ ohne ein Wort das Haus. Der Pförtner gehörte auch zu den Spionen ihres Vaters.

Der Broadcast Drive war eine reine Wohngegend, und bis auf die Kantine von RTHK gab es keinerlei Restaurants. Bis zum Lok Fu Place oder die Junction Road entlang bis zur Gegend rund um die Baptist University und das zugehörige Krankenhaus ging man jeweils etwa zehn Minuten zu Fuß. Noch vor einem Tag hatte Violet sich nach Menschen gesehnt, um sich ablenken zu können. Inzwischen hatte sie Angst, dass irgendjemand sie ansah. Sie entschied sich für die Junction Road.

Zwischen Broadcast Drive und Junction Road lag eine bescheidene Parkanlage. Als kleines Mädchen hatte sie oft mit einem Leihbuch im Schatten auf der Bank gesessen, während Rosalie in der Nähe geblieben war und sich mit den anderen Hausmädchen unterhalten hatte. Violet hob den Blick in das sprießende grüne Blattwerk und dachte sehnsüchtig an früher.

»Mörderin!«

Völlig aus dem Nichts gellte plötzlich eine Frauenstimme in ihrem Ohr. Ihr stockte der Atem. Panisch blickte Violet sich um, aber bis auf einen Mann in blauer Hausmeisteruniform, der etwa zehn Meter entfernt langsam den Broadcast Drive entlanglief, war niemand zu sehen.

War es möglich, dass sie sich verhört hatte? Schwer atmend schüttelte sie den Kopf. Beruhige dich!, befahl sie sich. Die Stimme musste aus einem der benachbarten Häuser gekommen sein – wahrscheinlich ein Fernseher.

Jetzt war ihr noch weniger nach Essen zumute. Sie lief weiter bis zu einem westlichen Restaurant im Franki Centre neben dem Baptist Hospital, bestellte eine Portion Spaghetti und wartete nervös darauf, dass der Kellner ihr das Essen servierte.

»Mörderin!«

Es war dieselbe Frauenstimme. Violet wäre fast aufgesprungen. Diesmal war sie sich ganz sicher. Sie hatte sich nicht verhört – es war dieselbe hohe, hysterische Stimme wie letzte Nacht am Telefon. Violet sah sich hektisch um. Am Nebentisch saß ein Junge, der aussah wie ein Collegeschüler und schweigend seine Gemüsesuppe in sich hineinschaufelte. Etwa drei Meter vor ihr saß ein flirtendes Pärchen an einem runden Tisch, völlig ineinander versunken. Dann war da noch die Frau vorne am Tresen, doch sie war gerade damit beschäftigt, einem alten Mann, der etwas zum Mitnehmen bestellen wollte, bei der Auswahl zu helfen, und hatte Violet noch nicht mal einen Blick zugeworfen.

Dann kamen die Spaghetti, aber Violets Magen war wie zugeschnürt. Sie beäugte den Schüler und dann wieder die weibliche Hälfte des Pärchens, um rauszufinden, ob einer von denen sie beobachtete. Vielleicht waren ihr Name und die Adresse doch veröffentlicht worden, und jetzt wurde sie auch noch persönlich gefoltert – als wären die Telefonanrufe nicht schon schlimm genug.

»Mörderin!«

Beim dritten Mal wurde Violet endlich klar, dass tief in ihr etwas passiert war, das sie ins Chaos gestürzt hatte. Niemand hatte reagiert – weder der Collegeschüler noch das junge Paar oder der Kellner, die Kassiererin oder der alte Mann, der gerade seine Bestellung entgegennahm.

Außer ihr hatte niemand im Restaurant eine Stimme gehört.

Verzweifelt versuchte sie, eine Erklärung zu finden – vielleicht waren sämtliche Anwesende Teilnehmer einer gigantischen Verschwörung? Nein, sie hatte sich spontan für dieses Lokal entschieden. An Gespenster glaubte sie nicht, also blieb nur noch eine Möglichkeit, auch wenn es ihr schwerfiel, es zu akzeptieren: Die Stimme war eine Halluzination. Sie hatte ein Geräusch gehört, das nicht existierte.

Mit anderen Worten, sie verlor den Verstand.

Violet sprang auf, knallte der Kassiererin einen Hundertdollarschein auf die Theke, ignorierte deren erschrockenen Aufschrei und rannte unter den entgeisterten Blicken der Anwesenden auf die Straße hinaus. Sie blieb erst stehen, als sie wieder zu Hause war. Sie schaltete sämtliche Lichter ein, machte den Fernseher an und drehte die Lautstärke bis zum Anschlag auf. Ohne sich umzuziehen, sprang sie ins Bett und zog sich die Decke über den Kopf. Als wäre dies der einzig sichere Ort auf der Welt.

In ihrer dunklen Höhle dachte sie an die Anrufe von letzter Nacht, an die Posts von SuperConan und ZeroCool, an die Halluzinationen von eben gerade. Ihr schwirrte der Kopf. Sie sehnte sich nach einem Anruf ihres Bruder und hatte gleichzeitig Angst, dass das nächste Klingeln nur die nächste Schikane bedeutete.

Ding-dong!

Violet fing heftig an zu zittern. Wie ein wildes Tier, das seine Feinde wittert, streckte sie verängstigt den Kopf unter der Bettdecke hervor. Es war die Türklingel gewesen, nicht ihr Telefon. Sie zögerte eine Ewigkeit und wusste nicht, ob sie öffnen sollte. Ob das auch eine Halluzination gewesen war? Aber es klingelte schon wieder, *ding-dong, ding-dong*, wie eine Untermalung des Dialogs im Fernsehen. Schließlich nahm Violet sämtlichen Mut zusammen, warf die Bettdecke von sich und lief in die Diele.

Sie presste ein Auge gegen den Spion und erblickte ein vertrautes Gesicht: Vor der Tür stand der Nachtportier.

»Was gibt es denn?« Violet öffnete die Tür einen Spalt, ohne die Sicherheitskette zu lösen.

»Guten Abend, Miss To«, sagte er lächelnd zu ihr. »Ein Mitbewohner hat sich beschwert, dass der Fernseher zu laut ist.«

Violet sah auf die Wanduhr und stellte fest, dass es bereits nach elf war. Sie lief ins Wohnzimmer, griff nach der Fernbedienung und stellte auf dem Rückweg zur Tür den Ton leise.

»Besser so?«

»Bitte entschuldigen Sie die Störung«, sagte der Pförtner so höflich wie immer. »Ist alles in Ordnung bei Ihnen? Mr To hat uns gebeten, während seiner Abwesenheit gut auf Sie achtzugeben.«

»Das ist sehr nett von Ihnen. Mir geht es gut. Ich gehe jetzt zu Bett.«

»Dann ist ja gut. Geruhsame Nacht.«

Violet machte die Tür wieder zu und schloss ab, dann warf sie einen Blick ins Wohnzimmer – trotz der Festbeleuchtung strahlte der Raum keinerlei Wärme aus. Die Worte des Pförtners empörten sie – sie wusste, dass ihr Vater nicht aus Sorge um sie gehandelt hatte, um seine halbwüchsige Tochter, die allein zu Hause war, sondern nur, um zu verhindern, dass sie die Gelegenheit nutzte, heimlich ihren Bruder in die Wohnung zu schmuggeln. Die Abscheu gegen ihren Bruder gehörte zu den wenigen Emotionen, zu denen ihr Vater sich hinreißen ließ. Als Rosalie ihren Bruder letztes Jahr während einer seiner Geschäftsreisen in die Wohnung gelassen hatte, hatte ihr Vater sie kurz danach rausgeworfen. Obwohl ihr Vater keinen Ton darüber verloren hatte, war Violet klar gewesen, was los war.

Sie hatte in gewisser Weise Verständnis – für ihren Vater war ihr Bruder nur irgendein Fremder. Im Grunde genau wie sie selbst.

Violet wusste nicht, wie viele Stunden sie, wenn überhaupt, geschlafen hatte. Sie schwebte die ganze Nacht zwischen Traum und Wirklichkeit und bildete sich ständig wieder ein, dass ihr Telefon klingelte – ab und zu war ihr Bruder dran, dann wieder die grausame Frau, die mit greller Stimme »Mörderin!« rief. Doch sobald sie schlaftrunken auf ihr Handy gesehen hatte, war die Anrufliste leer gewesen. Oder war auch das Teil des Traums gewesen?

Erst gegen Mittag am nächsten Tag wurde sie schließlich wieder richtig wach. Bis auf ein paar vereinzelte Verkehrsgeräusche von draußen herrschte in ihrem Zimmer vollkommene Stille. Als wäre sie der letzte Mensch auf Erden. Sie spürte keinen Frust mehr und auch keine Angst – das gehörte alles zu jemand anderem. Doch sobald ihr Blick auf das Telefon neben dem Bett fiel, brach das Chaos in ihr sich aufs Neue Bahn – als hätte sie den Schlüssel in einem Schloss umgedreht.

Wieso ruft mein Bruder nicht an?, fragte sie sich. Es gelang ihrem Verstand nicht, die vielen seltsamen Dinge, die am Vortag passiert waren, zu verarbeiten. Obwohl sie inzwischen geschlafen hatte, fühlte sich alles immer noch furchtbar falsch an. Sie schaute wieder auf das Telefon, aber er hatte sich noch immer nicht gemeldet. Noch nicht mal ihre letzte Line-Nachricht hatte er inzwischen gelesen.

Voller Unbehagen fuhr sie das Laptop hoch und loggte sich bei Popcorn ein.

Und wurde dort vom größten Schock überhaupt empfangen.

GEPOSTET VON crashoverride AM 05.07.2015, 02:28
Re: Wer steckt hinter Teenie(15)-Selbstmord?
Wieder ein Fake-Account, aber jetzt melde ich mich wahrscheinlich wirklich zum letzten Mal zu Wort. Dann kehre ich zu meinem normalen Log-in zurück und poste wieder irgendwelchen belanglosen Scheiß.

Ich habe den gesamten Inhalt des Back-up-Ordners entschlüsselt und dabei eine schreckliche Entdeckung gemacht. In einem der Unterordner waren ein paar Fotos abgelegt – alles Schüler – und dazu Chatprotokolle, der übliche stinklangweilige Teenie-Mist. Aber als ich mir die Uniformen etwas näher angesehen habe, ist mir aufgefallen, dass die Kids auf dieselbe Schule gehen wie das Mädchen, das sich umgebracht hat!

Ich habe keinen Schimmer, wie der Typ an die ganzen Daten dieser Kids gekommen ist oder was er damit vorhat. Mich interessiert nur die Verletzung ihrer Privatsphäre. Unser Freund SuperConan hatte nicht ganz unrecht – vielleicht ist das alles noch viel schlimmer, als wir dachten. Also, kriminell viel schlimmer.

Jedenfalls habe ich sämtliche Daten mit einem anonymen Begleitschreiben zur Herkunft an die Polizei weitergeleitet. Die werden sicher ermitteln wollen. Außerdem habe ich den Namen des Typen und seine Firmenadresse an sie rausgegeben. Falls die Polizei ihn zu einem, sagen wir, kleinen Gespräch bitten will, sollten sie ihn eigentlich ohne Mühe finden können.

Weil mein letzter Post wegen Verletzung der Nutzungsbedingungen gelöscht wurde, hänge ich die Daten jetzt noch mal an. Außerdem habe ich in einem anderen Unterordner noch ein Foto des Typen gefunden. Mir ist klar, dass es einige Popcorner gibt, die nicht glauben, dass ich die Wahrheit sage. Schaut euch einfach schon mal das Foto an. Sobald er verhaftet wird, kommt es in allen Zeitungen.

Anhang: 0000001.jpg

Unter dem Post war ein winziges Foto angehängt: Ein Mann mit blauem Hemd saß in einem Coffeeshop und lächelte in die Kamera. Violet erkannte den Starbucks am Lok Fu Place; sie hatte dieses Foto selbst aufgenommen.

Ihr lief eine Ameisenarmee den Rücken hinauf, weiter über den Nacken nach oben, über die Kopfhaut und grub sich durch ihre Schädeldecke. Panisch rief sie ihren Bruder an, aber egal, wie oft sie es versuchte oder wie lange sie es klingeln ließ, er ging nicht ans Telefon.

Verzweifelt kehrte sie zu dem Post zurück. Unter dem Foto standen diverse Kommentare:

- Hier stinkts nach Komplott, riecht ihr das auch?
- Ob der Typ mit dem toten Mädchen vielleicht was Schräges laufen hatte? Pay for Play oder so?
- Mit Sicherheit. Vielleicht konnten sie sich nicht über den Preis einigen, und er hat sie fertiggemacht, bis sie gesprungen ist.
- Bullshit, das macht doch keinen Sinn. Die Nutte zieht nicht, also bring ich sie um?
- Doch, wäre schon möglich. Das Mädchen war definitiv eine Nutte und der Typ vielleicht ein Kunde, der sich nach dem ersten Mal in sie verliebt hat. Aber dann wurde ihm klar, dass sie nur an seine Kohle wollte, also hat er sie fertiggemacht: Hat so getan, als wollte er den Ladenbesitzer verteidigen, um in Wirklichkeit ihre nette kleine Nebenbeschäftigung an die große Glocke zu hängen und ihr den Cybermob auf den Hals zu hetzen. Ein klassischer Doppelpass. Du kriegst die Frau nicht, die du liebst? Dann mach sie fertig.
- na ja, so gesehen ...

Nein, nein, es war alles ganz anders!, hätte Violet am liebsten geschrien, während sie las, wie die Meute mit wilden Spekulationen ihren Bruder in ein Untier verwandelte. Wieder überlegte sie, einen Fake-Account anzulegen, um die gemeinen Anschuldigungen zu widerlegen – aber was, wenn sie dadurch alles nur noch schlimmer machte? Massiver Schlafmangel und der ungeheure Druck, der auf ihr lastete, hatten ihr Urteilsvermögen enorm getrübt. Sie hatte keine Ahnung, was sie tun sollte.

Sollte sie zu ihrem Bruder nach Hause fahren?

Oder zu ihm ins Büro?

Sie hatte das Gefühl, in ihrem Zimmer gefangen zu sein und zusehen zu müssen, wie aus der Ecke Flammen über den Teppich auf sie zugekrochen kamen. Sie konnte sie nicht aufhalten, und sie konnte nicht weg. Der Thread war inzwischen das Topthema im Forum – alle paar Minuten erschien ein neuer Kommentar und pushte den Beitrag wieder nach oben auf die Startseite zurück.

Nach unzähligen Anrufen und Nachrichten gab Violet es auf. Ihr Bruder reagierte nicht. Irgendetwas Schlimmes war passiert.

Kurz nach vier Uhr nachmittags lieferte ihr ein neuer Popcorn-Post schließlich die Antwort:

GEPOSTET VON star_curve AM 05.07.2015, 16:11
Re: Wer steckt hinter Teenie(15)-Selbstmord?
Wow! Seht mal!!!

http://news.appdaily.com.hk/20150705/realtime/j441nm8.htm

breaking news *Polizei verhaftet Mann. Verdacht auf Datendiebstahl bei Schülern*

Heute wurde ein fünfundzwanzig Jahre alter Mann verhaftet, der unter Verdacht steht, mit kriminellen Mitteln große Mengen privater Daten von Oberschülern gestohlen zu haben, darunter Inhalte von Mobiltelefonen. Er wurde heute Morgen in seiner Wohnung von der Polizei verhaftet.

Es heißt, die Polizei hätte aufgrund eines anonymen Hinweises gehandelt. Gestern war der Hinweis eingegangen, der Mitarbeiter einer IT-Firma hätte die privaten Daten zahlreicher minderjähriger Schüler ausgespäht. Die Abteilung für IT-Sicherheit und Cyberkriminalität stuft den Fall als gravierend ein und hat Untersuchungshaft beantragt. Bei einer Wohnungsdurchsuchung wurden zwei private Computer beschlagnahmt. Die Öffentlichkeit wird daran erinnert, dass das Ausspähen privater Daten als schwerwiegendes Vergehen gilt, auf das eine Freiheitsstrafe von bis zu fünf Jahren steht.

Unbestätigten Berichten zufolge steht der Verdächtige außerdem im Zusammenhang mit dem Fall der fünfzehnjährigen Schülerin, die sich vor zwei Monaten in Kwun Tong das Leben genommen hat. Diese Information wurde von der Polizei mit Bezug auf laufende Ermittlungen nicht kommentiert.

Ihr Bruder war verhaftet worden. Bei der Vorstellung machte Violets Verstand nicht mehr mit. Im Chat nahm ein seltsames Ritual seinen Lauf, mit Posts wie »Es gibt also doch noch Gerechtigkeit«, »Geschieht ihm recht« oder »Fünf Jahre sind nicht genug«.

Violet hatte nur einen einzigen Gedanken: Sie musste sich stellen.

Wenn sie sich selbst anzeigte, konnte sie wenigstens einen Teil der Schuld ihres Bruders auf sich nehmen. Es war schließlich ihre Idee gewesen. Er hatte das alles nur für sie getan.

Aber war das wirklich eine gute Idee? Ihr Hirn fühlte sich an wie Kaugummi, und schreckliche Angst zerfraß ihre Seele. Allein das Zittern in ihren Händen zu unterdrücken, kostete sie alle Kraft. Während sie noch zögerte, verschaffte ein neuer Post ihr einen Augenblick der Erleichterung.

GEPOSTET VON mrpet2009 AM 05.07.2015, 16:18
Re: Wer steckt hinter Teenie(15)-Selbstmord?
Seid euch nicht so sicher. Wie ich das sehe, kommt der Typ da mit Leichtigkeit wieder raus. Er hat nichts von dem Zeug gepostet – ZeroCool hat es durch Zufall gefunden. Anders gesagt, selbst wenn die Polizei auf seinem Computer was findet, kann er immer noch behaupten, er hätte sich die Sachen aus dem Netz gesaugt, genau wie ZeroCool. Solche Sachen sind sauschwer zu beweisen. Es gab da vor einiger Zeit mal einen Fall – irgendein Typ wurde angeklagt, weil er einen Racheporno online gestellt hat, aber weil er von einem von mehreren Usern genutzten Rechner agierte, ließ sich nicht nachweisen, wer den Film gepostet hatte, er oder seine Frau, und am Ende gab es gar keine Verurteilung.

Fast hätte sie's vermasselt. Wie sagte ihr Bruder immer? Cool bleiben und alles abstreiten. Er war verhaftet worden, na und? Vielleicht kam es nicht mal zur Anklage. Schließlich warfen sie ihm weder Anstiftung zum Selbstmord noch Verleumdung vor, sondern lediglich Datendiebstahl. Solange sie ihm keine Verbindung zur Enoch Secondary School nachweisen konnten, blieb ihm ein großer Handlungsspielraum.

Solange sie ihm keine Verbindung nachweisen konnten …

Mit einem riesigen Schreck wurde Violet klar, dass sie der Schlüssel zu der ganzen Sache war. Das Zittern kam zurück, und ein stechender Schmerz durchfuhr ihre Kehle, als die Magensäure aufstieg, weil sie den ganzen Tag noch nichts gegessen hatte. Aber was mit ihrem Körper passierte, war Violet im Augenblick egal.

»Solang sie mich nicht finden, solang sie mich nicht finden …«, murmelte sie wie ein Mantra vor sich hin. Sie führte nie Selbstgespräche, aber der Drang, ihre Gedanken auszusprechen, ließ sich nicht unterdrücken. Sie ließ sich in einen Sessel fallen, schlang die Arme um sich, schaukelte vor und zurück und starrte den Bildschirm an.

»Wir haben nicht mal denselben Nachnamen. Die können mich nicht finden.«

Die Zeit verstrich, Sekunde für Sekunde. Ihr blieb nichts anderes übrig, als vor dem Computer sitzen zu bleiben und die neuesten Entwicklungen zu beobachten.

Sie wartete auf die Nachricht, dass ihr Bruder wieder auf freiem Fuß war. Würde er sich bei ihr melden? Ihm musste klar sein, dass sie der Schlüssel war. Das hieß, er würde sich von ihr fernhalten, um sicherzugehen, dass ihre Verbindung nicht ans Licht kam.

Als draußen die Sonne unterging, hatte Violet fast sieben Stunden lang den Bildschirm angestarrt. Im Chat ging der rituelle Missbrauch fröhlich weiter, während man begeistert darüber diskutierte, ob ihr Bruder schuldig war, was seine Motive waren und wie er an so viele private Daten hatte kommen können. In was für einer Art illegaler Beziehung hatte er zu Au

Siu-Man gestanden? Das meiste davon war sinnloser Blödsinn, aber einige Beiträge machten ihr Angst:

- Glaubt ihr, der Typ hat allein gehandelt?
- Wenn es einen Komplizen gibt, versteckt der sich.
- Was meint ihr, wie lange die Polizei braucht? Hongkong ist winzig, wo soll der sich denn verstecken?
- Am besten in der Hölle! So jemand hat den Tod verdient.

Den Tod?

Hey, Vi, eins steht fest. Du darfst dein Leben niemals wegwerfen, wie hart es manchmal auch ist. Richte deine Wut lieber gegen andere! Wir leben in einer abartigen Gesellschaft. Rund um uns passieren jeden Tag zahllose Ungerechtigkeiten, kleine und große. Wenn das Universum uns so behandelt, gibt es keinen Grund für Fair Play. Es ist mir egal, ob ich von der ganzen Welt gehasst werde. Nur die Stärksten überleben.

Das hatte ihr Bruder irgendwann mal zu ihr gesagt.

Aber seine Worte trafen hier nicht zu.

War schon allein ihre Existenz eine Bedrohung für ihn?

Er hatte gelitten, seit er ein kleiner Junge gewesen war. Und jetzt brachte er es endlich zu was, machte Karriere. Wenn er verurteilt wurde, war seine Zukunft vorbei.

Ihre Antwort an Franny kam ihr in den Sinn.

> ... die beiden Charaktere sind zwar kein Liebespaar, trotzdem stehen sie sich sogar noch näher. Sie bilden eine Einheit. Wir können sie nicht mit irdischen Maßstäben messen. Ich glaube, der Autor wollte hervorheben, dass die beiden untrennbar miteinander verbunden sind. Aus diesem Grund stellt es in den Augen des Mannes auch kein Opfer dar, für die Frau zu sterben. Soweit es ihn betrifft, sind sein Leben und das ihre dasselbe ...

Um 21:26 Uhr erschien ein neuer Post – der Thread hatte inzwischen fast einhundert Beiträge.

GEPOSTET VON spacezzz AM 05.07.2015, 21:26
Re: Wer steckt hinter Teenie(15)-Selbstmord?
Ich kenne den Typen, den sie verhaftet haben. Wir sind Kollegen. So was hätte ich nie von ihm gedacht. Aber man kann in einen Menschen einfach nicht reinschauen. Ich habe Insider-Infos: Er hat mir mal erzählt, er hätte eine kleine Schwester, sie geht noch zur Schule. Ich hab sie mal zusammen gesehen. Ich erinnere mich noch an ihre Uniform – es ist die Schule von dem Mädchen, das sich umgebracht hat! Da gibt es mit Sicherheit eine Verbindung.

Violet zitterte nicht mehr.
Sie war vollkommen klar im Kopf.

SONNTAG, 5. JULI 2015

Wir stecken in Schwierigkeiten 12:48

Wo bist Du? Jemand hat Dich angezeigt!! 13:10

! 13:15

Die Sache ist außer Kontrolle!
Schau's Dir an! Auf Popcorn 13:31

Bist Du da? 14:01

Ich habe solche Angst! 14:42

Ruf mich sofort an, wenn
Du das hier liest! 15:13

Bitte 15:14

Bruder 15:14

ACHTES KAPITEL

1

»Hier ist alles ruhig. Du behältst Sze Chung-Nam im Auge«, sagte N im Lichtschein der Laterne zu Ducky. Er legte auf und ging zu seinem Wagen zurück, in dem Nga-Yee allein sitzen geblieben war und den Monitor nicht aus den Augen ließ.

Nachdem N und Nga-Yee die Identität von Little Seven und The Rat aufgedeckt hatten, hatten sie Violet To auf Schritt und Tritt beobachtet. Ns Transporter parkte nun schon seit mehreren Tagen in der Nähe der Wohnanlage der Tos. Es handelte sich um einen weißen Ford Transit, von denen es auf den Straßen Hongkongs so viele gab, dass er niemandem besonders auffallen würde. Um auch noch das kleinste Risiko zu beseitigen, bewegte N den Wagen jeden Tag ein Stückchen den Broadcast Drive hinauf oder hinunter, für den Fall, dass doch ein aufmerksamer Passant oder übereifriger Pförtner davon Notiz nahm. Im Augenblick parkten sie an der Kreuzung zur Fessenden Road.

Von außen wirkte der Transit völlig normal. Die Karosserie ein bisschen schmutzig, die vordere Stoßstange eingedellt, bis auf die Fahrerkabine keine Fenster – ein ganz normales Lieferfahrzeug. Das Innere allerdings hatte Nga-Yee ziemlich überrascht, als sie es vor ein paar Tagen zum ersten Mal gesehen hatte.

Überall Bildschirme und Überwachungsgerätschaften.

An den Wänden des geschlossenen Laderaums hingen sechs Monitore in unterschiedlichen Größen. An die Rückwand der Fahrerkabine war ein mit Elektronik vollgestopftes Metallregal montiert – ein wildes Durcheinander aus Schaltern, Tastenfeldern und Anzeigentafeln. Sämtliche Wände waren mit schwammartigem Material verkleidet, und auf einem etwa ein Meter achtzig langen Tisch an einer der Seitenwände befanden sich diverse Laptops, Tastaturen und Computermäuse sowie ein paar Gegenstände, die ein bisschen an Fernbedienungen erinnerten. Die Arbeitsplatte war übersät mit leeren Starbucks-Bechern und Einwickelfolien. Kabel verliefen kreuz und quer über den Boden. Vor dem Tisch standen drei Drehstühle, darunter mehrere Pappschachteln, in einer Ecke lehnte ein mit Pappbechern und Take-away-Kartons vollgestopfter Müllsack. Der Grad an Chaos entsprach in etwa dem in Ns Wohnung, und in der Luft hing ein etwas widerlicher Geruch.

Nga-Yee hatte sich anfangs in dieser Enge unwohl gefühlt, sich aber nach ein paar Tagen daran gewöhnt – vor allem angesichts der Resultate. Wenn sie dafür bekam, was sie wollte, hätte sie sich bis zum Hals in Abfall begraben lassen.

»Was glauben Sie? Kriegen wir sie heute Nacht so weit?«, fragte Nga-Yee, als N zurückkam, ohne Violet für eine Sekunde aus den Augen zu lassen. Sie hätte nie geglaubt, dass es möglich war, dieses Mädchen innerhalb weniger Tage in einen derartigen Zustand zu treiben: wirre Haare, aschfahles Gesicht, spröde Lippen, die Augen tief in den Höhlen und geistig völlig leer.

»Ja. Heute Nacht ist alles vorbei.« Gähnend setzte N sich neben sie. Seine Stimme war unfassbar ruhig, als würde die Sache ihn nichts angehen.

Dabei planten sie hier den Tod eines jungen Mädchens.

Sie musste an den Tag zurückdenken, als sie in dem Hotelzimmer gestanden und dabei zugesehen hatte, wie Violet im Chemielabor den gefälschten Abschiedsbrief verbrannt hatte.

»Was haben Sie mit Violet To vor?«, hatte Nga-Yee ihn gefragt.

»Ich nehme an, Sie wollen ein Leben für ein Leben?«, lautete seine Gegenfrage.

Das erschreckte sie. Sie glaubte, er hätte sie nur hingehalten, damit sie nicht losrannte und Violet eigenhändig erwürgte, aber offenbar bot er ihr tatsächlich an, den Mord für sie zu begehen.

»Sind Sie – sind Sie ein Auftragskiller?«, stotterte sie.

N schüttelte den Kopf. »Man muss keinen Mord begehen, wenn man will, dass jemand stirbt«, sagte er. »Würde Violet To zum Beispiel Selbstmord begehen, wäre alles wieder im Gleichgewicht.«

»Wollen Sie damit sagen, wir lassen einen Mord wie Selbstmord aussehen?«, fragte Nga-Yee mit bebender Stimme. Obwohl ihr Herz nach Rache dürstete, streikte ihr Verstand bei der Vorstellung, einen solchen Wunsch in die Tat umzusetzen.

»Nein. Ich sagte Selbstmord. Echter Suizid.« N sah sie unverwandt an. »Wäre Ihnen das denn nicht das Liebste? Violet nimmt sich das Leben, genau wie Ihre Schwester?«

Nga-Yee schluckte. »Wie wollen Sie das anstellen?«

»Weiß ich noch nicht.« N zuckte die Achseln. »Aber mir fällt was ein.«

»Ja klar, logisch, Sie zwingen sie, sich umzubringen.«

»Sie irren sich, Miss Au. Ich habe nicht vor, sie zu irgendwas zu zwingen. Jemanden zum Suizid zu nötigen oder zu überreden, ist nichts anderes als Mord. Wir Menschen sind anderen Lebewesen überlegen, weil wir freien Willen besitzen und das auch wissen. Wir sind rationale Wesen: Wir wissen, dass jede Wirkung auf einer Ursache beruht und dass wir für unsere Entscheidungen die Verantwortung übernehmen müssen. Ich werde Violet nicht zwingen, sich umzubringen, aber ich werde die Möglichkeit zum Selbstmord schaffen, sie ihr auf dem Silbertablett kredenzen und ihr die Erlaubnis erteilen, diese Wahl zu treffen. Eine perfektere Rache können Sie nicht bekommen.«

Nga-Yee hatte keine Ahnung, wovon er sprach, und es war ihr auch egal. Wenn N ihr helfen konnte, Rache zu nehmen, konnte er ihretwegen den freien Willen oder sonst was benutzen, um das Ziel zu erreichen.

In dem Augenblick, als Nga-Yee N beauftragt hatte, für sie Rache zu nehmen, hatte sie die Opferrolle abgelegt. Vorbei die Zeit, als sie wehrlos und verletzlich gewesen war. Sie wollte nur noch, dass Violet mit ihrem Leben für das bezahlte, was sie getan hatte. Sie bildeten immer noch ein Dreieck, doch die Ecken trugen neue Namen: nicht mehr Mandantin – Detektiv – Täterin, sondern Rächerin – Attentäter – Opfer.

Montag, nachdem sie Violet beim Verbrennen des Briefs beobachtet hatten, waren sie ihr gefolgt.

Abends traf sie sich mit einem Mann, etwa Ende zwanzig oder auch schon Anfang dreißig, mittelgroß, der aussah wie ein Büroangestellter. Obwohl sie nicht wussten, wer er war, war N sich sofort sicher, dass es sich nur um The Rat handeln konnte, Violets IT-Support.

»Sie hat eben erst den Beweis vernichtet«, sagte N. »Jeder, der kein kriminelles Genie ist, würde sofort versuchen, seinen Komplizen zu treffen: aus Angst, sich versehentlich irgendwo verraten zu haben, und um sich bei ihm Rat zu holen, ob weitere Schritte notwendig sind, sich abzusichern.«

Violet wirkte in Gegenwart des Mannes plötzlich viel natürlicher als in der Schule und sah ihn voller Bewunderung an. Bestimmt ist er ihr Freund, dachte Nga-Yee, und in ihr brodelte es – Violet hatte kein Recht, so glücklich auszusehen.

Am darauffolgenden Nachmittag erhielt sie von N einen überraschenden Anruf. Nachdem er sich von Nga-Yee verabschiedet hatte, war er dem Mann gefolgt und hatte herausgefunden, woher er und Violet sich kannten: Er war ihr Bruder.

»Moment. Der Name, den Sie eben erwähnt haben, ist nicht To«, entgegnete Nga-Yee. »Sind die beiden wirklich verwandt?«

»Ja. Das können Sie mir glauben. Es ist ein bisschen kompliziert … das erzähle ich Ihnen dann persönlich.«

N klang fröhlicher als üblich. Vielleicht lagen Rachekomplotte ihm mehr als Ermittlungsarbeit.

Zwei Tage später, Nga-Yee war gerade mit dem Bus auf dem Weg zur Arbeit, rief N wieder an.

»Kommen Sie heute Nachmittag zum Broadcast Drive. Wir treffen uns vor dem Commercial-Radio-Gebäude.«

»Was?« N hatte ihr zwar erzählt, dass Violet dort in der Nähe lebte, aber sie verstand nicht, was ihre Anwesenheit bringen sollte.

»Ich bin mit meinen Vorbereitungen fertig. Wenn Sie dabei sein wollen, kommen Sie heute Nachmittag.«

»Ach so. Okay. Dann nehme ich mir den Nachmittag frei.«

Fast hätte sie gesagt, sie würde nach der Arbeit kommen, aber sie wusste nicht, ob sie sich selbst ins Aus bugsierte, wenn sie jetzt ablehnte. »Sind Sie sicher, dass Sie mich dabeihaben wollen?«

»Die Sache ist ernst. Sie sind ein Volltrottel, und ich kann nicht riskieren, Sie da draußen frei rumlaufen zu lassen – sonst versauen Sie am Ende noch den ganzen Plan«, antwortete N verächtlich. »Das ist nicht wie bei einer Ermittlung. Wenn irgendwas von dem, was wir tun, ans Licht kommt, lässt sich das nicht mehr so leicht aus der Welt schaffen.«

Nga-Yee war nicht wohl bei der Sache. Verstohlen musterte sie die anderen Fahrgäste im Bus, doch niemand beachtete sie. Außerdem hatte sie nichts Belastendes geäußert. Auch wenn N betont hatte, dass es sich nicht um Mord handelte, widersprach das, was sie vorhatten, jeglichen ethischen und juristischen Grundsätzen, und sie mussten äußerst überlegt vorgehen. Selbst das Telefon, das sie inzwischen benutzte, war ein Wegwerfhandy, das N ihr drei Tage zuvor in die Hand gedrückt hatte – und der einzig sichere Weg, miteinander zu kommunizieren.

Um vier Uhr nachmittags kam Nga-Yee vor dem Gebäude des Radiosenders an. Auf dem Broadcast Drive waren nie viele Menschen unterwegs. Als sie aus dem Bus stieg, war N nirgendwo zu sehen. Noch ehe sie ihn anrufen konnte, klingelte ihr Telefon.

»Weißer Transporter, andere Straßenseite«, bellte N unhöflich. Sie sah sich um, und tatsächlich: Vor einem Wohngebäude, direkt unter einem Sandelholzbaum, parkte ein weißer Ford Transit. Nga-Yee rannte über die Straße und klopfte an die Seitentür. Die Tür glitt auf, N streckte den Kopf raus und zog sie zu sich hinein, ehe sie auch nur ein Wort sagen konnte.

»Was zum …?«

Nga-Yee brauchte einen Moment, bis ihre Augen sich an das Dunkel gewöhnt hatten, und als sie endlich etwas erkennen konnte, war sie sprachlos. Das Seltsamste waren gleich mehrere Monitore, die alle Violet zeigten. Sie saß in einem bequemen Sessel und las ein Buch.

»Wir sind live dabei«, sagte N und wies Nga-Yee mit einer Geste an, sich auf einen der Stühle zu setzen. »Momentan ist sie in ihrem Zimmer. Monitor 2 und 3 zeigen alles, was sie gerade tut. Drei weitere Kameras sind auf verschiedene andere Bereiche ihres Zimmers gerichtet.«

»Wie machen Sie das? Sagten Sie nicht, sie wohnt im zehnten Stock?« Dies war eine reine Wohngegend, und anders als neulich im Hotel konnte N hier nirgendwo feste Kameras installiert haben.

»Drohnen«, antwortete N und wedelte mit einem kleinen grauen Gegenstand mit vier Rotoren, der auf seiner Handfläche Platz hatte. »Ein paar von den Dingern habe ich auf Fensterbrettern und Klimageräten am Haus direkt gegenüber platziert. Nachdem der richtige Winkel gefunden war, konnte ich alles sehen. Ich könnte, wenn nötig, auch direkt in ihrem Zimmer eine unterbringen, für Nahaufnahmen. Allerdings fliegen die Drohnen nicht völlig lautlos. Aber das spielt im Tiefschlaf keine Rolle.«

Nga-Yee musste an die Entführung denken. So also war er an das Bild von dem blonden Gangster gekommen – er war in Wirklichkeit nie selbst in seiner Wohnung gewesen.

»Also ist die hier direkt im Zimmer?« Nga-Yee deutete auf Monitor 2, wo eindeutig Details zu erkennen waren – sie konnte sogar die Titel auf den Buchrücken im Regal lesen.

»Nein. Das ist ihre Laptopkamera«, sagte N. »Die in ihrem Telefon könnte ich ebenfalls aktivieren, Vorder- und Rückseite. Aber es gibt genügend Fenster, und da sie die Vorhänge nicht zuzieht, sollten die Drohnen momentan genügen.«

»Gut. Sie beobachten also jede ihrer Bewegungen. Wie geht es weiter?«

»Wie ich bereits sagte, ich schaffe die Möglichkeit und präsentiere sie ihr.«

Er musste das Wort »Selbstmord« nicht aussprechen. Nga-Yee wusste, was er meinte.

»Wie werden Sie vorgehen?«

»Die größte Befriedigung ließe sich damit erzielen, ihre eigene Taktik gegen sie zu richten. Zum Beispiel den Cybermob auf sie zu hetzen …« N hielt inne. »Aber deswegen habe ich Sie nicht kommen lassen. Ich hatte Ihnen doch gesagt, ich wollte Ihnen noch mehr über Violets Familie erzählen, richtig?«

Nga-Yee nickte. Es versetzte ihr jedes Mal einen Stich, sobald sie daran dachte, wie Violets Gesicht bei der Begegnung mit dem Mann, der angeblich ihr Bruder war, ausgesehen hatte. Sie würde den beiden Schweinen niemals verzeihen, dass sie ihre Schwester in den Tod getrieben hatten.

N zog eines der Laptops zu sich heran und machte ein paar Eingaben. Auf dem Bildschirm erschienen diverse Fotos: Einige zeigten einen älteren Mann und andere den Typen, mit dem Violet sich neulich getroffen hatte.

»Das hier ist Violets Vater«, sagte N und tippte auf ein Bild. Der Mann war Mitte fünfzig, hatte ein strenges Gesicht und trug einen dunklen Anzug. »Er hat einen leitenden Posten in einem Bauunternehmen – das Bild stammt von der Firmenwebsite. Er befindet sich momentan auf Geschäftsreise in Festlandchina, was uns zur perfekten Gelegenheit verhilft, den Racheplan durchzuführen. Er und Violet leben allein, was bedeutet, dass Violet bis zu seiner Rückkehr nächste Woche allein in der Wohnung sein wird.«

»Was ist mit ihrer Mutter?«

»Die hat sich vor ein paar Jahren aus dem Staub gemacht.«

Das überraschte Nga-Yee ein bisschen. Sie hätte nicht gedacht, dass Reiche ihre Familie einfach so im Stich ließen. Doch als sie noch ein bisschen darüber nachdachte, kam sie zu dem Schluss, dass wahrscheinlich nur Reiche so egoistisch sein konnten.

»Und das hier ist unser Mr Rat«, sagte N und zeigte auf ein weiteres Foto. »Er hat einen Fachhochschulabschluss in Informatik und arbeitet als Programmierer in einer kleinen Firma. Er lebt allein …«

Während N die Informationen zu Violets Bruder herunterleierte, klickte er mit der Maus herum. Weitere Bilder erschienen auf dem Bildschirm: der Mann beim Verlassen seiner Wohnung, auf dem Weg zur U-Bahn, vor einem Bürogebäude.

»Moment«, unterbrach Nga-Yee ihn. »Das Foto in dem Restaurant – an der Eingangstür hing ein Plakat für das Dragon Boat Festival, aber das ist fast zwei Wochen her! Das Bild können Sie unmöglich in den letzten Tagen gemacht haben.«

»Das stammt nicht von mir«, antwortete N ungerührt.

»Von wem dann?«

»Ich habe meine Quellen. Sagen wir, ich habe es mir von einer Detektei ›geliehen‹.« Er malte mit den Händen Gänsefüßchen in die Luft.

»Von einer Detektei?«

»Wie gesagt, wir haben Glück.« N grinste. »Als ich ihn an dem Tag, nachdem wir uns verabschiedet hatten, beschattet habe, fiel mir etwas Interessantes auf. Jemand saß vor seinem Haus in einem schwarzen Wagen, fotografierte ihn mit Teleobjektiv und notierte sich die Uhrzeit seiner Rückkehr. Ich wusste sofort, dass ich es mit einem Kollegen aus der Branche zu tun hatte.«

»Ach was!«, sagte Nga-Yee.

»Die meisten Detektivbüros in Hongkong haben mich schon mal um Hilfe gebeten. Ich hatte das Kennzeichen mehr als nur einmal gesehen und wusste sogar, für welchen Laden der Fahrer arbeitet. Ich baue mir bei jedem, für den ich je tätig werde, ein Hintertürchen ins Computersystem, damit ich mir jederzeit Zugang verschaffen und die Berichte lesen kann. Auf diese Weise bin ich in diesem Fall an die Informationen gekommen – inklusive dem Foto, das Sie eben gesehen haben.«

Nga-Yee erinnerte sich an das Gespräch mit Mr Mok. Er hatte gesagt, wenn die Detekteien auf ein unlösbares Problem stießen, wandten sie sich an N.

»Und wer hat einen Detektiv beauftragt, um ihn zu beschatten?«, wollte Nga-Yee wissen.

»Violets Vater.« N tippte den Bildschirm an.

»Wieso sollte er seinem eigenen Sohn hinterherspionieren?«

»Wer hat denn was von Sohn gesagt?«

»Ach so?« Nga-Yee verstand nicht, was er meinte. »Dann ist Violet also doch nicht mit ihm verwandt? Am Telefon haben

Sie gesagt … Oh! Wollen Sie damit sagen, Violet und ihr Bruder haben verschiedene Väter?«

»Nein. Derselbe Vater, dieselbe Mutter. Die Sache ist die: Violets jetziger Vater ist nicht ihr biologischer. Und in Wirklichkeit heißt sie auch nicht To.«

Auf Nga-Yees Gesicht spiegelte sich Verwirrung. Sie hätte gerne eine Frage gestellt, wusste aber nicht, wo sie anfangen sollte.

»Violets Mutter war Kosmetikerin. Sie lebte mit einem zwielichtigen Kerl zusammen und bekam von ihm einen Sohn und eine Tochter. Sie war siebzehn, als sie mit dem Vater ihrer Kinder zusammenkam. Dann, mit dreißig, stand sie plötzlich auf und ging – hatte wahrscheinlich kapiert, dass sie ihr Leben nicht an einen Typen wie ihn verschwenden durfte. Zu dem Zeitpunkt lernte sie Mr To kennen.« N tippte wieder das Foto auf dem Bildschirm an. »Das war vor zehn Jahren. Sie brachte ihre fünfjährige Tochter mit in die Ehe und ließ ihren Nachnamen auf den des Stiefvaters ändern. Die Rede ist von Violet.«

»Wahrscheinlich liebte sie ihre Tochter mehr als ihren Sohn, und deshalb hat sie nur Violet mit in die neue Ehe gebracht.« Nga-Yee war sich nicht ganz sicher, ob der Ausdruck »neue Ehe« passend war – es hörte sich nicht so an, als wäre Violets Mutter mit dem Vater ihrer Kinder je verheiratet gewesen.

»Hätte sie ihre Tochter geliebt, hätte sie Violet nicht zurückgelassen, als sie zum zweiten Mal ging. So, wie ich das sehe, hatte sie sehr egoistische Gründe, Violet bei sich zu behalten: weil es mit einer entzückenden Fünfjährigen im Schlepptau leichter war, das Herz eines Mannes zu gewinnen«, höhnte N. »Die Ehe dauerte noch keine fünf Jahre, als sie sich wieder ihren alten Mustern hingab und mit dem nächstbesten Mann davonrannte. Der Neue ist offensichtlich Börsenspekulant – also ein moderner Spieler. Er konnte ihr zwar vielleicht nicht unbedingt mehr Geld bieten oder ein sichereres Leben, aber eines stand fest: Mit ihm würde es nicht langweilig werden.«

»Und Violet …«

»Blieb beim Vater. Auch wenn sie nicht blutsverwandt sind, ist er rechtlich ihr Vormund.«

Mit einem so komplizierten Hintergrund hatte Nga-Yee nicht gerechnet.

»Also hat der Vater den Privatdetektiv beauftragt, um seine Frau zu finden?«

N lachte auf. »Jahre bevor sie ihre Tochter und ihren zweiten Mann verlassen hat, hatte sie bereits ihren Sohn im Stich gelassen. Glauben Sie, ausgerechnet über den würde er herausfinden, wo sie steckt?« Er lachte wieder. »Bevor seine Frau verschwand, hatte Mr To nicht mal geahnt, dass der Junge existierte. Seine Stieftochter traf sich hinter seinem Rücken mit ihrem Bruder. Sie stehen sich inzwischen ziemlich nahe, und ich glaube nicht, dass ihm das gefällt.«

»Und das haben Sie alles bei der Detektei rausgefunden?«

»Nein. Ich habe mit der ehemaligen Haushälterin gesprochen.« N holte ein weiteres Foto auf den Bildschirm. Zu sehen war eine Frau Mitte fünfzig mit südostasiatischen Zügen. »Ihr Name ist Rosalie, und sie war mehr als zehn Jahre bei Familie To angestellt. Letztes Jahr kam der Rausschmiss, und jetzt arbeitet sie für eine Familie in Ho Man Tin. Sie über ihre Vermittlungsagentur zu finden, war ein Kinderspiel. Ich gab mich als Sozialarbeiter aus, behauptete, Violet würde eine emotional schwierige Phase durchmachen und ich hätte deshalb einige Fragen an Rosalie.«

»Also hat Violet sich immer heimlich mit ihrem Bruder getroffen?«

»Violet hat das Gefühl, ihr Bruder wäre der einzige Mensch, dem sie sich anvertrauen kann. Mr To ist quasi ein Fremder für sie. Doch offensichtlich hat der Bruder schlechten Einfluss auf seine Schwester. Das Komplott gegen Ihre Schwester war offenbar seine Idee. Eine ganz normale Schülerin wie Violet wäre nie von sich aus auf die Idee gekommen, Daten zu stehlen und den Cybermob gegen Siu-Man aufzuhetzen.«

In Nga-Yee brodelte heftige Wut hoch – das war ihr noch gar nicht in den Sinn gekommen. Little Seven war Siu-Mans

Klassenkameradin, und selbst wenn sie aus einem fehlgeleiteten Gerechtigkeitssinn heraus oder aufgrund eines Vorurteils zu dem Schluss gekommen war, dass Siu-Man ein Unkraut war, das herausgerupft werden musste, hätte sie es ohne die Hilfe von The Rat niemals so weit getrieben. The Rat war erwachsen. Anstatt seine Schwester von ihrer Idee abzubringen, wurde er zum Mitverschwörer und nutzte sein Computer-Know-how, um ihr zu helfen. Das war unverzeihlich.

Auch Violets familiärer Hintergrund war eine Überraschung. Nga-Yee musste daran denken, wie Siu-Man in dem ursprünglichen Hass-Post verhöhnt worden war, weil sie bei einer alleinerziehenden Mutter aufgewachsen war – dabei saß Violet im gleichen Boot. Nga-Yee konnte sich vorstellen, weshalb der Stiefvater einen Privatdetektiv auf ihren Bruder angesetzt hatte. An seiner Stelle hätte sie dasselbe getan: Er wusste, dass der junge Mann einen schlechten Einfluss auf Violet hatte. Deshalb wollte er mehr über ihn herausfinden. Vielleicht gab es eine Schwachstelle oder ein Geheimnis, das sich ausnutzen ließ, ein Druckmittel, um den Kontakt zu ihr ein für alle Mal zu unterbinden.

»Die Art und Weise, wie Rosalie über Violet sprach« – N lehnte sich zurück –, »legt nahe, dass sie ihr sehr am Herzen lag. Schließlich hat sie sie aufwachsen sehen und war wie eine Mutter für sie. Wer weiß? Wenn sie nicht hätte gehen müssen und Violet in ihr jemanden zum Reden gehabt hätte, wäre sie vielleicht nie in diese absurde Situation geraten.«

»Sie reden und reden! Wollen Sie mir jetzt etwa erzählen, es sei nicht Violets Schuld?« Nga-Yee war laut geworden.

»Es ist nicht meine Aufgabe, zu entscheiden, wer recht hat und wer nicht. Ich bin lediglich hier, um Ihnen dabei zu helfen, Rache zu nehmen«, antwortete N kühl. »Ich dachte, Sie wüssten vielleicht gern etwas mehr über Violets Hintergrund. Schließlich ist sie in dieser Blutfehde der Feind, oder etwa nicht?«

Nga-Yee wusste nicht, was sie darauf erwidern sollte. Sie hätte nicht sagen können, wann es passiert war, aber sie hatte aufgehört, Violet als menschliches Wesen zu betrachten. Für sie war sie nur noch ein Ziel, die personifizierte Schuld. Sie wollte, dass Violet Qualen litt, und hatte vergessen, dass hinter deren Rachebedürfnis ebenfalls irgendein Sinn stehen könnte.

Gut, Violet hatte keine Mutter, die sie liebte – aber das ist noch lange kein Grund, gemein zu werden, dachte Nga-Yee. Sie erstickte das aufkeimende Mitleid in sich und legte einen festen Panzer um ihr Herz, bis nur noch Rachegelüste übrig waren. Violet musste mit ihrem Leben für ihre Taten bezahlen.

Während der folgenden Stunde saßen Nga-Yee und N schweigend da und beobachteten ihr Ziel. Als Nga-Yee irgendwann fragte, wie der nächste Schritt aussähe, sagte N nur: »Wenn Ihnen langweilig ist, gehen Sie nach Hause. Rache ist keine Instantnudelsuppe, die in drei Minuten fertig ist.«

Nga-Yee antwortete nicht. Sie ahnte nicht, dass N sich hinter seiner regungslosen Miene alle möglichen Strategien durch den Kopf gehen ließ, wie sich die gewonnenen Informationen in künftige Aktionen verwandeln ließen. Er hatte die letzten Tage damit verbracht, sich einen Plot auszudenken, den weder Violet To noch ihr Bruder durchschauen konnten. Es war viel einfacher, die Wahrheit aufzudecken, als vorherzusagen, wie Menschen reagieren würden. Trotzdem war N Letzteres lieber. Fallen stellen war viel aufregender und herausfordernder als Puzzle lösen.

Beep!

Gerade als Nga-Yee sich ernsthaft zu fragen begann, was diese ganze Überwachung überhaupt sollte, gab Ns Laptop ein schrilles Geräusch von sich.

»Ah, er ist da«, rief N und öffnete die Seitentür.

Nga-Yee wappnete sich – jetzt begann bestimmt der nächste Schritt. Wer mochte das sein? Sie sah durch die geöffnete Tür nach draußen und erblickte ausgerechnet Ducky, den Typen, dem sie im Hotel schon einmal begegnet war, einen Starbucks-Becher in der Hand. Sein Gesicht blieb unbewegt, als sich ihre Blicke kreuzten.

»Ich zähl heute Nacht auf dich«, sagte N zu Ducky und stieg aus dem Transporter.

»Was soll das denn jetzt?«, rief Nga-Yee N hinterher, der gerade die Tür wieder schließen wollte.

»Schichtwechsel«, sagte N trocken. Ducky nahm seinen Platz ein und fing an, unverständliche Buchstabenreihen in die Tastatur zu hacken. »Ich kann sie ja wohl schlecht persönlich vierundzwanzig Stunden am Tag im Auge behalten, oder?«

»Soll ich …« Nga-Yee war sich nicht sicher, ob sie auch gehen oder bleiben sollte, zumal sie immer noch nicht wusste, wozu sie Violet eigentlich beobachteten.

»Ist mir egal, ob Sie die ganze Nacht hierbleiben. Allerdings weiß ich nicht, wie Sie das mit der Toilette hinkriegen wollen. Wir pinkeln einfach in eine Flasche.«

»Moment!« Sie rief ihm nach, aber N hatte die Tür schon wieder zugemacht. Sie versuchte, ihm zu folgen, und scheiterte an der Türverriegelung. Als sie die Tür endlich geöffnet hatte, war von N weit und breit nichts mehr zu sehen.

»Bitte schließen Sie die Tür, Miss Au«, ertönte Duckys tiefe Stimme hinter ihr. »Wir dürfen nicht auffallen.«

Nga-Yee blieb nichts anderes übrig, als sich wieder ins Innere des Transporters zurückzuziehen.

Auch wenn Nga-Yee N nicht ausstehen konnte, hatten sie inzwischen so viel Zeit miteinander verbracht, dass sie wusste, wie sie mit ihm umgehen musste. Ducky war praktisch ein Fremder für sie, und sich auf derart engem Raum mit ihm zu befinden, war ihr mehr als unangenehm.

»Miss Au«, sagte er plötzlich.

»Ja?«

»Vorne an der Junction Road gibt es eine öffentliche Toilette.«

»Oh. Danke.«

Obwohl er, während er mit ihr sprach, kein einziges Mal den Blick von den Monitoren wandte, hatte der kurze Wortwechsel genügt, um ihre Meinung von ihm ein bisschen zu verbessern, auch wenn sein Gesicht immer noch so ausdruckslos war wie das eines Roboters.

Nga-Yee sah auf die Uhr und stellte mit Schrecken fest, dass es erst kurz nach halb sieben war. Sie hatte in dem finsteren Kabuff jegliches Zeitgefühl verloren. Sie setzte sich wieder hin und machte damit weiter, Violet anzustarren. Sie überlegte, ob sie ein Gespräch anfangen sollte, aber Duckys Körpersprache signalisierte eindeutig, dass er nicht gestört werden wollte.

Plötzlich betrat eine Frau die Wohnung. »Wer ist das denn?«

»Die Putzfrau. Kocht für Violet.« Ducky war eindeutig kein Freund vieler Worte.

Die Frau machte sich in der Küche zu schaffen. Nach einer Weile kam sie ins Wohnzimmer, stellte zwei Teller auf den Esstisch und ging Violet Bescheid sagen. Als sie lediglich eine Portion Reis auf einen Teller tat, wurde Nga-Yee klar, dass das ganze Essen nur für Violet bestimmt war. Damals, als ihre Mutter und ihre Schwester noch lebten, hätten diese Mengen – gebackener Fisch, buntes Gemüse, Suppe – sie alle drei satt bekommen. Sofort war ihre Wut wieder da. Violet hatte ein unbeschwertes Leben, es war für alles gesorgt. Warum hatte sie das Bedürfnis gehabt, Siu-Man fertigzumachen? Nga-Yee hatte sich nie groß Gedanken über soziale Ungerechtigkeit gemacht, aber in diesem Augenblick hasste sie die Reichen.

Nach dem Essen ging Violet in ihr Zimmer zurück. Sie saß eine Zeit lang am Computer, dann kehrte sie zu ihrem gemütlichen Sessel und ihrem Buch zurück. Nga-Yee beobachtete jede ihrer Bewegungen und hatte noch immer keinen Schimmer, was diese Überwachung bringen sollte.

»Heute Nacht passiert nichts«, sagte Ducky plötzlich, als hätte er ihre Gedanken gelesen.

»Nein?«

»Sie verpassen nichts, wenn Sie jetzt nach Hause fahren. Kommen Sie morgen wieder.«

Auch wenn er so gut wie stumm war, kam Ducky ihr sehr viel normaler vor als N. Wenigstens war er zugänglicher. Nga-Yee glaubte nicht, dass er sie belügen würde, also nickte sie und suchte ihre Sachen zusammen. Sie hatte Hunger, außerdem war ihr Lohn gekommen, und sie konnte sich endlich wieder mal richtig satt essen. Die Vorstellung, wie sie in den letzten Wochen von Instantnudeln gelebt hatte, während Violet To, diese Verbrecherin, in üppigen Mahlzeiten schwelgte, versetzte ihr einen Stich.

»Also dann.« Nga-Yee stand auf, um zu gehen. Als sie hinter Duckys Platz vorbeiging, fiel ihr Blick zufällig auf seinen Bildschirm. Auf dem Laptop war der Popcorn-Chat geöffnet, und sie entdeckte eine ungewöhnliche Thread-Überschrift.

Wer steckt hinter Teenie(15)-Selbstmord?

»Hä?« Nga-Yee hatte vor Schreck laut gedacht.

Ducky drehte sich um und sah sie fragend an.

»Ist das … Ach was, egal. Ich gehe jetzt.«

Sie zwang sich zu einem Lächeln, stieg aus dem Transporter und rannte quasi bis zur Station Lok Fu. Sie hatte inzwischen ein ziemlich gutes Gefühl für Ns Methoden und wusste, dass er über seine Pläne erst sprach, wenn sie gefruchtet hatten. Offensichtlich hatte der nächste Schritt ihres Racheplans, wie auch immer der aussehen mochte, mit Popcorn zu tun. Ducky war Ns Partner, es hätte also wenig Sinn ergeben, ihn zu fragen. Wenn sie wissen wollte, was los war, musste sie es selbst rausfinden. Sie vergaß ihren Vorsatz, sich ein üppiges Abendessen zu gönnen, fuhr auf direktem Weg nach Hause und setzte sich mit einer Schale Instantnudeln an den Computer, um bei Popcorn nach dem Post zu suchen, den sie eben gesehen hatte.

Nach einer Stunde Sucherei hatte sie noch immer nichts gefunden.

Sie hatte sämtliche Chatrooms durchforstet und mehr als zehn Seiten zurückgescrollt. Obwohl der Post erst vorhin auf der Seite gewesen war, hatte sie die Beiträge einer ganzen Woche durchgesehen, ohne Erfolg. Hatte sie sich womöglich geirrt? Vielleicht war es eine andere Plattform gewesen, die Popcorn einfach nur ähnlich sah? Nga-Yee war immer noch neu im Internet und hatte keine Ahnung, wie sie so etwas hätte suchen sollen.

Schließlich gab sie es auf. Sie würde N morgen nach der Arbeit fragen, und falls er sich weigerte, ihr zu antworten, würde sie ihm so lange auf die Nerven gehen, bis er ihr sagte, was los war.

Ihr Chef hatte sie am Vortag netterweise früher gehen lassen, unter der Voraussetzung, dass sie die Zeit wieder reinholte, was bedeutete, dass Nga-Yee am nächsten Tag von der Frühschicht bis zur Schließung um neun bleiben musste. Als sie die Bibliothek verließ, rief sie N an, um ihn wissen zu lassen, dass sie auf dem Weg zum Broadcast Drive war – nur um zu erfahren, dass es einen Ortswechsel gegeben hatte.

»Ich stehe auf dem Parkplatz vom Festival Walk, P2, Zone M.«

»Festival Walk?«

»P2, Zone M.«

Er legte auf. Nga-Yee blieb verunsichert stehen, doch dann beschloss sie, dass dies die Einladung war, sich ihm anzuschließen. Hätte er sie nicht dabeihaben wollen, hätte er ihr seinen Standort nicht verraten.

Als sie die Mall erreichte, war es bereits gegen zehn. Über drei Stockwerke verteilten sich etwa achthundert Parkplätze, fast alle belegt, doch dank Ns Anweisungen gelang es ihr, den weißen Ford Transit zu finden. Sobald sie sich näherte, glitt die Tür auf, und aus dem düsteren Innenraum blickte N ihr entgegen.

»Warum haben Sie umgeparkt?«, fragte Nga-Yee beim Einsteigen.

Anstatt zu antworten, nickte er nur zu Monitor 2. Alle anderen Monitore zeigten weiter die Wohnung der Tos, genau wie am Vortag, nur auf diesem war jetzt ein Coffeeshop zu sehen. Und da, in einem bequemen Sessel, saß Violet To und las.

»Sie ist heute Nachmittag in die Mall gegangen, war im Buchladen, hat irgendwann im Food Court Bibimbap gegessen und kam dann hierher, um zu lesen.«

»Und wo ist die Kamera? Sie können in einer Shoppingmall voller Menschen ja wohl schlecht eine Drohne benutzen.«

»Ducky beschattet sie.«

Nga-Yee musterte die Szene genauer. Die Kamera befand sich offensichtlich auf einem Tisch. Seitlich ragte unscharf ein Kaffeebecher ins Bild.

»Ich dachte, Sie wechseln sich ab?«

»Besondere Umstände.« N setzte sich wieder hin. Er wirkte ein bisschen genervt. »Als sie heute Nachmittag die Wohnung verließ, ging sie nicht wie sonst zum Lok Fu Place, sondern stieg in den Bus. Weil ich keine Ahnung hatte, ob sie vorhatte, mit der U-Bahn weiterzufahren, musste ich den Transporter stehen lassen, zu ihr in den Bus steigen und Ducky bitten, den Transit nachzuholen. Wir haben uns hier getroffen und Plätze getauscht.«

»Sie waren im selben Bus wie Violet? Was, wenn sie Sie erkannt hätte?«

»Ich war verkleidet. Eins muss ich ihr allerdings lassen: Ich habe sie eindeutig unterschätzt. Ich dachte, eine Fünfzehnjährige würde sich bei derart viel Druck irgendwo verkriechen, stattdessen geht sie aus und sucht zur Entspannung Ablenkung. Sie ist schon ziemlich lange unterwegs. Natürlich stellt das für mich kein Problem dar, aber es kommt unerwartet.«

»Was denn für ein Druck?« Ihr kam in den Sinn, was sie am Vortag auf dem Bildschirm gesehen hatte. »Meinen Sie etwa einen neuen Popcorn-Post?«

N zog eine Augenbraue hoch und blickte sie mit einem winzigen Lächeln an. »Ducky weiß, wie man den Mund hält. Ich nehme an, Sie haben zufällig was mitbekommen.«

»Ja.« Leugnen war zwecklos. »Irgendwer, der angeblich hinter dem Selbstmord steckt. Außerdem haben Sie selbst gesagt, dass Sie das Internet nutzen wollen. Also habe ich zwei und zwei zusammengezählt.«

N griff nach einem zweiten Laptop und stellte es vor sie hin. »Na gut, Adlerauge, dann sehen Sie sich den Rest auch noch an.«

Auf dem Bildschirm war eine Popcorn-Chatseite zu sehen, unter der Überschrift, die sie gestern entdeckt hatte. Sie las, was

SuperConan zu sagen hatte, und entdeckte unter den Antworten auch ZeroCools Enthüllungen. Violet musste in nackte Panik verfallen sein, nachdem sie das gesehen hatte.

»Dann weiß Popcorn jetzt also Bescheid?«, keuchte Nga-Yee ungläubig. »Sie stecken hinter diesem Conan. Sie haben aufgedeckt, dass Shiu Tak-Ping keinen Neffen hat! Ich wette, der Typ mit der Festplatte ist ein Freund von Ihnen. Alles andere wäre viel zu großer Zufall – dass jemand beschließt, die Geschichte wieder aufzurollen, und im selben Moment jemand anderes zufällig die passenden Beweise zur Hand hat.«

»Falsch, Miss Au«, sagte N. »Ich habe nichts aufgedeckt, und es gibt auch keinen Partner. Ich bin jeder einzelne User im ganzen Thread.«

»Was?«

»Ja. Ich bin SuperConan, und ich bin ZeroCool. Und die ganzen anderen, die im Hintergrund rumkrakeelen und sich aufgeilen und Sachen schreiben wie ›Haltet mir nen Platz frei, ich geh nur schnell Popcorn holen‹. Alles ich.«

»Sie haben sich bei Popcorn eingehackt? Werden es die normalen User nicht seltsam finden, wenn plötzlich so viele Fake-Accounts auftauchen?«

N machte ein paar Eingaben, und ein anderes Bild erschien auf dem Schirm. »Vergleichen Sie.«

Auch das neue Fenster zeigte die Popcorn-Startseite, aber bei näherem Hinsehen entdeckte Nga-Yee einen kleinen Unterschied: Im zweiten Fenster kam »video Echtmitschnitt! Hongkonger Student trinkt aus ihrem Schädel« direkt nach »Ich mache zehn Riesen im Monat. Wie kauft man eine Wohnung?«. Im ersten Fenster stand »Wer steckt hinter Teenie(15)-Selbstmord?« zwischen den anderen beiden Schlagzeilen.

»Ist er … weg?«

»Dieser Thread existiert nicht, Miss Au. Er ist gefälscht.«

»Moment! Dann ist das alles gelogen? Keiner weiß, dass Shiu Tak-Ping gar keinen Neffen hat, und auch niemand etwas über die Sachen von dieser Festplatte?«

»Korrekt.« N nickte. »Aber Violet To hält es für echt.«

Nga-Yee starrte ihn verblüfft an.

»Wissen Sie noch, was ein Man-in-the-Middle-Angriff ist?«

Nga-Yee erinnerte sich an das Killerkaninchen auf dem Tablet der Frau in dem Coffeeshop.

»Sie haben sich in das WiFi-Netz bei Violet zu Hause gehackt und die gefakte Seite auf ihrem Computer installiert.«

»Ja.«

Da hätte ich gestern Abend lange suchen können, dachte Nga-Yee.

»Aber wie? Hätten Sie sich als Provider ausgegeben, hätte Ihr Signal viel stärker sein müssen als das Original.«

»Ich habe einfach ihren Router übernommen.« N deutete auf eine der Drohnen auf dem Tisch. »Diese Dinger machen nicht nur Fotos, sie sind auch in der Lage, ein WiFi-Signal abzufangen. Ich habe im Dunkeln eine auf der Klimaanlage vor ihrem Fenster geparkt und den Remote-Angriff von dort ausgeführt. WiFi-Router haben alle möglichen Schwachstellen. Selbst mit einer WPA2-Verschlüsselung haben Hacker leichtes Spiel, falls der User aus Bequemlichkeit über WPS dem Netzwerk Geräte hinzufügt. Ein paar Überstunden, und schon war ich drin. Danach musste ich nur noch mit roher Gewalt ins Router-Protokoll einbrechen und das DNS auf meine Fake-Seite umleiten. Jetzt habe ich die totale Kontrolle über ihren PC.«

Nga-Yee starrte ihn nur verständnislos an. N verzog das Gesicht und gab es auf, ihr die Sache erklären zu wollen. »Jedenfalls stehe ich jetzt zwischen Violet To und dem echten Internet. Ich kontrolliere alles, was sie sieht und hört. Sollte sie sich entschließen, selbst einen Post oder eine E-Mail zu schreiben, kann ich auch die verändern.«

»Und wozu das Ganze?«, fragte Nga-Yee. »Wenn Sie ins Wespennest stechen wollen, braucht es doch die ganzen Fake-Antworten gar nicht.«

»Aus diversen Gründen. Hauptsächlich will ich verhindern, dass uns jemand dazwischenfunkt, damit ich unsere Mission so schnell wie möglich zu Ende bringen kann. Glauben Sie, ein Online-Mob lässt sich so mir nichts, dir nichts auf die Beine stellen? Glauben Sie nicht alles, was die Politiker Ihnen erzählen. Beim Versuch, die öffentliche Meinung zu manipulieren, kann alles Mögliche schiefgehen – dazu braucht es eine Langzeitstrategie. Aber die Emotionen eines einzelnen Menschen? Das ist einfach. Sie brauchen lediglich die Kontrolle über die Informationen, die er bekommt, und schon haben Sie das Kommando über seine Gefühle.«

Nga-Yee erinnerte sich, dass er damals über die Frau in dem Coffeeshop etwas Ähnliches gesagt hatte.

»Aber haben Sie sie auch wirklich komplett abgeschottet? Sie würde doch sicher sofort ihren Bruder anrufen und um Hilfe bitten.«

»Wird nicht passieren.«

»Warum nicht?«

»MITM-Attacken funktionieren nicht nur über WiFi.« N drehte sich um und tippte auf ein etwa brotdosengroßes Gerät in dem Metallregal.

»Das ist ein IMSI-Catcher, besser bekannt als Stingray. Es ahmt eine Mobilfunkzelle nach und fängt innerhalb eines gewissen Bereichs sämtliche Signale ab.«

»Wollen Sie damit sagen, Sie kontrollieren nicht nur ihr WiFi, sondern auch ihr Mobiltelefon? Auch, welche Anrufe sie tätigen oder empfangen kann?«

»Nicht schlecht – diesmal haben Sie's sofort kapiert.«

»Kann man so was kaufen? Ist das nicht gefährlich? Das heißt doch, weltweit könnte jeder, der ein Handy hat, abgehört werden!«

»Ja, so was kann man kaufen, aber die meisten würden nicht so einfach rankommen. Die Hauptnutzer sind Regierungen, das Militär, die Polizei …« N legte eine Kunstpause ein. »… oh, und Hacker und Kriminelle, natürlich. Das hier ist allerdings kein kommerzielles Produkt. Ich habe es selbst gebaut.«

»Sie meinen, Ducky hat es gebaut?« Nga-Yee erinnerte sich, dass er gesagt hatte, Ducky besäße einen Computerladen.

»Sie haben recht, er hat die Komponenten geliefert. Aber die Firmware stammt von meinem Professor.«

»Ihrem Professor?« Nga-Yee hatte keine Ahnung, was Firmware war, aber die Sache mit dem Professor interessierte sie mehr.

»Der Mann, der mir das Hacken beibrachte. Sein Spezialgebiet sind Schlupflöcher in der Signalsicherheit.«

»Kann das Ding da tatsächlich Handysignale auffangen?« Nga-Yee beäugte misstrauisch die kleine Box. Hightech konnte unmöglich so simpel aussehen.

»Woher hätte ich sonst Ihre Telefonnummer?«

»Was?«

»Deshalb wusste ich immer schon vorher, wenn Sie in meine Nähe kamen.«

Nga-Yee dachte an die Zeit zurück, als sie versucht hatte, ihn dazu zu bewegen, ihren Fall zu übernehmen. Er hatte offensichtlich jeden ihrer Schritte vorausgeahnt, und auch in den letzten Tagen hatte er ihr immer schon die Tür aufgemacht, ehe sie klopfen konnte.

»Sie haben mein Telefon gehackt?«

»Ich hacke *sämtliche* Telefone in meiner Umgebung«, entgegnete N lässig. »Ich habe auf meinem Dach sowie auf drei weiteren Dächern in näherer Umgebung Antennen installiert, jede mit einem Stingray verbunden. Ich kenne die Telefonnummer jedes einzelnen Anwohners. Sobald sich eine mir unbekannte Nummer länger als eine Minute in der Zone aufhält, wird sie automatisch von meinem Computer registriert. Ich habe mir Ihre Daten schon bei Ihrem allerersten Besuch besorgt. Von da an habe ich, sobald Sie sich meiner Wohnung auf einhundert Meter näherten, einen Alert bekommen. Anhand der Signalstärke konnte ich sogar bestimmen, wo exakt auf der Straße Sie sich befanden.«

»Wie ist das möglich?«

»Per Triangulation. Wie bei Satelliten. Wenn Sie mehr darüber wissen wollen, schlagen Sie's nach, wenn Sie das nächste Mal bei der Arbeit sind.«

Nga-Yee glaubte ihm zwar nicht so ganz, doch es erklärte jedenfalls, wieso er offenbar ständig gerochen hatte, dass sie in der Nähe war, und auch, warum er auf die beiden Gangster gefasst gewesen war, die ihm aufgelauert hatten.

»Okay. Sie können verhindern, dass Violet ihren Bruder anruft und andersrum. Aber wird denen das auf Dauer nicht seltsam vorkommen, wenn sie sich nicht erreichen? Oder können Sie etwa auch Stimmen faken?«

»Ich bin tatsächlich im Besitz von Stimmmodulationstechnologie, aber selbst wenn es möglich wäre, damit die Stimme eines Menschen vollkommen nachzuahmen, bliebe das Problem, Tonfall und Ausdrucksweise hinzukriegen. Wer der imitierten Person nahe genug steht, würde sofort merken, dass etwas nicht stimmt.« N kontrollierte kurz den Bildschirm und stellte sicher, dass Violet immer noch in ihrem Sessel saß und las. »Aber die meisten Menschen heutzutage kommunizieren sowieso über Instant-Messaging-Dienste, also haken wir da ein.«

N nahm ein Tablet vom Tisch und öffnete eine App, die aussah wie Line. Nga-Yee wusste nicht sofort, was sie da sah, aber nachdem sie ein paar Posts gelesen hatte, wurde es ihr klar.

»Ist das ein Gespräch zwischen Violet To und ihrem Bruder?«

»Korrekt. Nur dass ich der Bruder bin.« N grinste.

»So was können Sie?«, rief Nga-Yee aus. »Wie?«

»Jetzt muss ich schon wieder ganz von vorn anfangen, weil Sie sonst ständig ›Wie‹ und ›Warum‹ fragen wie eine kaputte Schallplatte«, sagte N gequält. »Am Tag nach unserem zweiten Besuch in der Schule war ich am Broadcast Drive, um mich dort umzusehen. Ich lokalisierte die Wohnung der Tos und schickte in der darauffolgenden Nacht zum ersten Mal Drohnen los, um die Überwachung zu starten und das WiFi zu infiltrieren. Außerdem habe ich das Stingray benutzt, um sämtliche Mobilfunknummern in der Nachbarschaft abzugreifen, bis ich die von Violet isoliert hatte. Dann war ich bereit.«

N nahm das Tablet an sich, gab ein paar Befehle ein und legte es wieder vor sie hin.

»Vorgestern Vormittag benutzte ich das Stingray, um diese Nachricht an Violets Telefon zu senden.«

Erinnerung der Schulbücherei der Enoch Secondary School. Folgende Medien sind in drei Tagen fällig. &#65297, &#65299, &#65294, &#65302, &#65303. Für weitere Informationen oder Leihfristverlängerung gehe auf http://www.enochss.edu.hk/lib/q?s=71926

»Was ist das?«

»Eine Ausleihbenachrichtigung der Schulbücherei. Natürlich gefälscht. Der Punkt war, dass sie den Link anklickt.«

»Wozu?«

»Ich habe die Enoch-Seite modifiziert. Sobald Violet auf den Link klickte, stellte ihr Browser die Verbindung zu einem Server her, der eine manipulierte App auf ihrem Telefon installierte.«

»Eine manipulierte App?«

»Der Vorgang ist als Masque Attack bekannt – man ersetzt eine bekannte App durch ein Schadprogramm mit identischem Design.« N deutete auf die geöffnete Line-App auf dem Tablet. »Sieht genauso aus wie der Line Instant Messenger und funktioniert auch genauso. Die meisten würden keinen Unterschied bemerken. Als Violet sich zum ersten Mal über die gefälschte Line-App anmeldete, kam ich an sämtliche Nachrichten ran, die sie vorher verfasst hatte, konnte die neuen abfangen und jedes Gegenüber beliebig imitieren.«

»Genau wie bei Man-in-the-Middle.«

»Exakt.« Ns Augen funkelten. Er machte sich offensichtlich darüber lustig, dass Nga-Yee plötzlich Fachjargon verwendete. »Die Leute sind inzwischen so daran gewöhnt, über Line oder Ähnliches zu kommunizieren, dass sie sich überhaupt nicht mehr fragen, ob ihr Gegenüber auch wirklich derjenige ist, für den sie ihn halten. Deshalb gibt es so viele Online-Betrügereien.«

»Kam Violet die Büchereibenachrichtigung nicht seltsam vor?«

»Ehe ich den gefakten Popcorn-Thread anlegte, habe ich mit der gleichen Methode ein paar gefälschte Nachrichten in den

Schulchat gestellt, damit es so aussah, als hätten andere Schüler ebenfalls falsche Benachrichtigungen bekommen. Außerdem habe ich auf dem Weg gleich noch eine kleine Diskussion über den Rabatz mit dem Abschiedsbrief in der Bücherei angezettelt. Sobald Violet mitbekam, dass die Leute über Ihre Schwester sprachen, dachte sie natürlich nicht mehr an die Erinnerung.«

Um den Fake-Thread im Schulchat möglichst glaubhaft zu gestalten, hatte N sich im Vorfeld ins Intranet der Schule gehackt und sich die Namen aller Schüler besorgt, die an jenem Tag den Drucker in der Bücherei benutzt hatten. Er war tatsächlich ein bisschen erstaunt gewesen, dass Violet nicht sofort den Kontakt zu ihrem Bruder gesucht hatte, nachdem sie den Schul-Thread gesehen hatte. Gleichzeitig hatte ihm ihr Verhalten erlaubt, wieder ein wenig mehr über die Natur der Beziehung zwischen den beiden Geschwistern zu verstehen und seine Strategie dementsprechend anzupassen.

»Mir war klar, dass Violet den auffälligen Schulchat nicht überlesen würde. Sie würde mit Sicherheit den gesamten Thread lesen, um rauszufinden, ob jemand – zum Beispiel die Prinzessin – noch etwas über den Abschiedsbrief gepostet hatte. Das war der Köder. Am nächsten Tag postete ich dann unter dem Namen eines weiteren Schülers den Link zu dem Fake-Chat auf Popcorn, den Sie eben gesehen haben.«

»Aha. Und damit hing sie am Haken«, sagte Nga-Yee. »Sie dachte, ihre Taten wären ans Licht gekommen.« Nga-Yee begann zu begreifen. »Erst las sie den Post von SuperConan und dann, dass jemand auf irgendeiner Festplatte zufällig weitere Dateien gefunden hätte, und jetzt haben Sie auch noch den Kontakt zu ihrem Bruder abgeschnitten …«

Nga-Yee musterte den Monitor. Auf den ersten Blick sah es aus, als wäre Violet in ihre Lektüre vertieft, aber bei näherem Hinsehen entdeckte sie die gerunzelte Stirn. Violet versuchte angestrengt, sich nicht anmerken zu lassen, wie nervös sie war.

»Moment mal …«, sagte Nga-Yee plötzlich. »Violet ist doch gar nicht zu Hause. In dem Coffeeshop kann sie doch bestimmt ins echte Internet. Was, wenn sie auf Popcorn geht und den

Thread nicht mehr wiederfindet? Dann fällt doch der ganze Plan in sich zusammen. Oder was ist, wenn ihr Bruder jetzt anruft? Schafft Ihr Stingray es etwa bis in den Coffeeshop?«

»Aus diesem Grund wird sie von Ducky beschattet.« N deutete auf den Monitor. »In seinem Rucksack befindet sich ein schwächeres Stingray mit nur knapp zehn Metern Reichweite. Sein Laptop ahmt einen WiFi-Server nach, um die MITM-Attacke aufrechtzuerhalten. Das müsste genügen, um Violets Isolierung zu gewährleisten. Sollte sie allerdings aus irgendwelchen Gründen auf eines der öffentlichen Computerterminals des Cafés ausweichen oder beschließen, ihren Bruder von einer öffentlichen Telefonzelle anzurufen, wären wir in Schwierigkeiten. Falls das geschieht, muss Ducky sie irgendwie aufhalten. Aber ich wette, dazu kommt es nicht, schließlich ahnt sie nicht, dass mit ihrem Telefon etwas nicht stimmt.«

N schien auf sämtliche Eventualitäten vorbereitet zu sein. Kein Wunder, dass selbst Violets unvorhergesehener Ausflug zum Festival Walk ihn nicht hatte erschüttern können.

»Im Augenblick wirkt Violet gefasst, weil ihr Bruder ihr über Line geschrieben hat, sie soll sich keine Sorgen machen. Trotzdem ist sie natürlich innerlich ziemlich aufgewühlt«, sagte N. »Ihr echter Bruder tappt völlig im Dunkeln. Er ist mit seinem Job beschäftigt und macht sich wahrscheinlich nicht allzu viele Gedanken darüber, wie es seiner kleinen Schwester gerade gehen mag. Die Falle ist also aufgestellt, und wir sind bereit für den nächsten Schritt.«

»Und der wäre?«

»Wenn Sie mitmachen wollen, fahren Sie heute Nacht nicht nach Hause.« N lächelte verschlagen.

Nga-Yee hatte mal wieder keine Ahnung, was er plante, aber so, wie's aussah, würde sie die nächste Nacht wohl nicht in ihrem Bett verbringen.

Kurze Zeit später fing Violet an, zusammenzupacken. Ein verwackeltes Kamerabild zeigte sie auf dem Weg raus aus dem Café und weiter bis zum Shuttlebus an der Suffolk Road. Der Blickwinkel verriet, dass Ducky mit einigen Passagieren Abstand irgendwo vor ihr in der Schlange stand. Es war noch einiges los, und viele waren offensichtlich ebenfalls auf dem Rückweg zum Broadcast Drive. Die meisten Leute dachten bei dem Wort »Beschattung«, dass man jemanden verfolgte, in dem man hinter ihm war, dachte Nga-Yee, und es war ein Zeichen für Ns und Duckys überragende Fähigkeiten, dass sie sich nun vor Violet gesetzt hatten. Nga-Yee kamen gleich zwei Vorteile dieser Taktik in den Sinn: Erstens war die Gefahr, dass Violet sich womöglich als Letzte in einen überfüllten Bus quetschte und der Verfolger zurückblieb, so geringer; und zweitens, noch viel besser, wer kam schon auf die Idee, von jemandem verfolgt zu werden, der sich räumlich vor einem befand? Indem Ducky vorausahnte, was Violet tun würde, war er ihr im wahrsten Sinne des Wortes immer einen Schritt voraus.

»Wir sollten los.« N stand auf und begab sich nach vorn in die Fahrerkabine. Erst jetzt entdeckte Nga-Yee die schmale Schiebetür, die direkt zum Fahrersitz führte.

»Sie bleiben hinten und halten die Stellung«, rief er und zog die Tür zu.

Der Transporter setzte sich ruckelnd in Bewegung, aber Nga-Yee bekam nichts davon mit. Sie war ganz und gar auf Violet To fixiert. Sie und Ducky befanden sich an entgegengesetzten Enden des Busses. Eine Viertelstunde später war der Transit zurück am Broadcast Drive. N fand einen Parkplatz und kam zurück nach hinten. Ein paar Minuten später kam auch der Shuttlebus an, und Violet stieg aus; Ducky blieb sitzen.

»Sie befindet sich jetzt wieder in Reichweite von unserem Stingray«, sagte N zur Erklärung. Nga-Yee verstand: Im Gegensatz zu einem normalen Linienbus hielt der Shuttlebus nur auf Bitte eines Fahrgasts. Violet würde mit Sicherheit merken, wenn auf ihr Signal hin noch jemand ausstieg.

Fünf Minuten später war Violet wieder zurück in der Wohnung (und auf den Monitoren), und auch Ducky hatte sich wieder zu ihnen gesellt.

»Danke«, sagte N und nahm ihm den Rucksack ab.

»Kein Problem«, sagte Ducky so ausdruckslos wie immer.

Nga-Yee wurde aus der Beziehung zwischen N und Ducky nicht ganz schlau. Ducky schien großen Respekt vor N zu haben, aber das konnte auch auf dem Vertrauen zwischen zwei Partnern beruhen. Sie musste an Lois Gesichtsausdruck denken, als er über N gesprochen hatte, und an die Hochachtung von Mr Mok. In Nga-Yees Augen war N ein arroganter Scheißkerl, der das, was er tat, zufällig sehr gut beherrschte. Sie hatte keine Ahnung, wie diese Leute zu einer derart hohen Meinung von ihm kamen.

Nachdem Ducky gegangen war, sagte N zu Nga-Yee: »Die Sitze lassen sich zurückklappen. Wenn Sie wollen, machen Sie ein Nickerchen.«

»Was? Ein Nickerchen? Ich dachte, der nächste Schritt ist dran.«

»Dazu ist es noch zu früh.« N angelte sich einen Snackriegel aus der Plastiktüte unter dem Tisch und beugte sich wieder über sein Laptop.

Nga-Yee beschloss, seinem Rat zu folgen. Im Transporter war es dunkel, und sie war erschöpft. Den Blick fest auf Violet gerichtet, fielen ihr langsam die Augen zu. Im Halbschlaf registrierte sie, dass jemand sie an der Schulter rüttelte. Sie blinzelte verschlafen. N saß noch genauso da wie eben, direkt links neben ihr. Wieso hatte er sie denn so schnell wieder geweckt? Sie warf einen Blick auf die Uhr und stellte erstaunt fest, dass der kleine Zeiger auf der Drei stand. Sie hatte fast vier Stunden geschlafen.

»Wach?«, fragte N.

Nga-Yee rieb sich die Augen und sah sich um. Auf den Monitoren war immer noch Violets Wohnung zu sehen, allerdings war alles in grünen Schimmer getaucht. Kamera 3 war in Violets Zimmer gerichtet.

»Geht … geht's jetzt los?«, fragte Nga-Yee.

»Ja.«

»Was tun wir? Einbrechen?«

»Nein. Wir rufen sie an.«

»Was?«

»Telefonterror.«

Nga-Yee war plötzlich hellwach. »Telefonterror?«, fragte sie empört. »Ist das Ihr Ernst? Ich schlage mir hier für einen kindischen Telefonstreich die Nacht um die Ohren?«

»Es mag ein Streich sein, aber daran ist mit Sicherheit nichts kindisch.«

»Wie …«

»Schluss mit den Fragen.« N stellte ein Mikrofon vor sie hin und tippte etwas in die Laptoptastatur. Auf Monitor 3 schreckte Violet plötzlich hoch und tastete hektisch nach ihrem Telefon.

»Mit den Nachtsichtkameras geht es nicht besser«, sagte N. Jetzt war Nga-Yee klar, wo die grüne Farbe herkam.

»Hallo?« Im Lautsprecher ertönte deutlich Violets Stimme. Nga-Yee drehte sich panisch zu N um und fragte ihn mit Gesten, was sie sagen sollte.

»Sie hört Sie erst, wenn Sie den Mikroknopf drücken«, sagte N und verkniff sich ein Lachen. »Außerdem ist der erste Anruf sowieso stumm.«

»Hallo?« Wieder Violets Stimme. N drückte eine Taste und beendete den Anruf.

»Den nächsten machen Sie«, sagte N und ging auf Wahlwiederholung, sobald Violet das Telefon sinken ließ.

»Was, wenn sie meine Stimme erkennt?«, fragte Nga-Yee.

»Wird sie nicht. Ich habe einen Verzerrer dazwischengeschaltet.«

»Hallo?« Violets Stimme klang ein bisschen genervt.

»Was soll ich denn sagen?« Nga-Yees Finger schwebte über dem Mikroknopf.

»Was Sie wollen, aber bitte vermeiden Sie das Wort ›Schwester‹ und alles andere, womit Sie sich verraten könnten. Fassen Sie sich kurz.«

Ohne nachzudenken, drückte Nga-Yee den Knopf. Was sollte sie zu ihr sagen? Sie biss sich auf die Lippe. »Mörderin!«, brach es aus ihr heraus.

N hieb auf die Taste, trennte die Verbindung und schenkte Nga-Yee ein Lächeln. Es schien beinahe bewundernd. Die Violet auf Monitor 3 wirkte wie erstarrt. Nga-Yee war überraschend zufrieden mit sich. Wie lange hatte sie sich danach gesehnt, der Person, die ihre Schwester in den Tod getrieben hatte, ihre Tat an den Kopf zu werfen, und jetzt hatte sie nicht nur das getan, sondern der Täterin damit einen grausamen Schreck eingejagt. Sie hatte zwei Fliegen mit einer Klappe geschlagen.

»Sehr gut, wenn auch nicht besonders subtil. Sogar ein bisschen grob, würde ich sagen.« N zog das Mikro zu sich hin und stellte zum dritten Mal die Verbindung her.

»Wer sind Sie? Was wollen Sie von mir? Wenn Sie nicht aufhören, zeige ich Sie an!« In Violets Stimme lag blanke Angst – sie erfüllte den ganzen Transporter.

»Fick dich! Ha, ha, ha!« Nga-Yee hatte N noch nie so aggressiv erlebt. Er legte auf, ehe Violet noch etwas antworten konnte.

N versuchte es noch ein paarmal, aber Violet drückte jeden Anruf weg, und schließlich war das Telefon ausgeschaltet.

»Ha! Game over!«, sagte N triumphierend.

Nga-Yee verspürte einen Anflug von Ärger in sich, weil er die Sache gar so leicht nahm.

»Und was soll das jetzt bringen?«, fragte sie.

»Sehen Sie nicht, in was für einem Zustand sie ist?«

Nga-Yee wandte sich dem Monitor zu. Violet kauerte in einer Ecke des Betts, die Decke eng um sich geschlungen. Nga-Yee hätte nicht geglaubt, ihr solche Angst einjagen zu können.

»Normalerweise bekommt man von solchen Anrufen höchstens schlechte Laune. Hier sehen Sie, was ein schlechtes Gewissen anrichten kann. Ein kleiner Stups, und schon zeigen sich in der gelassenen Fassade ernsthafte Risse«, sagte N. »Die Anrufe sind lediglich die Zündschnur für die nächste Explosion.«

»Wieso Zündschnur?«

N tippte auf der Tastatur herum, dann drehte er das Laptop zu Nga-Yee hin. Auf dem Bildschirm war noch immer der gefakte Popcorn-Thread zu sehen, doch inzwischen waren noch ein paar Kommentare dazugekommen.

- Es gibt sogar eine Telefonnummer! Hat die schon mal wer probiert?
- Ich. Irgendeine Tussi. Los, Leute. Auf sie!

»Sobald Violet die sieht, wird sie zu wissen glauben, woher die Anrufe kamen.« N scrollte auf der Seite nach unten. »Es wird so aussehen, als hätte der Cybermob rausgefunden, dass dieser kidkit727, der Ihre Schwester in den Selbstmord trieb, aus einem entsetzlichen Motiv heraus gehandelt hat und dass seine Enttarnung kurz bevorsteht.«

Eine der Antworten stach heraus, und der User-Name verursachte bei Nga-Yee ein mehr als unangenehmes Déjà-vu.

GEPOSTET VON kidkit727 AM 04.07.2015, 03:09
Re: Wer steckt hinter Teenie(15)-Selbstmord?
Hallo, hier ZeroCool. Ich habe das Passwort zu diesem Account in dem Ordner entdeckt, auf den ich gestoßen bin. Ich bin 100 % sicher, dass dieses Schwein was mit der Sache zu tun hat.

»Ich vermute, das … das ist auch ein Fake, oder?«

»Natürlich.«

»Aber was, wenn Violet die Log-in-Daten von kidkit727 überprüft oder versucht, sich selbst einzuloggen?«

»Wenn ich in der Lage bin, eine Chat-Plattform zu faken, kann ich selbstverständlich auch jede Seite dieser Plattform inklusive Log-in faken.« N sah sie stirnrunzelnd an – ihre dämlichen Fragen waren nur schwer zu ertragen. »Aber selbst wenn ich mir all das gespart hätte, würde Violet sich niemals einloggen. Sie hätte am liebsten nie wieder was mit kidkit727 zu tun. Wieso sollte sie sich das antun, sich noch mal auf der Plattform anzumelden, wenn sie nicht unbedingt muss?«

Nga-Yee lenkte ihren Blick zurück auf Monitor 3. Violet saß immer noch zusammengekauert unter der Bettdecke. Ab und zu ging ein Zittern durch ihren Körper. N hat recht, dachte Nga-Yee, der Telefonterror ist vielleicht effektiver, als ich dachte.

»Und jetzt?«, fragte sie.

»Ich vermute, sie bleibt die ganze Nacht in diesem Zustand. Ich nutze die Zeit und produziere weitere Fake-Antworten, um sie noch tiefer reinzutreiben.« N zog das Laptop wieder zu sich heran.

»Was soll ich tun?«

»Genießen Sie den Anblick, Violet leiden zu sehen. Das war doch, was Sie wollten, oder? Dasselbe, was Ihre Schwester Nacht für Nacht durchgemacht hat, als sie im Netz verleumdet wurde.«

Nga-Yee durchfuhr ein Schauder. Seit sie und Siu-Man kein Stockbett mehr teilten, hatte sie ihre Schwester nie wieder schlafen gesehen. Wahrscheinlich hatte Siu-Man sich auch jede Nacht unter die Decke gekauert und gespürt, wie eine unsichtbare Hand sie immer weiter dem Tod in die Arme trieb.

Die nächsten drei Stunden verbrachte Nga-Yee damit, Violet auf dem Monitor anzustarren. Zwischendurch döste sie immer wieder ein. Sie hatte keine Ahnung, wie N das durchhielt, ohne jeden Schlaf. Er saß einfach da und machte weiter. Wahrscheinlich war er so ein Leben gewohnt, völlig frei von jeglichem geregelten Tagesablauf.

Um 6:20 Uhr verließ Nga-Yee den Broadcast Drive und nahm die erste U-Bahn nach Hause. Sie sprang unter die Dusche, zog sich um und fuhr in die Bibliothek. N hatte gesagt, bis zum »Höhepunkt« würden noch zwei bis drei Tage vergehen, weshalb sie beschlossen hatte, ihr Stundenkonto nicht noch weiter zu überziehen. Sie würde sich N nach der Arbeit wieder anschließen.

Ehe sie ging, hatte N noch eine Frage an sie gehabt: »Um die ganze Sache noch überzeugender zu gestalten, habe ich vor, Violet Nachrichten auf die Mailbox zu schicken«, sagte er gelassen. »Wie viele sollen es sein?«

Nga-Yee hatte kein Interesse an derartig albernen Fragen. »Zweiundvierzig«, sagte sie aufs Geratewohl.

»Ha – die Antwort auf die Frage nach dem Leben, dem Universum und dem ganzen Rest. Zu schade, dass es da um Mäuse ging und nicht um Ratten. Sonst wäre die Anspielung noch netter gewesen«, kicherte N.

Nach der Frühschicht in der Bibliothek fuhr Nga-Yee direkt zurück zum Broadcast Drive und kam gegen fünf wieder dort an. N sah genauso aus wie am Morgen, aber mit dem Mädchen auf dem Monitor war eindeutig eine Veränderung vorgegangen.

Nga-Yee war keine Psychiaterin, aber selbst sie erkannte, dass Violet auf der Kippe stand. Ihr Gesicht war ausgezehrt, und sie wirkte völlig fahrig. Im Augenblick saß sie am Computer und starrte nervös auf den Bildschirm, während sie immer wieder nach dem Telefon griff, als würde sie auf eine Nachricht warten. Danach legte sie es jedes Mal wieder enttäuscht zur Seite.

»Was ist passiert?«, fragte Nga-Yee.

N reichte ihr das Tablet mit Violets Line-Chat.

»Sie hat versucht, ihren Bruder zu erreichen, aber ich habe sie auf eine ungenutzte Nummer umgelenkt, und sie denkt, er wäre nicht rangegangen. Das hier stammt von danach.«

Nga-Yee überflog den Chat. Jede Menge Nachrichten, die besagten, dass er viel zu tun habe, dass sein Boss in der Nähe ist, dass er sich später melden würde.

»Im Grunde ist es nicht gelogen – ihr Bruder hat wirklich viel zu tun und macht fast jeden Tag Überstunden. So läuft das in Hongkongs IT-Firmen vermutlich nun mal: viele Überstunden, schlechte Bezahlung, unsichere Zukunft. Vielleicht tue ich ihm sogar einen Gefallen, indem ich dafür sorge, dass er sich auf seinen Job konzentrieren kann, anstatt ständig mit seiner kleinen Schwester zu chatten«, sagte N spöttisch.

»Ich will die gefakten Popcorn-Posts sehen«, sagte Nga-Yee fast im Befehlston. N betrachtete sie etwas verwundert, dann drehte er das Laptop zu ihr um.

»Die meisten neuen Kommentare sind von heute Morgen.«

Nga-Yee ignorierte ihn und las sorgfältig den gesamten Thread. Ihr waren während der Arbeit plötzlich Zweifel gekommen, und das, was sie las, schien sie in ihren Gedanken zu bestätigen.

»Lügen Sie mich wieder an?«, fragte sie.

»Inwiefern sollte ich Sie belügen?«

»Sie haben gesagt, Sie wollen Violet durch Cybermobbing fertigmachen, aber das hier zielt alles auf ihren Bruder ab.« Nga-Yee hatte schon die ganze Zeit gespürt, dass etwas nicht stimmte, und jetzt war sie endlich dahintergekommen.

N schüttelte lachend den Kopf. »Also das beschäftigt Sie! Nein. Ich sagte, die beste Rache bestünde darin, ihre eigene Taktik gegen sie zu richten, also zum Beispiel den Cybermob auf sie zu hetzen. Doch dabei geht es nicht in der Hauptsache um das Mobbing, sondern ums Ergebnis.«

»Welches Ergebnis?«

»Sie wollen Violet leiden sehen. Weshalb genau sie leidet, ist im Grunde nebensächlich, oder nicht?«

Nga-Yee wusste nicht, was sie darauf erwidern sollte.

»Diese Taktik ist viel effektiver, als sie direkt anzugreifen. Jeder Mensch hat seine Achillesferse woanders. Um die besten Ergebnisse zu erzielen, müssen Sie die Schwachstellen ausfindig machen und erbarmungslos darauf einschlagen. Verlieren Sie nie Ihr eigentliches Ziel aus den Augen.«

Nga-Yee wusste genau, was er meinte: Violets Selbstmord.

»Sehen Sie, in welchem Zustand sie inzwischen ist?« N deutete auf den Monitor. »Gestern schaffte sie es noch, nach außen hin gelassen zu tun. Heute hat sie kein Interesse mehr an ihren Büchern und ist nur noch mit dem Computer und ihrem Telefon beschäftigt. Sie ist in Panik. Wenn wir es heute Nacht noch ein bisschen weiter treiben, haben wir sie bald so weit.«

»Machen wir mit dem Telefonterror weiter?«

»Nein. Wie gesagt, das war nur die Zündschnur. Haben Sie Geduld. Sie werden bald merken, was ich meine.« N lachte geheimnisvoll.

Um kurz vor sieben verließ Violet die Wohnung.

»Was? Sie geht wieder raus?«, sagte Nga-Yee nervös. »Wohin denn? Wieder zum Festival Walk? Brauchen wir Ducky?«

»Nein. Wahrscheinlich besorgt sie sich nur irgendwo was zu essen. Wir verfolgen sie mit dem Transporter.«

»Woher wissen Sie das?«

»Sie hat keine Tasche dabei, außerdem ist sie für die Mall nicht richtig gekleidet.«

Und tatsächlich, anstatt an der Bushaltestelle stehen zu bleiben, ging Violet weiter in Richtung Junction Road.

»Okay … sie überquert die Straße, das heißt, ihr Ziel ist nicht der Lok Fu Place. Also ist sie auf dem Weg Richtung Baptist Hospital.« N sprang auf und öffnete die Schiebetür. »Wahrscheinlich das Franki Centre. In der Gegend gibt es nicht so viele Restaurants, das dürfte nicht allzu schwer werden.«

N fuhr rüber zur Junction Road, parkte und kam nach hinten zurück.

»Zeit, den ersten Schuss abzufeuern.«

»Schuss? Sie haben aber nichts Gefährliches vor, oder?« Wieder einmal brachte Ns Wortwahl Nga-Yee völlig aus dem Konzept.

»Sie haben wirklich null Fantasie. Das war eine Metapher!« N hielt ein kleines gelbes Kästchen hoch, etwa so groß wie ein Smartphone. Auf der einen Seite waren schwarze Ovale in Wabenoptik angeordnet. Ob das Knöpfe waren? Nga-Yee hatte keine Ahnung.

N ging ans Ende des Tisches, knapp vor dem Heck, und machte sich an der Seitenwand zu schaffen. Erst jetzt sah Nga-Yee, dass sich dort ein Fenster befand. Sie trat zu ihm, und gemeinsam spähten sie hinaus. In diesem Moment kam Violet auf der anderen Straßenseite den Hügel heruntergelaufen und war jetzt kurz vor dem Eingang zu einem Park.

»Aus dem Weg – Sie können auf dem Bildschirm zusehen.« N schubste Nga-Yee unsanft beiseite.

»Aber da kann ich doch …« Sie wollte gerade protestieren, weil sämtliche Kameras auf die Wohnung gerichtet waren, als sie sah, dass Monitor 2 inzwischen den Blick aus dem Fenster zeigte. Vor ein paar Tagen, nach dem zweiten Besuch an der Schule, hatte N gesagt, er würde das Schultor aus seinem Wagen filmen – wahrscheinlich war an der Karosserie eine versteckte Kamera installiert.

»Gleich gibt es mehr zu sehen«, sagte er und schloss sein Minitelefon an das gelbe Kästchen an. Dann tippte er auf den Handybildschirm, und Nga-Yee sah, wie Violet erstarrte. Sie warf nervöse Blicke um sich.

»Was war das denn? Was haben Sie mit ihr gemacht?«

N schloss das Fenster und drehte sich frontal zu Nga-Yee um. Dann berührte er wieder sein Telefon.

»Mörderin!«

Nga-Yee fuhr zusammen. Die Stimme war direkt in ihrem Ohr gewesen. Es war das Wort, das sie gesagt hatte, aber es klang ganz anders.

»Ist das Ding ein Lautsprecher?« Sie zeigte auf das Kästchen.

Anstatt zu antworten, hob N die Box hoch und schwenkte sie vor ihr von links nach rechts.

»Mörd…«

Seltsam. Nga-Yee hörte die Stimme nur, wenn der Kasten direkt auf sie gerichtet war.

»Was ist das?«

»Dieses Ding hier nennt sich Richtlautsprecher«, erklärte N. »Einfach gesagt, so wie eine Taschenlampe Licht in einem Strahl bündelt, richtet sich hiermit der Schall auf eine eng begrenzte Umgebung. Nur wer in direkter Linie mit dem Gerät steht, kann das Geräusch hören. Weil Ultraschallwellen sich in der Luft nicht zerstreuen, hält das gesendete Geräusch die Richtung bei. Ich werde jetzt nicht zu sehr ins Detail gehen. Für Sie ist nur interessant, dass Violet glaubt, jemand hätte ihr gerade ›Mörderin‹ ins Ohr geflüstert.«

Nga-Yee hätte nie geglaubt, dass es so eine Technologie überhaupt gab.

»Ein Schuss ist nicht genug.« Mit diesen Worten legte N das Kästchen beiseite und kletterte zurück nach vorn in die Fahrerkabine.

Sie folgten Violet zum Franki Centre, wo sie ein Restaurant namens Lion Rock betrat. N stellte den Wagen in der Kam Shing Road ab, kam nach hinten zurück und zog ein verknittertes graues Jackett aus einer Kiste unter dem Tisch. Er schlüpfte hinein und stieg in eine braune Hose, die definitiv nicht dazu passte.

»Was tun Sie da?«

N ignorierte sie und zog sich weiter um. Als Nächstes kamen ein Paar abgetretene schwarze Schuhe und ein Hut, an dem ein Kranz grauer, langer Haare befestigt war. Er zog einen Standspiegel unter dem Tisch hervor, musterte sich kritisch und steckte sich zwei Wattebäusche in den Mund, um die Wangen aufzupolstern. Ein bisschen Make-up sorgte für weiße Augenbrauen, und eine altmodische, goldgefasste Brille vervollständigte den Look.

N war auf einen Schlag um zwanzig Jahre gealtert. Er sah plötzlich aus wie ein alter Knacker Mitte sechzig. Als er die Augen zusammenkniff und die Stirn runzelte, wirkten die Falten in seinem Gesicht viel tiefer als sonst. Seine Oberlippe stand ein wenig ab und entblößte die Zähne. Die Hängebacken machten es unmöglich, sein wirkliches Alter zu schätzen.

»Bin gleich wieder da.« Seine Stimme war viel tiefer als sonst. Er öffnete die Tür und verschwand. Nga-Yee erinnerte sich, dass er erwähnt hatte, er hätte Violet in Verkleidung beschatten müssen.

Sie wandte sich wieder Monitor 2 zu, auf dem jetzt zu sehen war, wie N das Restaurant betrat. Was drinnen vor sich ging, konnte die Kamera allerdings nicht einfangen. Gerade als Nga-Yee sich fragte, was sie jetzt tun sollte, erregte der flackernde Laptopbildschirm ihre Aufmerksamkeit. Als sie näher hinsah, wurde ihr klar, dass der altmodisch getäfelte Raum, den sie sah, das Restaurant sein musste. N trug offensichtlich eine versteckte Kamera am Körper.

»Für eine Person, Sir?«, ertönte eine Stimme aus dem Laptoplautsprecher, und eine Kellnerin kam ins Bild.

»Nein, danke. Nur was zum Mitnehmen.«

Während N sprach, schwenkte das Bild nach links, wo Violet allein in einer Ecke saß.

»Natürlich. Was hätten Sie denn gern?«

»Oje, haben Sie auch Sandwiches auf der Karte?«

»Natürlich. Eine ziemlich große Auswahl sogar.«

»Entschuldigung, ich sehe so schlecht. Ich kann die Karte gar nicht lesen …«

Während N mit der Kellnerin sprach, riss Violet plötzlich den Kopf hoch und sah sich panisch um. Nga-Yee warf einen Blick neben sich und sah, dass das Minitelefon und der Richtlautsprecher verschwunden waren.

»Dann nehme ich das mit Corned Beef.«

»Gerne, einmal Corned Beef. Achtundzwanzig Dollar, bitte.«

Nga-Yee achtete kaum auf N, so sehr war sie auf Violet fixiert. Obwohl Ns Kamera keine besonders gute Auflösung hatte, war eindeutig, dass Violets nervöser Gesichtsausdruck nackter Panik gewichen war. Sie sah sich schockiert um, starrte ein Pärchen ein paar Tische weiter an, dann den Mann am Nebentisch, als wären sie eine Horde von Dämonen, die es auf ihre Seele abgesehen hatten. Nga-Yee wurde klar, wie diabolisch dieser Schachzug war: Sobald Violet klar wurde, dass sie Stimmen hörte, die sonst niemand registrierte, musste sie glauben, dass sie den Verstand verlor. Die Anrufe waren tatsächlich nur ein Streich gewesen – das Vorspiel zu wahrem Unheil.

»Bitte sehr, ein Corned-Beef-Sandwich«, sagte die Kellnerin zehn Minuten später.

»Danke sehr. Könnte ich wohl noch ein paar Servietten bekommen?«

Im Hintergrund wurde Violet ein Teller Spaghetti serviert. Sie rührte das Essen nicht an und sah sich weiter panisch unter den Anwesenden um. Dann ging alles ganz schnell: Violet sprang auf, am ganzen Leib zitternd, leichenblass und mit verzerrtem Gesicht. Sie rannte zur Kasse, sah sich dabei gehetzt um, knallte einen Geldschein auf die Theke und verließ fluchtartig das Lokal.

»Miss? Miss!«

Nga-Yee wechselte zu Monitor 2, der zeigte, wie Violet die Straße entlangrannte und aus dem Bild verschwand. Im selben Moment riss N die Tür auf, sprang herein, warf die Tüte mit dem Sandwich auf den Tisch, ließ sich auf den Fahrersitz gleiten und nahm die Verfolgung auf.

Sie parkten wieder in der Nähe der Wohnanlage und warteten. Violet steht kurz vor dem Zusammenbruch, dachte Nga-Yee. Sie hatte sämtliche Lichter in der Wohnung eingeschaltet, den Fernseher auf volle Lautstärke gedreht und sich in ihrem Bett unter der Decke versteckt.

»Und? Ich habe nicht übertrieben. Dies ist die effektivste Methode«, sagte N und zog sich wieder um.

»Ja. Okay.« Nga-Yee fehlten mal wieder die Worte. Er hatte ihr schon wieder etwas bewiesen, was sie niemals für möglich gehalten hätte – aber das hätte sie im Leben nicht zugegeben.

»Das war die Vorspeise.« N wischte sich mit einem Feuchttuch das Gesicht ab. »Morgen folgt der Hauptgang.«

»Morgen schon?«

»Sie hat heftiger reagiert als erwartet. Anstatt es unnötig in die Länge zu ziehen, können wir ebenso gut zum finalen Schlag ausholen. Wenn Sie wollen, können Sie hierbleiben und sich noch ein bisschen an ihrem Leid ergötzen, aber wenn ich Sie wäre, würde ich versuchen, etwas Schlaf zu kriegen, um fit fürs Finale zu sein.« N öffnete die Take-away-Schachtel und biss in sein Sandwich. »Sogar mit Pommes frites – gar nicht schlecht. Nur schade, dass kein Ketchup dabei ist.«

Nach der halb durchwachten Nacht im Transporter und einer anstrengenden Schicht in der Bibliothek war Nga-Yee mehr als erschöpft. Nur das Gefühl, einem entscheidenden Moment ihres Racheplans beizuwohnen, hatte ihr zu der Willenskraft verholfen, Violets Bestrafung weiter mit anzusehen. Jetzt genügten Ns Worte, um sie davon zu überzeugen, dass es besser war, nach Hause zu fahren und sich auf die letzte Runde vorzubereiten.

In dieser Nacht schlief sie schlecht. Sie wachte mehrmals auf, vielleicht vor Aufregung, vielleicht aus Unbehagen, sie wusste es nicht. Immer wieder tauchte Violets vor Entsetzen verzerrtes Gesicht vor ihr auf und verschmolz mit dem von Siu-Man. Trauer, Wut und Angst schlugen über ihr zusammen. Als sie dann endlich richtig wach war, war es bereits acht Uhr morgens – fast schon wieder Zeit, zur Arbeit zu gehen.

»Geht es dir gut, Nga-Yee?«, fragte Wendy in der Mittagspause. »Du siehst müde aus. Was ist mit dir?«

»Alles in Ordnung. Es ist nett, dass du fragst. Ich habe privat momentan viel um die Ohren.« Nga-Yee zwang sich zu einem Lächeln. »Morgen sieht alles schon wieder ganz anders aus.«

»Verstehe.« Wendy kratzte sich am Hals. »Dann ist ja gut. Du hast von Tag zu Tag schlimmer ausgesehen – ich habe mir Sorgen gemacht. Letzten Monat hast du schon mal etwas Ähnliches gesagt, und ich dachte, vielleicht steckst du in Schwierigkeiten. Ich will dir wirklich nicht zu nahetreten, aber bitte sag mir, wenn ich irgendetwas für dich tun kann. Auch, falls du noch mal Geld brauchst …«

»Mhm. Danke.«

Nach diesem Gespräch ging Nga-Yee die Frage nicht mehr aus dem Kopf, ob hinterher tatsächlich alles besser wäre. Wäre der Stachel aus ihrem Herzen entfernt, wenn sie bekommen hatte, was sie wollte? War es möglich, hinterher einfach zu ihrem alten Leben zurückzukehren und Frieden zu finden?

Sie wagte es nicht, den Gedanken weiterzudenken. Außerdem war es für eine Umkehr inzwischen zu spät.

2

Um sieben Uhr an diesem Abend schob Nga-Yee das ungute Gefühl beiseite und fuhr zurück zum Broadcast Drive. N hatte den Transporter etwa dreißig Meter entfernt vom Vordereingang zu Violets Wohnanlage geparkt, versteckt unter ein paar großen Bäumen. Sie ging darauf zu, und wieder öffnete sich die Tür, noch ehe sie sich bemerkbar gemacht hatte. N streckte den Kopf ins Freie. Er telefonierte. Mit einer Geste wies er sie an, sich auf ihren üblichen Platz zu setzen, dann verließ er den Transporter und schloss die Tür. Nga-Yee fragte sich, wen er am Telefon hatte – war in letzter Minute noch etwas passiert? –, doch der Gedanke verflog, sobald ihr Blick auf den Wandmonitor fiel.

Sie hätte nie gedacht, Violet jemals in einem derartigen Zustand zu erleben.

Nga-Yee saß allein im Transporter und beobachtete das verzweifelte, gebrochene Häuflein Elend. Immer wieder sprang Violet auf, ging ruhelos durchs Zimmer, ließ sich wieder auf den Stuhl sinken und starrte ausdruckslos in den Computer. Ab und zu griff sie zu ihrem Telefon, tippte mit dem Zeigefinger auf dem Touchscreen herum und warf es wieder beiseite. Im Sitzen schwankte ihr Körper von einer Seite zur anderen, und sie wirkte völlig apathisch. Der Blick war leer. Ihre Schultern bebten, aber es ließ sich nicht sagen, ob aus Angst oder Wut. Vielleicht beides. Das Einzige, was Nga-Yee mit Sicherheit wusste, war, dass Violet sich in einem Zustand extremer Unruhe befand und eindeutig sehr wenig geschlafen hatte, vielleicht sogar überhaupt nicht. Das konnte sie ihr an dem aschfahlen, gespenstischen Gesicht ablesen.

Die Aktion vom Abend zuvor war erstaunlich effektiv gewesen. Violet befand sich in völliger Auflösung. Nga-Yee hatte geglaubt, der Anblick würde ihr Freude bereiten, aber es gelang ihr nicht, aus dem Zustand des Mädchens Genugtuung zu ziehen. Ihre eigene Traurigkeit und Trauer hatten nicht an Kraft verloren, und tief aus Nga-Yees Seele stieg nur eine einzige Frage empor: Hast du wirklich geglaubt, die Frucht deiner Rache wäre süß?

Nein, ich habe nicht geglaubt, dass Rache mich glücklich machen wird, ich wollte nur Gerechtigkeit für Siu-Man.

Nga-Yee wurde von der aufgleitenden Seitentür aus ihren Gedanken gerissen. N kam herein und setzte sich wieder hin.

»Stimmt es … stimmt es, dass heute Nacht alles vorbei ist?«, fragte Nga-Yee.

»Ja. Korrekt«, antwortete er gähnend.

Sie sprachen davon, dass Violet Selbstmord beging. Eindeutig. Sie war inzwischen die Verzweiflung in Person, und Nga-Yee hätte sich nicht gewundert, wenn sie ein Messer rausgeholt und ihrem Leben sofort ein Ende gesetzt hätte.

»Was haben Sie mit ihr gemacht?« Etwas sagte ihr, dass dieser Zustand nicht nur von den »Stimmen« des gestrigen Abends verursacht worden war.

»Nicht viel. Nur ein wenig in ihren wunden Punkten gestochert.«

N drehte ihr das Laptop hin. Auf dem Bildschirm war immer noch der Popcorn-Thread zu sehen, aber um ein Vielfaches länger als noch am Vortag. Nga-Yee fiel sofort das Foto von Violets Bruder irgendwo in den Antworten ins Auge. Verblüfft las sie den zugehörigen Text.

»Das … das ist doch auch ein Fake, oder?«, fragte sie, ohne den Blick von der Schlagzeile zu nehmen: POLIZEI VERHAFTET MANN: VERDACHT AUF DATENDIEBSTAHL BEI SCHÜLERN.

»Natürlich.« N berührte das Touchpad. »Ich kann ganze Webseiten faken. Selbst wenn Violet den Link anklicken würde, würde sie nichts merken.«

»Sie haben ein ganzes Verbrechen gefakt? Wird sie das wirklich glauben?«

»Moment! Ich habe die Verhaftung erfunden, das Verbrechen ist real.« N runzelte die Stirn. »Hab ich Ihnen das nie gezeigt?«

»Sie meinen dieses Ladedingsda in der Bücherei, mit dem Violet sich das Foto von Siu-Man besorgt hat?«

»Nein, nein, ich meine das hier.«

N holte eine Unterhaltung auf den Schirm, die sie schon mal gesehen hatte:

Waren die Dateien, die ich Dir geschickt habe, auf derselben Festplatte?
Wenn das rauskommt, sind wir erledigt!
wovon sprichst du?
Die Dateien, die ich für Dich aus der Schule klauen sollte! Fotos, Kontakte, SMS und das ganze Zeug von den Schülerhandys! Klar, wenn jemand hinter Deine Popcorn-ID kommt, kannst Du immer noch sagen, die PC-Uhr wäre einen Tag nachgegangen. Aber wenn die rausfinden, dass wir uns kennen, kommen wir aus der Sache nicht mehr raus!

»Derart wertvolle Informationen entschlüpfen Violet so gut wie nie. Das habe ich natürlich ausgenutzt.« N grinste verschlagen.

»Sie haben die Dateien?«

»Natürlich nicht.« Er spreizte die Hände. »Und selbst wenn, wäre das völlig nutzlos. Mir reicht es zu wissen, dass Violet ihrem Bruder die gestohlenen Daten geschickt hatte, um daraus eine Geschichte zu stricken. Als ZeroCool habe ich mir irgendeinen Quatsch über die Privatsphäre von Schülern und von Fotos ausgedacht, die nicht veröffentlicht werden dürfen. Violet ist drauf reingefallen. Und selbst wenn meine Beschreibung der Dateien nicht in allen Einzelheiten mit den Daten übereinstimmt, die sie geklaut hat, ist das nicht weiter schlimm. Ihr Urteilsvermögen ist inzwischen geschwächt. Wahrscheinlich dachte sie, sie hätte was übersehen – aber auf keinen Fall, dass ich mich aufplustere, um möglichst bedrohlich zu wirken.«

»Wie sind Sie an das Foto von ihrem Bruder rangekommen? Das sieht jedenfalls nicht aus wie von einem Privatdetektiv heimlich geschossen.« Nga-Yee wandte sich wieder dem Laptop zu.

»Hab ich Ihnen doch schon gesagt. Die gefakte Line-App auf Violets Telefon. Darüber habe ich Zugang zu ihrem gesamten Chat-Verlauf. Sie hat das Foto gemacht und es per Line an ihren Bruder geschickt. Violet ist inzwischen so weit, sie würde niemals glauben, dass alles, was sie online liest und vor sich sieht, eine einzige Lüge ist.«

»Moment. Und das ist ihr wunder Punkt?« Nga-Yee verstand immer noch nicht ganz. »Würde sie die Nachricht, dass ihr Bruder verhaftet wurde, tatsächlich so in Verzweiflung stürzen, dass sie sich umbringt?«

»Menschen nehmen sich unter zwei Voraussetzungen das Leben.« N klang plötzlich wie ein Dozent. »Erstens, und das sind die meisten Fälle, weil der Schmerz, den sie erleben, mehr ist, als sie ertragen können. Entweder auf der körperlichen Ebene – zum Beispiel bei Krebs – oder auf der seelischen, wie bei einer Depression. Das Motiv könnte sein, dem Leid zu entkommen. Oder aber der Selbstmord ist eine Anklage – um mit der Tat einer anderen Person Schuldgefühle zu bereiten. Genauer gesagt ist diese Handlungsweise irrational.«

»Gibt es auch so was wie rationalen Selbstmord?«

»Ja – wenn der Freitod als Opfer begriffen wird, um ein bestimmtes Ziel zu erreichen. Auch wenn es einem, objektiv betrachtet, nicht besonders rational erscheinen mag, macht es aus dem Blickwinkel der betreffenden Person heraus absolut Sinn. Das ist die zweite Variante.« N sah Nga-Yee ernst an. »Wenn Sie und Ihre Schwester von Feuer eingeschlossen wären, überall Rauch, und es gäbe nur ein Sauerstoffgerät, würden Sie es für sich benutzen oder Ihrer Schwester geben?«

Nga-Yee wurde schwer ums Herz. Hätte sie gewusst, was Siu-Man bevorstand, sie hätte alles gegeben, um mit ihrer Schwester zu tauschen, auch wenn es bedeutet hätte, selbst aus dem zweiundzwanzigsten Stockwerk zu springen.

»Ich habe bereits gesagt, ich werde Violet nicht dazu zwingen, Selbstmord zu begehen«, fuhr N fort. »Ich zeige ihr lediglich eine rationale Wahl auf. Die Entscheidung trifft sie selbst. Ich will nicht, dass sie sich nur deshalb umbringt, um den

Schmerz zu beenden. Sie muss dem Schrecken des Todes klar und bewusst ins Auge sehen, sie muss die Verzweiflung, die es braucht, um seinem Leben ein Ende zu setzen, vollständig begreifen und absolut durchdringen, dass dies allein ihre Entscheidung ist, aus ihrem eigenen, freien Willen getroffen, und nicht der unausgegorene, verzweiflungsgetriebene Wunsch, allem ein Ende zu bereiten.« Er machte eine kurze Pause. »Aber ich bin kein netter Mensch. Und weil es hier um Rache geht, verzerre ich die Rahmenbedingungen ihrer Entscheidung.«

Er scrollte bis zu einem längeren Kommentar hinunter:

> Seid euch nicht so sicher. Wie ich das sehe, kommt der Typ da mit Leichtigkeit wieder raus. Er hat nichts von dem Zeug gepostet – ZeroCool hat es durch Zufall gefunden. Anders gesagt, selbst wenn die Polizei auf seinem Computer was findet, kann er immer noch behaupten, er hätte sich die Sachen aus dem Netz gesaugt, genau wie ZeroCool. Solche Sachen sind sauschwer zu beweisen.

»Ich will, dass Violet glaubt, die größte Bedrohung für ihren Bruder wäre sie selbst. Ich will, dass sie denkt, solange die Polizei sie nicht findet, könnte ihr Bruder davonkommen. Das stimmt natürlich nicht, aber wenn sie es glaubt, wird sie dementsprechend handeln. Und in Kürze wird sie diese Nachricht hier lesen …«

N holte ein Fenster mit ein paar Textzeilen in den Vordergrund:

> Ich kenne den Typen, den sie verhaftet haben. Wir sind Kollegen. So was hätte ich nie von ihm gedacht. Aber man kann in einen Menschen einfach nicht reinschauen. Ich habe Insider-Infos: Er hat mir mal erzählt, er hätte eine kleine Schwester, sie geht noch zur Schule. Ich hab sie mal zusammen gesehen. Ich erinnere mich noch an ihre Uniform – es ist die Schule von dem Mädchen, das sich umgebracht hat! Da gibt es mit Sicherheit eine Verbindung.

»… und damit sieht Violet sich vor eine krasse Wahl gestellt: ihre eigene Existenz gegen die Sicherheit ihres Bruders. Je größer ihre Liebe zu ihm und ihre Sorge um ihn, desto leichter wird sie zu beeinflussen sein.«

»Selbst wenn sie glaubt, ihr Bruder würde ins Gefängnis gehen, die Verletzung von Privatsphäre ist ja wohl kaum ein Kapitalverbrechen, oder? Deswegen würde man doch nicht sein Leben opfern …«

»Wenn es zur Verhandlung kommt, richtet sich das Medieninteresse auf ihn, und es wird öffentlich über ihn geurteilt. Violet hat Angst, dass er ihretwegen vom Cybermob zerfleischt wird, dass er als Perversling abgestempelt wird, der das Leben einer Schülerin zerstört hat. Daran würde auch die Wahrheit nichts ändern – weshalb sie auch darin, sich selbst zu stellen, keine Lösung sehen würde.«

Nga-Yee fing langsam an, seine Gedankengänge zu begreifen. Sie wusste, wie belastend es sein konnte, Gesprächsthema Nummer eins zu sein, und Violet wusste es auch – schließlich hatte sie selbst die öffentliche Meinung als Waffe gegen Siu-Man gerichtet.

»Wir haben auf Violet in den vergangenen Tagen zunehmend mehr psychischen Druck ausgeübt. Sie ist kurz vor dem Zusammenbruch. Dann wird sie glauben, dass ihr Tod die Lösung für all ihre Probleme ist«, sagte N ungerührt. »In diesem instabilen Zustand, verstärkt durch Schlafentzug, reicht es schon, plötzlich laut das Wort ›Mörderin‹ im Ohr zu haben, um endgültig den Kontakt zur Realität zu verlieren.«

Es gab eine Sache, von der Nga-Yee nichts wusste: Auch der Kommentar in Violets Bücherblog über den Selbstmord einer Hauptfigur stammte von N.

Als N durch das Gespräch mit Rosalie mehr über Violets Familienverhältnisse erfuhr, hatte sein Plan Gestalt angenommen. Noch am selben Abend hatte er als »Franny« einen Kommentar auf Violets Bücherblog verfasst, um sie dazu zu bringen, den Roman noch einmal zu lesen und sich Gedanken über die Beweggründe der Protagonisten zu machen. Auf diese Weise würde die Vorstellung von Selbstmord als rationale Wahl Eingang in ihr Unterbewusstsein finden. Er wusste nicht, ob es funktionieren würde, aber seine Erfahrung lehrte ihn, dass es nie schaden konnte, etwas mehr Aufwand zu betreiben. Er dachte dabei weniger an Hypnose oder Gedankenkontrolle, sondern eher an Werbung, die – mit einem Slogan, einem Bild – unterschwellig das Kaufverhalten eines Kunden beeinflusste.

»Na dann. Sehen Sie sich den letzten Tag im Leben von Violet To gut an.« N lehnte sich zurück, machte es sich bequem und riss einen Snackriegel auf. »Das hier ist Ihre Rache – Sie haben die Pflicht, sich das Ganze bis zum Ende anzusehen.«

Die nächsten Stunden verbrachte Nga-Yee schweigend vor dem Monitor und sah Violets Lebensflamme beim Flackern zu. Gastfreundlich wie nie bot N ihr ebenfalls einen Riegel an, aber sie hatte keinen Appetit. Ihr Magen war wie zugeschnürt. Auch wenn sie sich danach gesehnt hatte, dass ihre Feinde bestraft wurden, besaß Nga-Yee ein Gewissen, und ihr war mehr als mulmig dabei zumute, jemanden in den Tod zu treiben. Der Mensch war ohne Weiteres zu bösen Gedanken und giftigen Worten imstande, trotzdem wären wohl die wenigsten dazu in der Lage, den tatsächlichen Auswirkungen derartiger Grausamkeiten ins Gesicht zu sehen. Immer wieder war Nga-Yee kurz davor, N zu sagen, dass sie nach Hause ginge, dass er sie anrufen solle, wenn es vorbei war, aber seine Worte – dass es ihre Pflicht sei, zuzusehen – hielten sie auf ihrem Stuhl. Sie war unfähig, den Blick von Violet abzuwenden, unfähig, auch nur ein Wort mit dem Auftragsmörder an ihrer Seite zu wechseln.

Um kurz nach neun Uhr abends postete N den Kommentar des angeblichen Kollegen. Nachdem Violet den Beitrag gelesen hatte, veränderte sich ihre Körpersprache radikal. Sie wirkte zwar immer noch mitgenommen, aber ihr Blick wurde wieder klar, und ihre Lippen hatten aufgehört zu zittern. Nga-Yee dachte, gleich würde sie das Fenster aufreißen und zehn Stockwerke tief in den Tod springen, aber Violet blieb, wo sie war. Direkt vor dem Computer, die Augen auf den Bildschirm gerichtet, bewegungslos – über eine Stunde lang.

»Wie lange bleibt sie denn noch so?«, brach Nga-Yee das Schweigen.

»Wie herzlos, Miss Au. Selbst ein zum Tode Verurteilter bekommt Gelegenheit für ein letztes Gebet, und Sie gönnen ihr nicht mal diese letzten Momente.« N grinste sie verschlagen an.

So hatte sie das nicht gemeint – eigentlich hatte Nga-Yee damit sagen wollen, dass sie die endlose Warterei kaum noch ertrug und wie auf glühenden Kohlen saß. »Ich wollte nur …«

N fiel ihr ins Wort, indem er das Tischmikrofon vor sie hinschob.

»Wenn Sie's nicht erwarten können, dürfen Sie gern selbst für den letzten Tropfen sorgen.«

»Was?«

»Erinnern Sie sich noch an den Richtlautsprecher? Ich habe einen auf eine Drohne montiert, und die ist im Moment durch das geöffnete Fenster genau auf Violet gerichtet. Wenn sie in diesem Zustand noch einmal ›halluziniert‹, wenn eine Stimme ihr jetzt suggeriert, dass sie sich für ihren Bruder opfern soll, tut sie es wahrscheinlich sofort.«

Von dem schwarzen Mikrofon schien ein eisiger Hauch auszugehen, und der rote Knopf lockte Nga-Yee wie ein Dämon.

Sie verspürte den Impuls, einfach draufzudrücken und »Mörderin!« oder etwas ähnlich Giftiges zu rufen. Ihr Arm zuckte, aber sie konnte ihren Finger nicht dazu bewegen, sich auf den Knopf zu senken. Sie wusste nicht, ob ihr Mut oder ihr Arm sie im Stich gelassen hatte. Oder ob es an dem bleischweren Gefühl von Verantwortung lag.

»Na los, beschleunigen Sie es, wenn Sie wollen. Ich für meinen Teil habe noch genug zu tun, um dafür zu sorgen, dass Sie Ihre wahre Rache bekommen.«

»Meine wahre Rache?«

»Was glauben Sie, weshalb ich bei Violet einen derartigen Aufwand betreibe?« N lächelte sie an. »Denken Sie mal darüber nach. Wird Violet einen Abschiedsbrief hinterlassen? Offensichtlich nicht. Sobald sie gestorben ist, ziehe ich sämtliche

Drohnen ab und tilge all unsere Spuren. Nichts wird darauf hinweisen, dass wir je hier waren. Violets Telefon und Computer setze ich auf den Originalzustand zurück. Ihr Bruder wird keine Möglichkeit haben, herauszufinden, warum um alles in der Welt seine geliebte Schwester sich das Leben genommen hat. Eben noch war sie fröhlich und quicklebendig, und ein paar Tage später ist sie weg. Einfach so. Er hat keine Ahnung, in welcher geistigen Verfassung sie sich befand. Das wird ihn für den Rest seines Lebens verfolgen. Er wird sich bis an sein Lebensende Vorwürfe machen, dass er beruflich so eingespannt war und sie vernachlässigt hat. Ganz gleich, wie seine Karriere sich entwickeln mag, seine Schwester kann ihm kein Job der Welt zurückbringen. Das ist in meinen Augen der beste Weg für Sie, sich für den Tod von Siu-Man zu rächen. Ihre wahre Rache. Finden Sie nicht?«

Nga-Yee brauchte einen Moment, bis sie vollständig begriff, was er ihr sagte – seine Zusicherung von hundertprozentiger Befriedigung war kein leeres Versprechen gewesen. N verstand ihre Seelenqual und alles, was ihr zugrunde lag. Er begnügte sich nicht damit, Violet zu bestrafen; er würde dafür sorgen, dass ihr Bruder dieselben Höllenqualen durchlitt wie Nga-Yee. Ihm haftete etwas Dunkles an, das sie zuvor noch nicht bemerkt hatte. Langsam fragte sie sich, ob er ein Mensch war oder ein Dämon. Auf was für einen Teufelspakt hatte sie sich eingelassen?

Aber nein, er war nicht Mephistopheles, er war Nemesis. Wie seine Namenspatronin war N die Rache selbst.

Nga-Yee schielte auf das Mikrofon. Sollte sie tun, was die Rache persönlich ihr einflüsterte? Sollte sie Violet To den finalen Todesstoß versetzen?

»Was soll ich denn sagen?« Dieselbe Frage, die sie schon zwei Tage zuvor mit dem Finger auf dem Mikroknopf gestellt hatte.

»Was Sie wollen. Wie wär's mit ›Mörderin‹, Ihrem größten Hit? Oder: ›Hast du den Mut zu sterben?‹ ›Abschaum wie du hat kein Recht, weiterzuleben.‹ ›Zeit, zu beenden, was du letztes Jahr begonnen hast.‹«

Als N Violets letzte Mails an Siu-Man zitierte, wachte der Hass in ihr wieder auf. Doch dann hatte sie einen fast überklaren Moment. Irgendetwas stimmte hier nicht.

»Was soll das denn heißen, ›was du letztes Jahr begonnen hast‹? Was hat sie letztes Jahr begonnen?«

»Nichts Besonderes.« N schürzte die Lippen. »Sie hat es schon mal versucht, das ist alles. Es ist nicht schwer, jemanden in den Selbstmord zu treiben, der bereits einen Versuch hinter sich hat. Dann reicht für gewöhnlich eine kleine Ermutigung.«

Nga-Yee erstarrte. »Sie hat schon einmal versucht, sich das Leben zu nehmen?«

»Ja.«

»Woher wissen Sie das?«

»Von den Narben an ihren Handgelenken.«

Nga-Yee fuhr herum, aber die Auflösung auf dem Monitor war nicht hoch genug, um etwas zu erkennen.

»Geben Sie sich keine Mühe«, sagte N tonlos. »Sie würden sowieso nichts sehen. Die langen Ärmel.«

»Und woher wissen Sie es dann?«

»Die langen Ärmel.«

»Was? Sie glauben, das ist der einzige Grund für lange Ärmel? Um Narben zu verstecken?«

»Nicht jetzt. In der Schule.«

Nga-Yee erinnerte sich an den unförmigen Pullover, den Violet in der Bücherei getragen hatte.

»Ich dachte, damit wollte sie ihre Figur verstecken. Viele Mädchen …«

»Dazu würde ein Pullunder reichen. Aber ein langärmeliger Pullover mitten im Sommer?«

»Das ist doch reine Spekulation!«

»Glauben Sie tatsächlich, ich würde einen derart ausgeklügelten Plan entwerfen, ohne meine Hausaufgaben zu machen?«, sagte N genervt. »Als ich Violet To zum ersten Mal sah, war ich mir nur zu neunzig Prozent sicher, dass sie Spuren von Autoaggression oder einen Selbstmordversuch versteckt. Das genügte mir als Anhaltspunkt, und schließlich bekam ich von

Rosalie die Bestätigung. Die Leute sind oft bereit, offener zu reden, wenn man sich als Sozialarbeiter ausgibt.«

»Was hat sie Ihnen erzählt?«

»Irgendwann letztes Jahr im Mai, gegen Mitternacht, klingelte es bei den Tos plötzlich Sturm. Dann fing jemand an, gegen die Wohnungstür zu pochen. Mr To war noch nicht zu Hause, und Rosalie war mit Violet allein. Rosalie dachte, der Hausherr hätte den Schlüssel vergessen, doch als sie die Tür öffnete, stand Violets Bruder vor ihr. Er hatte sich zuvor noch nie in der Wohnung blicken lassen. Er schob sich ohne ein Wort an ihr vorbei. Als Rosalie ihm ins Badezimmer folgte, wurde ihr klar, weshalb er sich so eigenartig benahm: Violet war gerade dabei, sich die Pulsadern aufzuschneiden. Auf ihren Unterarmen befanden sich bereits mehrere tiefe Schnitte, und überall war Blut.«

»Ihr Bruder kam, um sie zu retten?«

»Sie hatte ihm eine Abschiedsnachricht geschickt. Wahrscheinlich dachte sie, es ginge schneller. Doch sie hatte nicht geahnt, wie schwierig es ist, sich die Pulsadern aufzuschneiden, und er schaffte es noch rechtzeitig.« N zuckte die Achseln. »Aber jetzt kommt die Pointe – in diesem Augenblick kam Violets Vater nach Hause. Man sollte meinen, er sei ein vernünftiger Erwachsener, doch mit dem Anblick, der sich ihm bot, konnte er nicht umgehen: ein Selbstmordversuch seiner Stieftochter. Darüber hinaus musste er ausgerechnet in dieser Situation feststellen, dass seine Ex-Frau ein weiteres Kind hat, einen Sohn, zu dem Violet seit längerer Zeit hinter seinem Rücken Kontakt hatte. Und noch schlimmer: Selbst die Haushälterin wusste Bescheid, nur er wurde im Dunkeln gelassen. Eine Schmach!«

»Und dann brachten sie Violet ins Krankenhaus?«

»Nein.«

Nga-Yee keuchte erschrocken. »Warum denn nicht?«

»Die Wunden waren nicht sehr tief, und es gelang ihnen, die Blutung zu stoppen. Mr To hielt die anderen davon ab, einen Krankenwagen zu rufen, und warf Violets Bruder hinaus. Dem

Pförtner befahl er, dafür zu sorgen, dass er sich künftig fernhielt. Rosalie wurde einen Monat später gefeuert. Tja. War wahrscheinlich nicht anders zu erwarten.«

»Aber warum hat er seine Tochter nicht ins Krankenhaus gebracht? Sie hat versucht, sich umzubringen!«

»Ganz einfach. Weil sie nicht wirklich Vater und Tochter sind.«

»Na und? Nur weil sie nicht blutsverwandt sind, war sie ihm egal?«

»Nein. Sie ziehen den falschen Schluss. Sie sind nicht wirklich Vater und Tochter, und wenn der Selbstmordversuch bekannt geworden wäre, hätte man ihm Violet vielleicht weggenommen.«

Er hatte Nga-Yee mal wieder auf dem falschen Fuß erwischt.

»Laut Gesetz haben Eltern und Vormunde für Kinder unter sechzehn eine Fürsorgepflicht. Wird diese nicht erfüllt, besteht der Straftatbestand der Vernachlässigung von Schutzbefohlenen. Selbst wenn der Vorwurf vor Gericht keinen Bestand hat, können die Behörden dafür sorgen, dass die Kinder aus der Obhut des Betreffenden genommen werden. Und da Mr To nicht mit Violet verwandt und die Mutter verschwunden ist, würden Sie sich als zuständiger Richter nicht vielleicht auch Gedanken darüber machen, ob womöglich Missbrauch vorliegt? Vergessen Sie nicht, der leibliche Bruder ist erwachsen. Violet hätte stattdessen in seine Obhut kommen können.«

Jetzt wurde Nga-Yee auch klar, weshalb Violets Vater einen Privatdetektiv engagiert hatte – nicht um seine Tochter auszuspionieren, sondern um diesen Mann im Auge zu behalten. Er wollte herausfinden, ob der Kerl, mit dem er nichts zu tun hatte, die Möglichkeit und die Absicht – oder auch das notwendige Geld – hatte, seine Familie zu zerstören.

»Warum wollte Violet sich umbringen?« Nga-Yee konnte es immer noch nicht ganz glauben. Sie hatte sich kidkit727 als bösen Dämon ausgemalt und war nicht bereit, dahinter ein zerbrechliches Geschöpf zu sehen, das schon einmal den Tod gesucht hatte.

»Probleme in der Familie, Druck in der Schule, Depressionen … im Grunde das immer gleiche, uralte Klischee.«

»Und das wäre?«

»Isolation in der Schule und Gefühle von Einsamkeit.«

»Violet wurde in der Schule drangsaliert?«

»Falls Sie darunter Handgreiflichkeiten oder die Zerstörung von Eigentum verstehen, dann wohl eher nicht. Aber psychologischer Druck und verbale Attacken durchaus. Mobbing eben.« N spitzte die Lippen. »Ehrlich gesagt, Leute vermöbeln ist inzwischen ziemlich aus der Mode geraten. Kein Kind wäre heutzutage noch so blöd, etwas zu tun, das Spuren hinterlässt. Mobbing ist viel einfacher: verhöhnen, Gerüchte streuen, herabsetzen. Wenn man von einem Lehrer erwischt wird, kann man sich rausreden. Ziemlich viele Erwachsene suchen in solchen Fällen bereitwillig die Schuld beim Opfer und glauben, es sei zu schwach gewesen. Ein Weichei eben.«

»Warum wurde Violet gemobbt?«

»Das wissen Sie doch. Kwok-Tai hat es erzählt.«

Wie war das gewesen? Nga-Yee musste nachdenken. Kwok-Tai hatte gesagt, Violet hätte eine Schülerin namens Laura, die auf dem Schulgelände herumgeknutscht hatte, bei der Lehrerin angeschwärzt.

»Kwok-Tai hat uns außerdem erzählt, dass Laura in der Schule sehr beliebt gewesen war. Was glauben Sie, wie die anderen Schüler auf einen Verräter reagieren, der daran schuld ist, dass jemand Beliebtes aufgrund von ›Erwachsenensachen‹ von der Schule fliegt?«

»Woher wissen Sie, dass es so war? Schließen Sie das nur aus dem, was Kwok-Tai uns gesagt hat?«

»Als ich die Freunde Ihrer Schwester unter die Lupe genommen habe, bekam ich ein ziemlich gutes Gefühl für die Cliquenstruktur in ihrer Klasse. Herauszufinden, wer für sich allein stand, war nicht besonders schwer. Außerdem …« N öffnete ein neues Fenster auf seinem Laptop. »Wie ich schon sagte, auf dem Back-End des Enoch-Chatboards ist jede Menge altes Zeug zu finden, inklusive gelöschte Chats.« Er stellte ihr das Laptop hin.

Gruppe: Klasse 2B
Von: 2B_Verbindungsschülerin
Betr.: Die Wahrheit über Laura Lams Schulverweis
Datum: 13. September 2013 16:45:31

Violet To wurde gerade wieder zur Verbindungsschülerin ernannt, und ich werde nicht länger den Mund halten! Erinnert ihr euch noch an Laura Lam aus der 1A? Sie musste dieses Jahr die Schule wechseln. Unfreiwillig, sie wurde gezwungen, weil sie eine ältere Schülerin geküsst hat. Und wie kam das raus? Durch keine andere als die Verbindungsschülerin der 1A, Violet To. Sie hat es ihrer Lehrerin gesteckt, und Laura musste gehen.
Hier geht es nicht darum, ob ihr Lesben toll findet oder nicht. Aber fragt euch bitte, ob ihr von so jemandem vertreten werden wollt. Verbindungsschülerin? Eher Verbindungspetze. Sollte eine solche Frömmlerin wirklich so viel Macht bekommen? Wenn Violet To das Sagen hat, müssen wir auf jeden einzelnen Schritt achten, den wir tun. Wer weiß? Vielleicht bist du der Nächste, der von der Schule fliegt.
Lasst euch von der sanften Art dieser Schlampe nicht täuschen. Wir wissen alle, dass die stummen Hunde viel gefährlicher sind als die, die bellen!

»Vor zwei Jahren war dieser brisante Post genau drei Stunden lang auf dem Chatboard aktiv, ehe er von den Moderatoren gelöscht wurde. Das war mehr als genug Zeit, um Screenshots zu machen und ihn rumzuschicken. Eine Folge war Violets Rücktritt als Verbindungsschülerin, doch das reichte noch nicht, um den Mob zu besänftigen. Sie wurde für die ganze Schule zur Aussätzigen. Ein gutes halbes Jahr später versuchte sie, sich die Pulsadern aufzuschneiden.« Ns Ton war so sachlich, als spräche er über irgendwelche Belanglosigkeiten.

Nga-Yee erinnerte sich daran, dass ein Mädchen im Gefolge der Prinzessin Violet als Petze bezeichnet hatte. Jetzt wusste sie, warum.

»Na ja, aber sie … sie ist doch selbst schuld, oder?« Nga-Yee war unwohl zumute, sie wusste selbst nicht, weshalb, und sie fing an zu stammeln. »Also, sie war doch die Frömmlerin mit der großen Klappe, die sich in Dinge einmischte, die sie nichts angehen, oder nicht?«

»Sie war es nicht«, sagte N unbewegt.

»Was? Wovon reden Sie?«

»Violet To hat Laura nicht bei der Lehrerin angeschwärzt.«

»Aber Kwok-Tai hat doch …«

»Sagen wir einfach, die Enoch School ist für Hacker eine höchst gastfreundliche Umgebung«, sagte N nicht mehr ganz so unbeteiligt. »Unterrichtsunterlagen, Wahlfächer, Prüfungsergebnisse, Disziplinarmaßnahmen – alles fein säuberlich digitalisiert und auf dem Schulserver abgelegt.«

Mit einem Tastendruck öffnete N ein dicht beschriebenes Textdokument.

»Das ist der Bericht der Disziplinarlehrkraft über Laura Lam zur Vorlage an Direktor, Konrektor und Schulausschuss.« N scrollte nach unten. »Nachdem der Lehrer erfahren hatte, was geschehen war, bat er Violet um eine Bestätigung der Ereignisse, weil die Schülerin, die den Vorfall gemeldet hatte, sie als Mitzeugin genannt hatte. In dem Gespräch, das Kwok-Tai zufällig belauscht hatte, verpetzte Violet nicht etwa Laura, sie wurde lediglich zu weiteren Details befragt.«

Nga-Yee rief sich in Erinnerung, was Kwok-Tai ihnen erzählt hatte. *Hast du das mit eigenen Augen gesehen? Ja. Auf dem Dach? Ja, das stimmt.* N hatte recht. Das passte genauso gut zu dieser neuen Version der Ereignisse.

»Schön, dann war sie eben nicht die Verräterin, aber sie hat trotzdem dazu beigetragen, Laura in Schwierigkeiten zu bringen. Also …«

»Sie war Verbindungsschülerin. War sie nicht verpflichtet, die Wahrheit zu sagen, wenn ein Lehrer sie befragte? Sie konnte nicht ahnen, was Laura erwartete. Wäre es nicht falsch von ihr gewesen, zu lügen?«

»Aber hat sie nicht versucht, die Dinge klarzustellen, als ihre Klassenkameraden anfingen, sie zu schneiden?«

»Sie haben es doch selbst gesagt. Am Ende hat ihre Aussage Laura geschadet, was hätte sie denn zu ihrer Verteidigung sagen sollen? Außerdem hätte sie dann die echte Verräterin bloßstellen müssen und sich damit selbst zur Petze gemacht.«

»Und wer war es?«

»Lily Shu.« N zeigte auf die betreffende Zeile des Dokuments. »Ziemlicher Zufall, dass sie uns ebenfalls in den Fokus gerückt ist. Würde Kwok-Tai ahnen, dass in Wirklichkeit seine Freundin für Lauras Schulverweis verantwortlich war, würde es sicher Ärger geben.«

»Na gut, Violet wurde ebenfalls gemobbt. Das macht es noch unverzeihlicher, dass sie Siu-Man die Meute auf den Hals gehetzt hat. Warum? Hat sie es nicht ausgehalten, dass es jemand anderem gut ging? Sie hat sich eingeredet, dass Siu-Man ein billiges Flittchen ist, und hat Lügen über Shiu Tak-Ping in die Welt gesetzt, nur um Selbstjustiz zu rechtfertigen und einen Riesenskandal zu erzeugen?«, schoss es aus Nga-Yee heraus wie aus einem Maschinengewehr.

N zuckte die Achseln. »Wahrscheinlich.«

Nga-Yee hatte eine noch perversere logische Erklärung von ihm erwartet, stattdessen schloss er sich einfach nur ihrer Meinung an. Da stimmte was nicht.

»Was verschweigen Sie mir?«, fragte sie.

»Hm. Nichts.«

»Quatsch. Da steckt definitiv mehr dahinter.«

N massierte ein paar Sekunden lang stumm sein Kinn. »Mein Prinzip lautet, grundsätzlich nie etwas zu sagen, das ich nicht beweisen kann. Wollen Sie meine Spekulationen tatsächlich hören?«

»Raus damit!«

»Möglicherweise hat Violet Ihre Schwester aus keinem der eben genannten Gründe fertiggemacht – also aus einem fehlgeleiteten Gerechtigkeitsgefühl heraus. Vielleicht ist der Grund rationaler.«

»Den Cybermob auf ein wehrloses Mädchen hetzen? Was soll daran denn rational sein?«, rief Nga-Yee erbost.

»Vielleicht hat sie aus derselben Motivation heraus gehandelt wie wir: aus Rache.«

Nga-Yee folgte Ns Blick zum Laptop auf dem Tisch. Es fühlte sich an, als würde ein elektrischer Schlag sie durchzucken. Sie hörte, was N sagte, aber sie konnte es nicht verarbeiten.

»Wollen Sie damit sagen, diejenige, die Violet in dem Schulpost vor zwei Jahren als Petze bezeichnet hat, wäre Siu-Man gewesen?«

Anstatt einer Antwort markierte N mit der Maus den Namen des Verfassers. »Der Post stammt von ›2B_Verbindungsschülerin‹. Das bezieht sich auf die damalige Verbindungsschülerin, und das war Violet To. Weil sie sich offensichtlich kaum selbst belastet hätte, muss jemand ihren Account gehackt haben. Die Enoch-Schüler müssen sich ständig einloggen – zum Beispiel, um den Drucker zu benutzen –, und es dürfte nicht allzu schwer sein, ein fremdes Passwort aufzuschnappen.«

Nga-Yee musste an das Plakat in der Bücherei denken, auf dem vor Passwortdiebstahl gewarnt wurde.

»Wissen Sie noch, als ich sagte, derjenige, der für das Schulsystem verantwortlich ist, wäre ein Idiot? Er kann zwar unliebsame Posts entfernen, schafft es aber nicht ins Back-End des Chatboards, um anhand der IP-Adresse den wahren Verfasser ausfindig zu machen.«

»Und die IP-Adresse war …«

»Pisces Café.«

»Aber das WiFi dort hat doch nicht nur Siu-Man benutzt, das machen alle Schüler.«

»Ja, richtig, aber die IP-Adresse ist schließlich nicht die einzige Datenquelle, schon vergessen? Da wäre auch noch der User Agent.«

Mit einem weiteren Mausklick präsentierte N eine ewig lange Zeichenfolge:

Mozilla/5.0 (Linux; U; Android 4.0.4; zh-tw; SonyST21i Build/11.0.A.0.16) AppleWebKit/534.30 (KHTML, like Gecko) Version/ 4.0 Mobile Safari/534.30

»Das habe ich Ihnen schon mal gezeigt. Ein Sony Android ST21i.« Wie schon beim letzten Mal zog N Siu-Mans rotes Mobiltelefon aus seiner Tasche und wedelte Nga-Yee damit vor der Nase herum.

»Aber … vielleicht hat ja einer ihrer Klassenkameraden das gleiche Telefon.«

»Der User Agent vermerkt nicht nur das Modell, sondern registriert auch die Seriennummer der aktuellen Softwareversion und die verwendete Browserversion. An dieser Stelle würden sich selbst identische Modelle unterscheiden, und auf keines der Geräte von Siu-Mans Klassenkameraden trifft diese Kennung zu.« N lehnte sich vor und rückte ein Stück näher. »Dieser Post stammt vom 13. September 2013, kurz vor fünf Uhr nachmittags. Der Tag war ein Freitag, also der Wochentag, an dem Ihre Schwester normalerweise bei Pisces rumhing. Wäre es nicht ein bisschen viel des Zufalls, dass jemand mit exakt dem gleichen Telefon, Internetbrowser und so weiter ausgerechnet dort zu ausgerechnet diesem Zeitpunkt etwas über Violet postete?«

»Aber wie hätte Violet das …« Nga-Yee hielt inne. Ihr war plötzlich klar geworden, dass Violet zwar nicht das technische Wissen hatte, um Dinge wie User Agents und IP-Adressen herauszufinden, sie aber jemandem, der mit jeder Menge Hacker-Techniken vertraut war, sehr nahestand.

»Objektiv betrachtet liegt der Schluss nahe, dass sich hinter kidkit727 jemand verbirgt, der den Popcorn-Post verfasst hat, um sich eins zu eins an Ihrer Schwester zu rächen, und zwar bis hin zur Wortwahl. Violet wurde im Schulchat als ›Schlampe‹ bezeichnet, also verwendete sie in ihrem Hass-Post für Siu-Man dasselbe Schimpfwort. Die Erfahrung sagte Violet, dass Ihre Schwester die Wahrheit auch diesmal verdreht hatte und Shiu Tak-Ping unschuldig sein musste. Und deshalb hatte sie auch keine Gewissensbisse, ihren Bruder darum zu bitten, das Netz aufzumischen. Ich habe allerdings keinen Beweis dafür, dass The Rat sich in das Schulsystem gehackt hat, weshalb es reine Vermutung ist, dass er herausgefunden hat, dass Ihre Schwester diejenige war, die Violet denunziert hat.« N zuckte die Achseln. »Es gibt zwar einige Indizien, aber letztendlich kann ich nicht mit Sicherheit sagen, dass Violet aus Rache handelte.«

»Ich glaube Ihnen kein Wort! So einen Post hätte Siu-Man niemals verfasst.«

»Ich habe nicht gesagt, dass sie ihn verfasst hat.«

»Was? Sie haben eben gesagt ...«

»Ich sagte, der Post wurde von ihrem Telefon verschickt. Haben Sie schon wieder vergessen, mit wem sie im Café war?«

Nga-Yee dachte an den Nachmittag zurück, als sie sich mit Kwok-Tai im Pisces getroffen hatten. Er sagte, im zweiten Schuljahr hätte Lily wegen ihrer vielen außerschulischen Aktivitäten nicht mehr an ihren Treffen teilnehmen können, weshalb er und Siu-Man allein ins Pisces gingen – und er hatte Violet auch nicht gemocht. Nga-Yee ahnte, worauf N hinauswollte.

»Dann war es Kwok-Tai.«

»Ja. Der Text enthält Merkmale, die eindeutig auf ihn hinweisen.«

»Was denn für Merkmale? Begriffe wie Frömmlerin?« Nga-Yee meinte sich daran zu erinnern, dass er Violet so bezeichnet hatte.

»Das auch, aber ich spreche von seiner Handschrift.«

»Wieso Handschrift? Das war doch alles online.«

»Glauben Sie, Sprache würde online ihren individuellen Charakter verlieren, Miss Au? Lassen Sie mich Ihnen zwei Beispiele nennen: Violet ist der belesene Typ, und sogar die Drohmails an Ihre Schwester waren mit Anrede und Unterschrift versehen. Ihre Line-Nachrichten bestehen aus vollständigen Sätzen und sind im Normalfall korrekt interpunktiert. Wenn sie Auslassungszeichen benutzt, dann immer die korrekte Anzahl von Punkten, nicht mehr und nicht weniger. Ihr Chinesischlehrer weiß das mit Sicherheit zu schätzen. Ihr Bruder ist das genaue Gegenteil – Effizienz ist alles. Vollständige Sätze interessieren ihn ebenso wenig wie Groß- und Kleinschreibung. Kommas setzt er nicht – wie viele Menschen. Manche lassen nach einem Abschnitt eine Leerzeile folgen, manche rücken den nächsten

Absatz ein. Wir können anhand der Rechtschreibfehler sogar Rückschlüsse auf die verwendete Tastatur ziehen. Trotzdem glauben die Leute, so etwas wie eine digitale Handschrift gäbe es nicht. Deshalb machen sie sich nicht die Mühe, diese Elemente zu verbergen. Dadurch verraten sie sich.«

N rief den Hass-Post gegen Violet auf. »Sehen Sie? Jeder Absatz beginnt mit exakt drei Leerstellen. Das unterscheidet sich von dem Schriftbild, das Ihre Schwester in ihren Nachrichten verwendet, dafür stimmt es mit Kwok-Tais Facebook-Statusmeldungen überein. Ihre Schwester neigt zu kurzen Sätzen und Absätzen. Würde dieser Post von ihr stammen, wäre er in mehr als zehn Absätze unterteilt.«

»Also wollte Kwok-Tai Siu-Man schaden, indem er ihr Telefon benutzt hat …«

»Seien Sie nicht albern. Auch wenn Ihre Schwester diesen Post nicht verfasst hat, muss sie gewusst haben, was vor sich ging. Vermutlich hat sie mitgespielt, um ihrem Freund zu helfen – wahrscheinlich hat er es als lustigen Streich hingestellt, ihm dabei zu helfen, Violet anzuschwärzen«, sagte N. Mit seinem emotionslosen Tonfall machte er sich darüber lustig, dass Nga-Yee immer noch Entschuldigungen für ihre kleine Schwester fand. »Wenn Violet aus Rache gehandelt hat, hatte sie nicht das falsche Ziel ins Auge gefasst – sondern lediglich die Komplizin mit dem Drahtzieher verwechselt.«

Nga-Yee wusste nicht mehr, was sie denken sollte. Sollte sie weiter versuchen, Ns Hypothese zu widerlegen, oder besser so tun, als hätte er nichts gesagt? Seit Siu-Mans Selbstmord hatte sie allein von ihrem Hass auf kidkit727 gelebt. Die Person zu finden, die für ihren Schmerz verantwortlich war, war ihre einzige Mission gewesen. Jede einzelne Nacht hatte sie sich schlaflos hin und her gewälzt, tagsüber hatte sie kaum etwas zu essen hinuntergebracht, und all das nur, weil Violet ihr alles geraubt hatte, was ihr an Familie geblieben war. Endlich zu wissen, wer die Verantwortung trug, hatte ihre Wut nur noch weiter gesteigert, tief hinein in den glühenden Wunsch nach Rache.

Und jetzt sagte ihr eine leise Stimme tief in ihrem Herzen, dass sie keinen Grund hatte, dieses Mädchen zu hassen.

Alles, was Violet und ihr Bruder getan hatten, hatten Siu-Man und Kwok-Tai im Vorfeld ebenfalls getan. Man könnte sogar sagen, Violets Taten waren die natürliche Konsequenz des Verhaltens von Siu-Man. Wenn Nga-Yee der Meinung war, das, was sie Violet jetzt antat, sei gerechtfertigt, wie konnte sie dann verdammen, was Violet Siu-Man angetan hatte? Nga-Yee fühlte sich in einem schrecklichen Teufelskreis gefangen, der diesen Hass immer nur weiter und weiter vorantrieb.

Die Vorstellung, jetzt aufzugeben, war trotzdem unerträglich.

Sie hob den Blick zum Monitor. Violet saß immer noch leblos wie eine Puppe vor dem Computer, mit abwesendem Gesicht. Auch wenn Nga-Yees Hass auf Violet keine Grundlage mehr hatte, verzeihen konnte sie ihr nicht.

Nga-Yee hatte Mühe, ihre Benommenheit abzuschütteln. »Wie lange wissen Sie das schon?«, fragte sie N schließlich.

»Ich war mir bereits ziemlich sicher, als wir anfingen, unseren Racheplan zu schmieden.«

Ns Antwort flutete ihr Herz mit Bitterkeit, denn sie bewies wieder einmal, dass diesem Mann tatsächlich jegliche Menschlichkeit fehlte.

»Wieso waren Sie bereit, mir bei meiner Rache zu helfen, obwohl Sie wussten, dass Violet gute Gründe für ihr Verhalten hatte? Geht es Ihnen ums Geld? Ich dachte, die Leute, die Siu-Man in den Tod getrieben haben, wären einfach schlechte Menschen, und jetzt bin ich selbst zu dem geworden, was ich doch hasse. Wo ist der Unterschied zwischen denen und mir?«

»Der Unterschied besteht darin, dass Violet letztes Jahr gerettet wurde und Ihre Schwester starb.«

Die Eiseskälte, die in seiner Antwort lag, brach Nga-Yee das Herz.

N stützte die Hände auf die Knie und beugte sich vor. »Jetzt sind Sie verwirrt. Aber hätte ich Ihnen all das schon letzte Woche erzählt und Sie hätten Ihre Rachepläne aufgegeben, hätten

Sie es spätestens dann bereut, wenn Ihnen ganz und gar bewusst geworden wäre, dass Sie auf der Welt mutterseelenallein sind, während Violet und ihr Bruder noch am Leben sind und einander haben. Sie hätten sich über Ihr ungerechtes Schicksal beklagt und sich irgendwann zum Vorwurf gemacht, so dumm gewesen zu sein, ihre Pläne aufzugeben. Vielleicht hätten Sie Ihre Wut am Ende noch an mir ausgelassen.«

»Das würde ich niemals tun!«

»Doch. Würden Sie. Und damit sind Sie nicht allein – das würde jedem so gehen.« N sah ihr direkt in die Augen. Ernsthafter, als sie ihn je erlebt hatte. »Wir Menschen sind nie bereit, zuzugeben, dass wir Egoisten sind. Wir reden ständig über Anstand und Moral, aber sobald wir Gefahr laufen, zu verlieren, was wir haben, fallen wir augenblicklich zurück auf die Stufe von ›Survival of the fittest‹. Das liegt in der menschlichen Natur. Noch schlimmer, wir tun nichts lieber, als Ausreden zu finden – wir haben nicht mal den Mut, zu unserem Egoismus zu stehen. Heuchelei, mit einem Wort gesagt. Ich will Ihnen eine Frage stellen: Warum wollten Sie Rache?«

»Aus Gerechtigkeit für Siu-Man, natürlich.«

»Für Siu-Man? Was meinen Sie damit? Die Rache war Ihre. Sie waren traurig, weil Ihnen Ihre Familie genommen wurde, und deshalb haben Sie sich auf die Suche nach jemandem gemacht, an dem Sie Ihre Wut auslassen konnten. Um auf diese Weise Erleichterung zu erfahren. Was hat Siu-Man heute noch von Gerechtigkeit? Eine ziemlich hinterlistige Strategie, jemandem, der nicht mehr für sich selbst sprechen kann, Worte in den Mund zu legen.«

»Hören Sie auf, so zu tun, als würden Sie Siu-Man kennen!«, schrie Nga-Yee wütend. »Ich bin ihre Schwester. Ich weiß, wie sehr sie gelitten hat – und welche Widerstände sie überwinden musste, um ihr Leben aufzugeben! Woher nehmen Sie das Recht, solche Dinge zu sagen? Sie sind Siu-Man niemals begegnet!«

»Stimmt, ich habe Ihre Schwester nie getroffen – aber das bedeutet nicht, dass ich sie nicht verstehe.« N nahm Siu-Mans

Telefon zur Hand, tippte darauf herum und legte es vor Nga-Yee auf den Tisch.

»Versuchen Sie jetzt bitte nicht schon wieder, mir zu erzählen, man würde einen Menschen kennen, weil man sein Telefon …«

Als sie sah, was auf dem Bildschirm war, blieben ihr die Worte im Hals stecken.

> Lieber Unbekannter, wenn du diese Zeilen liest, bin ich vielleicht nicht mehr da.

»Was? Sie … Sie haben den gefälschten Abschiedsbrief auf ihrem Telefon gespeichert? Wozu?«

»Nein. Der Brief war gefälscht, aber ich habe nie gesagt, dass der Inhalt Fake war«, sagte N gedehnt. »Ich musste ihn ein bisschen angleichen, um den gewünschten Effekt zu erzielen, aber trotzdem. Alles, was Sie gelesen haben, stammt im Original von Ihrer Schwester.«

N nahm Nga-Yee das Telefon aus der zitternden Hand, scrollte ein Stück nach unten und gab es ihr zurück.

»Fangen Sie hier an.«

> Samstag, 14. Juni 2014 um 23:11
>
> Mom ist schon seit einem ganzen Monat nicht mehr da.
> Immer wenn ich an sie denke, spüre ich ein Loch in meinem Herzen.
> Ein riesiges Loch, das nie mehr gefüllt werden kann.
> Wenn ich von der Schule komme, fühlt die Wohnung sich kalt an.
> Das ist das Loch in meinem Herzen.

Es handelte sich um einen Facebook-Post von »Yee Man«. Das Profilbild zeigte eine weiße Lilie.

»Das ist … das ist Siu-Mans … Facebook-Seite?«, stammelte Nga-Yee. »Und der Name?«

»Das ist offensichtlich nicht ihr Klarname. Sie werden es verstehen, wenn Sie weiterlesen.«

Verzweifelt scrollte Nga-Yee weiter nach oben.

Donnerstag, 19. Juni 2014 um 23:44

Ich bin nicht so stark wie meine Schwester.
Sie ist ein wunderbarer Mensch. Ich glaube, es gibt nichts, das ihr ein Loch ins Herz reißen könnte.
Mom hat immer zu mir gesagt, ich soll mir an meiner Schwester ein Beispiel nehmen.
Aber ich bin nicht sie. Ich tue nur, als ob ich genauso stark wäre.
Ich werde nie so sein wie sie, in meinem ganzen Leben nicht.

Dieser Post war fünf Tage nach dem ersten verfasst worden. Auf dieser blau-weißen Seite hatte Nga-Yee plötzlich die geheimsten Gedanken ihrer Schwester vor sich – Gedanken, von denen sie nie etwas geahnt hatte. Sie war überrascht, dass Siu-Man sie als stark bezeichnete. In jenen Wochen nach dem Tod ihrer Mutter hatte sie nichts anderes getan, als ihre Mutter zu kopieren – ihr Verhalten in der ersten Zeit als Witwe, als sie sich dazu gezwungen hatte, weiterzumachen, um die Familie zu retten. Sie wünschte, sie könnte Siu-Man sagen, dass der Tod ihrer Mutter auch in ihr Herz ein Loch gerissen hatte und dass sie nur so getan hatte, als gäbe es keines.

Mittwoch, 2. Juli 2014 um 23:51

Sobald ich von der Schule komme, schalte ich den Fernseher ein.
Was läuft, ist mir egal. Ich will nur so tun, als wäre außer mir noch jemand in der Wohnung.
Ich hasse es, allein zu Hause zu sein. Deshalb bleibe ich oft so lange in der Schulbücherei.
Dabei lese ich gar nicht gern.

Manchmal, wenn meine Schwester Spätschicht hat, kommt sie erst nach neun Uhr nach Hause, aber die Bücherei schließt schon um fünf.
Wenn ich dann zu Hause sitze und auf sie warte, muss ich immer an früher denken.
Wenn meine Mom bei der Arbeit war, blieb meine Schwester zu Hause. Als sie dann zur Arbeit ging, war Mom zu Hause.
Jetzt ist niemand mehr hier.
Niemand spricht, niemand fragt, niemand antwortet.
Ich muss den Fernseher einschalten, um die Stimmen von Menschen zu hören.

Nga-Yee hatte keine Ahnung gehabt. Sie erinnerte sich, wie sie einmal von der Arbeit nach Hause kam und Siu-Man in ihrem »Zimmer« war, während im großen Raum der Fernseher lief. Ohne den Grund dafür zu ahnen, hatte sie Siu-Man angemault und ihr vorgeworfen, Strom zu verschwenden. Hatte sie deshalb damit aufgehört – wegen dem bisschen Strom? Hatte Nga-Yee, ohne es zu wissen, damit ihren schmalen Fluchtweg aus der Einsamkeit zerstört?

Die nächsten Posts waren eher nichtssagend, und sie scrollte weiter, bis sie schließlich auf die Erklärung für Siu-Mans seltsames Facebook-Profil stieß.

Freitag, 3. Oktober 2014 um 22:51

Manchmal finde ich diese Posts hier selbst ziemlich albern.
Ich habe keinen einzigen Freund hinzugefügt, also liest sie außer mir auch niemand.
Wenn niemand das hier liest, rede ich im Grunde mit mir selbst.
Aber das stimmt nicht ganz.
Ich habe gehört, dass es auf Social-Media-Seiten Moderatoren gibt, die alles sehen.
Würde ich Tagebuch schreiben, wäre klar, dass niemand mitliest. Aber hier besteht zumindest die Möglichkeit.

Die Moderatoren wissen nicht, wer ich bin, und ich weiß nicht, wer sie sind.
Wir sind einander fremd.
Aber auch wenn du nicht antworten kannst, macht mich der Gedanke froh, dass du das hier liest.
Weil ich dann automatisch ein bisschen stärker bin als jemand, der nur mit sich selber redet.

»Sie hat dieses Profil mit niemandem geteilt?«, murmelte Nga-Yee.

»Sieht nicht so aus. Der falsche Name sollte wohl verhindern, dass man es findet«, sagte N. »Ein bisschen, als würde man in einen hohlen Baum hineinrufen, einfach nur, um seinen Gefühlen Luft zu machen.«

»Stimmt das? Haben die Moderatoren gelesen, was sie schrieb?«

»Die Moderatoren einer Social-Media-Plattform können lesen, was immer sie wollen – sie sind schließlich dafür verantwortlich, dass die Seite läuft. Wenn ein User ein technisches Problem hat, brauchen sie Zugang zu seinem Profil. Auf den Plattformen gelten unterschiedliche Regularien hinsichtlich des Umgangs der Mitarbeiter mit der Privatsphäre der Nutzer. Aber Facebook hat weltweit Milliarden von Nutzern, allein in Hongkong sind es vier Millionen. Das sind täglich Hunderte Millionen von Posts. Die Chance, dass irgendwer die Worte Ihrer Schwester gelesen hat, ist wahrscheinlich kleiner, als dass Sie von einem Meteoriten getroffen werden.«

Nach einer kurzen Pause sprach N weiter. »Nicht dass es für Ihre Schwester wirklich wichtig gewesen wäre, ob dieser Unbekannte existiert. Sie wollte keine Reaktion, nur jemanden, mit dem sie reden konnte. Es fällt manchen Menschen eben leichter, sich Fremden anzuvertrauen als ihrer eigenen Familie.«

Nga-Yee hätte nie für möglich gehalten, dass Siu-Man sich jemals jemand anderem als ihrer eigenen Schwester anvertrauen würde. Sie scrollte sich weiter durch die Worte, die außer N niemals jemand zu Gesicht bekommen hatte. Dann entdeckte sie einen kleinen Beitrag vom November und erschrak.

Donnerstag, 13. November 2014 um 01:12

Ich fühle mich so schmutzig.

Es war der erste Eintrag, nachdem Siu-Man in der U-Bahn belästigt worden war. Nga-Yee hatte sie das niemals sagen hören. Sie hatte sich solche Mühe gegeben, ihre Schwester zu trösten. Sie hatte Siu-Man ihre Schulter angeboten, hatte den Perversen verflucht, hatte ihr versichert, dass er dafür ins Gefängnis kam, aber sie hatte Siu-Man kein einziges Mal gefragt, wie es ihr ging.

Nga-Yee hatte nie versucht, ihrer kleinen Schwester zuzuhören.

Freitag, 5. Dezember 2014 um 23:33

Meine Lehrerin hat sich heute schon wieder nach dem Vorfall erkundigt.
Ich wollte nicht darüber sprechen, aber sie hat mich gezwungen.
Ich traue mich mittags nicht mehr in die Cafeteria. Leute, die ich nicht kenne, starren mich an und zeigen mit dem Finger auf mich.
Ich kann nicht mehr!
Mom, ich vermiss dich so.

Nga-Yee spürte einen Kloß im Hals. Sie ahnte, wie Siu-Man sich gefühlt haben musste, als sie diesen Eintrag schrieb. Sie hatte aus Scham nicht mit ihrer Lehrerin sprechen wollen. Aus Angst, dass dann alles wieder hochkam. Bei der letzten Zeile zuckte sie zusammen. Ihre Mutter wäre der einzige Mensch gewesen, dem Siu-Man ihr Herz ausgeschüttet hätte.

Weshalb war sie nicht in der Lage gewesen, ihre eigene

Schwester um Hilfe zu bitten? Wann war diese Kluft zwischen ihnen entstanden?

Lieber Unbekannter,
mir ist klar geworden, dass ich keinen habe, mit dem ich reden kann.
Heute hat meine Schwester mir gesagt, dass ich vor Gericht aussagen muss.
Ich weiß, dass der Anwalt dieses Mannes mich befragen und in der Luft zerreißen wird.
Mir ist schlecht, ich möchte mich übergeben.
Meine Schwester hat gesagt, dass sie mir beistehen wird.
Sie hat dabei gelächelt, aber ich weiß, dass sie nur so tut.
Ich bin so nutzlos.
Mein ganzes Leben lang bin ich meiner Familie immer nur zur Last gefallen. Meiner Schwester, meiner Mutter.
Ich weiß, dass meine Mutter meinetwegen gestorben ist.
Wir hatten kein Geld, und sie musste in zwei Jobs arbeiten, um uns durchzubringen.
Sie hat viel zu hart gearbeitet und sich dabei kaputt gemacht.
Deshalb ist sie gestorben.
Wäre ich nicht geboren worden, wäre meine Mom noch am Leben.
Das ist alles meine Schuld.

»Das stimmt doch gar nicht! Das ist völlig verkehrt! Wie konnte sie das nur denken?«, rief Nga-Yee unter Tränen. Sie hätte niemals gedacht, dass ihre fröhliche Schwester so finstere Gedanken in sich trug, dass sie sich die Schuld für den Tod ihrer Mutter gab.

»Sie haben Ihre Schwester aufwachsen sehen. In Ihren Augen war sie immer ein unschuldiges Kind«, sagte N. »Aber irgendwann lernen Kinder, für sich selbst zu denken. Manchmal sind die Ideen, auf die sie dann kommen, etwas extrem, aber objektiv betrachtet hatte sie ja durchaus nicht ganz unrecht damit.«

»Was? Aber wir haben nie so gedacht, Mom und ich! Wir haben uns nie beklagt …«

»Nüchtern betrachtet: Wäre Ihre Schwester nie geboren worden, wie viel niedriger wären dann Ihre Lebenshaltungskosten gewesen? Hätten Sie mehr Zeit zum Lernen gehabt? Hätten Sie womöglich Ihre Jugend genießen können? Vielleicht hätte Ihrer Mutter dann ein Job ausgereicht? Hätten Sie vielleicht sogar die Schule beendet und im Anschluss studiert?«

Nga-Yee wusste nicht, was sie sagen sollte. Wann hatte N diese ganzen Hintergrundrecherchen angestellt?

»Lesen Sie weiter.«

Donnerstag, 26. Februar 2015 um 17:13

Es ist endlich vorbei.

Dieser eine Satz markierte eine vorübergehende Phase der Ruhe. Es war Shiu Tak-Pings zweiter Verhandlungstag gewesen, als er plötzlich die Strategie geändert, auf »schuldig« plädiert und Siu-Man so eine Aussage erspart hatte.

Doch dann braute sich auch schon der nächste Sturm zusammen.

Samstag, 11. April 2015 um 23:53

Warum? Warum? Warum?
Warum? Warum? Warum?
Warum? Warum? Warum?
Warum können sie mich nicht einfach in Ruhe lassen?
Will Gott mich bestrafen?

Nga-Yee brauchte nicht auf das Datum zu sehen, um zu wissen, dass zu diesem Zeitpunkt der Popcorn-Post von kidkit727 erschienen war. Sie bedauerte noch immer zutiefst, wie blind sie an diesem Wochenende gewesen war, dass sie nicht gemerkt hatte, wie sehr ihre Schwester litt, dass sie Siu-Man mit dem furchtbaren Shitstorm im Internet allein gelassen hatte.

Mittwoch, 15. April 2015 um 01:57

In der Schule reden sie immer mehr über mich.
Ihre Blicke machen mir Angst.
Alle glauben dem Neffen von dem Typen.
Die schrecklichen Dinge, die er über mich gesagt hat.
Ich bin kein Junkie. Ich bin keine Hure.
Aber ich weiß, dass meine Klassenkameraden mir nicht glauben.

Die Facebook-Posts erschienen inzwischen in zunehmend kürzeren Abständen, Siu-Man schrieb immer nach elf Uhr abends, manchmal sogar mitten in der Nacht. Erst jetzt, Monate nach ihrem Tod, begriff Nga-Yee den Horror, in dem ihre Schwester gefangen war, in seinem ganzen Ausmaß. Hatte sie damals ständig wach gelegen, im Dunkeln, und mutterseelenallein diesen fürchterlichen, unsagbaren Druck ausgehalten? Hatte Siu-Man, wenn Nga-Yee nachts aufgestanden war, um ihrerseits am PC die immer gehässigeren Kommentare zu lesen, heimlich hinter ihr gestanden und ihr hilflos dabei zugesehen? Sie hatte so stark gewirkt – war das in Wirklichkeit nur Theater gewesen, hatte sie ihrer großen Schwester was vorgemacht? Und sich dabei die ganze Zeit mit dem Selbstvorwurf gequält, für noch mehr Schwierigkeiten zu sorgen?

Nga-Yee hatte nicht die Möglichkeit, es herauszufinden. Sie wusste nur eines: Obwohl sie es versprochen hatte, war sie Siu-Man nicht die so dringend benötigte Stütze gewesen.

Samstag, 18. April 2015 um 01:47

Ich habe auf der Toilette gehört, was über mich geredet wird.
Vielleicht haben sie recht.
Ich bin verflucht. Ich ziehe andere mit ins Unglück.
Ich habe es nicht verdient, mit jemandem befreundet zu sein.
Ich habe es nicht verdient, glücklich zu sein.
Ich habe es nicht verdient, zu existieren.

Die Worte »nicht verdient« krachten wie ein Vorschlaghammer auf Nga-Yees Seele nieder. Sie wollte ihre kleine Schwester bei den Schultern packen, sie schütteln, ihr sagen, dass sie alles Glück der Welt verdient hatte und dass ihr das niemand verwehren konnte, dass Nga-Yee immer für sie da sein würde, sie lieben und von ganzem Herzen unterstützen würde, auch wenn sie keine Freunde fand.

Samstag, 25. April 2015 um 02:37

Lieber Unbekannter,
wenn du diese Zeilen liest, bin ich vielleicht nicht mehr da.
Ich denke zurzeit tagtäglich an den Tod.
Ich bin so müde. So furchtbar müde.
Ich habe jede Nacht denselben Albtraum: Ich bin in der Wildnis, dunkle Gestalten beginnen, mich zu jagen.
Ich renne weg und schreie um Hilfe, aber keiner kommt, um mich zu retten.
Ich weiß genau, dass keiner kommt, um mich zu retten.
Die dunklen Gestalten reißen mich in Stücke. Sie lachen, als sie mir Arme und Beine ausreißen. Sie lachen und lachen.
Grauenvolles Gelächter.
Das Schlimmste ist, dass ich mitlache.
Mein Herz ist auch verfault.

»Das … das war tatsächlich ihr Abschiedsbrief!«, schluchzte Nga-Yee und umklammerte mit der rechten Hand Siu-Mans Telefon. Der handgeschriebene Abschiedsbrief bestand aus ihren Gedanken, Wort für Wort, geäußert gerade mal zehn Tage vor ihrem tödlichen Sprung am 5. Mai. Siu-Man hatte sich nicht aus einem plötzlichen Impuls heraus das Leben genommen – sie hatte schon im April mit dem Gedanken gespielt.

Und Nga-Yee hatte es nicht gemerkt. Sie hatte geglaubt, ihrer Schwester ginge es wieder gut.

Montag, 27. April 2015 um 02:22

Ich kann nicht mehr.
Nach der Schule, auf der Straße, in der U-Bahn habe ich das Gefühl zu ersticken.
Jeden Tag spüre ich Tausende Augen, die sich voller Hass in mich reinbohren.
Sie wollen alle, dass ich tot bin.
Ich kann nirgendwo hin.
Auf dem Weg zur Schule und zurück denke ich oft, wenn der Bahnsteig kein Geländer hätte, würde ich mich vor den Zug werfen.
Und allem ein Ende machen.
Vielleicht ist es besser, wenn ich tot bin. Ich ziehe jeden mit runter.

»Oh!« Diese letzte Zeile machte Nga-Yee endgültig klar, wie falsch sie gelegen hatte. Nachdem sie die letzten Mails von kidkit727 an ihre Schwester gelesen hatte, war sie der festen Überzeugung gewesen, diese wären der letzte Tropfen gewesen, der das Fass zum Überlaufen brachte. Erst jetzt verstand sie endlich, in welchem Geisteszustand ihre Schwester sich befunden hatte.

Ja, die Worte von kidkit727 hatten als Katalysator gewirkt, aber nicht die, die Nga-Yee im Blick gehabt hatte. Nicht *Hast Du den Mut zu sterben?* und auch nicht *Abschaum wie Du hat kein Recht, weiterzuleben*. Nein. In Wirklichkeit war es ein Satz aus der zweiten Mail:

Du bist eine Schande für Deine Klassenkameraden.

Das war Siu-Mans größte Angst gewesen: andere mit sich runterzuziehen. Sie hatte geglaubt, sie wäre eine Belastung für Mutter und Schwester, und vielleicht hatte das auch für ihre Freunde gegolten – vor allem für Kwok-Tai und Lily. Der Wirbel um die Gerichtsverhandlung und der anschließende Popcorn-Post hatten die ganze Schule erschüttert. Siu-Man musste sich gefühlt haben wie ein falsches Puzzleteil, als wäre ihre Existenz ein Makel in einer ansonsten vollkommenen Welt.

Und noch eine Wahrheit dämmerte ihr: Nga-Yee hatte ihrer Schwester kein einziges Mal gesagt, wie viel sie ihr bedeutete.

Mittwoch, 29. April 2015 um 02:41

Bevor ich diese Welt verlasse, muss ich meine beste Freundin um Verzeihung bitten.
Besser gesagt, meine ehemalige beste Freundin.
Jeden Tag im Klassenzimmer schaue ich sie an.
Sie zeigt es nicht, aber ich weiß, dass sie mich hasst.
Sie hat auch allen Grund dazu.
Meine sorglose Art hat sie tief verletzt.
Danach haben wir nie wieder miteinander gesprochen.
Ich habe es nicht verdient, ihre beste Freundin zu sein.
Vielleicht ist es ja gut so. Ich werde ihr nicht mehr im Weg stehen.

Der Eintrag bestätigte Nga-Yees Vermutung: Siu-Man hatte gedacht, Lily würde sie hassen. Die entsprechenden Zeilen in dem gefakten Abschiedsbrief hatte N erfunden, aber das hier war echt.

Freitag, 1. Mai 2015 um 03:11

Meine Klassenkameraden werden erleichtert sein, wenn ich nicht mehr da bin.
Dann müssen sie vor mir kein Theater mehr spielen.
Die Lehrer haben dafür gesorgt, dass keiner mehr drüber spricht, deshalb machen sie es jetzt hintenrum umso mehr.
Meine Klasse denkt, ich hätte sie um ihren Frieden gebracht.
Jetzt fühlen alle sich unwohl.
Vor allem sie. Sie wünscht sich bestimmt, dass ich von der Schule gehe.
Ich habe gehört, wie sie ihrem Gefolge gesagt hat, es wäre besser, ich käme nicht mehr zur Schule.
Ich habe öfter versucht, ihren Blick aufzufangen, aber sie sieht jedes Mal ganz schnell weg.
Sie muss mich hassen.

Dabei weiß ich, was sie getan hat.
Sie nennt mich Männerdiebin, Junkie, Hure.
Ich weiß, dass sie das war, auch wenn ich es nicht beweisen kann.
Sie hat seinem Neffen diese ganzen Sachen erzählt. Sie oder jemand aus ihrem Gefolge.
Die haben alle große Klappen.
Aber egal.
Bald bin ich nicht mehr da, und sie haben endlich, was sie wollten.

»Meint sie … meint sie die Prinzessin?«, stammelte Nga-Yee.

»Die Person, die ihrer Meinung nach mit dem Neffen von Shiu Tak-Ping gesprochen hat? Wahrscheinlich«, sagte N. »Es war vielleicht gar nicht böse gemeint, als die Prinzessin sagte, es wäre besser, Ihre Schwester käme nicht mehr zur Schule – vielleicht wollte sie damit nur sagen, sie müsste dann nicht mehr das ganze Gerede ertragen. Natürlich haben ihre Zofen ständig überall diese Gerüchte gestreut, aber wenn die Prinzessin in Wirklichkeit tatsächlich nicht so fies war, wie sie sich gern gab, muss die Geschichte für sie selbst auch ziemlich hart gewesen sein – Mitgefühl mit Ihrer Schwester zu haben und es sich auf keinen Fall anmerken lassen zu dürfen.«

Nga-Yee scrollte noch ein bisschen weiter nach oben und fand schließlich den letzten Eintrag, verfasst genau einen Tag ehe Siu-Man sich das Leben genommen hatte.

Montag, 4. Mai 2015 um 03:49

Lieber Unbekannter, dies ist vielleicht das letzte Mal, dass ich dir schreibe.
Ich bin so müde. Ich kann nicht mehr so tun, als ginge es mir gut.
Vor allem nicht vor meiner Schwester.
Ich weiß, dass sie auch so tut, als ob.
Wozu sollen wir beide uns noch länger was vormachen? Wie-

so es nicht einfach beenden und uns die Masken vom Gesicht reißen?
Wenn ich nicht mehr da bin, kann sie wieder glücklich sein.
Lieber Unbekannter, mein Name ist Au Siu-Man. Ich bin das Mädchen, das an diesem ganzen Online-Wirbel schuld ist.
Wenn du nicht weißt, was ich meine, kannst du es ganz leicht googeln.
Dass ich hier offen meinen Namen schreibe, ist nicht als Vorwurf gemeint. Schließlich kennst du mich nicht, und ich kenne dich nicht.
Ich wollte einfach nur, dass ein Unbekannter alles erfährt, was ich durchgemacht habe, als Beweis dafür, dass ich einst auf dieser Welt existierte.
Wenn du diese Zeilen liest, gibt es mich vielleicht nicht mehr.

»Wie sollte ich denn jemals ohne dich glücklich sein?«, schrie Nga-Yee das Telefon in ihrer Hand an und fing heftig an zu schluchzen. Keine Technik dieser Welt konnte ihren Schrei der verzweifelten Siu-Man zukommen lassen, als sie diese Worte schrieb. Nga-Yee war egal, dass N diese Zeilen benutzt hatte, um daraus einen gefälschten Abschiedsbrief zu basteln wie eine groteske Collage, um Violet damit in die Irre zu führen, und auch, ob irgendein Moderator die Posts zufällig gelesen hatte oder auch nicht. Sie wollte nur eines: Siu-Man wissen lassen, dass ihr Selbstmord ihrer Schwester nur noch mehr Leid zufügen würde.

Sie konnte nicht leugnen, dass sie in jenen Wochen so getan hatte, als wäre alles in Ordnung, obwohl sie sich ununterbrochen Sorgen um Siu-Man gemacht hatte. Die Zeit damals kam ihr im Vergleich zu heute fast glücklich vor – damals hatte sie wenigstens noch wen, um den sie sich sorgen konnte.

»Wussten Sie das etwa schon die ganze Zeit?« Sie sah N finster an. Es fiel ihr schwer, sich zu beruhigen. Als sie das erste Mal in der Schule waren, hatte N Siu-Mans Telefon schon zwei Tage in seinem Besitz gehabt; das war inzwischen zwei Wochen her. Selbst wenn er damals noch nicht wusste, von wem im Einzelnen die Rede war, hatte er bereits gewusst, dass ihre Schwester sterben wollte.

»Ja.«

»Und haben es mir verschwiegen!« Ihre Stimme bebte vor Zorn. Sie war kurz davor, zu explodieren.

»Sie haben nicht gefragt«, sagte N gefühllos. »Alle sind ständig blind auf der Suche nach Antworten, und oft stellt sich irgendwann heraus, dass sie von Anfang an nicht die richtigen Fragen gestellt haben. Miss Au, Sie haben mich engagiert, um die Person ausfindig zu machen, die auf Popcorn den Hass-Post über Ihre Schwester veröffentlichte. Sie haben mich nie damit beauftragt, darüber hinaus Violets Motive zu durchleuchten oder die Gründe für den Suizid Ihrer Schwester.«

»Aber … aber wenn Sie wussten …«

»Wenn ich wusste, wie wichtig das für Sie ist, weshalb ich dann nichts gesagt habe?«, fiel er ihr ins Wort. »Ja. Selbst wenn ich ›gewusst‹ *hätte*, dass Sie alles dafür geben würden, die letzten Worte Ihrer Schwester zu erfahren, wäre das lediglich mein subjektiver Blickwinkel gewesen. Sie haben mich nicht darum gebeten. Weshalb hätte ich mir also die Mühe machen sollen, etwas zu beweisen, das mich nichts anging? Wenn Sie die ganze Wahrheit hätten erfahren wollen, hätten Sie mir das von Anfang an sagen müssen. Haben Sie aber nicht. Außerdem hatte Ihre Schwester sich genau deshalb dazu entschlossen, ihre Gedanken lediglich auf einem geheimen Facebook-Profil niederzuschreiben, damit ihre Familie und ihre Freunde sie nach ihrem Tod eben *nicht* fanden. Ich habe also lediglich Siu-Mans Wünsche respektiert. Machen Sie mir das etwa zum Vorwurf?«

Wie so oft brachte Ns verdrehte Logik sie zum Schweigen.

»Und außerdem«, fuhr N fort, »habe ich Ihnen jede Menge Hinweise auf den Geisteszustand Ihrer Schwester geliefert. Habe ich etwa nicht gesagt, Sie hätten eigentlich mehr über ihre Freunde wissen müssen? Habe ich etwa nicht gefragt, inwiefern sich das Bild, das Sie sich von Ihrer Schwester gemacht haben, von der Realität unterschied? Hätten Sie damals nachgehakt, hätte ich Ihnen selbstverständlich die Wahrheit gesagt. Aber Sie haben beschlossen, meine Fragen zu ignorieren. Und jetzt werfen Sie mir vor, nicht früher mit Ihnen darüber gesprochen zu haben?«

Jetzt, wo sie darüber nachdachte, musste Nga-Yee zugeben, dass N all diese Dinge tatsächlich zu ihr gesagt hatte. Sie war schockiert und voller Reue. Auch wenn sie nicht allem, was er sagte, zustimmen konnte, eine sehr wichtige Sache hatte sie definitiv versäumt: Sie hatte sich weder vor noch nach dem Tod von Siu-Man wirklich für die Gefühle ihrer Schwester interessiert. Sie hatte nie versucht, ihre intimsten Gedanken tatsächlich nachzuvollziehen.

»Ich fragte Sie auch, wie viel Taschengeld Ihre Schwester bekam«, fuhr N versöhnlicher fort. »Das war der Punkt, wo mir klar wurde, dass Ihre Schwester Ihnen zwar womöglich wichtig war, dass Sie aber keine Ahnung hatten, was in ihr vorging.«

»Was?«

»Sie hat von Ihnen dreihundert Dollar pro Woche bekommen. Nach Abzug der U-Bahn-Karte und des Geldes fürs Mittagessen bleibt da kaum noch was übrig. Jedenfalls nicht genug für eine Oberschülerin heutzutage. Sie wissen selbst, wie sehr die Preise in den letzten Jahren gestiegen sind. Früher hat man für gute zwanzig Dollar noch ein anständiges Mittagessen bekommen, aber heute kostet schon eine einfache Schale Nudeln über dreißig. Glauben Sie etwa, Ihre Schwester hat freiwillig jeden Tag ein Sandwich zu Mittag gegessen? Sie hat einfach nur das Billigste genommen. Was glauben Sie denn, wie sie sonst an das extra Geld kam, um mit Kwok-Tai und Lily Kaffee zu trinken?«

»So konsumorientiert war Siu-Man nicht. Sie hätte niemals gehungert, nur um sich ein modisches Telefon oder …«

»Wer spricht denn hier von Mode? Ich spreche von ganz normalem Sozialleben. Wenn ihre Freunde mit ihr wohin auch immer gehen wollten, brauchte sie Geld, um mithalten zu können, wenn sie ihnen nicht die Pläne vermiesen wollte, egal, wie knapp sie bei Kasse war. So funktioniert das nun mal, oder nicht?«

»Wenn sie mich um mehr Taschengeld gebeten hätte, hätte sie es sofort bekommen!«

»Ihre Schwester hatte nicht nur Angst, nicht mit ihren Freunden mithalten zu können, sie wusste auch, wie knapp es zu Hause um die Finanzen bestellt war – deshalb hat sie nie darum gebeten.« Ein Hauch Spott schwang in seiner Stimme. »Sie wissen doch selbst, was Ihre Familie durchgemacht hat – und bitte unterstellen Sie Ihrer Schwester nicht, sie hätte nichts davon gewusst, weil sie noch so jung war. Sie sah, wie sehr Sie und Ihre Mutter litten – genau aus diesem Grund war es ihr so wichtig, niemandem zur Last zu fallen. Aber Sie haben nicht gemerkt, was sie durchmachte. Sie dachten, alles wäre in bester Ordnung.«

»Das ist alles geraten.«

»Ja, das ist geraten. Vergessen Sie bitte nicht, Sie sind diejenige, die mich nach meiner unbestätigten Hypothese gefragt hat.« Ns Gesicht war hart. »Dasselbe mit One Direction – ich bin mir sicher, Ihrer Schwester hat die Band nicht mal gefallen. Sie hat sich die Musik nur angehört, um mit Lily ein gemeinsames Thema zu haben. Sie haben auf der Suche nach dem Telefon doch all ihre Sachen durchwühlt – wäre sie als echter Fan nicht wenigstens im Besitz von ein paar CDs oder Musikzeitschriften gewesen? Ich wusste, dass nichts davon da war, denn als ich Lily auf One Direction ansprach, hatten Sie keinen Schimmer, wovon die Rede war. Die Schlussfolgerung, dass Ihre Schwester sich Mühe gab, dazuzugehören, ist also nicht so weit hergeholt.«

Nga-Yee musste sich eingestehen, dass er recht hatte.

»Miss Au«, sagte N plötzlich außergewöhnlich sanft. »Auch wenn Sie das wahrscheinlich nicht besonders gern hören, aber wir sind uns sehr ähnlich, Sie und ich: Wir sind beide geborene Einzelgänger. Wir lieben die Isolation. Anstatt unsere Zeit an sinnlose zwischenmenschliche Interaktionen zu verschwenden, konzentrieren wir uns auf Dinge, die uns wichtig sind. Sie hatten in der Schule keine Freunde, weil Sie sich um Ihre Familie kümmern wollten. Jetzt lesen Sie lieber Bücher, statt mit Arbeitskollegen Ihre Zeit zu verbringen. Wir gehen beide unserer eigenen Wege und kehren unserer Umwelt den Rücken. Trotzdem müssen Sie verstehen, dass Ihre Schwester anders war als Sie. Sie stand unter Gruppenzwang. Ihr war es wichtig, sich zu Gleichaltrigen zugehörig zu fühlen, zu tun, was sie taten, so zu tun, als würde sie ihre Interessen teilen. Wahrscheinlich hat sie deshalb eingewilligt, mit Kwok-Tai zu gehen, auch wenn dadurch alles nur noch schlimmer wurde.«

»Was wollen Sie damit sagen?« Nga-Yee starrte ihn an. »Behaupten Sie etwa, sie mochte Kwok-Tai in Wirklichkeit gar nicht und sagte trotzdem Ja, als er sie fragte?«

»Heute gesteht man sich mal schnell so nebenbei seine Liebe, und schon geht man miteinander – aber wie oft sind beide Seiten wirklich damit einverstanden? Wahrscheinlich ist es häufig so, dass der eine einfach mitmacht, solange der andere nicht völlig peinlich oder daneben ist. Schließlich sind alle um einen herum mit irgendwem zusammen, man hat also das Gefühl, auch mit jemandem gehen zu müssen. Angesichts der Situation, in der Ihre Schwester sich befand, hat sie darin wahrscheinlich die Chance gesehen, ihr Leben zu verändern …«

»Was meinen Sie damit? Die Situation, in der sie sich befand?«

N strich sich zögernd übers Kinn. Er antwortete nicht sofort. »Das ist reine Vermutung, aber ich glaube, in Wirklichkeit war Ihre Schwester in jemand anderen verliebt.«

»In wen denn?«

»Sie hat sämtliche Bilder ihrer Schulkameraden von ihrem Telefon gelöscht. Bis auf eines. Vermutlich hat sie es nicht über sich gebracht, sich davon zu trennen.«

Nga-Yee starrte ihn schockiert an. »Lil…Lily Shu? Wollen Sie damit etwa sagen, dass Siu-Man Mädchen mochte?«

»Ich würde sie nicht zwingend als lesbisch bezeichnen, aber fest steht, dass sie für Lily Gefühle hatte. Vielleicht wusste sie selbst nicht recht, welcher Art diese Gefühle waren. Erscheint Ihnen das nicht nachvollziehbar? Dass sie so tat, als würde sie eine bestimmte Band mögen, nur um jemandem näher zu sein?

Dass sie beim Mittagessen knauserte, um mehr Zeit mit einer Person verbringen zu können, die sie mochte? Sie wusste, dass sie mit Lily nicht zusammen sein konnte, und als Kwok-Tai sie dann fragte, ob sie mit ihm gehen wolle, sah Siu-Man darin vielleicht eine Möglichkeit, ihre ›unnatürlichen‹ Tendenzen zu ›korrigieren‹. Doch dann verletzte sie damit ausgerechnet den Menschen, auf den es ihr in Wirklichkeit ankam, und am Ende hatte sie niemanden mehr.«

Nga-Yee schoss das Blut in den Kopf, und ihr wurde schwindelig. Nach dem ersten Schock hätte sie es akzeptiert, wenn Siu-Man sich geoutet hätte. Was ihr wirklich zu schaffen machte, war die Tatsache, dass sie nicht mal geahnt hatte, was ihre Schwester bedrückte. Wie konnte es sein, dass sie nicht gesehen hatte, wie sehr ihre Schwester sie brauchte? Siu-Man musste in Laura Lam ein Stückchen von sich selbst gesehen haben. Deshalb hatte sie sich so bereitwillig auf Kwok-Tais Plan eingelassen, Violet fertigzumachen. Vielleicht hatte Lilys unreflektierte Homophobie ihr klargemacht, dass es für sie keine Hoffnung gab. Und vielleicht hatte Jason damals einfach ihre Verzweiflung ausgenutzt und sie in die Karaoke-Bar gelockt – und Siu-Man hatte sich so sehr nach jemandem zum Reden gesehnt, dass sie mitgegangen war, nur um sich damit in noch größere Schwierigkeiten zu bringen.

»Ich … ich habe mich immer für eine gute große Schwester gehalten. Ich habe mein Studium geopfert, damit sie es mal besser hat.«

»Da hätten wir's wieder.« N sah sie stirnrunzelnd an. »Sie taten es für Ihre Schwester, aber haben Sie sie je gefragt, was Ihre Schwester wollte? Halten Sie es nicht für möglich, dass Ihre noble Geste eine Last für sie war, die ihr die Luft abschnürte? Es gibt viele Menschen, die sich so verhalten, sich selbst aufopfern. Aber steckt in Wirklichkeit nicht nur ihr Kontrollbedürfnis dahinter? Haben Sie je innegehalten und sich gefragt, was Familie tatsächlich für Sie bedeutet?«

N nahm ihr Siu-Mans Telefon aus der Hand und tippte ein bisschen darauf herum. »Von den Bildern ihrer Klassenkameraden hat Ihre Schwester nur eines behalten. Aber es gab noch ein weiteres Foto, von ihr mit zwei anderen Menschen.«

Als er ihr das Telefon zurückgab, füllte ein Selfie den Bildschirm. Siu-Mans Gesicht nahm die linke Hälfte ein, rechts davon war Nga-Yee zu sehen. Sie kam gerade aus dem Bad und rieb sich mit einem Handtuch die Haare trocken. Im Hintergrund stand ihre Mutter und bereitete das Abendessen zu. Nga-Yee unterhielt sich mit ihrer Mom, und beide bekamen nicht mit, dass Siu-Man fotografierte. Das musste während Siu-Mans erstem Jahr an der Oberschule gewesen sein, kurz nachdem sie das Telefon bekommen hatte. Siu-Man grinste zufrieden – aber nicht, weil sie heimlich ein Foto gemacht hatte, sondern weil es ihr gelungen war, einen winzigen Moment im Leben der Familie einzufangen, die sie so sehr liebte, und sie diesen alltäglichen Moment so zu einem Augenblick für die Ewigkeit gemacht hatte.

Siu-Man hatte ihre Familie geliebt. Selbst dieser ganz normale Tag mit der einfachen Mahlzeit, die sie gleich verzehren würden, reichte, um sie mit Freude zu erfüllen.

Nga-Yee stiegen Tränen in die Augen, und sie dachte, ihr würde vor Schuld das Herz brechen. Das Bild und das heimliche Facebook-Profil brachten sie auf den Gedanken, dass Siu-Mans Selbstmord demselben Impuls gefolgt war, der Nga-Yee dazu gebracht hatte, ihren Studienplatz aufzugeben: als Opfer. Sie hatte ihre Schwester immer als sorglos und fröhlich empfunden, aber jetzt kam ihr das plötzlich vor wie eine Maskerade, um Schwester und Mutter glücklich zu machen. Jetzt wusste Nga-Yee auch, weshalb sie so gnadenlos darauf aus gewesen war, kidkit727 aufzuspüren – sie verabscheute denjenigen noch immer, der diesen Angriff aus dem Hinterhalt auf ihre Schwester verübt hatte, aber es gab jemanden, den sie noch viel mehr hasste: sich selbst.

Die Notwendigkeit, Geld zu verdienen, hatte Nga-Yee dazu gebracht, etwas viel Wichtigeres völlig zu vergessen. Geld verdienen war immer nur Mittel zum Zweck gewesen: zu den Lebenshaltungskosten beizutragen und ihrer Familie ein glückliches Leben zu ermöglichen. Doch die kapitalistische Gesellschaft flüstert uns ein, dass unser Einkommen ein Ziel an sich ist, und macht uns auf diese Weise zu Sklaven des Geldes. So lebensnotwendig Geld auch sein mag, wir vergessen dabei, dass es viel wichtigere Dinge gibt, die zu verlieren wir uns nicht leisten können.

Siu-Man ist so empfindlich, hatte ihre Mutter zu ihr gesagt. Und dieses Feingefühl hatte sie empfänglich gemacht und dazu geführt, dass sie andere viel besser verstand, als sie selbst verstanden wurde. Deshalb hatte sie alle möglichen Ängste in sich angesammelt. Eine Situation vor langer Zeit kam Nga-Yee plötzlich in den Sinn: Sie saßen in einem fahrenden Wagen, es war dunkel. Siu-Man, noch sehr klein, saß neben ihr und streichelte ihre Wange.

»Nicht weinen, Schwesterlein.«

Bzzz.

Plötzlich riss ein elektronisches Surren Nga-Yee aus ihrer Erinnerung.

Stirnrunzelnd wandte N sich einem der Laptops zu und machte ein paar Eingaben. »Nicht jetzt!«, knurrte er und drehte sich zu den Überwachungsmonitoren um. Violet hatte inzwischen das Sichtfeld der Laptopkamera verlassen. Sie stand am Fenster, im Fokus der Drohne – doch da das Licht hinter ihr an war, konnte Nga-Yee ihr Gesicht nicht erkennen.

»Was ist denn?«, fragte Nga-Yee benommen.

»Violets Bruder ist in der Nähe – wahrscheinlich hat er gemerkt, dass etwas nicht stimmt. Schlauer Bursche.« N deutete auf das Laptop. »Das Stingray hat seine Nummer erfasst.«

Ns Finger flogen über die Tastatur. Auf einem Monitor war Violets Zimmer zu sehen, alle anderen zeigten plötzlich den Broadcast Drive. Wie viele Drohnen hatte er eigentlich? Oder hatte er sich in die Überwachungskameras gehackt? Wie in einer Diashow flackerten in schneller Folge Bilder über die Monitore, Ns Augen rasten hin und her, als suchte er etwas Bestimmtes. Es war inzwischen nach ein Uhr morgens, und die Straßen waren menschenleer.

»Da!«, sagte er plötzlich, und Monitor 1 blieb auf einer bestimmten Einstellung stehen: Ein Taxi kam angefahren. Und da, direkt rechts davon, war Violets Wohnhaus im Bild. Das Taxi blieb stehen, und eine Gestalt stieg eilig aus. Trotz des grobkörnigen Bilds erkannte Nga-Yee eindeutig Violets Bruder.

»Uns bleibt keine Zeit«, sagte N. »Wenn Sie Rache wollen, müssen wir jetzt zuschlagen.«

Nga-Yee starrte ihn ungläubig an. »Ich dachte, Sie hätten mir all das erzählt, um mir den Racheplan auszureden.«

»Wieso sollte ich Ihnen irgendwas ausreden wollen?« Ns Blick war starr auf den Monitor gerichtet. »Die Gründe für das Handeln Ihrer Schwester haben nichts mit Ihrem Vergeltungsschlag zu tun. Violet und ihr Bruder haben den Cybermob auf Ihre Schwester gehetzt – das ist eine Tatsache. Ihre Schwester hat sich infolge von Violets Nachrichten das Leben genommen – das ist ebenfalls Fakt. Und der Tod Ihrer Schwester hat Ihnen unsagbares Leid zugefügt. Die beiden haben Ihnen wehgetan, und wenn Sie das tatsächlich vergelten wollten, Auge um Auge, Zahn um Zahn, wäre ich der Letzte, der Sie daran hindert.«

Violets Bruder stand gestikulierend vor dem Wachmann, der ihn offensichtlich nicht ins Haus lassen wollte.

»Als ich sagte, Sie wollten Rache für sich, war das nicht als Kritik gemeint, Miss Au. Ich habe lediglich gesagt, wie die Dinge sind«, fuhr N fort. »Ich hasse Heuchler. Es ist absolut nichts gegen Leute zu sagen, die für sich selbst agieren. Wenn Sie Violet hassen, bin ich an Ihrer Seite – wissen Sie noch, wie eiskalt sie uns ins Gesicht log und anschließend den Abschiedsbrief verbrannte, als wäre nie etwas gewesen, als hätte sie nicht das Geringste mit Siu-Mans Tod zu tun? Machen Sie mit ihr, was Sie wollen – ich habe nichts dagegen. Außerdem agiere ich lediglich in Ihrem Auftrag. Ich bin ein Werkzeug, wie ein Messer. Wie Sie mich einsetzen und aus welchem Grund, liegt ganz und gar bei Ihnen.«

Mit diesen wenigen Sätzen hatte N den Hass in Nga-Yee wieder entfacht, aber sie wusste trotzdem nicht, was sie wollte. Sie musste wieder an die letzten Nachrichten denken, die Siu-Man vor ihrem Tod gelesen hatte, an die vielen giftigen Worte, die allerletzten Tropfen, die den Damm zum Bersten brachten. Es war doch nur angemessen, wenn Nga-Yee jetzt ihrerseits den letzten Tropfen lieferte, oder nicht? Böses musste mit Bösem vergolten werden. Auf dem Bildschirm war zu sehen, dass Violets Bruder den Wachmann inzwischen zu Boden gestoßen hatte. Er sprang auf den Lift zu und schaffte es, die Tür zu schließen, ehe der Ältere wieder ganz auf den Beinen war.

Nga-Yee umklammerte das Mikrofon. Ihr Finger schwebte über dem Knopf. Sie starrte zu Monitor 2 hinauf. Violet stand am geöffneten Fenster. Die sommerliche Brise wehte ihr die Haare ins Gesicht. Nga-Yee spürte förmlich, wie zerbrechlich sie war – der leiseste Schubs würde genügen, und schon würde sie wie eine Porzellanpuppe zum Fenster hinausstürzen und zehn Stockwerke weiter unten auf dem Asphalt zerschellen. Als würde sie Nga-Yees Vorstellung ausagieren, umklammerte Violet das Fensterbrett. Ihr Körper schwankte vor und zurück, als würde sie ihre Existenz dem Wind überlassen.

»Lift ist gleich im zehnten Stock«, meldete N.

Nga-Yee starrte auf den Monitor. Vielleicht brauchte sie gar nichts mehr zu sagen, und Violet sprang von allein. Sie wirkte völlig schwach und wehrlos. Plötzlich wurde Nga-Yee klar, dass etwas nicht stimmte. Violet war viel zu groß. Am Fenster war mehr als ihr halber Körper zu sehen, von den Oberschenkeln aufwärts.

Nein. Sie war nicht plötzlich gewachsen. Sie stand auf einem Stuhl.

In dem Moment, als Nga-Yee das klar wurde, drückte sie den Knopf und rief die letzten Worte, die sie jemals zu Violet To sagen würde:

»Tu es nicht!«

Violets Körper geriet ins Schwanken, und sie sah sich entsetzt um. Ein paar Sekunden später wanderten ihre Augen zur Tür. Offensichtlich hörte sie die Klingel und die verzweifelten Schreie ihres Bruders. Sie stolperte aus dem Zimmer und verschwand aus dem Bild.

»Haben Sie sich's anders überlegt?«, fragte N.

»... aufgegeben. Ist besser so.« Nga-Yee hatte immer noch das Mikrofon zwischen ihren schweißnassen Händen. Sie starrte auf den Monitor mit Violets verlassenem Zimmer.

»Ist das das Ende des Plans?«

»Ja. Wir lassen sie davonkommen ...«

N zuckte die Achseln und stellte mit einem Knopfdruck die alte Ordnung wieder her: Seine Drohnen würden zu ihm zurückkehren, er würde die Kontrolle über Violets WiFi aufgeben, und sämtliche Systeme kehrten in den Normalzustand zurück.

Eben, als Nga-Yee Violet auf dem Stuhl am Fenster stehen sah, hatte sie Siu-Man dort gesehen. Das hatte gereicht, um ihr klarzumachen, dass sie nicht wollte, dass dieses Mädchen denselben tödlichen Weg einschlug wie ihre Schwester, und war der Hass auch noch so groß. Sie hatte Siu-Man vor Augen, in einer großen Blutlache, und ihr eigenes hysterisches Schluchzen hallte in ihren Ohren. Das wünschte sie nicht einmal ihrem ärgsten Feind.

Endlich konnte Nga-Yee die klare, wahrhaftige Stimme vom Grunde ihres Herzens hören.

Egal, wie sehr sie litt, ihr Leid einem anderen aufzubürden würde sie nicht glücklich machen.

Während N seine Drohnen zurückholte, erhaschte Nga-Yee einen letzten Blick auf Violet und ihren Bruder, und aus irgendeinem Grund kam ihr der berühmte erste Satz von *Anna Karenina* in den Sinn.

»Alle glücklichen Familien sind einander ähnlich. Jede unglückliche Familie ist unglücklich auf ihre Weise.«

Bruder und Schwester knieten bei weit geöffneter Wohnungstür auf der Türschwelle und hielten einander im Arm.

Violet zitterte heftig. Wahrscheinlich weinte sie. Wäre sie selbst an jenem Tag im Mai, dachte Nga-Yee, nur zehn Minuten früher nach Hause gekommen, hätten sie und Siu-Man einander vielleicht genauso umarmt, weinend, auf Knien, vor der offen stehenden Wohnungstür.

Nga-Yee sackte in sich zusammen, und ihr liefen Tränen über das Gesicht. Bald darauf entwich ihr ein ersticktes Schluchzen, und schließlich heulte sie hemmungslos. Nach Siu-Mans Tod hatte sie immer nur aus Hass geweint – von Rachegedanken getränkte Tränen, Tränen des Zorns auf die Gesellschaft, Tränen der Wut gegen die Ungerechtigkeit des Schicksals. Jetzt aber spürte sie nichts als Trauer und weinte nur aus dem einen Grund, weil sie ihre kleine Schwester verloren hatte. N reichte ihr ein Taschentuch, aber das war viel zu wenig. Sie sah aus, als würde sie jeden Moment vom Stuhl rutschen. Ein wenig zögerlich ging N vor ihr in die Knie und ließ zu, dass sie ihr Gesicht an seiner Brust barg.

Obwohl Nga-Yee sich geschworen hatte, sich vor N niemals im Leben eine Blöße zu geben, und obwohl sie ihn nicht ausstehen konnte, fühlte sie sich seltsam aufgehoben, als sie die Hände auf seinen fleckigen, knittrigen Kapuzenpullover legte.

Vielleicht brauchen selbst Menschen, die sich ans Alleinsein gewöhnt haben, ab und zu einen, der sie tröstet.

SONNTAG, 18. MAI 2014

vi, keine ahnung wann du das hier liest 03:17

aber ich will dass du weißt 03:18

dass ich immer für dich da bin an
deiner seite ich werde dich nie hintergehen 03:18

auch wenn die ganze welt gegen uns wär 03:19

bitte schneid dir nie wieder
die pulsadern auf 03:19

du darfst nicht sterben 03:20

ich teile deinen schmerz.
ich höre dir zu. immer 03:20

und irgendwann hol ich dich von
diesem eiskalten typen weg 03:20

bitte halte durch 03:21

dein großer bruder wird dich immer lieben 03:22

selbst wenn die ganze welt dich
hassen würde ich würde dich trotzdem
immer lieben 03:23

NEUNTES KAPITEL

Kenneth Lee rang die Hände und schritt immer wieder nervös das beengte Büro von GT Technology Ltd. ab. Er wusste, dass er vor seinen Mitarbeitern ein tapferes Gesicht aufsetzen sollte, aber Szeto Wai würde jede Minute kommen und sich ihr neues Konzept präsentieren lassen. Die Zukunft der Firma hing von diesem Moment ab. Doch beim Anblick von Chung-Nam fiel es Mr Lee schwer, Zuversicht zu verspüren. Er war nicht besonders gut im Deuten von Menschen, aber selbst ihm sagten die dunklen Ringe unter Chung-Nams Augen, dass er in letzter Zeit viel zu wenig geschlafen hatte.

»Geht es Ihnen gut, Chung-Nam? Sie sind heute unser Sprachrohr. Von Ihnen hängt alles ab.«

»Keine Sorge, ich hab's im Griff.« Chung-Nam lächelte.

Er klang zuversichtlich, doch Mr Lee war nicht überzeugt. Erst am Vortag hatte er gehört, wie Chung-Nam seinen Vortrag übte, und hatte nur Bahnhof verstanden – er hatte keine Ahnung, was »Repeat Boni« und »G-Dollar-Futures« waren, und erst recht nicht, wie die das Geschäft vorantreiben sollten. Als er nachfragte, hatte Chung-Nam nur mit noch komplizierterem Fachjargon erklärt, wie genau diese Dinge Szeto Wai dazu bringen würden, in die Firma zu investieren. Schließlich hatte Mr Lee es aufgegeben. Hao saß ebenfalls auf der Reservebank. Nur ganz am Ende würde er selbst einen kurzen Abschnitt präsentieren, die Simulation des Benutzererlebnisses einer G-Dollar-Transaktion.

»He! Alles okay bei dir?«, flüsterte Hao, als Mr Lee sich abwandte, um Joanne zu fragen, ob sie an die Tischreservierung im nobelsten Restaurant von Langham Place gedacht hatte. Hao war aufgefallen, wie abgelenkt Chung-Nam in den letzten Tagen gewirkt hatte, abgesehen davon, dass er das Ende der Präsentation immer noch als sehr schludrig empfand.

»Klar! Alles okay«, antwortete Chung-Nam.

»Du wirkst so nachdenklich. Was ist los?«

»Nichts. Nur was Privates«, sagte Chung-Nam. »Mach dir keine Sorgen. Morgen sind wir das erste Tech-Unternehmen Hongkongs mit SIQ-Investment. Dann sind wir zehnmal so viel wert wie jetzt, und deine einzige Sorge wird sein, wie du die ganzen Interviewanfragen unterbringen sollst.«

»Die Zeitungen wollen sicher nur mit Mr Lee sprechen – was habe ich denn damit zu tun?«

»Du bist unser Customer Experience Designer. Natürlich wollen die, dass du auch ein oder zwei Worte sagst.«

Chung-Nam lächelte ihn an, aber Hao wusste nicht recht, ob er vielleicht einen Witz machte. Er merkte genau, dass Chung-Nam nicht in bester Verfassung war, aber wenigstens war sein Blick voller Energie. Mr Lee dagegen strahlte so gar keine Führungsqualitäten aus. Wenn SIQ statt Szeto Wai jemand anderen schickte, könnte der auf die Idee kommen, dass Chung-Nam hier der Boss war.

Ding-dong.

Das Klingeln der Türglocke durchschnitt hell und klar den Raum – die Endschlacht hatte begonnen. Joanne eilte zur Tür, und Mr Lee vergaß all seine Würde und rannte hinterher. Chung-Nam und Hao bildeten die Nachhut.

»Mr Szeto! Willkommen, willkommen!«

»Kenneth, bitte verzeihen Sie mir die kleine Verspätung. Der Verkehr …«

»Kein Problem, überhaupt kein Problem.«

Mr Lee und Mr Szeto tauschten ein bisschen Small Talk aus. Dann wurden die Besucher in den Konferenzraum gebeten. Chung-Nam winkte Thomas und Ma-Chai, sich ebenfalls anzuschließen.

»Muss das sein?«, fragte Ma-Chai nervös. »Was soll ich denn tun? Ich habe überhaupt nichts vorbereitet.«

»Setz dich hin und hör zu«, sagte Chung-Nam. »Es macht einen guten Eindruck auf Mr Szeto, wenn sich unsere Mannschaft geschlossen präsentiert.«

Ma-Chai und Thomas nickten. Von Chung-Nams wahren Motiven ahnten sie nichts. Sein Vortrag zielte nicht allein auf Szeto Wai ab; es war wichtig, dass die ganze Firma anwesend war, um seinen Coup zu bezeugen.

Er hatte heimlich eine zweite Präsentation verfasst und sie auf den Laptop im Konferenzraum gespielt. Hao und Mr Lee würden, wenn sie merkten, was los war, nicht wagen, die unerwartete Wendung vor Szeto Wai laut zu kommentieren. Solange er am Drücker blieb, wäre niemand in der Lage, ihn von der Durchführung seiner Revolte abzuhalten.

Der Konferenzraum platzte mit den acht Versammelten fast aus allen Nähten. Chung-Nam schloss die Tür und trat an den Wandmonitor. Vor Anspannung und Aufregung drehte sich ihm fast der Magen um. Er sah sich um. Alle Blicke waren auf ihn gerichtet. Szeto Wai machte ein ernstes Gesicht. Offenbar erwartete er die Antwort auf seine Frage: Würde Chung-Nam auf Nummer sicher gehen oder volles Risiko?

Doch etwas stimmte nicht ganz. Chung-Nam warf der Frau hinter Szeto Wai einen irritierten Blick zu.

»Oh, ich vergaß«, sagte Szeto Wai, dem sein Blick nicht entgangen war. »Doris hatte heute keine Zeit, deshalb bin ich mit meiner anderen Assistentin gekommen. Das ist Rachel.«

Chung-Nam nickte Rachel zu, die ihrerseits kurz den Kopf senkte. Er spürte leise Enttäuschung – Rachel sah gut aus, aber an Doris' Klasse kam sie nicht heran. Außerdem war offensichtlich, dass Rachel keine Ahnung hatte, was hier los war. Es war ihm ein Rätsel, wie so jemand Szeto Wai direkt unterstellt sein konnte.

Chung-Nam konnte nicht ahnen, dass die Frau in diesem Moment mindestens so irritiert war wie er.

Zum Beispiel war sie mehr als überrascht, als »Rachel« vorgestellt zu werden – seit wann hatte sie einen englischen Namen? Und was sollte diese seltsame »Szeto Wai«-Nummer? Sie hatte immer gedacht, er hieße einfach nur N.

Ein paar Tage zuvor, nachdem Nga-Yee ihre Rachepläne gegen Violet To endgültig aufgegeben hatte, war sie vom Broadcast Drive nach Hause zurückgefahren. Als sie in Wun Wah House ankam, war es fast drei Uhr morgens gewesen. Ns Grausamkeit hatte nicht so weit gereicht, sie allein nach Hause fahren zu lassen; nachdem er die Drohnen und das übrige Überwachungsmaterial eingesammelt und alles wieder in den Originalzustand zurückversetzt hatte, hatte er sie im Transporter mitgenommen. Sie hatten auf der ganzen Fahrt kein einziges Wort gewechselt, und Nga-Yee konnte nicht sagen, in welcher Gemütsverfassung er war – schließlich hatten viele Tage der Vorbereitung am Ende zu nichts geführt, weil sie drei kleine Worte ins Mikrofon gerufen hatte.

»Finden Sie, ich hätte es tun sollen?«, fragte sie beim Aussteigen.

»Wie ich schon sagte, Miss Au, ich bin nur die Waffe, und wie Sie mich einsetzen, liegt allein bei Ihnen. Ich habe keine Meinung.« Er beugte sich über das Lenkrad. »Abgesehen davon bestehe ich trotzdem auf meinem Honorar. Sie schulden mir fünfhundert Riesen.«

Obwohl Nga-Yee damit gerechnet hatte, sank ihr der Mut.

»Und ich möchte nichts von Preisnachlass hören, nur weil Sie die Sache abgeblasen haben«, fuhr er fort, ehe sie den Mund aufmachen konnte. »Und versuchen Sie gar nicht erst, abzuhauen. Sie könnten ans Ende der Welt fliehen, ich würde Sie trotzdem finden.«

»Ich wollte gar nicht …«

»Gut. Sagen wir, ich glaube Ihnen.« Er sah ihr in die Augen. »Falls Sie beschließen, selbst Schluss zu machen, warten Sie bitte damit, bis Sie Ihre Schulden bezahlt haben. Ducky und ich haben viel für Sie getan – das darf nicht umsonst gewesen sein. Ich werde Ihnen einen auf Sie zugeschnittenen Ratenplan vorlegen. Am Dienstag, den 7. Juli, gehen Sie nicht zur Arbeit – stattdessen kommen Sie um zehn Uhr morgens zu mir. Dann kümmern wir zwei uns um die Buchhaltung.«

Er grinste anzüglich, und Nga-Yee wurde es eiskalt ums Herz.

Sie konnte sich schlecht beklagen – schließlich war sie diejenige gewesen, die sich aus blindem Hass auf diese Sache eingelassen hatte. In dem Augenblick, wo sie ihre Rachepläne aufgegeben hatte, hatte sie außerdem einen Augenblick der Erleuchtung erlebt, der über Leben und Tod hinausging. Sie hatte keine Familie mehr, sie war ganz allein, ohne ein Ziel im Leben. Wenn Ns Ratenplan vorsah, dass sie ihren Körper verkaufte oder sonst was tat, um ihre Schulden abzuzahlen, musste sie sich in ihr Schicksal ergeben. Sie hoffte nur, dass er nicht von ihr verlangte, eine Niere zu verkaufen – dann nahm er am besten gleich beide.

»Verstanden«, sagte sie leise.

Nga-Yee ging davon. N beugte sich zum Fenster heraus und rief ihr nach.

»Ich werde nicht auf einen einzigen Penny verzichten, aber weil ich verstehen kann, dass die heutige Nacht womöglich eine Enttäuschung für Sie war, dürfen Sie an der zweiten Welle gratis teilnehmen. Allerdings kann ich diesmal nicht zulassen, dass Sie bestimmen, wie der Hase läuft.«

»Was? Warten Sie!«

Aber er war schon weg. Seine Augen hatten genauso geglitzert wie damals, als er sie in dem Hotelzimmer zu dem Racheplan überredet hatte. Nga-Yee wollte nie wieder etwas mit Violet To oder ihrem Bruder zu tun haben, aber N führte offensichtlich etwas anderes im Schilde.

Dienstagmorgen erschien Nga-Yee pünktlich in der Second Street Nummer 151. Mit einem mulmigen Gefühl stieg sie die sechs Stockwerke hinauf. Die Wohnungstür ging auf, noch ehe sie geklingelt hatte, und da stand N auch schon in seiner üblichen Aufmachung vor ihr: rote Trainingsjacke, Cargohose, Flip-Flops. Mit Sicherheit hatte sein Stingray ihm gemeldet, dass sie da war.

»Sie sind pünktlich«, sagte er und öffnete das Sicherheitsgitter.

Sie antwortete nicht. Sie war in Gedanken bei der »zweiten Welle«, die er erwähnt hatte.

»N, vergessen wir Violet To, ich will nicht … hä?«

Perplex blieb sie stehen. N hatte die Wohnung verlassen, Tür und Gitter hinter sich zugezogen und wollte offensichtlich die Treppe hinunter.

»Wohin gehen wir?«

»He!« Er schubste sie ein bisschen. »Sie versperren den Weg. Das ist ein schmales Treppenhaus. Los jetzt.«

Frustriert drehte sie um und fragte sich, was er jetzt schon wieder vorhatte. Sie war gerade ein Stockwerk hinuntergegangen und wollte schon weiterlaufen, als hinter ihr Ns Stimme erklang. »Stopp.«

Sie drehte sich um und sah, wie er einen Schlüssel aus der Tasche holte und die Tür zur Wohnung im fünften Stock aufschloss. Es war genau wie oben. Eine einzige Wohnung auf dem gesamten Stockwerk, eine Holztür, davor ein Metallgitter. Der einzige Unterschied war, dass diese Tür, wenn überhaupt möglich, noch schäbiger aussah als die zu Ns Wohnung. An dem weißen Holz klebten noch die roten Überreste einer Neujahrsdekoration.

»Was? Gehört die Wohnung etwa auch Ihnen?«, fragte Nga-Yee irritiert.

»Mir gehört das ganze Haus«, antwortete N ungerührt.

Nga-Yee starrte ihn an. Kein Wunder, dass sie noch nie jemand anderem begegnet war. Die Grundstückspreise stiegen immer weiter, und selbst das kleinste Fleckchen Land konnte in Baugrund umgewandelt werden. Kein Vermieter ließ Wohnungen einfach leer stehen, und ein derart runtergekommenes Haus wie dieses wäre eigentlich schon längst an ein Bauunternehmen verkauft worden. Als N das Licht anmachte, stand Nga-Yee regelrecht unter Schock. Sie befanden sich in einem kleinen Vorraum, der bis auf ein Sofa, einen hellen, flauschigen Teppich und einen niedrigen, perfekt auf die Tapete abgestimmten Beistelltisch vollkommen leer war. Das Ambiente war absolut minimalistisch, nirgendwo lagen Dinge herum, außerdem war es makellos sauber – das vollkommene Gegenteil zu der Wohnung oben. Nga-Yee sah sich staunend um. Es gab kein Fenster, und an der Decke waren kleine Spots und Belüftungsschlitze installiert, wie in einem Büro. Von dem Vorraum gingen drei Türen ab. Nga-Yee fühlte sich ein bisschen an eine Arztpraxis erinnert.

Ob hinter einer dieser Türen ein OP verborgen lag? Vielleicht würde ihr gleich hier an Ort und Stelle ein Organ rausgeschnitten werden. Doch N führte sie durch die Tür zur Rechten in ein Zimmer von etwa doppelter Größe, ebenfalls fensterlos, aber mit mehr Möbeln ausgestattet: eine Couch, ein langer Frisiertisch, ein paar Stühle und ein großer Einbauschrank. In der Ecke führte eine Glastür in das anschließende Badezimmer. N öffnete eine der Schranktüren. Auf Bügeln hingen mehrere Dutzend Damenoutfits, darunter mehrere Schubladen und auf dem Boden hochhackige Pumps.

»Das hier …«, sagte N und hielt Nga-Yee eine weiße Bluse, einen grauen Blazer und einen schwarzen, leicht ausgestellten Rock hin. »Nein. Vergessen Sie's. Viel zu kurze Beine.« Er nahm stattdessen eine schwarze Hose aus dem Schrank. »Welche Schuhgröße?«

»Äh, achtunddreißig?«, sagte Nga-Yee verunsichert.

»Europäisch achtunddreißig – also britisch fünf oder fünfeinhalb.« N bückte sich und nahm mehrere schwarze High Heels aus dem Schrank. »Schauen Sie selbst, welche besser passen.«

N drückte ihr die Anziehsachen und die Schuhe in die Arme, ignorierte ihre Fassungslosigkeit und zeigte zum Frisiertisch. »Schminken Sie sich, machen Sie sich die Haare. Ich bin in einer Viertelstunde zurück.«

»Moment mal!«, protestierte Nga-Yee. »Was … was soll das denn? Wollen Sie, dass ich meinen Körper verkaufe?«

N starrte sie an, dann brach er in schallendes Gelächter aus. »Im Ernst? Dazu haben Sie weder das Gesicht noch die Figur – ich würde Jahrzehnte auf mein Geld warten. Abgesehen davon, wer, bitte, geht um zehn Uhr vormittags zu einer Nutte?«

»Na ja, ich dachte vielleicht … AV-Pornos …« Sie hatte in der Bibliothek einige Fachbücher gesehen, die sich mit der japanischen Pornoindustrie auseinandersetzten.

»Das hier ist Hongkong, Miss Au, nicht Japan.« N schlug sich die Hand vor den Mund. Er konnte nicht aufhören zu lachen. »Und außerdem: Glauben Sie nicht, ich hätte Sie in dem Fall gebeten, auch Ihre billige Unterwäsche gegen etwas mit mehr Klasse zu tauschen?«

Das klang logisch. Einigermaßen. Sie wollte noch etwas sagen, doch N hatte den Raum bereits wieder verlassen. Ihr blieb nichts anderes übrig, als die Sachen anzuziehen, die er für sie herausgesucht hatte. Sie passten wie angegossen – wie viel Zeit hatte er eigentlich damit verbracht, ihre Figur zu mustern? Dann setzte sie sich an den Schminktisch. Sie zog die Schublade auf und stieß auf Kosmetik in Hülle und Fülle: mindestens vierzig verschiedene Lippenstifte und Rouge in fünf oder sechs Schattierungen. Nga-Yee schminkte sich normalerweise nicht, höchstens mal einen Hauch Lippenstift, und der Umgang mit Rouge fiel ihr schwer. Sie hatte keine Ahnung, was zu diesem Outfit passte.

Eine Viertelstunde später ging die Tür hinter ihr auf. Sie hatte N erwartet und eine bissige Bemerkung über ihre unmögliche Aufmachung. Stattdessen betrat ein Fremder das Zimmer: ein sehr eleganter Mann in dunkelblauem Anzug und roter Krawatte mit einer randlosen Brille auf der Nase.

»Sind Sie …«

»Meine Güte! Was wollen Sie denn darstellen? Einen Paviansarsch?«

Erst als sie seine Stimme hörte, erkannte Nga-Yee den ausgesprochen gut aussehenden Fremden vor ihr. Frisch rasiert, die Haare ordentlich nach hinten gegelt und zur Abwechslung richtig gut gekleidet, sah er aus wie ein völlig anderer Mensch.

»N?«, sagte sie fragend und starrte ihn an.

»Wer denn sonst?« Er zog amüsiert die Augenbrauen hoch. Er war es eindeutig – an seiner Art hatte sich nichts geändert. Kleider machten wirklich Leute – eine derart gigantische Veränderung hätte sie sich nie vorstellen können. Andererseits, in seiner Verkleidung als alter Mann hätte sie ihn auch nicht erkannt.

»Aber …«

»Hinsetzen. Wenn Sie so aus dem Haus gehen, fliegen wir sofort auf.« Er drückte ihre Schulter nach unten, und ihr blieb nichts anderes übrig, als sich hinzusetzen. Er drehte ihren Hocker um, zog sich einen Stuhl heran und setzte sich ihr gegenüber.

»Nicht bewegen.« Er holte ein paar Abschminktücher aus der Schublade und entfernte das Rouge. Angesichts dieser sehr gut aussehenden Version von N kam Nga-Yee sich ein bisschen seltsam vor, ein bisschen verlegen fast, aber hauptsächlich verwirrt.

»Wissen Sie, wie Schminken geht?«, fragte sie undeutlich, das Gesicht zwischen seinen Händen.

»Nicht wirklich, aber wahrscheinlich habe ich immer noch mehr Ahnung davon als ein Trampel wie Sie.«

Seine Beleidigungen waren eigentlich ziemlich tröstlich – wenigstens wusste sie, dass er immer noch er selbst war.

»Augen zu.« N tupfte ihr hellbraunen Lidschatten auf die Lider und anschließend etwas Eyeliner. Er bog mit einer Wimpernzange die Wimpern nach oben, dann tuschte er sie. Im Anschluss legte er das Rouge auf, nur einen Hauch. Zum Schluss kam ein kleiner Tupfer Lippenstift.

»Bei Ihrer Frisur bin ich leider machtlos. Zum Glück sind die Haare kurz genug. Es müsste gehen, wenn wir sie einfach so lassen.« Er zerzauste ihre Haare und räumte das Schminkzeug zurück in die Schublade. Nga-Yee sah in den Spiegel und stieß einen überraschten Schrei aus. Sie hatte sich in eine Managerin verwandelt. Sie sah aus wie frisch aus einem Büroturm in Central. Sie sah schön aus und, viel wichtiger noch, selbstbewusst.

»Hören Sie auf, Ihr Spiegelbild anzustarren, Narziss.« N war schon wieder auf dem Weg zur Tür und winkte sie ungeduldig zu sich. »Ihre Sachen können Sie hierlassen.«

Ns Gemeinheiten waren nach wie vor zum Kotzen, aber die ganze Situation war so bizarr, dass sie keinen klaren Gedanken fassen konnte. Warum steckte sie in diesem Aufzug? Warum hatte N sich verkleidet? Wo wollten sie hin?

Zurück im Vorraum, ging N nicht etwa durch die Wohnungstür, sondern zu der Tür hinter dem Sofa. Über seine Schulter hinweg erblickte Nga-Yee ein weiteres Treppenhaus. Sie folgte ihm. Er schloss die Tür hinter sich und zeigte hinunter.

»Das ist …«

»Der Hinterausgang.«

Sie gingen nach unten bis zum Erdgeschoss, wo eine schwere Metalltür hinaus auf eine schmale Gasse führte. Auf der einen Seite endete die Gasse an einer Steinmauer, auf der anderen an einem blauen Eisentor. Nga-Yee hob den Blick. Obwohl ganz oben ein winziges Stück Himmel zu sehen war, kam sie sich vor wie in einer schmalen Felsspalte. N wandte sich nach rechts und schloss die nächste Tür auf. Nga-Yee folgte ihm durch eine blitzsaubere, hell erleuchtete Passage. Sie bogen um eine Ecke, und plötzlich wurde ihr klar, wo sie waren: Sie befanden sich auf dem Parkplatz eines großen Wohngebäudes auf der Water Street direkt um die Ecke.

Kein Wunder, dass sie ihn nie erwischt hatte. Sie hatte sich vor seinem Haus die Beine in den Bauch gestanden, um ihn dazu zu bewegen, ihren Fall zu übernehmen – jetzt wusste sie, wie er hatte gehen und kommen können, ohne dass sie ihn sah. Wie ging das chinesische Sprichwort? »Ein schlaues Kaninchen hat drei Baue« – sie traute N durchaus zu, dass es aus seiner Wohnung noch einen dritten Ausgang gab.

N ging auf einen teuren schwarzen Wagen zu. Daneben stand Ducky. Auch er war sehr ungewöhnlich gekleidet: schwarzer Anzug und weiße Handschuhe. Er sah aus wie der Chauffeur eines reichen Mannes.

»Tut mir leid, dass du warten musstest«, sagte N. »Ihre Schuld …«

Ducky nickte nur und nahm hinter dem Lenkrad Platz.

N stieg hinten ein. Nga-Yee stand stocksteif neben dem Wagen und wusste nicht, was sie machen sollte.

»Was glotzen Sie denn so? Hallo! Aufwachen!« N klopfte neben sich, und Nga-Yee nahm zögernd auf der Rückbank Platz. Ducky ließ den Motor an, und sie machten sich in Richtung Western Harbour Crossing auf den Weg.

»Wo fahren wir hin? Wohin geht es jetzt?«, wollte Nga-Yee wissen.

»Kommen Sie mal runter«, sagte N gedehnt, die Beine lässig übereinandergeschlagen. Er sah aus wie ein reicher Playboy. »Hab ich Ihnen das nicht gesagt? Sie nehmen an einer Operation teil.«

»Oh!« Nga-Yee sah ihn mit großen Augen an. Jetzt wusste sie, weshalb sie alle so verkleidet waren – sie zogen eine Nummer ab. »N! Ich habe Ihnen doch gesagt, ich will nicht … was? Wer …?« Ehe sie aussprechen konnte, hatte N ihr ein Tablet in die Hand gedrückt. Darauf das Bild eines Mannes, den sie noch nie gesehen hatte.

»Das ist die Zielperson«, sagte N nonchalant. »Sein Name ist Sze Chung-Nam.«

»Was? Und was hat er mit Violet To zu tun?«

»Überhaupt nichts.«

»Hä?« Nga-Yee starrte ihn verständnislos an.

N nahm das Tablet und fing an zu tippen. »Ich bin einfach nur ein Wichtigtuer, der es nicht lassen kann. Ich wollte eigentlich allein arbeiten, aber nach dem unerwarteten Ende der Sache mit Violet To dachte ich, es würde Ihnen vielleicht guttun, sich ein bisschen abzureagieren. Und weil Sie diejenige waren, die mich zu ihm geführt hat, und das alles mit Ihnen zu tun hat, gönne ich Ihnen einen Platz in der ersten Reihe.«

Nga-Yee verstand kein Wort, aber noch ehe sie nachfragen konnte, hatte N ihr das Tablet schon wieder in die Hand gedrückt. Jetzt war das Display in vier Quadranten unterteilt. Die Anzeige kam ihr bekannt vor.

»Oh! Das sind die Überwachungsbilder der Verkehrsbetriebe. Die sind wir damals durchgegangen, als Sie versucht haben, rauszufinden, wer die Mails über deren WiFi-Netz verschickt hat.« Nga-Yee erinnerte sich noch genau. Sie hatte an dem Tag bei N aufgeräumt und Tee gekocht, und als er an seinen Computer zurückgekehrt war, hatte der überfüllte Bahnsteig zu den Bildern gehört, die er sich angesehen hatte.

»Das Bild links oben.«

Der betreffende Quadrant trug die Ziffern 3 und 4 und zeigte einen Zug am Bahnsteig, während Passagiere ein- und ausstiegen. An einer der Türen ging etwas vor sich: Mehrere Fahrgäste drehten sich beim Aussteigen um und sahen zurück in den Waggon, manche hatten die Handys gezückt und filmten. Nur ein einziger Mann wirkte vollkommen unbeteiligt. Ohne sich umzudrehen, ging er eilig auf die Rolltreppen zu. Nga-Yee sah genauer hin und erkannte in ihm den Mann von Ns Foto.

»Ist das dieser Sze Dingsbums?« Sie zeigte auf den Bildschirm.

»Korrekt.«

»Was ist mit ihm?«

N ließ die Bilder schneller laufen, dann nahm er den Finger vom Display, und die Überwachungsfilme kehrten zur normalen Geschwindigkeit zurück.

»Jetzt links unten.«

Nga-Yee tat, was er sagte, ohne zu wissen, worauf sie achten sollte. Vielleicht tauchte Violet gleich auf? Aber nein, dieser Sze erschien wieder auf dem Bahnsteig. Er stand direkt neben einer Säule.

»Beobachten wir ihn? Ist er zurückgekommen?«

»Sehr gut. Wenigstens verfügen Sie über ein bisschen Beobachtungsgabe«, spottete N. »Er stieg aus, aber ohne den Bahnhof zu verlassen oder umzusteigen. Er vertrat sich lediglich etwas die Beine und kam zurück, um auf den nächsten Zug zu warten. Er hatte währenddessen auch keinerlei Kontakt zu anderen, weshalb man ausschließen kann, dass er ausstieg, um sich mit jemandem zu treffen. Auch die Bahnhofstoilette suchte er nicht auf. Ich habe sämtliche Aufzeichnungen des ganzen Bahnhofs in dem betreffenden Zeitraum überprüft und kann mit Sicherheit sagen, dass er die ganze Zeit allein herumgelaufen ist. Ich merkte mir die U-Bahn, in die er schließlich stieg, und stellte fest, dass er in Diamond Hill ausstieg. Nachdem ich die Aufzeichnungen der dortigen Überwachungskameras überprüft hatte, ermittelte ich mithilfe seiner Octopus-Karte seine Identität. Wie Sie bereits selbst sagten: Es ist einfach, wenn man weiß, wann genau die Person, die man sucht, eine bestimmte Station verlassen hat und dabei gefilmt wurde. Das Problem damals war, dass ich bei derart vielen Menschen unmöglich die E-Mails einem bestimmten Passagier hätte zuordnen können.«

»Na und? Dann ist er eben auf den Bahnsteig zurückgekehrt. War er etwa auch eingeloggt, als Violet die Mails verschickte? Ich verstehe nicht, was Sie mir mit dem Bildmaterial sagen wollen …«

Nga-Yee verstummte. Sie fixierte etwas im Hintergrund. Hier stimmte was nicht. Jede U-Bahn-Haltestelle des Hongkonger MTR ist in einer anderen Farbe gestaltet, um den Fahrgästen die Orientierung zu erleichtern. Die Säule auf dem Bildschirm war hellblau. N hatte jedoch gesagt, Violet hätte die Mails von Yau Ma Tei, Mong Kok und Prince Edward geschickt; diese Stationen hatten die Farben Hellgrau, Rot und Violett. Hellblau, das war Kowloon Tong.

Violet hatte mit Kowloon Tong nichts zu tun, dafür aber Siu-Man.

Nga-Yee lenkte ihren Blick auf die Ecke unten rechts, wo Datum und Uhrzeit angezeigt wurden. Wie hatte sie einen derart wichtigen Hinweis nur übersehen können? Die Bildschirmuhr zeigte 17:42 am 7.11.2014 an.

Der Tag des Übergriffs auf Siu-Man.

N sah ihrem Gesicht an, dass der Groschen gefallen war, und berührte wieder das Display, um ein paar Minuten zurückzuspulen: der Moment, unmittelbar nachdem Sze ausgestiegen war. Siu-Man kam ins Bild, in Schuluniform, eine Frau half ihr hinaus, gefolgt von einem großen Mann, der Shiu Tak-Ping mit sich zerrte.

»Eine einfache Frage.« N grinste sie an. »Wer würde sich Ihrer Meinung nach bei so einem Ereignis davonstehlen, warten, bis die Lage sich wieder beruhigt hat, zurückkommen und in eine spätere U-Bahn steigen?«

»Der … der wahre Täter?« Nga-Yee starrte das Display an, dann hob sie den Blick zu N.

»Sie werden immer besser – Sie haben's erfasst.«

»Dann ist Shiu Tak-Ping unschuldig?«

»Könnte man sagen.«

»Aber er hat auf ›schuldig‹ plädiert.«

»Martin Tong ist ein miserabler Anwalt«, höhnte N. »Er hatte ein gutes Blatt auf der Hand und spielte es nicht. Er riet seinem Mandanten zu einem Deal, um Ärger aus dem Weg zu gehen. Solche Menschen dürften sich nicht Anwalt nennen. Der gehört maximal auf die Reservebank.«

»Was wollen Sie damit sagen, er hatte ein gutes Blatt?«

»Genau das, was in dem Popcorn-Post stand. Shiu Tak-Pings Verhalten war nicht ganz koscher, zum Beispiel, als er versuchte, wegzurennen. Aber das könnte genauso gut auf einen Feigling hindeuten, der schlicht und ergreifend die falsche Entscheidung getroffen hat.«

»Ein Zeuge sagte aus, Shiu hätte behauptet, Siu-Man aus Versehen berührt zu haben. Hat er damit nicht zugegeben, dass er es war?« Es fiel Nga-Yee schwer, das zu akzeptieren, nachdem sie in Shiu Tak-Ping so lange den Grund für das Leid ihrer Schwester gesehen hatte.

»Wie ich bereits sagte, der Anwalt war unfähig. Als Sie mir die Unterlagen zu diesem Fall aushändigten, habe ich mir die Aussage Ihrer Schwester angesehen, und dort stand es schwarz auf weiß: Sie sagte, jemand hätte sie am Hintern berührt, es hätte sich angefühlt wie ein Versehen, doch dann fing die Hand an, ihren Po zu begrapschen und den Rock hochzuschieben. Wieso haben sich weder die Polizei noch sein Anwalt je die Frage gestellt, ob die erste Berührung von derselben Hand herrührte wie die zweite? In derart überfüllten Zügen kann man sich doch gar nicht sicher sein. Hätte die Verteidigung zu dieser Strategie gegriffen, hätte sie damit mit Sicherheit genug begründeten Zweifel für einen Freispruch geliefert.«

Nga-Yee starrte ihn an. »Dann ist Shiu Tak-Ping aus Versehen gegen Siu-Man gestoßen, und anschließend hat sie jemand anderes rein zufällig belästigt, und ihm wurde die Schuld zugeschoben?«

»Das war nicht zwingend ein Zufall. Vielleicht hat Shiu Tak-Ping sie aus Versehen berührt, und Sze Chung-Nam, der in der Nähe stand, bekam mit, wie sie reagierte, fühlte sich erregt und kam erst dadurch auf die Idee.« N zuckte die Achseln. »Wenn Sie unbedingt von Zufall sprechen wollen, dann lag er darin, dass die beiden Männer ähnliche Hemden trugen, weshalb die ältere Frau die beiden verwechselte. Man könnte auch von Zufall sprechen, dass Shiu Tak-Ping so blöd war, zu glauben, sie würde von der halben Sekunde sprechen, die seine Hand versehentlich auf dem Po Ihrer Schwester lag, und daraus einen solchen Wirbel machten, dass Sze Chung-Nam in aller Ruhe abhauen konnte.«

»Aber … das sind alles nur Mutmaßungen, oder?«

»Ja.« N nahm das Tablet wieder an sich. »Also machte ich mich auf die Suche nach Beweisen.«

Er rief ein Video auf und legte Nga-Yee das Tablet wieder auf die Knie. Diesmal war das Innere einer fahrenden U-Bahn zu sehen, aus ungewöhnlich niedrigem Blickwinkel. Das Fenster war zu sehen, dazu jede Menge Hände, die sich an Schlaufen und Haltestangen klammerten. Die sitzenden Passagiere dösten oder waren mit ihren Handys beschäftigt. Unmittelbar vor der Kamera war ein junger Mann, der sich mit einer Hand an der Stange festhielt; die andere Hand war nicht zu sehen, aber vermutlich war er ebenfalls in sein Telefon vertieft. Gerade als Nga-Yee fragen wollte, was der Typ mit der ganzen Sache zu tun hatte, wurde ihr klar, dass sie sich auf den Falschen konzentriert hatte. Ganz rechts im Bild, direkt an der Tür, stand dieser Sze, den Blick auf die elektronische Anzeigentafel am Ende des Waggons gerichtet. Zwischen Sze und der Tür stand ein Mädchen in Schuluniform, vielleicht dreizehn oder vierzehn Jahre alt. Sie starrte mit angespanntem Gesicht zum Fenster hinaus. Szes rechte Hand war direkt an ihren Po gedrückt. Sie bewegte sich.

»Er … seine … seine Hand!«, stammelte Nga-Yee.

»Ducky war ihm zwei Wochen lang auf den Fersen«, sagte N und nickte nach vorn. »Der Kerl hat offensichtlich ein Hobby daraus gemacht. Er sucht sich alle paar Tage ein neues Opfer, immer ein Mädchen ungefähr in diesem Alter. Er hat seine Arbeitszeiten sogar teilweise den Schulzeiten angepasst und sucht sich grundsätzlich für seine Jagd die vollsten Züge aus. Ich will ihn wirklich nicht loben, aber der Kerl weiß, was er tut – die Mädchen, die er sich aussucht, gehören immer zum Typ Schockstarre. Außerdem behält er die Leute um sich herum gut im Auge und hört auf, sobald irgendjemandem etwas auffällt. Am knappsten kam er vermutlich tatsächlich letztes Jahr bei der Sache mit Ihrer Schwester davon. Um diese Beweise zu sammeln, musste Ducky eine speziell angefertigte Kamera benutzen.«

N holte etwas aus der Aktentasche, das aussah wie eine Brille mit dickem Gestell. Nga-Yee bemerkte an den Bügeln winzige Apparaturen. »Pinhole-Kameras«, sagte N. »Die sind im Gegensatz zu den meisten anderen Überwachungskameras im Lot zum Träger angebracht und filmen nach rechts und links zur Seite.«

Nga-Yee wandte ihre Aufmerksamkeit wieder dem Tablet zu. Es folgte eine zweite Sequenz und darauf noch eine dritte. Im Grunde glichen sich die Szenen – nur das Opfer war jedes Mal ein anderes.

»Warum haben Sie ihn nicht sofort gestellt!«, schrie sie nach vorne, während sie zusah, wie Sze wieder einer Schülerin die Hand unter den Rock schob. Die Mädchen machten durch, was Siu-Man durchgemacht hatte, und Nga-Yee empfand großes Mitleid.

»Weil Ducky in der Lage ist, das große Ganze zu erkennen – im Gegensatz zu Ihnen!«, sagte N. »Mein Ziel bestand nicht nur darin, den Typen als Perversen im Zug zu enttarnen.«

»Ihr Ziel? Was meinen Sie …«

»Egal, das spielt jetzt keine Rolle, wir sind gleich da«, sagte N mit einem Blick aus dem Fenster. Sie befanden sich inzwischen auf der Dundas Street in Mong Kok und fuhren auf das Fortune Business Centre zu, den Sitz von GT Technology Ltd. Dank des Tunnels hatte die Fahrt von Sai Ying Pun hierher gerade mal zehn Minuten gedauert.

»Wie, da? Sie haben mir immer noch nicht verraten, was wir tun werden!«, sagte Nga-Yee protestierend. »Was haben Sie mit Sze vor?«

»Immer diese Fragen!« N runzelte die Stirn. »Kommen Sie einfach mit und halten Sie den Mund. Ich übernehme das Reden. Sie bleiben einfach hinter mir stehen, tun so, als wären Sie meine Assistentin, und sehen zu!«

Ducky ließ sie an der Shantung Street aussteigen. Nga-Yee folgte N in ein Bürogebäude hinein und hinauf in den fünfzehnten Stock. Sie war nervös und unsicher in ihrem ungewohnten Aufzug und hatte Angst, sich zu verraten.

»Vergessen Sie nicht: kein Wort!«, sagte N, als die Aufzugtüren sich öffneten. Auf seinem Gesicht lag der Hauch eines Lächelns – er sah aus wie ein Schauspieler, kurz bevor er die Bühne betritt.

»Mr Szeto! Willkommen, willkommen!«

»Kenneth, bitte verzeihen Sie mir die kleine Verspätung. Der Verkehr …«

Nga-Yee hatte Mühe, ihre Überraschung zu verbergen. N sprach plötzlich mit Akzent – er klang wie ein Ausländer, der Kantonesisch spricht, wenn auch nur ganz leicht. Einen Augenblick lang war sie sich nicht mehr sicher, ob dies tatsächlich N *war …*

Kein Schauspieler, korrigierte sie ihre Einschätzung, eher ein waschechter Hochstapler.

Sie folgte N in einen winzigen Konferenzraum. Sze war ebenfalls da. Er unterhielt sich mit seinen Kollegen und drängte sie offenbar dazu, ebenfalls an dem Meeting teilzunehmen.

Als sie Sze von Angesicht zu Angesicht gegenüberstand, hatte sie eine Sekunde lang das Gefühl, ihn zu kennen. Sie redete sich ein, dass sie ihn schließlich eben erst auf dem Tablet gesehen hatte, konnte aber trotzdem das Gefühl nicht abschütteln, ihm schon einmal irgendwo begegnet zu sein. Diese Gedanken lenkten sie kurzzeitig von ihrer Wut ab. Unter dem Strich war alles, was Siu-Man hatte durchmachen müssen, diesem Schwein zu verdanken.

»Doris hatte heute keine Zeit, deshalb bin ich mit meiner anderen Assistentin gekommen. Das ist Rachel.«

Aha. Dann war das wohl ihr Tarnname. Nga-Yee versuchte, ihn sich zu merken.

»Dann wollen wir mal«, sagte Chung-Nam und trat mit einem selbstbewussten Lächeln nach vorne. Er betätigte die kleine Fernbedienung, und auf dem Achtzig-Zoll-Monitor erschien der Schriftzug »GT Technology Ltd.«, darunter sein englischer Name, »Charles Sze«, sowie sein Titel. Die Präsentation folgte der 10-20-30-Regel von Guy Kawasaki: 10 Folien, 20 Minuten, 30-Punkt-Schrift. »Hallo und herzlich willkommen. Mein Name ist Charles Sze, GTs Director of Technology. Ich präsentiere Ihnen heute unsere Unternehmensstrategie, unsere Entwicklungspläne sowie den Nutzen, den wir SIQ bringen können.«

Mit einem Klick rief er die nächste Folie auf. Mr Lee und Hao wirkten irritiert – der Monitor zeigte definitiv nicht das, was sie am Vortag zu sehen bekommen hatten. Eigentlich sollte dort »Wir handeln mit mehr als nur Gerüchten« stehen, und eigentlich sollte Chung-Nam jetzt über die Mechanismen sprechen, mittels derer der Handel mit G-Dollar Wohlstand generierte. Stattdessen verkündete die Folie »Die Revolution der Nachrichten«.

»Mr Szeto, als Sie letzten Monat bei uns waren«, sagte Sze Chung-Nam, »stellten wir Ihnen das Basisgeschäftsmodell von GT vor. Heute möchte ich Ihnen etwas mehr über die Zukunft unseres Unternehmens erzählen und darüber, wie wir diese Revolution gestalten werden.«

Mr Lee flüsterte Hao hektisch ins Ohr, Hao schüttelte den Kopf, um zu signalisieren, dass er auch nicht mehr wusste. Chung-Nam war völlig klar, dass sein Chef in Panik geriet, aber er wusste auch, dass Mr Lee den Mund halten würde. Die Präsentation musste perfekt werden, und eine Unterbrechung zu diesem Zeitpunkt würde bei ihrem potenziellen Investor einen schlechten Eindruck hinterlassen.

Die nächste Folie befasste sich mit dem Potenzial von GT Net in Hinblick auf die Nachrichtenindustrie, es waren hauptsächlich Ideen, die Chung-Nam letzte Woche nach dem Gespräch mit Mr Szeto skizziert hatte. Er hatte sie um eigene Recherchen erweitert, und es klang überzeugend. Um zu beweisen, dass er nicht nur nachplapperte, und zur Untermauerung seiner Argumente hatte er viel Zeit in die Lektüre internationaler Literatur zu dem Thema gesteckt und den Stand der lokalen Onlinemedien analysiert. Er hatte nachts nur noch vier Stunden geschlafen und seine tatsächlichen Aufgaben völlig vernachlässigt.

Nga-Yee hörte ihm zu und hatte noch immer keinen blassen Schimmer, worauf N hinauswollte. Ihr war klar, dass diese GT-Was-auch-immer ein Hongkonger Internet-Unternehmen war und dass sie N für jemand Wichtigen von einer internationalen Investment-Firma hielten, weswegen sie ihm jetzt ihre Firma anpriesen und behaupteten, die traditionellen Medien ersetzen zu können. Aber was wollte N damit bezwecken? Das Ganze kam ihr vor wie ein völlig normales Geschäftsmeeting.

Doch als Sze Chung-Nam das nächste Mal die Fernbedienung betätigte, war plötzlich ganz und gar nichts mehr normal.

»GT Net besitzt auch heute schon die typischen Eigenschaften einer News-Website. Zum Beispiel erstellen wir … was?«

Die nächste Folie hätte einen Screenshot von GT Net zeigen sollen, stattdessen schloss sich plötzlich die PowerPoint-Präsentation und wurde durch ein Browserfenster mit der Startseite von GT ersetzt. Das Ganze wirkte auf den ersten Blick wie ein Teil der Präsentation, bis man näher hinschaute und entdeckte, was tatsächlich zu sehen war: ein Nachrichtenbeitrag im Wert von null G-Dollars und der Überschrift »Fotos, Video Jagd auf minderjährige Schülerinnen«, dazu ein Video auf Ma-Chais Streaming-Plattform, die immer noch die Beta-Test-Phase durchlief.

»Bist … bist du das, Chung-Nam?«, stotterte Ma-Chai entgeistert.

Auf dem Monitor war Sze Chung-Nam zu sehen, offensichtlich in einem U-Bahn-Waggon, die Hand am Po eines jungen

Mädchens – es war das erste der Videos, die Nga-Yee sich vorhin angeschaut hatte. Mit dem einzigen Unterschied, dass hier das Gesicht des Opfers verpixelt war.

Es dauerte ein paar Sekunden, bis Chung-Nam sich aus seiner Schockstarre löste. Panisch drückte er auf der Fernbedienung herum, doch das Video ließ sich nicht anhalten. Etwa zehn Sekunden später begann eine neue Sequenz: Chung-Nam und sein nächstes Opfer.

»Da … da muss eine Störung vorliegen …«, stammelte Chung-Nam. Er fuhr hektisch herum zu einer Tastatur auf dem Beistelltisch neben dem Monitor und hackte panisch irgendwelche Tastenkombinationen hinein – doch das Video lief unbehelligt weiter. Er versuchte einen Reboot, doch das System reagierte nicht. Er verfluchte die Touchpad-Generation, die sich nicht, wie frühere PC-Generationen mit mechanischem Schalter, einfach von der Stromzufuhr trennen ließ. In seiner Verzweiflung erwog er kurz, die gesamte Anlage einfach abzustöpseln, doch die Präsentationstechnik war fest mit dem Regal verbaut, und er hätte sie mit Gewalt aus der Wand reißen müssen.

»Ich … ich kann das erklären. Das … das bin nicht ich …«

Nga-Yee warf N einen verstohlenen Blick zu. Er wirkte genauso fassungslos wie alle anderen, aber sie erkannte die heimliche Freude auf seinem Gesicht. Ihr wäre natürlich auch so klar gewesen, dass dies sein Werk war. Als Nga-Yee auf der Fahrt die Filme zum ersten Mal gesehen hatte, war jede Sequenz etwa eine Minute lang gewesen, jetzt aber waren sie auf die jeweils entscheidenden Sekunden zusammengeschnitten. Chung-Nam drückte immer noch verzweifelt und mit viel zu viel Kraft auf seiner Fernbedienung herum, als die Videos längst vorbei waren, und das laute *Klick-klick-klick* tönte durch den Besprechungsraum.

»Das ist doch ein Scherz, Charles, oder?« Mr Lee wäre am liebsten stumm geblieben, aber ihm war klar, dass er Mr Szeto als CEO eine Erklärung schuldig war.

Doch noch ehe er weitersprechen konnte, drückte Chung-

Nam wieder auf den Knopf, und diesmal reagierte das System. Auf dem Monitor erschien Seite 2.

»Oh!«, rief Nga-Yee erschrocken. Sie hatte sich fest vorgenommen, keinen Ton zu sagen, aber der vertraute Anblick war mehr, als sie ertragen konnte – doch es fiel nicht weiter auf, schließlich waren alle verstört von dem, was sie sahen.

Der Monitor zeigte ein Bild. Der nackte Oberkörper einer Frau. Das Gesicht abgeschnitten. An ihrer linken Brust ein Männerkopf mit herausgestreckter Zunge. Nga-Yee kannte das Foto aus dem Erwachsenenbereich von Popcorn, nur dass diesmal die Brust der Frau gepixelt war und nicht mehr das Gesicht. Der nackte Mann war kein anderer als Sze Chung-Nam. Plötzlich wusste Nga-Yee, wo sie diesen kleinen, dicken Kerl schon einmal gesehen hatte. Sie hatte sich an seinen widerlichen Mund und das rundliche Kinn erinnert.

Das Foto war mit einer Bildunterschrift versehen:

Ich bin der Marquis de Sade, und dies hier ist meine dritte kleine Sklavin. Sie ist schon fünfzehn – leider bald zu alt für mich.

Sze Chung-Nam war weiß wie die Wand. Er sah sich panisch im Besprechungsraum um, das Gesicht in krassem Kontrast zu der lüsternen Miene auf dem Monitor. Nga-Yee hätte fast gelacht. Die Situation war beinahe komisch. Es herrschte absolute Stille, und die Temperatur schien in den Keller zu rauschen. Hao und Thomas warfen sich entsetzte Blicke zu, Joanne musterte Chung-Nam angewidert von der Seite, und Ma-Chai hatte den Blick flehend auf seinen Chef gerichtet. Doch weil Mr Lee vor Schreck die Worte fehlten, dauerte das betretene Schweigen weiter an.

»Was geht hier vor, Kenneth?«, fragte N mit der Stimme von Szeto Wai.

»Ich … ich habe keine Ahnung. Charles? Was ist das?«, fragte Mr Lee hilflos. »Ich … das … das ist …«

»Erwachsenenseiten mögen lukrativ sein, aber an dieser Sparte hat SIQ definitiv kein Interesse«, sagte N, seufzte theatralisch und wandte sich an Sze Chung-Nam. »Ich habe keine Ahnung, ob Ihre Fetischfilmchen in der Präsentation gelandet sind, weil Sie die Dateien verwechselt haben oder weil Sie sabotiert wurden, und das ist mir auch egal. Sie sind eindeutig ungeeignet für den Job. Wie soll ich Ihnen je wieder vertrauen, Chung-Nam? Ich werde meinen Kollegen mit Sicherheit nicht dazu raten, einen Perversen zum neuen CEO zu ernennen.«

»CEO?« Mr Lee fuhr herum und starrte N an. »Was reden Sie denn da? Einen neuen CEO ernennen?«

»Völlig egal, Kenneth. Dazu wird es nicht kommen. Aber falls Sie es genauer wissen wollen, fragen Sie am besten Chung-Nam.« N schüttelte den Kopf. »Tja. Sieht so aus, als wäre die Präsentation damit zu Ende. Sehr schade, dass ich morgen bereits zurück in die Staaten fliege und mir Versuch Nummer drei nicht mehr persönlich anhören kann. Aber ich sorge natürlich dafür, dass man mich auf dem Laufenden hält.«

N erhob sich, schüttelte dem vom Donner gerührten Mr Lee die Hand, nickte Nga-Yee auffordernd zu und verließ den Raum. Im Gehen drehte er sich noch einmal um und sagte: »Machen Sie's gut, Chung-Nam.«

Mr Lee, der Mr Szeto und Rachel in der Hoffnung, die Situation doch noch retten zu können, eben hatte bitten wollen zu bleiben, erstarrte und drehte sich zu seinem Angestellten um.

»Wieso kennt Mr Szeto Ihren chinesischen Namen?« Das war das Letzte, was Nga-Yee hörte, ehe sie zusammen mit N das Büro verließ.

Unten auf der Straße wartete Ducky mit dem Wagen auf sie. Sie stiegen ein und fuhren davon.

»Kenneth ist nicht besonders schnell von Begriff«, sagte N, löste die Krawatte und wirkte, als könnte er es nicht erwarten, endlich wieder in seine abgeranzten Klamotten zu steigen. »Ich musste drei Mal Chung-Nam sagen, bis er kapierte, dass ich mich heimlich mit seinem Angestellten getroffen habe.«

»Hat Sze Chung-Nam die Nacktbilder auf Popcorn gepostet?«, fragte Nga-Yee.

N musterte sie ein paar Sekunden mit zusammengekniffenen Augen, während er sich darüber klar wurde, worauf sie hinauswollte. »Haben Sie sich tatsächlich durch sämtliche Seiten gewühlt, die Sie von mir bekommen haben?«

»Ja. Ich dachte, Sie wollten sich über mich lustig machen, indem Sie mich dazu bringen, Erwachsenenseiten zu besuchen …«

»Das ist wieder mal typisch für Sie.« N lachte. »Was glauben Sie, wie viel Freizeit ich habe? Ich habe schlicht und ergreifend alle für den Fall relevanten Seiten in eine Datei gepackt – das war nicht explizit für Ihre Augen bestimmt. Reiner Zufall, dass Sie's gesehen haben.«

»Aha. Also, was war das eben? Eine Falle, um Sze Chung-Nam vor sämtlichen Kollegen als Perversen zu entlarven?«

»Im Grunde ja.«

»Und deshalb hat Ducky ihn nicht aufgehalten, als er die Mädchen in der U-Bahn belästigte?« Nga-Yee war immer noch wütend darüber – sie konnte an diesem Plan nichts erkennen, das das Leid dieser Mädchen gerechtfertigt hätte.

»Ich will Sie etwas fragen, Miss Au«, sagte N mit sanfter Stimme. »Was, glauben Sie, wäre passiert, wenn Ducky versucht hätte, Sze Chung-Nam an Ort und Stelle aufzuhalten?«

»Die Polizei wäre gekommen und hätte ihn verhaftet!«

»Okay. Stellen Sie sich vor, Sie wären die diensthabende Beamtin. Welchen Tatvorwurf würden Sie ihm machen?«

»Sittenwidriges Verhalten.« Dafür war Shiu Tak-Ping verurteilt worden, und Sze Chung-Nam hatte mindestens dasselbe verdient.

»Korrekt. Es wäre zum Prozess gekommen, er hätte vor Gericht Reue gezeigt, ein Drittel der Haftstrafe wäre ihm von vornherein wegen Minderschwere erlassen worden, und er hätte maximal ein bis zwei Monate gesessen. Mit etwas Glück wäre die Strafe sogar zur Bewährung ausgesetzt worden«, sagte N mit finsterem Gesicht. »Verdient hat er was anderes.«

»Was meinen Sie genau?«

»Tatsächlich hat Sze Chung-Nam sich der sexuellen Nötigung schuldig gemacht. Zieht man in Betracht, dass es sich bei seinen Opfern um minderjährige Mädchen handelt, sprechen wir von fünf Jahren Gefängnis.«

»Nötigung?«

»Wie ich Ihnen bereits erklärt habe, kam ich Sze Chung-Nam auf die Spur, indem ich die Überwachungsaufnahmen der Bahnhöfe mit seiner Octopus-Karte abglich.« N nahm die Brille ab. »Zu dem Zeitpunkt hielt ich ihn lediglich für den wahren Täter, der sich hinter Shiu Tak-Ping versteckte. Als ich sah, wie gelassen und routiniert er vorging, begann ich mich zu fragen, wie oft er so etwas wohl schon getan hatte. Während Sie draußen vor meiner Wohnung standen und versuchten, mich dazu zu kriegen, Ihren Fall zu übernehmen, habe ich mich mit dem Typen befasst. Sein Browserverlauf verriet mir, dass er im Erwachsenenbereich von Popcorn eindeutige Fotos gepostet hatte, und obwohl das Gesicht des Mannes auf den Bildern gepixelt war, erkannte ich ihn an seiner Figur.«

»Hat er Escorts dafür bezahlt, sich mit ihm fotografieren zu lassen?« Nga-Yee erinnerte sich an einige Popcorn-Posts, in denen von Callgirls die Rede gewesen war.

N nahm das Tablet zur Hand und rief die Seite auf, die sie eben im Besprechungsraum von GT Net gesehen hatten. Es gab noch fünf oder sechs weitere Fotos. Jedes Mal ein anderes Mädchen, doch der Mann auf den Bildern war immer Sze Chung-Nam. Sämtliche Fotos waren ausführlich beschriftet; die Bildunterschrift, die Nga-Yee vorhin gelesen hatte, war nur ein Ausschnitt:

> Ich bin der Marquis de Sade, und dies hier ist meine dritte kleine Sklavin. Sie ist schon fünfzehn – leider bald zu alt für mich. Ich benutze sie seit sechs Monaten, und sie ist zwar immer noch ein bisschen rebellisch, aber meistens habe ich sie unter Kontrolle. Ich teile das mit euch, weil ich weiß, dass euch das gefällt.

»Das habe ich mir nicht ausgedacht«, sagte N angewidert. »Jedes einzelne Wort stammt von Sze Chung-Nam. Er hat die Sachen eigentlich im Darknet gepostet, aber ich habe sie mir rübergezogen.«

»Im Darknet?« Nga-Yee erinnerte sich nur mit Mühe. »Ach ja – das Ding, das man nur mit einem Onion-Browser sehen kann?«

»Richtig. Sze Chung-Nam ist Mitglied in einem pädophilen Chatboard im Darknet. Dort nennt er sich Marquis de Sade und postet, wie er Escorts reinlegt und bedroht, bis sie einwilligen, sich als seine Sklavinnen ›erziehen‹ zu lassen. Zum Beweis dafür, dass er die Wahrheit sagt, postet er außerdem Bilder – ohne sein Gesicht. Die anderen Perversen lieben das, wie Sie sich vorstellen können. Der Popcorn-Post war lediglich die Spitze des Eisbergs. Die Texte und Fotos im Darknet sind hundertmal schlimmer.«

»Aber Sie haben doch gesagt, es wäre nicht möglich, mit Onion jemanden zu identifizieren. Wie haben Sie …«

»Ich habe ihn nicht über seine Darknet-Posts gefunden, sondern mich direkt in seinen Computer gehackt, jeden von ihm getätigten Tastenbefehl aufgezeichnet und mir jedes Foto runtergeladen, das er sich ansah. Ich wusste, welche Software er benutzte und welche Seiten er besuchte.« N grinste, offensichtlich amüsiert darüber, dass Nga-Yee sich plötzlich für Technologie interessierte. »So fand ich raus, dass dieses Schwein sehr viel mehr machte, als Mädchen in der U-Bahn zu begrapschen. Er war ziemlich gut darin, möglichst junge Mädchen aufzuspüren, die sich mit dem Escortservice ein bisschen was dazuverdienen wollen, und fand Wege, sie so zu manipulieren, dass sie sich ihm völlig unterwarfen und ihm zu Diensten waren. Diese Mädchen waren die Hauptspeise; die Mädchen in der U-Bahn waren das Dessert.«

»Dann ist alles, was er schrieb …«

»Alles wahr.« N deutete auf das erste Foto. »Sie ist tatsächlich fünfzehn, und die Aufnahme entstand ohne ihre Einwilligung.«

Nga-Yee holte tief Luft. Als sie das Foto auf Popcorn zum ersten Mal gesehen hatte, hatte ihre Abscheu dem Mädchen gegolten, das sich für ein bisschen Geld auf diese Weise ausnutzen ließ. Sie hätte nie gedacht, dass so viel mehr dahintersteckte.

»Sze Chung-Nam ist ein ehrgeiziger, manipulativer Mann, und noch schlimmer, er ist schlau«, fuhr N fort. »Er ist scharfsinnig und weiß, wie man zu anderen eine Verbindung herstellt – sämtliche Voraussetzungen für einen erfolgreichen Menschen. Wäre er auf dem Pfad der Tugend geblieben, wäre über kurz oder lang eine herausragende Persönlichkeit aus ihm geworden – aber er unterlag seinen dunklen Trieben. Ich vermute, weil er klein, dick und nicht sonderlich attraktiv ist, schämte er sich als Kind und Jugendlicher für sein Aussehen. Vielleicht wurde er gemobbt, vielleicht von Frauen auf verletzende Weise zurückgewiesen. Und leider beinhaltete seine Bewältigungsstrategie, sich Ziele zu suchen, die noch schwächer waren.«

Als N Sze Chung-Nam zum ersten Mal im Büro von GT begegnete, war er erstaunt gewesen, wie sehr er darauf erpicht gewesen war, Szeto Wais Fragen zu beantworten. Hätte N zu dem Zeitpunkt nicht bereits über ihn Bescheid gewusst, wäre er möglicherweise von diesem enthusiastischen, hochengagierten, flexiblen jungen Mitarbeiter beeindruckt gewesen.

»Laut des *Jägerhandbuchs*, das er im Darknet veröffentlichte, nutzte er diverse Messaging-Dienste wie Line oder WeChat, um seine Beute auszuspähen. Er suchte gezielt nach Mädchen mit einer fragilen Persönlichkeit, vielleicht, weil sie schon einmal bedroht worden waren, und machte, während er mit ihnen chattete, heimlich Screenshots. Dieses Material diente ihm später als Erpressungsgrundlage. Er war skrupellos. Die meisten würden sagen: ›Du tust, was ich dir sage, oder ich stelle deine Nacktfotos ins Netz.‹ Er aber lud die Bilder der Mädchen direkt in den Erwachsenenbereich hoch und sagte dann zu seinen Opfern: ›Du tust, was ich dir sage, sonst sieht man beim nächsten Mal dein Gesicht.‹ Und am schlimmsten war, dass er sich auf den Umgang mit Zuckerbrot und Peitsche verstand. Er machte seinen Opfern billige Geschenke und ging mit ihnen shoppen, um ihnen zu suggerieren, dass er etwas für sie empfand. Vermutlich eine Version des Stockholm-Syndroms. Mädchen im Teenageralter wissen noch nichts von der Welt und lassen sich leicht manipulieren.«

Bei der Beschattung von Sze Chung-Nam hatte Ducky ihn regelmäßig mit genau den Frauen gesehen, die er vorher bedroht hatte. Sie hatten ziemlich gute Restaurants besucht, und immer hatte Chung-Nam bezahlt. Natürlich endeten diese Treffen immer in einem Hotelzimmer – Sze Chung-Nam hatte es nicht auf gespielte Zuneigung abgesehen, sondern auf Unterwerfung zur Befriedigung seiner Kontrollsucht.

»Moment – ich kapier das immer noch nicht«, sagte Nga-Yee. »Sie haben Sze Chung-Nams Chef glauben lassen, dass Sie ein ausländischer Investor wären, nur um diese gefakten Seiten in seine Präsentation zu schmuggeln und ihn auf diese Weise bloßzustellen – und das soll seine Bestrafung sein?«

»Gefakte Seiten? Was für gefakte Seiten denn?«

»Na, dasselbe, was Sie mit Violet gemacht haben! Das WiFi kapern und gefakte Webseiten einschleusen …« Sie wedelte vage in Richtung Tablet.

»Das ist echt.« N gluckste. »Alles, was Sie hier sehen, sämtliche Bilder und Videos, befinden sich tatsächlich live auf der Homepage von GT Net. Und« – N tippte den Bildschirm an und öffnete die Popcorn-Seite – »hier habe ich sie auch gepostet. Tausend Klicks bis jetzt.«

Auf dem Tablet stand folgender Post zu lesen:

GEPOSTET VON edgarpoe777 AM 07.07.2020, 11:01
FWD: GT-NET-Perversling verrät sich selbst (Videos, Fotos)
Gepixelt, aber geil! http://www.gtnet.com.hk/gossip.cfm?q=44172&sort=1

»Ich bin mir ganz sicher, es gibt einen noch größeren Wichtigtuer als mich, der inzwischen längst die Polizei eingeschaltet hat, und Sze Chung-Nam wird in Kürze verhaftet. Nur zu schade, dass wir nicht dabei sein können, wenn er in Handschellen und mit Tüte über dem Kopf abgeführt wird«, sagte N fröhlich. »Die Polizei wird die IP-Adresse überprüfen und feststellen, dass sämtliche Fotos und Videos von der Geschäftsadresse von GT gepostet wurden. Das war mein Werk, aber davon werden sich keine Spuren finden lassen. Vermutlich werden sie nach Erklärungen suchen, die zu den Umständen passen, zum Beispiel, dass Sze Chung-Nam ein Perverser ist – was natürlich stimmt – und sich daran aufgegeilt hat, das System mit seinen eigenen widerlichen Fotos zu testen. Sie werden sagen, er sei unvorsichtig geworden und habe dabei versehentlich seine eigenen Taten öffentlich gemacht. Die Veröffentlichung gepixelter Bilder ist kein Vergehen, aber um in der Sache ordentlich zu ermitteln, werden sie überprüfen müssen, ob die Bilder und Videos echt sind oder gestellt, und damit ist er fällig.«

»Also haben Sie diese ganze ausgeklügelte Nummer nur zu Ihrem Vergnügen inszeniert? Warum musste er denn ausgerechnet während einer Präsentation bloßgestellt werden? Sie hätten das Zeug doch genauso gut direkt online stellen und die Polizei informieren können.«

»Stimmt. Ich stehe auf eine gute Show. Wer nicht? Aber das war nicht der Hauptgrund.« N wackelte mit dem Zeigefinger. »Als Mr Szeto habe ich mich privat mit Sze Chung-Nam getroffen. Von ihm kam der Vorschlag, meine Machtposition als Investor zu nutzen, um ihn zum CEO der Firma zu machen, nachdem ich mein Geld in GT investiert hätte.«

»Na und?«

»Nachdem Sze Chung-Nam verhaftet und angeklagt worden ist, wird der Richter Hintergrundinformationen über den Angeklagten einholen, um sich ein genaueres Bild von ihm zu machen. Auch die Verteidigung darf Charakterzüge geltend machen, die in die Festsetzung des Strafmaßes eingehen können. Jetzt, wo sein Chef weiß, dass er heimlich plante, mit einem

Investor gemeinsame Sache zu machen, um eine Übernahme vorzubereiten, kann Sze das vergessen. Ab jetzt misstrauen seine Kollegen ihm. Was noch besser ist, wahrscheinlich vermutet Sze, dass derjenige, der die Bilder und Videos in seine Präsentation geschmuggelt hat, ein Kollege aus der Firma ist, und sollte doch jemand ein gutes Wort für ihn einlegen, wird er automatisch davon ausgehen, dass es sich um den Verräter handelt, der Mitleid bekommen hat. Ich will nicht nur, dass er ins Gefängnis geht, ich will, dass seine Freunde ihm den Rücken kehren, dass er niemandem mehr vertrauen kann, und ich will, dass er für mehr als zehn Jahre ins Gefängnis wandert.«

»Sagten Sie nicht, die Höchststrafe wären vier bis fünf Jahre?«

»Pro Fall. Er hat sechs minderjährige Mädchen in die Sexsklaverei gezwungen. Selbst wenn nur drei von ihnen zu einer Aussage bereit sind, macht das immer noch mindestens zwölf Jahre.«

Erst da wurde Nga-Yee klar, dass jedes einzelne Mädchen auf den Bildern ein Erpressungsopfer war. Das hätte ihr schon viel früher klar sein müssen – nämlich als er seine »dritte kleine Sklavin« erwähnte, was die Existenz von zwei weiteren beinhaltete.

»Darauf würde man nie kommen, wenn man den sieht«, murmelte sie. »Eben, bei der Präsentation, wirkte er wie ein ganz normaler Mensch.«

»Glauben Sie, Hardcore-Perverse sehen anders aus als normale Menschen?« N lachte kalt. »Seien Sie nicht naiv. Kriminelle tragen keine Markierungen. Meistens haben sie ganz normale Jobs und normale Familien. Wir bekommen nur eine Seite von ihnen zu sehen. Diese Seite mit dem vollständigen Bild zu verwechseln, ist genau das, was einen in ihre Fallen lockt.«

»Werden diese Mädchen sich je wieder von ihm befreien können?«

»Hoffen wir, dass sie Hilfe bekommen, nach allem, was sie durchgemacht haben.« N hielt kurz inne. »Violet To haben Sie laufen lassen, aber ich wette, für ihn werden Sie mich nicht um Gnade bitten. Habe ich recht?«

»Dreck wie der gehört für den Rest des Lebens hinter Gitter«, sagte Nga-Yee. Sie wusste, dass sie Sze Chung-Nam nicht wirklich für den Tod ihrer Schwester verantwortlich machen konnte, aber hätte er sie nicht massiv belästigt, wären all die anderen Dinge nie geschehen. Violet und ihr Bruder hatten viele komplizierte Gründe für das, was sie taten, aber Sze vergriff sich nur zur Befriedigung seiner eigenen animalischen Triebe an all diesen Mädchen.

Während sie redeten, passierte der Wagen den Tunnel, und sie kehrten nach Hong Kong Island zurück.

»Genau!«, sagte Nga-Yee plötzlich. »Das war wieder so ein Man-in-the-Middle-Angriff! Stimmt's?«

»Wie bitte?«

»Diesmal im echten Leben. Sie haben sich als großer Investor ausgegeben, um Sze Chung-Nam und seinen Chef reinzulegen«, sagte Nga-Yee. »Und anstatt sich selbst eine Investmentfirma mit allem Pipapo aus den Rippen zu schneiden, haben Sie einfach eine real existierende genommen und sich in deren Netz gehackt, um sich als einer der Vorstände auszugeben. Sze Chung-Nam ist nicht dumm, haben Sie selbst gesagt. Hätten Sie einfach was erfunden, hätte er das sofort durchschaut.«

»Ts! Na ja, offensichtlich haben Sie mich inzwischen oft genug dabei beobachtet. Hätten Sie es *nicht* durchschaut, würde ich mir langsam ernsthaft Sorgen um Ihre geistigen Fähigkeiten machen.«

Nga-Yee gratulierte sich trotz seiner sorgsam zur Schau gestellten Gleichgültigkeit dafür, ihn ausnahmsweise sofort durchschaut zu haben. Der Wagen hielt wieder auf dem Parkplatz in der Nähe seiner Wohnung.

»Raus mit Ihnen, Klugscheißerin«, knurrte er.

Er wirkte tatsächlich ein bisschen genervt, wahrscheinlich, weil sie ihn durchschaut und ihm dadurch einen Strich durch die Angeber-Rechnung gemacht hatte. Nga-Yee konnte nicht ahnen, dass er in Wirklichkeit kein bisschen unglücklich war und seine wahren Gefühle lieber hinter einer brummigen Fassade versteckte.

In Ns Augen war Nga-Yee ein ganz besonderer Fall. Er hatte im Laufe der Zeit schon viele dickköpfige Klienten erlebt, die unbedingt ihren Willen durchsetzen wollten, aber noch nie war jemand so hartnäckig geblieben. Es war ihr sogar ein paarmal gelungen, ihn zu überraschen, zum Beispiel, als sie herausgefunden hatte, weshalb Mok bei ihm gewesen war, oder damals, als sie seine vorgeschobenen Argumente vom Tisch wischte, nachdem er sich über die aufgeräumte Wohnung beschwert hatte. Als er sagte, sie wäre ab und zu richtig helle und würde manchmal die dämlichsten Fragen stellen, war das angesichts seiner unglaublich hohen Ansprüche in Wahrheit ein seltenes Lob gewesen. Und er hatte es ernst gemeint, als er sagte, sie sei, genau wie er, eine geborene Einzelgängerin. Deshalb hatte er ihr in der Ermittlung bereitwillig eine so große Rolle eingeräumt; teils, weil er fasziniert war von dieser seltsamen Frau, und teils, weil er in ihr jemanden vom gleichen Schlag gefunden hatte.

Doch obwohl N Nga-Yee freiwillig einige seiner Geschäftsgeheimnisse offenbart hatte – Ermittlungskniffe, Methoden zur Irreführung anderer –, sein letztes Geheimnis würde er ihr niemals offenbaren.

Dass er in Wirklichkeit tatsächlich Szeto Wai war.

Bereits als N in Amerika Fuß fasste und Isotope Technologies aufbaute, war er ein Hacker gewesen. Nur weil er seine Zeit fast ausschließlich mit Arbeiten verbrachte, geriet er nie tiefer in zwielichtige Geschäfte. Er war ein geschickter Verhandler, konnte anhand winzigster Details den Charakter seines Gegenübers bestimmen, was ihm zu großer Überzeugungskraft verhalf, und sicherte Isotope auf diese Weise schon kurz nach der Gründung viele lukrative Verträge. Er hasste es, einen Job zu haben, der hauptsächlich aus Geschachere und Verhandlungen bestand, und fing an, seine Gabe als Fluch zu betrachten. Dann kam SIQ, und sein Vermögen wuchs weiter. Im Alter von dreiunddreißig hatte er bereits mehr Geld verdient, als er in seinem Leben ausgeben konnte. Je erfolgreicher SIQ wurde, desto schaler schmeckte dieser Erfolg.

Nach einem bestimmten Zwischenfall beschloss N, seinen richtigen Namen abzulegen und in die alte Heimat zurückzukehren, um sich dort mit inoffiziellen Ermittlungen und Racheszenarien zu beschäftigen. Er war schon immer ein einsamer Wolf gewesen, und sein Wertesystem stand im Kontrast zu dem der meisten anderen Menschen. Seiner Meinung nach unterschieden sich Delikatessen, für die man Tausende Dollar hinblätterte, nicht zwingend von einer Schale Wan Tans von Loi's, und eine Flasche Wein für mehrere Zehntausend war nicht halb so gut wie eine Flasche Bier vor seinem Computer, während Chet Baker aus den Lautsprechern kam. Die Befriedigung, der er nachjagte, war nicht sinnlicher, sondern eher geistiger Natur und deshalb viel schwieriger zu erreichen. N hatte nichts gegen egoistische Individuen, doch wenn sie nach unten traten, sich ausschließlich für sich selbst interessierten und glaubten, tun und lassen zu können, was sie wollten, zog er größtes Vergnügen daraus, sie zur Strecke zu bringen.

N besaß Prinzipientreue; er war der festen Überzeugung, dass alle Handlungen Konsequenzen haben.

Das Wort, das er am allermeisten hasste, war »Gerechtigkeit«. Das hieß nicht, dass er den Unterschied zwischen Gut und Böse nicht kannte – doch im Gegensatz zu simpler Moral entstanden nach seinem Verständnis die meisten Konflikte aus Meinungsverschiedenheiten, bei denen beide Seiten eifrig die Flagge der Gerechtigkeit hissten und für sich proklamierten, auf der richtigen Seite zu stehen. Mit dieser Argumentation wurden die meisten hinterhältigen Strategien – in erster Linie der undurchdringliche Gesetzesdschungel – als »notwendiges Übel« gerechtfertigt, um die gegnerische Seite zu schlagen. N besaß ein tief greifendes Verständnis für diese Dinge. Nur weil er im Besitz von Geld, Status, Macht und Talent war, konnte er im Grunde machen, was er wollte, immer würde man in ihm einen Avatar der »Gerechtigkeit« sehen. Aber N wusste, dass die Unterdrückung anderer im Namen der Gerechtigkeit auch nur eine Form der Tyrannei war.

Er war sich der unmoralischen Methoden, die er einsetzte,

durchaus bewusst. Selbst wenn die Leute, die er bedrohte, Triaden-Führer waren, selbst wenn die, die er um ihr Geld brachte, skrupellose Geschäftsleute waren, würde er sich nie einreden, das Recht auf seiner Seite zu haben. Hier wurde lediglich Böses mit Bösem bekämpft, und das machte sie alle zu wilden Tieren.

Weil ihm all das klar war, war er in der Lage, sich zurückzunehmen. Ob er im Auftrag eines Klienten handelte oder einfach nur den Wichtigtuer rauskehrte, immer standen der Einsatz der Methoden und die Dosierung der Strafe in Relation zu dem vorangegangenen Verbrechen. Einen Menschen zu zerstören, war leicht. In seinen Augen waren menschliche Wesen Mangelware, voller Fehler und Risse, die er ausnutzen, kontrollieren und manipulieren konnte. Doch zu viele Menschen genossen es, Gott zu spielen, und zu denen wollte er nicht gehören.

Wenn jemand einen Vergeltungsfall an ihn herantrug, recherchierte er gründlich den Hintergrund seines potenziellen Klienten und sämtliche Details der vorangegangenen Ereignisse, ehe er entschied, ob er den Fall annahm. N war auf Retourkutschen spezialisiert: Er suchte die Täter mit dem heim, was sie vorher ihren Opfern angetan hatten. Die Ausführung solcher Aufträge geschah beinahe gänzlich unbekümmert – er war lediglich das Werkzeug, die Feindschaft selbst war Teil der anderen. Wenn er aber in eigener Sache handelte, musste er seine Aktionen ungleich sorgfältiger feinjustieren und war manchmal gezwungen, mühsame und umständliche Methoden anzuwenden, um seinem ethischen System treu zu bleiben.

Doch während er sich mit Sze Chung-Nam befasst hatte, war er auf Schwierigkeiten gestoßen.

Nachdem feststand, was Sze getan hatte, wollte N seine Opfer von ihm befreien und ihnen Gelegenheit zur Rache geben. Er wollte diesen Mann im Gefängnis sehen. Er wollte ihn die einzigartigen Qualen durchleiden sehen, die im Gefängnis allein Sexualstraftätern vorbehalten waren, auf dass er in derselben Angst lebte, welche diese Mädchen tagtäglich erlitten hatten. Das Problem war, dass N auf Szes Computer keinerlei

Informationen über sie finden konnte, nur einige Fotos, auf denen die Köpfe abgeschnitten waren.

Ducky hatte herausgefunden, dass Sze Chung-Nam zwei Mobiltelefone besaß – eines für den täglichen Gebrauch, das zweite für die Jagd. Der Kontakt zu seinen Opfern geschah ausschließlich über das zweite Telefon, und er schaltete es nur ein, wenn er mit ihnen sprechen musste. Dieses Telefon verwahrte er ausgeschaltet in seiner Aktentasche. Auf diesem Telefon befanden sich keinerlei Apps, sondern ausschließlich Fotos seiner Beute.

Ducky gelang es, die Identität von zwei Mädchen zu ermitteln, mit denen Sze Chung-Nam zusammen gewesen war, aber N wollte die Liste aller Namen. Das Bild, das er online gefunden hatte, bewies, dass es mehr als ein Opfer gab, doch er hatte keine Ahnung, wie viele tatsächlich. Er wusste, dass alle, die Chung-Nam ins Visier nahm, eine ähnliche Persönlichkeitsstruktur aufwiesen: nicht mutig genug, um sich zu wehren. Selbst wenn bekannt wurde, dass Sze verhaftet worden war, würden diese Mädchen sich nicht unbedingt melden. Womöglich kannten sie weder seinen richtigen Namen, noch ahnten sie, dass der Mann in den Nachrichten derselbe war, der sie bedrohte – vor allem, wenn die Zeitungen kein Foto von ihm druckten.

Die Sache konnte aus vielen Gründen scheitern. Falls Sze am Ende für das weniger schwerwiegende Vergehen belangt wurde – sittenwidriges Verhalten – und nur ein oder zwei Monate im Gefängnis saß, wäre er danach noch brutaler und gefährlicher, und den Mädchen erginge es womöglich noch schlechter, ganz zu schweigen von den neuen Opfern, die er zweifellos finden würde. Erst ein Jahr zuvor hatte sich ein grausamer Doppelmord ereignet: Ein ausländischer Finanzberater, der auf gewisse Sexpraktiken stand, folterte und tötete im Drogenrausch zwei südasiatische Prostituierte und versteckte die enthaupteten Leichen in Koffern unter seinem Bett, ehe er sich schließlich der Polizei stellte. Diese permanent unter Hochspannung stehende Stadt war in der Lage, das Gefahrenpotenzial solcher Täter zu verdoppeln. N beschloss, nur dann zuzuschlagen, wenn er sicher sein konnte, Erfolg zu haben – er würde erst gegen Sze Chung-Nam aktiv werden, wenn er wusste, dass er ihn damit für zehn oder zwanzig Jahre hinter Gitter bekam, damit seine Opfer keine Konsequenzen mehr zu befürchten hatten.

»Sollen wir sein Telefon hacken?«, hatte Ducky damals vorgeschlagen.

»Nein. Viel zu riskant. Du sagtest, er schaltet das Telefon nur ein, wenn er seine Opfer kontaktieren will. Den in eine Falle zu locken, wird nicht einfach, außerdem ist das Schwein schlau – wenn der merkt, dass etwas faul ist, verscheuchen wir ihn, und dann war die ganze bisherige Arbeit für die Tonne. Ich lass mir was anderes einfallen.«

Bei der Durchleuchtung von Sze Chung-Nams Hintergrund war N aufgefallen, dass die Firma, für die er arbeitete, an dem Investitionsprogramm des Productivity Council teilnahm und auf der Suche nach einem Investor war. Er wog Chancen und Risiken ab und beschloss, sich Sze mit seiner echten Identität zu präsentieren. Nga-Yee hatte recht – es war eine Man-in-the-Middle-Attacke im wirklichen Leben, nur dass N tatsächlich der Gründer von SIQ war und lediglich seine wahren Motive verschleierte. Bei SIQ wussten alle, dass Szeto Wai so gut wie nicht mehr aktiv war, doch nur wenigen war bewusst, dass er sich eher in Fernost als an der Ostküste der Staaten aufhielt – und nicht mal Kyle Quincy ahnte etwas von seinem Doppelleben in Hongkong. Wenn sie sich über Skype trafen, war N in Szeto-Wai-Aufmachung.

N hatte viele Verbündete: Hochstapler, Hacker, Schläger, Alleskönner. Wenn nötig, war er in der Lage, im Handumdrehen zwanzig Leute zu rekrutieren, doch nur Ducky und Doris wussten, wer er wirklich war. Während dieser Operation war Doris für den Kontakt zu Kenneth Lee zuständig, während Ducky Sze Chung-Nam im Auge behielt und sich auf die Suche nach dessen Opfern machte.

Dies ist unser Director of Technology, Charles Sze.

Bei seinem ersten Besuch bei GT Net hatte Sze bei N großen Eindruck hinterlassen. Eins sechzig groß und rund wie ein

Fass, war Sze Chung-Nam zwar keine Augenweide, doch er verstand es, sich zu artikulieren, war sehr selbstbewusst und offenbar fest entschlossen, zu beweisen, dass mehr in ihm steckte, als man ihm auf den ersten Blick ansah. Die kurze Begegnung hatte N genügt, um seine Persönlichkeit zu durchschauen und eine Strategie zu entwerfen. Ursprünglich hatte er geplant, Sze nach dem ersten Meeting »zufällig« auf der Straße über den Weg zu laufen, doch dann entwarf er einen kühneren Plan.

Er würde den Spieß umdrehen und Sze dazu kriegen, ihn ausfindig zu machen.

Szes Enthusiasmus war nicht zu übersehen gewesen, und als N absichtlich eine komplizierte Frage stellte und Kenneth Lee damit in Verlegenheit brachte, war Sze wie zu erwarten in die Bresche gesprungen. Damit zeigte er, wie groß sein Interesse an Szeto Wai war. Also sorgte N beim Small Talk dafür, seine falsche Adresse zu erwähnen und außerdem den Hinweis auf den bevorstehenden Besuch eines Konzerts im Cultural Centre. Sze war risikofreudig genug, sich eine derartige Gelegenheit nicht entgehen zu lassen.

Womit N nicht gerechnet hatte, war Nga-Yees Abweichen von der geplanten Route.

Als er von dem Meeting bei GT Net nach Sai Ying Pun zurückgekommen war, hatte Nga-Yee zu seiner Überraschung auf der Treppe vor seiner Wohnungstür gesessen und sich mit finsterem Blick durch ein Telefon gescrollt. Sie hatte sogar vorzeitig die Bibliothek verlassen. Die neuen Infos von Siu-Mans Telefon zwangen ihn, seine Aufmerksamkeit wieder dieser Seite des Falls zuzuwenden. Als Nga-Yee auch noch darauf bestand, über Nacht zu bleiben, um so schnell wie möglich eine Antwort zu bekommen, setzte ihn das noch mehr unter Druck. Er würde sich bereits am kommenden Abend ins Cultural Centre begeben, um den Fisch an die Angel zu kriegen, aber Nga-Yee beanspruchte sämtliche Zeit, die er zur Vorbereitung hatte nutzen wollen. Nach dem Anruf bei Miss Yuen ging Nga-Yee Samstagvormittag endlich nach Hause, N aktivierte eine Komplizin als Konzertbegleitung und legte sich hin, um ein paar

Stunden Schlaf nachzuholen. Während einer Ermittlung oder Observation konnte N auf Schlaf verzichten, aber jetzt musste er als er selbst auftreten, das hieß, er musste hellwach und bestens vorbereitet sein. Wenn er mit auch nur einem falschen Wort Szes Misstrauen erregte, würde nicht nur diese eine Aktion ins Wasser fallen, sondern womöglich der ganze Plan, und am Ende käme Sze vielleicht ungeschoren davon.

Sze Chung-Nam war es während des Konzerts aus einem einfachen Grund nicht gelungen, Szeto Wai ausfindig zu machen: N war gar nicht dort gewesen. Ducky hatte die Beschattung übernommen und ihm gesagt, wann der richtige Moment gekommen war, ins Foyer zu schlüpfen und die »Zufallsbegegnung« zu inszenieren. Dort war N einem Banker über den Weg gelaufen, den er vor Jahren auf einer Konferenz im Silicon Valley kennengelernt hatte, und hatte beschlossen, die Begegnung zu nutzen, um seinen Auftritt noch glaubwürdiger zu gestalten. Sze konnte nicht ahnen, dass N mit dem ganzen Blödsinn über das Orchester und das wunderbare Zusammenspiel der Solisten geblufft hatte, lauter aus Kritiken und Konzertmitschnitten vergangener Auftritte zusammengestückelte Informationen.

In der darauffolgenden Woche gab N Vollgas und kümmerte sich um Siu-Mans Klassenkameraden, während er gleichzeitig das Netz um Sze Chung-Nam enger zog. Als Nga-Yee bei Loi's zufällig Mr Mok über den Weg lief und prompt zu N in die Wohnung stürmte, um ihn zur Rede zu stellen, hatte er sich gerade auf das Abendessen mit Sze am folgenden Abend vorbereitet. Ständig störte Nga-Yee seine Arbeitsabläufe, und auch an der Sze-Front traten unerwartete Entwicklungen ein, aber N bekam es trotzdem hin.

Der Hauptgrund, weshalb N Sze zum Essen eingeladen hatte, war der Diebstahl seines Telefons gewesen.

Natürlich kein »Diebstahl« im üblichen Sinne. Worauf N es abgesehen hatte, waren die Daten des Telefons: die Kontaktdaten seiner Opfer, die Bilder und Videos, die er aufgenommen hatte, und so weiter. Falls möglich, wollte er außerdem eine Hintertür einbauen, die ihm einen Zugang rund um die

Uhr ermöglichen würde und vielleicht sogar die Möglichkeit, Sze noch vor Ende der Operation davon abzuhalten, den Mädchen weiteres Leid zuzufügen. Sze war ein Tech-Experte und würde einen Remote-Angriff vielleicht erkennen, doch solange N direkten Zugang zu seinem Smartphone hatte, wäre er in der Lage, es ohne Spuren zu infiltrieren.

Während des Abendessens im Tin Ding Hin wurde N klar, dass Sze noch fähiger war, als er gedacht hatte, und außerdem sehr wachsam – obwohl SIQ nicht wirklich vorhatte, in Hongkong eine Niederlassung zu eröffnen oder in den asiatischen Markt vorzudringen, waren die Schlussfolgerungen, die er aus Ns falschen Fährten gezogen hatte, absolut stimmig. Obwohl sich N im Laufe des Abends diverse Gelegenheiten zum Zugriff auf das Telefon boten, beschloss er, den Fisch noch ein bisschen länger zappeln zu lassen, ehe er die Leine einholte; nicht nur, um seinem Opfer möglichst viele Gelegenheiten zu geben, den Köder zu schlucken, sondern auch, um zu warten, bis es erschöpft war und sich nicht mehr wehren konnte. Was Ducky ihm später berichtete, bestätigte seine Einschätzung.

»Das Schwein hat mich auf dem Bahnsteig gesehen«, sagte Ducky am Telefon.

»Nein! Wie schlimm ist es?«

»Nicht allzu schlimm. Ich bin in Mong Kok ausgestiegen und habe die Verfolgung aufgegeben. Ich glaub nicht, dass wir ihn zu sehr verschreckt haben.«

»Sei vorsichtig. Wenn's sein muss, verkleide dich. Der Kerl ist clever.«

Von da an hielt Ducky Abstand zu Sze und blieb möglichst außer Sichtweite. Die Beschattung lief inzwischen seit zwanzig Tagen, und N war es bereits gelungen, eines der Opfer ausfindig zu machen. Während der ganzen Zeit war Sze ständig auf der Jagd nach neuen Escorts und zwang die, die er bereits unter seiner Knute hatte, ihm sexuell zu Diensten zu sein. An dem Wochenende, als N den zweiten Besuch an der Enoch School plante, um Violet zu enttarnen, wurde Ducky Zeuge, wie Sze ein Mädchen in die Festival-Walk-Mall einlud. Hinterher gingen sie in ein Hotel. Als sie wiederauftauchten, verfolgte Ducky das Mädchen. Sobald er ihre Adresse kannte, war er in der Lage, sie als »dritte kleine Sklavin« zu identifizieren. Außerdem sah er bei der Gelegenheit auch Szes Kollegen Hao in der Mall und fragte sich kurz, ob sie es womöglich nicht mit einem Einzeltäter, sondern mit einem Sexring zu tun hatten, kam dann jedoch zu dem Schluss, dass Haos Anwesenheit in dem Einkaufszentrum höchstwahrscheinlich Zufall gewesen war.

Obwohl N jetzt die Identität des Opfers in Händen hatte, blieb er bei seiner Strategie. Der Plan hatte von Anfang an gelautet, eine vollständige Namensliste zu erhalten. Außerdem wollte er an das ungepixelte Beweisfoto herankommen. Der große Schlag gegen Sze erfolgte am 2. Juli, dem Abend in der Bar.

Nachdem N Nga-Yees Vergeltungsauftrag angenommen hatte, war er gezwungen, an beiden Fronten gleichzeitig zu agieren. Selbst während der Überwachung von Violet Tos Wohnung traf er Vorbereitungen, um sich Szes Telefon zu holen. Während Nga-Yees erstem Besuch in der mobilen Einheit auf dem Broadcast Drive hatten N und Ducky die Plätze getauscht. Ducky hatte die Observierung übernommen, während N sich wieder in Szeto Wai verwandelte und mit Sze in die Bar in Lan Kwai Fong ging.

Wir sind da. Sie können Ihre Aktentasche im Wagen lassen.

Kein Problem, ich nehme sie mit.

N hatte gehofft, Sze direkt von seiner Aktentasche mit dem Telefon zu trennen, doch Sze hatte abgelehnt, weil er den Bericht brauchte, den er Szeto Wai im Laufe des Abends präsentieren wollte. N war nicht beunruhigt – er hatte einen Plan B und arbeitete an dem Abend gleich mit mehreren Komplizen. Nicht nur der Besitzer der Bar und die Angestellten gehörten zu seinen Leuten, er hatte außerdem zwei attraktive Frauen engagiert, die als Köder fungieren sollten: Zoe und Talya. Im Gegensatz zu Doris waren sie nicht in den übergeordneten Plan eingeweiht und stellten auch keine Fragen – sie wussten, dass es sicherer war, möglichst keine Details zu kennen.

Zoe und Talya hatten den Auftrag, Sze Chung-Nam von seiner Aktentasche abzulenken. Während er auf der Toilette war, holte ein weiterer Komplize sich das Telefon und ging in ein Nebenzimmer, um es zu hacken.

Auch die Telefonsperre hatte ihm Kopfzerbrechen bereitet – das Telefon war per Fingerabdruck geschützt. N hatte drei Szenarien vorbereitet, um zu bekommen, was er brauchte: die Abnahme von Szes Fingerabdrücken vom Griff seines Wagens; die Abnahme von dem Glas, aus dem er getrunken hatte; die Abnahme vom Telefon selbst. Früher hätte man dazu einen physischen Abdruck gebraucht, aber inzwischen konnte jeder Oberschüler mit dem richtigen Equipment einen erstklassigen Hack ausführen. N war bereit. Einer seiner Leute besorgte den Abdruck, scannte ihn ein, stellte ein Negativ her und druckte es mit speziell elektrolysierter Tinte auf Fotopapier. Das Telefon las das Bild als echten Fingerabdruck. Binnen weniger Minuten hatten sie Zugang zu Szes Telefon.

Nachdem sie seine Daten kopiert und mittels Masque Attack eine Hintertür installiert hatten, war es nicht allzu schwer, Sze das Telefon unbemerkt zurückzugeben, weil seine ganze Aufmerksamkeit inzwischen Zoe mit dem kindlichen Puppengesicht galt. Obwohl dies eine Falle war, wollte N nicht, dass Sze sich amüsierte, und vermasselte ihm demonstrativ die Tour. Außerdem sorgte er dafür, dass Talya den »Director of Technology« im Anschluss an den Barbesuch auf der Straße weiter demütigte.

Der einzige Fehler des Abends geschah, nachdem N sich von Sze verabschiedet hatte. Der Komplize, der die Kommunikation zwischen Sze und seinem Opfer überwachte, hatte versehentlich den Nachrichtenfluss blockiert, sodass Szes Nachricht die »dritte kleine Sklavin« nicht erreichte. Erst als N kehrtgemacht und zu seinen Leuten zurückgekehrt war, bemerkten sie den Fehler und schickten die Nachricht sofort raus; zum Glück irritierte die fünfminütige Funkstille Sze nicht allzu sehr, und nachdem das Mädchen dann geantwortet hatte, dachte er gar nicht mehr daran. Er war gedanklich ganz und gar mit der Firmenübernahme beschäftigt. N war klar, dass Ducky so ein Fehler niemals unterlaufen wäre, aber leider hatte er Ducky am Broadcast Drive gebraucht.

Sobald N die Liste der Namen hatte, war sein Job im Grunde erledigt. Er hatte die Identität aller Opfer in Erfahrung bringen wollen, um sie persönlich zu kontaktieren und den psychologischen Bann zu brechen, mit dem Sze sie belegte. Unabhängig vom Stockholm-Syndrom fehlte es den Mädchen an ausreichend Informationen, um einen Schritt zurück zu treten und das ganze Bild zu erkennen. Manche von ihnen, die als Escorts arbeiteten, glaubten, sich bei der Polizei zu melden, würde sie automatisch ins Gefängnis bringen; andere hatten Angst, von ihren Familien verstoßen zu werden, wenn ihre Aktivitäten ans Licht kamen. N brauchte nichts weiter zu tun, als Szes Lügen zu widerlegen. Er erklärte den Mädchen, dass es in Hongkong kein Gesetz gibt, das Frauen das Angebot sexueller Dienste verbietet, dass jedoch demjenigen, der Prostituierte nötigt, eine Verurteilung wegen Verstoßes gegen die Sittengesetze droht. Weil sie alle minderjährig waren, würde man die Mädchen ausschließlich als Opfer betrachten. Auch wenn ihm bei denen, die Angst hatten, vor Familie, Freunden oder Partnern bloßgestellt zu werden, die Hände gebunden waren, war N zuversichtlich, dass er die meisten dazu überreden konnte, dabei zu helfen, an Sze Chung-Nam Vergeltung zu üben. N besaß großes Talent, in anderen Menschen Rachegelüste zu wecken.

Zum gleichen Zeitpunkt, als Sze Chung-Nams Verbrechen auf der Homepage von GT Net veröffentlicht wurden, erhielten seine sechs Opfer simultan eine anonyme Mail, die besagte, dass Sze schon bald verhaftet würde. N verriet ihnen nichts von der Existenz der anderen Mädchen, schrieb lediglich, er wisse, dass sie bedroht worden seien und nur ein beherzter Schritt nach vorn ihrem Leiden ein Ende machen und Sze ans Messer liefern konnte. Menschen sind egoistische Wesen. Hätten sie gewusst, dass Sze verurteilt werden würde, ob sie nun aussagten oder nicht, hätten diese Mädchen wahrscheinlich beschlossen, zu schweigen. Ihnen einzureden, dass sie sich nur selbst retten konnten, mochte sogar den Schwächsten unter ihnen die nötige Kraft verleihen. N wusste, dass sie alle im Laufe des Tages reagieren würden, und sie daraufhin zu drängen, sich an die nächste Polizeistation zu wenden, wäre sein endgültig letzter Schachzug in dieser Partie.

Als N Nga-Yee vom Parkplatz durch die schmale Gasse zurück in sein heruntergekommenes Mietshaus führte, stieß er einen tiefen Seufzer der Erleichterung aus. Er hatte sich einen Monat lang ausschließlich mit Violet To und Sze Chung-Nam befasst, von dem vielen Ärger, den Nga-Yee ihm bereitet hatte, ganz zu schweigen. Auch wenn er sich zwischendurch immer wieder gefragt hatte, weshalb er sich das alles antat, war es nicht seine Art, auf halber Strecke aufzugeben, und er hatte nie mit dem Gedanken gespielt, einen der beiden Fälle fallen zu lassen. Er wünschte, er wäre Satoshi, das wahre Genie ihres Tandems. Er hätte viel bessere Möglichkeiten gehabt, Szes Telefon zu hacken. N war schon im College Zeuge der Fähigkeiten seines Freunds geworden. Satoshi konnte binnen kürzester Zeit jede Plattform knacken. Er war geschickt wie ein Hirnchirurg – einer, der das Gehirn neu verkabeln konnte. Deshalb war Satoshi nicht nur Szeto Wais Partner, sondern auch sein Mentor. Unter seiner Führung war N zum Hacker geworden.

Gott weiß, wo Satoshi steckt oder was er gerade treibt.

N hatte nicht gelogen, als er in Szeto Wais Gestalt diesen Satz gesagt hatte. Er vermutete, dass Satoshi genau wie er inzwischen von der Welt der Reichen die Nase voll hatte, sich irgendwo in einer großen Stadt in einer winzigen Wohnung eingeigelt hatte und ein Leben in Freiheit führte.

»Lassen Sie die Klamotten einfach liegen«, sagte N, als sie den fünften Stock erreicht hatten. »Die Putzfrau wird sich darum kümmern.«

»Meinen Sie Heung?«

»Ach, ihr kennt euch schon? Ja, sie kommt zweimal die Woche und putzt alle Wohnungen – nur nicht den sechsten Stock.«

Jetzt wurde ihr einiges klar. Nga-Yee hatte sich schon gefragt, warum Ns Schweinestall aussah, als würde nie jemand dort sauber machen, obwohl jeden Mittwoch und Samstag die Putzfrau kam – was für Küche und Bad allein etwas zu viel Aufwand gewesen wäre.

N ging nach oben, und Nga-Yee zog sich wieder um. Sie fragte sich kurz, ob sie geschminkt bleiben sollte, erhaschte ihr Spiegelbild und beschloss, dass das Make-up nicht zu ihren uneleganten Sachen passte. Sie nahm ein Feuchttuch und wischte sich die Schminke aus dem Gesicht.

Eine Viertelstunde später kam N zurück, noch nachlässiger angezogen als Nga-Yee. Er trug wieder T-Shirt und Jogginghose, und seine Haare waren noch feucht – er hatte wahrscheinlich geduscht und keine Lust gehabt, sich zu föhnen, was mit Sicherheit wieder zu dem vertrauten Wuschelkopf führte. Sie gingen nach oben in den sechsten Stock, N holte sich eine Dose Iced Coffee aus dem Kühlschrank und setzte sich an den Schreibtisch.

»Also gut, Miss Au. Lassen Sie uns über die fünfhundert Riesen sprechen, die Sie mir schulden.« Er lehnte sich zurück.

Nga-Yee schluckte und setzte sich sehr aufrecht auf den Stuhl gegenüber.

»Ich würde gerne wissen« – N fing abwesend an, das Durcheinander auf dem Tisch neu zu sortieren –, »ob Sie sich schon Gedanken darüber gemacht haben, wie Sie mir das Geld zurückzahlen wollen.«

»Kann ich es in Raten zahlen? Ich kann Ihnen viertausend im Monat geben, dann hätte ich in zehn Jahren und fünf Monaten fünfhunderttausend zusammen …« Sie hatte bereits gerechnet, und wenn sie ihre Ausgaben auf das Allernötigste beschränkte, würde sie viertausend im Monat gerade eben schaffen.

»Was ist mit Zinsen?«

Nga-Yee erstarrte, aber ihr war klar, dass die Frage berechtigt war. »Äh … wie wäre es mit viertausendfünfhundert pro Monat?«

»Peanuts.« N schürzte die Lippen. »Ich bin keine Bank. Wieso sollte ich Ihnen Ratenzahlung einräumen?«

»Tja … dann schlage ich vor, Sie schneiden mir eine Niere

raus oder sonst ein Organ oder schließen eine Lebensversicherung auf mich ab und arrangieren einen tödlichen Autounfall.« Mit solchen Gedanken schlug Nga-Yee sich schon seit Tagen rum.

»Interessante Ideen, aber ich bin kein Verbrecher. So etwas tue ich nicht.«

»Sie haben gesagt, als Prostituierte wäre ich nicht geeignet …«

»Wissen Sie was? Machen Sie sich keine Sorgen. Geben Sie mir einfach die fünfhundert Riesen, die Sie demnächst bekommen werden.«

Sie sah ihn verständnislos an.

N nahm ein Blatt Papier vom Tisch und reichte es ihr; es handelte sich um die Fotokopie eines Zeitungsartikels. Als Nga-Yee klar wurde, worum es ging, machte ihr Herz einen Satz, und ein lang verdrängter Schmerz bahnte sich seinen Weg an die Oberfläche. HAFENARBEITER BEI STAPLERUNFALL ERTRUNKEN.

Die Schlagzeile hätte ebenso gut eine Nadel sein können, die man ihr mitten ins Auge stach. Der Artikel handelte von ihrem Vater, Au Fai, und war elf Jahre alt.

»Ihre Familie hat damals ihre einzige Einkommensquelle verloren.«

»Ja.« Zitternd erinnerte Nga-Yee sich daran, wie hart das Leben für sie geworden war, und auch, dass ihre Mutter und ihre Schwester damals noch am Leben gewesen waren. »Meine Mutter hat mir erzählt, es hätte formale Schwierigkeiten gegeben und die Versicherung hätte sich geweigert, zu zahlen. Der Chef meines Vaters war großzügig und hat uns wenigstens eine kleine Abfindungssumme bezahlt …«

»Großzügig? Dass ich nicht lache!« N machte ein finsteres Gesicht. »Das Schwein hat Ihre Mutter betrogen.«

Nga-Yee riss den Kopf hoch und starrte ihn überrascht an.

»Ihr Vater arbeitete damals für Yu Hoi Shipping. Sein Chef, Tang Chun-Hoi, war lediglich ein Kleinunternehmer, konnte später jedoch einen großen Regierungsvertrag an Land ziehen, und seine Firma schoss durch die Decke. Er hat letztes Jahr einen Unternehmer-Award erhalten.« N reichte Nga-Yee ein Tablet über den Tisch, das Yu Hois Webseite zeigte. »Seinen Aufstieg verdankte er allein zwielichtigen Taktiken. Nach dem Unfall Ihres Vaters machte er mit dem Sachverständigen der Versicherung gemeinsame Sache, um die Verantwortung für den Unfall Ihrem Vater in die Schuhe zu schieben. Das rettete den Ruf der Firma und ersparte der Versicherung die Auszahlung einer riesigen Summe – die verpflichtet gewesen wäre, das Gehalt Ihres Vaters weitere sechzig Monate auszubezahlen.«

»Gemeinsame Sache?« Nga-Yee fiel die Kinnlade runter.

»Ihre Mutter glaubte mit Sicherheit, der Chef Ihres Vaters würde bei der Versicherung für seinen Angestellten die bestmögliche Auszahlung erwirken. Von wegen! Das sind alles Vampire. Sklaventreiber. Für die sind Arbeiter nur Ersatzteile – wenn sie ausgedient haben, wirft man sie raus.« N hielt inne, dann fuhr er etwas ruhiger fort. »Ihrer Familie hätten siebenhunderttausend Dollar Schmerzensgeld zugestanden. Selbst wenn Sie Ihre Schulden bei mir beglichen haben, bleibt noch ganz schön was für Sie übrig.«

»Steht mir die Auszahlung denn immer noch zu?«

»Natürlich nicht. Der Unfall liegt mehr als zehn Jahre zurück, und sämtliche Beweise sind längst verschwunden.« N grinste verschlagen. »Ich möchte, dass Sie mir dabei helfen, diesen Mr Tang zur Strecke zu bringen.«

»Was?«

»Ich verschaffe Ihnen die Gelegenheit zur Vergeltung, nichts weiter. Sie können mit eigenen Händen für das Unglück Ihrer Familie Rache üben. Klingt das nicht toll? Tang Chun-Hoi hat unzählige Arbeiter ausgebeutet, hat ihnen und ihren Familien ein würdevolles Leben verwehrt, sich an dem Geld, das ihnen zugestanden hätte, bereichert und gemästet. Mir ist zu Ohren gekommen, dass er Beamte bestechen will, um noch weiter aufzusteigen. Finden Sie nicht, dass es an der Zeit ist, ihn ein bisschen leiden zu lassen?«

Auf der Website von Yu Hoi war ein Bild von Mr Tang zu sehen. Trotz des teuren Anzugs wirkte er vulgär und sein Lächeln aufgesetzt. Das Bild stank nach Geld.

»Was … was haben Sie vor?«

»Ich habe noch keinen konkreten Plan. Er hat viele Familien ins Unglück gestürzt, und gemäß dem Gesetz von Auge um Auge sollte jetzt vielleicht zur Abwechslung ein bisschen Unglück über seine Familie kommen.« N grinste. »Ist dieser Fall für Sie von Interesse? Schlussendlich hat eine einzige Tat von Mr Tang Sie der gesamten Familie beraubt. Es ist nur logisch, dass er dafür bezahlen muss, finden Sie nicht?«

Ns Worte schürten eine solche Rage in ihr, dass Nga-Yee fast blindlings Ja gesagt hätte – doch sie bremste sich, denn das Gefühl war ihr nur allzu vertraut.

Wutentbrannt über den Mann von der Wohnungsbehörde hatte sie beschlossen, kidkit727 auf Gedeih und Verderb zur Strecke zu bringen. Das Gefühl jetzt war genau dasselbe – ihr Gehirn kochte.

Genau wie damals, als N sie dazu überredet hatte, sich an Violet zu rächen, verstand sie den Grund für ihre Wut und fühlte sich im Recht, Vergeltung zu üben. Doch nach allem, was sie in den letzten Tagen durchgemacht hatte, wurde ihr langsam etwas anderes klar. Es gab keinen Grund, Ns Angebot auszuschlagen – ihre finanziellen Probleme wären auf einen Schlag gelöst, und sie würde in gewissem Maße Gerechtigkeit für ihre toten Eltern herstellen. Doch tief in sich wusste sie, dass sie mit einem Ja zu Ns Angebot mehr verlieren als gewinnen würde.

Nga-Yee dachte an ihre Mutter – die lieber ein hartes Leben voller Schinderei gelebt hatte, als vom Staat abhängig zu sein.

»Nein. Ich will das nicht«, murmelte sie.

»Sind Sie sicher, Miss Au?« N sah sie überrascht an. »Falls Sie Angst haben, sich damit in Gefahr zu bringen, kann ich Ihnen versichern, dass ich eine Amateurin wie Sie auf keinen Fall mit wichtigen Details betrauen werde.«

»Nein. Darum geht es nicht.« Jetzt, wo Nga-Yee wusste, was in ihrem Herzen vor sich ging, konnte sie N problemlos in die

Augen sehen. »Ich will diesen Teufelskreis aus Rache nicht mehr weiterführen. Auch wenn ich Mr Tang das, was er getan hat, nicht verzeihen kann, weiß ich, dass ich, wenn ich jetzt zustimme, nur immer weiter auf diesem Pfad bleiben werde. Ich will mich nicht verlieren. Ich muss mir selbst treu bleiben. Mir ist egal, was Sie mit dem Schwein vorhaben, aber ich werde mich nicht daran beteiligen.«

N kniff die Augen zusammen und sah sie lange und gründlich an.

»Tja, Miss Au. Was Sie betrifft, das ist der einfachste Job, den Sie je kriegen werden.« Seine Stimme war eiskalt, und Nga-Yee musste an den Tonfall denken, mit dem er die Gangster bedroht hatte. »Ein so zartes Pflänzchen wie Sie wäre etwas anderem niemals gewachsen.«

Er wirkte so einschüchternd, das Nga-Yee beinahe eingeknickt wäre, doch plötzlich spürte sie die Präsenz ihrer Mutter. Damals, im Cityview Hotel, hatte sie sich von ihrem Hass mitreißen lassen und sich für den Pfad der Rache entschieden, ohne darüber nachzudenken, welchen Preis sie dafür bezahlen müsste. Diesmal würde sie Verantwortung für ihre Entscheidung übernehmen.

»Sie täuschen sich. Geben Sie mir eine Chance, dann werden Sie sehen, dass ich durchaus in der Lage bin, etwas zu schaffen.«

Auch mit dieser Antwort hatte N nicht gerechnet. Er hatte es schon mit den fiesesten Charakteren zu tun gehabt, aber diese Klientin entwickelte sich in Windeseile zur schwierigsten von allen. Nga-Yee wäre ihm zwar im Fall Tang Chun-Hoi keine große Hilfe gewesen, aber er war mindestens so dickköpfig wie sie, und ohne die Einwilligung des Opfers würde er gar nichts unternehmen. Würde er sich auf eigene Faust zu einem solchen Vergeltungsfall entschließen, wäre er nur ein x-beliebiger Wichtigtuer. N starrte Nga-Yee finster an und trommelte mit den Fingern einen Rhythmus auf die Tischplatte, während er sich fragte, ob er weiter versuchen sollte, sie zu überreden, oder lieber aufgeben.

»Wenn Sie nicht mit mir zusammenarbeiten«, sagte er schließlich, »wird Ihnen wohl nichts anderes übrig bleiben, als sich zu verkaufen.«

»Sieht so aus«, sagte Nga-Yee betrübt und holte tief Luft.

»Wollen Sie sich selbst bestrafen? Denken Sie, weil Sie Ihre Schwester im Stich gelassen haben, müssten Sie jetzt …«

»Nein. Das tue ich für mich. Ich will nicht zu einem Menschen werden, den ich selbst verabscheue. Außerdem haben Sie selbst mir gesagt, ich soll Siu-Man nicht als Ausrede für meine Handlungen missbrauchen.«

N kratzte sich am Kopf. Es kam nicht oft vor, dass jemand in der Lage war, seine eigenen Aussagen gegen ihn zu verwenden.

»Schön. Wie ich sehe, haben Sie sich entschieden.« Er lehnte sich zurück.

Nga-Yee seufzte tief und wappnete sich für das, was kommen würde.

N griff in die Schublade, nahm einen kleinen Gegenstand heraus und warf ihn ihr zu. Sie hatte nicht damit gerechnet und hätte ihn beinahe fallen gelassen. Sie hielt einen Schlüssel in der Hand.

»Von nächster Woche an machen Sie jeden Morgen diese Wohnung sauber. Außerdem putzen Sie zweimal pro Woche das Bad und leeren die Mülleimer. Auch an Sonn- und Feiertagen.«

»Wie bitte?« Nga-Yee sah ihn verständnislos an.

»Das waren doch ganz einfache Anweisungen. Muss ich das wirklich noch einmal wiederholen? Von nächster Woche an …«

»Nein. Ich meinte … wollen Sie mich für Sie putzen lassen?«

»Dachten Sie etwa, ich schicke Sie auf die Straße? Sie sind platt wie ein Brett.« Er sah sie scharf an. »Heung verwechselt ständig Müll mit Sachen, die ich noch brauche – deshalb lasse ich sie hier nicht rein. Sie bekommen eine Chance. Wenn ich mit Ihrer Arbeit nicht zufrieden bin, ziehe ich in Erwägung, Sie an einen Nachtclub auszuleihen. Zum Toilettenputzen.«

Seine Beleidigungen waren ihr egal – trotzdem war dies eine unerwartete Wendung.

»Und kommen Sie mir ja nicht mit Arbeitsrecht oder Mindestlohn. An solche Sachen glaube ich nicht«, fuhr N fort. »Ich zahle Ihnen zweitausend pro Monat, das ist in etwa halb so viel, wie eine reguläre Putzfrau bekommen würde. Sie brauchen also ungefähr zwanzig Jahre, um die fünfhunderttausend abzubezahlen. Und wenn ich beschließe, dass ich Sie für einen Fall brauche, haben Sie mir zur Verfügung zu stehen.«

»Zwanzig Jahre?«, fragte Nga-Yee erschrocken.

»Nicht zufrieden?«

»Doch, doch, ist schon okay.« Eigentlich mochte Nga-Yee Hausarbeit, und einen Singlehaushalt in Ordnung zu halten, sollte nicht allzu schwer sein. »Jeden Morgen, haben Sie gesagt. Wollen Sie, dass ich vor der Arbeit herkomme?«

»Korrekt.«

»Kann ich ab und zu auch abends kommen? Wenn ich Frühschicht habe, sind die Öffentlichen manchmal …«

»Hier wird nicht geschachert«, blaffte er. »Ich bin eine Nachteule. Ich arbeite lange. Ich habe keine Lust darauf, dass Sie mir in die Quere kommen.«

»Verstanden.« Es hatte keinen Sinn, weiter verhandeln zu wollen. Sie sah sich genauer um und überlegte, wie lange sie wohl jeden Tag brauchen würde, um hier sauber zu machen, und wie viel früher sie deshalb künftig von zu Hause losmusste. Sie dachte daran, wie lange sie beim letzten Mal gebraucht hatte, als sie hier aufräumte, und verzog das Gesicht. Wenn es hart auf hart kam, musste sie schon los, ehe überhaupt eine U-Bahn fuhr. Wie sollte sie das schaffen, wenn sie pünktlich in der Bibliothek sein wollte?

»Schön. Wie Sie wollen.« N beugte sich wieder über die Schublade und warf ihr den nächsten Schlüssel zu.

»Wofür ist der?«

»Für die Wohnung im vierten Stock. Der dritte und vierte stehen leer, Sie können ebenso gut einziehen. So müssen Sie sich keine Sorgen machen, zu spät zur Arbeit zu kommen.« N schürzte genervt die Lippen, als wäre sie ihm unerträglich. »Die Fahrt aus Yuen Long oder Tin Shui Wai würde anderthalb

Stunden dauern. Am Ende wären Sie so erledigt, dass Sie versehentlich was Wichtiges wegwerfen, und dann hätte ich nur noch mehr Ärger.«

»Aus Yuen Long? Aber ich … Oh!«

Jetzt fiel es ihr wieder ein. Heute war der Tag, an dem die Wohnungsbehörde sie über die neue Wohnung informieren wollte, die man ihr zugewiesen hatte – im Tin Yuet Estate in Tin Shui Wai.

»Aber die Miete …«

»Ach, bitte! Die Wohnungen in dieser Gegend kosten mehr als zehn Riesen im Monat. Würde ich Miete verlangen, müssten Sie bis ins nächste Leben arbeiten, um Ihre Schulden abzuzahlen. Was nicht geht, darüber spricht man gar nicht erst.«

Nga-Yee hatte keine Ahnung, ob seine Schroffheit Fassade war, oder ob er sich wirklich nur dafür interessierte, dass seine Wohnung endlich richtig sauber gemacht wurde. Wie dem auch sei. Bald musste sie endgültig aus ihrer Wohnung in Wun Wah House raus und ein neues Leben anfangen. Sie betrachtete die Schlüssel in ihrer Hand eine Weile, dann nickte sie. Sie würde auf seine Bedingungen eingehen.

»Gut. Das wäre erledigt. Schön. Sie können gehen. Ich habe zu tun.« Damit wandte N sich ab und schaltete den Computer ein.

»Moment. Ich hätte da noch eine Frage …«

»Was denn jetzt schon wieder?«

»Wird Sze Chung-Nam der Polizei gestehen, dass er Siu-Man belästigt hat?«

»Er ist schließlich kein Idiot. Natürlich wird er das nicht tun.«

»Dann hält Shiu Tak-Ping also weiter den Kopf für ihn hin.«

»Korrekt.«

»Wir kennen als Einzige die Wahrheit. Finden Sie nicht, dass wir es ihm schuldig sind, was zu sagen?«

»Ich weiß, dass Sie das für einen Akt der Güte halten, Miss Au, dabei ist es idiotisch.« N sah sie herablassend an. »Wäre Shiu Tak-Ping sich treu geblieben, würde ich darüber nachdenken, ihm zu helfen. Aber er hat sich entschieden, zu tun, was seiner Meinung nach das Beste für ihn ist, und auf ›schuldig‹ plädiert. Solche Leute haben keine Hilfe verdient.« N nahm einen Schluck aus der Dose. »Hätte Shiu Tak-Ping sich nicht auf den Deal eingelassen, wäre er vielleicht nicht verurteilt worden und Violet hätte nie Gelegenheit gehabt, den Fake-Post zu veröffentlichen und damit für so viel Wirbel zu sorgen. Wollen Sie ihm tatsächlich helfen?«

So hatte Nga-Yee die Sache noch gar nicht gesehen.

»Hm … und wir hätten nie rausgefunden, dass Siu-Man ihn zu Unrecht beschuldigt hat.«

»Vergessen Sie's«, sagte N höhnisch. »Selbst wenn Sze Chung-Nam gestehen und damit beweisen würde, dass Ihre Schwester den falschen Mann nicht mit Absicht beschuldigt hat, die Meute im Netz würde trotzdem wieder über sie herfallen, weil sie einen Unschuldigen ins Gefängnis gebracht hat.«

»Moment mal – nein! Siu-Man hat vor Gericht nicht mal ausgesagt. Außerdem hat nicht sie mit dem Finger auf …«

»Glauben Sie, das interessiert den Mob im Netz? Sobald irgendwo was Schlimmes passiert, beginnt augenblicklich die Suche nach einem Schuldigen.«

»Sind die Menschen im Internet wirklich so unvernünftig?« Nga-Yee runzelte die Stirn. Sie verstand das nicht.

»Nicht nur die Menschen im Internet – Menschen. Punkt.« N schüttelte den Kopf. »Das Internet ist ein Werkzeug. Es kann jemanden weder gut noch böse machen, genau wie ein Messer keinen Mord verüben kann. Es ist derjenige, der das Messer führt – vielleicht auch der böse Gedanke, der denjenigen mit dem Messer zu seiner Tat treibt. Man zeigt mit dem Finger auf die Menschen im Netz, um der Wahrheit nicht ins Gesicht sehen zu müssen. Niemand will sich die Selbstsucht und die Gier eingestehen, die in der menschlichen Natur verborgen liegen. Man wird immer etwas finden, das sich zum Sündenbock eignet.«

Nga-Yee sah ein, dass er recht hatte.

»Im Augenblick ist das Internet das Rückgrat der Gesellschaft«, fuhr er fort. »Ohne können wir nicht mehr leben. Aber es gibt auch genügend, die das Rad gern zurückdrehen würden. Wer den Blick auf die positiven Seiten lenkt, rühmt das Netz und spricht von den großen Fortschritten, die die Zivilisation gemacht hat; wer sich auf die negativen Aspekte konzentriert, verurteilt das Netz für die Schäden, die es anrichtet, und versucht, es zu beschränken. Die Menschen halten sich für unglaublich progressiv – aber in Wirklichkeit sind diese Ideologien im Grunde genau dieselben wie vor ein-, zweihundert Jahren. Das Problem ist nicht das Internet, das Problem sind wir. Sie haben vorhin einen Teil der Präsentation gesehen und wissen vermutlich, womit sich Sze Chung-Nams Firma beschäftigt?«

»Sie betreibt eine Website, so was wie Popcorn? Und sie wollen – wie war das gleich wieder? – die traditionellen Medien verändern …«

»Der Name der Website lautet GT Net – sie ist sowohl Chat-Plattform als auch Nachrichtenbörse. In einer aufgeklärten, mündigen Gesellschaft könnte eine Seite wie diese durchaus die Rolle der traditionellen Medien übernehmen und als Werkzeug des Guten wirken. Aber so, wie die Dinge liegen, ist es ein fürchterliches Konzept – es gibt lediglich den finstersten Seiten der Menschen Raum und erlaubt ihnen die Verbreitung von haltlosen Gerüchten und widerlichem Klatsch. Außerdem ist ein durchschnittlicher Mensch überhaupt nicht in der Lage, die Fülle an Informationen im digitalen Zeitalter zu verarbeiten. Vor vielen Jahren prägte der amerikanische Schriftsteller David Shenk den Begriff ›Datensmog‹, um dieses Phänomen zu beschreiben. Die Daten, die uns eigentlich helfen sollten, in diesem dichten Nebel die Wahrheit zu finden, werden zur mentalen Droge, die uns im Stadium der Dummheit gefangen hält. Erinnern Sie sich an den Anschlag auf den Boston-Marathon?«

Nga-Yee nickte. Sie hatte es damals in den Nachrichten gesehen.

»Unmittelbar nach dem Anschlag gab es in den sozialen Medien eine riesige Kooperation zum Aufspüren von Beweisen. Die

Hoffnung war, den Täter mittels Bildmaterials vom Tatort zu bestimmen und der Polizei bei ihren Ermittlungen zu helfen.« N hielt kurz inne. »Das Problem dabei ist, dass Fehler in solchen Situationen ernsthafte Konsequenzen haben. Ein User spürte einen Collegestudenten auf, Sunil Tripathi, der aussah wie der Mann auf den Videos und einen Monat vor den Anschlägen als vermisst gemeldet worden war. Er wurde im Netz sofort zum Haupttatverdächtigen. Während eines Schusswechsels der Polizei mit den Tätern hörten Netzbürger den Polizeifunk ab und behaupteten, sie könnten beweisen, dass Tripathi der Attentäter sei. Selbst Mainstream-Medien begannen, diese Aussage als Tatsache zu behandeln. Erst am nächsten Tag wurde diese Falschinformation richtiggestellt. Eine Woche später wurde Tripathis Leiche entdeckt; die Obduktion ergab, dass Tripathi zum Zeitpunkt des Anschlags bereits tot gewesen war. Ehe die Identität der wahren Täter enthüllt wurde, ging Tripathis Familie durch die Hölle. Sie machten bereits schreckliches Leid durch, weil sie nicht wussten, ob er tot oder noch am Leben war, und wurden jetzt auch noch auf der Grundlage haltloser Gerüchte angegriffen. In diesem Fall war nicht das Internet das Problem, auch wenn sich die Falschinformation darüber verbreitete, und auch nicht die benutzten Websites, sondern menschliche Dummheit. Wir verlassen uns auf der Suche nach Wahrheit blindlings auf unzuverlässige Quellen, verbreiten unter dem Deckmantel des ›Teilens‹ Unwahrheiten und erschaffen so eine Katastrophe, die sich nicht mehr ungeschehen machen lässt.«

Nga-Yee war klar, dass es überall auf der Welt Unschuldige gab, die im Internet verleumdet worden waren, doch bei diesem konkreten Beispiel zog sich ihr Herz zusammen. Nach allem, was Siu-Man geschehen war, konnte sie nachempfinden, wie die Familie des Studenten gelitten haben musste.

»Das Internet ist ein großartiger Ort, um Wissen zu teilen und Kommunikation zu vermehren.« N seufzte. »Aber leider liegt es in der Natur des Menschen, lieber seine eigene Meinung in die Welt zu posaunen, als sich darum zu bemühen, andere zu verstehen. Wir reden immer zu viel und hören zu wenig zu.

Deshalb ist die Welt so laut. Erst wenn wir das verstanden haben, werden wir endlich Fortschritt erleben. Erst dann wird die Menschheit bereit sein, das Internet tatsächlich als Werkzeug zu gebrauchen.«

Normalerweise betrachtete Nga-Yee alles, was N sagte, als verdrehte Logik, aber hier stimmte sie ihm tatsächlich ohne Vorbehalte zu.

»Gibt es immer noch Fragen? Falls nicht, hauen Sie ab nach Hause und stehen Sie mir nicht länger im Weg rum.« Ns Ungeduld war wieder da.

»Eine Frage noch. Die letzte.« Nga-Yee hatte darüber gerätselt, seit N ihr auf der Rückfahrt von Sze Chung-Nam erzählt hatte. »Warum haben Sie sich die Aufzeichnungen der Überwachungskameras von dem Tag, an dem Siu-Man belästigt wurde, überhaupt angesehen? Haben Sie wirklich von Anfang an gewusst, dass der echte Täter frei rumlief?«

»Korrekt. Habe ich.«

»Woher?«

»Sind Sie mit den Kategorien von Sexualstraftätern vertraut, die es auf minderjährige Opfer abgesehen haben?«

Nga-Yee schüttelte den Kopf.

»Im Grunde gibt es zwei Typen: die Pädophilen, die sich ausschließlich zu Kindern hingezogen fühlen, und die, die willkürlich agieren und es auf jedes Alter abgesehen haben, egal ob jung oder alt. Beide lassen sich weiter unterteilen in Introvertierte und Sadisten. Die Introvertierten handeln passiv – ihre Taten sind opportunistisch, normalerweise Exhibitionismus oder Belästigung. Die Sadisten dagegen handeln aktiv – ihr Ziel ist es, ihren Opfern Schmerz zuzufügen und Angst einzujagen. Daraus ziehen sie ihre Befriedigung. Sie sind es auch, die Geld oder andere Dinge benutzen, um Kinder in die Fänge zu bekommen, aber das spielt in diesem Fall keine Rolle, und ich spare mir die Details.«

»Okay, jetzt kenne ich die Kategorien. Und weiter?«

»Beide Typen, die Introvertierten und die Sadisten, könnten jemanden in der U-Bahn belästigen. Erstere tun es zu ihrer eigenen Befriedigung, Letztere, um ihr Opfer zu terrorisieren. In einer Situation wie dieser würde keiner von beiden sich ein Opfer suchen, das aussieht, als würde es sich womöglich wehren. Bei Introvertierten kommt das sowieso nicht infrage, während Sadisten darauf stehen, wenn ihre Opfer sich wehren, aber nicht in öffentlichen Verkehrsmitteln – es würde zu viel Aufmerksamkeit erregen. Das Ziel des Sadisten ist es, sein Opfer zu isolieren und sich ganz nach Belieben an ihm zu weiden, so wie Sze Chung-Nam, indem er mit den Mädchen ins Hotel ging. Es liegt also auf der Hand, dass Shiu Tak-Ping so eine Tat nicht begehen würde.«

»Warum? Siu-Man wagte es nicht, etwas zu sagen, als sie genötigt wurde. Sie hat sich nicht gewehrt.«

»Aber davon konnte Shiu Tak-Ping nicht ausgehen, denn er hatte sich zuvor mit Ihrer Schwester in dem Kiosk lautstark gestritten. Bei seiner Verhaftung gab er sofort zu Protokoll, sie würde ihn zu Unrecht beschuldigen, weil sie im Bahnhof Yau Ma Tei eine Auseinandersetzung gehabt hätten. Diese Aussage wurde von dem Verkäufer bestätigt. Kein Perverser wäre so dumm, sich ein Opfer zu suchen, mit dem er bereits eine Auseinandersetzung hatte, und schon gar nicht eines, das ihm gezeigt hatte, dass es keine Angst vor ihm hatte. Zieht man das in Betracht, ist es sehr wahrscheinlich, dass Shiu Tak-Ping vollkommen unschuldig war – und wahrscheinlich waren deshalb so viele Menschen der Meinung, dass Ihre Schwester ihn zu Unrecht beschuldigt hatte. Ihre Analyse mag nicht ganz so detailliert gewesen sein, aber ihr Bauchgefühl sagte ihnen, dass niemand so blöd sein würde.«

»Dann waren Sie also von Anfang an der Meinung, dass Siu-Man gelogen hatte?«, fragte Nga-Yee leicht schockiert.

»Nein, denn wenn man es von der anderen Seite betrachtet, gingen auch die Chancen, dass Ihre Schwester ihm etwas unterschob, das nicht passiert war, gegen null.« N schüttelte den Kopf. »Wenn Shiu Tak-Ping recht gehabt hätte und sie es tatsächlich darauf angelegt hätte, ihm eins auszuwischen, hätte sie selbst Alarm geschlagen, nicht die ältere Frau. Es wäre viel einfacher gewesen, ihn am Arm zu packen und zu schreien. Zieht man sämtliche Indizien in Betracht, liegt es sehr nahe, dass Ihre Schwester tatsächlich sexuell belästigt wurde, und auch, dass Shiu Tak-Ping nichts damit zu tun hatte. Das lässt nur einen einzigen Schluss zu …«

»Dass der wahre Täter davongekommen war«, beendete Nga-Yee den Satz.

»Die User, die Ihrer Schwester in ihren Posts vorwarfen, zu lügen, hatten keine Ahnung, wie sehr sie manipuliert worden waren. Kidkit727 verrichtete im Hintergrund harte Arbeit – nicht um Shiu Tak-Pings Namen reinzuwaschen, sondern aus anderen Gründen. Als Shiu Tak-Ping sich zu dem Deal entschloss, auf ›schuldig‹ zu plädieren, ergaben sich dadurch für kidkit727 ganz neue Möglichkeiten. Während der Wiederholungstäter Sze Chung-Nam ungeschoren davonkam.« N grinste. »Erinnern Sie sich daran, was ich am Anfang zu Ihnen sagte? Ich habe Ihren Fall nur angenommen, weil er sich als interessanter erwies, als ich dachte.«

ZEHNTES KAPITEL

Christopher Song hatte gerade Kaffee gekocht, als er merkte, dass Violet verschlafen hinter ihm stand, das Kopfkissen an die Brust gedrückt.

»Entschuldigung. Hab ich dich geweckt?«

Violet schüttelte stumm den Kopf und setzte sich an den Tisch. Christopher hatte am Abend zwar gesagt, sie solle ausschlafen, trotzdem war sie die letzten drei Tage morgens aufgestanden, ehe er zur Arbeit musste, und hatte still danebengesessen, während er seinen Kaffee trank und dann zur Tür rausging. Ihm war klar, weshalb sie das tat: Sie hatte schreckliche Angst, aufzuwachen und plötzlich wieder in der schicken Wohnung am Broadcast Drive zu sein, allein, und nicht in diesem schäbigen Zwanzig-Quadratmeter-Apartment in Cheung Sha Wan.

Es war noch nicht einmal eine Woche her, seit Christopher in die Wohnung der Tos gestürmt war, doch ihr Leben hatte sich schneller verändert, als er es jemals für möglich gehalten hätte. Es war zwar noch ein bisschen zu früh für ein Urteil, aber er glaubte, dass es sich womöglich zum Guten gewandelt hatte.

Als der Wachmann an dem Abend die Polizei gerufen hatte, hatte Christopher sich ein Herz gefasst und beschlossen, das Versprechen, das er seiner Schwester gegeben hatte, einzulösen: Er würde sie aus dieser schrecklichen Umgebung rausholen. Er hatte dem Beamten gesagt, Violets Mutter sei vor Jahren verschwunden und hätte Violet bei ihrem Stiefvater zurückgelassen, zu dem keinerlei Blutsverwandtschaft bestand. Er hätte sie zwar nicht misshandelt, jedoch der Arbeit wegen oft über Tage allein gelassen, was eindeutig ein Fall von Vernachlässigung einer Minderjährigen sei.

Es wurde unverzüglich ein Jugendrichter eingeschaltet, und schnell wurde klar, dass Christopher die Wahrheit sagte. Die Einwanderungsbehörde bestätigte, dass ihre Mutter Hongkong vor Jahren verlassen hatte und nie zurückgekehrt war, Rosalie sagte aus, dass Violet vor einem Jahr versucht hatte, sich die Pulsadern aufzuschneiden, und Mr To seine Tochter daran gehindert hatte, ärztliche Hilfe zu holen. Das reichte aus, um Mr To das Sorgerecht zu entziehen. In Übereinstimmung mit Violets Wünschen wurde sie in die Obhut ihres Bruders gegeben. Der Richter kam schnell zu dieser Entscheidung, nicht nur aufgrund der Aussagen von Christopher und Rosalie, sondern vor allem wegen der noch immer sichtbaren Narben auf Violets Handgelenken und der Tatsache, dass sie eindeutig kurz vor einem Nervenzusammenbruch stand. Es war offensichtlich, dass das Leben mit ihrem Stiefvater nicht gut für sie war.

An jenem Abend war Christopher zwar klar geworden, dass seine Schwester sich umbringen wollte, aber er hatte keine Ahnung, was sie dazu getrieben hatte. Violet sagte, sie wüsste, dass er in Schwierigkeiten steckte und es nur eine Möglichkeit gäbe, ihm da wieder rauszuhelfen: wenn sie sich aus dieser Welt verabschiedete. Es machte ihn traurig, sie so reden zu hören. In welch schrecklichem Zustand musste sie sich befunden haben! Er war nur froh, dass er rechtzeitig erschienen war, um eine Katastrophe zu verhindern.

Mr To hatte seine Geschäftsreise vorzeitig abgebrochen und war umgehend nach Hongkong zurückgekehrt, um vor Gericht Widerspruch einzulegen. Irgendwann in naher Zukunft würde Christopher sich mit einer Attacke von Mr Tos Anwälten auseinandersetzen müssen, die versuchen würden zu beweisen, dass Christopher sich für Violet erst recht nicht zum Vormund eignete. Das machte ihm nichts. Er wusste, dass er mit allem, was sie ihm entgegenschleuderten, fertigwerden würde.

Er hatte seiner Schwester versprochen, sie glücklich zu machen.

Ihm war schon letzten Sommer, nur zwei Monate nachdem sie sich die Pulsadern aufgeschnitten hatte, klar geworden, dass sie ihre Selbstmordgedanken nicht aufgegeben hatte. Eines Abends schlich sie sich aus dem Haus und traf sich mit ihm in dem kleinen Park zwischen Broadcast Drive und Junction

Road. Er fand sie in einem Zustand irgendwo zwischen Angst und Verzweiflung vor, obwohl noch Ferien waren und sie nicht zur Schule musste.

»Violet, versprich mir, dass du keinen Blödsinn machst«, hatte er gesagt. »Willst du wegen den Idioten an deiner Schule wirklich dein Leben wegwerfen?«

»Ich … ich bin … nein, will ich nicht, aber … ich kann nicht mehr …«, hatte sie geschluchzt.

»Ich bin immer für dich da, Violet. Ich unterstütze dich.« Er nahm ihre eiskalten Hände. »Wir leben in einer kaputten Gesellschaft, wo die Schwachen gedemütigt und ausgebeutet werden. Das heißt für uns, wir müssen einfach weitermachen, bis wir es diesen Arschlöchern irgendwann heimzahlen können und sie alles erleiden lassen, was wir durchmachen mussten.«

»Aber ich weiß doch nicht mal, wer sich in den Verbindungsschüler-Account gehackt und den Angriff auf mich gepostet hat …«

»Ich werde einen Weg finden, Vergeltung für dich zu üben. Wer auch immer das war, das Schwein wird bekommen, was es verdient hat. Violet, bitte versprich mir, dass du es nicht wieder versuchst.«

Das war letztes Jahr am 27. Juli gewesen.

Von dem Tag an hatte Christopher gewusst, dass er seine Schwester retten musste, selbst wenn das hieß, dass er selbst zu jemandem werden musste, den er verabscheute.

Trotzdem bedauerte er, dass er keine bessere Möglichkeit gefunden hatte, sie zu überzeugen. Nach Siu-Mans Selbstmord war Violets psychischer Zustand noch labiler geworden. Er konnte, um sie zu beruhigen, nur wieder und wieder betonen, dass Violet am Tod des Mädchens keine Schuld trug.

»Im Kühlschrank sind noch Reste von gestern. Das wärmst du dir zu Mittag einfach in der Mikrowelle auf«, sagte er jetzt und zog sich im Flur die Schuhe an. »Es tut mir leid, dass ich nicht mehr verdiene. Ich würde dir gern was Anständiges zu essen besorgen.«

»Nein. Das ist schon in Ordnung«, sagte Violet und biss sich auf die Lippe.

Christopher verabschiedete sich und machte sich auf den Weg zur U-Bahn-Station. Er fand in dem überfüllten Zug einen Platz an der Tür und scrollte sich gedankenverloren durch die neuesten Nachrichten, die Aktentasche in der einen Hand, das Handy in der anderen. Ob er für seine Schwester einen Schulwechsel arrangieren sollte? Wäre es besser, wenn sie ihren Nachnamen in Song zurückändern würde? Sollte er sich hinter dem Rücken seines Chefs einen Nebenjob suchen, um sich eine etwas größere Wohnung leisten zu können? Diese Fragen schwirrten ihm bereits seit Tagen im Kopf herum.

»Was?«

Er hatte im Vorbeiscrollen ein bekanntes Gesicht entdeckt. Der Bericht handelte von einem Skandal, in dem der Beschuldigte minderjährige Mädchen zu sexuellen Handlungen gezwungen hatte, indem er damit drohte, Nacktfotos von ihnen zu veröffentlichen. Christopher meinte, dem Gesicht schon einmal in irgendeinem IT-Forum begegnet zu sein. Er machte sich trotzdem nicht die Mühe, den Artikel ganz zu lesen, überflog ihn nur flüchtig und scrollte weiter zum nächsten Beitrag.

Kurz kreuzte ein Gedanke sein Bewusstsein. Sollten die Wahnvorstellungen seiner Schwester tatsächlich stimmen und jemand hatte herausgefunden, wie er die öffentliche Meinung im Netz angeheizt hatte, bis das Mädchen sich schließlich das Leben nahm, würde sein Gesicht bestimmt auch bald in der News-Sektion zu bewundern sein.

Falls der Tag tatsächlich kam, würde er nicht davonrennen. Er wusste, dass der Tod von Au Siu-Man auf seine Kappe ging.

Ihm war es genug, wenn seine Schwester weiterleben konnte. Für sie würde er ohne ein Wort der Klage freiwillig zur Hölle fahren.

Diese Schuld würde er allein tragen, dachte er, bis zu seinem letzten Tag.

EPILOG

»Wo sollen die hin, Nga-Yee?« Wendy hielt ein paar Tassen in die Höhe.

»In den Schrank neben dem Kühlschrank, bitte.«

Am Sonntag, den 12. Juli, half Wendy Nga-Yee beim Umzug. Sie konnte sich keine Möbelpacker leisten, dank N, der ihr sämtliche Ersparnisse abgeknöpft hatte, und gerade als sie sich fragte, wie um alles in der Welt sie den Umzug bewerkstelligen sollte, hatte Wendy spontan ihre Hilfe angeboten – sie hatte zufällig mitbekommen, wie Nga-Yee ihrer Vorgesetzten die neue Adresse mitteilte. Nga-Yee überlegte, das Angebot abzulehnen, aber sie hatte sonst niemanden. Außerdem hatte sie von Wendy inzwischen so viele Gefallen angenommen, dass es auf einen mehr auch nicht mehr ankam.

»Wow, Miss Au, ich hätte nicht gedacht, dass er Ihnen eine seiner Wohnungen geben würde.«

Das war Mr Mok, der mitgekommen war, um den Laster zu fahren.

»Von wem sprichst du, Onkel?«, fragte Wendy.

»Von Miss Aus neuem Vermieter. Komischer Kauz.« Mr Mok lachte.

Wendy war offenbar mit der Antwort zufrieden und hakte nicht weiter nach. Nga-Yee wunderte sich über ihr mangelndes Wahrnehmungsvermögen – alles an dieser Situation war geeignet, sämtliche Alarmglocken zum Schrillen zu bringen, aber Wendy begnügte sich offensichtlich mit der Annahme, dass ihr Onkel Nga-Yee im Zusammenhang mit ihrem Fall irgendwie zu einer neuen Wohnung verholfen hatte.

Mr Mok half noch, die vielen Umzugskartons in den vierten Stock hinaufzutragen, dann musste er los und überließ das Auspacken Wendy und Nga-Yee. Wendy war sprachlos, was die Wohnung betraf – ein heruntergekommenes Wohnhaus von außen, und innen ein ordentliches, gepflegtes Apartment. Nga-

Yee war vor ein paar Tagen genauso überrascht gewesen, als sie die Wohnung zum ersten Mal betreten hatte. Offensichtlich war die Wohnung unbewohnt – die Möbel waren mit weißen Tüchern abgedeckt –, trotzdem waren Böden und Bad makellos sauber. Alles an Möbeln und Gerätschaften, die sie brauchte, war bereits vorhanden, und sie musste aus ihrer alten Wohnung nichts davon mitbringen. Was sie besaß, ließ sich nicht mehr verkaufen, und sie verschenkte alles an ihre Nachbarn.

Sie würde Wun Wah House vermissen, aber ihr war klar, dass dies eine gute Gelegenheit war, ein neues Leben zu beginnen. Sie hatte in der Zeitung gelesen, dass sich viele junge Frauen gemeldet hatten, nachdem Sze Chung-Nam verhaftet worden war, und er einer harten Strafe entgegensah. Doch sie verfolgte den Fall nicht weiter. Es war besser, die Vergangenheit ruhen zu lassen und nach vorne zu sehen. Sie musste weiter ein gutes Leben führen, das schuldete sie ihren Eltern und ihrer Schwester.

»Der letzte Mieter muss sehr ordentlich gewesen sein!« Wendy inspizierte die Küche. »Du hast das große Los gezogen, Nga-Yee. Okay, es gibt keinen Lift, aber eine Wohnung so nah am Stadtzentrum zu finden, ist einfach unglaublich.«

Nga-Yee lächelte, sagte aber nichts. Sie hatte keine Lust, zu erklären, dass es keinen Vormieter gab. Als sie am vorherigen Morgen schon ein paar Sachen in die neue Wohnung gebracht hatte, war sie Heung über den Weg gelaufen.

»Oh, Morgen, Miss Au«, hatte Heung gesagt. Sie trat gerade aus dem Treppenhaus auf die Straße, genau wie bei ihrer ersten Begegnung.

»Morgen. Fertig mit Putzen, Heung? Das sind ja einige Wohnungen. Ist bestimmt viel Arbeit.«

»Stimmt.« Heung lächelte. »Aber wenigstens muss ich mich jetzt nicht mehr um den vierten Stock kümmern.«

N hatte ihr also bereits erzählt, dass Nga-Yee einziehen würde. Plötzlich fiel ihr die zweite Begegnung wieder ein, an dem Morgen, nachdem sie bei N die Nacht verbracht hatte. Und jetzt zog sie in sein Haus – was die Putzfrau wohl von ihr denken mochte?

»Also, Heung, nicht dass Sie das falsch verstehen, N und ich …«

»Weiß ich doch – keine Sorge. Sie waren sicher auch eine seiner Klientinnen«, antwortete Heung fröhlich. »Dieser Typ. Hat eine furchtbar raue Schale, aber darunter steckt ein weicher Kern.«

»Auch?« Nga-Yee hatte gerade Heungs Einschätzung seines Charakters widersprechen wollen, doch das Wörtchen ließ sie aufhorchen. »Putzen Sie sein Haus umsonst, weil Sie ihm Geld schulden, Heung?«

»Umsonst?« Sie sah Nga-Yee verblüfft an. »Nein. Im Gegenteil. Er hat nichts …«

Sie hielt abrupt inne und sah sich um, wie um sicherzugehen, dass niemand in der Nähe war. »Miss Au, Sie sind eine Freundin von N, und er lässt Sie hier wohnen, also hat er bestimmt nichts dagegen, wenn ich Ihnen das erzähle. N hätte die zehn Millionen Dollar nehmen können, aber er wollte keinen einzigen Cent davon und hat alles mir und den anderen Klienten gegeben. Wo sonst findet man einen so großzügigen Menschen?«

»Zehn Millionen!«, keuchte Nga-Yee. Sie hätte nie gedacht, dass Heung reich war.

»Pscht! Das hab nicht alles ich bekommen«, erklärte Heung eilig. »Ich glaube, ich muss Ihnen die ganze Geschichte erzählen. Ich lebe in einem fünfzig Jahre alten Mehrparteienhaus in Sheung Wan. Die meisten meiner Nachbarn sind ältere Leute. Die Regierung verlangte, dass die Außenmauern des Gebäudes verstärkt wurden, also legten die vierundzwanzig Haushalte zusammen und beauftragten einen Bauunternehmer mit der Durchführung. Wir wurden übers Ohr gehauen. Die Baukosten schossen von ein paar Millionen, die veranschlagt worden waren, hoch auf zehn Millionen. Natürlich könnte man jetzt sagen, es war unsere Schuld, weil wir den Vertrag nicht gründlicher gelesen hatten, aber der Bauunternehmer handelte offensichtlich in böswilliger Absicht. Er nahm Leuten sogar das Geld ab, das sie für ihre Beerdigung gespart hatten. Der Nachbar über mir, Onkel Wong, war so wütend, dass er einen Herzinfarkt bekam und ins Krankenhaus musste. Ich erzählte N eher zufällig davon – ich hatte keine Ahnung, zu was er fähig war. Er machte, was er macht, und schließlich bezahlte der Bauunternehmer uns zwanzig Millionen Dollar zurück – alles, was er vorher genommen hatte, zuzüglich Zinsen. Ich arbeitete damals bereits seit vier Jahren für N und hatte immer gedacht, er wäre nur ein Softwareingenieur, der sich mit der Entwicklung von Apps seinen Lebensunterhalt verdiente. Wir wären alle damit zufrieden gewesen, die ursprüngliche Summe zurückzubekommen, und N hätte die anderen zehn Millionen als Honorar behalten können – aber er weigerte sich, auch nur einen Cent von uns zu nehmen. Er sagte, für ihn sei das lediglich Kleingeld und wir sollten es fürs Alter sparen. Heutzutage gibt es böse Menschen, wohin man auch schaut, und dann gibt es jemanden wie N – einen modernen Ritter in schimmernder Rüstung.«

»Wann war das?« Als Heung das Geld erwähnte, war Nga-Yee etwas eingefallen.

»Die Renovierungsarbeiten fanden letztes Jahr statt, aber unser Geld haben wir erst vor zwei, drei Monaten zurückbekommen.«

Heung stand vor der Second Street 151 auf dem Gehsteig und redete weiter, aber Nga-Yee war in Gedanken woanders. Das musste N damals im Cityview Hotel gemeint haben – mit anderen Worten, die Triade hatte es auf ihn abgesehen, weil er für Heung aktiv geworden war. Sie war damals tief beeindruckt gewesen, wie schnell N die Gangster wieder losgeworden war, aber jetzt, wo sie ihn besser kannte, war ihr fast klar, dass er, wenn er gewollt hätte, auch gänzlich unentdeckt hätte bleiben können. Wieso hatte er zugelassen, dass sie seine Adresse rausfanden?

Am selben Nachmittag bekam Nga-Yee die Gelegenheit, N persönlich zu fragen, als sie rauf in den sechsten Stock ging, um für ihn Papiere zu sortieren. »Habe ich das nicht erzählt?«, fragte er. »Brother Tiger hatte gerade die Wan-Chai-Triade übernommen. Ich wusste, dass der betrügerische Bauunternehmer mit Brother Tiger befreundet war. Neuen Triaden-Führern muss man manchmal zeigen, wer der Boss ist, und weil ich zu dem Zeitpunkt mit der Vergeltung für Heung beschäftigt war, bot sich mir die Gelegenheit, beides miteinander zu verbinden – und sie schluckten den Köder. Es ist leichter, unangenehme Dinge zu bündeln und auf einen Schlag zu erledigen, finden Sie nicht auch?«

Sein Tonfall war locker, aber das nahm Nga-Yee ihm wieder mal nicht ab. Sie würde N nie durchschauen. Er besaß die Skrupellosigkeit eines abgebrühten Verbrechers, war gleichzeitig aufrichtiger als die meisten anderen Menschen und setzte seine Fähigkeiten immer dazu ein, den Schwachen zu helfen. Er war bestens in der Lage, sich aus allem Getümmel herauszuhalten, und gleichzeitig immer bereit, sich angreifbar zu machen, um das Blatt zu wenden und sich den Sieg zu sichern. Ns ganze Existenz stand im Widerspruch zu normaler menschlicher Handlungs- und Denkweise.

Diese Überlegungen brachten Nga-Yee zu ein paar seltsamen weiterführenden Gedanken. Sie fragte sich, ob N womöglich von Anfang an geahnt hatte, dass sie die Rache an Violet To nicht durchziehen würde und nie vorgehabt hatte, sie wirklich in den Selbstmord zu treiben. Es war ihr immer noch ein Rätsel, wie es Violets großem Bruder gelungen war, an jenem Abend im haargenau richtigen Moment aufzutauchen – es sei denn, N hatte einen von Violets Hilferufen heimlich zu ihm durchgelassen. In dem Fall hätte er es darauf angelegt, dass Nga-Yee ihre Vergeltungspläne freiwillig aufgab.

Das würde sie ihn natürlich niemals fragen, und falls doch, bezweifelte sie, dass er es je zugeben würde.

»Oh, wow! Ist das deine Schwester, Nga-Yee?« Wendy hatte einen Bilderrahmen aus einer Umzugskiste gezogen und hielt ihn hoch: Siu-Mans Selfie mit Nga-Yee und ihrer Mutter im Hintergrund. Nachdem N ihr das Telefon zurückgegeben hatte, war Nga-Yee damit in einen Laden gegangen, um das Bild abziehen und rahmen zu lassen.

»Ja.« Noch immer durchfuhr sie ein schmerzhafter Stich der Trauer, sobald ihre Schwester erwähnt wurde, auch wenn sie Siu-Mans Tod inzwischen akzeptierte.

Wendy stellte den Bilderrahmen in ein Regal, faltete die Hände und richtete sich an das Foto: »Wo immer du auch sein magst, bitte beschütze deine große Schwester. Ich kümmere mich auch um sie.«

Es war typisch für Wendys ungestüme Art, Siu-Man vor ihrer Schwester so unbefangen zu erwähnen, aber in diesem Fall war Nga-Yee dankbar dafür. Und vielleicht passte Siu-Man ja tatsächlich aus dem Jenseits auf sie auf.

Als alle Kisten ausgepackt waren, ließ Wendy auf ihrem Telefon Musik laufen, während sie aufräumten. Nga-Yee hatte nicht gewusst, dass ihre Kollegin einen so breiten Musikgeschmack besaß – angefangen bei chinesischen Popsongs über die neuesten K-Pop-Hits bis zu westlicher Rockmusik. Zu Nga-Yees Belustigung sang sie sogar in reichlich rudimentärem Koreanisch mit.

Während Nga-Yee gerade die Umzugskisten zusammenfaltete, fing das Telefon an, ein bekanntes Lied zu spielen.

»O nein, bitte nicht das!«, sagte Nga-Yee. Es war *You Can't Always Get What You Want*.

»Ich wusste gar nicht, dass du Rockmusik hörst«, rief Wendy aus dem Schrank, wo sie ein paar Anziehsachen verstaute.

»Wieso Rock?«

»Das sind die Rolling Stones.«

»Ach so, nein, das kenne ich nur zufällig.« Nga-Yee zog einen Flunsch, als sie daran zurückdachte, wie N sie mit diesem Lied gequält hatte. »Ich hasse den Text. Man kriegt nie, was man will.«

Wendy sah sie verständnislos an. »Was redest du denn? Hast du dir das schon mal genauer angehört?«

Sie stellte lauter. Nga-Yee wusste zwar nicht, was das sollte, achtete aus Höflichkeit aber trotzdem auf den Text. Erst bei der letzten Zeile – *but if you try sometime you find you get what you need* – wurde ihr klar, dass sie den Song falsch verstanden hatte.

»Äh, Wendy, bin gleich wieder da. Ich muss dringend was erledigen.«

»Wo willst du denn hin?«

»Ein Wörtchen mit meinem Vermieter reden.«

Während sie in den sechsten Stock hinaufging, rief Nga-Yee sich das restliche Gespräch mit Heung ins Gedächtnis.

»Ich habe N über Loi kennengelernt«, hatte Heung gesagt. »Der Wirtschaft ging es schlecht, und ich hatte gerade meinen Job verloren. Loi erzählte mir, ein Freund von ihm würde eine Putzfrau für sein Mietshaus suchen – auf die Weise hat N mir durch die Finanzkrise geholfen. Am Anfang fand ich ihn ziemlich seltsam – hat mir nie seinen richtigen Namen verraten, nur diesen einen Buchstaben. Ich habe ihn immer Mr N genannt, aber das wollte er überhaupt nicht. Als ich ihn dann besser kannte, fragte ich ihn mal, warum er nicht Mr genannt werden wollte – und er erklärte, Begriffe wie ›Mr‹ und ›Miss‹ wären verlogen. Sie suggerierten Respekt, auch wenn man den Menschen, mit dem man redet, in Wirklichkeit verabscheut. Wieso nicht einfach mit dem Getue aufhören und die Leute bei ihrem Namen nennen? Das wäre wenigstens ehrlich. Er sagte, alle Beziehungen müssten auf Augenhöhe stattfinden.«

Nga-Yee fand N am Schreibtisch vor. Seine Finger flogen über die Tastatur.

»Was ist denn jetzt schon wieder, Miss Au?« Er hob den Blick, ohne das Tippen zu unterbrechen.

»Ich will, dass Sie aufhören, mich Miss Au zu nennen. Nga-Yee reicht völlig.« Sie stellte sich direkt vor seinen Schreibtisch.

Seine Finger wurden still, und er sah sie einen Augenblick lang fest an. Dann fing er prustend an zu lachen.

»Haben Sie und Ihre Freundin schon zu Mittag gegessen?«

»Nein, wir …«

»Ich nehme eine große Portion Wan Tans, mit weniger Nudeln, viel Frühlingszwiebeln, die Brühe extra, frittiertes Gemüse, keine Austernsoße«, sagte er und reichte ihr einen Geldschein. »Nga-Yee.«

Seufzend nahm sie das Geld und warf ihm einen finsteren Blick zu. Doch in Wirklichkeit war sie nicht unglücklich.

Denn als sie an diesem Morgen ihre alte Wohnung verließ, hatte sie bereits gewusst, dass sich an diesem Tag ihr Leben für immer verändern würde.

Chan Ho-kei wurde 1975 in Hongkong geboren, wo er bis heute lebt. Er hat als Programmierer, Computerspiele-Entwickler und Manga-Lektor gearbeitet. Für seine Short Storys wurde er mit dem Mystery Writers of Taiwan Award ausgezeichnet, für seinen ersten Roman gewann er den wichtigsten chinesischen Krimi-Preis.

Sabine Längsfeld übersetzt Literatur verschiedenster Genres aus dem Englischen ins Deutsche. Zu den von ihr übertragenen Autor:innen zählen Marina Benjamin, Glennon Doyle, Simon Beckett, Malala Yousafzai und Amitav Ghosh.